KB091367

양자 컴퓨팅의 이해

기본 개념과 사례로 알려주는

양자 컴퓨팅의 이해

엘레노어 리에펠 · 볼프강 폴락 지음   남기환 옮김

i!i
에이콘

에이콘출판의 기틀을 마련하신 故 정완재 선생님 (1935-2004)

| 지은이 소개 |

엘레노어 리에펠 Eleanor Rieffel

NASA 에임스 연구 센터Ames Research Center의 연구원이다.

볼프강 폴락 Wolfgang Polak

컴퓨터과학 컨설턴트다.

| 옮긴이 소개 |

남기환(snowall@gmail.com)

중앙대학교에서 물리학과 수학을 전공하고 한국방송통신대학교에서 컴퓨터과학, 영어영문학을 전공했다. 중앙대학교에서 입자물리학 석사를 취득하고, 카이스트 물리학과 박사과정을 중퇴했다. 광주과학기술원 고등광기술연구소를 거쳐 현재 광통신 관련 업체에서 연구원으로 재직 중이다.

최근 과학계 뉴스에 따르면 전 세계적으로 양자 컴퓨터에 대한 관심이 높아지고 있다. 심지어 과학계뿐만 아니라 산업계 전반을 비롯한 국가적인 관심까지도 받는 중이다. 이는 아마도 예전에는 단지 이론적 가능성에 불과했고, 공상과학 소설에서만 등장하는 환상의 존재였던 양자 컴퓨터가 이제는 가까운 미래에 실용적인 수준에서 사용 가능하다는 판단이 서기 때문이리라. 이에 따라 구글, IBM, 마이크로소프트, 아마존 등 세계적인 컴퓨터 기업에서 양자 컴퓨터에 대한 연구와 투자를 하고 있다.

양자 컴퓨터가 관심을 받는 이유는 고전 컴퓨터에서는 현실적으로 빠르게 풀 수 없을 것으로 보이는 문제를 유의미한 시간 내에 빠르게 풀 수 있을 것으로 보이기 때문이다. 물론 양자 컴퓨터에 대한 연구가 양자역학 자체를 더 깊이 이해하고 기초과학을 더 발전시키는 등 전반적인 물리학 연구에 주는 함의가 충분히 있겠으나, 기초과학을 벗어나 컴퓨터공학, 암호학, 경제학 등 다양한 응용 분야에서도 관심을 보이는 것은 고전 컴퓨터를 초월할 것이라는 기대감 때문일 것이다.

이처럼 많은 사람이 양자 컴퓨터에 대해 관심은 갖고 있지만 실제로 양자 컴퓨터의 작동 원리를 이해하는 이는 많지 않다. 양자 컴퓨터의 작동 원리의 바탕이 되는 양자역학을 이해하는 것부터 쉽지 않기 때문이다. 양자 컴퓨터를 이해하려면 양자 상태로 이뤄진 큐비트, 그 큐비트의 얽힘, 얽힌 큐비트에 작용하는 양자 연산자와 같은 개념을 이해해야 하는데, 이와 같은 양자 개념을 고전적인 컴퓨터 이론에서 배워 온 비트와 논리 게이트 개념으로 설명하려고 들면 혼란에 빠질 뿐 제대로 이해하기가 어려워서이다. 아마 20세기 초에 양자역학이 고전역학을 대체하는 것으로 소개됐을 때 물리학자들이 받은 충격을 고전적인 컴퓨터 이론을 공부한 현재의 컴퓨터 엔지니어들이 양자 컴퓨터를 배워야 할 때 고스란히 받을 것이다.

문제는 그 작동 원리를 몰라도 수많은 애플리케이션이 등장해 실생활에 현실적 도움을 주고 있는 고전 컴퓨터와는 달리, 이제 갓 태어나 그 쓸모를 찾기 시작하는 양자 컴퓨터는 작동 원리를 알지 못하면 고전 컴퓨터보다 나을 것이 없다는 점이다. 먼 미래에 양자 컴퓨터가 대중화되고 일상적으로 사용하게 되면 원리를 모르고도 사용할 수 있겠지만, 현시대를 살아가는 컴퓨터 엔지니어들이 양자 컴퓨터를 사용하고 싶다면 어쩔 수 없이 고전 컴퓨터와 다른 양자적인 컴퓨터 이론을 공부해야만 한다. 이는 진공관을 이용해서 만들어졌던 초창기 컴퓨터를 사용하기 위해서는 진공관의 작동 원리를 대충이나마 이해하고 있어야 했던 것과 마찬가지일 것이다.

그렇다고 양자 컴퓨터를 사용하기 위해서 물리학 전체를 다시 공부한다는 것은 배보다 배꼽이 더 커지는 격이다. 바로 이 지점에서 이 책을 추천할 수 있다. 큐비트, 양자게이트, 양자얽힘과 같은 기본 개념에서 시작해 쇼어 알고리듬, 그로버 알고리듬과 같은 중요한 양자 알고리듬을 다루고, 양자 엔트로피, 양자오류보정, 강건한 양자계산과 같은 전문적인 주제까지 훑어본다. 부디 이 번역서가 한국어판 독자들에게 저자의 매력적인 설명을 훼손하지 않고 전달하기를 바라며, 아울러 양자 컴퓨터에 관심 있는 독자들이 이 책을 읽고 보다 깊이 있는 주제들을 연구할 수 있는 기초를 다지게 되길 바란다.

이 책을 번역하는 데 많은 분이 도움을 주셨다. 서울대학교 이우준 박사님, KIST 이상진 박사님, 카이스트 고기현 박사님과의 토론이 보다 매끄러운 번역에 도움이 됐다. 번역 작업 진행을 도와주신 에이콘출판사의 편집 팀에도 많은 감사를 드린다.

| 감사의 글 |

이 책을 쓰면서 마이클 B. 히니[Michael B. Heaney]와 폴 맥어보이[Paul McEvoy]에게 많은 도움을 받았다. 마이클과 폴은 많은 장의 여러 판본을 읽고 매번 가치 있는 조언을 제시했다. 이 책이 완전해질 수 있었던 것은 이들이 이 책에 보여준 믿음 덕분이었다. FXPAL[1]/PARC[2] 독서 모임은 어떤 설명법이 좋고 나쁜지 탐색할 수 있도록 도움을 줬다. 이 모임의 조언, 논쟁, 통찰은 이 책에 엄청난 개선을 가져다줬다. 이 모임의 모든 구성원에게 감사를 표하며, 특히 더크 볼팬즈[Dirk Balfanz], 스티븐 잭슨[Stephen Jackson], 마이클 플라스[Michael Plass]에게 감사한다. 기술적으로 가장 설명하기 복잡한 여러 부분에서 태드 호그[Tad Hogg]와 마크 리에펠[Marc Rieffel]에게 많은 감사를 표한다. 초고를 간결하고 명확하게 만드는 여러 제안을 해준 진 골로프친스키[Gene Golovchinsky], 흐름과 강조해야 할 부분에 대해 제언해준 리비아 폴라니[Livia Polanyi], 초고 단계에서 표기법과 단어 사용을 개선하는 조언을 해준 가스 데일스[Garth Dales], 폭넓게 편집을 도와준 데니스 그리브스[Denise Greaves]에게도 감사를 표한다. 많은 사람이 이 책의 시작점이 된 자습서의 초고[3]에 가치 있는 조언을 해줬다. 그 조언 덕분에 자습서뿐만 아니라 이 책도 개선할 수 있었다. 저자들은 이 책을 집필하는 여러 해 동안 도움을 준 친구들, 가족, 특히 배우자에게 감사를 표한다.

---

1 FX 팔로알토 연구실(Palo Alto Laboratory)

2 팔로알토 연구소(Palo Alto Research Center)

3 E. G. Rieffel and W. Polak. An introduction to quantum computing for non-physicists. ACM Computing Surveys, 32(3):300 – 335, 2000.

| 차례 |

2부 ― 양자 알고리듬

7장   양자 알고리듬 소개   187

3부 ─ 얽힌 부분계와 강건한 양자계산

부록

들어가며

양자 컴퓨터는 양자물리학, 컴퓨터과학, 정보 이론의 아름다운 결합이다. 이 책의 목적은 여러 분야의 독자가 이 놀라운 연구 분야에 접근할 수 있도록 하는 것이다. 특히 양자 컴퓨터와 통상적인 컴퓨터 사이를 구분 짓는 개념과 표기법의 장벽을 넘어갈 수 있도록 독자에게 다리를 놓아주려고 한다.

이 책은 이론에 관한 책이다. 통상적인 컴퓨터를 뒷받침하는 고전적 모형을 양자적 모형으로 바꿨을 때 무엇이 변할까? 전문가조차 어떤 접근법이 가장 성공적일지 예측하는 것이 여전히 불가능할 만큼, 이제 갓 만들어진 활발한 분야인 양자 컴퓨터를 만들기 위해 현재 진행 중인 노력에 대해서는 간략히 설명한다. 그 대신 원동력이 된 물리학에서 양자 계산을 논의하는 데 중요한 이론적 기초를 다룬다. 이런 이유로, 이 책은 이론이 왜 그렇게 정의됐는지 설명하기 위해서 양자물리와 실험을 논의한다.

양자계산에서 사용되는 개념을 정확히 정의하고, 미묘한 차이를 강조한다. 이러한 엄격함은 FXPAL/PARC의 합동 독서 모임에서 활동하며 이 분야를 잘 알지 못하는 여러 저자와 논문을 읽었던 경험에 일부 자극을 받은 것이다. 예를 들어 양자 상태와 그 상태를 표현하는 벡터를 구분하는 것에 주의해야 한다. 이 책에서는 어떤 개념이 기저에 의존하고 (예를 들어 중첩) 어떤 것이 그렇지 않은지 (예를 들어 얽힘) 그리고 특정한 개념(예를 들어 얽힘)의 특정한 텐서 분해에 대한 의존성을 강조한다. 텐서 분해와 직합 분해는 둘 다 양자역학에서 널리 사용되는데, 양자역학과 고전 확률적인 상황에서 그 둘의 차이를 명시적으로 따져본다. 정의는 주의 깊게 제시된다. 예를 들어 밀도 연산자나 섞인 상태에 대한 공리에서 시작하는 대신, 하부 체계에 대한 단독 측정으로부터 그 하부 체계에 관해 어떤 것들을 연역해낼 수 있는지 논의하는 것으로 이 개념들의 정의를 제시한다.

이론만 다루는 것 그리고 양자 컴퓨터를 만드는 방법을 다루지 않는 것의 한 가지 장점은 여기에 필요한 양자물리학과 이를 뒷받침하는 수학의 양이 줄어든다는 점이다. 이 책은 이 책 자체로 필요한 양자역학의 모든 것을 전개할 수 있다. 양자물리학을 미리 알아야 할 필요가 없다. 여기서는 표준적인 양자 알고리듬과 양자 키 분배와 양자 원격 작용과 같은 다른 양자정보처리 작업에 대해 다루기 전에 양자 상태 공간, 양자 측정, 얽힘과 같은 기본 개념에 대해 주의 깊고 정확한 설명을 제시한다.

이 책의 의도는 컴퓨터과학자, 공학자, 수학자 그리고 충분한 수학 지식을 갖고서 이 주제에 관심을 가진 누구에게나 양자 컴퓨터를 다뤄볼 수 있도록 만드는 것이다. 이 책에서는 전체적으로 벡터 공간, 선형변환, 고윳값, 고유 벡터와 같은 학부생 수준의 기본적인 선형대수학 개념이 사용된다. 몇몇 절은 더 어려운 수학을 요구할 것이다. 8.6.1절, 8.6.2절, 부록 B, 11장의 대부분에서는 군론에 익숙해야 할 것이다. 군론은 상자 안에서 설명하겠다. 다만 군론에 대해 배운 적이 없는 독자라면 군론을 다룬 교재의 도움을 받거나 이 절들을 건너뛰어야 할 것이다.

저자들은 제목에 맞게 "친절하기를" 바라지만 이 책을 읽는 데는 노력이 필요할 것이다. 다수의 개념이 미묘하고 비직관적이며 여러 표기법이 어색할 것이다. 독자는 매 단계마다 개념과 표기법에 익숙해지기 위해 시간을 들여야 할 것이다. 예를 들어 깊은 수학적 배경지식을 가진 독자라도 텐서곱을 많이 다뤄보지 않았을 수 있고, 텐서곱 공간과 그 성분 공간의 관계에 익숙하지 않을 수도 있다. 이 개념들은 양자정보처리에 절대적으로 기초가 되기 때문에 이 책의 초반부는 이러한 개념을 조심스럽게 전개한다. 이러한 개념뿐만 아니라 이 개념들의 일반적인 표현에 사용하는 엄밀한 디랙Dirac 표기법을 완전히 이해하는 데 노력을 들일 만한 가치가 있지만 완전히 이해하려면 노력이 필요하다. 이 수학적형식 체계의 정확성이라는 특징은 이들을 완전히 이해하기 전이라도 양자 개념을 다루는 방법을 준다. 엄밀한 수학을 다뤄보면서 양자역학과 양자정보처리에 대한 직관을 발전시킬 수 있다.

이 책은 양자 컴퓨터에 능력을 부여하고 그 한계를 만들어내는 양자역학의 특징을 강조한다. 양자 컴퓨터의 능력의 끝과 그 한계는 어느 것도 완전히 이해된 적이 없다. 학계의 도전 과제는 양자 컴퓨터를 만들고 새로운 알고리듬과 처리 절차를 만들어내는 것뿐만 아니라 양자 컴퓨터의 능력의 근원과 그 한계에 대한 이유에 답하는 것도 있다. 이 책은 양자 컴퓨터가 할 수 있는 것과 할 수 없는 것에 대해 알려진 사항을 다루고, 그 이유에 대해 알려진 내용을 탐색한다.

양자 컴퓨팅의 효과의 근간이 되는 이유에 초점을 맞추다 보니 다른 양자 컴퓨팅 설명에서 자주 누락되는 주제가 포함됐다. 예를 들어 이 책의 주제 중 하나는 양자정보처리와 확률의 관계이다. 많은 양자 알고리듬이 비확률적이라는 점이 강조된다. 어떤 절에서는 속도를 유지하면서도 확실하게 해를 반환하는 그로버의 원래 알고리듬을 수정하는 방법에 대해 다룬다. 다른 한편으로는 양자 이론과 확률 이론 사이의 강한 형식적 유사성을 자세히 설명하고 차이점을 강조해 예를 들어 얽힘이 상관관계와 어떻게 다른지, 중첩과 혼합의 차이점을 조명한다.

다른 사례로 양자 얽힘은 양자정보처리가 작동하는 이유에 대한 가장 공통적인 설명으로 제시되지만, 다자간 얽힘은 잘 설명되지 않고 남아 있다. 이분할 상태는 훨씬 잘 이해돼 있지만, 양자계산을 이해하기 위해서는 제한적으로만 사용해왔다. 다자간 얽힘에 대한 절이 있는데, 이 주제는 개론서에서는 종종 생략돼 이분할 얽힘만 논의된다. 다자간 얽힘에 대한 논의는 예제가 필요한데 그러면 클러스터 상태와 클러스터 상태에 대해 사용되는 기본적 얽힘 자원, 또는 단방향 양자계산에 대한 절을 포함하는 것이 자연스러워진다. 클러스터 상태 양자계산과 단열적 양자계산은 표준 회로 모형에 대해 두 가지 대안으로 이들을 간단히 소개하고 그 능력과 응용 분야를 논의하겠다.

마지막 사례로, 일반적인 양자 회로와 가역적 고전 회로 사이의 변환은 순수한 고전적인 논의이지만, 고전 컴퓨터가 할 수 있는 것은 어떤 것이든 양자 컴퓨터도 그와 비슷한 효율로 할 수 있다는 증명의 핵심이다. 이런 이유로, 비표준적이지만 고전적인 컴퓨터과학의 주제에 대해 자세히 다룬다.

이 책은 양자역학에 관한 책이 아니다. 여기서 양자역학은 추상적인 수학 이론으로 다루며, 물리적 측면은 이론적인 개념을 설명하기 위해서만 고려한다. 양자역학의 해석에 관한 주제는 논의하지 않을 것이다. 가령 양자 병렬성과 같은 용어를 자주 사용한다고 해도 이것이 어떤 해석이나 다른 해석을 지지하는 근거라고 생각하면 안 된다.

문의

한국어판의 정오표는 에이콘출판사의 도서정보 페이지(http://www.acornpub.co.kr/book/quantum-gentle)에서 확인할 수 있다. 한국어판에 관해 문의 사항이 있다면 에이콘출판사 편집 팀(editor@acornpub.co.kr)이나 옮긴이의 이메일로 연락 주길 바란다.

01

소개

20세기 마지막 수십 년 동안 과학자들은 20세기의 가장 영향력 있고 혁명적인 이론 두 가지, 정보이론information theory과 양자역학quantum mechanics을 합치는 방법을 찾아왔다. 그 성과로 계산과 정보에 관한 새로운 관점이 만들어졌다. 양자정보이론quantum information theory이라는 이 새로운 관점은 계산, 정보 그리고 물리학을 결합시키면서 완전히 다른 알고리듬과 통신규약을 포함한 새로운 응용 분야를 생각하게 했다. 이 책의 주제는 양자정보이론과 여기서 파생된 응용 분야다.

정보이론은 컴퓨터과학과 통신 양쪽의 바탕인데, 계산이나 통신에 사용되는 물리학 장치의 자세한 부분을 모르더라도, 물리적 세계를 추상화시켜서 알고리듬의 효율성이나 통신규약의 견고함 같은 컴퓨터과학과 통신의 핵심 주제에 대해 효과적으로 이야기할 수 있게 해준다. 물리학적 배경을 무시하는 이 능력은 매우 강력하다는 것이 증명됐고, 그 성과는 우리를 둘러싼 계산과 통신 장치에서 널리 볼 수 있다. 물리적 실체를 벗어던진 추상화는 지적 지형의 일부가 돼 그 뒤에 숨은 가정들이 거의 다 잊혀졌다. 예를 들어 튜링 머신Turing machine은 순전히 고전역학적 원리에 따라 작동하는 고전역학적 모형이다.

양자역학은 새롭고 더 효율적인 계산 장치를 개발하는 데 꽤 역할이 커지고 있다. 트랜지스터부터 레이저를 비롯한 최근의 하드웨어 발전에 이르기까지, 컴퓨터와 통신 장치의 크기를 줄이고 속도와 능력을 증가시키며 전통적이고 고전적인 컴퓨터와 통신 장치 작동의 밑바탕이다. 최근까지도 양자역학은 저수준 구현 영역에 한정돼 있었고, 계산이나 통신에 대해 생각하거나 연구하는 방법에는 아무런 영향이 없었다.

1980년대 초, 소수의 학자들이 양자역학이 정보 처리에 피할 수 없는 함의가 있음을 알아차렸다. 스티븐 위스너Stephen Wiesner의 아이디어에 기반해 찰스 베넷Charles Bennett과 길스 브라사드Gilles Brassard는 양자 측정의 비고전적 성질에 의해 보안이 확실한 암호화 키를 만드는 방법을 보였다. 리처드 파인만Richard Feynman, 유리 마닌Yuri Manin 그리고 다른 학자들은 얽힌 입자entangled particle와 연관된 특정한 양자 현상을 튜링 머신으로는 효율적으로 시뮬레이션할 수 없음을 알아차렸다. 이 관찰은 이런 양자현상이 일반적으로 계산 속도를 증가시킬 수 있을 수 있을 거라는 추측을 이끌어냈다. 그런 프로그램은 계산의 뒤에 숨은 정보이론적 모형을 순수한 고전적 영역을 벗어나 다시 생각할 것을 요구했다.

양자정보처리는 양자계산, 양자암호, 양자통신, 양자게임을 포함하는 분야로, 정보와 정보처리모형을 만드는 데 고전역학 대신에 양자역학을 사용한다는 것이 어떤 뜻인지를 탐색한다. 양자계산은 계산이 이뤄지는 물리적 실체를 고전적인 것에서 양자적인 것으로 바꾼다는 것이 아니라, 계산의 개념 그 자체를 바꾼다. 이 변화는 가장 기초적인 수준부터 시작된다. 계산의 기본 단위는 더 이상 비트가 아니라 양자비트quantum bit 즉, 큐비트qubit다. 양자역학적 토대 위에서 수행되는 계산은 더 빠른 알고리듬, 새로운 암호화 기법, 개선된 통신규약을 발견하게 해준다.

양자계산quantum computing이라는 용어는 DNA 컴퓨터DNA computing나 광컴퓨터optical computing라는 용어와는 다르다. 그 용어들은 계산의 개념을 바꾸지 않고 계산이 이뤄지는 물질을 묘사한다. 우리 책상에 다들 놓여 있는 고전 컴퓨터classical computer는 양자역학을 사용해 만들었지만 이는 큐비트가 아니라 비트를 계산한다. 이런 이유로 고전 컴퓨터는 양자 컴퓨터로 생각할 수는 없다. 양자 컴퓨터나 고전 컴퓨터는 광학 장치가 계산에 사용되는가에 따라 광컴퓨터일 수도 있고 아닐 수도 있다. 계산이 양자적인가 혹은 고전적인가는 정보가 표현되고 다뤄지는 방식이 양자적인가 아니면 고전적인가에 의존한다. 양자계산이라는 용어는 그 특징에서 아날로그 계산analog computing과 유사한데, 아날로그 계산의 계산 모형은 이산적인 값뿐만 아니라 연속적인 값도 허용된다는 점에서 표준적인 계산과 다르다. 이 용어들이 닮긴 했지만, 아날로그 계산은 양자계산의 핵심 자원인 얽힘을 지원하지 않고 양자 컴퓨터의 레지스터를 측정하면 적은 수의 이산적인 값들만 나온다는 점에서 두 모형은 매우 다르다. 게다가 큐비트가 연속적인 값들을 가질 수 있기는 하지만 큐비트는 여러 방식에서 아날로그 계산보다는 두 가지 이산적인 값만을 갖는 비트와 닮았다. 예를 들어 4.3.1절에서 살펴보는 것처럼, 큐비트를 측정하면 단 1비트의 정보만을 추출할 수 있다.

양자정보처리 분야는 양자정보이론과 양자정보처리에 관해 연구했던 소수의 학자들에 의해 1980년과 1990년 초에 천천히 발전했다. 데이비드 도이치David Deutsch는 양자역학적인 튜링 머신의 개념을 개발했다. 다니엘 베른슈타인Daniel Bernstein, 비제이 바지라니Vijay Vazirani, 앤드류 야오Andrew Yao는 그 모형을 개선해 양자 튜링 머신이 고전 튜링 머신을 시뮬레이션할 수 있고, 따라서 임의의 고전계산을 기껏해야 다항 함수 시간 정도의 느려짐으로 수행할 수 있음을 보였다. 그리고 표준 양자 회로 모형이 정의됐고, 이것으로 양자 게이트quantum gate라는 기본 양자 변환의 집합으로 양자 복잡도quantum complexity를 이해할 수 있게 됐다. 양자 게이트는 실제 양자 컴퓨터의 물리적 부분을 직접적으로 닮았거나, 또는 닮지 않을 수도 있는 이론적인 부품이다.

1990년대 초, 학자들은 처음으로 참된 양자 알고리듬을 개발했다. 양자역학의 확률적 특성에도 불구하고 첫 번째 양자 알고리듬은 확실히 정답을 주면서 고전 알고리듬을 넘어서는 우월성을 증명할 수 있었다. 이 학자들은 고전적 기법을 사용해 고전적인 기법으로는 높은 확률로 확률적으로만 다항 시간 내에 풀 수 있는 고전 알고리듬 문제를 확실하게 다항 시간 내에 풀 수 있도록 개선했다. 그 결과는 직접적으로 실질적인 관심은 못 받았는데, 완벽한 기계를 만드는 것이 불가능하므로 임의의 알고리듬을 실행하는 어떤 실제 기계라도 확률적으로만 문제를 해결하게 되기 때문이다. 하지만 그 결과가 처음으로 어떤 계산 문제에 대해서는 양자계산이 이론적으로 고전계산보다 더 강력함을 보였기 때문에 높은 이론적 관심을 불러일으켰다.

이러한 결과는 다양한 학자의 관심을 끌었다. 그중 피터 쇼어Peter Shor는 1994년 정수를 인수분해하는 다항 함수 시간 양자 알고리듬으로 세계를 놀라게 했다. 이 결과는 현실적 관심을 받다 보니 많은 연구가 이뤄진 문제의 해법을 제시했다. 세계적으로 고전적 다항 시간 알고리듬을 계속 찾아왔는데 널리 사용하는 RSARivest-Shamir-Adleman 알고리듬을 포함해 이 문제의 계산 난이도에 그 보안성을 완전히 의존하는 보안 통신규약이 다수 존재할 정도로 전 세계 사람들은 그 문제에 대한 해법이 존재하지 않는다는 충분한 자신감을 갖고 있다. 효율적인 고전 풀이가 존재하는지는 알려지지 않았다. 따라서 쇼어의 결과는 양자 컴퓨터가 고전 컴퓨터보다 문제를 더 효율적으로 풀 수 있다는 것을 증명하진 않는다. 하지만 이 문제에 대해서 다항 함수 시간의 고전 알고리듬을 찾아내는 사건은 없을 것 같으므로, 이것은 양자역학의 그 모든 비직관적 측면에도 불구하고 양자 알고리듬을 더 찾기가 쉬울 것이라는 관점에서 양자정보이론의 우아함과 효율성을 알려줄 수도 있다.

쇼어의 결과가 이 분야에 대한 관심을 유도하는 동안, 그 현실적 중요성에 대한 의심은 여전히 남아 있었다. 양자계는 깨지기 쉬운 것으로 악명이 높다. 양자 얽힘과 같은 핵심적 성질은 양자 상태를 결잃게 만드는 주변 환경의 영향을 받아 쉽게 교란된다. 알려지지 않은 양자 상태의 신뢰성 있는 복제가 불가능하다는 양자역학의 특성은 양자계산에 대한 효율적인 오류 보정 기법을 찾을 수 없어 보이게 했다. 이런 이유로, 믿을 만한 양자 컴퓨터를 만드는 것은 불가능해 보인다.

다행히 양자정보처리가 실현될 수 있는 것인가에 대한 진지하고 널리 퍼진 의심에도 불구하고, 이론 그 자체는 학자들을 계속 연구하게 할 정도로 애태운다는 것이 증명됐다. 결과적으로 1996년에 쇼어와 로버트 칼더뱅크^{Robert Calderbank} 그리고 독립적으로 앤드류 스테인^{Andrew Steane}은 양자오류보정 기법을 개발해 겉보기에는 화려한 양자역학의 문제를 처리하는 방법을 알아냈다. 오늘날 양자오류보정은 양자정보처리의 확실히 가장 성숙한 분야이다.

양자 컴퓨터와 양자정보가 얼마나 현실적인지는 여전히 모른다. 신뢰성 있는 대규모 양자 컴퓨터를 만드는 것을 금지하는 어떤 근본적 물리 법칙도 알려지지 않았다. 하지만 공학적 문제가 남아 있다. 이 책을 쓰는 시점에 실험실 수준의 실험이 10여 번 정도의 양자 연산을 수행할 수 있는 몇 큐비트의 양자계산을 보였다. 전 세계에 있는 이론가와 실험가에 의해 확실하다는 접근법이 수도 없이 탐색됐다. 하지만 수백 큐비트의 일반적인 양자계산을 수행할 수 있는 양자 컴퓨터가 언제 어떻게 만들어질 수 있을 것인지는 불확실성이 많이 남아 있다.

양자계산적인 접근법은 여러 가지 특화된 작업에 대한 고전적 기법을 개선한다. 양자 컴퓨터의 응용 가능성을 확장하는 것은 여전히 알아가는 중이다. 양자 컴퓨터는 모든 문제에 대해 효율적인 해법을 제공하지 않는다. 또한 무어의 법칙이 성립하기 어렵게 하는 것들을 피할 수 있는 방법을 주지도 않는다. 양자계산의 능력에 대해 강한 한계가 알려져 있다. 많은 문제에 대해 고전적인 계산법보다 엄청난 이득을 주지는 않음이 이미 증명됐다. 1990년대 중반의 또 다른 중요한 알고리듬인 그로버 알고리듬Grover's algorithm은 비구조화된 검색 알고리듬에 작은 속도 증가를 준다. 하지만 이렇게 작은 속도 증가가 양자 알고리듬이 얻을 수 있는 최선이라는 것도 알려져 있다. 그로버의 검색 알고리듬은 비구조화된 검색에 적용된다. 가령 정렬된 목록에서의 탐색과 같은 다른 검색 문제에 대해서는 양자계산은 고전계산에 비해 어떤 의미 있는 개선도 제공하지 않는다. 양자계의 시뮬레이션은 1990년대 중반에 알려진 양자계산의 또 다른 의미 있는 응용 분야다. 그 적절한 관심에 힘입어, 점진적으로 커지는 양자계에 대한 시뮬레이션은 궁극적으로 규모를 키울 수 있는 양자 컴퓨터를 만드는 방법을 스스로 이끌어낼 수 있다.

그로버 알고리듬 이후 의미 있는 새로운 알고리듬이 발견되기까지 5년 넘는 시간 동안 공백이 있었다. 그 시간 동안, 양자오류보정과 같은 양자정보처리의 다른 영역이 유의미하게 발전했다. 2000년대 초, 몇 가지 새로운 알고리듬이 발견됐다. 쇼어의 알고리듬과 같이, 이 알고리듬은 중요하고 좁은 응용 분야의 특정한 문제를 푸는 것이다. 양자 알고리듬을 만드는 새로운 접근법도 개발됐다. 양자정보처리 관점에서의 양자 시뮬레이션을 살펴본 것이 양자계를 시뮬레이션하는 고전적 기법을 발전시켰을 뿐만 아니라, 새로운 양자적 접근법도 발전시켰다. 마찬가지로 양자정보처리적 관점은 새로운 고전적 알고리듬을 포함한 고전적 계산에 있어 새로운 통찰을 이끌어냈다. 게다가 양자계산의 표준적인 회로 모형에 대안이 개발돼 양자 컴퓨터, 견고한 새로운 접근법 그리고 양자계산의 핵심 요소에 대한 의미 있는 통찰을 만들어내는 돌파구가 되는 새로운 양자 알고리듬을 이끌어냈다.

규모를 키울 수 있는 양자 컴퓨터를 만드는 것이 아무리 오랜 시간이 걸리고 그 응용 범위가 밝혀진다 해도, 양자정보처리는 양자물리를 이해하는 방법을 영원히 바꿔버렸다. 양자역학의 양자정보처리적 관점은 양자 측정이나 얽힘과 같은 양자역학의 핵심적 측면의 특징을 훨씬 명확히 만들었다. 이러한 지식의 발전은 파장 한계보다 작은 미세한 리소그래피^{Lithography} 기법과 극도로 정확한 센서를 만들기 위한 고도로 얽힌 상태를 만드는 등 이미 양자정보처리 외의 분야에서도 응용된다. 이렇게 자연에 대한 이해가 증가한 것의 정확한 실질적인 귀결은 예측이 어렵지만, 20세기 기술적 발전에 가장 중요한 영향을 준 두 이론의 통합은 21세기에도 기술적, 지적 발전에 큰 영향을 미치지 않을 수 없다.

이 책의 1부는 양자정보처리의 기본 개념인 큐비트와 양자 게이트를 다룬다. 이 기본 개념에 대한 물리적 동기가 제시되고 이것을 양자 측정, 양자 상태 변환, 양자 부분계 사이의 얽힘과 같은 핵심적인 양자 개념과 연관 짓는다. 이 각각의 개념을 깊이 살펴볼 것이다. 양자 키 분배^{quantum key distribution}, 양자 원격 작용^{quantum teleportation}, 양자 고밀도 부호화^{quantum dense coding}가 이어서 소개된다. 1부의 마지막 장은 고전 컴퓨터에서 할 수 있는 모든 것을 양자 컴퓨터에서도 마찬가지로 효율적으로 수행될 수 있음을 보이겠다.

2부는 양자 알고리듬을 다룬다. 양자계산의 가장 공통적인 요소 몇 가지에 대한 설명으로 시작한다. 고전계산에 대한 양자계산의 장점은 모두 효율성에 관한 것이므로, 2부는 복잡도 개념을 주의 깊게 정의한다. 또한 양자계산의 능력에 대해 알려진 한계를 논의한다. 간단한 알고리듬 몇 가지를 설명할 것이다. 2부의 모든 장에서 쇼어 알고리듬과 그로버 알고리듬을 설명한다.

3부는 얽힘과 견고한 양자계산을 알아본다. 양자 부분계에 대한 논의는 얽힘을 정량화하고 결어긋남과, 어떤 양자계가 실제로는 더 큰 계의 일부이기 때문에 그 양자계에 영향을 주는 환경적 오류에 대한 논의로 이어진다. 양자오류보정의 멋지고 중요한 주제로 한 장을 채우고, 이어서 결함 내성에 도달하는 기법에 대한 논의를 하는 장이 나온다. 이 책에서 깊이 다루지 않은 양자정보처리의 많은 주제에 대한 간단한 설명과 참고문헌으로 마무리한다. 여기에서는 더 많은 양자 알고리듬, 통신규약, 단열적 계산, 클러스터 상태, 홀로노미^{holonomy}, 위상학적 양자계산을 포함하며 양자정보처리가 고전 컴퓨터과학과 물리학에 미친 영향을 다룬다.

1부
양자 기초 개념

신비롭고 혼란스러운 법칙인 양자역학은 제대로 이해한 사람이 아무도 없지만, 다들 어떻게 쓰는지는 안다.

— 머레이 겔만 Murray Gell-Mann [126]

02

단일 큐비트 양자계

비트가 고전적인 정보처리의 기본 단위였듯, 양자비트(quantum bit)는 양자정보처리에서 정보의 기본 단위다. 물리적으로 고전비트를 구현하는 다양한 방법(두 단계의 전압, 배열된 빛의 점멸, 똑딱이 스위치의 상태 등)이 있듯이, 양자비트를 물리적으로 구현하는 다양한 방법이 있다. 고전 컴퓨터과학과 마찬가지로, 양자비트를 구현하는 방법에 대해서는 거의 신경 쓰지 않을 것이다. 하지만 양자비트와 그 특성을 구체적으로 설명하기 위해서 2.1절은 양자비트의 여러 가능한 구현체 중 하나인 편광된 광자의 거동을 살펴볼 것이다.

2.2절에서는 2.1절에서 설명한 편광된 광자를 예로 들어서 핵심적 특성을 추상화해 양자비트, 즉 큐비트의 정확한 정의와 측정에 대한 양자비트의 거동을 설명하겠다. 디랙의 브라(Bra)/켓(ket) 표기법은 양자역학뿐만 아니라 양자정보처리에서 전반적으로 사용되며, 이를 설명할 예정이다. 2.4절은 양자정보처리의 첫 번째 응용, 양자 키 분배(quantum key distribution)를 설명한다. 단일 큐비트계의 상태 공간에 대해 자세히 논의하며 마무리하겠다.

2.1 편광된 광자의 양자역학

간단한 실험으로 양자계의 몇 가지 비직관적 거동, 즉 양자 알고리듬과 통신규약에 도움이 되도록 써먹는 거동에 대해 설명하겠다. 이 실험은 레이저 포인터, 아무 카메라 가게에서든 구할 수 있는 3장의 편광판(폴라로이드polaroid)이라는 최소한의 장치만으로도 독자가 직접 해볼 수 있다. 이 간단한 실험을 묘사하는 양자역학의 체계는 양자비트에 대한 설명을 직접 이끌어낸다. 이 설명은 양자비트의 구체적인 구현을 제시할 뿐만 아니라, 양자 측정의 핵심적 특성을 나타낸다. 우리는 여러분에게 실험 장치를 구해서 이 실험을 직접 해볼 것을 권한다.

2.1.1 간단한 실험

빛살을 투영 스크린에 비춘다. 편광판 *A*가 광원과 스크린 사이에 놓였을 때, 스크린에 도착하는 빛의 밝기는 감소한다. 편광판 *A*의 편광 방향이 가로 방향이라고 하자(그림 2.1).

그런 다음 편광판 *C*를 편광판 *A*와 투영 스크린 사이에 놓는다. 만약 편광판 *C*가 회전해 그 편광이 *A*의 편광 방향과 직교하게 되면(즉, 수직 방향이 되면), 스크린에는 빛이 전혀 도달하지 않는다(그림 2.2).

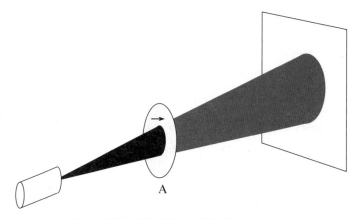

그림 2.1 편광판 1장은 편광되지 않은 빛을 50%로 줄인다.

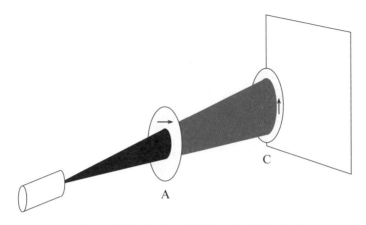

그림 2.2 2장의 직교하는 편광판은 모든 광자를 막는다.

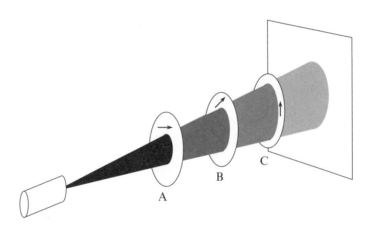

그림 2.3 세 번째 편광판을 삽입하면 광자가 통과할 수 있게 된다.

마지막으로, 편광판 *A*와 *C* 사이에 편광판 *B*를 놓는다. 또 다른 편광판을 넣었을 때, 별다른 차이가 없을 것이라고 예측할 수도 있다. 만약 빛이 두 편광판을 통과할 수 없다면, 당연히 세 번째 편광판도 통과하지 못할 테니까! 놀랍게도 *B*의 각도를 어떻게 둬도 대부분의 경우 스크린에 빛이 도달한다. *B*의 편광 각도가 *A*와 *C*에 대해서 둘 다 45도가 된다면 이 빛의 밝기가 최대가 될 것이다(그림 2.3).

편광판은 분명 단순한 체처럼 작동하지 않는다. 반면 편광판 *B*를 추가한 것이 스크린에 도착하는 광자의 수를 증가시킬 수는 없다.

2.1.2 양자역학적 설명

밝은 빛줄기에 대해 파동 개념으로 실험에 대해 고전적으로 설명할 수 있다. 빛을 매우 어둡게 해서 1번에 단 1개의 광자만이 편광판과 상호 작용하도록 하면 여기서 설명한 실험을 더 복잡한 장치로 수행할 수 있다. 이렇게 단일 광자를 사용한 실험은 양자역학으로만 설명될 수 있으며, 고전적인 파동으로는 더 이상 설명되지 않는다. 게다가 이렇게 이상한 방식으로 행동하는 것이 빛만 있는 것은 아니다. 이 실험의 양자역학적 설명은 두 부분으로 나눠진다. 광자의 편광 상태에 대한 모형과 편광판과 광자 사이의 상호 작용에 대한 모형이다. 이 실험의 설명과 큐비트를 정의할 때 벡터, 기저, 정규직교, 선형결합과 같은 선형대수학의 기본적 개념을 사용한다. 선형대수학은 이 책 전반적으로 사용된다. 이러한 개념의 의미를 2.2절에서 독자에게 간략히 설명할 것이다. 2.6절에서는 선형대수학에 관한 몇 가지 책을 추천한다.

양자역학은 광자의 편광 상태를 단위 벡터, 즉 길이가 1인 벡터로 모형화한다. 우리는 세로 편광과 가로 편광을 나타내기 위해 각각 $|\uparrow\rangle$와 $|\rightarrow\rangle$라고 적는다. $|v\rangle$를 임의의 어떤 v로 표시된 벡터라고 생각하자. 양자역학에서 양자 상태를 표현하는 벡터에 대한 표준 표기법은 $|v\rangle$이고, $\vec{v}$나 **v**는 다른 상황에서 사용된다. 이것은 더 일반적인 표기법인 디랙 표기법Dirac's notation의 일부로, 2.2절과 4.1절에서 더 자세히 설명할 것이다. 임의의 편광 벡터를 두 기저 벡터 $|\uparrow\rangle$와 $|\rightarrow\rangle$의 선형 결합으로 $|v\rangle = a|\uparrow\rangle + b|\rightarrow\rangle$처럼 표현할 수 있다. 예를 들어 $|\nearrow\rangle = \frac{1}{\sqrt{2}}|\uparrow\rangle + \frac{1}{\sqrt{2}}|\rightarrow\rangle$는 45도 방향의 편광을 표현하는 단위 벡터다. $|v\rangle = a|\uparrow\rangle + b|\rightarrow\rangle$에 있는 계수 a와 b는 각각 $|\uparrow\rangle$와 $|\rightarrow\rangle$ 방향에 있는 **진폭**amplitude이라고 한다(그림 2.4 참고). a와 b가 둘 다 0이 아니면 $|v\rangle = a|\uparrow\rangle + b|\rightarrow\rangle$를 $|\uparrow\rangle$와 $|\rightarrow\rangle$의 **중첩**superposition 상태라고 한다.

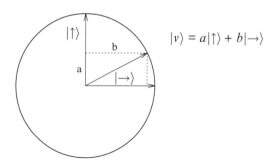

그림 2.4 정해진 기저 $\{|\uparrow\rangle, |\rightarrow\rangle\}$를 가지는 장치를 사용하는 $|v\rangle = a|\uparrow\rangle + b|\rightarrow\rangle$ 상태의 측정

양자역학은 광자와 편광판의 상호 작용을 다음과 같이 모형화한다. 편광판은 지정된 축, 다시 말해 그 편광 방향이 있다. $|v\rangle = a|\uparrow\rangle + b|\rightarrow\rangle$라는 편광을 가지는 광자가 $|\uparrow\rangle$ 방향 축을 가지는 편광판을 만났을 때, 광자는 확률 $|a|^2$를 갖고 통과하며 확률 $|b|^2$를 갖고 흡수된다. 광자가 편광판에 의해 흡수될 확률은 편광판의 축에 대해 수직인 방향의 진폭의 절댓값 제곱이다. 게다가 이제 편광판을 통과한 광자는 편광판의 축 방향으로 편광될 것이다. 이 상호 작용의 확률적 특성과 상태 변화의 결과는 물리적으로 어떻게 구현됐는가에 상관없이 큐비트와 측정 장치 사이의 모든 상호 작용의 특징이다.

위의 실험에서 편광판 A를 통과한 광자들은 편광판 A의 축 방향으로, 여기서는 가로 방향이므로 $|\rightarrow\rangle$ 방향으로 편광될 것이다. 가로 방향으로 편광된 광자는 세로 방향으로는 진폭이 전혀 없고, 따라서 세로 방향으로 놓여 있는 편광판 C를 통과하지 못한다. 그러므로 스크린에는 빛이 전혀 도달하지 못한다. 편광판 C를 어떤 다른 방향으로 놓는다면, 가로로 편광된 광자는 편광판 C 방향으로 어떤 진폭을 가질 수 있어서 광자들 중 일부가 스크린에 도달할 수 있게 된다.

일단 $|\nearrow\rangle$ 방향으로 향하는 편광판 B가 들어갔을 때 일어난 일을 이해하기 위해 가로로 편광된 광자의 편광 상태를 $|\rightarrow\rangle$로 적어보자.

$$|\rightarrow\rangle = \frac{1}{\sqrt{2}}|\nearrow\rangle - \frac{1}{\sqrt{2}}|\nwarrow\rangle$$

편광판 A를 통과한 광자는 가로로 편광된다. 그러면 그 광자의 상태 $|\rightarrow\rangle$에서 $|\nearrow\rangle$ 방향으로의 진폭은 $\frac{1}{\sqrt{2}}$이다. 우리가 방금 배운 양자 이론을 적용하면, 가로로 편광된 광자가 편광판 B를 통과할 확률은 $\frac{1}{2} = \left|\frac{1}{\sqrt{2}}\right|^2$이다. 편광판 B를 통과한 광자는 이제 $|\nearrow\rangle$ 방향으로 편광된다. 이 광자들이 편광판 C를 때렸을 때 수직 방향이 진폭 성분이 있다. 따라서 그중 절반이 편광판 C를 통과해 스크린을 때릴 것이다(그림 2.3 참고). 이 방식으로 양자역학은 세 번째 편광판이 추가됐을 때 얼마나 많은 빛이 스크린에 도착할 수 있는지 설명하며, 스크린에 얼마나 많은 빛이 도착할 수 있는지 계산하는 방법을 제공한다.

요약하자면 광자의 편광 상태는 단위 벡터로 모형화된다. 광자와 편광판의 상호 작용은 확률적이며, 편광판의 방향에 있는 광자 편광의 진폭에 의존한다. 편광판의 방향과 광자의 편광에 따라 광자가 편광판에 흡수되거나 편광판을 통과한다.

2.2 단일 양자비트

단일 광자가 가지는 가능한 편광 상태의 공간은 양자비트, 또는 큐비트의 사례다. 큐비트는 연속적으로 가능한 값을 가진다. 즉, 단위 벡터 $a|\uparrow\rangle + b|\rightarrow\rangle$로 표현되는 어떤 상태이든지 적절한 큐비트 값이다. 복소수 진폭은 실험을 설명하는데 필요 없긴 하지만 진폭 a와 b는 복소수다(광자 편광의 경우, 복소수 계수는 원편광에 해당한다).

일반적으로 어떤 물리계의 모든 가능한 상태들의 집합은 그 계의 **상태 공간**state space이라고 한다. 2차원 복소 벡터 공간으로 모형화시킬 수 있는 어떤 양자역학적 계라도 큐비트로 간주할 수 있다(길이가 1(단위 길이)인 복소수를 곱한 벡터들은 모두 같은 양자 상태를 표현한다는 점에서 이 표현에는 중복된 상태가 존재한다. 이 중복에 대해서는 2.5절과 3.1절에서 신경 써서 논의할 것이다). 그런 계를 2상태 양자계라고 하는데, 광자의 편광, 전자의 스핀, 원자의 바닥 상태와 들뜬 상태 등이 포함된다. 2상태라는 말은 이 상태 공간이 단 두 가지 상태만 가질 수 있다는 뜻이 아니라 오히려 단 두 가지 상태의 선형 결합, 즉 중첩으로 표현될 수 있는 모든 가능한, 무한히 많은 상태를 가진다는 뜻이다. 2차원 복소 벡터 공간을 큐비트로 간주하기 위해서 $|0\rangle$과 $|1\rangle$로 나타내는 두 선형 독립인 상태는 반드시 달라야 한다. 양자정보처리 이론에 대해서는 전자의 스핀이든 원자의 에너지 준위든, 모든 2상태 계는 똑같이 적합하다. 현실적인 관점에서는 양자 컴퓨터와 같은 양자정보처리 장치를 물리적 구현으로 구현하기에 어떤 2상태 계가 가장 적합한지는 아직 분명치 않다. 다양한 물리적 표현이 큐비트로 사용될 것으로 보인다.

디랙의 브라/켓 표기법은 양자물리학에서 양자 상태와 그 변환을 표현하기 위해 전반적으로 쓰인다. 이 절에서는 양자 상태를 표현하는 데 사용되는 디랙 표기법을 소개하겠다. 4.1절에서는 양자 변환을 위한 디랙 표기법을 소개할 것이다. 이 표기법과 친숙해지는 것이 앞으로 이어질 내용을 이해하는 데 큰 도움이 될 것이다. 우리는 독자 여러분에게 2장 끝에 있는 연습 문제를 꼭 풀어볼 것을 권한다.

디랙 표기법에서 $|x\rangle$와 같은 켓은 양자계의 어떤 상태를 표현하는 벡터를 나타낸다. 이때 x는 임의의 표시가 될 수 있다. $|v\rangle = a_1|s_1\rangle + a_2|s_2\rangle + \cdots + a_n|s_n\rangle$이 되는 복소수 a_i가 존재하면, 그 벡터 $|v\rangle$는 $|s_1\rangle, |s_2\rangle, \ldots, |s_n\rangle$과 같은 벡터의 선형 결합이다.

만약 V에 있는 모든 원소 $|v\rangle$가 집합 S에 있는 벡터들의 복소수 선형 결합으로 나타낼 수 있다면, 즉 모든 $|v\rangle \in V$에 대해 원소 $|s_i\rangle \in S$와 복소수 a_i가 존재해, $|v\rangle = a_1|s_1\rangle + a_2|s_2\rangle + \cdots + a_n|s_n\rangle$과 같이 나타낼 수 있다면 S는 복소 벡터 공간 V를 생성한다. 벡터 집합 S가 주어지면, S에 있는 벡터의 모든 선형 결합들의 부분 공간은 S의 펼침^{span}이라고 하며 span(S)로 표기한다. V에 있는 모든 원소가 B에 있는 벡터들의 유일한 선형 결합으로 표현될 수 있으면, 집합 B는 V의 기저^{basis}라고 한다. 2차원 벡터 공간에서, 서로의 상수배가 아닌 어떤 두 벡터는 기저를 형성한다. 양자역학에서 기저는 정규직교^{orthonormal}가 돼야 하며, 이 성질은 곧 설명할 것이다. 구분되는 두 상태 $|0\rangle$과 $|1\rangle$도 또한 정규직교가 돼야 한다.

복소 벡터 공간에 대한 내적$^{\text{inner product}}$ 또는 **도트곱**$^{\text{dot product}}$은 $\langle v_2|v_1\rangle$으로 적으며, V에 있는 한 쌍의 벡터 $|v_1\rangle$과 $|v_2\rangle$에 대해 정의된 복소수 함수로, 다음을 만족한다.

- $\langle v|v\rangle$는 음수가 아닌 실수다.
- $\langle v_2|v_1\rangle = \overline{\langle v_1|v_2\rangle}$이다.
- $\langle v_1|(a|v_2\rangle + b|v_3\rangle) = a\langle v_1|v_2\rangle + b\langle v_1|v_3\rangle$이다.

여기서 $\bar{z}$는 $z = a + \mathbf{i}b$의 켤레 복소수이며 $\bar{z} = a - \mathbf{i}b$다.

두 벡터 $|v_1\rangle$과 $|v_2\rangle$는 $\langle v_1|v_2\rangle = 0$인 경우 **직교**^{orthogonal}한다. 어떤 벡터 집합의 모든 벡터들이 서로 직교하면 그 집합은 직교 집합이다. 벡터 $|v\rangle$의 길이, 또는 노름^{norm}은 $\||v\rangle\| = \sqrt{\langle v|v\rangle}$이다. 양자 상태를 나타내는 모든 벡터 $|x\rangle$는 단위 길이이므로, 어떤 상태 벡터 $|x\rangle$에 대해서도 $\langle x|x\rangle = 1$이다. 집합의 모든 원소의 길이가 1이고 서로 직교한다면 그 집합은 정규직교 집합이다. 즉, 벡터 집합 $B = \{|\beta_1\rangle, |\beta_2\rangle, \ldots, |\beta_n\rangle\}$에서 모든 i, j에 대해 $\langle \beta_i|\beta_j\rangle = \delta_{ij}$이면 이 집합은 정규직교 집합이다. 여기서,

$$\delta_{ij} = \begin{cases} 1 & i = j\text{인 경우} \\ 0 & \text{그 외} \end{cases}$$

양자역학에서는 주로 정규직교하는 기저에 관심을 가지며, 따라서 별다른 언급이 없다면 기저^{basis}는 정규직교 기저$^{\text{orthonormal basis}}$를 뜻한다.

2상태 계의 상태 공간이 양자비트를 표현하려면 $|0\rangle$과 $|1\rangle$로 서로 구분되는 2개의 정규직교 상태가 반드시 정해져야 한다. $|0\rangle$과 $|1\rangle$은 정규직교해야 한다는 것을 제외하면 그 상태로서 무엇이든 고를 수 있다. 예를 들어 광자 편광의 경우, $|0\rangle$과 $|1\rangle$을 $|\uparrow\rangle$과 $|\rightarrow\rangle$에 대응시킬 수도 있고, $|\nearrow\rangle$와 $|\nwarrow\rangle$에 대응시킬 수도 있다. 여기서는 편의상 $|0\rangle = |\uparrow\rangle$과 $|1\rangle = |\rightarrow\rangle$으로 두겠다. 이것은 $|\nearrow\rangle = \frac{1}{\sqrt{2}}(|0\rangle + |1\rangle)$과 $|\nwarrow\rangle = \frac{1}{\sqrt{2}}(|0\rangle - |1\rangle)$이라는 뜻이다. 전자 스핀의 경우 $|0\rangle$과 $|1\rangle$은 위 스핀spin-up과 아래 스핀spin-down 상태, 또는 왼쪽 스핀spin-left과 오른쪽 스핀spin-right에 대응시킬 수 있다. 큐비트와 일반적인 양자정보처리에 대해 이야기할 때는, 이뤄지는 모든 논의에서 **표준 기저** $\{|0\rangle, |1\rangle\}$을 고정적으로 선택한다. 양자정보처리에서 고전비트 값 0과 1은 서로 구분되는 상태 $|0\rangle$과 $|1\rangle$에 부호화한다. 이 부호화는 비트와 큐비트 사이에서 직접적인 비교를 할 수 있도록 해준다. 비트는 단 두 가지 값 0과 1만 가질 수 있고, 반면 큐비트는 $|0\rangle$과 $|1\rangle$뿐만 아니라 이 값들의 임의의 중첩 상태인 $a|0\rangle + b|1\rangle$을 가질 수 있다. 여기서 a와 b는 $|a|^2 + |b|^2 = 1$을 만족하는 복소수다.

벡터와 선형변환은 일단 기저가 정해지면 행렬 표기법을 사용해 적을 수 있다. 즉, 만약 기저 $\{|\beta_1\rangle, |\beta_2\rangle\}$가 정해지면, 켓 $|v\rangle = a|\beta_1\rangle + b|\beta_2\rangle$를 $\binom{a}{b}$처럼 적을 수 있고, 그러면 켓 $|v\rangle$는 열 벡터 v에 대응된다. 여기서 v는 단순히 표시로, 벡터의 이름을 나타낸다. 벡터의 켤레 전치conjugate transpose 벡터는 $v^\dagger$으로 나타내며,

$$v = \begin{pmatrix} a_1 \\ \vdots \\ a_n \end{pmatrix} \text{의 켤레 전치 벡터는 } v^\dagger = (\overline{a_1}, \ldots, \overline{a_n})$$

라는 벡터다. 디랙 표기법에서 켓 $|v\rangle$의 켤레 전치는 브라라고 하며 $\langle v|$로 적는다. 따라서

$$|v\rangle = \begin{pmatrix} a_1 \\ \vdots \\ a_n \end{pmatrix} \quad \text{그리고} \quad \langle v| = (\overline{a_1}, \ldots, \overline{a_n})$$

라고 적는다. 브라 $\langle v|$는 열 벡터 $v^\dagger$에 대응한다.

두 복소 벡터

$$|a\rangle = \begin{pmatrix} a_1 \\ \vdots \\ a_n \end{pmatrix} \text{와} \quad |b\rangle = \begin{pmatrix} b_1 \\ \vdots \\ b_n \end{pmatrix}$$

가 주어졌을 때, 표준 내적 $\langle a|b \rangle$는 켤레 전치 $\langle a| = (\overline{a_1}, \ldots, \overline{a_n})$에 $|b\rangle$를 곱해서 얻은 스칼라로 정의된다. 즉,

$$\langle a|b \rangle = \langle a||b \rangle = (\overline{a_1}, \ldots, \overline{a_n}) \begin{pmatrix} b_1 \\ \vdots \\ b_n \end{pmatrix} = \sum_{i=1}^{n} \overline{a_i} b_i$$

이다. $\vec{a} = |a\rangle$와 $\vec{b} = |b\rangle$가 실수 벡터일 때, 내적은 n차원 실수 벡터 공간에 대해서 $\mathbf{R}^n$: $\langle a|b \rangle = a_1 b_1 + \cdots + a_n b_n = \vec{a} \cdot \vec{b}$로 정의되는 표준 도트 곱과 같다. 디랙이 브라와 켓을 선택한 것은 일종의 말장난으로, 브라 $\langle a|$와 켓 $|b\rangle$의 내적 $\langle a|b \rangle$는 때때로 브라켓^{bracket}이라고도 한다. $|v\rangle = a|0\rangle + b|1\rangle$일 때, $\langle 0|0 \rangle = 1$, $\langle 1|1 \rangle = 1$, $\langle 1|0 \rangle = \langle 0|1 \rangle = 0$, $\langle 0|v \rangle = a$, $\langle 1|v \rangle = b$가 성립한다.

표준 기저를 $\{|0\rangle, |1\rangle\}$ 순서로 두면, 기저 $|0\rangle$과 $|1\rangle$은 각각 $\begin{pmatrix} 0 \\ 1 \end{pmatrix}$과 $\begin{pmatrix} 1 \\ 0 \end{pmatrix}$으로 표현될 수 있고, 복소 선형 결합 $|v\rangle = a|0\rangle + b|1\rangle$은 $\begin{pmatrix} a \\ b \end{pmatrix}$로 적을 수 있다. 기저의 선택과 기저 순서를 이렇게 하는 것은 단지 편의에 따른 것이다. $|0\rangle$을 $\begin{pmatrix} 1 \\ 0 \end{pmatrix}$으로 두고 $|1\rangle$을 $\begin{pmatrix} 0 \\ 1 \end{pmatrix}$로 두는 것과, $|0\rangle$을 $\frac{1}{\sqrt{2}}\begin{pmatrix} 1 \\ -1 \end{pmatrix}$로 두고 $\frac{1}{\sqrt{2}}\begin{pmatrix} 1 \\ 1 \end{pmatrix}$로 두는 것은 일관적으로 사용하는 한 둘 다 좋다. 별다른 언급이 없다면 이 책에서 모든 벡터와 행렬은 표준 기저 $\{|0\rangle, |1\rangle\}$을 이 순서에 따라 적을 것이다.

양자 상태 $|v\rangle$는 $|\beta_1\rangle$과 $|\beta_2\rangle$의 자명하지 않은 선형 결합으로 a_1과 a_2가 0이 아니고 $|v\rangle = a_1|\beta_1\rangle + a_2|\beta_2\rangle$일 때, 기저 원소 $\{|\beta_1\rangle, |\beta_2\rangle\}$의 중첩 상태다. 이 책에서 별도의 구체적인 언급 없이 "중첩 상태"라고 하면, 그것은 표준 기저에 대한 표현을 뜻한다.

처음에 벡터/행렬 표기법을 사용하는 것은 익숙하기 때문에 많은 독자들이 사용하기 더 쉽다. 어떤 경우, 행렬 표기법이 계산하는 데 더 편리하지만 그렇게 하려면 항상 기저와 기저의 순서를 항상 선택해야 한다. 브라/켓 표기법은 기저와 기저 원소의 순서에 독립적이라는 장점이 있다. 또한 내적에서 살펴봤듯이, 더 간결하고 정확한 관계를 제시하므

로 일단 익숙해지면 더 쉽게 읽고 사용이 편리하다.

큐비트 대신에, 3차원 또는 n차원 벡터 공간으로 모형화되는 상태를 가지는 물리계를 계산의 기본 단위로 사용할 수도 있다. 세 가지 상태가 가능한 단위를 큐트리트^{qutrit}라고 하며, n가지 상태가 가능한 단위를 큐디트^{qudit}라고 한다. 큐디트는 다수의 큐비트를 사용해 모형을 만들 수 있기 때문에, 큐디트에 기반한 양자정보 모형은 큐비트에 기반한 양자정보 모형과 같은 계산 능력을 가진다. 이런 이유로, 고전적인 경우에 대다수의 사람들이 비트 기반의 정보 모형을 사용했던 것과 마찬가지로 큐디트를 더 살펴보진 않을 것이다.

이제 큐비트를 묘사하는 수학적 모형을 가졌다. 추가로 측정 장치와 큐비트의 상호 작용에 대한 수학적 모형이 필요하다.

2.3 단일 큐비트 측정

편광판과 광자 사이의 상호 작용은 측정 장치와 양자계 사이에 있는 어떤 상호 작용의 핵심적 성질을 나타낸다. 이 실험의 수학적 모형은 그 물리적 구현에 상관없이 단일 큐비트에 대한 모든 측정의 모형을 만드는 데 사용될 수 있다. 더 복잡한 계에 대한 측정에서도 단일 큐비트 측정의 특징들, 즉 확률적 결과와 측정이 계의 상태에 영향을 준다는 특징은 유지된다. 이 절에서는 단일 큐비트계에 대한 측정만을 고려한다. 4장에서 좀 더 일반적인 양자계에 대한 측정을 논의할 것이다.

양자 이론은 2상태 양자계를 측정하는 임의의 장치가 2개의 정해진 상태를 갖고 있어야 하며, 그것을 표현하는 벡터 $\{|u\rangle, |u^{\perp}\rangle\}$는 여기에 연관된 벡터 공간의 정규직교 기저를 구성한다고 전제한다. 상태의 측정은 그 상태를 측정 장치와 연관된 기저 벡터인 $|u\rangle$나 $|u^{\perp}\rangle$ 중 하나로 변환시킨다. 그 상태가 기저 벡터 $|u\rangle$로 측정될 확률은 기저 벡터 $|u\rangle$의 방향이 가지는 성분의 진폭의 절댓값 제곱이다. 예를 들어 $\{|u\rangle, |u^{\perp}\rangle\}$ 기저에서 광자의 편광을 측정하는 장치가 있으면, 상태 $|v\rangle = a|u\rangle + b|u^{\perp}\rangle$는 $|a|^2$라는 확률로 $|u\rangle$로 측정되고 $|b|^2$라는 확률로 $|u^{\perp}\rangle$로 측정된다.

측정이 이렇게 행동하는 것은 양자역학의 공리^{axiom}이다. 이것은 다른 물리학적 원리로부터 유도할 수 없으며, 그보다는 측정 장치를 사용한 실험에서 경험적 관찰에서 나온다.

만약 양자역학이 올바르다면 단일 큐비트를 측정하는 모든 장치는 이런 방식으로 작동한다. 즉, 모두 적절한 기저를 갖고 측정 결과는 항상 그 두 기저 벡터 중 하나가 된다. 이런 이유로 누군가 "큐비트를 측정한다"고 말한다면, 반드시 어떤 기저에서 측정이 수행됐는지 구체적으로 정해야 한다. 이 책 전체에 걸쳐 만약 별다른 언급 없이 "큐비트를 측정한다"는 말은 표준 기저 $\{|0\rangle, |1\rangle\}$에서 측정을 수행한다는 뜻이다.

양자 상태의 측정은 상태를 바꾼다. 만약 상태 $|v\rangle = a|u\rangle + b|u^\perp\rangle$를 $|u\rangle$로 측정했다면, 상태 $|v\rangle$는 $|u\rangle$로 바뀐다. 같은 기저에서 이뤄진 두 번째 측정은 1의 확률로 $|u\rangle$를 얻으며, 그러므로 원래 상태가 기저 상태 중 하나가 아니었다면 1번의 측정은 상태를 바꾸고 어떤 순서로 측정을 하더라도 원래 상태를 알아내는 것은 불가능해진다.

표준 기저의 중첩 상태 $a|0\rangle + b|1\rangle$에 있는 큐비트를 측정하는 수학적 규칙은 분명하지만, 측정은 중첩의 의미에 대해 질문을 불러일으킨다. 우선 중첩이라는 개념은 기저에 따라 달라진다. 어떤 기저에 대해 중첩 상태에 있는 모든 상태는 다른 기저에 대해서는 그렇지 않다. 예를 들어 $a|0\rangle + b|1\rangle$은 $\{|0\rangle, |1\rangle\}$ 기저에 대해 중첩 상태지만 $\{a|0\rangle + b|1\rangle, \bar{b}|0\rangle - \bar{a}|1\rangle\}$ 기저에 대해서는 그렇지 않다.

또한 중첩 상태의 측정 결과는 확률적이기 때문에 어떤 사람들은 상태 $|v\rangle = a|0\rangle + b|1\rangle$을 $|0\rangle$과 $|1\rangle$의 확률적 섞임으로 생각하려는 경향이 있다. 물론 그렇지 않다. 특히 상태가 $|0\rangle$이나 $|1\rangle$이라는 상태에 있고, 우리가 그것을 모를 뿐이라는 것은 사실이 아니다. 그보다는 $|v\rangle$는 어떤 정해진 상태로 어떤 기저에서 측정됐을 때 정해진 결과를 주며, 그 결과는 무작위적으로 나온다. 편광 $|\nearrow\rangle = \frac{1}{\sqrt{2}}(|\uparrow\rangle + |\rightarrow\rangle)$을 가지는 광자는 아다마르 기저 _{Hadamard basis} $\{|\nearrow\rangle, |\nwarrow\rangle\}$에 대해서 측정했을 때는 정해진 결과가 나오지만, 표준 기저 $\{|\uparrow\rangle, |\rightarrow\rangle\}$에서 측정했을 때는 무작위적인 결과가 나온다. 중첩 상태 $|v\rangle = a|0\rangle + b|1\rangle$을 어떤 관점에서 $|0\rangle$와 $|1\rangle$이라는 두 상태에 동시에 존재한다고 보는 것은 이 말을 너무 문자 그대로 받아들이지 않는 한 괜찮다. $|0\rangle$과 $|1\rangle$의 중첩 상태들 중에서 같은 크기지만 다른 진폭을 가지는 상태들은, 예를 들어 $\frac{1}{\sqrt{2}}(|0\rangle + |1\rangle)$, $\frac{1}{\sqrt{2}}(|0\rangle - |1\rangle)$, $\frac{1}{\sqrt{2}}(|0\rangle + \mathbf{i}|1\rangle)$는 서로 구분되며, 여러 상황에서 다른 방식으로 거동한다.

큐비트가 무한히 많은 상태 중 하나를 가질 수 있다면, 누군가는 단일 큐비트에 많은 고전적 정보를 저장할 수 있기를 바랄 수도 있다. 하지만 양자 측정의 특성은 큐비트에서 추출할 수 있는 정보의 양을 엄청나게 제한한다. 하나의 양자비트에 대한 정보는 측정으로만 얻을 수 있는데, 어떤 측정을 하더라도 두 상태 중 하나인 결과만 나오고, 이 두 상태는 측정 장치와 연관된다. 따라서 단일 측정은 많아봐야 하나의 고전 정보 비트를 이끌어낼 뿐이다. 측정이 상태를 바꾸기 때문에, 큐비트의 원래 상태를 2번 측정할 수 없다. 게다가 5.1.1절에 따르면 알려지지 않은 양자 상태는 복제될 수 없는데, 이것은 큐비트 상태를 복사해서 그 사본을 측정하는 방식과 같이 2번 측정하는 것이 간접적으로도 불가능하다는 뜻이다. 그러므로 큐비트가 무한히 많은 다른 중첩 상태에 존재할 수 있다 하더라도 하나의 큐비트에서는 1번에 하나의 의미 있는 고전 정보 비트만을 추출할 수 있다.

2.4 양자 키 분배 통신규약

지금까지 소개한 양자 이론은 양자정보처리의 첫 번째 응용 분야, 즉 고전적인 대체품이 없으며 그 보안성을 양자 효과에 의존하는 키 분배 통신규약key distribution protocol을 설명하기에 충분하다.

키key는 충분히 큰 집합으로부터 무작위로 선택된 이진수열 또는 숫자들로, 암호화와 인증, 비밀 공유 등 많은 암호화 통신규약에 보안성을 제공한다. 이런 이유로 통신하려고 하는 두 사용자 간에 키를 구성하는 것은 암호화에서 근본적인 중요성을 가진다. 키에는 두 가지 일반적인 부류가 있는데, 대칭 키symmetric key와 공개 키-비밀 키 쌍public-private key pair이다. 두 가지 방식 모두 널리 사용되며, 때로는 결합돼 보안 전자상거래 결제에서 공개 통신망을 통한 비밀 통신에 이르는 다양한 실질적인 환경에서 사용된다.

공개 키-비밀 키 쌍은 누구나 알 수 있는 공개 키와, 그에 대응하며 그 소유자가 조심스럽게 비밀을 지켜야 하는 비밀 키로 이뤄진다. 대칭 키는 하나의 키(또는 서로 쉽게 계산할 수 있는 키의 쌍)로, 정당한 참가자는 모두 알 수 있고, 그 외에는 알려지지 않는다. 대칭 키의 경우, 다수의 참여자들은 키의 비밀을 지켜야 할 책임이 있다.

양자 키 분배 통신규약은 두 참여자 사이에 대칭 키를 만들어준다. 암호학계에서는 보통 이 두 참여자를 앨리스Alice와 밥Bob이라고 한다. 양자 키 분배 통신규약은 디피-헬만Diffie-Hellman과 같은 고전적 키 교환 통신규약이 사용되는 분야 어디에서나 보안성을 유지하며 사용될 수 있다. 이들은 같은 작업을 수행한다. 다만 양자 키 분배의 보안성은 양자역학의 근본적 성질에 기반하지만 고전 키 교환 통신규약은 어떤 문제의 계산이 어렵다는 점에 의존한다. 예를 들어 디피-헬만 기법은 알려진 모든 고전적 공격에 대해서 보안성이 유지되지만, 그 기반이 되는 문제인 이산 로그 문제는 양자 컴퓨터를 이용해 쉽게 해결할 수 있다. 8.6.1절에서 이산 로그 문제에 대한 쇼어의 알고리듬을 논의할 것이다.

최초의 양자 키 분배 통신규약은 고안자인 찰스 베넷과 길스 브라사드의 이름과 고안된 연도를 따 BB84라고 한다. BB84 통신규약의 목표는 0과 1의 무작위 비트열로 이뤄진 비밀 키를 두 참가자 앨리스와 밥만이 알도록 구성하고, 둘 사이에 비밀 메시지 교환이나 도청 감지와 같은 암호학적 작업을 할 수 있도록 이 키를 사용하는 것이다. BB84 통신규약은 앨리스와 밥이 키를 구성하는 동안 아무 문제가 없었는지 알 수 있도록 하고, 그 결과 높은 확률로 비밀이 유지되도록 하는 것이다. 그러나 이 통신규약은 비밀 키 구성이 성공할 수 있음을 보장하진 않는다.

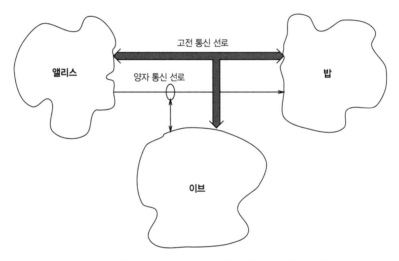

그림 2.5 앨리스와 밥이 이브에게 알려지지 않도록 공통의 키를 교환하려고 한다.

앨리스와 밥이 2개의 공개된 통신 선로로 연결됐다고 하자. 하나는 보통의 양방향 고전 통신 선로이고, 하나는 단방향 양자 통신 선로다. 양자 통신 선로는 앨리스가 밥에게 단일 큐비트 열을 보낼 수 있도록 한다. 여기서 큐비트는 개별 광자의 편광 상태로 부호화됐다고 하자. 두 통신 선로는 모두 도청자 이브^{Eve}가 들여다볼 수 있다. 이 상황이 그림 2.5에 묘사돼 있다. 비밀 키를 만드는 절차를 개시하면, 앨리스는 고전 비트 값의 무작위

수열을 생성하는 양자적 방법이나 고전적 방법을 사용하게 된다. 이제 살펴보겠지만, 이 수열의 무작위적인 부분집합이 최종적인 비밀 키가 될 것이다. 이제 앨리스는 다음과 같이 합의된 두 가지 기저 중 무작위로 하나를 골라 이 수열의 각 비트를 광자의 편광 상태에 무작위로 부호화한다. 하나는 표준 기저

$$0 \rightarrow |\uparrow\rangle$$
$$1 \rightarrow |\rightarrow\rangle$$

이고, 다른 하나는 아다마르^{Hadamard} 기저

$$0 \rightarrow |\nearrow\rangle = \frac{1}{\sqrt{2}}(|\uparrow\rangle + |\rightarrow\rangle)$$
$$1 \rightarrow |\nwarrow\rangle = \frac{1}{\sqrt{2}}(|\uparrow\rangle - |\rightarrow\rangle)$$

이다. 앨리스는 이렇게 만든 광자열을 밥에게 양자 통신 선로를 통해 전송한다.

밥은 두 가지 기저 중 무작위로 하나를 골라 그가 수신한 각 광자의 상태를 측정한다. 고전 통신 선로를 통해 앨리스와 밥은 밥이 앨리스가 보낸 모든 광자를 받았음을 확인하고, 그런 경우 앨리스와 밥은 서로가 각 비트의 부호화와 해독(측정)에 사용한 기저를 알려준다. 둘의 기저 선택이 일치하면, 밥이 측정한 비트 값은 앨리스가 보낸 비트 값과 항상 일치한다. 둘의 기저 선택이 다르면, 밥의 비트는 앨리스의 비트와 50%의 확률로 일치한다. 비트 값 자체를 알려주면 이브가 알아챌 수도 있는데, 그렇지 않고는 앨리스와 밥은 이 값들의 일치 여부를 알아낼 방법이 없다. 따라서 간단히 둘은 기저 선택이 다른 경우의 모든 비트를 버리면 된다. 그러면 평균적으로 전송된 모든 비트 중 50%가 남는다. 그리고 이들이 원하는 보증 수준에 따라, 앨리스와 밥은 비트 중 몇 개를 비교해 도청이 발생했는지를 점검한다. 여기에 사용된 비트도 버린다. 이제 나머지 비트를 비밀 키로 사용한다.

이브가 할 수 있는 한 가지 공격을 설명하고, 이 통신규약의 양자적 측면이 어떻게 이것을 방어하는지 설명하겠다. 고전 통신 선로에서 앨리스와 밥은 기저의 선택만을 이야기하며 비트 값 그 자체는 이야기하지 않는다. 따라서 이브는 고전 통신 선로만 도청해서는 키에 대해 어떤 정보도 얻어낼 수 없다. 정보를 얻으려면 이브는 앨리스가 양자 통신 선로를 통해 전송한 광자를 가로채야만 한다. 그리고 이브는 앨리스와 밥이 선택한 기저를

알아내기 전에 밥에게 광자를 보내야 하는데, 이것은 밥이 광자를 수신했음을 확인한 후에 앨리스와 밥이 기저를 비교할 것이기 때문이다. 만약 이브가 밥에게 다른 광자를 보낸다면, 앨리스와 밥은 비트 값을 비교했을 때 뭔가 잘못됐음을 알아낼 것이다. 하지만 이브가 아무것도 하지 않고 원래 광자를 밥에게 전송한다면, 이브는 아무 정보도 얻을 수 없다.

정보를 얻으려면 이브는 밥에게 광자를 전송하기 전에 측정을 수행해야 한다. 편광판을 사용한 측정 대신에, 방해석 결정^{calcite crystal}과 광검출기를 사용할 수 있다. 방해석 결정을 통과한 빛살은 공간적으로 분리돼 2개로 나눠지는데, 그 중 하나의 편광 방향은 결정 물질의 광축 방향이며 다른 하나는 광축에 수직 방향으로 편광된다. 두 빛살 중 한쪽에 광검출기를 놓으면 양자 측정이 수행되며, 광자가 두 빛살 중 어느 쪽에서 있을지 확률은 2.3절에서 설명된 방법으로 계산할 수 있다.

앨리스가 밥에게 자신의 기저를 아직 말하지 않았기 때문에, 이브는 각각의 비트에 대해 어떤 기저에서 측정해야 할지 모른다. 만약 이브가 비트를 무작위로 측정한다면, 전체의 대략 절반 정도는 틀린 기저를 사용해서 측정하게 된다. (연습 문제 2.10에서 이브가 어떤 기저를 사용해야 할지 전혀 모르는 경우를 다뤄본다.) 이브가 틀린 기저를 사용해서 측정하면, 밥에게 광자를 다시 보내기 전에 광자의 편광 상태가 측정에 의해 바뀌게 된다. 편광이 이렇게 바뀐다는 것은 밥이 앨리스가 비트를 부호화하는 데 사용한 것과 같은 기저에서 광자를 측정한다 하더라도 전체의 절반 정도만 정확한 비트 값을 얻는다는 뜻이다.

전체적으로 앨리스와 밥이 갖고 있는 큐비트 각각에 대해 이브가 밥에게 전송하기 전에 큐비트를 측정한다면 밥은 25%의 기회로 앨리스가 보낸 것과 다른 비트 값을 측정할 것이다. 따라서 양자 통신 선로에 대한 이런 공격은 앨리스와 밥이 고전 통신 선로를 통해 충분한 수의 비트를 비교해 검출할 수 있는 높은 오류율을 만들어낸다. 만약 이러한 비트 값이 일치하면 나머지 비트를 확실히 비밀 키로 사용할 수 있다. 이브가 얻은 키 값의 25%는 대체로 틀릴 뿐만 아니라, 누군가 도청했다는 사실을 앨리스와 밥이 알아낼 수 있다. 따라서 앨리스와 밥은 합의된 키를 만들어내는 데 거의 위험을 겪지 않는다. 즉, 이들은 비밀 키를 만들어내는 데 성공하거나 도청이 발생했음을 알아낼 수 있다.

만약 이브가 광자를 어떤 기저에서 측정할지 알았더라면, 이브의 측정은 상태를 바꾸지 않을 것이고 이브는 앨리스와 밥에게 어떤 의심도 사지 않고 비트 값을 알아낼 수 있을 것이다. 하지만 앨리스와 밥이 어떤 기저를 사용할지에 대한 정보를 밥이 광자를 수신한 다음에만 공유하기 때문에 이브는 어떤 기저에서 큐비트를 측정해야 하는지 모르고, 이 것은 바로 이 통신규약의 보안성에 중요한 특성이다. 이 장애물을 앨리스가 극복하기 위해서, 쉬워 보이는 방법으로는 큐비트를 복사해 그 사본을 보관하고 밥에게는 원본을 전송하는 방법이 있다. 그러면 이브는 나중에 고전 통신 선로를 도청해 정확한 기저를 알아낸 다음 자신의 사본을 측정할 수 있다. 이런 방법은 양자정보의 중요한 특성에 의해 막힌다. 5.1.1절에서 살펴보는 것과 마찬가지로, 양자역학의 복제 불가 원리^{no-cloning principle}는 양자정보를 부호화할 때 사용했던 기저를 알아내지 못하는 한 양자정보를 신뢰성 있게 복제하는 것이 불가능하단 뜻이다. 모든 양자 복사 기계는 그 기저에 의존한다. 잘못된 기계로 복제를 하면 정확한 사본을 만들어 낼 수 없을 뿐만 아니라 잘못된 기저로 측정한 것과 같이 원본을 바꾸게 된다. 따라서 밥과 앨리스는 복제하려는 시도를 높은 확률로 알아낼 수 있다.

이 통신규약의 보안성은 디피-헬만 기법과 같은 다른 순수한 키 분배 통신규약과 마찬가지로 이브가 앨리스에게는 밥인 것처럼 가장하고, 밥에게는 앨리스인 것처럼 가장하는 **중간자 공격**^{man-in-the-middle attack}에 취약하다. 그런 종류의 공격을 방어하기 위해서 앨리스와 밥은 인증 통신규약과 결합할 필요가 있는데, 이것은 서로의 목소리를 인증하거나 보다 수학적인 인증 통신규약일 수 있다.

이 통신규약의 더 복잡한 판본도 존재하는데, 이것은 잡음이 심한 통신 선로를 통해 양자 키 분배를 지원하며 이브가 얻을 수 있는 정보의 양에 대해 더 강하게 보증한다. 잡음이 존재하는 경우 이브는 처음에는 어떤 정보를 얻을 수 있겠지만, 양자오류보정^{quantum error correction} 기법과 비밀 증폭^{privacy amplification} 기법이 이브가 얻을 수 있는 정보의 양을 원하는 만큼 낮은 수준으로 낮출 수 있으며, 선로에서 발생한 잡음을 보상할 수도 있다.

2.5 단일 큐비트계의 상태 공간

고전적 또는 양자적 물리계의 상태 공간은 계에 가능한 모든 상태의 집합이다. 그 계에서 어떤 특성을 고려하느냐에 따라 계의 상태는 그 계에 들어 있는 입자의 위치, 운동량, 편광, 스핀, 에너지 등등의 어떤 조합으로도 구성될 수 있다. 단일 광자의 편광 상태만을 고려한다면 상태 공간은 모든 가능한 편광이다. 더 일반적으로 단일 큐비트에 대한 상태 공간은 그것이 어떻게 구현됐든 다음과 같이 가능한 큐비트 값의 집합이다.

$$\{a|0\rangle + b|1\rangle\}$$

여기서 $|a|^2 + |b|^2 = 1$이고, 크기 1인 어떤 복소수 c에 대해 $a|0\rangle + b|1\rangle = c(a'|0\rangle + b'|1\rangle)$를 만족한다면 $a|0\rangle + b|1\rangle$과 $a'|0\rangle + b'|1\rangle$은 같은 큐비트 값으로 간주된다.

2.5.1 상대 위상과 전역 위상

같은 양자 상태가 하나 이상의 벡터로 표현된다는 것은 큐비트 값을 적는 복소 벡터 공간과 양자 상태 공간 그 자체 사이에는 중요한 차이가 있음을 뜻한다. 양자 상태를 표현하는 벡터가 단위 벡터가 되도록 하면 모호성이 줄어들지만 어떤 모호성은 남아 있다. 크기가 1인 복소수를 곱하는 것에 대해 동등한 단위 벡터들은 같은 상태를 나타낸다. 같은 양자 상태를 표현하는 두 벡터를 다르게 하는 계수는 전역 위상global phase이라고 하며, 물리적 의미가 없다. 어떤 복소수 전역 위상 $c = e^{i\phi}$에 대해, $|v\rangle = c|v'\rangle$를 나타내기 위해 동치관계equivalence relation $|v\rangle \sim |v'\rangle$를 사용한다. 전역 위상이 다른 2개의 2차원 복소수 벡터가 동등하다고 간주되는 공간은 1차원 복소 투영 공간complex projective space이라고 부른다. 동등한 벡터들의 집합을 공간에 있는 하나의 점으로 생각해서 얻은 공간을 몫 공간quotient space이라고 하며, 다음과 같은 간결한 표기법으로 나타낸다.

$$\mathbf{CP}^1 = \{a|0\rangle + b|1\rangle\} / \sim$$

따라서 단일 큐비트계에 대한 양자 상태 공간은 복소 투영 공간 $\mathbf{CP}^1$의 점과 일대일 대응에 있다. 이 책에서는 더 이상 $\mathbf{CP}^1$을 사용하지는 않겠지만, 양자정보처리에 관한 문헌에서는 사용된다.

벡터 공간의 선형성은 투영 공간에서보다 벡터를 다루기 쉽게 만들어주기 때문에, (벡터를 어떻게 더하는지는 알지만, 그에 대응해서 투영 공간의 점을 더하는 방법은 없다) 일반적으로 양자 상태 공간에 대응하는 벡터 공간에서 모든 계산이 수행된다. 하지만 이 벡터 공간 표현에서 하나의 양자 상태를 나타내는 표현이 여럿이라는 점은 이 분야의 초심자들에게 혼란을 일으키는 공통적인 근원이다.

물리적으로 중요한 양은 단일 큐비트 상태 $a|0\rangle + b|1\rangle$의 상대 위상$^{\text{relative phase}}$이다. 중첩 상태 $a|0\rangle + b|1\rangle$의 (표준 기저) 상대 위상은 두 복소수 a와 b 사이의 복소 평면에서의 각도를 말한다. 더 정확히는 상대 위상은 $a/b = e^{i\phi}|a|/|b|$를 만족하는 하나의 복소수 $e^{i\phi}$다. 두 진폭의 크기는 같지만 상대 위상이 다른 두 중첩 상태 $a|0\rangle + b|1\rangle$과 $a'|0\rangle + b'|1\rangle$은 다른 상태를 나타낸다.

물리적으로 의미 있는 상대 위상과 물리적으로 의미가 없는 전역 위상을 혼동하면 안 된다. 크기가 1인 상수를 곱해도 양자 상태 벡터가 바뀌지는 않지만, 중첩 상태에서 상대 위상은 구분되는 양자 상태를 표현한다. 즉, $|v_1\rangle \sim e^{i\phi}|v_1\rangle$라고 하더라도 두 벡터 $\frac{1}{\sqrt{2}}(e^{i\phi}|v_1\rangle + |v_2\rangle)$와 $\frac{1}{\sqrt{2}}(|v_1\rangle + |v_2\rangle)$는 같은 상태를 표현하지 않는다. 양자 상태로 계산 결과를 해석할 때는 항상 동치 관계 $\sim$를 생각해야 한다.

몇 가지 단일 큐비트 상태는 자주 언급되기 때문에 특별한 표시를 준다.

$$|+\rangle = 1/\sqrt{2}(|0\rangle + |1\rangle) \tag{2.1}$$

$$|-\rangle = 1/\sqrt{2}(|0\rangle - |1\rangle) \tag{2.2}$$

$$|\mathbf{i}\rangle = 1/\sqrt{2}(|0\rangle + \mathbf{i}|1\rangle) \tag{2.3}$$

$$|-\mathbf{i}\rangle = 1/\sqrt{2}(|0\rangle - \mathbf{i}|1\rangle) \tag{2.4}$$

기저 $\{|+\rangle, |-\rangle\}$는 아다마르 기저$^{\text{Hadamard basis}}$라고 한다. 광자 편광에 대해서 논의할 때는 아다마르 기저에 대해서 $\{|\nwarrow\rangle, |\nearrow\rangle\}$라는 표기법을 사용할 것이다.

어떤 저자들은 정규화 인자를 생략하는데, 상태를 표현하는 데 임의의 길이의 벡터를 허용해 두 벡터가 어떤 복소수 인자만큼 다르다면 두 벡터가 같은 상태를 표현하도록 한다. 진폭이 측정 확률에 더 직접적인 관계를 갖고 있으며, 정규화 인자를 따라가면 오류를 확인해서 피해 갈 수 있기 때문에, 여기서는 정규화 인자를 명시적으로 적을 것이다.

2.5.2 단일 큐비트의 상태 공간에 대한 기하학적 관점

양자 상태를 표현하기 위해서 벡터를 주로 사용하겠지만, 단일 큐비트 상태 공간에 대해 상태와 공간의 점 사이에 일대일 대응이 존재한다는 모형을 갖고 있는 것이 도움이 될 것이다. 여기서 이 성질을 가지는 연관됐지만 기하학적 모형을 제시하겠다. 두 번째 모형인 블로흐 구 모형^{Bloch sphere model}은 5.4.1절에서 단일 큐비트 양자 변환을 묘사하는 데 사용되고, 10장에서 단일 큐비트 부분계를 논의하기 위해서 일반화시킬 것이다. 이 모형들은 1차원 복소 투영 공간을 바라보는 방식이 다를 뿐이다. 이제 살펴보겠지만 1차원 복소 투영 공간은 구면으로 볼 수 있다. 먼저 이것을 복소 평면 $\mathbf{C}$와 전통적으로 ∞으로 나타내는 추가적인 점을 갖는 확장된 복소 평면으로 볼 수 있음을 보이겠다.

확장된 복소 평면 $\mathbf{C} \cup \{\infty\}$ 모든 복소수의 집합과 단일 큐비트 공간의 대응은

$$a|0\rangle + b|1\rangle \mapsto b/a = \alpha$$

과, 그 역변환인

$$\alpha \mapsto \frac{1}{\sqrt{1+|\alpha|^2}}|0\rangle + \frac{\alpha}{\sqrt{1+|\alpha|^2}}|1\rangle$$

으로 주어진다. 앞의 대응 관계는 $a = 0$이고 $b = 1$인 상태에 대해서는 정의되지 않는다. 이 대응 관계를 일대일로 만들기 위해서는 ∞로 표시된 하나의 점을 복소 평면에 추가하고, $\infty \leftrightarrow |1\rangle$로 정의해야 한다. 예를 들어

$$
\begin{aligned}
|0\rangle &\mapsto 0 \\
|1\rangle &\mapsto \infty \\
|+\rangle &\mapsto +1 \\
|-\rangle &\mapsto -1 \\
|\mathbf{i}\rangle &\mapsto \mathbf{i} \\
|-\mathbf{i}\rangle &\mapsto -\mathbf{i}
\end{aligned}
$$

이 된다.

이제 앞의 모형과 관련은 있지만 다른 유용한 모형을 하나 더 설명하겠다.

블로흐 구   앞의 표현에서 복소수 $\alpha = s + \mathbf{i}t$로 표현되는 각 상태를 표준적인 평사 도법 stereographic projection을 통해서 $|x|^2 + |y|^2 + |z|^2 = 1$을 만족하는 $(x, y, z) = \mathbf{R}^3$의 실수 3차원의 단위 구면으로 대응시킬 수 있다.

$$(s, t) \mapsto \left(\frac{2s}{|\alpha|^2 + 1}, \frac{2t}{|\alpha|^2 + 1}, \frac{1 - |\alpha|^2}{|\alpha|^2 + 1} \right)$$

여기서 $\infty \mapsto (0, 0, -1)$이 돼야 한다. 그림 2.6에 다음과 같은 대응 관계를 나타냈다.

$$
\begin{aligned}
|0\rangle &\mapsto (0, 0, 1) \\
|1\rangle &\mapsto (0, 0, -1) \\
|+\rangle &\mapsto (1, 0, 0) \\
|-\rangle &\mapsto (-1, 0, 0) \\
|\mathbf{i}\rangle &\mapsto (0, 1, 0) \\
|-\mathbf{i}\rangle &\mapsto (0, -1, 0)
\end{aligned}
$$

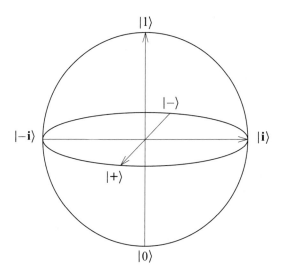

그림 2.6 블로흐 구의 표면에서 특정 단일 큐비트들의 위치

지금까지 단일 큐비트계의 양자 상태 공간에 대해 세 가지 표현법을 제시했다.

1. 켓 표기법으로 적은 벡터: $|a|^2 + |b|^2 = 1$을 만족하는 복소 계수 a와 b에 대해 $a|0\rangle + b|1\rangle$. 여기서 a와 b는 크기가 1인 복소 인자를 제외하면 유일하다. 이 전역 위상 때문에 이 표현은 일대일이 아니다.

2. 확장된 복소 평면: $\alpha \in \mathbf{C}$ 또는 ∞이 되는 단일 복소수. 이 표현은 일대일이다.

3. 블로흐 구: 단위 구면 위의 점 (x, y, z). 이 표현도 일대일이다.

10.1절에서 살펴보겠지만, 구면 내부의 점도 양자정보처리에서 의미가 있다. 역사적인 이유로 구면을 실제 구성하는 표면에 있는 상태만이 아니라 내부를 포함한 구 전체를 블로흐 구라고 부른다. 이러한 이유로 단일 큐비트계의 상태 공간은 블로흐 구의 표면으로 간주한다(그림 2.6 참고).

블로흐 구 표현법의 장점 중 하나는 모형에서 가능한 모든 기저를 읽기 쉽다는 점이다. 직교하는 상태들은 블로흐 구면에서 서로 반대편에 있는 점에 대응한다. 특히 블로흐 구의 모든 지름은 단일 큐비트 상태 공간에 대한 기저에 대응한다.

그림 2.4에서 제시한 그림은 각도가 블로흐 구 표현의 각도에 비해 절반이라는 점에서 단일 큐비트 양자계에 대한 블로흐 구 표현과 다르다. 특히 그림 2.4에 있는 두 상태 사이의 각도는 내적과 통상적인 관계가 있지만, 블로흐 구 표현에서 그 각도는 내적 공식에서 나온 각도의 2배에 해당한다.

2.5.3 일반적인 양자 상태 공간에 대한 설명

모든 양자계의 상태는 슈뢰딩거 파동 방정식Schrödinger wave equation이라고 하는 선형 미분 방정식이 주는 특정한 성질들을 만족한다. 이런 이유로 슈뢰딩거 방정식의 해는 파동 함수wave function라고 하며, 따라서 모든 양자 상태는 파동 함수로도 표현된다. 양자정보처리 이론에서 큐비트의 여러 가능한 물리적 구현 중 어떤 것을 구체적으로 써야 한다고 한정 지을 필요는 없으므로 파동 함수 해의 자세한 내용을 살펴볼 필요는 없다. 여기서는 단순히 $|\rightarrow\rangle$이나 $|0\rangle$과 같은 켓으로 표현되는 추상적 벡터로만 파동 함수를 바라볼 것이다.

슈뢰딩거 방정식이 선형 동차 방정식이므로, 슈뢰딩거 방정식에 대한 두 해의 합이나 어떤 해에 상수를 곱한 것 또한 슈뢰딩거 방정식의 해다. 따라서 어떤 양자계에 대한 슈뢰딩거 방정식의 해 집합은 복소 벡터 공간이다. 게다가 해 집합은 자연스러운 내적을 가지고 있다. 양자정보처리 이론의 측면에서는 유한한 차원의 벡터 공간만을 고려하면 충분하다. 무한한 차원을 가지는 공간에 대해서는 그 해의 공간이 **힐베르트 공간**Hilbert space의 구성 조건을 만족하다는 점만을 언급하겠다. 힐베르트 공간은 가장 일반적인 경우이기 때문에 문헌에서 자주 언급되지만, 많은 양자정보처리 논문에서 논의되는 힐베르트 공간은 유한 차원으로, 내적을 갖고 있는 유한 차원 복소 벡터 공간과 다르지 않다. 다중 큐비트계의 상태 공간에 대해서는 3장에서 논의할 것이다. 단일 큐비트 경우와 마찬가지로, 이 모형도 많은 중복이 존재한다. 사실은 더 큰 양자계에 대한 벡터 공간 표현일수록 더 많은 중복이 존재하며, 이것은 유의미하게 더 복잡해진 기하학적 특성으로 이어진다.

2.6 참고문헌

파인만과 마닌의 초기 논고들은 [119, 120, 121]과 [202, 203]에서 각각 찾아볼 수 있다. 브라/켓 표기법은 디랙이 1958년에 처음 도입했다[103]. 이는 대다수의 양자역학 교재에서 찾아볼 수 있으며, 사실상 양자계산의 모든 논문에서 사용된다.

선형대수학에 대한 더 많은 정보와, 특히 여기서 언급된 사실들의 증명은 스트랭Strang의 선형대수학과 그 응용[265]과 호프만Hoffman과 쿤제Kunze의 선형대수학을 포함한 아무 선형대수학 교재나 뱀버그Bamberg와 슈테른버그Sternberg의 물리학과 학생을 위한 수학[30]과 같은 수리물리학 교재에서 찾아볼 수 있다.

BB84 양자 키 분배 통신규약은 스티븐 위스너Stephen Wiesner의 작업[284]에 기반해 찰스 베넷과 길스 브라사드[42, 43, 45]가 개발했다. 이와 관련된 통신규약이 로Lo와 초우Chau에 의해 무조건적으로 보안적임이 밝혀졌다[198]. 그 증명은 나중에 쇼어와 프레스킬Preskill이 간략화했고[255], BB84로 확장했다. 또 다른 증명이 메이어스Mayers가 제시했다[206]. BB84 통신규약은 1992년에 베넷 등이 30cm의 자유 공간을 통해 실험적으로 처음 실증했다[37]. 그때 이후로 여러 연구단이 이 통신규약과 다른 양자 키 분배 통신규약을 100km 이상의 광섬유 케이블을 사용해 실증했다. 비엔팡Bienfang 등[51]은 야간에

23km에 걸친 자유 공간에서 양자 키 분배를 실증했고, 휴즈[Hughes] 등은 주간에 자유 공간으로 10km를 달성했다[156]. 그 구현법과 여기에 들어간 도전에 대한 자세한 설명은 ARDA 로드맵[157], QIPC 전략 보고서[295], 가이신[Gisin] 등의 저술[130]을 참고하자. id Quantique, MagiQ, SmartQuantum과 같은 회사들이 현재 BB84 통신규약을 구현한 양자 암호화 체계를 판매하고 있다. 다른 양자 키 분배 통신규약도 존재한다. 연습 문제 2.11에서 B92 통신규약을 다룰 것이며, 3.4절에서 에커트[Ekert]의 얽힘 기반 양자 키 분배 통신규약을 설명한다.

이 책에서 다뤄진 주제를 위해 필요한 양자역학은 전부 설명했지만, 양자역학에 관한 책에 관심 있는 독자가 있을 것이다. 양자역학에 관해서는 셀 수 없이 많은 책이 있다. 그린슈타인[Greenstein]과 자종[Zajonc]의 책[140]은 여러 실험에 대한 설명과 함께 양자역학을 읽기 쉽게 잘 설명한다. 『The Feynman Lectures on Physics[파인만의 물리학 강의]』 3부가 여러 사람에게 유용할 것이다. 편광 실험에 대한 고전적 설명은 1부에서 제시한다. 샹카[Shankar]의 교재[247]는 계산을 수행하는 데 필요한 표기법과 수학적 내용을 앞에서 언급한 책보다 더 많이 다루며, 또한 꽤 읽기 쉽다. 물리학적 배경지식을 가진 독자에게는 리보프[Liboff]의 교재[194]와 같이 다른 교재가 더 적합할 수 있다.

2.7 연습 문제

연습 문제 2.1 편광판 B의 방향 $|v\rangle$이 θ의 함수로 주어져서 $|v\rangle = \cos\theta|\rightarrow\rangle + \sin\theta|\uparrow\rangle$이고, 편광판 A와 C는 2.1.1절에서의 실험처럼 각각 가로 방향과 세로 방향으로 남겨뒀다고 하자. 스크린에 도착하는 광자의 분율은 얼마인가? 레이저 포인터에서 만들어진 각각의 광자는 무작위적인 편광을 가진다고 가정하라.

연습 문제 2.2 다음 중 어떤 표현 짝이 같은 상태를 표현하는가? 다른 상태를 표현하는 짝에 대해서는 두 상태에 대해 다른 확률이 나오는 측정을 설명하고, 그 확률을 제시하라.

a. $|0\rangle$과 $-|0\rangle$

b. $|1\rangle$과 $\mathbf{i}|1\rangle$

c. $\frac{1}{\sqrt{2}}(|0\rangle + |1\rangle)$과 $\frac{1}{\sqrt{2}}(-|0\rangle + \mathbf{i}|1\rangle)$

d. $\frac{1}{\sqrt{2}}(|0\rangle + |1\rangle)$과 $\frac{1}{\sqrt{2}}(|0\rangle - |1\rangle)$

e. $\frac{1}{\sqrt{2}}(|0\rangle - |1\rangle)$과 $\frac{1}{\sqrt{2}}(|1\rangle - |0\rangle)$

f. $\frac{1}{\sqrt{2}}(|0\rangle + \mathbf{i}|1\rangle)$과 $\frac{1}{\sqrt{2}}(\mathbf{i}|1\rangle - |0\rangle)$

g. $\frac{1}{\sqrt{2}}(|+\rangle + |-\rangle)$과 $|0\rangle$

h. $\frac{1}{\sqrt{2}}(|\mathbf{i}\rangle - |-\mathbf{i}\rangle)$과 $|1\rangle$

i. $\frac{1}{\sqrt{2}}(|\mathbf{i}\rangle + |-\mathbf{i}\rangle)$와 $\frac{1}{\sqrt{2}}(|-\rangle + |+\rangle)$

j. $\frac{1}{\sqrt{2}}(|0\rangle + e^{\mathbf{i}\theta/4}|1\rangle)$과 $\frac{1}{\sqrt{2}}(e^{-\mathbf{i}\theta/4}|0\rangle + |1\rangle)$

연습 문제 2.3 다음 중 어떤 상태가 표준 기저에서 중첩 상태이고 어떤 것은 중첩 상태가 아닌가? 중첩 상태인 각각의 상태에 대해, 중첩 상태가 아니게 되는 기저를 제시하라.

a. $|+\rangle$

b. $\frac{1}{\sqrt{2}}(|+\rangle + |-\rangle)$

c. $\frac{1}{\sqrt{2}}(|+\rangle - |-\rangle)$

d. $\frac{\sqrt{3}}{2}(|+\rangle - \frac{1}{2}|-\rangle)$

e. $\frac{1}{\sqrt{2}}(|\mathbf{i}\rangle - |-\mathbf{i}\rangle)$

f. $\frac{1}{\sqrt{2}}(|0\rangle - |1\rangle)$

연습 문제 2.4 연습 문제 2.3에서 어떤 상태가 아다마르 기저에 대해 중첩 상태이고, 어떤 상태가 그렇지 않은가?

연습 문제 2.5 다음의 두 짝이 동등해지는 모든 θ 값을 제시하라.

a. $|1\rangle$과 $\frac{1}{\sqrt{2}}(|+\rangle + e^{\mathbf{i}\theta}|-\rangle)$

b. $\frac{1}{\sqrt{2}}(|\mathbf{i}\rangle + e^{\mathbf{i}\theta}|-\mathbf{i}\rangle)$와 $\frac{1}{\sqrt{2}}(|-\mathbf{i}\rangle + e^{\mathbf{i}\theta}|\mathbf{i}\rangle)$

c. $\frac{1}{2}|0\rangle + \frac{\sqrt{3}}{2}|1\rangle$과 $e^{\mathbf{i}\theta}(\frac{1}{2}|0\rangle - \frac{\sqrt{3}}{2}|1\rangle)$

연습 문제 2.6 다음의 상태와 측정 기저에 대해, 가능한 측정 결과와 각 결과에 대한 확률을 제시하라.

a. $\frac{\sqrt{3}}{2}|0\rangle - \frac{1}{2}|1\rangle$, $\{|0\rangle, |1\rangle\}$

b. $\frac{\sqrt{3}}{2}|1\rangle - \frac{1}{2}|0\rangle$, $\{|0\rangle, |1\rangle\}$

c. $|-\mathbf{i}\rangle$, $\{|0\rangle, |1\rangle\}$

d. $|0\rangle$, $\{|+\rangle, |-\rangle\}$

e. $\frac{1}{\sqrt{2}}(|0\rangle - |1\rangle)$, $\{|\mathbf{i}\rangle, |-\mathbf{i}\rangle\}$

f. $|1\rangle$, $\{|\mathbf{i}\rangle, |-\mathbf{i}\rangle\}$

g. $|+\rangle$, $\{\frac{1}{2}|0\rangle + \frac{\sqrt{3}}{2}|1\rangle, \frac{\sqrt{3}}{2}|0\rangle - \frac{1}{2}|1\rangle\}$

연습 문제 2.7 다음의 상태 각각에 대해, 그 상태를 포함하는 모든 정규 직교 기저를 묘사하라.

a. $\frac{1}{\sqrt{2}}(|0\rangle + \mathbf{i}|1\rangle)$

b. $\frac{1+\mathbf{i}}{2}|0\rangle - \frac{1-\mathbf{i}}{2}|1\rangle$

c. $\frac{1}{\sqrt{2}}(|0\rangle + e^{\mathbf{i}\pi/6}|1\rangle)$

d. $\frac{1}{2}|+\rangle - \frac{\mathbf{i}\sqrt{3}}{2}|-\rangle$

연습 문제 2.8 앨리스가 혼란에 빠졌다. 앨리스는 $|1\rangle$과 $-|1\rangle$이 같은 상태를 표현한다고 이해했다. 하지만 이 사실이 어째서 $\frac{1}{\sqrt{2}}(|0\rangle + |1\rangle)$과 $\frac{1}{\sqrt{2}}(|0\rangle - |1\rangle)$이 같은 상태를 나타낸다는 뜻이 아닌지는 이해하지 못했다. 앨리스를 도와줄 수 있을까?

연습 문제 2.9 BB84 통신규약에서 앨리스와 밥이 이브의 존재를 90%의 확률로 알아내려면 얼마나 많은 비트를 비교해야 하는가?

연습 문제 2.10 BB84 통신규약에서 이브가 두 기저 중 어떤 것을 선택해야 하는지를 몰라 각 단계마다 무작위로 기저를 선택하는 경우에 도청을 성공할 경우를 분석하라.

a. 이브가 앨리스와 밥이 공개 통신 선로를 통한 대화를 엿들은 다음 평균적으로 최종 키의 비트 값 중에서 몇 %를 확실하게 알아낼 수 있는가?

b. 평균적으로 이브가 얻은 비트 중 몇 %가 정확한가?

c. 앨리스와 밥이 이브의 존재를 90%의 확률로 알아내려면 얼마나 많은 비트를 비교해야 하는가?

연습 문제 2.11 B92 양자 키 분배 통신규약. 1992년에 베넷은 다음의 양자 키 분배 통신규약을 제안했다. BB84 통신규약에서 표준 기저나 아다마르 기저 중 하나에 각 비트를 부호화하는 대신, 앨리스가 자신의 무작위 비트열 x를 다음과 같이 부호화해서 밥에게 전송한다.

$$0 \mapsto |0\rangle$$
$$1 \mapsto |+\rangle = \frac{1}{\sqrt{2}}(|0\rangle + |1\rangle)$$

밥은 자신의 무작위 비트열 y를 생성한다. 만약 $y_i = 0$이면 i번째 큐비트를 아다마르 기저 $\{|+\rangle, |-\rangle\}$에서 측정한다. 만약 $y_i = 1$이면 표준 기저 $\{|0\rangle, |1\rangle\}$에서 측정한다. 이 통신규약에서, 밥이 공개된 고전 통신 선로를 통해 앨리스에게 큐비트를 측정하는데 어떤 기저를 사용했는지 알려주는 대신에, 밥은 자신의 측정 결과를 앨리스에게 알려준다. 만약 밥의 측정 결과가 $|+\rangle$나 $|0\rangle$이면 0을 보내고, $|1\rangle$이나 $|-\rangle$이면 1을 보낸다. 앨리스와 밥은 x와 y에서 측정 결과가 0이 나온 비트를 모두 버리고 x'와 y'를 얻는다. 앨리스는 x'를 비밀 키로 사용하고, 밥은 y'를 비밀 키로 사용한다. 그러면 이들이 원하는 보안 수준에 따라 도청을 검출하기 위한 몇 개의 비트를 비교해볼 수 있다. 그리고 그렇게 검사에 사용된 비트는 키에서 버린다.

a. 만약 밥이 앨리스가 전송한 상태를 정확히 받았다면, x'와 y'는 똑같은 비트열임을 보여라.

b. 앨리스와 밥은 왜 밥의 측정에서 0을 얻은 x와 y의 비트를 유지하기로 결정하면 안 되는가?

c. 도청자 이브가 각각의 비트를 표준 기저 또는 아다마르 기저에서 측정해 비트열 z를 얻고, 그렇게 측정된 큐비트를 밥에게 전송한다면 어떻게 되는가? 평균적으로, 앨리스와 밥의 키 중 얼마나 많은 비트를 공개적인 고전 통신으로부터 듣고 확실히 알아내야 하는가? 만약 앨리스와 밥이 그들의 비트열 x'와 y' 중 s개의 비트 값을 비교한다면, 이브의 존재를 알아낼 가능성은 얼마인가?

연습 문제 2.12   블로흐 구: 구면 좌표계

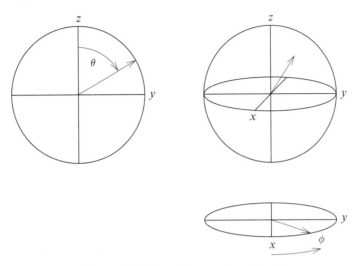

그림 2.7 단일 큐비트 양자 상태의 블로흐 구 표현

a. 그림 2.7에 나타난 각도 θ와 ϕ 같이, 블로흐 구의 표면을 실숫값을 갖는 2개의 매개변수로 나타낼 수 있음을 보여라. 그 매개변수화가 $\theta \in [0, \pi]$와 $\phi = [0, 2\pi]$에 있는 경우 $|0\rangle$과 $|1\rangle$에 대응하는 점을 제외한 구면 위의 점과 일대일 대응을 가지고, 따라서 단일 양자 상태에 대응함을 확인하라.

b. 상태 $|+\rangle$, $|-\rangle$, $|\mathbf{i}\rangle$, $|-\mathbf{i}\rangle$에 대응하는 θ와 ϕ 값은 각각 무엇인가?

연습 문제 2.13   단일 큐비트에 대한 상태 공간의 네 가지 매개변수화를 서로 연관 지어라. 즉, 다음에 대해 공식을 제시하라.

a. 켓 표기법에서의 벡터

b. 확장된 복소 평면의 원소

c. 블로흐 구에 대해 x, y, z로 표현된 구면 좌표(연습 문제 2.12 참고)

연습 문제 2.14

a. 블로흐 구면의 표면에서 서로 반대편에 있는 점들이 직교 상태를 표현함을 보여라.

b. 임의의 두 직교 상태가 서로 반대편에 있는 점임을 보여라.

03

다중 큐비트계

양자 상태에 정보를 부호화하는 것이 더 효율적인 계산을 뒷받침할 수 있는지에 대한 첫 번째 기적은 하나 이상의 큐비트를 가지는 계를 검토해볼 때 찾아왔다. 고전적인 계와 다르게 양자계의 상태 공간은 입자의 수에 따라 지수 함수적으로 증가한다. 따라서 n개의 입자를 갖는 양자계에 계산 정보를 부호화한다면, 이 계를 고전적 상태에 정보를 부호화하기 위해 사용할 때보다 훨씬 더 많은 계산 상태가 존재한다. 작은 양의 물리적 공간에 대응하는 이렇게 큰 상태 공간이 계산 속도를 증가시키기 위해 사용된다는 점을 연장하는 것이 이 책의 남은 대부분의 주제가 될 것이다.

고전적 상태 공간과 양자적 상태 공간 사이의 거대한 차원 차이는 공간이 결합되는 방식의 차이에서 기인한다. 몇 개의 부분으로 이뤄진 커다란 물리적 계를 생각해보자. 이 고전적인 계의 상태는 그 구성품인 조각 각각의 상태를 개별적으로 묘사하는 것으로 완전히 특정할 수 있다. 양자계의 놀랍고 비직관적인 측면은 종종 그 계의 상태를 각 부분의 상태만으로는 설명할 수 없다는 점이다. 그렇게 설명할 수 없는 상태를 얽힌 상태^{entangled state}라고 한다. 얽힌 상태는 양자계산의 중요한 구성 요소다.

얽힌 상태는 고유한 양자적 현상이다. 이것은 고전적인 대응물이 없다. 다중 큐비트계의 상태 대부분은 얽힌 상태다. 이러한 상태는 커다란 양자 상태 공간을 가득 채우고 있다. 얽힌 상태를 고전적인 컴퓨터에서 얽힌 상태를 효율적으로 시뮬레이션할 수 없다는 점은 파인만, 마닌과 같은 학자들에게 이런 양자적 거동을 사용해 더 효율적인 계산이 가능하다는 점을 제시해 양자계산 분야의 개발을 이끌어냈다.

3장의 앞부분 절은 다중 큐비트계를 논의하기 위한 수학적 형식 체계를 다루기 때문에 꽤 추상적일 것이다. 여기서는 이 주제에 대해 많은 예제를 통해서 더 구체적으로 만들고자 시도하겠다. 3.1절에서는 양자적 상태 공간을 결합하는 것과 고전적 상태 공간을 결합하는 것 사이의 차이점, 둘 또는 그 이상의 벡터 공간에 대한 **직합**$^{direct\ sum}$과 벡터 공간 집합에서의 **텐서곱**$^{tensor\ product}$ 사이의 차이를 형식적으로 설명하겠다. 그리고 3.1절은 입자의 수에 따라 양자 상태 공간의 차원이 지수 함수적으로 증가하는 것을 포함해 이 차이점에 몇 가지 숨은 뜻을 살펴볼 것이다. 3.2절은 얽힌 상태를 형식적으로 정의하고, 그 독특한 양자적 거동을 설명하기 시작하겠다. 이 거동이 유용하다는 첫 번째 예제로 3.4절에서는 두 번째 양자 키 분배 기법을 논의한다.

3.1 양자 상태 공간

고전 물리학에서 각각의 상태가 2차원 벡터 공간에 있는 벡터로 묘사되는 n개의 물체로 이뤄진 계의 가능한 상태는 $2n$차원의 벡터 공간에 있는 벡터로 묘사할 수 있다. 고전 상태 공간은 직합을 통해서 결합된다. 하지만 각각의 상태가 2차원 벡터로 모형화되는 양자계 n개를 결합한 상태 공간은 훨씬 크다. 양자계와 연관된 벡터 공간은 텐서곱을 통해서 결합되며, 그 결과로 2^n차원의 벡터 공간이 된다. 여기서는 직합뿐만 아니라 텐서곱의 형식적 정의도 살펴보면서 그 둘을 비교하고 그 결과로 나온 공간의 차이를 살펴볼 것이다.

3.1.1 벡터 공간의 직합

각각의 기저로 $A = \{|\alpha_1\rangle, |\alpha_2\rangle, \ldots, |\alpha_n\rangle\}$과 $B = \{|\beta_1\rangle, |\beta_2\rangle, \ldots, |\beta_m\rangle\}$을 가지는 두 벡터 공간 V와 W의 직합 $V \oplus W$은 기저로 $A \cup B = \{|\alpha_1\rangle, |\alpha_2\rangle, \ldots, |\alpha_n\rangle, |\beta_1\rangle, |\beta_2\rangle, \ldots, |\beta_m\rangle\}$을 가지는 벡터 공간이다. 기저의 순서는 임의적이다. 모든 원소 $|x\rangle \in V \oplus W$는 어떤 $|v\rangle \in V$와 $|w\rangle \in W$에 대해 $|x\rangle = |v\rangle + |w\rangle$로 적을 수 있다. 각각 n차원과 m차원인 V와 W에 대해, $V \oplus W$는 $n + m$차원이다.

$$\dim(V \oplus W) = \dim(V) + \dim(W)$$

덧셈과 스칼라곱은 각각의 벡터 공간에 연산을 따로 적용한 다음 그 결과를 합치는 것으로 정의된다. V와 W가 내적 공간inner product space일 때, $V \oplus W$에 대한 표준 내적은

$$(\langle v_2| \oplus \langle w_2|)(|v_1\rangle \oplus |w_1\rangle) = \langle v_2|v_1\rangle + \langle w_2|w_1\rangle$$

으로 주어진다. 벡터 공간 V와 W는 $V \oplus W$ 안에 자연스러운 방식으로 포함되며, 그 상image은 표준 내적에서 직교한다.

3개의 고전적 물체 O_1, O_2, O_3의 각각의 상태가 위치 x_i와 운동량 p_i라는 2개의 매개변수로 완전히 묘사된다고 하자. 그러면 이 계의 상태는 각 물체의 상태의 직합으로 묘사된다.

$$\begin{pmatrix} x_1 \\ p_1 \end{pmatrix} \oplus \begin{pmatrix} x_2 \\ p_2 \end{pmatrix} \oplus \begin{pmatrix} x_3 \\ p_3 \end{pmatrix} = \begin{pmatrix} x_1 \\ p_1 \\ x_2 \\ p_2 \\ x_3 \\ p_3 \end{pmatrix}$$

더 일반적으로 보면, 이와 같은 고전적 물체 n개의 상태 공간은 $2n$차원을 가진다. 따라서 상태 공간의 크기는 물체의 수에 선형적으로 증가한다.

3.1.2 벡터 공간의 텐서곱

각각의 기저로 $A = \{|\alpha_1\rangle, |\alpha_2\rangle, \ldots, |\alpha_n\rangle\}$과 $B = \{|\beta_1\rangle, |\beta_2\rangle, \ldots, |\beta_m\rangle\}$을 가지는 두 벡터 공간 V와 W의 텐서곱 $V \otimes W$은 기저로 $|\alpha_i\rangle \otimes |\beta_j\rangle$와 같은 꼴을 가지는 nm개의 원소로 이뤄진 기저를 가지는 nm차원 벡터 공간이다. 여기서 $\otimes$는 텐서곱으로, 다음의 관계를 만족하는 추상적 이항연산abstract binary operator이다.

$$(|v_1\rangle + |v_2\rangle) \otimes |w\rangle = |v_1\rangle \otimes |w\rangle + |v_2\rangle \otimes |w\rangle$$

$$|v\rangle \otimes (|w_1\rangle + |w_2\rangle) = |v\rangle \otimes |w_1\rangle + |v\rangle \otimes |w_2\rangle$$

$$(a|v\rangle) \otimes |w\rangle = |v\rangle \otimes (a|w\rangle) = a(|v\rangle \otimes |w\rangle)$$

$k = \min(n, m)$으로 정하면, $V \otimes W$의 모든 원소는 어떤 $v_i \in V$와 $w_i \in W$에 대해

$$|v_1\rangle \otimes |w_1\rangle + |v_2\rangle \otimes |w_2\rangle + \cdots + |v_k\rangle \otimes |w_k\rangle$$

와 같은 꼴을 가진다. 텐서곱을 정의하는 관계식 때문에, 그 표현은 유일하지 않다. 게다가 $V \otimes W$의 모든 원소는

$$\alpha_1(|\alpha_1\rangle \otimes |\beta_1\rangle) + \alpha_2(|\alpha_2\rangle \otimes |\beta_1\rangle) + \cdots + \alpha_{nm}(|\alpha_n\rangle \otimes |\beta_m\rangle)$$

으로 적을 수 있지만, $V \otimes W$의 대부분의 원소는 $v \in V$와 $w \in W$에 대해 $|v\rangle \otimes |w\rangle$와 같은 꼴로 적을 수 없다. 편의상 $|v\rangle \otimes |w\rangle$에 대해서 $|v\rangle|w\rangle$으로 적는다.

예제 3.1.1 V와 W가 각각 정규직교 기저 $A = \{|\alpha_1\rangle, |\alpha_2\rangle\}$와 $B = \{|\beta_1\rangle, |\beta_2\rangle\}$를 가지는 2차원 벡터 공간이라고 하자. $|v\rangle = a_1|\alpha_1\rangle + a_2|\alpha_2\rangle$와 $|w\rangle = b_1|\beta_1\rangle + b_2|\beta_2\rangle$가 각각 V와 W의 원소라고 하자. 그러면 다음과 같다.

$$|v\rangle \otimes |w\rangle = a_1 b_1 |\alpha_1\rangle \otimes |\beta_1\rangle + a_1 b_2 |\alpha_1\rangle \otimes |\beta_2\rangle + a_2 b_1 |\alpha_2\rangle \otimes |\beta_1\rangle + a_2 b_2 |\alpha_2\rangle \otimes |\beta_2\rangle$$

만약 V와 W가 큐비트에 해당하는 벡터 공간이고 각각이 표준 기저로 $\{|0\rangle, |1\rangle\}$을 가진다면, $V \otimes W$는 $\{|0\rangle \otimes |0\rangle\}$, $\{|0\rangle \otimes |1\rangle\}$, $\{|1\rangle \otimes |0\rangle\}$, $\{|1\rangle \otimes |1\rangle\}$을 기저로 가진다. 두 단일 큐비트 상태 $a_1|0\rangle + b_1|1\rangle$와 $a_2|0\rangle + b_2|1\rangle$의 텐서곱은 $a_1 a_2 |0\rangle \otimes |0\rangle + a_1 b_2 |0\rangle \otimes |1\rangle + a_2 b_1 |1\rangle \otimes |0\rangle + a_2 b_2 |1\rangle \otimes |1\rangle$이다.

벡터에 대해 더 익숙한 행렬 표기법으로 이 예제를 적으려면, 텐서곱 공간의 기저에 대해 순서를 정해야 한다. 예를 들어 사전식 순서인 $\{|\alpha_1\rangle|\beta_1\rangle, |\alpha_1\rangle|\beta_2\rangle, |\alpha_2\rangle|\beta_1\rangle, |\alpha_2\rangle|\beta_2\rangle\}$를 정할 수 있다.

예제 3.1.2 텐서곱 공간에 대한 기저를 사전식 순서로 정하면, 행렬 표현으로 $|v\rangle = \frac{1}{\sqrt{5}}(1, -2)^\dagger$와 $|w\rangle = \frac{1}{\sqrt{10}}(-1, 3)^\dagger$을 가지는 단위 벡터의 텐서곱은 단위 벡터 $|v\rangle \otimes |w\rangle = \frac{1}{5\sqrt{2}}(-1, 3, 2, -6)^\dagger$이다.

만약 V와 W가 내적 공간이라면, $V \otimes W$의 내적은 V와 W에 대한 내적의 곱으로 주어진다. 즉, $|v_1\rangle \otimes |w_1\rangle$과 $|v_2\rangle \otimes |w_2\rangle$의 내적은

$$((\langle v_2| \otimes \langle w_2|) \cdot (|v_1\rangle \otimes |w_1\rangle)) = \langle v_2|v_1\rangle\langle w_2|w_1\rangle$$

으로 주어진다. 두 단위 벡터의 텐서곱은 단위 벡터이고 V에 대해 정규직교 기저가 $\{|\alpha_i\rangle\}$이고 W에 대해 정규직교 기저가 $\{|\beta_i\rangle\}$으로 주어지면, $V \otimes W$의 기저 $\{|\alpha_i\rangle \otimes |\beta_j\rangle\}$도 정규직교다. 텐서곱 $V \otimes W$은 $\dim(V) \times \dim(W)$를 그 차원으로 가지므로, n개의 2차원 벡터 공간의 텐서곱은 2^n차원을 가진다.

대다수의 원소 $|w\rangle \in V \otimes W$는 (모두 그런 원소의 선형 결합이긴 해도) V에 있는 벡터와 W에 있는 벡터의 텐서곱으로 적을 수 없다. 이런 관찰은 양자계산에 중대한 중요성을 준다. V에 있는 벡터와 W에 있는 벡터의 텐서곱으로 적을 수 없는 $V \otimes W$의 상태는 얽힌 상태라고 한다. 살펴보겠지만 n큐비트계의 대부분의 양자 상태에 대해, 특히 모든 얽힌 상태에 대해, 계에 있는 단일 큐비트의 상태에 대해 이야기하는 것은 의미가 없다.

또한 텐서곱 구조는 확률론에도 기초가 된다. 텐서곱 구조는 거의 잘 언급되지 않지만, 혼란의 근원은 직합 구조를 사실상 텐서곱 구조에도 적용하려고 하는 것이다. 독자라면 확률론에 내재하는 텐서곱 구조를 논의하는 A.1절을 읽어보는 것이 유용할 수도 있다. A.1절에서는 텐서곱의 사용 방법을 다르게, 보다 친숙한 관점에서 설명한다. A.1부터 A.4까지의 연습 문제를 풀어보는 것이 좋을 것이다.

3.1.3 n큐비트계의 상태 공간

각각 V와 W에 있는 단위 벡터로 표현되는 상태로 2개의 양자계가 있으면, 결합 양자계의 가능한 상태는 벡터 공간 $V \otimes W$에 있는 단위 벡터로 표현된다. $0 \le i < n$에 대해 단일 큐비트에 대응하는 V_i가 $|0\rangle_i, |1\rangle_i$를 기저로 가지는 벡터 공간이라고 하자. n큐비트계에 대한 $V_{n-1} \otimes \cdots \otimes V_1 \otimes V_0$ 벡터 공간의 표준 기저는 다음의 2^n개의 벡터로 구성된다.

$$\{|0\rangle_{n-1} \otimes \cdots \otimes |0\rangle_1 \otimes |0\rangle_0,$$

$$|0\rangle_{n-1} \otimes \cdots \otimes |0\rangle_1 \otimes |1\rangle_0,$$

$$|0\rangle_{n-1} \otimes \cdots \otimes |1\rangle_1 \otimes |0\rangle_0,$$

$$\vdots ,$$

$$|1\rangle_{n-1} \otimes \cdots \otimes |1\rangle_1 \otimes |1\rangle_0\}$$

대응하는 큐비트가 위치에 따라 명백하기 때문에, 아래첨자는 자주 생략하기도 한다. 켓을 서로 붙여 쓰는 것으로 텐서곱을 나타내는 관례는 기저를 더 간결하게 적을 수 있도록 해준다.

$$\{|0\rangle \cdots |0\rangle|0\rangle,$$

$$|0\rangle \cdots |0\rangle|1\rangle,$$

$$|0\rangle \cdots |1\rangle|0\rangle,$$

$$\vdots ,$$

$$|1\rangle \cdots |1\rangle|1\rangle\}$$

n큐비트계에 대응하는 텐서곱 공간은 양자정보처리에서 자주 등장하기 때문에, $|b_{n-1}\rangle \otimes \cdots \otimes |b_0\rangle$을 표현하기 위한 훨씬 더 간결하고 읽기 쉬운 표기법으로 $|b_{n-1}\dots b_0\rangle$을 사용한다. 이 표기법에서 n큐비트계에 대한 표준 기저는

$$\{|0\cdots 00\rangle, |0\cdots 01\rangle, |0\cdots 10\rangle, \dots, |1\cdots 11\rangle\}$$

으로 적을 수 있다. 끝으로, 십진표기법이 이진표기법보다 더 간결하기 때문에 상태 $|b_{n-1}\dots b_0\rangle$을 더 간단하게 $|x\rangle$로 나타낼 수 있다. 여기서 b_i는 십진수 x에 대한 이진수 표현의 자릿수다. 이 표기법에서, n큐비트계의 표준 기저는

$$\{|0\rangle, |1\rangle, |2\rangle, \dots, |2^n - 1\rangle\}$$

으로 적을 수 있다. 2큐비트계에 대한 표준 기저는

$$\{|00\rangle, |01\rangle, |10\rangle, |11\rangle\} = \{|0\rangle, |1\rangle, |2\rangle, |3\rangle\}$$

으로 적을 수 있고, 3큐비트계에 대한 표준 기저는

$$\{|000\rangle, |001\rangle, |010\rangle, |011\rangle, |100\rangle, |101\rangle, |110\rangle, |111\rangle\}$$
$$= \{|0\rangle, |1\rangle, |2\rangle, |3\rangle, |4\rangle, |5\rangle, |6\rangle, |7\rangle\}$$

으로 적을 수 있다. 두 기저에서 $|3\rangle$이라는 표기가 2큐비트 상태와 3큐비트 상태에서 두 가지 서로 다른 양자 상태에 대응하기 때문에, 이 표기법에서 모호함을 없애기 위해서는 큐비트의 수가 그 맥락에서 분명해야 한다.

때로는 양자 컴퓨터의 레지스터^{register}를 가리키기 위해서, 또는 다른 사람에 의해 제어되는 큐비트를 가리키기 위해 큐비트 집합을 덜 간결한 표기법으로 되돌리기도 한다. 만약 앨리스가 처음의 2큐비트를 제어하고 밥이 마지막 3개를 제어한다면 그 상태를 $\frac{1}{\sqrt{2}}$$(|00\rangle|101\rangle + |10\rangle|011\rangle)$이나 심지어 $\frac{1}{\sqrt{2}}(|00\rangle_A|101\rangle_B + |10\rangle_A|011\rangle_B)$처럼 적을 수도 있다. 여기서 아래첨자는 앨리스가 제어하는 큐비트와 밥이 제어하는 큐비트를 가리킨다.

예제 3.1.3 다음의 중첩 상태

$$\frac{1}{\sqrt{2}}|0\rangle + \frac{1}{\sqrt{2}}|7\rangle = \frac{1}{\sqrt{2}}|000\rangle + \frac{1}{\sqrt{2}}|111\rangle$$

과

$$\frac{1}{2}(|1\rangle + |2\rangle + |4\rangle + |7\rangle) = \frac{1}{2}(|001\rangle + |010\rangle + |100\rangle + |111\rangle)$$

은 3큐비트계에서 가능한 상태를 표현한다.

---

n큐비트계의 상태 벡터에 대한 행렬 표기법을 사용하기 위해, 기저 벡터의 순서를 정해야 한다. 특별히 명시하지 않는 한 숫자로 표시된 기저 벡터는 숫자 순서로 정렬된 것으로 가정한다. 이 관례를 사용하면, 2큐비트 상태

$$\frac{1}{2}|00\rangle + \frac{\mathbf{i}}{2}|01\rangle + \frac{1}{\sqrt{2}}|11\rangle = \frac{1}{2}|0\rangle + \frac{\mathbf{i}}{2}|1\rangle + \frac{1}{\sqrt{2}}|3\rangle$$

은 다음과 같은 행렬 표현을 가질 것이다.

$$\begin{pmatrix} \frac{1}{2} \\ \frac{i}{2} \\ 0 \\ \frac{1}{\sqrt{2}} \end{pmatrix}$$

표준 기저를 주로 사용하긴 하지만 때때로 다른 기저를 사용하기도 한다. 예를 들어 다음의 기저는 2큐비트계의 벨 기저 $\{|\Phi^+\rangle, |\Phi^-\rangle, |\Psi^+\rangle, |\Psi^-\rangle\}$로,

$$|\Phi^+\rangle = 1/\sqrt{2}(|00\rangle + |11\rangle)$$
$$|\Phi^-\rangle = 1/\sqrt{2}(|00\rangle - |11\rangle)$$
$$|\Psi^+\rangle = 1/\sqrt{2}(|01\rangle + |10\rangle) \tag{3.1}$$
$$|\Psi^-\rangle = 1/\sqrt{2}(|01\rangle - |10\rangle)$$

이고, 이것은 양자 원격 작용quantum teleportation을 포함한 양자정보처리의 다양한 응용 분야에 중요하다. 단일 큐비트인 경우에서처럼 상태 $|v\rangle$가 정규직교 상태 $\{|\beta_1\rangle, \ldots, |\beta_i\rangle\}$의 집합에 대해 $|v\rangle = a_1|\beta_1\rangle + \cdots + a_i|\beta_i\rangle$로 적을 수 있고 적어도 2개의 a_i가 0이 아니라면 이 상태는 중첩 상태다. 정규직교 상태의 집합이 명시되지 않은 경우, 중첩은 표준 기저에 대해 나타냈다는 뜻이다.

2^n차원 상태 공간의 임의의 단위 벡터는 n큐비트계의 가능한 상태를 표현하지만 단일 큐비트의 경우와 마찬가지로 중복이 존재한다. 다중 큐비트계의 경우, 같은 양자 상태를 가리키는 여러 벡터가 있을 뿐만 아니라 텐서곱의 성질은 위상 인자가 텐서곱에 걸쳐서 분배될 수 있음을 뜻하기도 한다. 즉, 텐서곱의 다른 큐비트에 같은 위상 인자가 있는 것은 같은 상태를 나타낸다.

$$|v\rangle \otimes (e^{i\phi}|w\rangle) = e^{i\phi}(|v\rangle \otimes |w\rangle) = (e^{i\phi}|v\rangle) \otimes |w\rangle$$

중첩에서 한 항의 개별 큐비트에 있는 위상 인자는 항상 그 항에 대한 하나의 계수로 꺼낼 수 있다.

예제 3.1.4 $\frac{1}{\sqrt{2}}(|0\rangle + |1\rangle) \otimes \frac{1}{\sqrt{2}}(|0\rangle + |1\rangle) = \frac{1}{2}(|00\rangle + |01\rangle + |10\rangle + |11\rangle)$

예제 3.1.5 $(\frac{1}{2}|0\rangle + \frac{\sqrt{3}}{2}|1\rangle) \otimes (\frac{1}{\sqrt{2}}|0\rangle + \frac{i}{\sqrt{2}}|1\rangle) = \frac{1}{2\sqrt{2}}|00\rangle + \frac{i}{2\sqrt{2}}|01\rangle + \frac{\sqrt{3}}{2\sqrt{2}}|10\rangle + \frac{i\sqrt{3}}{2\sqrt{2}}|11\rangle)$

단일 큐비트의 경우와 마찬가지로 전역 위상만 다른 벡터들은 같은 양자 상태를 나타 낸다. 만약 모든 양자 상태를

$$a_0|0\dots00\rangle + a_1|0\dots01\rangle + \cdots + a_{2^n-1}|1\dots11\rangle$$

라고 적고 0이 아닌 첫 번째 계수 a_i가 실수이며 음수가 아니라고 제한한다면, 모든 양 자 상태는 유일한 표현을 가진다. 이 표현이 양자 상태를 유일하게 표현하기 때문에 n큐 비트계의 양자 상태 공간은 $2^n - 1$ 복소 차원을 가진다. 임의의 N차원 벡터 공간에 대해, 그 안에서 서로 중복된 벡터들을 동등한 것으로 취급하는 벡터 공간을 $N - 1$차원 복소 투 영 공간이라고 한다. 그러므로 n큐비트계에 대한 서로 다른 양자 상태의 공간은 $2^n - 1$차 원의 복소 투영 공간이다.

단일 큐비트인 경우와 마찬가지로, 계산을 적는 벡터 공간과 양자 상태 공간 그 자체를 혼동하지 않도록 주의해야 한다. 다시 말하지만 중첩 상태를 이루는 항 사이의 상대적 위 상은 양자역학에서 매우 중요한데, 이를 아무런 물리적 의미가 없는 전역 위상과 혼동 하지 않도록 주의해야 한다. 2.5.1절의 표기법을 사용하면 두 벡터 $|v\rangle$와 $|w\rangle$가 전역 위 상만 달라서 같은 양자 상태를 표현하는 경우 $|v\rangle \sim |w\rangle$라고 적을 수 있다. 예를 들어 $|00\rangle \sim e^{i\phi}|00\rangle$이라고 적을 수 있지만 $|v\rangle = \frac{1}{\sqrt{2}}(e^{i\phi}|00\rangle + |11\rangle)$과 $|w\rangle = \frac{1}{\sqrt{2}}(|00\rangle + |11\rangle)$ 은 다른 양자 상태를 표현하며, 두 상태는 여러 상황에서 다르게 거동한다. 즉, 다음과 같다.

$$\frac{1}{\sqrt{2}}(e^{i\phi}|00\rangle + |11\rangle) \not\sim \frac{1}{\sqrt{2}}(|00\rangle + |11\rangle)$$

하지만 다음 식이 성립한다.

$$\frac{1}{\sqrt{2}}(e^{i\phi}|00\rangle + e^{i\phi}|11\rangle) \sim \frac{e^{i\phi}}{\sqrt{2}}(|00\rangle + |11\rangle) \sim \frac{1}{\sqrt{2}}(|00\rangle + |11\rangle)$$

양자역학의 계산은 투영 공간보다는 통상적으로 벡터 공간에서 이뤄진다. 선형성 덕분 에 벡터 공간에서 작업하는 것이 더 쉽기 때문이다. 하지만 계산 결과를 양자 상태로 해

석할 때는 항상 ~라는 등가성을 조심해야 한다. 다른 기저에서 상태를 적을 때 또 다른 혼동이 발생할 수 있다. 2.5.1절에서 소개한 $|+\rangle = \frac{1}{\sqrt{2}}(|0\rangle + |1\rangle)$과 $|-\rangle = \frac{1}{\sqrt{2}}(|0\rangle - |1\rangle)$을 떠올려 보자. $\frac{1}{\sqrt{2}}(|+\rangle + |-\rangle)$라는 표현은 $|0\rangle$을 적는 다른 방법이다. 그리고 $\frac{1}{\sqrt{2}}(|0\rangle|0\rangle + |1\rangle|1\rangle)$과 $\frac{1}{\sqrt{2}}(|+\rangle|+\rangle + |-\rangle|-\rangle)$는 단순히 같은 벡터에 대한 다른 표현이다. 텐서곱의 성질과 방금 소개한 표기법에 익숙해지는 것은 이 책의 나머지 부분을 이해하는 데 중요할 것이다. 독자에게는 이 시점에서 그렇게 익숙해지기 시작할 수 있도록 연습 문제 3.1에서 3.9까지 풀어볼 것을 강력하게 권장한다.

3.2 얽힌 상태

2.5.2절에서 살펴본 것과 같이 단일 큐비트 상태가 하나의 복소수로 규정될 수 있으므로, n개의 단일 큐비트 상태로 만든 임의의 텐서곱은 n개의 복소수로 규정될 수 있다. 하지만 앞 절에서 n큐비트계의 상태를 묘사하는 데 $2^n - 1$개의 복소수가 필요함을 살펴봤다. $2^n \gg n$이기 때문에, n큐비트 상태의 대다수는 n개의 분리된 단일 큐비트계의 항으로는 나타낼 수 없다. n개의 단일 큐비트 상태의 텐서 곱으로 적을 수 없는 상태를 얽힌 상태라고 한다. 따라서 양자 상태의 거의 대다수는 얽힌 상태다.

예제 3.2.1 벨 기저(식 3.1)의 원소는 얽혀 있다. 예를 들어 벨 상태 $|\Phi^+\rangle = \frac{1}{\sqrt{2}}(|00\rangle + |11\rangle)$은 그 구성 원소인 큐비트 각각의 상태로 분리해서 표현할 수 없다. 이 상태는

$$(a_1|0\rangle + b_1|1\rangle) \otimes (a_2|0\rangle + b_2|1\rangle) = \frac{1}{\sqrt{2}}(|00\rangle + |11\rangle)$$

을 만족하는 a_1, a_2, b_1, b_2를 찾을 수 없기 때문에 분해될 수 없다. 이것은

$$(a_1|0\rangle + b_1|1\rangle) \otimes (a_2|0\rangle + b_2|1\rangle) = a_1a_2|00\rangle + a_1b_2|01\rangle + b_1a_2|10\rangle + b_1b_2|11\rangle$$

에서 $a_1b_2 = 0$이면 $a_1a_2 = 0$이거나 $b_1b_2 = 0$이어야 하기 때문이다. 벨 상태 $|\Phi^+\rangle$에 있는 두 입자는 EPR 쌍이라고 하며, 그 이유는 4.4절에서 살펴볼 것이다.

예제 3.2.2 2큐비트 얽힌 상태의 또 다른 예로 다음이 있다.

$$|\Psi^+\rangle = \frac{1}{\sqrt{2}}(|01\rangle + |10\rangle)$$

$$\frac{1}{\sqrt{2}}(|00\rangle - i|11\rangle)$$

$$\frac{i}{10}|00\rangle + \frac{\sqrt{99}}{10}|11\rangle)$$

$$\frac{7}{10}|00\rangle + \frac{1}{10}|01\rangle + \frac{1}{10}|10\rangle + \frac{7}{10}|11\rangle)$$

식 3.1에서 살펴본 4개의 얽힌 상태,

$$|\Phi^+\rangle = \frac{1}{\sqrt{2}}(|00\rangle + |11\rangle)$$

$$|\Phi^-\rangle = \frac{1}{\sqrt{2}}(|00\rangle - |11\rangle)$$

과

$$|\Psi^+\rangle = \frac{1}{\sqrt{2}}(|01\rangle + |10\rangle)$$

$$|\Psi^-\rangle = \frac{1}{\sqrt{2}}(|01\rangle - |10\rangle)$$

은 벨 상태^{Bell state}라고 한다. 벨 상태는 양자정보처리에서 근본적으로 중요하다. 예를 들어 5.3절에서 양자 원격 작용과 고밀도 부호화에 대해 사용되는 것을 살펴볼 것이다. 10.2.1절에서는 이들이 최대로 얽힌 상태임을 보이겠다.

엄밀히 말해 얽힘은 항상 상태 공간의 특정한 텐서곱 분해를 가진다. 더 엄밀히 말하면 벡터 공간 V와 V의 텐서 분해인 $V = V_1 \otimes \cdots \otimes V_n$과 연관된 어떤 양자계의 상태 $|\psi\rangle$가 있어서,

$$|\psi\rangle = |v_1\rangle \otimes \cdots \otimes |v_n\rangle$$

과 같이 그 분해를 적을 수 있으면 $|\psi\rangle$는 그 텐서 분해에 대해 **분리 가능**^{separable}, 또는 **얽히지 않았다**^{unentangled}고 한다. 여기서 $|v_i\rangle$는 V_i에 속한 벡터다. 그렇지 않으면 $|\psi\rangle$는 이 분해에 대해서 얽힌 상태다.

다른 분해를 명시하지 않는 한 n큐비트 상태가 얽혀 있다고 말할 때는 그 상태가 n큐비트계에 연관된 벡터 공간 V가 각각의 개별 큐비트에 연관된 n개의 2차원 벡터 공간 $V_{n-1}, \ldots, V_0$로 분해된다는 관점에서 얽혀 있다는 뜻이다. 그런 진술이 의미를 가지려면 먼저 V를 2차원 공간으로 분해할 수 있는 수많은 가능성 중에서 어떤 것이 고려 중인 큐비트 집합에 대응하는지 명시하거나 문맥에 따라 분명해야 한다.

얽힘이 양자 상태의 어떤 절대적인 성질이 아니라 그 양자계를 고려하고 있는 특정 부분계로 분해하는 방식에 따라 달라짐을 명심해야 한다. 즉, 단일 큐비트 분해에 대해 얽힌 상태는 다른 부분계로 분해하는 것에는 얽혀 있지 않을 수도 있다. 특히 양자계산에서 얽힘을 논의할 때, 다수의 큐비트로 구성된 부분계인 레지스터로의 분해에 대한 얽힘뿐만 아니라 개별 큐비트로의 분해에 대한 얽힘에도 관심을 갖게 될 것이다. 다음의 예제가 어떤 분해에 대해서는 얽힌 상태가 다른 분해에 대해서는 그렇지 않을 수 있는 방법을 보여준다.

예제 3.2.3 얽힘의 여러 의미. 다음의 4큐비트 상태

$$|\psi\rangle = \frac{1}{2}(|00\rangle + |11\rangle + |22\rangle + |33\rangle) = \frac{1}{2}(|0000\rangle + |0101\rangle + |1010\rangle + |1111\rangle)$$

는 4개의 단일 큐비트 상태의 텐서곱으로 표현될 수 없기 때문에 얽혀 있다고 한다. 얽힘이 단일 큐비트로의 분해에 대한 것이라는 것은 바로 이 진술에 숨어 있는 뜻이다. 그런데 이 상태가 얽혀 있지 않은 다른 분해가 존재한다. 예를 들어 $|\psi\rangle$는 다음과 같이 2개의 2큐비트 상태의 곱으로 표현할 수 있다.

$$|\psi\rangle = \frac{1}{2}(|0\rangle_1|0\rangle_2|0\rangle_3|0\rangle_4 + |0\rangle_1|1\rangle_2|0\rangle_3|1\rangle_4 + |1\rangle_1|0\rangle_2|1\rangle_3|0\rangle_4 + |1\rangle_1|1\rangle_2|1\rangle_3|1\rangle_4)$$

$$= \frac{1}{\sqrt{2}}(|0\rangle_1|0\rangle_3 + |1\rangle_1|1\rangle_3) \otimes \frac{1}{\sqrt{2}}(|0\rangle_2|0\rangle_4 + |1\rangle_2|1\rangle_4)$$

여기서 아래첨자는 어떤 큐비트를 말하고 있는지 가리킨다. 그러므로 $|\psi\rangle$는 첫 번째와 세 번째 큐비트의 부분계와 두 번째와 네 번째 큐비트의 부분계로 이뤄진 양자계 분해에 대해서는 얽혀 있지 않다. 반대로 독자라면 $|\psi\rangle$가 첫 번째와 두 번째 큐비트, 세 번째와 네 번째 큐비트로 이뤄진 2개의 2큐비트계로 분해하는 것에 대해서는 얽혀 있음을 확인할 수 있을 것이다.

얽힘의 개념이 맥락상 고려 중인 텐서 분해에는 의존한다 해도 기저에는 의존하지 않음을 깨닫는 것이 중요하다. 명시적이든 묵시적이든 얽힘의 정의에는 기저에 대한 기준이 없다. 예를 들면 고려 중인 텐서 분해를 얼마나 많이 반영하느냐에 따라 달라지듯, 특정한 기저가 계산하는 데 있어 더 편하거나 덜 편할 수는 있겠지만, 그 선택이 고려되고 있는 상태가 얽혔는가에는 영향을 주지 않는다.

2.3절에서 양자 중첩의 의미에 대해 혼란이 있었다. 이제 2.3절에서 설명한 중첩 상태의 의미를 다중 큐비트인 경우로 확장할 것이다. 단일 큐비트의 경우와 마찬가지로 대다수의 n큐비트 상태는 중첩 상태로, 기저 벡터들의 자명하지 않은 선형 결합이다. 늘 그렇듯 중첩 상태라는 개념은 기저에 따라 달라진다. 즉, 어떤 기저에 대해서 중첩인 모든 상태는 다른 기저에 대해서는 중첩이 아닐 수 있다. 다중 큐비트의 경우, 중첩이 의미하는 것이 무엇이냐는 질문에 대한 답은 단일 큐비트인 경우보다 더 심오하다.

두 상태에 "동시에" 존재하는 계라는 말로 중첩을 설명하는 공통적인 방법은 다중 큐비트인 경우에 훨씬 더 의심스러워진다. 이렇게 생각하는 방식은 $\frac{1}{\sqrt{2}}(|00\rangle + |11\rangle)$과 $\frac{1}{\sqrt{2}}(|00\rangle + \mathbf{i}|11\rangle)$과 같은 상태를 구분할 때 상대적 위상 차이만이 있어서 여러 상황에서 다르게 거동한다고만 생각하면 실패한다. 게다가 어떤 상태에 계가 "동시에 존재하는" 것으로 보는 관점은 기저에 따라 달라진다. 가령 $\frac{1}{\sqrt{2}}(|00\rangle + |11\rangle)$과 $\frac{1}{\sqrt{2}}(|+\rangle|+\rangle + |-\rangle|-\rangle)$는 같은 상태를 표현하지만 해석이 다르다. 두 표현은 같은 상태이며 따라서 모든 상황에서 정확히 같은 방식으로 거동하지만 하나는 $|00\rangle$과 $|11\rangle$ 상태에 동시에 존재하고, 다른 하나는 $|++\rangle$와 $|--\rangle$ 상태에 동시에 존재한다. 이 사례는 양자 중첩이 확률적 혼합이 아님을 강조한다.

3.4절과 4.4절은 이런 해석의 기저 의존성이 이 상태의 양자적 특성에 대한 기초적인 부분을 어떻게 이해하기 어렵게 하는지 설명하고, 그런 상태를 다른 기저에서 고려할 때만

분명하게 된다는 측면을 살펴볼 것이다. 그럼에도 이 설명을 너무 문자 그대로 받아들이면 안 된다는 점을 주의하는 한, 중첩을 여러 상태에 동시에 존재한다고 보는 것은 처음에는 도움이 될 수 있다. 3장과 4장에서 이 상태들을 다루는 것에 더 익숙해지기 시작할 것이다.

큐비트 사이의 얽힘은 다중 큐비트계의 양자 상태 공간이 지수 함수적으로 커지는 데 핵심일 뿐만 아니라 3.4절, 5.3.1절, 5.3.2절에서 살펴볼 내용과 같이 얽힌 상태에 있는 입자는 고전정보와 양자정보 모두의 통신을 처리하는 데 사용될 수도 있다. 게다가 2부의 양자 알고리듬은 얽힘을 사용해 계산 속도를 증가시킨다. 측정될 때 얽힌 상태가 거동하는 방식은 양자역학의 핵심적인 수수께끼 중 하나이며, 양자정보처리 능력의 근원이기도 하다. 얽힘과 양자 측정은 양자정보처리에서 이용되는 고유한 양자적 성질 중 두 가지이다.

3.3 다중 큐비트 측정의 기초

2.1.2절의 실험은 단일 큐비트의 측정이 확률적이며 측정된 양자 상태를 측정 장치에 맞는 상태로 변환시키는 방식에 대해 설명했다. 가능한 측정 집합과 측정 결과가 단일 큐비트인 경우에 비해 엄청나게 풍부해진다는 점을 제외하면 비슷한 진술이 다중 큐비트계 측정에 대해서도 성립한다. 다음 문단에서 일반적인 경우를 다루기 위한 어떤 수학적 체계를 개발하겠다.

V가 n큐비트계와 연관된 $N = 2^n$ 차원 벡터 공간이라고 하자. 이 계를 측정하는 어떤 장치든지 어떤 $k \leq N$에 대해 다음의 직교 부분공간

$$V = S_1 \oplus \cdots \oplus S_k$$

과 연관된 직합 분해를 가진다. k는 특정한 장치에서 측정된 상태에 대해 가능한 측정 결과의 최대 개수에 대응한다. 어떤 장치가 연관된 직합 분해를 갖는다는 것은 단일 큐비트인 경우의 직접적인 일반화다. 단일 큐비트 장치를 측정하는 모든 장치는 단일 큐비트계에 연관된 벡터 공간 V에 대해 그와 연관된 정규직교 기저 $\{|v_1\rangle, |v_2\rangle\}$를 가진다. 벡터 $|v_i\rangle$ 각각은 (a가 복소수일 때 그 배수 $a|v_i\rangle$로 구성된) 1차원 부분 공간 S_i와 $V = S_1 \oplus S_2$를 생성한다. 게다가 벡터 공간 V의 자명하지 않은 분해만이 2개의 1차원 부분 공간으로 들어

가며, 각각의 부분 공간에서 하나씩 단위 길이인 벡터를 어떻게 골라오더라도 정규직교 기저가 만들어진다.

측정 장치와 그에 연관된 직합 분해 $V = S_1 \oplus \cdots \oplus S_k$가 $|\psi\rangle$ 상태에 있는 n큐비트계와 상호 작용할 때, 그 상호 작용은 상태를 부분 공간 중 하나에 완전히 들어가는 것으로 바꾸며, 그 부분 공간에 들어갈 확률은 그 부분 공간에 대해 $|\psi\rangle$가 가진 진폭의 절댓값 제곱과 같다. 더 엄밀하게는, $|\psi\rangle$ 상태는 고유한 직합 분해 $|\psi\rangle = a_1|\psi_1\rangle \oplus \cdots \oplus a_k|\psi_k\rangle$를 가진다. 여기서 $|\psi_i\rangle$는 S_i에 있는 단위 벡터이고 a_i는 실수이며 음수가 아니다. $|\psi\rangle$가 측정됐을 때, 상태 $|\psi_i\rangle$가 확률 $|a_i|^2$로 얻어진다. 임의의 측정 장치는 그와 연관된 직합 분해를 가지며, 그 상호 작용은 이 방식으로 모형화시킬 수 있다. 이것은 양자역학의 공리다. 모든 장치가 이런 방식으로 작동하는지 증명하는 것은 가능하지 않지만, 지금까지는 높은 정확도로 실험 결과를 예측하는 훌륭한 모형을 제공한다.

예제 3.3.1 표준 기저에서 단일 큐비트의 측정. V가 단일 큐비트계와 연관된 벡터 공간이라고 하자. 이 표준 기저에 있는 큐비트를 측정하는 장치는 정의에 의해 그와 연관된 직합 분해 $V = S_1 \oplus S_2$를 가진다. 여기서 S_1은 $|0\rangle$에 의해 생성되고, S_2는 $|1\rangle$에 의해 생성된다. 그런 장치에 의해 측정된 임의의 상태 $|\psi\rangle = a|0\rangle + b|1\rangle$은 부분 공간 S_1에 있는 $|\psi\rangle$의 진폭인 $|a|^2$의 확률로 $|0\rangle$이 될 것이고, $|b|^2$의 확률로 $|1\rangle$이 될 것이다.

예제 3.3.2 아다마르 기저에서 단일 큐비트 측정. 다음의 아다마르 기저

$$\{|+\rangle = \frac{1}{\sqrt{2}}(|0\rangle + |1\rangle), |-\rangle = \frac{1}{\sqrt{2}}(|0\rangle - |1\rangle)\}$$

에서 단일 큐비트를 측정하는 장치는 연관된 부분 공간 분해 $V = S_+ \oplus S_-$를 가진다. 여기서 S_+는 $|+\rangle$에 의해 생성되고 S_-는 $|-\rangle$에 의해 생성된다. 상태 $|\psi\rangle = a|0\rangle + b|1\rangle$는 $|\psi\rangle = \frac{a+b}{\sqrt{2}}|+\rangle + \frac{a-b}{\sqrt{2}}|-\rangle$로 적을 수 있으므로, $|\psi\rangle$는 $\left|\frac{a+b}{\sqrt{2}}\right|^2$의 확률로 $|+\rangle$에서 측정되고 $\left|\frac{a-b}{\sqrt{2}}\right|^2$의 확률로 $|-\rangle$에서 측정될 것이다.

다음의 두 예제는 3.4절에서 설명할 얽힘 기반 양자 키 분배 통신규약에서 사용되는 2큐비트 상태의 측정을 묘사한다. 4장에서는 다중 양자계의 측정을 더 자세히 알아보고, 양자 측정을 묘사하는 표준적인 축약 표기법을 만들어 나가겠다.

예제 3.3.3 표준 기저에서 2큐비트 상태의 첫 번째 큐비트 측정. V가 2큐비트계와 연관된 벡터 공간이라고 하자. 표준 기저에서 첫 번째 큐비트를 측정하는 장치는 이와 연관된 부분 공간 분해 $V = S_1 \oplus S_2$를 가진다. 여기서 $S_1 = |0\rangle \otimes V_2$는 $\{|00\rangle, |01\rangle\}$에 의해 펼쳐지는 2차원 부분 공간이고, $S_2 = |1\rangle \otimes V_2$는 $\{|10\rangle, |11\rangle\}$에 의해 펼쳐지는 부분 공간이다. 이런 장치로 임의의 두 큐비트 상태 $|\psi\rangle = a_{00}|00\rangle + a_{01}|01\rangle + a_{10}|10\rangle + a_{11}|11\rangle$을 측정할 때 어떤 일이 일어나는지 살펴보기 위해 $|\psi\rangle = c_1|\psi_1\rangle + c_2|\psi_2\rangle$라고 적어보자. 여기서 $|\psi_1\rangle = 1/c_1(a_{00}|00\rangle + a_{01}|01\rangle) \in S_1$이고 $|\psi_2\rangle = 1/c_2(a_{10}|10\rangle + a_{11}|11\rangle) \in S_2$다. 그리고 정규화 인자들은 $c_1 = \sqrt{|a_{00}|^2 + |a_{01}|^2}$와 $c_2 = \sqrt{|a_{10}|^2 + |a_{11}|^2}$이다. 이 장치를 이용해 $|\psi\rangle$를 측정하면 $|c_1|^2 = |a_{00}|^2 + |a_{01}|^2$의 확률로 $|\psi_1\rangle$ 상태가 나오고, $|c_2|^2 = |a_{10}|^2 + |a_{11}|^2$의 확률로 $|\psi_2\rangle$가 나온다. 특히 벨 상태 $|\Phi^+\rangle = \frac{1}{\sqrt{2}}(|00\rangle + |11\rangle)$을 측정했을 때, $|00\rangle$과 $|11\rangle$을 같은 확률로 얻는다.

예제 3.3.4 아다마르 기저에서 2큐비트 상태의 첫 번째 큐비트 측정. 2큐비트계의 첫 번째 큐비트를 아다마르 기저 $\{|+\rangle, |-\rangle\}$에 대해 측정하는 장치는 그와 연관된 직합 분해 $V = S_1' \oplus S_2'$를 가진다. 여기서 $S_1' = |+\rangle \otimes V_2$로 $\{|+\rangle|0\rangle, |+\rangle|1\rangle\}$에 의해 펼쳐지는 2차원 부분 공간이며, $S_2' = |-\rangle \otimes V_2$이다. 그리고 $|\psi\rangle = a_{00}|00\rangle + a_{01}|01\rangle + a_{10}|10\rangle + a_{11}|11\rangle$을 $|\psi\rangle = a_1'|\psi_1'\rangle + a_2'|\psi_2'\rangle$로 적겠다. 여기서,

$$|\psi_1'\rangle = c_1'\left(\frac{a_{00} + a_{10}}{\sqrt{2}}|+\rangle|0\rangle + \frac{a_{01} + a_{11}}{\sqrt{2}}|+\rangle|1\rangle\right)$$

이고,

$$|\psi_2'\rangle = c_2'\left(\frac{a_{00} - a_{10}}{\sqrt{2}}|-\rangle|0\rangle + \frac{a_{01} - a_{11}}{\sqrt{2}}|-\rangle|1\rangle\right)$$

c_1'과 c_2'의 계산, 두 결과가 나올 확률의 계산, $|\Phi^+\rangle = \frac{1}{\sqrt{2}}(|00\rangle + |11\rangle)$ 상태에 대해 위와 같은 측정을 하면 $|+\rangle|+\rangle$와 $|-\rangle|-\rangle$가 같은 확률로 얻어진다는 것을 보이는 것은 독자에게 남겨두겠다.

3.4 얽힌 상태를 사용하는 양자 키 분배

1991년, 아르투르 에커트Artur Ekert는 얽힌 상태의 특수한 성질을 사용하는 양자 키 분배 기법을 개발했다. 이 에커트91E91, Ekert 91 통신규약은 어떤 점에서는 2.4절에서 소개한 BB84 통신규약과 닮았다. 이 통신규약에서 앨리스와 밥은 각자 절반씩 갖고 있는 EPR 쌍에 대해 무작위적인 측정을 개별적으로 수행하고, 어떤 기저에서 측정했는지를 고전 통신 선로를 사용해 비교한다.

앨리스와 밥은 통신규약을 수행하면서 양자 상태를 교환하지는 않고, 도청자 이브는 고전 통신 선로만 엿들어서는 어떤 유용한 정보도 얻을 수 없기 때문에, 이브가 키 값에 대한 정보를 얻을 수 있는 유일한 기회는 통신규약을 시행할 때 생성되거나 전송된 것으로 보이는 EPR 쌍과 상호 작용하는 것이다. 이런 이유로, 얽힌 상태에 기반한 통신규약의 보안성은 증명하기가 더 쉽다. 그 증명은 BB84와 같은 다른 QKD 통신규약의 보안성 증명을 변형하면 된다. BB84와 마찬가지로 여기서는 이 통신규약만을 설명하겠다. 이브의 여러 가능한 공격 방법을 설명하고 보안성 증명을 제시하기 위해 2장에서 개발했던 도구가 필요할 것이다. 연습 문제 3.15는 이브가 해볼 수 있는 몇 가지 간단한 공격의 제한적인 효과를 분석할 것이다.

이 통신규약은 큐비트 짝의 열을 만드는 것으로 시작된다. 이 짝은 모두 얽힌 상태 $|\Phi^+\rangle = \frac{1}{\sqrt{2}}(|00\rangle + |11\rangle)$에 있다. 앨리스는 각 짝의 첫 번째 큐비트를 받고, 밥은 두 번째 큐비트를 받는다. 이들이 비밀 키를 만들려고 할 때, 각 큐비트에 대해 두 사람은 BB84 통신규약에서 했던 것과 마찬가지로 표준 기저 $\{|0\rangle, |1\rangle\}$와 아다마르 기저 $\{|+\rangle, |-\rangle\}$ 중에서 독립적으로 그리고 무작위적으로 측정할 기저를 선택한다. 이들이 측정을 수행한 후, 기저를 비교해 서로 다른 기저에서 얻은 비트는 버린다.

만약 앨리스가 첫 번째 큐비트를 표준 기저에서 측정했고 $|0\rangle$을 얻었다면 전체 상태는 $|00\rangle$이 된다. 이제, 만약 밥이 표준 기저에서 측정했다면 밥은 확실하게 $|0\rangle$을 얻는다. 만약 밥이 그 대신에 아다마르 기저 $\{|+\rangle, |-\rangle\}$에서 측정했다면, $|00\rangle = |0\rangle(\frac{1}{\sqrt{2}}(|+\rangle + |-\rangle))$이기 때문에 밥은 같은 확률로 $|+\rangle$와 $|-\rangle$를 얻을 것이다. BB84 통신규약에서와 마찬가지로 밥은 그 상태 $|+\rangle$와 $|-\rangle$를 그에 대응하는 고전 비트 0과 1에 각각 대응시켜서 해석하면 된다. 따라서 밥이 $\{|+\rangle, |-\rangle\}$ 기저에서 측정하고 앨리스가 표준 기저에서 측정한

경우, 밥의 비트가 앨리스가 얻은 것과 같을 가능성은 절반에 불과하다. 이런 상황은 앨리스가 자신의 큐비트 측정에서 $|1\rangle$을 얻은 경우에도 마찬가지이다. 만약 그 대신에 앨리스가 아다마르 기저에서 측정을 수행해 그 결과로 앨리스의 큐비트가 $|+\rangle$ 상태에 있게 된다면, 전체 상태는 $|+\rangle|+\rangle$가 된다. 만약 이제 밥이 아다마르 기저에서 측정한다면 밥은 확실하게 $|+\rangle$를 얻는다. 하지만 만약 밥이 표준 기저에서 측정을 수행하면 $|0\rangle$과 $|1\rangle$을 같은 확률로 얻을 것이다. 이들이 같은 기저에서 측정한 경우에는 항상 같은 비트를 얻기 때문에 이 통신규약은 처음의 짝이 EPR 쌍인 한, 무작위적인 공유 키를 얻게 해준다. 앨리스와 밥이 그 EPR 쌍의 충실도^{fidelity}를 시험할 수 있다는 것을 설명하기만 하면, 이 기법의 보안성은 방금 설명한 통신규약에 몇 단계를 추가해 얻을 수 있다. 아직은 그 시험 방법을 설명할 만한 위치가 아니다. 에케르트가 제안한 시험 방법은 벨 부등식^{Bell's inequality}에 기반한다(4.4.3절 참고). 그 외에도 더 효율적인 시험 방법이 고안됐다.

이 통신규약은 이론적으로 앨리스와 밥이 어떤 경우에도 키를 저장할 필요 없이 필요한 만큼 공유 키를 준비할 수 있다는 점에서 흥미로운 성질을 가진다. 현실적으로는 이 방법을 이용해 필요한 즉시 키를 준비하려면 앨리스와 밥은 자신들의 EPR 쌍을 저장할 수 있어야 하고, 따라서 시간에 따라 오염되지는 않는다. 현재 시점에서 얽힌 쌍을 오랜 시간 동안 신뢰성 있게 저장할 수 있는 방법은 존재하지 않는다.

3.5 참고문헌

1980년 초, 리처드 파인만과 유리 마닌은 얽힌 입자와 연관된 특정한 양자 현상은 표준적인 컴퓨터에서 효율적으로 시뮬레이션할 수 없음을 독립적으로 알아차렸다. 이 관찰을 전환해, 이들은 이 양자 현상이 일반적으로 계산 속도를 증가시키는 데 사용될 수 있는지를 의심하기 시작했다. 양자계산에 대한 이들의 초창기 아이디어는 각각 [121], [150], [202], [203]에서 찾아볼 수 있다.

텐서곱을 더 폭넓게 다루는 내용은 아르노 봄^{Arno Bohm}의 「Quantum Mechanics^{양자역학}」[53], 폴 뱀버그^{Paul Bamberg}와 슐로모 스테른버그^{Shlomo Sternberg}의 「A Course in Mathematics for Students of Physics^{물리학과 학생을 위한 수학}」[30], 토마스 헝거포드^{Thomas Hungerford}의 「Algebra^{대수학}」[158] 등에서 찾아볼 수 있다.

EPR 쌍에 기반한 에커트의 키 분배 통신규약은 [111]에서 처음으로 제안했고 [163, 294]에서 실험적으로 실증됐다. 가이신^{Gisin} 등이 저술한 문헌[130]은 에커트 알고리듬을 포함한 양자 키 분배 기법에 대해 자세한 내용을 제공한다.

3.6 연습 문제

연습 문제 3.1 V가 기저 $\{(1,0,0),\ (0,1,0),\ (0,0,1)\}$을 가지는 벡터 공간이라고 하자. $V \otimes V$에 대해 두 가지 다른 기저를 제시하라.

연습 문제 3.2 얽힌 상태의 선형 결합이 얽힌 상태일 필요가 없음을 예를 들어 보여라.

연습 문제 3.3 다음의 상태

$$|W_n\rangle = \frac{1}{\sqrt{n}}(|0\ldots001\rangle + |0\ldots010\rangle + |0\ldots100\rangle + \cdots + |1\ldots000\rangle)$$

가 모든 $n > 1$에 대해서, n큐비트 분해에 대해 얽힌 상태임을 보여라.

연습 문제 3.4 다음의 상태

$$|GHZ_n\rangle = \frac{1}{\sqrt{2}}(|00\ldots0\rangle + |11\ldots1\rangle)$$

가 모든 $n > 1$에 대해서, n큐비트 분해에 대해 얽힌 상태임을 보여라.

연습 문제 3.5 상태 $\frac{1}{\sqrt{2}}(|0\rangle|+\rangle + |1\rangle|-\rangle)$은 얽힌 상태인가?

연습 문제 3.6 누군가 당신에게 $|+\rangle$가 얽힌 상태냐고 물어본다면, 어떻게 대답할 것인가?

연습 문제 3.7 다음의 상태를 벨 기저에 대해 적어보라.

a. $|00\rangle$

b. $|+\rangle|-\rangle$

c. $\frac{1}{\sqrt{3}}(|00\rangle + |01\rangle + |10\rangle)$

연습 문제 3.8

a. $\frac{1}{\sqrt{2}}(|0\rangle|0\rangle + |1\rangle|1\rangle)$과 $\frac{1}{\sqrt{2}}(|+\rangle|+\rangle + |-\rangle|-\rangle)$가 같은 상태를 나타냄을 보여라.

b. $\frac{1}{\sqrt{2}}(|0\rangle|0\rangle - |1\rangle|1\rangle)$가 $\frac{1}{\sqrt{2}}(|\mathbf{i}\rangle|\mathbf{i}\rangle + |-\mathbf{i}\rangle|-\mathbf{i}\rangle)$와 같은 상태임을 보여라.

연습 문제 3.9

a. 임의의 n큐비트 양자 상태가 다음과 같은 벡터로 표현될 수 있음을 보여라.

$$a_0|0\ldots00\rangle + a_1|0\ldots01\rangle + \cdots + a_{2^n-1}|1\ldots11\rangle$$

여기서 처음으로 0이 아닌 a_i는 실수이며 음수가 아니다.

b. 위의 꼴에서 다른 임의의 두 벡터는 다른 양자 상태임을 나타낸다는 점에서 위의 표현식이 유일함을 보여라.

연습 문제 3.10

임의의 정규직교 기저 $B = \{|\beta_1\rangle, |\beta_2\rangle, \ldots, |\beta_n\rangle\}$에 대해, 벡터 $|v\rangle = a_1|\beta_1\rangle + a_2|\beta_2\rangle + \cdots + a_n|\beta_n\rangle$와 $|w\rangle = c_1|\beta_1\rangle + c_2|\beta_2\rangle + \cdots + c_n|\beta_n\rangle$가 있을 때,

a. $|v\rangle$와 $|w\rangle$의 내적이 $\bar{c}_1 a_1 + \bar{c}_2 a_2 + \cdots + \bar{c}_n a_n$임을 보여라.

b. $|v\rangle$의 길이의 절댓값이 $\big||v\rangle\big|^2 = \langle v|v\rangle = |a_1|^2 + |a_2|^2 + \cdots + |a_n|^2$임을 보여라.

위의 모든 단계를 디랙의 브라/켓 표기법으로 작성하라.

연습 문제 3.11 $|\psi\rangle$가 n큐비트 상태라고 하자. $|\psi\rangle$에서 표준 기저 벡터 $|j\rangle$까지의 거리 합이 n에만 의존하는 어떤 양의 상수에 대해 아래로부터 유계임을 보여라. 즉,

$$\sum_j \big||\psi\rangle - |j\rangle\big| \geq C$$

이다. 여기서 $|v|$는 그 안에 있는 벡터의 길이를 가리킨다. 그 상수 C를 n을 사용해 구체적으로 나타내라.

연습 문제 3.12 표준 기저에서 중첩 상태지만, 얽히지는 않은 2큐비트 상태의 사례를 제시하라.

연습 문제 3.13

a. 예제 3.2.3의 4큐비트 상태 $|\psi\rangle = \frac{1}{2}(|00\rangle + |11\rangle + |22\rangle + |33\rangle)$을 첫 번째와 두 번째 큐비트 그리고 세 번째와 네 번째 큐비트라는 두 개의 2큐비트 부분계로 분해했을 때 얽힌 상태임을 보여라.

b. 1큐비트와 3큐비트로 이뤄진 두 개의 부분계로 분해하는 네 가지 방법에 대해, $|\psi\rangle$가 얽힌 상태인지 그렇지 않은지를 각각의 분해법에 대해 설명하라.

연습 문제 3.14

a. 표준 기저, 아다마르 기저, $B = \{\frac{1}{\sqrt{2}}(|0\rangle + \mathbf{i}|1\rangle), \frac{1}{\sqrt{2}}|0\rangle - \mathbf{i}|1\rangle\}$에 대해, 2큐비트계 $|00\rangle$의 두 번째 큐비트를 각 기저에 대해 측정했을 때, 각각의 결과를 얻을 확률을 결정하라.

b. 상태 $|00\rangle$의 두 번째 큐비트를 아다마르 기저에서 먼저 측정하고, 이어서 앞의 B 기저에서 측정했을 때 각각의 결과가 나올 확률을 결정하라.

c. 상태 $|00\rangle$의 두 번째 큐비트를 아다마르 기저에서 먼저 측정하고, 이어서 표준 기저에서 측정했을 때 각각의 결과가 나올 확률을 결정하라.

연습 문제 3.15   이 연습 문제에서는 도청자 이브가 에커트의 얽힌 상태 기반 QKD 통신 규약에 대해 해볼 수 있는 몇 가지 간단한 공격의 효과를 분석해본다.

a. EPR 쌍 각각에서 밥이 가진 쪽을 밥이 받기 전에 이브가 먼저 측정할 수 있다고 하자. 이브는 항상 표준 기저에서 측정한다고 할 때 앨리스와 밥의 확률이 2^{-s}에 불과한 방법을 설명하라. 만약 그 대신 이브가 표준 기저와 아다마르 기저를 무작위적으로 선택해 각각의 큐비트를 측정한다면 어떻게 되는가? 만약 이브가 모든 가능한 기저에 대해 균일한 확률로 선택한다면 어떻게 되는가?

b. 이브가 EPR 쌍을 보내는 것처럼 행동할 수 있다고 하자. 이브가 EPR 쌍 대신에 $|00\rangle$, $|11\rangle$, $|+\rangle|+\rangle$, $|-\rangle|-\rangle$ 상태에 있는 큐비트의 무작위적인 혼합을 보낸다고 하자. 앨리스와 밥이 3.4절에 있는 통신규약을 수행한 후, 평균적으로 몇 개의 비밀 키가 짝이 맞겠는가? 평균적으로 그중 몇 비트를 이브가 알 수 있는가?

04

다중 큐비트 상태의 측정

양자 측정의 비고전적 거동은 양자정보처리 애플리케이션에 중요하다. 4장에서는 다중 큐비트계의 측정에 사용되는 표준적인 형식 체계를 구축하고, 이 형식 체계를 사용해 측정에 대해 매우 비고전적인 얽힌 상태의 거동을 설명하겠다. 특히 EPR 역설과 벨의 정리를 논의하는데, 이 상태의 비고전적인 특성을 설명할 것이다. 4.1절은 디랙의 브라/켓 표기법을 선형변환으로 확장한다. 4장에서는 이 내용을 사용해 측정을 설명하고, 5장에서는 양자계에 작용하는 양자 변환을 설명할 것이다. 4.2절에서는 천천히 양자 측정의 표기법과 표준적인 형식 체계 중 몇 가지를 소개한다. 4.3절은 이 내용을 사용해 표준 형식 체계의 완전한 설명을 제시한다. 두 절은 다양한 사례를 포함한다. 4장은 4.4절에서 가장 유명한 얽힌 상태인 EPR 쌍의 측정에 대한 거동에 관한 자세히 논의하면서 마무리한다.

4.1 선형변환에 대한 디랙의 브라/켓 표기법

디랙의 브라/켓 표기법은 양자 상태에 대한 선형변환을 특정하는 편리한 방법을 제공한다. 2.2절에서 켓 $|\psi\rangle$로 나타냈던 벡터의 켤레 전치를 브라 $\langle\psi|$로 나타냈던 것과, 벡터 $|\psi\rangle$와 $|\phi\rangle$의 내적을 $\langle\psi|\phi\rangle$로 표현했음을 떠올려 보자. $|x\rangle\langle y|$라는 표기는 벡터 $|x\rangle$와 $|y\rangle$의 외적$^{outer\ product}$을 표현한다. 행렬 곱은 결합 법칙을 따르고 스칼라는 모든 것과 교환 가능하므로 다음과 같은 관계식이 성립한다.

$$(|a\rangle\langle b|)|c\rangle = |a\rangle(\langle b||c\rangle)$$

$$= ((\langle b|c\rangle)|a\rangle$$

V가 단일 큐비트계와 연관된 벡터 공간이라고 하자. 표준 순서로 적은 표준 기저 $\{|0\rangle$, $|1\rangle\}$에 대해 연산자 $|0\rangle\langle 0|$에 대한 행렬은 다음과 같다.

$$|0\rangle\langle 0| = \begin{pmatrix} 1 \\ 0 \end{pmatrix}\begin{pmatrix} 1 & 0 \end{pmatrix} = \begin{pmatrix} 1 & 0 \\ 0 & 0 \end{pmatrix}$$

$|0\rangle\langle 1|$이라는 표기는 $|1\rangle$을 $|0\rangle$으로, $|0\rangle$은 공벡터$^{\text{null vector}}$로 변환하는 선형변환을 나타내며, 그 관계식은 다음과 같다.

$$(|0\rangle\langle 1|)|1\rangle = |0\rangle(\langle 1|1\rangle) = |0\rangle(1) = |0\rangle,$$

$$(|0\rangle\langle 1|)|0\rangle = |0\rangle(\langle 1|0\rangle) = |0\rangle(0) = 0$$

마찬가지로,

$$|1\rangle\langle 0| = \begin{pmatrix} 0 & 0 \\ 1 & 0 \end{pmatrix},$$

$$|1\rangle\langle 1| = \begin{pmatrix} 0 & 0 \\ 0 & 1 \end{pmatrix}$$

이다. 따라서 V에 대한 모든 2차원 선형변환은 디랙 표기법으로 적을 수 있다.

$$\begin{pmatrix} a & b \\ c & d \end{pmatrix} = a|0\rangle\langle 0| + b|0\rangle\langle 1| + c|1\rangle\langle 0| + d|1\rangle\langle 1|$$

예제 4.1.1 $|0\rangle$과 $|1\rangle$을 서로 교환하는 선형변환은

$$X = |0\rangle\langle 1| + |1\rangle\langle 0|$$

으로 주어진다. 또한

$$X : \quad |0\rangle \mapsto |1\rangle$$
$$|1\rangle \mapsto |0\rangle$$

이라는 표기를 사용할 수도 있다. 이것은 기저 벡터에 대한 효과로 선형변환을 구체적으로 나타낸다. 변환 $X = |0\rangle\langle 1| + |1\rangle\langle 0|$은 표준 기저에 대해 다음의 행렬로 표현할 수도 있다.

$$\begin{pmatrix} 0 & 1 \\ 1 & 0 \end{pmatrix}$$

예제 4.1.2 기저 벡터 $|00\rangle$과 $|10\rangle$을 서로 교환하고 나머지는 그대로 두는 변환은 $|10\rangle\langle 00| + |00\rangle\langle 10| + |11\rangle\langle 11| + |01\rangle\langle 01|$로 적을 수 있고, 표준 기저에서 그 행렬 표현은 다음과 같다.

$$\begin{pmatrix} 0 & 0 & 1 & 0 \\ 0 & 1 & 0 & 0 \\ 1 & 0 & 0 & 0 \\ 0 & 0 & 0 & 1 \end{pmatrix}$$

기저 벡터 $|j\rangle$를 $|i\rangle$로 대응시키고 나머지는 모두 0으로 보내는 n큐비트계에 대한 연산자는 표준 기저에서 다음과 같이 적을 수 있다.

$$O = |i\rangle\langle j|$$

여기서 O에 대한 행렬은 ij번째 위치에 값으로 1을 가진다. 성분으로 a_{ij}를 가지는 연산자 O는 표준 기저에서

$$O = \sum_i \sum_j a_{ij} |i\rangle\langle j|$$

으로 적을 수 있다. 마찬가지로 O에 대한 행렬의 ij번째 성분은 표준 기저에서 $\langle i|O|j\rangle$로 주어진다.

이 표기법에 대한 연습용 예제로, 벡터 $|\psi\rangle = \sum_k b_k |k\rangle$에 연산자 O를 작용한 결과를 적어 보자.

$$O|\psi\rangle = \left(\sum_i \sum_j a_{ij}|i\rangle\langle j|\right)\left(\sum_k b_k|k\rangle\right) = \sum_i \sum_j \sum_k a_{ij}b_k|i\rangle\langle j||k\rangle$$

$$= \sum_i \sum_j a_{ij}b_j|i\rangle$$

더 일반적으로, $\{|\beta_i\rangle\}$가 N차원 벡터 공간 V에 대한 기저라면, 연산자 $O:V \to V$는 이 기저에 대해 다음과 같이 적을 수 있다.

$$\sum_{i=1}^{N}\sum_{j=1}^{N} b_{ij}|\beta_i\rangle\langle\beta_j|$$

특히 기저 $\{|\beta_i\rangle\}$에 대해 O에 대한 행렬은 그 성분이 $O_{ij} = b_{ij}$가 된다.

처음에 벡터/행렬 표기법은 독자들에게 보다 친숙하기 때문에 이해하기 더 쉬울 수 있고, 때로는 계산에 더 편리할 수 있다. 하지만 기저와 그 기저의 순서를 정해야 한다. 브라/켓 표기법은 기저와 그 기저의 순서에는 의존하지 않는다. 또한 좀 더 간결하고, 외적에서 봤던 것과 같이 정확한 관계성을 제공한다. 따라서 일단 익숙해지기만 하면 읽기에 더 편할 것이다.

4.2 측정에 대한 투영연산자

2.3절에서 측정 장치에 연관된 기저 벡터 위로의 투영을 사용해 단일 큐비트의 측정을 설명했다. 이 개념은 다중 큐비트계의 측정에 대해서도 일반화된다. V의 임의의 부분 공간 S에 대해 부분 공간 $S^\perp$는 S에 있는 모든 벡터와 직교하는 모든 벡터를 포함한다. S와 $S^\perp$라는 부분 공간은 $V = S \oplus S^\perp$를 만족한다. 따라서 $|v\rangle = V$인 임의의 벡터는 $\vec{s_1} \in S$인 벡터와 $\vec{s_2} \in S^\perp$인 벡터의 합으로 유일하게 적을 수 있다. 임의의 S에 대해, **투영연산자**^{projection} operator P_S는 선형연산자 $P_S : V \to S$로, $|v\rangle \mapsto \vec{s_1}$로 대응시키며, 여기서 $|v\rangle = \vec{s_1} + \vec{s_2}$이고 $\vec{s_1} \in S_1$, $\vec{s_2} \in S_2$다. $\vec{s_1}$과 $\vec{s_2}$가 일반적으로 단위 벡터가 아니기 때문에 $\vec{s_i}$라는 표기를 사용하겠다. 연산자 $|\psi\rangle\langle\psi|$는 $|\psi\rangle$에 의해 펼쳐지는 부분 공간 위로의 투영연산자다. 투영연산자는 때때로 **투영자**^{projector}라고도 줄여 부른다. 직교 부분 공간 S_i에 대한 임의의 직합 분

해 $V = S_1 \oplus \cdots \oplus S_k$에는 그와 연관된 k개의 투영연산자 $P_i : V \to S_i$가 존재한다. 여기서 $P_i|v\rangle = \vec{s}_i$, $s_i \in S_i$이고 $|v\rangle = \vec{s}_1 + \cdots + \vec{s}_k$다. 이 용어를 사용해 $|\psi\rangle$ 상태에 작용하는 분해 $V = S_1 \oplus \cdots \oplus S_k$를 가지는 측정 장치는 $\left| P_i|\psi\rangle \right|^2$의 확률로 다음과 같은 결과가 나온다.

$$|\phi\rangle = \frac{P_i|\psi\rangle}{|P_i|\psi\rangle|}$$

예제 4.2.1   투영연산자 $|0\rangle\langle 0|$은 단일 큐비트 상태 $|\psi\rangle$에 작용해 $|\psi\rangle$에서 $|0\rangle$에 의해 생성된 부분 공간에 있는 성분을 얻는다. $|\psi\rangle = a|0\rangle + b|1\rangle$이라고 하자. 그러면 $(|0\rangle\langle 0|)|\psi\rangle = a\langle 0|\rangle|0\rangle + b\langle 0|1\rangle|0\rangle = a|0\rangle$이다.

투영연산자 $|1\rangle|0\rangle\langle 1|\langle 0|$은 2큐비트 상태에 작용한다.

$$|\phi\rangle = a_{00}|00\rangle + a_{01}|01\rangle + a_{10}|10\rangle + a_{11}|11\rangle$$

이라고 하자. 그러면 다음과 같아진다.

$$(|1\rangle|0\rangle\langle 1|\langle 0|) \; |\phi\rangle = a_{10}|1\rangle|0\rangle$$

P_S가 n차원 벡터 공간 V에서 기저 $\{|\alpha_0\rangle, \ldots, |\alpha_{s-1}\rangle\}$을 가지는 s차원 부분 공간 S 위로의 투영연산자라고 하자. 그러면 다음과 같다.

$$P_S = \sum_{i=1}^{s-1} |\alpha_i\rangle\langle\alpha_i| = |\alpha_0\rangle\langle\alpha_0| + \cdots + |\alpha_{s-1}\rangle\langle\alpha_{s-1}|$$

예제 4.2.2 $|\psi\rangle = a_{00}|00\rangle + a_{01}|01\rangle + a_{10}|10\rangle + a_{11}|11\rangle$이 연관된 벡터 공간으로 V를 가지는 2큐비트 상태를 나타낸다고 하자. S_1이 $|00\rangle$, $|01\rangle$에 의해 펼쳐지는 부분 공간이라고 하자. 연산자 $P_S = |00\rangle\langle 00| + |01\rangle\langle 01|$은 $|\psi\rangle$를 (정규화되지 않은) 벡터 $a_{00}|00\rangle + a_{01}|01\rangle$로 보내는 투영연산자다.

V와 W가 내적을 가지는 두 벡터 공간이라고 하자. 연산자 $O : W \to V$의 수반연산자^{adjoint} ^{operator} 또는 켤레 전치^{conjugate transpose} 연산자 $O^\dagger : V \to W$는 다음의 내적 관계를 만족하는

연산자로 정의된다. 임의의 $\vec{v} \in V$와 $O\vec{w} \in W$에 대해, $O^\dagger\vec{v}$와 $\vec{w}$ 사이의 내적이 $\vec{v}$와 $O\vec{w}$의 내적과 같다. 즉,

$$O^\dagger\vec{v} \cdot \vec{w} = \vec{v} \cdot O\vec{w}$$

O의 수반연산자 $O^\dagger$에 대한 행렬은 O에 대한 행렬의 모든 성분에 켤레복소수를 취하고, 다시 전치행렬을 취해서 얻는다. 여기서 V와 W에 대해 적절한 기저를 사용했다고 가정한다. 2.2절에서 $\langle x |$가 $| x \rangle$의 켤레 전치임을 설명했다. 독자는 $(A | x \rangle)^\dagger = \langle x | A^\dagger$임을 확인해볼 수 있다. 브라/켓 표기법에서, $O^\dagger | x \rangle$와 $| w \rangle$의 내적과 $| x \rangle$와 $O | w \rangle$의 내적 사이의 관계는 다음과 같이 표기법에 반영됐다.

$$((\langle x | O) | w \rangle) = (\langle x | (O | w \rangle)) = \langle x | O | w \rangle$$

투영연산자 P의 정의는 투영연산자를 여러 번 연속해 적용하는 것이 한 번만 적용한 것과 같은 효과를 가진다는 것을 뜻한다. 즉, $PP = P$다. 게다가 임의의 투영연산자는 자기 자신의 수반연산자다. 즉, $P = P^\dagger$다. 따라서

$$|P | v \rangle|^2 = ((\langle v | P^\dagger)(P | v \rangle)) = \langle v | P | v \rangle$$

가 임의의 투영연산자 P와 모든 $| v \rangle \in V$에 대해 성립한다.

투영연산자와 디랙 표기법에 대한 이해를 확실히 하기 위해 이 형식 체계를 써서 표준 기저에 대한 단일 큐비트 측정을 설명해보자.

예제 4.2.3 표준 기저에서 단일 큐비트 측정에 대한 형식적 처리. V가 단일 큐비트계와 연관된 벡터 공간이라고 하자. 표준 기저에 대한 측정에 연관된 V에 대한 직합 분해는 $V = S \oplus S'$다. 여기서 S는 $| 0 \rangle$에 의해 생성된 부분 공간이고 S'는 $| 1 \rangle$에 의해 생성된 부분 공간이다. 관계된 투영연산자는 $P : V \rightarrow S$와 $P' : V \rightarrow S'$로, $P = | 0 \rangle\langle 0 |$이고 $P' = | 1 \rangle\langle 1 |$이다. $| \psi \rangle = a | 0 \rangle + b | 1 \rangle$ 상태의 측정은 $|P_i | \psi \rangle|^2$의 확률로 $\frac{P | \psi \rangle}{|P | \psi \rangle|}$가 된다.

$$P | \psi \rangle = (| 0 \rangle\langle 0 |) | \psi \rangle = | 0 \rangle\langle 0 | \psi \rangle = a | 0 \rangle$$

이고,

$$|P | \psi \rangle|^2 = \langle \psi | P | \psi \rangle = \langle \psi | (| 0 \rangle\langle 0 |) | \psi \rangle = \langle \psi | 0 \rangle\langle 0 | \psi \rangle = \bar{a}a = |a|^2$$

이기 때문에, 그 측정 결과는 확률 $|a|^2$으로 $\frac{a|0\rangle}{|a|}$가 된다. 2.5절에서 전역 위상 인자가 물리적으로 의미가 없다고 했으므로, $|0\rangle$에 의해 표현되는 상태가 확률 $|a|^2$로 얻어진다. 비슷한 계산을 해보면 $|1\rangle$에 의해 표현되는 상태는 $|b|^2$의 확률로 얻어진다.

더 흥미로운 측정에 대한 예제를 제시하기 전에 표준 기저와 연관된 완전 분해에 대해 2큐비트 상태의 측정을 설명하겠다.

예제 4.2.4 완전한 표준 기저 분해에 대한 2큐비트 상태의 측정. V가 2큐비트계와 연관된 벡터 공간이고, $|\phi\rangle = a_{00}|00\rangle + a_{01}|01\rangle + a_{10}|10\rangle + a_{11}|11\rangle$이 임의의 2큐비트 상태라고 하자. 분해 $V = S_{00} \oplus S_{01} \oplus S_{10} \oplus S_{11}$을 가지는 측정을 생각해보자. 여기서 S_{ij}는 $|ij\rangle$에 의해 펼쳐지는 1차원 복소 부분 공간이다. 이와 관련된 투영연산자 $P_{ij} : V \to S_{ij}$는 $P_{00} = |00\rangle\langle00|$, $P_{01} = |01\rangle\langle01|$, $P_{10} = |10\rangle\langle10|$, $P_{11} = |11\rangle\langle11|$이다. 측정 후의 상태는 $\left|P_{ij}|\psi\rangle\right|^2$의 확률로 $\frac{P_{ij}|\psi\rangle}{|P_{ij}|\psi\rangle|}$가 될 것이다. 2.5.1절과 3.1.3절에서 어떤 θ에 대해 $|v\rangle = e^{i\theta}|w\rangle$이면 두 단위 벡터 $|v\rangle$와 $|w\rangle$가 같은 양자 상태를 나타내고, $|v\rangle \sim |w\rangle$가 $|v\rangle$와 $|w\rangle$가 같은 양자 상태를 나타낸다는 것을 가리킨다고 설명한 것을 떠올려 보자. 측정 후의 상태는 $\langle\psi|P_{00}|\psi\rangle = |a_{00}|^2$의 확률로

$$\frac{P_{00}|\psi\rangle}{|P_{00}|\psi\rangle|} = \frac{a_{00}|00\rangle}{|a_{00}|} \sim |00\rangle$$

이 되거나, $|a_{01}|^2$의 확률로 $|01\rangle$이 되거나, $|a_{10}|^2$의 확률로 $|10\rangle$이 되거나, $|a_{11}|^2$의 확률로 $|11\rangle$이 된다.

이 내용에 익숙해지기 위해 이제 독자 여러분에게 이 표기법을 사용해 3.3절의 예제를 다시 적어볼 것을 권한다.

더 흥미로운 것은 큐비트 값 그 자체에 대해서는 어떤 정보도 주지 않으면서 큐비트 값 사이의 관계에 대해서는 정보를 주는 측정이다. 예를 들어 비트를 구성하는 두 큐비트의 실제 비트 값을 알아내지 않으면서 두 비트가 같은지 측정할 수 있다. 그 측정은 양자 오류 보정 기법에서 중요하게 사용될 것이다.

예제 4.2.5 표준 기저에서 2큐비트 상태의 비트 동일성 측정. V가 2큐비트계와 연관된 벡터 공간이라고 하자. 직합 분해 $V = S_1 \oplus S_2$와 연관된 측정을 생각해보자. 여기서 S_1

은 두 비트가 같은 $\{|00\rangle, |11\rangle\}$에 의해 생성된 부분 공간이고, S_2는 두 벡터가 같지 않은 $\{|10\rangle, |01\rangle\}$에 의해 생성된 부분 공간이다. P_1과 P_2가 각각 S_1과 S_2 위로의 투영연산자라고 하자. $|\psi\rangle = a_{00}|00\rangle + a_{01}|01\rangle + a_{10}|10\rangle + a_{11}|11\rangle$에 있는 계가 이 방식으로 측정되면 그 확률은 $\left|P_i|\psi\rangle\right|^2 = \langle\psi|P_i|\psi\rangle$이고 측정 후 상태는 $\frac{P_i|\psi\rangle}{|P_i|\psi\rangle|}$가 된다.

$c_1 = \langle\psi|P_1|\psi\rangle = \sqrt{|a_{00}|^2 + |a_{11}|^2}$이고 $c_2 = \langle\psi|P_2|\psi\rangle = \sqrt{|a_{01}|^2 + |a_{10}|^2}$이라고 하자. 측정 후, $|c_1|^2 = |a_{00}|^2 + |a_{11}|^2$의 확률로 $|u\rangle = \frac{1}{c_1}(a_{00}|00\rangle + a_{11}|11\rangle)$ 상태가 되고, $|c_2|^2 = |a_{01}|^2 + |a_{10}|^2$의 확률로 $|v\rangle = \frac{1}{c_2}(a_{01}|01\rangle + a_{10}|10\rangle)$이 된다. 만약 첫 번째 결과가 나타나면 두 비트가 같다는 것을 알게 되지만 그 값이 0인지 혹은 1인지는 모른다. 만약 두 번째 결과가 나타나면, 두 비트가 다르다는 것을 알지만 어느 것이 0이고 어느 것이 1인지는 모른다. 따라서 이 측정은 두 비트의 값을 알아내지 않으며 두 비트가 같은지만을 알아낸다.

단일 큐비트 상태의 경우와 마찬가지로, 대다수의 상태는 측정의 부분 공간 분해에 대해서 중첩 상태다. 앞의 예제에서 비트가 같은 값과 다른 값을 가지는 성분을 포함하는 중첩 상태는 측정에 의해 그 상태 중 (여전히 표준 기저에 대해서는 중첩 상태인) 하나로, 즉 모든 성분의 비트 값이 같거나, 모든 성분의 비트 값이 다른 상태 중 하나로 변환된다.

양자 측정을 설명하기 위해 사용된 형식 체계를 더 만들어가기 전에, 추가적인 예제를 제시하겠다. 이것은 그와 연관된 부분 공간이 표준 기저 원소의 부분집합에 의해 생성되지 않은 경우다.

예제 4.2.6 벨 기저 분해에 대한 2큐비트 상태의 측정. 3.2절에서 벨 상태 $|\Phi^+\rangle = \frac{1}{\sqrt{2}}(|00\rangle + |11\rangle)$, $|\Phi^-\rangle = \frac{1}{\sqrt{2}}(|00\rangle - |11\rangle)$, $|\Psi^+\rangle = \frac{1}{\sqrt{2}}(|01\rangle + |10\rangle)$, $|\Psi^-\rangle = \frac{1}{\sqrt{2}}(|01\rangle - |10\rangle)$이었던 것을 떠올려 보자. $V = S_{\Phi^+} \oplus S_{\Phi^-} \oplus S_{\Psi^+} \oplus S_{\Psi^-}$가 벨 상태에 의해 생성된 부분 공간으로의 직합 분해라고 하자. 상태 $|00\rangle$를 이 분해에 대해 측정하면 $|00\rangle = \frac{1}{\sqrt{2}}(|\Phi^+\rangle + |\Phi^-\rangle)$이기 때문에 1/2의 확률로 $|\Phi^+\rangle$가 되고 1/2의 확률로 $|\Phi^-\rangle$가 된다. 독자는 다른 3개의 표준 기저 원소와 일반적인 2큐비트 상태에 대해 그 결과와 결과의 확률을 확인해볼 수 있을 것이다.

다음 절에서 양자역학 문헌에서 양자 측정을 설명하는 데 전반적으로 사용되는 표준 형식 체계를 계속해서 만들어가겠다.

4.3 측정에 대한 에르미트 연산자 형식 체계

측정과 연관된 부분 공간 분해를 명시적으로 적는 대신 생성 집합^{generating set}으로 각각의 부분 공간 분해의 정의를 포함해 수학적으로 간결한 표현을 쓸 수 있다. 에르미트 연산자 ^{Hermitian operator}라고 하는 특정한 연산자는 고유 공간 분해^{eigenspace decomposition}라고 하는 고유한 직교 부분 공간 분해를 정의한다. 게다가 이와 같은 모든 분해에 대해, 그 고유 공간 분해가 이 분해인 에르미트 연산자가 존재한다. 이런 대응 관계가 있으면 측정을 묘사하기 위해 에르미트 연산자를 사용할 수 있다. 고유 공간과 에르미트 연산자에 대한 정의와 사실을 독자들에게 복기시키며 시작하겠다.

$O : V \to V$가 선형 연산자라고 하자. 어떤 0이 아닌 벡터 $\vec{v} = V$에 대해 $O\vec{v} = \lambda\vec{v}$이면 λ는 고윳값^{eigenvalue}이고 $\vec{v}$는 O의 λ-고유 벡터^{λ-eigenvector}다. 만약 $\vec{v}$와 $\vec{w}$가 둘 다 λ-고유 벡터라면, $\vec{v} + \vec{w}$도 λ-고유 벡터다. 따라서 모든 λ-고유 벡터는 O의 λ-고유 공간^{λ-eigenspace}이라는 V의 부분 공간을 구성한다. 그 행렬 표현이 대각행렬인 연산자에 대해 고윳값은 단순히 대각선의 값들이다.

연산자 $O : V \to V$는 자기 자신이 수반연산자인 경우, 즉 $O^\dagger = O$이면 에르미트 연산자다. 에르미트 연산자의 고유 공간은 특수한 성질을 가진다. λ가 어떤 에르미트 연산자 O에 대한 고유 벡터 $|x\rangle$의 고윳값이라고 하자.

$$\lambda\langle x|x\rangle = \langle x|\lambda|x\rangle = \langle x_\lambda|(O|x_\lambda)\rangle = ((\langle x|O^\dagger)|x\rangle = \bar{\lambda}\langle x|x\rangle$$

이기 때문에 $\lambda = \bar{\lambda}$인데, 이것은 에르미트 연산자의 모든 고윳값이 실수임을 뜻한다.

에르미트 연산자와 직교 부분 공간 분해 사이의 연관성을 주기 위해, 에르미트 연산자의 고유 공간 $S_{\lambda_1}, S_{\lambda_2}, \ldots, S_{\lambda_k}$가 직교하고, $S_{\lambda_1} \oplus S_{\lambda_2} \oplus \cdots \oplus S_{\lambda_k} = V$임을 보여야 한다. 임의의 연산자에 대해, 서로 다른 두 고윳값은 분리된 고유 공간을 가진다. 이것은 임의의 단위 벡터 $|x\rangle$에 대해, $O|x\rangle = \lambda_0|x\rangle$이고 $O|x\rangle = \lambda_1|x\rangle$라는 것은 $(\lambda_0 - \lambda_1)|x\rangle = 0$을 뜻하며, 이것은 $\lambda_0 = \lambda_1$이라는 뜻이다. 임의의 에르미트 연산자에 대해, 서로 다른 고윳값에 대한 고유 벡터는 직교해야 한다. $|v\rangle$가 λ-고유 벡터이고 $|w\rangle$가 μ-고유 벡터이며 $\lambda \neq \mu$라고 하자. 그러면 λ와 μ가 서로 다른 고윳값이므로 $\langle v|w\rangle = 0$이다.

$$\lambda\langle v|w\rangle = ((\langle v|O^\dagger)|w\rangle = \langle v|(O|w\rangle) = \mu\langle v|w\rangle$$

따라서 S_{λ_i}와 S_{λ_j}는 $\lambda_i \neq \lambda_j$인 경우 직교한다. 연습 문제 4.16에서 에르미트 연산자 $O : V \rightarrow V$에 대해 모든 고유 공간의 직합이 전체 공간 V가 됨을 보여준다.

V가 N차원 벡터 공간이고, $\lambda_1, \lambda_2, \ldots, \lambda_k$가 에르미트 연산자 $O : V \rightarrow V$에 대한 $k \leq N$개의 서로 다른 고윳값이라고 하자. 앞서 $V = S_{\lambda_1} \oplus \cdots \oplus S_{\lambda_k}$임을 보였다. 여기서 S_{λ_i}는 고윳값 λ_i를 가지는 O의 고유 공간이다. V의 이러한 직합 분해는 에르미트 연산자 O에 대한 V의 고유 공간 분해라고 한다. 따라서 임의의 에르미트 연산자 $O : V \rightarrow V$는 V에 대해 부분 공간 분해를 유일하게 결정한다. 게다가 부분 공간 $S_1, \ldots, S_k$의 직합으로의 벡터 공간 V의 어떤 분해든지 에르미트 연산자 $O : V \rightarrow V$의 고유 공간 분해로 구현될 수 있기 때문이다. P_i가 부분공간 S_i 위로의 투영연산자라고 하자. 그리고 $\lambda_1, \lambda_2, \ldots, \lambda_k$가 서로 다른 실숫값의 어떤 집합이라고 하자. 그러면 $O = \sum_{i=1}^{k} \lambda_i P_i$는 이렇게 원하는 직합 분해를 갖는 에르미트 연산자다. 따라서 측정을 묘사할 때 그와 연관된 부분 공간 분해를 직접 묘사하는 대신 그 고유 공간 분해가 원하는 분해가 되는 에르미트 연산자를 특정할 수 있다.

적절한 직합 분해를 갖는 임의의 에르미트 연산자는 어떤 정해진 측정을 특정하는 데 사용될 수 있다. 특히 λ_i의 값들은 이 값들이 서로 구분되는 한 관련이 없다. λ_i는 단순히 그에 대응하는 부분 공간에 대한 표식, 또는 그와 동등하게 측정 결과에 대한 표식으로 생각해도 된다. 양자물리학에서 이런 표식은 에너지와 같이 그에 대응하는 고유 공간에 있는 고유 상태에 공유되는 특성을 나타내기 위해 선택된다. 여기서는 그 표식에 의미를 부여할 필요는 없으며, 서로 다른 고윳값들의 어떤 집합이든지 된다.

에르미트 연산자로 측정을 구체적으로 나타내는 것은 양자역학과 양자정보처리 문헌에서 전반적으로 표준적인 연습이다. 하지만 양자 측정이 상태에 대한 에르미트 연산자의 작용에 의해 모형화되지 않는다는 것을 깨닫는 것은 중요하다. 에르미트 연산자 O 그 자체가 아니라 O에 연관된 투영연산자 P_j가 상태에 작용한다. 어떤 투영연산자가 상태에 작용하느냐는 확률 $p_j = \langle \psi | P_j | \psi \rangle$에 의존한다. 예를 들어 $|\psi\rangle = a|0\rangle + b|1\rangle$을 에르미트 연산자 $Z = |0\rangle\langle 0| - |1\rangle\langle 1|$에 대해 측정한 결과는

$$\begin{pmatrix} 1 & 0 \\ 0 & -1 \end{pmatrix} \begin{pmatrix} a \\ b \end{pmatrix} = \begin{pmatrix} a \\ -b \end{pmatrix}$$

임에도 불구하고 $a|0\rangle - b|1\rangle$ 상태가 아니다. 에르미트 연산자를 직접 곱한 결과는 일반

적으로 잘 정의된 상태가 되지 않는다. 예를 들어

$$\begin{pmatrix} 0 & 0 \\ 0 & 1 \end{pmatrix} |0\rangle = \begin{pmatrix} 0 & 0 \\ 0 & 1 \end{pmatrix} \begin{pmatrix} 1 \\ 0 \end{pmatrix} = \begin{pmatrix} 0 \\ 0 \end{pmatrix}$$

과 같은 경우가 있다. 에르미트 연산자는 단지 편리한 책갈피 사용 방법일 뿐으로, 측정과 연관된 부분 공간 분해를 특정하는 간결한 방법이다.

4.3.1 측정 가설

양자역학에 대한 우리의 모형 중 많은 측면은 실험에 의해 직접인 관찰이 불가능하다. 2.3절에서 살펴봤듯이 알려지지 않은 단일 큐비트 상태 $a|0\rangle + b|1\rangle$을 1개만 갖고 있을 때, 그 상태가 어떤 상태인지 실험적으로 알아낼 수 있는 방법은 없다. 우리는 양자 상태를 직접 관찰할 수 없다. 직접 관찰할 수 있는 것은 측정의 결과뿐이다. 이런 이유로, 측정을 구체적으로 특정하는 에르미트 연산자는 관측가능량^{observable}이라고 한다.

양자역학의 측정 가설$^{measurement\ postulate}$은 다음과 같다.

- 어떤 양자 측정이든지 관측가능량이라고 하는 에르미트 연산자 O로 특정 지을 수 있다.
- 관측가능량 O를 갖고 상태 $|\psi\rangle$를 측정한 것의 가능한 결과는 O의 고윳값으로 표식된다. 상태 $|\psi\rangle$의 측정은 O의 고윳값 λ_i으로 표식되며, 그 확률은 $|P_i|\psi\rangle|^2$이다. 여기서 P_i는 λ_i-고유 공간 위로의 투영연산자다.
- (투영) 측정 이후의 상태는 $|\psi\rangle$의 λ_i-고유 공간 S_i 위로 향하는 정규화된 투영 $P_i|\psi\rangle/|P_i|\psi\rangle|$이다. 따라서 측정 후의 상태는 고윳값 λ_i를 가지는 O의 단위 길이 고유 벡터다.

여기서 설명했던 내용이 측정에 대한 수학적 형식 체계임을 분명히 해둬야 한다. 즉, 측정이 실제로 어떻게 이뤄질 수 있는지, 또는 어떤 효율로 수행될 수 있는지는 논의하지 않는다. 어떤 측정은 수학적으로 말하기는 쉽지만 구현하기는 쉽지 않을 수 있다. 게다가 물리적으로 구현 가능한 측정의 고윳값은 가령 입자의 위치나 에너지와 같은 의미를 가질 수 있지만, 여기서 고윳값은 단지 임의적인 표식일 뿐이다.

에르미트 연산자가 부분 공간 분해를 유일하게 특정 짓지만, 어떤 부분 공간 분해가 주어졌을 때 그 고유 공간 분해가 바로 이 부분 공간 분해가 되는 많은 에르미트 연산자가 존재한다. 특히 고윳값은 부분 공간이나 가능한 결과에 대한 표식일 뿐이므로, 고윳값의 특정한 값들은 서로 관련이 없다. 중요한 점은 이들이 서로 다르다는 것이다. 예를 들어 에르미트 연산자 $|0\rangle\langle 0| - |1\rangle\langle 1|$의 결과는 $100|0\rangle\langle 0| - 100|1\rangle\langle 1|$의 측정 결과와 같은 확률로 같은 상태가 된다. 하지만 이 결과는 에르미트 연산자 $|0\rangle\langle 0| + |1\rangle\langle 1|$이나 $42|0\rangle\langle 0| + 42|1\rangle\langle 1|$에 해당하는 자명한 측정 결과와는 일치하지 않을 것이다.

예제 4.3.1 표준 기저에서 단일 큐비트의 측정에 대한 에르미트 연산자 형식 체계. 예제 4.2.3에서 설명한 표준 기저에서의 단일 큐비트계의 측정을 사용해, 이 측정을 특정 짓는 에르미트 연산자를 구성해보자. 이 측정에 해당하는 부분 공간 분해는 $V = S \oplus S'$이다. 여기서 S는 $|0\rangle$에 의해 생성된 부분 공간이고 S'는 $|1\rangle$에 의해 생성된 부분 공간이다. S와 S'에 연관된 투영연산자는 각각 $P = |0\rangle\langle 0|$과 $P' = |1\rangle\langle 1|$이다. λ와 λ'가 서로 다른 임의의 두 실숫값이라고 했을 때 가령 $\lambda = 2$이고 $\lambda' = -3$이라고 하자. 그러면 다음의 연산자는 표준 기저에서 단일 큐비트 상태의 측정을 특정 짓는 에르미트 연산자다.

$$O = 2|0\rangle\langle 0| - 3|1\rangle\langle 1| = \begin{pmatrix} 2 & 0 \\ 0 & -3 \end{pmatrix}$$

λ와 λ'에 대해 임의의 서로 다른 값들을 사용할 수도 있다. 일반적으로는

$$|1\rangle\langle 1| = \begin{pmatrix} 0 & 0 \\ 0 & 1 \end{pmatrix}$$

또는,

$$Z = |0\rangle\langle 0| - |1\rangle\langle 1| = \begin{pmatrix} 1 & 0 \\ 0 & -1 \end{pmatrix}$$

을 사용해 표준 기저에서 단일 큐비트 측정을 특정 짓는다.

예제 4.3.2 아다마르 기저에서 단일 큐비트의 측정에 대한 에르미트 연산자 형식 체계. 단일 큐비트 측정을 아다마르 기저 $\{|+\rangle, |-\rangle\}$에서 측정하는 것에 해당하는 에르미트 연산자

를 만들어보겠다. 여기서 생각해보려는 부분 공간은 $|+\rangle$에 의해 생성된 S_+와 $|-\rangle$에 의해 생성된 S_-로, 이와 연관된 투영연산자는 $P_+ = |+\rangle\langle+| = \frac{1}{2}(|0\rangle\langle0| + |0\rangle\langle1| + |1\rangle\langle0| + |1\rangle\langle1|)$과 $P_- = |-\rangle\langle-| = \frac{1}{2}(|0\rangle\langle0| - |0\rangle\langle1| - |1\rangle\langle0| + |1\rangle\langle1|)$이다. 여기서, λ_+와 λ_-를 두 값이 다르기만 하다면 어떤 식으로든 자유롭게 고를 수 있다. $\lambda_+ = 1$과 $\lambda_- = -1$로 선택하면,

$$X = |0\rangle\langle1| + |1\rangle\langle0| = \begin{pmatrix} 0 & 1 \\ 1 & 0 \end{pmatrix}$$

아다마르 기저에서 단일 큐비트 측정에 대한 에르미트 연산자다.

예제 4.3.3 에르미트 연산자 $A = |01\rangle\langle01| + 2|10\rangle\langle10| + 3|11\rangle\langle11|$는 표준적인 순서에 있는 표준 기저 $\{|00\rangle, |01\rangle, |10\rangle, |11\rangle\}$에 대해 다음의 행렬 표현을 가진다.

$$\begin{pmatrix} 0 & 0 & 0 & 0 \\ 0 & 1 & 0 & 0 \\ 0 & 0 & 2 & 0 \\ 0 & 0 & 0 & 3 \end{pmatrix}$$

A에 대한 고유 공간 분해는 4개의 부분 공간으로 구성되며, 각각은 표준 기저 벡터 $|00\rangle$, $|01\rangle$, $|10\rangle$, $|11\rangle$ 중 하나에 의해 생성된다. 연산자 A는 예제 4.2.4에서 설명한 완전한 표준 기저 분해에 대한 측정을 특정 짓는 많은 에르미트 연산자 중 하나다. 에르미트 연산자 $A' = 73|00\rangle\langle00| + 50|01\rangle\langle01| - 3|10\rangle\langle10| + 23|11\rangle\langle11|$은 또 다른 연산자다.

예제 4.3.4 다음의 에르미트 연산자

$$B = |00\rangle\langle00| + |01\rangle\langle01| + \pi(|10\rangle\langle10| + |11\rangle\langle11|) = \begin{pmatrix} 1 & 0 & 0 & 0 \\ 0 & 1 & 0 & 0 \\ 0 & 0 & \pi & 0 \\ 0 & 0 & 0 & \pi \end{pmatrix}$$

는 부분 공간 분해 $V = S_0 \oplus S_1$에 대한 2큐비트계의 측정을 특정 짓는다. 여기서 S_0는 $\{|00\rangle, |01\rangle\}$, S_1은 $\{|10\rangle, |11\rangle\}$에 의해 생성된다. 따라서 B는 예제 3.3.3에서 설명했던 표준 기저에 대해 첫 번째 큐비트에 대한 측정을 특정 짓는다.

예제 4.3.5 다음의 에르미트 연산자는 부분 공간 분해 $V = S_2 \oplus S_3$에 대한 측정을 특정 짓는다.

$$C = 2(|00\rangle\langle00| + |11\rangle\langle11|) + 3(|01\rangle\langle01| + |10\rangle\langle10|) = \begin{pmatrix} 2 & 0 & 0 & 0 \\ 0 & 3 & 0 & 0 \\ 0 & 0 & 3 & 0 \\ 0 & 0 & 0 & 2 \end{pmatrix}$$

여기서 S_2는 $\{|00\rangle, |11\rangle\}$, S_3은 $\{|01\rangle, |10\rangle\}$에 의해 생성된다. 따라서 C는 예제 4.2.5에서 설명했던 비트 동등성에 대한 측정을 특정 짓는다.

에르미트 연산자 O에 대한 부분 공간 분해가 주어지면 O에 대한 정규직교 고유 기저 V를 찾아낼 수 있다. 일반적인 경우와 같이 O가 n개의 서로 다른 고윳값을 가진다면 고유 기저는 크기가 1인 복소수 인자를 감안할 때 유일하다. 만약 O가 n개보다 적은 고윳값을 가진다면, 어떤 고윳값에 대해서는 1차원보다 더 큰 차원을 가지는 고유 공간을 가질 수 있다. 이 경우 각 고유 공간 S_i에 대해서는 무작위적으로 정규직교 기저를 선택할 수 있다. 에르미트 연산자 O에 대한 행렬은 이 고유 기저 중 어떤 것에 대해서도 대각행렬이다.

고윳값 λ_i를 가지는 임의의 에르미트 연산자 O는 $O = \sum_j \lambda_j P_j$로 적을 수 있다. 여기서 P_j는 O의 λ-고유 공간에 대한 투영연산자다. 모든 투영연산자는 고윳값이 1과 0을 갖는 에르미트 연산자이고, 여기서 1-고유 공간은 이 연산자의 상^{image}이다. 기저 $\{|i_1\rangle, \ldots, |i_m\rangle\}$에 의해 펼쳐지는 V의 m차원 부분 공간 S에 대해, 이와 연관된 투영연산자는 V에 있는 벡터를 S로 대응시킨다.

$$P_S = \sum_{j=1}^{m} |i_j\rangle\langle i_j|$$

만약 P_S와 P_T가 서로 직교하는 부분 공간 S와 T의 투영연산자라고 하면 직합 $S \oplus T$의 투영연산자는 $P_S \oplus P_T$다. 만약 P가 부분 공간 S 위로 향하는 투영연산자라면 $\mathbf{tr}(P)$는 P를 표현하는 임의의 행렬에 있는 대각 성분의 합으로 S의 차원이다. 이 논의는 대각합^{trace}이 기저에 독립이기 때문에 어떤 기저에 대해서도 적용된다. 상자 10.1이 이 내용과 대각합의 다른 성질에 대해 설명한다.

벡터 공간 V와 W에 대한 선형연산자 A와 B가 각각 주어지면, 텐서곱 $A \otimes B$는 텐서곱 공간 $V \otimes W$의 원소 $v \otimes w$에 대해 다음과 같이 작용한다.

$$(A \otimes B)(v \otimes w) = Av \otimes Bw$$

이 정의로부터 다음이 유도된다.

$$(A \otimes B)(C \otimes D) = AC \otimes BD$$

O_0과 O_1이 각각 공간 V_0와 V_1에 대한 에르미트 연산자라고 하자. 그러면 $O_0 \otimes O_1$은 공간 $V_0 \otimes V_1$에 대한 에르미트 연산자다. 게다가 만약 O_i가 부분 공간 S_{ij}와 연관된 고윳값 λ_{ij}를 가진다면, $O_0 \otimes O_1$은 고윳값으로 $\lambda'_{jk} = \lambda_{0j}\lambda_{1k}$를 가진다. 만약 $\lambda'_{jk} = \lambda_{0j}\lambda_{1k}$가 유일하다면, 그와 연관된 고유 공간 S'_{jk}는 S_{0j}와 S_{1k}의 텐서곱이다. 일반적으로는 고윳값 λ'_{jk}는 서로 다를 필요가 없다. $O_0 \otimes O_1$의 고윳값인 λ'가 O_0과 O_1의 고윳값들의 곱으로 여러 방식으로 표현할 수 있다면, 즉 $\lambda'_i = \lambda'_{j_1 k_1} = \cdots = \lambda'_{j_m k_m}$이라면, 그 고유 공간은 $S = (S_{0j_1} \otimes S_{1k_1}) \oplus \cdots \oplus (S_{0j_m} \otimes S_{1k_m})$이다.

$V_0 \otimes V_1$에 대한 대다수의 에르미트 연산자 O는 각각 V_0와 V_1에 작용하는 두 에르미트 연산자 O_1과 O_2의 텐서곱으로 적을 수 없다. 그런 분해는 O에 의해 묘사되는 부분 공간 분해에 포함된 각 부분 공간이 $S = S_0 \otimes S_1$로 적을 수 있는 경우에만 가능하다. 여기서 S_0와 S_1은 각각 O_1과 O_2에 연관된 부분 공간 분해에 해당된다. 대부분의 에르미트 연산자에 대해서는 이 조건이 만족되지 않지만 지금까지 설명했던 모든 관측가능량에 대해서는 성립한다. 예를 들어,

$$\begin{pmatrix} 1 & 0 \\ 0 & -1 \end{pmatrix} \otimes \begin{pmatrix} 2 & 0 \\ 0 & 3 \end{pmatrix} = (|0\rangle\langle 0| - |1\rangle\langle 1|) \otimes (2|0\rangle\langle 0| + 3|1\rangle\langle 1|)$$

$$= 2|00\rangle\langle 00| + 3|01\rangle\langle 01| - 2|10\rangle\langle 10| - 3|11\rangle\langle 11|$$

은 표준 기저에서의 측정을 완전히 특정하지만 예제 4.3.3에서 사용했던 다른 에르미트 연산자는 그렇지 않다. 다음의 연산자는 예제 4.3.4에서 설명한 표준 기저에서 첫 번째 큐비트에 대한 측정을 $Z \otimes I$와 같이 특정 짓는다.

$$\begin{pmatrix} 1 & 0 \\ 0 & \pi \end{pmatrix} \otimes I = |00\rangle\langle 00| + |01\rangle\langle 01| + \pi(|10\rangle\langle 10| + |11\rangle\langle 11|)$$

여기서 $Z = |0\rangle\langle 0| - |1\rangle\langle 1|$이다. 다음의 에르미트 연산자

$$Z \otimes Z = |00\rangle\langle 00| - |01\rangle\langle 01| - |10\rangle\langle 10| + |11\rangle\langle 11|$$

은 이제, 2개의 단일 큐비트 측정의 텐서곱으로는 표현할 수 없는 2큐비트 측정의 예를 제시해보겠다.

예제 4.3.6 모든 측정이 단일 큐비트 측정의 텐서곱은 아니다. 2큐비트 상태를 생각해보자. 다음의 행렬표현을 가지는 관측가능량 M은 두 비트가 모두 1로 설정됐는지를 알아낸다.

$$M = \begin{pmatrix} 0 & 0 & 0 & 0 \\ 0 & 0 & 0 & 0 \\ 0 & 0 & 0 & 0 \\ 0 & 0 & 0 & 1 \end{pmatrix}$$

연산자 M을 사용한 측정은 두 부분 공간 S_0과 S_1 중에서 하나에 포함된 상태가 된다. 여기서 S_1은 $\{|11\rangle\}$에 의해 펼쳐지고, S_0은 $\{|00\rangle, |01\rangle, |10\rangle\}$에 의해 펼쳐진다.

M을 사용해 측정하는 것은 표준 기저에서 두 큐비트를 측정하고 고전적인 AND 연산을 수행하는 것과는 조금 다르다. 예를 들어 $|\psi\rangle = 1/\sqrt{2}(|01\rangle + |10\rangle)$ 상태는 M을 사용해 측정했을 때는 바뀌지 않고 남아 있지만, $|\psi\rangle$의 두 큐비트를 측정하면 상태가 $|01\rangle$이나 $|10\rangle$으로 변한다.

만약 Q_1과 Q_2가 단일 큐비트계에 대한 에르미트 연산자라면, 2큐비트계에 대한 임의의 에르미트 연산자 $Q_1 \otimes Q_2$는 단일 큐비트 측정으로 구성됐다고 한다. 게다가 2큐비트계에 대한 에르미트 연산자가 $Q \otimes I$나 $I \otimes Q'$의 꼴이라면 그 계의 단일 큐비트에 대한 측정이라고 한다. 더 일반적으로는 n큐비트계에 대한 에르미트 연산자가 다음과 같은 꼴이라면 그 계의 단일 큐비트 측정이라고 한다.

$$I \otimes \cdots \otimes I \otimes Q \otimes I \otimes \cdots \otimes I$$

$V \otimes W$ 계에 대한 $A \otimes I$ 꼴을 가지는 임의의 에르미트 연산자는 부분계 V에 대한 측정이라고 한다. 여기서 A는 V에 작용하는 에르미트 연산자다.

5.1절에서 표준 기저에 있는 측정 연산자가 양자 상태 변환과 결합했을 때 어떤 양자 측

정이라도 수행하기에 충분하다는 것을 보일 것이다. 특히 임의의 기저를 임의의 다른 기저로 바꾸는 양자연산이 존재하고, 그러므로 어떤 부분 공간 분해로부터 시작해 상태 공간의 모든 가능한 부분 공간 분해를 얻을 수 있다. 여기서 부분 공간 분해에 있는 모든 부분 공간은 표준 기저 벡터와 변환에 의해 생성될 수 있다. 여러 다른 기저에서 보이는 양자 측정의 효과를 이해하는 것은 얽힌 상태와 양자정보처리를 일반적으로 완전히 이해하기 위해 중요하다. 2.4절과 3.4절에서 다른 기저에서 측정하는 것의 능력을 이러한 양자 키 분배 기법의 핵심 측면으로 설명했었다. 다음 절에서 벨의 정리를 설명하는데, 여기서 이 부분을 동시에 얽힌 상태의 비고전적 특성에 대해 더 깊이 있는 통찰을 제시하며 더 상세히 설명할 것이다.

n큐비트계에 대한 측정에 대해 이야기할 때, 고려하고 있는 벡터 공간 V에 대해 두 가지 완전히 다른 유형의 분해가 존재한다. 즉, n개의 분리된 큐비트에 대한 텐서곱 분해와 측정 장치와 연관된 $k \le 2^n$개의 부분 공간으로의 직합 분해가 있다. 이 분해는 더 달라질 수는 없다. 특히 $V = V_1 \otimes \cdots \otimes V_n$의 텐서 성분 V_i는 V의 부분 공간이 아니다. 마찬가지로, 측정에 연관된 부분 공간은 개별 큐비트와 같은 전체 계의 부분계에 대응하지 않는다.

2.3절에서 단일 큐비트로부터 단 1개의 정보 고전 비트만을 추출할 수 있음을 언급했다. 이제 이 진술을 일반화하고 더 정확하게 다듬을 수 있다. n큐비트계에 대한 임의의 관측 가능량은 많아봐야 2^n개의 서로 다른 고윳값을 갖기 때문에, 주어진 측정에 대해 많아봐야 2^n가지 가능한 결과가 존재한다. 그러므로 n큐비트계에서 1번 측정한 결과는 최대로 고전 정보 n비트를 알려줄 것이다. 일반적으로 측정은 상태를 바꾸기 때문에 더 많은 측정은 원래의 상태가 아니라 새 상태에 대한 정보를 줄 것이다. 특히 만약 관측가능량이 2^n개의 서로 다른 고윳값을 가진다면 측정은 상태를 어떤 고유 벡터로 보낼 것이고, 그 이상의 측정으로는 원래 상태에 대해 어떤 추가적인 정보도 추출해낼 수 없다.

4.4 EPR 역설과 벨의 정리

1935년에 앨버트 아인슈타인[Albert Einstein], 보리스 포돌스키[Boris Podolsky], 네이선 로젠[Nathan Rosen]은 「Can quantum mechanical description of physical reality be considered complete?[양자역학은 물리적 현실을 완전히 설명할 수 있는가?]」라는 제목의 논문을 썼다. 이 논문은 데이비

드 봄$^{David\ Bohm}$에게 여기서 설명하려는 더 간단한 사고 실험$^{thought\ experiment}$에 대한 영감을 준 사고 실험을 포함했다. 이 실험은 $\frac{1}{\sqrt{2}}(|00\rangle + |11\rangle)$ 상태에 있는 한 쌍의 광자를 이용한다. 그 논문에 그런 상태가 등장하진 않지만 그런 상태에 있는 입자 쌍은 아인슈타인, 포돌스키, 로젠의 이름을 따서 EPR 쌍이라고 한다.

어떤 원천이 있어서 EPR 쌍 $\frac{1}{\sqrt{2}}(|00\rangle + |11\rangle)$을 생성해 첫 번째 입자를 앨리스에게 보내고 두 번째 입자를 밥에게 보낸다고 생각해보자. 앨리스와 밥은 얼마든지 멀리 떨어져 있을 수 있다. 각각은 자신이 받은 입자에 대해서만 측정할 수 있다. 더 정확히 말하면 앨리스는 계에 대해 측정할 때 $O \otimes I$ 꼴의 관측가능량만을 사용할 수 있고, 밥은 $I \otimes O'$ 꼴의 관측가능량만 사용할 수 있다. 여기서 O와 O'는 단일 큐비트 관측가능량이다.

3.4절에서 에커트91 양자 키 분배 통신규약을 분석했을 때 살펴봤듯이, 만약 앨리스가 자신의 큐비트를 표준 단일 큐비트 기저에서 측정해 상태 $|0\rangle$을 관찰했다면, 이 측정의 효과는 양자계의 상태를 앨리스의 측정 결과에 맞는 상태로 투영시킨다. 그러면 결합된 상태는 $|00\rangle$이 될 것이다. 이제 밥이 자신의 입자를 측정한다면, 밥은 항상 $|0\rangle$을 관찰할 것이다. 그러므로 앨리스의 측정이 밥의 입자 상태에 영향을 준 것으로 보인다. 마찬가지로, 앨리스가 $|1\rangle$을 측정했다면, 밥도 그렇게 될 것이다. 대칭성에 의해 만약 밥이 자신의 큐비트를 먼저 측정했다면, 앨리스는 밥과 같은 결과를 관찰할 것이다. 표준 기저에서 측정한다면 앨리스와 밥은 상대적인 측정 시점에 상관없이 항상 같은 결과를 관찰할 것이다. 두 큐비트가 $|0\rangle$으로 측정될 확률은 1/2이지만, 두 결과는 항상 같다.

만약 입자들이 충분히 멀리 떨어져 있고 측정이 시간적으로 가깝게 발생한다면(더 구체적으로는 측정이 상대론적인 공간 분리가 돼 있다면), 이 입자들 사이의 상호 작용이 빛의 속도보다 더 빠르게 발생한 것처럼 들릴 수 있다. 앞에서 앨리스에 의해 수행된 측정이 밥의 입자의 상태에 영향을 주는 것으로 보인다고 설명했지만, 이 이야기는 잘못 이해될 수도 있다. 특수 상대성 이론에 따르면 먼저 한쪽을 측정한 것이 다른 쪽의 결과를 유도한다고 생각하는 것은 정확하지 않다. 즉, 한 관찰자가 보기에는 앨리스가 먼저 측정하고 그다음에 밥이 측정하고, 다른 관찰자가 보기에는 밥이 먼저 측정하고 앨리스가 그다음으로 측정한 것으로 보도록 EPR 상황을 설정하는 것도 가능하다. 상대성 이론에 따라 물리학은 두 관찰자의 관찰을 똑같이 잘 설명할 수 있어야 한다. 우리가 사용하는 인과율이라는 용어는 두 관찰자의 관찰과 맞아떨어질 수가 없지만, 실제 실험값은 관찰자가 바뀐다고 해도 변하지 않는다. 그러므로 실험 결과는 밥이 먼저 측정하고 앨리스가 나중에 측정하거나, 그 반대로 하더라도 똑같이 설명될 수 있다. 이 대칭성은 두 입자 사이의 상관성이 존재함을 보여준다. 앨리스와 밥은 빛의 속도보다 빠르게 통신하기 위해 그들의 EPR 쌍을 사용할 수 없다. 말할 수 있는 것은 앨리스와 밥이 서로 같은 무작위적 거동을 관찰할 것이라는 사실뿐이다.

이 결과가 그 자체로 상대성 이론과 완벽하게 맞아떨어진다고 해도 그 거동에는 의문이 남는다. 만약 앨리스와 밥이 많은 수의 EPR 쌍을 갖고 있어서 순서대로 측정한다고 하면, 이들은 상관성과 확률적 결과의 이상한 혼합물을 보게 될 것이다. 측정 결과로 나온 각각의 나열은 완벽하게 무작위적인 것처럼 보이지만 앨리스와 밥이 그들의 결과를 비교해보면 둘로 나눠진 입자 사이에 똑같은 무작위 수열을 봤다는 것을 알게 된다. 얽힌 쌍에서 나온 두 수열은 마치 한 쌍의 마법의 동전처럼 행동한다. 둘이 같이 던졌을 때 같은 방향으로 떨어지는데 둘 다 앞면이 나올지 둘 다 뒷면이 나올지는 완전히 무작위적이다. 지금까지 양자역학은 이 결과를 설명할 수 있는 유일한 이론이 아니다. 입자들이 내부적으로 숨은 상태를 갖고 있어서, 두 입자가 EPR 원천에서 동시에 생성될 때 양쪽의 숨은 상태가 똑같고, 하지만 그 짝이 생성될 때마다 무작위적으로 바뀌기 때문에 측정 결과가 결정된다고 가정하는 고전적 이론에 의해서도 이 결과를 설명할 수 있다. 그런 고전적 이론에 따르면 결정론적인 결과 대신 무작위적인 결과를 보는 이유는 단지 그 숨은 상태에 접근할 방법이 없기 때문이다. 이 이론의 지지자들의 희망은 결국 물리학이 이 숨은 상태를 밝혀내는 단계까지 발달할 수 있다는 것이었다. 그런 이론을 **국소적 숨은 변수 이론**local hidden-variable theory이라고 한다. 국소적local이라는 말은 숨은 변수가 각 입자의 내부에 있어서 외부의 영향에 의존하지 않는다는 가정에서 나온 것이다. 특히 숨은 변수는 멀리 있는 입자나 측정 장치의 상태에 의존하지 않는다.

여기서 양자역학을 사용해서 모형화한 모든 실험 결과들과 잘 맞는 국소적 숨은 변수 이론을 구성하는 것이 가능할까? 대답은 "아니오"다. 하지만 이것은 1964년에 벨의 연구가 발표되기 전까지는 모든 국소적 숨은 변수 이론과 양자역학을 구분할 수 있는 실험을 구성할 수 있다는 것을 아무도 알아차리지 못했다. 그 이후로, 그런 실험이 수행됐고 모든 결과는 양자역학의 예측과 맞아떨어졌다. 따라서 자연이 어떻게 작동하는지 설명할 수 있는 국소적 숨은 변수 이론은 전혀 존재하지 않는다.

벨은 어떤 국소적 숨은 변수 이론이라도 벨의 부등식이라는 어떤 부등식을 만족하는 결과를 예측한다는 것을 보였다. 4.4.1절에서는 그 실험 장치를 소개하고, 4.4.2절에서는 양자역학에 의해 예측되는 결과를 설명한다. 4.4.3절에서는 특수한 경우에서 임의의 국소적 숨은 변수 이론에 대해 벨의 부등식을 구성해보겠다. 4.4.4절에서는 완전히 일반적인 벨의 부등식을 제시한다.

4.4.1 벨의 정리에 대한 실험 장치

그 편광이 얽힌 상태 $|\psi\rangle = \frac{1}{\sqrt{2}}(|\uparrow\uparrow\rangle + |\rightarrow\rightarrow\rangle)$에 있는 광자 쌍을 방출하는 EPR 원천을 생각해보자. 여기서 $|\uparrow\rangle$와 $|\rightarrow\rangle$는 2.1.2절의 광자 편광에 대한 표기이다. 우리는 두 광자가 반대 방향으로 향하고, 각각 편광판(편광 필터)으로 향한다고 가정하겠다. 이 편광판은 세 가지 다른 각도로 놓일 수 있다. 먼저 여기서 생각해보려는 특수한 상황은 세로 방향, 세로에서 $+60°$, 세로에서 $-60°$ 벗어난 방향이다.

앨리스   EPR 원천   밥

4.4.2 양자역학이 예측하는 결과

O_θ가 $|v\rangle = \cos\theta|0\rangle + \sin\theta|1\rangle$에 의해 생성되는 1-고유 공간과 $|v^\perp\rangle = -\sin\theta|0\rangle + \cos\theta|1\rangle$에 의해 생성되는 −1-고유 공간을 가지는 단일 큐비트 관측가능량이라고 하자. 양자역학은 $|\psi\rangle$를 $O_{\theta_1} \otimes O_{\theta_2}$에 의해 측정한 결과를 $\cos^2(\theta_1 - \theta_2)$의 확률로 고윳값 1을 가지는 상태가 될 것이라고 예측한다. 다시 말해, 측정 결과가 $\{|v_1\rangle|v_2\rangle, |v_1^\perp\rangle|v_2^\perp\rangle\}$에 의해 생성된 부분 공간에 있고, $\{|v_1\rangle|v_2^\perp\rangle, |v_1^\perp\rangle|v_2\rangle\}$에 의해 생성된 −1-고유 공간에 없을 확률이 $\cos^2(\theta_1 - \theta_2)$라는 것이다. 이 사실을 증명하는 것이 연습 문제 4.20의 주제다. 여기서 설명하려는 것은 이것의 놀라운 비고전적인 함의다.

−60°, 세로, +60°라는 편광판의 세 가지 다른 설정은 각각 $M_\nearrow$, $M_\uparrow$, $M_\nwarrow$이라는 세 가지 관측가능량에 해당하며, 각각은 두 가지 가능한 결과가 있다. 그 결과는 광자가 편광판을 통과하는 경우로 P로 나타내거나, 광자가 편광판에 흡수되는 경우로 A로 나타낸다. 관측가능량 $O_{\theta_1} \otimes O_{\theta_2}$로 측정한 결과가 확률 $\cos^2(\theta_1 - \theta_2)$로 고윳값 1인 상태가 된다는 사실을 사용하면, 편광판을 각각 각도 θ_1과 θ_2로 설정했을 때 두 광자의 측정이 같은 결과, PP 또는 AA가 될 확률을 계산할 수 있다. 만약 두 편광판이 같은 각도로 설정됐다면, 두 광자의 측정이 같은 결과가 나올 확률은 $\cos^2 0 = 1$이다. 즉, 두 광자가 모두 편광판을 통과하거나, 둘 다 흡수될 것이다. 오른쪽에 있는 편광판이 수직으로 설정되고 왼쪽에 있는 편광판이 +60°로 설정됐을 때, 두 측정이 같은 결과가 나올 확률은 $\cos^2 60 = 1/4$의 확률이다. 두 편광판이 같은 각도가 아니라면, 각도 차이는 60°나 120°이고, 이 경우들은 모두 1/4의 확률로 측정 결과가 같고, 3/4의 확률로 측정 결과가 다를 것이다.

원천에서 방출된 일련의 EPR 쌍에 대해서 편광판이 무작위적으로 설정됐다면,

- 1/3의 확률로 편광판 방향은 같은 방향으로 놓일 것이고, 측정 결과가 모두 같을 것이다.
- 2/3의 확률로 편광판 방향은 다른 방향으로 놓일 것이고, 측정 결과는 1/4의 확률로 같을 것이다.

따라서 전체적으로 측정 결과는 절반이 같고 절반이 다를 것이다. 이런 실험이 수행됐을 때, 이것이 관찰되는 실제 확률이다.

4.4.3 벨의 정리의 특수한 경우: 임의의 국소적 숨은 변수 이론이 예측하는 결과

이번 절에서는 이런 확률을 줄 수 있는 국소적 숨은 변수 이론이 없다는 것을 보이겠다. 각 광자와 연관돼 각각의 편광판의 설정에 따라 광자의 측정 결과를 결정하는 어떤 숨은 상태가 있다고 해보자. 그런 상태의 특성은 모르지만, 이 상태는 세 가지 방향으로 놓을 수 있는 편광판에 의해, 측정 결과가 나올 수 있는 가능성은 2^3가지의 이항 조합만이 존재한다. 이 여덟 가지 가능성에 $h_0, \ldots, h_7$이라고 이름을 붙이겠다.

	↗	↑	↖
h_0	P	P	P
h_1	P	P	A
h_2	P	A	P
h_3	P	A	A
h_4	A	P	P
h_5	A	P	A
h_6	A	A	P
h_7	A	A	A

이렇게 보면 h_i를 정해진 측정 결과를 나타내는 모든 숨은 상태의 동치류^{equivalent class}로 생각할 수 있다. 실험적으로는 두 편광판이 같은 각도로 설정됐을 때 EPR 쌍 $|\psi\rangle$의 광자를 측정하면 항상 같은 결과가 나온다. 어떤 국소적 숨은 변수 이론이 이 실험 결과를 설명하는 모형이 되려면 그 이론은 얽힌 쌍의 두 광자가 숨은 상태 h_i의 같은 동치류에 있는지 예측해야만 한다. 예를 들어 왼쪽에 있는 광자가 세 가지 편광판 위치 ↗, ↑, ↖에 대해 PAP로 결과가 나온다면 왼쪽에 있는 광자도 그렇게 돼야 한다.

이제 다음과 같은 두 편광판의 방향에 대한 아홉 가지 조합

$$\{(\nearrow, \nearrow), (\nearrow, \uparrow), \ldots, (\nwarrow, \nwarrow)\}$$

과 각각의 숨은 상태 h_i에 있는 광자 쌍의 측정 결과가 같다고 예측되는지 생각해보자. 숨은 상태 h_0과 h_7에 대한 측정 ({PPP, PPP}와 {AAA, AAA})는 모든 가능한 방향 조합에 대해 일치하며, 100% 같게 나온다. 숨은 상태 h_1,{PPA, PPA}의 측정은 아홉 가지 가능한 방향 중 다섯 가지는 같고 네 가지는 다르다. 나머지 여섯 가지의 경우도 h_1과 유사해

서, 5/9는 같고 4/9는 다르다. EPR 쌍의 방출원이 숨은 상태에 있는 광자를 어떤 확률분포로 방출하든지 관계없이, 두 측정 결과가 같을 것으로 예측되는 경우는 최소한 5/9다. 따라서 어떤 국소적 숨은 변수 이론도 양자역학에서 예측되고 실험적으로 관찰되는 것과 같은 50대 50의 비율로 같은 결과를 예측할 수는 없다.

4.4.4 벨의 부등식

벨의 부등식은 앞에서 논의한 내용을 우아하게 일반화한 것이다. 더 일반적인 장치도 세 가지 설정이 가능한 두 편광판으로 향하는 광원에서 방출되는 일련의 EPR 쌍을 가진다. 이제 세 가지 서로 다른 각도 a, b, c로 둘 수 있는 3개의 편광판을 생각해보자.

만약 편광판을 위의 설정 중에서 무작위로 골라서 설정하면서 측정을 반복한 결과를 기록해두면, 어떤 설정에 대해 측정 결과가 맞아떨어지는지 그 횟수를 셀 수 있다. P_{xy}가 다음의 두 가지 경우 중 관찰된 확률의 합이라고 하자.

- 첫 번째 편광판이 각도 x로, 두 번째 편광판이 각도 y로 설정됐을 때 두 광자가 양쪽의 편광판과 같은 방식으로 상호 작용한다(둘 다 통과하거나 둘 다 흡수되거나). 또는,
- 첫 번째 편광판이 각도 y로, 두 번째 편광판이 각도 x로 설정됐을 때 두 광자가 양쪽의 편광판과 같은 방식으로 상호 작용한다.

두 편광판이 같은 설정일 때는 광자 측정이 항상 같은 결과를 주기 때문에 어떤 x 설정에 대해서도 $P_{xx} = 1$이다. 이제 다음의 부등식을 보이겠다.

$$P_{ab} + P_{ac} + P_{bc} \geq 1$$

이는 벨의 부등식으로 알려져 있는데, 각각의 편광판을 어떤 설정으로 놓더라도 임의의 국소적 숨은 변수 이론에 대해 성립한다.

숨은 상태의 동치류 중 어떤 하나에 대한 확률에 대해 이 부등식이 성립한다는 것을 보이고, 거기서부터 이 동치류가 어떻게 분포됐더라도 부등식이 성립함을 논증해 이 부등식을 증명하겠다. 어떤 국소적 숨은 변수 이론을 따르든지, 세 가지 가능한 설정 각각에 대해 편광판에 의해 광자를 측정한 결과는 광자의 국소적 숨은 상태 h에 의해 결정된다. h

같은 측정 결과를 주도록 정해진 모든 숨은 상태의 동치류를 h라고 생각한다는 점을 한 번 더 강조하겠다. 양쪽의 두 편광판 모두, 같은 각도로 설정됐을 때 EPR 상태 $|\psi\rangle$에 있는 광자를 측정하면 항상 같은 결과를 준다는 사실은 얽힌 쌍의 두 광자가 모두 숨은 상태 h에서 같은 동치류에 있어야 한다는 뜻이다. 예를 들어 오른쪽에 있는 광자가 세 가지 편광판 상태 a, b, c에 대해서 PAP라는 결과를 보였다면, 왼쪽에 있는 광자도 그렇게 돼야 한다. 숨은 변수 h를 가지는 상태에 대해 두 측정 결과가 같으면 P_{xy}^{h}가 1이고, 그렇지 않으면 0이라고 하자. 어떤 측정이든 두 가지 가능한 결과 P와 A를 가지므로 간단히 생각해보면 주어진 숨은 상태 h에 대해서 세 가지 편광판 설정 a, b, c를 갖고 광자를 측정하면 그중 적어도 하나는 같은 측정 결과가 나와야 한다는 점을 알 수 있다. 따라서 상태 $|\psi\rangle$의 두 광자는 그 숨은 상태가 같으므로, 임의의 h에 대해서

$$P_{ab}^{h} + P_{ac}^{h} + P_{bc}^{h} \geq 1$$

이 성립한다. w_h가 광원에서 h류의 광자를 방출할 확률이라고 하자. 그러면 관찰된 확률 $P_{ab} + P_{ac} + P_{bc}$의 합은 각각의 숨은 h류의 광자의 측정 결과에 가중치 w_h를 포함한 가중치 합이다. 즉,

$$P_{ab} + P_{ac} + P_{bc} = \sum_{h} w_h (P_{ab}^{h} + P_{ac}^{h} + P_{bc}^{h})$$

이 성립한다. 모두 1보다 큰 수의 가중평균은 1보다 크기 때문에, 따라서 임의의 h에 대해 $P_{ab}^{h} + P_{ac}^{h} + P_{bc}^{h} \geq 1$이므로 다음과 같이 결론지을 수 있다.

$$P_{ab} + P_{ac} + P_{bc} \geq 1$$

이 부등식은 임의의 국소적 숨은 변수 이론에 대해 성립하며, 시험 가능한 제약 조건을 제공한다.

연습 문제 4.20에서 양자 이론은 두 결과가 같을 확률이 두 편광판 설정의 각도의 코사인 값의 제곱임을 예측한다. 만약 두 설정 a와 b의 각도를 θ로 두고 설정 b와 c의 각도를 ϕ로 두면, 이 부등식은 다음과 같다.

$$\cos^2 \theta + \cos^2 \phi + \cos^2 (\theta + \phi) \geq 1$$

4.4.3절의 특수한 경우에 대해, 양자 이론은 $\theta = \phi = 60°$에 대해 각 항은 1/4임을 알려준다. 3/4 < 1이므로 이 확률은 벨의 부등식을 위반하며, 따라서 어떤 국소적 결정론적 이론도 양자역학과 같은 예측을 제시할 수 없다고 결론지을 수 있다. 게다가 위와 비슷하지만 여기서 설명했던 장치보다 엄청 복잡한 실험도 수행됐는데, 그 결과도 양자 이론의 예측을 확인하며 벨 부등식과 유사한 부등식을 자연히 위반하는 것을 확인했다.

벨의 정리는 국소적 숨은 변수 이론을 사용해 얽힌 상태와 그 측정 결과를 모형화하는 것이 가능하지 않음을 보여준다. 엄밀히 말해 얽힌 상태는 국소적 숨은 상태나 그 원인과 효과에 대해서 설명할 수 없다. 하지만 얽힘을 이것과 유사한 방식으로 설명할 수 있는 상황이 존재하고 이들이 실제로 존재하는 양자역학적 상관성 같은 것보다 더 친숙하기 때문에 이런 방식으로 설명하는 용어는 문헌에 여전히 남아 있다.

4.5 참고문헌

아인슈타인, 포돌스키, 로젠의 원래 논문[109]은 그들의 사고 방식을 따라가기 위해서 읽어볼 가치가 있다. 여기서 제시한 역설의 첫 번째 정식화는 봄Bohm의 작업이다[54].

벨 부등식에 대한 우리의 설명은 스핀-1/2 입자에 대한 벨의 정리의 특수한 경우를 설명한 펜로즈Penrose의 탁월한 설명[225]에 기반한다. 그린슈타인Greenstein과 자종Zajonc은 벨의 정리와 EPR 역설, 얽힌 광자쌍을 생성하는 실험 기법, 양자역학의 벨의 부등식 위반에 관한 아스페Aspect의 실험에 대해 물리학자가 아닌 사람들에게도 와닿을 만한 자세한 설명을 제시했다[140]. 아스페 등의 실험 결과에 대한 자세한 내용은 [25, 26, 24]에 출판됐다.

벨의 부등식을 제외시켜버리는 종류의 이론에 의하면 여기서 설명한 것보다 더 강한 진술도 만들 수 있다. 이 문제는 상대적으로 미묘할 수도 있다. 머민Mermin의 논문[208]은 이런 몇 가지 문제에 대해 읽어볼 만한 설명을 제시한다. 페레스Peres의 책[226]은 이 문제를 자세히 다룬다. 양자역학의 다양한 해석과 그에 대한 강점과 약점에 대한 논의는 서드베리Sudbery의 책[267]과 부브Bub의 책[71]을 참고하라.

4.6 연습 문제

연습 문제 4.1 다음의 연산자에 대한 행렬을 표준 기저에 대해 제시하라.

a. $|0\rangle\langle 0|$

b. $|+\rangle\langle 0| - i|-\rangle\langle 1|$

c. $|00\rangle\langle 00| + |01\rangle\langle 01|$

d. $|00\rangle\langle 00| + |01\rangle\langle 01| + |11\rangle\langle 01| + |10\rangle\langle 11|$

e. $|\Psi^+\rangle\langle\Psi^+|$, 여기서 $|\Psi^+\rangle = \frac{1}{\sqrt{2}}(|00\rangle + |11\rangle)$

연습 문제 4.2 다음의 연산자를 브라/켓 표기법으로 적어라.

a. 아다마르 연산자 $H = \begin{pmatrix} \frac{1}{\sqrt{2}} & \frac{1}{\sqrt{2}} \\ \frac{1}{\sqrt{2}} & -\frac{1}{\sqrt{2}} \end{pmatrix}$

b. $X = \begin{pmatrix} 0 & 1 \\ 1 & 0 \end{pmatrix}$

c. $Y = \begin{pmatrix} 0 & 1 \\ -1 & 0 \end{pmatrix}$

d. $Z = \begin{pmatrix} 1 & 0 \\ 0 & -1 \end{pmatrix}$

e. $\begin{pmatrix} 23 & 0 & 0 & 0 \\ 0 & -5 & 0 & 0 \\ 0 & 0 & 0 & 0 \\ 0 & 0 & 0 & 9 \end{pmatrix}$

f. $X \otimes X$

g. $X \otimes Z$

h. $H \otimes H$

i. $P_1 : V \rightarrow S_1$과 $P_2 : V \rightarrow S_2$인 투영연산자. S_1은 $\{|+\rangle|+\rangle, |-\rangle|-\rangle\}$에 의해 펼쳐지고, $S2$는 $\{|+\rangle|-\rangle, |-\rangle|+\rangle\}$에 의해 펼쳐진다.

연습 문제 4.3 임의의 투영연산자는 자기 자신의 수반연산자임을 보여라.

연습 문제 4.4 71쪽의 예제 3.3.2를 투영연산자를 사용해서 적어라.

연습 문제 4.5 72쪽의 예제 3.3.3를 투영연산자를 사용해서 적어라.

연습 문제 4.6 72쪽의 예제 3.3.4를 투영연산자를 사용해서 적어라.

연습 문제 4.7 투영연산자를 사용해 다음을 계산하라.

a. 아다마르 기저 $\{|+\rangle, |-\rangle\}$에서 임의의 2큐비트 상태 중 첫 번째 큐비트를 측정했을 때 가능한 결과 각각의 확률

b. 상태 $|\Psi^+\rangle = \frac{1}{\sqrt{2}}(|00\rangle + |11\rangle)$에 대해 측정했을 때 각 결과의 확률

c. (b)에서 얻은 가능한 결과에 대해, 두 번째 큐비트를 표준 기저에서 측정한다면 얻게 될 결과를 설명하라.

d. (b)에서 얻은 가능한 결과에 대해, 두 번째 큐비트를 아다마르 기저에서 측정한다면 얻게 될 결과를 설명하라.

연습 문제 4.8 $(A|x\rangle)^\dagger = \langle x|A^\dagger$임을 보여라.

연습 문제 4.9 어떤 3큐비트계에 대해 모든 비트 값이 같은 상태와 그렇지 않은 상태를 구분할 수 있으면서 비트 값 자체에 대해서는 정보를 주지 않는 측정을 설계하라. 모든 연산자를 브라/켓 표기법으로 작성하라.

연습 문제 4.10 어떤 3큐비트계에 대해 1인 비트의 수가 짝수인 상태와 1인 비트의 수가 홀수인 상태를 구분할 수 있으면서 비트 값 자체에 대해서는 정보를 주지 않는 측정을 설계하라. 모든 연산자를 브라/켓 표기법으로 작성하라.

연습 문제 4.11 어떤 3큐비트계에 대해 1인 비트의 수가 서로 다른 상태들을 구분할 수 있으면서 비트 값 자체에 대해서는 정보를 주지 않는 측정을 설계하라. 모든 연산자를 브라/켓 표기법으로 작성하라.

연습 문제 4.12 투영연산자 P_1, P_2, P_3, P_4를 가지는 부분 공간 분해 $V = S_1 \oplus S_2 \oplus S_3 \oplus S_4$에 대응하는 측정연산자를 O라고 하자. $S_5 = S_1 \oplus S_2$이고 $S_6 = S_3 \oplus S_4$일 때, 부분 공간 분해 $V = S_5 \oplus S_6$에 대한 측정연산자를 설계하라.

연습 문제 4.13

a. O가 n큐비트계의 측정을 특정하는 어떤 관측가능량이라고 하자. $|\psi\rangle$를 O에 의해 측정해서 $|\phi\rangle$를 얻었다고 하자. 만약 $|\phi\rangle$를 O에 의해 측정하면, 단순히 $|\phi\rangle$를 확실하게 다시 얻게 됨을 보여라.

b. 대다수의 관측가능량 O에 대해 $O^2 = O$가 아니라는 사실과 (a)의 결과를 양립시켜라.

연습 문제 4.14

a. 예제 4.2.6의 벨 분해에 대해 표준 기저의 원소들 각각을 측정했을 때, 가능한 결과와 확률을 제시하라.

b. 벨 분해에 대해 일반적인 2큐비트 상태 $|\psi\rangle = a_{00}|00\rangle + a_{01}|01\rangle + a_{10}|10\rangle + a_{11}|11\rangle$을 측정했을 때, 가능한 결과와 확률을 제시하라.

연습 문제 4.15

a. 예제 4.3.4의 연산자 B가 $Q \otimes I$의 꼴임을 보여라. 여기서 Q는 (2×2)-에르미트 연산자다.

b. $Q \otimes I$의 꼴을 가지는 임의의 연산자가 2큐비트계에 대한 측정을 특정 지음을 보여라. 여기서 Q는 (2×2)-에르미트 연산자이고, I는 (2×2)-항등연산자다. 그 연산자와 연관된 부분 공간 분해를 설명하라.

c. $I \otimes Q$의 꼴을 가지는 연산자와 연관된 부분 공간 분해를 설명하고, 그 측정에 대해 더 자세히 설명하라. 여기서 Q는 (2×2)-에르미트 연산자이고 I는 (2×2)-항등연산자다.

연습 문제 4.16 이 연습 문제는 임의의 에르미트 연산자 $O : V \to V$에 대해, O의 모든 고유 공간의 직합이 V임을 보인다.

어떤 유니타리 연산자 U는 $U^{\dagger}U = I$를 만족한다.

a. 유니타리 행렬 U의 열 벡터가 정규직교 집합을 구성함을 보여라.

b. 임의의 유니타리 연산자 U에 대해, O가 에르미트 연산자라면, UOU^{-1}도 에르미트 연산자임을 보여라.

c. 임의의 연산자는 적어도 하나의 고윳값 λ와 λ-고유 벡터 v_λ를 가짐을 보여라.

d. (c)의 결과를 사용해 임의의 행렬 $A : V \to V$에 대해 UAU^{-1}이 상삼각행렬^{upper triangular}이 되는 유니타리 연산자 U가 존재함을 보여라(상삼각행렬: 대각성분 아래의 모든 값이 0인 행렬).

e. 고윳값 $\lambda_1, \ldots, \lambda_k$를 가지는 임의의 에르미트 연산자 $O : V \to V$에 대해 λ_i-고유 공간 S_{λ_i}의 직합이 전체 공간

$$V = S_{\lambda_1} \oplus S_{\lambda_2} \oplus \cdots \oplus S_{\lambda_k}$$

이 됨을 보여라.

연습 문제 4.17

a. 단일 큐비트 측정에서 얽히지 않은 상태를 측정해서 얻은 어떤 상태도 여전히 얽히지 않았음을 보여라.

b. 어떤 다른 유형의 측정으로 얽히지 않은 상태에서 얽힌 상태를 생성할 수 있는가? 만약 그렇다면 그 사례를 제시하라. 그렇지 않다면 그 증명을 제시하라.

c. 얽힌 상태의 단일 큐비트 측정에 의해 얽히지 않은 상태를 얻을 수 있는가?

연습 문제 4.18 만약 두 큐비트 중 하나에 대한 측정 중에서 확실하게 하나의 결과로 나오는 측정이 없다면 두 큐비트가 얽혀 있음을 보여라.

연습 문제 4.19 브라/켓 표기법과 행렬 표기법을 사용해 4.4.2절의 관측가능량 O_θ에 대한 명시적인 표현을 제시하라.

연습 문제 4.20 1큐비트 관측가능량 O_{θ_1}이

$$|v_1\rangle = \cos\theta_1 |0\rangle + \sin\theta_1 |1\rangle$$

이라는 $+1$-고유 벡터를 가지고,

$$|v_1^\perp\rangle = -\sin_1\theta |0\rangle + \cos\theta_1 |1\rangle$$

이라는 -1-고유 벡터를 가진다고 하자. 마찬가지로, 1큐비트 관측가능량 O_{θ_2}가

$$|v_2\rangle = \cos\theta_2|0\rangle + \sin\theta_2|1\rangle$$

이라는 +1-고유 벡터를 가지고,

$$|v_2^\perp\rangle = -\sin\theta_2|0\rangle + \cos\theta_2|1\rangle$$

이라는 −1-고유 벡터를 가진다고 하자. O가 2큐비트 관측가능량 $O_{\theta_1} \otimes O_{\theta_2}$라고 하자. EPR 상태 $|\psi\rangle = \frac{1}{\sqrt{2}}(|00\rangle + |11\rangle)$에 대해 다양한 측정을 생각해볼 수 있다. 여기서 측정 $O_{\theta_1} \otimes I$와 $I \otimes O_{\theta_2}$를 상태 $|\psi\rangle$에 대해 수행했을 때 두 큐비트가 모두 각자의 1-고유 공간에서 측정되거나 −1-고유 공간에서 측정된 경우 두 측정이 일치한다고 하는데, 그럴 확률에 관심이 있다. 예제 4.2.5와 마찬가지로, 측정 결과의 특정한 결과에는 관심이 없으며 둘이 같은지 아닌지에만 관심이 있다. 관측가능량 $O = O_{\theta_1} \otimes O_{\theta_2}$는 정확히 이에 대한 정보를 준다.

a. $O_{\theta_1} \otimes I$와 $I \otimes O_{\theta_2}$를 $|\psi\rangle$에 대해 수행했을 때 두 결과가 모두 +1-고유 벡터가 되거나 모두 −1-고유 벡터가 된다는 점에서 두 결과가 같을 확률을 알아내라(힌트: 답을 간단한 꼴로 얻으려면 삼각항등식 $\cos(\theta_1 - \theta_2) = \cos(\theta_1)\cos(\theta_2) + \sin(\theta_1)\sin(\theta_2)$와 $\sin(\theta_1 - \theta_2) = \sin(\theta_1)\cos(\theta_2) - \cos(\theta_1)\sin(\theta_2)$를 사용하라).

b. θ_1과 θ_2의 값에 대해 어떤 경우 항상 결과가 같은가?

c. θ_1과 θ_2의 값에 대해 어떤 경우 항상 결과가 다른가?

d. θ_1과 θ_2의 값에 대해 어떤 경우 절반만 결과가 같은가?

e. $\theta_1 \neq \theta_2$이고 θ_1과 θ_2를 $\{-60°, 0°, 60°\}$에서 고른다면 그 결과는 항상 1/4은 일치하고 3/4는 일치하지 않음을 보여라.

연습 문제 4.21

a. 왼쪽을 측정하고나서 오른쪽을 측정하는 경우 두 측정을 수행한 효과는 대부분 단일 측정에 의해 얻을 수 없다. 그 효과가 단일 측정에 의해 얻어질 수 없는 2번의 연속적인 측정을 찾아보고, 왜 이 성질이 대부분의 측정 짝에 대해 일반적으로 성립하는지 설명하라.

b. 2번의 자명하지 않고 서로 다른 연속적 측정은 단일 측정에 의해 얻을 수 있음을 설명하라.

c. 예제 4.3.3, 예제 4.3.4, 예제 4.3.5, 예제 4.3.6에서 연산자 A, B, C, M에 의해 나타낸 각각의 측정에 대해, 어떤 측정이 연속적인 단일 큐비트 측정으로 얻을 수 있는지 설명하라.

d. $Z \otimes I$ 측정에 이어서 $I \otimes Z$를 측정하는 것이 $Z \otimes Z$ 측정을 1번 수행하는 것과 어떻게 다른가?

연습 문제 4.22 EPR 쌍 $\frac{1}{\sqrt{2}}(|00\rangle + |11\rangle)$의 첫 번째 큐비트를 어떤 기저에서 측정하든지 상관없이 두 가지 가능한 결과가 같은 확률을 가짐을 보여라.

05

양자 상태 변환

지난 3장과 4장에서 양자 상태에 정보를 부호화하는 것과 그 양자정보의 고유한 양자적 성질 중 얽힌 상태와 같은 몇 가지 주제에 대해 논의했다. 5장에서는 양자정보에 대한 계산을 위한 기본적 기법을 개발한다. 양자정보에 대한 계산은 양자계의 동역학적 변환을 통해 진행된다. 양자계산을 이해하기 위해서는 자연이 어떤 종류의 변환을 허용하고 어떤 것이 금지되는지 이해해야 한다. 5장에서는 닫힌 양자계의 변환에 집중하는데, 이 변환은 양자계의 상태 공간을 자기 자신에 대응시킨다. 이런 관점에서 측정은 변환이 아니다. 10장에서 더 일반적인 변환으로, 더 큰 양자계의 일부분인 부분계로 향하는 변환을 논의한다.

5장에서는 일반적인 양자계에 대한 변환을 간단히 논의하며 시작해, 다중 큐비트계에 집중할 것이다. 5.1절은 양자 상태 변환에 대한 유니타리 요구 조건과 복제 금지 원리^{no-cloning principle}를 논의한다. 복제 금지 제약 조건은 양자 상태에 정보를 부호화하는 것의 한계와 장점 양쪽 모두에 핵심적이다. 예를 들어 2.4절과 3.4절에서 설명했던 것과 같은 양자 암호화 통신규약의 보안성에 근간이 되며, n큐비트계에서 추출할 수 있는 가치 있는 정보가 n개의 고전 비트보다 많을 수 없음을 설명한 4.3.1절의 논의의 핵심이다.

일반적인 양자계의 변환에 대한 내용을 논의한 다음 5장의 논의는 n큐비트계에 대해 제한하고, 양자계산의 **표준 회로 모형**^{standard circuit model}을 위한 기초적 내용을 만들어 나갈 것이다. 2부에서 양자 알고리듬을 설명하기 위해 이 모형을 사용할 것이다. n큐비트계에 대한 모든 양자변환은 단일 큐비트와 2큐비트 부분계에 대한 변환의 나열로 표현될 수 있다. 어떤 양자 상태 변환은 다른 것보다 더 쉽게 이 기본적인 게이트^{gate}들을 사용해서 구현될 수 있다. 양자변환의 효율은 여기에 사용된 1큐비트 게이트와 2큐비트 게이트의 수로 정량화된다. 5.2절에서 단일 큐비트와 2큐비트 변환을 살펴보고, 이들을 결합하는 방법과 양자변환의 나열을 설명하기 위한 그림 표기법을 살펴볼 것이다. 5.3절에서는 이 단순한 게이트를 통신에 관한 두 가지 문제, 고밀도 부호화와 양자 상태 원격 전송에 적용해 설명한다. 5.4절은 임의의 양자변환이 1큐비트 변환과 2큐비트 변환에 의해서 구현될 수 있음을 보이는 데 주력한다. 5.5절은 유한한 수의 게이트만을 사용해 모든 양자변환을 일반적으로 근사시킬 수 있다는 점을 논의한다. 5장은 양자계산에 대한 표준 회로 모형의 정의를 논의하며 마무리된다.

5.1 유니타리 변환

이 책에서 **양자변환**$^{quantum\ transformation}$은 어떤 양자계의 상태 공간을 자기 자신으로 대응시키는 변환을 뜻한다. 측정은 이 관점에서는 양자변환이 아니다. 여기에는 오직 유한히 많은 결과가 있으며, 특정 상태에 측정을 적용한 결과는 확률적일 뿐이다. 10장에서는 열린 양자계$^{open\ quantum\ system}$를 다루는데, 이것은 더 큰 양자계의 부분계인 계이며, 더 큰 계의 변환으로 유도된 부분계의 변환을 배울 것이다. 5장에서는 닫힌 양자계$^{closed\ quantum}$ ^{system}의 변환에만 관심을 갖도록 하겠다.

자연은 양자계에 대해 변환을 아무것이나 허용하지 않는다. 자연은 이 변환이 양자 측정과 양자중첩에 연관된 성질을 충족시키도록 강제한다. 그 변환은 상태 공간에 연관된 벡터 공간의 선형변환으로, 다른 상태와의 중첩 상태가 그 상^{image}의 중첩 상태로 가야 한다. 더 정확하게 말하면 선형성^{linearity}은 임의의 중첩 상태 $|\psi\rangle = a_1|\psi_1\rangle + \cdots + a_k|\psi_k\rangle$ 에 대한 임의의 양자 변환 U에 대해 다음과 같다.

$$U(a_1|\psi_1\rangle + \cdots + a_k|\psi_k\rangle) = a_1U|\psi_1\rangle + \cdots + a_kU|\psi_k\rangle$$

단위 길이인 벡터는 반드시 단위 길이인 벡터로 가야 하며, 이것은 직교 부분 공간이 직교

부분 공간으로 간다는 뜻이다. 이 성질은 측정을 먼저 수행하고 그 결과에 변환을 적용한 것이 변환을 먼저 수행하고 그렇게 변환된 기저에서 측정을 했을 때의 결과와 같다는 것을 보증한다. 구체적으로 말하자면, U를 $|\psi\rangle$에 먼저 작용해서 얻은 결과를 $\oplus U S_i$라는 분해에 대해 측정해 그 결과 $U|\phi\rangle$를 얻을 확률이 $|\psi\rangle$를 $\oplus S_i$라는 분해에 대해 먼저 측정하고 여기에 U를 작용해 그 결과 $U|\phi\rangle$를 얻을 확률과 같다. 이 성질은 U가 내적을 보존하는 경우 성립한다. 이것은 임의의 $|\psi\rangle$와 $|\phi\rangle$에 대해 그 상인 $U|\psi\rangle$와 $U|\phi\rangle$의 내적이 $|\psi\rangle$와 $|\phi\rangle$의 내적과 같아야 한다는 뜻이다. 즉, 다음과 같다.

$$\langle \phi | U^\dagger U | \psi \rangle = \langle \phi | \psi \rangle$$

모든 $|\psi\rangle$와 $|\phi\rangle$에 대해 $U^\dagger U = I$인 경우에만 이 조건이 성립한다는 것을 직접적인 수학적 논증으로 보이겠다. 다시 말해, 임의의 양자 변환 U에 대해, 그 수반연산자인 $U^\dagger$가 반드시 그 역연산자와 같아야 한다. 구체적으로는 $U^\dagger = U^{-1}$로, 선형변환이 유니타리 변환이어야 한다는 뜻이다. 게다가 이 조건은 충분조건이다. 양자계에 허용된 변환의 집합은 그 양자계의 상태 공간에 연관된 복소 벡터 공간에 대한 유니타리 연산의 집합에 정확히 대응한다. 유니타리 연산자는 내적을 보존하기 때문에, 이 연산자들은 정규직교 기저를 정규직교 기저로 대응시킨다. 사실 그 역도 참이다. 어떤 정규직교 기저를 정규직교 기저로 대응시키는 임의의 선형변환은 유니타리 변환이다.

기하학적으로 모든 양자 상태 변환은 양자 상태 공간에 연관된 복소 벡터 공간의 회전이다. 그 변환 행렬의 i번째 열은 i번째 기저 벡터의 상 $U|i\rangle$다. 그러므로 행렬 꼴로 주어진 유니타리 변환에 대해 U가 유니타리 변환인 것은 그 행렬 표현에서 열 벡터의 집합이 정규직교인 것과 필요충분조건이다. $U^\dagger$가 유니타리인 것은 U가 유니타리인 것과 필요충분조건이므로, U가 유니타리인 것은 그 행 벡터가 정규직교인 것과 필요충분조건이다. 두 유니타리 변환의 곱 $U_1 U_2$는 다시 유니타리 변환이다. U_1과 U_2가 각각 X_1과 X_2에 대한 유니타리 변환이라면, 텐서곱 $U_1 \otimes U_2$는 $X_1 \otimes X_2$ 공간의 유니타리 변환이다. 하지만 유니타리 연산자의 선형 결합은 일반적으로는 유니타리 연산자가 아니다.

간단히 유니타리 조건은 연산자가 양자 이론의 어떤 일반적인 원리도 위반하지 않도록 보증한다. 이것은 어떤 변환이 효율적으로 구현될 수 있음을 뜻하진 않는다. 대다수의 유니타리 연산자는 심지어 근사적으로라도 효율적으로 구현될 수 없다. 이후의 장에서 특히 양자 알고리듬을 검토할 때 특정한 양자변환의 효율성에 대한 질문을 다뤄볼 것이다.

유니타리 조건의 명백한 결과로 모든 양자 상태변환이 가역적이라는 사실이 있다. 6장에서 찰스 베넷, 에드워드 프레드킨Edward Fredkin, 토마소 토폴리Tommaso Toffoli의 작업을 설명하는데, 양자정보처리가 개발되기 전에 이뤄진 것들로, 모든 고전계산은 무시할 수 있는 효율성 저하를 제외하면 가역적으로 만들 수 있다는 것을 보여준다. 따라서 가역성 요구조건은 양자알고리듬에 손도 못 댈 만한 엄격한 제한을 주는 것이 아니다.

양자계산의 표준 회로 모형에서, 모든 계산은 양자변환에 의해 수행되며, 측정은 마지막에 결과를 읽어낼 때만 사용된다. 측정은 양자 상태를 바꾸도록 영향을 미칠 수 있기 때문에, 측정의 동역학은 양자 상태 변환보다도, 계산을 구현하는 데 대안적인 방법을 제공한다. 13.4절에서 대안적이지만 똑같이 강력한 계산 모형을 설명하는 데, 여기서는 모든 계산이 측정으로 대체된다.

양자변환quantum transformation이나 양자연산자quantum operator라는 말은 상태 공간에 작용하는 유니타리 연산자를 말하며, 측정연산자가 아니다. 측정은 연산자에 의해 모형화되지만, 그 측정의 작동은 상태 공간에 대한 측정의 에르미트 연산자의 직접적인 작용으로 모형화되지 않으며, 4.3.1절에서 설명한 측정 가설에 의해 묘사되는 간접적이고 확률적인 과정으로 모형화된다. 양자 이론에서 가장 만족스럽지 않은 측면 중 하나는 양자 상태에 두 가지 구분되는 부류, 양자변환과 측정이 존재한다는 것이다. 10.3절에서 더 강하지만 여전히 만족스럽지 않은 둘 사이의 관계를 설명할 것이다.

5.1.1 불가능한 변환: 복제 불가 원리

5장에서는 유니타리 조건의 간단하지만 중요한 결론을 하나 설명하겠다. 즉, 알려지지 않은 양자 상태는 복사되거나 복제될 수 없다. 사실 유니타리 변환의 선형성만으로도 이 결과가 유도된다. U가 유니타리 연산자로, 모든 양자 상태에 대해 $U(|a\rangle|0\rangle) = |a\rangle|a\rangle$가 되는 복제연산자라고 하자. $|a\rangle$와 $|b\rangle$가 직교하는 두 양자 상태라고 하자. U가 복제연산자라는 것은 $U(|a\rangle|0\rangle) = |a\rangle|a\rangle$이고 $U(|b\rangle|0\rangle) = |b\rangle|b\rangle$를 뜻한다. $|c\rangle = \frac{1}{\sqrt{2}}(|a\rangle + |b\rangle)$라고 하자. 선형성에 의해 $U(|c\rangle|0\rangle)$는 다음과 같다.

$$U(|c\rangle|0\rangle) = \frac{1}{\sqrt{2}}(U(|a\rangle|0\rangle) + U(|b\rangle|0\rangle))$$

$$= \frac{1}{\sqrt{2}}(|a\rangle|a\rangle + |b\rangle|b\rangle)$$

하지만 만약 U가 복제변환이라고 하면,

$$U(|c\rangle|0\rangle) = |c\rangle|c\rangle = 1/2(|a\rangle|a\rangle + |a\rangle|b\rangle + |b\rangle|a\rangle + |b\rangle|b\rangle)$$

인데, 이것은 $\frac{1}{\sqrt{2}}(|a\rangle|a\rangle + |b\rangle|b\rangle))$와 같지 않다. 따라서 모든 양자 상태를 믿음직스럽게 복제할 수 있는 유니타리 연산은 없다.

복제 불가 정리는 특정한 알려지지 않은 양자 상태를 신뢰할 수 있게 복제하는 것이 불가능함을 말한다. 알려진 양자 상태로부터 알려진 양자 상태를 만들어내는 것이 불가능하다는 내용이 아니다. 어떤 기저에서 상태를 복사하도록 연산을 수행할 수는 있지만, 다른 기저에 대해서는 그렇게 작동하지 않는다. 예를 들어 어떤 알려지지 않은 상태 $a|0\rangle + b|1\rangle$에서 얽힌 상태에 있는 n개의 입자 $a|00...0\rangle + b|11...1\rangle$을 얻는 것은 가능하다. 하지만 알려지지 않은 상태 $a|0\rangle + b|1$에서 n개 입자의 상태 $(a|0\rangle + b|1\rangle) \otimes ... \otimes (a|0\rangle + b|1\rangle)$을 만들어내는 것은 가능하지 않다.

5.2 몇 가지 단순한 양자 게이트

고전계산과 마찬가지로 단순한 요소들을 결합해 임의의 복잡한 계산을 얻어낼 수 있다는 것은 구현을 위해서나 분석을 위해서나 양자계산에도 중요한 것이다. 5.4절에서 n큐비트 계에 대한 임의의 양자 상태 변환이 1큐비트나 2큐비트 양자 상태 변환의 나열을 사용해 구현될 수 있음을 보일 것이다. 적은 수의 큐비트에만 작용하는 임의의 양자 상태 변환을 양자 게이트quantum gate라고 부를 것이다. 양자 게이트의 나열을 양자 게이트 배열quantum gate array 또는 양자 회로quantum circuit라고 부르겠다.

양자정보처리 문헌에서, 게이트는 수학적 추상화로서 양자 알고리듬을 설명하는 데 유용하다. 양자 게이트는 고전적 경우에서와 같이 물리적 대상에 대응할 필요가 없다. 따라서 게이트라는 용어와 그에 연관된 그림 표기법을 너무 문자 그대로 받아들여서는 안 된다.

고체 상태 구현이나 광학적 구현에 대해서는 실제로 물리적인 게이트가 존재할 수 있지만, NMR 구현이나 이온 덫$^{ion\ trap}$ 구현에서는 큐비트는 정지된 입자이고, 게이트는 이 입자에 자기장이나 레이저 펄스를 가하는 작용이다. 이런 구현에서 게이트는 물리적인 큐비트 레지스터에 작용한다.

현실적 관점에서, 1큐비트 게이트와 2큐비트 게이트로 계산을 나타내는 표준적인 설명은 부족한 것들이 남아 있다. 이상적으로는 우리의 모든 계산을 물리적으로 구현하기 쉽고 견고한 게이트를 사용해 적을 수도 있지만, 어떤 것이 그런 게이트인지는 아직 모른다. 게다가 임의의 양자변환을 수행할 수 있는 능력이 있는 양자 컴퓨터를 물리적으로 구현하기 위해서, 모든 유니타리 변환을 만들어낼 수 있는 유한히 많은 게이트만을 사용하는 것이 편리할 수도 있다. 하지만 그런 집합은 불가능하다. 셀 수 없이 많은 양자변환이 존재하며, 유한한 수의 생성원^{generator}으로는 셀 수 있을 만큼만 많은 요소들을 생성할 수 있을 뿐이다. 하지만 5.5절에서 유한한 게이트 집합으로 모든 유니타리 변환에 대해 원하는 만큼 가까운 근사적인 연산자를 생성해내는 것이 가능함을 보일 것이다. 그런 집합이 몇 가지 알려져 있지만, 그중 어떤 것이 물리적 구현이라는 관점에서 가장 현실적인진 분명하지 않다. 양자 알고리듬을 분석하기 위해서는 양자 알고리듬의 효율성을 분석할 수 있는 게이트의 표준적인 집합을 사용하는 것이 유용하다. 여기서 사용하려는 집합은 모든 1큐비트 게이트와 5.2.4절에서 설명할 2큐비트 게이트를 포함한다.

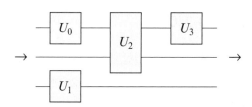

그림 5.1 3큐비트 양자 게이트 배열의 그림 표현 사례. 자료는 왼쪽에서 오른쪽으로 회로를 따라 흐른다.

그림 표기법은 다양한 큐비트 조합에 작용하는 양자 상태 변환의 나열을 표현하는데, 변환의 나열을 설명하고 그 결과로 얻은 알고리듬을 분석하는 데 널리 사용된다. 단순한 변환은 적절히 표시가 붙은 상자에 의해 그림으로 표현되고, 이것은 연결돼서 더 복잡한 회로를 구성한다. 그림 표현의 예제는 그림 5.1에 나타나 있다. 각각의 가로선은 큐비트에 대응한다. 왼쪽에 있는 변환이 먼저 수행되고, 왼쪽에서 오른쪽으로 처리가 진행된다.

U_0, U_1, U_3로 표시된 상자는 단일 큐비트 변환에 대응하고, U_2로 표시된 것은 2큐비트 변환에 대응한다. n큐비트 양자계의 큐비트 i에 연산자 U를 작용한다고 이야기할 때, 연산자 $I \otimes \cdots \otimes I \otimes U \otimes I \otimes \cdots \otimes I$라는 연산자를 전체 계에 적용한다는 뜻이다. 여기서 I는 단일 큐비트 항등연산자로, 계의 각각 다른 큐비트에 작용한다.

이 절의 나머지 부분은 자주 사용되는 다양한 양자 게이트를 설명하겠다.

5.2.1 파울리 변환

파울리 변환^{Pauli transformation}은 가장 널리 사용되는 단일 큐비트 변환이다.

$$I : |0\rangle\langle 0| + |1\rangle\langle 1| \quad \begin{pmatrix} 1 & 0 \\ 0 & 1 \end{pmatrix}$$

$$X : |1\rangle\langle 0| + |0\rangle\langle 1| \quad \begin{pmatrix} 0 & 1 \\ 1 & 0 \end{pmatrix}$$

$$Y : -|1\rangle\langle 0| + |0\rangle\langle 1| \quad \begin{pmatrix} 0 & 1 \\ -1 & 0 \end{pmatrix}$$

$$Z : |0\rangle\langle 0| - |1\rangle\langle 1| \quad \begin{pmatrix} 1 & 0 \\ 0 & -1 \end{pmatrix}$$

여기서 I는 항등 변환이고, X는 부정(고전적인 비트로 보면 $|0\rangle$과 $|1\rangle$에 고전적인 NOT 연산)이며, Z는 표준 기저에서 중첩 상태의 상대적 위상을 바꾼다. 그리고 $Y = ZX$는 부정과 위상 변환의 조합이다. 그림 표기법에서 이 게이트들은 다음과 같이 적절히 표시가 붙은 상자로 표현된다.

$$-\boxed{Z}- \quad -\boxed{Y}-$$

문헌에 따라 파울리 변환에 사용되는 표기법은 달라진다. 가장 큰 차이점은 여기서처럼 $Y = |0\rangle\langle 1| - |1\rangle\langle 0|$ 대신에 $-i(|0\rangle\langle 1| - |1\rangle\langle 0|)$을 쓰는가다. 연산자 iY는 에르미트 연산자로, 가령 측정을 설명하는 데 사용하는 것과 같이 몇몇 상황에서는 유용한 성질이 있다.

물론 그 대신에 표기법 σ_x, σ_y, σ_z도 사용된다. 이 책에서는 단일 큐비트 변환을 표현하는 파울리 연산자에 대해 I, X, Y, Z를 사용한다. 10장에서 파울리 연산자가 양자 상태를 설명하는 데 사용될 때 $\sigma_x = X$, $\sigma_y = -\mathbf{i}Y$, $\sigma_z = Z$인 표기법을 사용한다.

5.2.2 아다마르 변환

또 다른 중요한 단일 큐비트 변환은 다음의 아다마르 변환

$$H = \frac{1}{\sqrt{2}}(|0\rangle\langle 0| + |1\rangle\langle 0| + |0\rangle\langle 1| - |1\rangle\langle 1|)$$

또는,

$$H : |0\rangle \rightarrow |+\rangle = \tfrac{1}{\sqrt{2}}(|0\rangle + |1\rangle)$$
$$|1\rangle \rightarrow |-\rangle = \tfrac{1}{\sqrt{2}}(|0\rangle - |1\rangle)$$

이다. 이것은 표준 기저의 원소 중 하나로부터 $|0\rangle$과 $|1\rangle$의 짝수 중첩 상태를 생성한다. $HH = I$임을 알아두자. 표준 기저에서 아다마르 변환에 대한 행렬은 다음과 같다.

$$H = \frac{1}{\sqrt{2}}\begin{pmatrix} 1 & 1 \\ 1 & -1 \end{pmatrix}$$

5.2.3 단일 큐비트 변환에서 다중 큐비트 변환

다중 큐비트 변환은 단일 큐비트 변환의 텐서곱으로 만들어낼 수 있다. 이런 변환은 적당한 순서로 큐비트 각각에 따로따로 단일 큐비트 변환을 수행하는 것과 동등한 다중 큐비트 변환이기 때문에 그다지 흥미롭지 않다. 예를 들어 $U \otimes V$는 $U \otimes I$를 먼저 작용하고 $I \otimes V$를 작용해서 얻을 수 있다.

더 흥미로운 것은 계의 큐비트 사이에 얽힘을 바꿀 수 있는 다중 큐비트 변환들이다. 둘 또는 그 이상의 부분계에 따로따로 작용하는 변환으로는 그 부분계 사이에 있는 얽힘에 영향을 줄 수 없다는 점에서 얽힘은 국소적 성질이 아니다. 더 정확히 말해서 $|\psi\rangle$가 2큐

비트 상태이고 U와 V가 단일 큐비트 유니타리 변환이라고 하자. 그러면 $(U \otimes V)|\psi\rangle$가 얽힌 것은 $|\psi\rangle$가 얽힌 것과 필요충분조건이다. 다음 절에서 논의되는 2큐비트 제어형 게이트 부류가 널리 사용되는데, 얽힘에 영향을 줄 수 있는 변환을 설명한다.

5.2.4 제어형 NOT 게이트와 다른 단일 제어형 게이트

제어형 NOT 게이트^{controlled-NOT gate} C_{not}은 고전비트로 볼 수 있는 $|0\rangle$과 $|1\rangle$을 가지는 2큐비트계에 대한 표준 기저에 다음과 같이 작용한다. 첫 번째 비트가 1이면 두 번째 비트를 뒤집고, 그렇지 않으면 그대로 둔다. C_{not} 변환은 다음의 표현을 가진다.

$$
\begin{aligned}
C_{not} &= |0\rangle\langle 0| \otimes I + |1\rangle\langle 1| \otimes X \\
&= |0\rangle\langle 0| \otimes (|0\rangle\langle 0| + |1\rangle\langle 1|) + |1\rangle\langle 1| \otimes (|1\rangle\langle 0| + |0\rangle\langle 1|) \\
&= |00\rangle\langle 00| + |01\rangle\langle 01| + |11\rangle\langle 10| + |10\rangle\langle 11|
\end{aligned}
$$

여기서부터 표준 기저 원소에 대해 다음과 같은 효과를 쉽게 읽어낼 수 있다.

$$
\begin{aligned}
C_{not} : |00\rangle &\rightarrow |00\rangle \\
|01\rangle &\rightarrow |01\rangle \\
|10\rangle &\rightarrow |11\rangle \\
|11\rangle &\rightarrow |10\rangle
\end{aligned}
$$

C_{not}에 대한 (표준 기저에서) 행렬 표현식은 다음과 같다.

$$
\begin{pmatrix}
1 & 0 & 0 & 0 \\
0 & 1 & 0 & 0 \\
0 & 0 & 0 & 1 \\
0 & 0 & 1 & 0
\end{pmatrix}
$$

C_{not}이 유니타리 연산이고 자기 자신의 역연산인 것을 살펴보자. 게다가 C_{not} 게이트는 2개의 단일 큐비트 변환의 텐서곱으로 분해될 수 없다.

양자계산에서 C_{not} 게이트의 중요성은 두 큐비트 사이의 얽힘을 바꿀 수 있는 능력으로부터 기원한다. 예를 들어 이 연산자는 얽히지 않은 2큐비트 상태 $\frac{1}{\sqrt{2}}(|0\rangle + |1\rangle)|0\rangle$을 얽힌 상태 $\frac{1}{\sqrt{2}}(|00\rangle + |11\rangle)$로 바꾼다.

$$C_{not}\left(\frac{1}{\sqrt{2}}(|0\rangle + |1\rangle) \otimes |0\rangle\right) = C_{not}\left(\frac{1}{\sqrt{2}}(|00\rangle + |10\rangle)\right)$$

$$= \frac{1}{\sqrt{2}}(|00\rangle + |11\rangle)$$

비슷하게, 이 연산자는 자기 자신의 역연산이므로 얽힌 상태를 얽히지 않은 상태로 바꿀 수도 있다.

제어형 NOT 게이트는 다음과 같은 그림 표기법을 가질 정도로 널리 사용된다.

흰색 원은 제어 비트를 나타내고, × 표시는 표적 비트를 뒤집는다는 뜻이다. 그리고 둘을 잇는 선은 뒤집는 것이 제어 비트의 값에 따라 조건부라는 것을 나타낸다. 어떤 저자들은 뒤집기 제어를 나타내기 위해 검은 원을 쓰는데, 이것은 제어 비트가 1이 아니라 0일 때 표적 비트를 뒤집는다.

2큐비트 제어형 게이트의 유용한 부류로는 C_{not} 게이트를 일반화한 것으로, 첫 번째 큐비트가 $|1\rangle$이면 두 번째 큐비트에 단일 큐비트 변환 Q를 수행하고, $|0\rangle$이면 아무것도 하지 않는 게이트가 있다. 이런 제어형 게이트는 다음과 같은 그림 표현을 가진다.

이 변환에 대해서 다음과 같은 간결한 표기를 사용하겠다.

$$\bigwedge Q = |0\rangle\langle 0| \otimes I + |1\rangle\langle 1| \otimes Q$$

예를 들어 C_{not} 변환은 이 표기법에서는 $\bigwedge X$가 된다. 표준 계산 기저에서, 2큐비트 연산자 $\bigwedge Q$는 4×4 행렬로,

$$\begin{pmatrix} I & 0 \\ 0 & Q \end{pmatrix}$$

처럼 표현된다.

이러한 제어형 게이트 중 하나인 제어형 위상 이동^{controlled phase shift} 게이트 $\bigwedge e^{i\theta}$를 파고 들어 보자. 여기서 $e^{i\theta}$는 $e^{i\theta}I$의 간결한 표현이다. 표준 기저에서, 제어형 위상 이동은 제어 비트가 1인 경우에 그리고 오직 그 경우에만 두 번째 비트의 위상을 바꾼다.

$$\bigwedge e^{i\theta} = |00\rangle\langle00| + |01\rangle\langle01| + e^{i\theta}|10\rangle\langle10| + e^{i\theta}|11\rangle\langle11|$$

표준 기저의 원소에 대해 그 효과는 다음과 같다.

$$\begin{aligned} \bigwedge e^{i\theta} : |00\rangle &\rightarrow |00\rangle \\ |01\rangle &\rightarrow |01\rangle \\ |10\rangle &\rightarrow e^{i\theta}|10\rangle \\ |11\rangle &\rightarrow e^{i\theta}|11\rangle \end{aligned}$$

그리고 그 행렬 표현은 다음과 같다.

$$\begin{pmatrix} 1 & 0 & 0 & 0 \\ 0 & 1 & 0 & 0 \\ 0 & 0 & e^{i\theta} & 0 \\ 0 & 0 & 0 & e^{i\theta} \end{pmatrix}$$

제어형 위상 이동은 단일 큐비트계에 작용했을 때는 물리적으로 의미가 없는 광역 위상 이동인 단일 큐비트 변환을 작용하지만 조건부 변환의 일부분으로 사용됐을 때 이 위상 이동은 자명하지 않으며, 중첩된 원소 사이의 상대적 위상을 바꾼다. 예를 들어 다음과 같이 바꿔준다.

$$\frac{1}{\sqrt{2}}(|00\rangle + |11\rangle) \rightarrow \frac{1}{\sqrt{2}}(|00\rangle + e^{i\theta}|11\rangle)$$

그림으로 된 아이콘은 양자 회로로 결합될 수 있다. 예를 들어 다음 회로는 두 비트의 값을 서로 바꾼다.

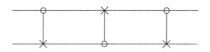

다시 말해, 이 교환 게이트^{swap circuit}는

$$|00\rangle \mapsto |00\rangle$$
$$|01\rangle \mapsto |10\rangle$$
$$|10\rangle \mapsto |01\rangle$$
$$|11\rangle \mapsto |11\rangle$$

을 수행하며, 모든 단일 큐비트 상태 $|\psi\rangle$와 $|\phi\rangle$에 대해 $|\psi\rangle|\phi\rangle \mapsto |\phi\rangle|\psi\rangle$를 수행한다.

순서대로 세 가지 주의 사항이 있다. 먼저 변환을 특정하는 기저의 사용에 주의해야 한다. 두 번째로 제어^{control}의 개념이 기저에 따라 달라진다는 점을 주의해야 한다. 세 번째로 양자 회로의 그림 표기법을 해석할 때 주의해야 한다.

주의 사항 1: 변환을 특정할 때의 위상 3.1.3절에서 양자 상태 공간(투영 공간)과 여기에 연관된 복소 벡터 공간 사이의 중요한 차이점에 대해 논의했다. 양자 상태 변환을 특정하는 표준적인 방법을 해석할 때 이 차이점을 명심할 필요가 있다. 벡터 공간에서 유니타리 변환은 기저에 대한 작용으로 완전히 결정된다. 그 유니타리 변환은 기저 상태에 해당하는 상태가 어떤 상태로 가는지를 특정하는 것으로는 완전히 결정되지 않는다. 이런 미묘한 차이가 있다. 예를 들어 제어형 위상 이동은 $|00\rangle$, $|01\rangle$, $|10\rangle$, $|11\rangle$로 표현되는 네 가지 양자 상태를 자기 자신으로 바꿔준다. 그러면 $|10\rangle$과 $e^{i\theta}|10\rangle$은 정확히 같은 양자 상태이고, $|11\rangle$과 $e^{i\theta}|11\rangle$도 그렇다. 하지만 위에서 살펴봤듯이 이 변환은 $\frac{1}{\sqrt{2}}(|00\rangle + |11\rangle)$을 $\frac{1}{\sqrt{2}}(|00\rangle + e^{i\theta}|11\rangle)$로 가져가므로 항등 변환이 아니다. 실수를 피하기 위해서는 복소 벡터 공간에 있는 유니타리 변환을 그 벡터 공간에 있는 벡터로 나타내기 위해서 다음과 같은 표기법을 사용하며, 그 벡터에 대응하는 상태를 이용해서 나타내진 않는다.

$$|00\rangle \rightarrow |00\rangle$$
$$|01\rangle \rightarrow |01\rangle$$
$$|10\rangle \rightarrow e^{i\theta}|10\rangle$$
$$|11\rangle \rightarrow e^{i\theta}|11\rangle$$

두 벡터 $-|1\rangle$과 $|1\rangle$은 같은 상태에 해당한다 하더라도 다른 벡터이기 때문에, 벡터 $|0\rangle$을 벡터 $-|1\rangle$로 보낸다는 표현은 $|0\rangle$을 $|1\rangle$로 보낸다는 표현과 다르다. 상태 공간에 대한 양자변환은 그와 연관된 복소 벡터 공간에 대한 유니타리 변환에서 쉽게 유도된다.

주의 사항 2: 제어 개념의 기저 의존성　제어 비트$^{\text{control bit}}$와 표적 비트$^{\text{target bit}}$라는 개념은 고전적 게이트에서 가져온 것으로, 문자 그대로 받아들이면 안 된다. 표준 기저에서 C_{not} 연산자는 정확히 고전적 게이트가 고전적 비트에 작용한 것과 정확히 똑같이 행동한다. 하지만 제어 비트가 절대 바뀌지 않는다고 결론지으면 안 된다. 입력 큐비트가 표준 기저의 원소 중 하나가 아닌 경우, 제어형 게이트의 효과는 때로는 직관에 반대된다. 예를 들어 아다마르 기저 $\{|+\rangle, |-\rangle\}$에서 C_{not} 게이트를 생각해보자.

$$
\begin{aligned}
C_{not} : |++\rangle &\to |++\rangle \\
|+-\rangle &\to |--\rangle \\
|-+\rangle &\to |-+\rangle \\
|--\rangle &\to |+-\rangle
\end{aligned}
$$

아다마르 게이트에서 두 번째 큐비트의 상태가 바뀌지 않고, 두 번째 큐비트의 상태에 따라 첫 번째 큐비트의 상태가 뒤집힌다. 따라서 이 기저에서는 어떤 비트가 제어 비트이고 어떤 비트가 표적 비트인지에 대한 관점이 뒤집힌다. 하지만 우리는 저 변환을 전혀 고친 적이 없으며, 그에 대해 생각하는 방법만 바꿨을 뿐이다. 게다가 대부분의 기저에서는 제어 비트나 표적 비트를 완전히 모를 수도 있다. 이미 살펴봤지만 제어형 NOT은 $\frac{1}{\sqrt{2}}(|0\rangle + |1\rangle)|0\rangle$을 $\frac{1}{\sqrt{2}}(|00\rangle + |11\rangle)$으로 변환한다. 이 경우 제어형 NOT은 두 큐비트를 얽힌 상태로 바꾸며, 이 상태를 분리해서 이야기하는 것은 불가능하다.

이와 관련돼 다음의 두 회로가 동등함을 알아두자.

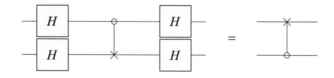

이 사실은 알고리듬 구성과 양자 오류 보정에서 사용될 것이다.

주의 사항 3: 회로도 읽기　양자 회로의 그림 표현은 제대로 이해하는 데 조심하지 않으면 잘못 받아들여질 수도 있다. 특히 모든 큐비트가 표준 기저 상태에 있다고 하더라도 단순

히 큐비트에 대응하는 회로도에서 연결선을 따라가는 것만으로는 변환이 입력 큐비트에 작용할 때의 영향을 결정할 수 없다. 다음의 회로가 입력 상태 $|0\rangle|0\rangle$에 작용하는 상황을 생각해보자.

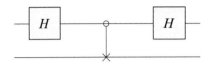

아다마르 변환은 자기 자신의 역연산이므로, 언뜻 보기에 첫 번째 큐비트의 상태는 위의 변환에 의해 바뀌지 않고 남아 있을 것 같다. 하지만 그렇지 않다. 주의 사항 2를 생각해 보면 제어형 NOT 게이트는 일반적으로 첫 번째 큐비트를 가만히 놔두지 않는다. 실제로 이 회로는 입력 상태 $|00\rangle$을 $\frac{1}{2}(|00\rangle + |10\rangle + |01\rangle - |11\rangle)$로 만들며 그 효과는 회로를 보기만 해서는 바로 알 수 없기 때문에 명시적으로 계산해봐야 한다.

5.3 단순한 게이트의 응용

여러 해 동안 EPR 쌍과 더 일반적으로 얽힘 현상은 이론적 관심만 있을 뿐인 양자역학적 이상 현상이었다. 양자정보처리는 얽힘의 실질적인 응용법을 제공함으로써 그 인식을 바꿨다. 두 가지 통신에 대한 응용인 고밀도 부호화와 양자 상태 원격 전송은 단순한 몇 가지 양자 게이트와 함께 사용됐을 때 EPR 쌍의 유용함을 보여준다.

고밀도 부호화는 2개의 고전적 비트를 부호화하고 전송하는 데 공유된 EPR 쌍과 1개의 큐비트를 사용한다. EPR 쌍은 미리 전송해둘 수 있기 때문에, 2비트 정보를 통신하기 위해서는 물리적으로 1개의 큐비트만 전송되면 된다. 이 결과는 놀랍다. 2.3절에서 설명했듯이 하나의 큐비트에서는 단 1개의 고전적 비트로 된 가치 있는 정보를 추출할 수 있기 때문이다. 양자 상태 원격 전송은 고밀도 부호화의 반대로, 2개의 고전 비트를 사용해서 한 큐비트의 상태를 전송한다. 양자 상태 원격 전송은 두 가지 부분에서 놀랍다. 양자역학의 복제 금지 원리에도 불구하고 알려지지 않은 상태의 전송을 위한 기법이 존재한다는 점이다. 또한 양자 상태 원격 전송은 무한히 많은 가능한 상태 중 하나에 있을 수 있는 양자 상태를 보내는 데 2개의 고전 비트로 충분함을 보여준다.

고밀도 부호화와 양자 상태 원격 전송 모두에서 핵심은 얽힌 입자의 사용이다. 두 과정 모두 초기 설정은 같다. 앨리스와 밥이 통신을 하려고 한다. 서로는 EPR 쌍으로 구성된 입자 중 하나씩을 받았다.

$$|\psi_0\rangle = \frac{1}{\sqrt{2}}(|00\rangle + |11\rangle)$$

앨리스가 첫 번째 입자를 받았고, 밥이 두 번째 입자를 받았다고 하자.

$$|\psi_0\rangle = \frac{1}{\sqrt{2}}(|0_A\rangle|0_B\rangle + |1_A\rangle|1_B\rangle)$$

밥이 앨리스에게 입자를 보내기 전에는 앨리스는 자신의 입자에만 변환을 수행할 수 있고, 반대로 앨리스가 밥에게 입자를 보내기 전에는 밥도 자신의 입자에만 변환을 수행할 수 있다. 다시 말해, 입자가 둘 사이에 전송되기 전에는 앨리스는 EPR 쌍에 대해 $Q \otimes I$ 꼴의 변환만을 수행할 수 있고, 밥은 $I \otimes Q$ 꼴의 변환만을 수행할 수 있다. 여기서 Q는 단일 큐비트 변환이다. 더 일반적으로 $K = 2^k$에 대해 $I^{(K)}$가 $2^k \otimes 2^k$ 항등행렬이라고 하자. 만약 앨리스가 n개의 큐비트를 갖고, 밥이 m개의 큐비트를 갖고 있다면, 앨리스는 $U \otimes I^{(M)}$ 꼴의 변환만을 수행할 수 있고, 밥은 $I^{(N)} \otimes U$ 꼴의 변환만을 수행할 수 있다. 여기서 U는 n큐비트 변환이다.

5.3.1 고밀도 부호화

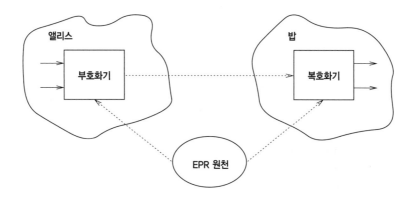

앨리스 앨리스는 0에서 3까지의 수를 부호화하는 2개의 고전적 비트의 상태를 전송하려고 한다. 이 수에 따라, 앨리스는 얽힌 쌍 $|\psi_0\rangle$의 자신의 큐비트에 대해 파울리 변환 $\{I, X, Y, Z\}$ 중 하나를 수행한다. 그 결과 얻은 상태를 다음의 표에 나타냈다.

값	변환		새 상태
0	$|\psi_0\rangle = (I \otimes I)|\psi_0\rangle$		$\frac{1}{\sqrt{2}}(|00\rangle + |11\rangle)$
1	$|\psi_1\rangle = (X \otimes I)|\psi_0\rangle$		$\frac{1}{\sqrt{2}}(|10\rangle + |01\rangle)$
2	$|\psi_2\rangle = (Z \otimes I)|\psi_0\rangle$		$\frac{1}{\sqrt{2}}(|00\rangle - |11\rangle)$
3	$|\psi_3\rangle = (Y \otimes I)|\psi_0\rangle$		$\frac{1}{\sqrt{2}}(-|10\rangle + |01\rangle)$

그리고 앨리스는 밥에게 자신의 큐비트를 전송한다.

밥 정보를 복원하기 위해 밥은 얽힌 쌍의 두 큐비트에 제어형 NOT을 작용하고, 첫 번째 큐비트에 아다마르 변환을 작용한다.

$$\left.\begin{array}{l} \frac{1}{\sqrt{2}}(|00\rangle + |11\rangle) \\ \frac{1}{\sqrt{2}}(|10\rangle + |01\rangle) \\ \frac{1}{\sqrt{2}}(|00\rangle - |11\rangle) \\ \frac{1}{\sqrt{2}}(-|10\rangle + |01\rangle) \end{array}\right\} \xrightarrow{C_{not}} \left\{\begin{array}{l} \frac{1}{\sqrt{2}}(|00\rangle + |10\rangle) \\ \frac{1}{\sqrt{2}}(|11\rangle + |01\rangle) \\ \frac{1}{\sqrt{2}}(|00\rangle - |10\rangle) \\ \frac{1}{\sqrt{2}}(-|11\rangle + |01\rangle) \end{array}\right\}$$

$$= \left\{\begin{array}{l} \frac{1}{\sqrt{2}}(|0\rangle + |1\rangle) \otimes |0\rangle \\ \frac{1}{\sqrt{2}}(|1\rangle + |0\rangle) \otimes |1\rangle \\ \frac{1}{\sqrt{2}}(|0\rangle - |1\rangle) \otimes |0\rangle \\ \frac{1}{\sqrt{2}}(-|1\rangle + |0\rangle) \otimes |1\rangle \end{array}\right\}$$

$$\xrightarrow{H \otimes I} \left\{\begin{array}{l} |00\rangle \\ |01\rangle \\ |10\rangle \\ |11\rangle \end{array}\right.$$

그러면 밥은 표준 기저에서 두 큐비트를 측정해 앨리스가 전송하려는 수를 부호화한 2비트 이진수를 얻는다.

5.3.2 양자 상태 원격 전송

양자 상태 원격 전송의 목적은 고전적 비트만을 사용해 입자의 양자 상태에 대해 수신자가 정확한 양자 상태를 재구성할 수 있도록 충분한 정보를 전송하는 것이다. 양자역학의 복제 불가 원리는 양자 상태가 복제될 수 없다는 뜻이기 때문에, 원래 입자의 양자 상태는 보존될 수 없다. 이것이 바로 목표에서 상태를 만드는 과정에서 원천의 원래 상태가 반드시 파괴돼야 한다는 성질로, 양자 상태 원격 전송이라는 이름이 붙은 이유다.

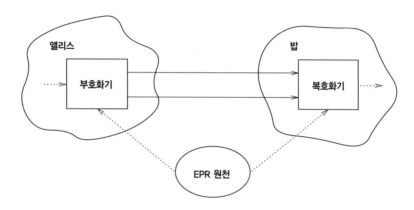

앨리스 앨리스는 그 상태가 $|\phi\rangle = a|0\rangle + b|1\rangle$인 큐비트를 갖고 있으며, 어떤 상태인지는 모른다. 앨리스는 이 상태를 밥에게 고전적 통신 선로를 통해 전송하려고 한다. 고밀도 부호화 응용에서의 상황과 마찬가지로, 앨리스와 밥은 얽힌 쌍의 큐비트를 각자 하나씩 갖고 있다.

$$|\psi_0\rangle = \frac{1}{\sqrt{2}}(|00\rangle + |11\rangle)$$

시작 상태는 3큐비트 양자 상태다.

$$|\phi\rangle \otimes |\psi_0\rangle = \frac{1}{\sqrt{2}}\big(a|0\rangle \otimes (|00\rangle + |11\rangle) + b|1\rangle \otimes (|00\rangle + |11\rangle)\big)$$

$$= \frac{1}{\sqrt{2}}\big(a|000\rangle + a|011\rangle + b|100\rangle + b|111\rangle\big)$$

앨리스는 첫 번째 두 큐비트를 제어할 수 있고, 밥은 마지막 큐비트를 제어할 수 있다.

앨리스는 고밀도 부호화 과정에서 밥이 사용했던 복호화 단계를 전송하려는 큐비트 $|\phi\rangle$ 와 얽힌 쌍 중 자신이 갖고 있는 큐비트의 복합 상태에 작용한다. 다시 말해, 앨리스는 이 상태에 $C_{not} \otimes I$를 작용하고 이어서 $H \otimes I \otimes I$를 작용해

$$(H \otimes I \otimes I)(C_{not} \otimes I)(|\phi\rangle \otimes |\psi_0\rangle)$$

$$= (H \otimes I \otimes I)\frac{1}{\sqrt{2}}\big(a|000\rangle + a|011\rangle + b|110\rangle + b|101\rangle\big)$$

$$= \frac{1}{2}\big(a(|000\rangle + |011\rangle + |100\rangle + |111\rangle) + b(|010\rangle + |001\rangle - |110\rangle - |101\rangle)\big)$$

$$= \frac{1}{2}\big(|00\rangle(a|0\rangle + b|1\rangle) + |01\rangle(a|1\rangle + b|0\rangle) + |10\rangle(a|0\rangle - b|1\rangle) + |11\rangle(a|1\rangle - b|0\rangle)\big)$$

을 얻는다. 앨리스는 처음 두 큐비트를 측정해 표준 기저 상태 $|00\rangle$, $|01\rangle$, $|10\rangle$, $|11\rangle$ 중 하나를 같은 확률로 얻는다. 앨리스의 측정 결과에 따라 밥의 양자 상태는 $a|0\rangle + b|1\rangle$, $a|1\rangle + b|0\rangle$, $a|0\rangle - b|1\rangle$, $a|1\rangle - b|0\rangle$ 중 하나에 투영된다. 앨리스는 자신의 측정 결과를 2개의 고전 비트로 밥에게 보낸다.

이 변환이 마무리되면 원래 상태 $|\phi\rangle$에 대한 중요한 정보는 밥의 큐비트가 갖고 있다. 이 제 앨리스가 자신의 큐비트의 원래 상태를 되돌리기 위해 자신의 큐비트에 할 수 있는 것은 아무것도 없다. 실제로 복제 불가 원리가 함의하는 것이 어떤 순간에도 앨리스나 밥 중의 단 1명만이 원래의 양자 상태를 재구성할 수 있다는 내용이다.

밥 밥이 앨리스에게서 2개의 고전 비트를 받았을 때, 밥은 얽힌 쌍 중에 자신이 갖고 있는 절반이 앨리스의 큐비트의 원래 상태와 어떻게 다른지 알게 된다. 밥은 원래 얽힌 쌍의 일부분이었던 자신의 큐비트에 적절한 복호화 변환을 수행해 앨리스가 가졌던 큐비트의 원래 상태 $|\phi\rangle$를 재구성할 수 있다. 다음의 표는 복호화하기 전에 밥이 가진 큐비트의 상태와 앨리스에게서 받은 비트 값에 따라 밥이 사용해야 하는 복호화 연산자를 보여준다.

상태	수신된 비트	복호화 연산자
$a\lvert 0\rangle + b\lvert 1\rangle$	00	I
$a\lvert 1\rangle + b\lvert 0\rangle$	01	X
$a\lvert 0\rangle - b\lvert 1\rangle$	10	Z
$a\lvert 1\rangle - b\lvert 0\rangle$	11	Y

복호화 수행 후, 밥의 큐비트는 시작할 때 앨리스의 큐비트였던 $a\lvert 0\rangle + b\lvert 1\rangle$ 양자 상태에 있을 것이다. 이 복호화 단계는 고밀도 부호화의 부호화 단계이고, 부호화 단계는 고밀도 부호화의 복호화 단계이므로 양자 상태 원격 전송과 고밀도 부호화는 어떤 점에서는 서로의 역과정이다.

5.4 유니타리 변환을 양자 회로로 구현하기

이 절에서는 기초적인 변환의 집합으로부터 임의의 유니타리 변환을 어떻게 구현할 수 있는지 보이겠다. 여기서 고려하는 기초적인 집합은 2큐비트 C_{not} 게이트에 더해 세 가지 종류의 단일 큐비트 게이트를 포함한다. 이 네 가지 유형의 연산만을 사용해, 임의의 n큐비트 유니타리 변환을 무엇이든 구현할 수 있다. 5.4.1절에서 일반적인 단일 큐비트 변환이 이 세 종류의 기초적인 단일 큐비트 연산자의 곱으로 분해될 수 있음을 보인다. 5.4.2절과 5.4.3절은 단일 큐비트 변환의 다중 큐비트 제어형 판본을 어떻게 만드는지 보인다. 5.4.4절은 이 변환을 사용해 임의의 유니타리 변환을 구성한다.

5장은 단지 모든 양자 변환이 단순한 게이트를 사용해 구현될 수 있음을 보여줄 뿐이며, 아직 그런 구현의 효율성에 대해서는 신경 쓰지 않는다. 대다수의 양자 변환은 단순한 게이트로는 효율적인 구현을 갖지 않는다. 이 책의 나머지 부분은 대체로 어떤 양자 변환이 효율적인 구현을 갖고 어떻게 해서 계산 문제를 해결하는 데 사용될 수 있는지 이해하는 데 주력할 것이다.

5.4.1 단일 큐비트 변환의 분해

이 절에서는 모든 단일 큐비트 변환이 위상 이동phase shift $K(\delta)$, 회전rotation $R(\beta)$, 위상 회전phase rotation $T(\alpha)$라는 세 가지 유형의 변환을 조합한 것으로 적을 수 있음을 보인다.

$$K(\delta) = e^{i\delta}I \qquad \delta\text{만큼 위상 이동}$$

$$R(\beta) = \begin{pmatrix} \cos\beta & \sin\beta \\ -\sin\beta & \cos\beta \end{pmatrix} \qquad \beta\text{만큼 회전}$$

$$T(\alpha) = \begin{pmatrix} e^{i\alpha} & 0 \\ 0 & e^{-i\alpha} \end{pmatrix} \qquad \alpha\text{만큼 위상 회전}$$

$$K(\delta_1 + \delta_2) = K(\delta_1)K(\delta_2),$$

$$R(\beta_1 + \beta_2) = R(\beta_1)R(\beta_2),$$

$$T(\alpha_1 + \alpha_2) = T(\alpha_1)T(\alpha_2)$$

라는 점과, 연산자 K는 K, T, R과 가환^{commutable}임을 알아두자.

$K(\delta)$를 쓰기보다는 종종 척도 인자 $e^{i\delta}$로만 적기도 한다. 단일 큐비트계에 대한 변환이기 때문에 $K(\delta)$가 전역 위상 변화를 수행하긴 하지만 그러므로 단일 큐비트계에 대해서는 항등연산과 동등하지만 여기서 이 연산자를 포함시키는 것은 이 인자가 나중에 물리적으로 의미가 있는 상대적 위상 이동이 되는 단일 큐비트 조건부 변환의 일부분이기 때문이다. $R(\alpha)$와 $T(\alpha)$는 각각 블로흐 구에서 y축과 z축에 대해서 2α만큼 회전시키는 변환이다.

이 문단에서는 임의의 단일 큐비트 유니타리 변환 Q가 $Q = K(\delta)T(\alpha)R(\beta)T(\gamma)$의 꼴을 가지는 변환의 나열로 분해될 수 있음을 보여준다. $K(\delta)$는 전역 위상 이동으로 아무런 물리적 효과가 없기 때문에, 모든 단일 큐비트 변환의 공간은 단 3개의 실수 차원을 가진다. 다음의 변환

$$Q = \begin{pmatrix} u_{00} & u_{01} \\ u_{10} & u_{11} \end{pmatrix}$$

이 주어졌을 때, 유니타리 조건 $QQ^\dagger = I$로부터 $|u_{00}|^2 + |u_{01}|^2 = 1$, $u_{00}\overline{u_{10}} + u_{01}\overline{u_{11}} = 0$, $|u_{11}|^2 + |u_{10}|^2 = 1$이라는 사실이 바로 유도된다. 잠깐 계산해보면 $|u_{00}| = |u_{11}|$이고 $|u_{01}| = |u_{10}|$임을 알 수 있다. 그러면 계수 u_{ij}의 크기는 어떤 각도 β의 사인과 코사인으로 적을 수 있으므로, Q를

$$Q = \begin{pmatrix} e^{i\theta_{00}}\cos(\beta) & e^{i\theta_{01}}\sin(\beta) \\ -e^{i\theta_{10}}\sin(\beta) & e^{i\theta_{11}}\cos(\beta) \end{pmatrix}$$

처럼 적을 수 있다. 더불어 위상 값도 독립적이지 않다. $u_{10}\overline{u_{00}} + u_{11}\overline{u_{01}} = 0$은 $\theta_{10} - \theta_{00}$ $= \theta_{11} - \theta_{01}$을 뜻한다.

$$K(\delta)T(\alpha)R(\beta)T(\gamma) = \begin{pmatrix} e^{\mathbf{i}(\delta+\alpha+\gamma)}\cos\beta & e^{\mathbf{i}(\delta+\alpha-\gamma)}\sin\beta \\ -e^{\mathbf{i}(\delta-\alpha+\gamma)}\sin\beta & e^{\mathbf{i}(\delta-\alpha-\gamma)}\cos\beta \end{pmatrix}$$

이기 때문에, Q가 주어져 있으면 다음의 방정식

$$\delta + \alpha + \gamma = \theta_{00},$$
$$\delta + \alpha - \gamma = \theta_{01},$$
$$\delta - \alpha + \gamma = \theta_{10}$$

을 풀어서 δ, α, γ를 찾아낼 수 있다. $\theta_{11} = \theta_{10} - \theta_{00} + \theta_{01}$을 사용하면, 그 답이 $\delta - \alpha - \gamma$ $= \theta_{11}$도 만족함을 쉽게 알 수 있다.

5.4.2 단일 제어형 단일 큐비트 변환

$Q = K(\delta)T(\alpha)R(\beta)T(\gamma)$가 임의의 단일 큐비트 유니타리 변환이라고 하자. 제어형 게이트 $\bigwedge Q$는 먼저 $\bigwedge K(\delta)$를 구성하고 $Q' = T(\alpha)R(\beta)T(\gamma)$에 대해 $\bigwedge Q'$를 구현하는 것으로 구현될 수 있다. 그러면 $\bigwedge Q = (\bigwedge K(\delta))(\bigwedge Q')$이다. 이제 기본 게이트로 이 두 가지 변환을 어떻게 구현하는지 보이겠다.

조건부 위상 이동은 기초적인 단일 큐비트 연산에 의해 다음과 같이 구현될 수 있다.

$$\bigwedge K(\delta) = |0\rangle\langle 0| \otimes I + |1\rangle\langle 1| \otimes K(\delta)$$
$$= |0\rangle\langle 0| \otimes I + e^{\mathbf{i}\delta}|1\rangle\langle 1| \otimes I$$
$$= (K(\delta/2)T(-\delta/2)) \otimes I$$

그림으로 나타내면 이 구현은 다음과 같다.

조건부 위상 이동 $K(\delta)$가 두 번째 큐비트에 직접 작용하는 변환 없이 첫 번째 큐비트에만 작용하는 회로로 구현될 수 있다는 사실은 놀라워 보인다. 그 이유는 첫 번째 큐비트에 대한 변환이 단일 큐비트뿐만이 아니라 전체 양자 상태에 영향을 미치는 위상 이동으로 충분하기 때문이다. 특히 $|x\rangle \otimes a|y\rangle = a|x\rangle \otimes |y\rangle$이다.

$\bigwedge Q$를 구현하는 것은 조금 더 생각해야 한다. $Q' = T(\alpha)R(\beta)T(\gamma)$에 대해, 다음의 변환을 정의하자.

$$Q_0 = T(\alpha)R(\beta/2),$$
$$Q_1 = R(-\beta/2)T\left(\frac{-\gamma - \alpha}{2}\right),$$
$$Q_2 = T\left(\frac{\gamma - \alpha}{2}\right)$$

여기서의 주장은 $\bigwedge Q'$가

$$\bigwedge Q' = (I \otimes Q_0)C_{not}(I \otimes Q_1)C_{not}(I \otimes Q_2)$$

으로, 또는 그림으로 표현하면

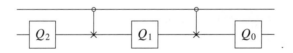

으로 정의될 수 있다는 것이다. 이 회로가 다음의 변환을 수행한다는 것은 쉽게 알 수 있다.

$$|0\rangle \otimes |x\rangle \rightarrow |0\rangle \otimes Q_0 Q_1 Q_2 |x\rangle.$$
$$|1\rangle \otimes |x\rangle \rightarrow |1\rangle \otimes Q_0 X Q_1 X Q_2 |x\rangle$$

$R(\beta)R(-\beta) = I$이고 $T(\alpha)T(\gamma) = T(\alpha + \gamma)$를 사용하면, Q_i의 정의로부터 $Q_0 Q_1 Q_2 = I$라는 성질을 바로 유도할 수 있다. $Q_0 X Q_1 X Q_2 = Q'$를 보이려면 $XR(\beta)X = R(-\beta)$이고 $XT(\alpha)X = T(-\alpha)$를 사용해보자. 그러면 다음과 같은 결과가 나온다.

$$Q_0 X Q_1 X Q_2 = T(\alpha)R(\beta/2)(XR(-\beta/2)X)(XT(-\frac{\gamma+\alpha}{2})X)T(\frac{\gamma-\alpha}{2})$$

$$= Q'$$

이 방법으로 단일 큐비트에 의해 제어되는 임의의 단일 큐비트 변환을 구현할 수 있다.

5.4.3 다중 제어 단일 큐비트 변환

제어형 연산에 관한 5.2.4절과 5.4.2절의 그림 표기법은 1개 이상의 제어 비트로 일반화할 수 있다. $\bigwedge_k Q$가 1번부터 k번까지 큐비트가 모두 1이면 0번 큐비트에 Q를 작용하는 $(k+1)$큐비트 변환이라고 하자. 예를 들어 제어형 제어형 NOT 게이트$^{\text{controlled-controlled-NOT}}$ ^{gate} 또는 토폴리 게이트$^{\text{Toffoli gate}}$ $\bigwedge_2 X$는 처음 두 큐비트가 모두 1인 경우 그리고 오직 그 경우에만 세 번째 비트를 뒤집으며, 다음과 같은 그림 표현을 가진다.

$\bigwedge_2 X$의 아래첨자 2는 2개의 제어 비트가 있다는 것을 나타낸다. $\bigwedge X$나 $\bigwedge_1 X$는 둘 다 C_{not} 게이트를 나타낸다.

5.4.2절에서 구성 과정을 반복해 k개의 큐비트에 의해 제어되는 임의의 단일 큐비트 변환을 얻을 수 있다. 2개의 큐비트에 의해 제어돼 Q를 작용하는 3큐비트 게이트인 $\bigwedge_2 Q$를 구현하려면, 단일 큐비트 제어형 게이트에 대한 앞의 구성에서 Q_0, Q_2, Q_3 각각을 다음과 같이 바꿔보자.

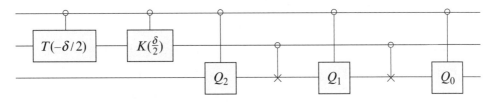

앞 절에서와 마찬가지로 이 회로는 단일 큐비트와 제어형 NOT 게이트로 전개할 수 있다. 모두 25개의 단일 큐비트 게이트와 12개의 제어형 NOT 게이트다. 이 과정을 반복하면 k개의 큐비트를 가지는 단일 큐비트 변환의 제어형 판본 $\bigwedge_k Q$에 대한 회로를 5^k개의 단일 큐비트 변환과 $\frac{1}{2}(5^k - 1)$개의 제어형 NOT 게이트를 갖고서 유도할 수 있다. 6.4.2절에서 보겠지만, $\bigwedge_k Q$의 유의미하게 더 효율적인 구현이 알려져 있다.

지금까지 살펴본 모든 제어형 게이트는 제어 비트가 1일 때 실행된다. 제어 비트가 0일 때 실행되는 단일 제어형 게이트를 구현하려면 다음과 같이 제어 비트를 뒤집으면 된다.

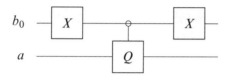

길이가 k인 임의의 비트열 s에 대해, 이렇게 적당한 제어 큐비트를 임시로 뒤집어서 k개의 큐비트가 정확히 패턴 s에 있을 때에만 0번 큐비트에 Q를 작용하는 제어형 게이트를 구현할 수 있다. 더 정확한 설명을 위해 $|s\rangle$가 비트열 s로 표시된 k큐비트 표준 기저 벡터라고 하자. 이 구성법은 1번에서 k번 큐비트가 기저 상태 $|s\rangle$에 있을 때는 0번 큐비트에 단일 큐비트 변환 Q를 작용하고, 1번부터 k번 큐비트가 다른 기저 상태에 있을 때는 0번 큐비트에 아무것도 하지 않는 $(k+1)$ 큐비트 제어형 게이트를 구현한다. 이런 구성법은 다른 큐비트가 특정 기저 상태에 있을 때는 i번째 큐비트에 단일 큐비트 변환 Q를 작용하고 그 기저가 아닌 경우에는 아무것도 하지 않는 $(k+1)$큐비트 제어형 게이트로 일반화시킬 수 있다. 다시 말해 이 변환은 2개의 기저 벡터 $|x_k \ldots x_i \ldots x_0\rangle$과 $|x_k \ldots \hat{x_i} \ldots x_0\rangle$에 의해 펼쳐지는 2차원 부분 공간에 Q를 작용하며, 직교 부분 공간을 바꾸지 않고 그대로 둔다. 여기서 $\hat{x_i} = x_i \oplus 1$이고 두 기저 벡터는 i번째 비트만이 다르다.

5.4.4절은 이런 게이트를 사용해 임의의 유니타리 변환에 대한 명시적인 구현을 보여준다. 5.4.4절의 구현에서는 k비트 비트열 s와 단일 큐비트 변환 Q에 연관된 두 가지 다른 변환을 사용한다. 첫 번째는 다른 k개의 큐비트가 $|s\rangle$ 상태에 있을 때 표준 순서로 있는 기저 $\{|0\rangle, |1\rangle\}$을 가지는 i번째 큐비트에 Q를 작용한다. 두 번째는 다른 순서로 있는 기저에서 i번째 큐비트에 Q를 작용한다. 다시 말해, 두 번째 변환은 다른 큐비트가 상태 $|s\rangle$에 있을 때 i번째 큐비트에 XQX를 작용한다. x_i의 값에 의존하는 이 변환들을 표현하

기 위해 $\bigwedge_x^i Q$라는 표기법, 또는

라는 표기법을 사용한다. 여기서 x는 $(k+1)$비트의 비트열로, $x_k \ldots x_{i+1} x_{i-1} \ldots x_0 = s_{k-1} \ldots s_0$이다. x_i가 0일 때, 단일 큐비트 변환 Q가 작용한다. x_i가 1일 때는 XQX 변환이 작용한다. i가 지정됐을 때 $\hat{x}$라는 표기는 비트열 x의 i번째 비트가 뒤집혔다는 뜻이다. 즉, $\hat{x} = x \oplus 2^i$다. 임의의 단일 큐비트 변환 Q에 대해, 변환 $\bigwedge_x^i \hat{Q} = \bigwedge_{\hat{x}}^i \bigwedge Q$이다. 여기서 $\hat{Q} = XQX$이다. 기하학적으로 $\bigwedge_x^i Q$는 표준 기저 벡터 $|x\rangle$와 $|\hat{x}\rangle$에 의해 펼쳐지는 2차원 복소 부분 공간에서의 회전이다.

예제 5.4.1 2큐비트계 $|b_1 b_0\rangle$에 대해, $\bigwedge_{10}^0 X$는 표준 C_{not} 게이트다. 여기서 b_1은 제어 비트이고 b_0은 표적 비트다. $\bigwedge_{11}^0 X$라는 표기법도 C_{not} 변환을 나타내는데, 이것은 X가 큐비트 b_0의 기저 순서를 뒤집는 변환에 대해 $X = XXX$로 불변이기 때문이다. 표기법 $\bigwedge_{00}^0 X$는 이제 b_1이 0일 때만 X가 수행되는 것이 다른 제어형 NOT 변환이다. $\bigwedge_{01}^1 X$는 표준적인 C_{not} 게이트지만, b_0이 제어 비트이고 b_1이 표적 비트다.

이번 절에서는 큐비트의 수에 따라 그 수가 지수 함수적으로 늘어나는 다수의 기본 게이트를 사용해 다중 제어형 단일 큐비트 게이트를 구현하는 방법을 설명했다. 6.4.2절은 임의의 다중 제어형 단일 큐비트 연산을 어떻게 효율적으로 구현하는지 설명한다. 그 구성은 하나의 추가적인 큐비트와 선형적으로 많은 기본 게이트를 사용한다.

5.4.4 일반적인 유니타리 변환

이번 절에서는 n큐비트계의 상태 공간에 연관된 2^n차원 벡터 공간에 대한 임의의 유니타리 변환을 체계적으로 구현하는 방법을 소개한다. 이 구성 방법에 숨은 직관적인 아이디어는 임의의 유니타리 변환이 단순히 n큐비트 양자 상태 공간을 나타내는 2^n차원 복소 벡터 공간의 회전이고, 임의의 회전은 2차원 부분 공간의 회전을 나열해서 얻을 수 있다는 점이다.

$N = 2^n$이라고 하자. 이 절에서는 모든 행렬을 표준 기저에서 적을 것이다. 다만 비표준 순서 $\{|x_0\rangle, \ldots, |x_{N-1}\rangle\}$은 이어지는 기저 상태 원소와는 단 1비트만 다르다. 이진수를 그렇게 늘어놓는 것을 **회색 부호**$^{\text{Gray code}}$라고 한다. 어떤 회색 부호를 써도 된다. $0 \leq i \leq N-2$에 대해, j_i가 $|x_i\rangle$와 $|x_{i+1}\rangle$에 대해 서로 다른 그 비트라고 하자. 그리고 B_i가 $|x_i\rangle$와 $|x_{i+1}\rangle$의 나머지 비트가 가지는 똑같은 패턴이라고 하자. 다음의 몇 문단에서는 임의의 유니타리 연산자 U를 구현하기 위해 이어지는 기저 벡터에 의해 펼쳐진 2차원 부분 공간에 대한 회전을 수행하는 다중 제어형 단일 큐비트 연산자 $\bigwedge_{x_i}^{j_i} Q$를 나열해서 어떻게 구현할 수 있는지 보이겠다.

다음과 같은 꼴의 변환 U_m을 생각해보자.

$$U_m = \begin{pmatrix} I^{(m)} & 0 \\ 0 & V_{N-m} \end{pmatrix}$$

여기서 $I^{(m)}$은 $m \times m$차 항등행렬이고 V_{N-m}은 $(N-m) \times (N-m)$차 유니타리행렬이며 $0 \leq m \leq N-2$다. $0 < m \leq N-2$인 임의의 $(N \times N)$차 행렬 U_{m-1}이 앞의 식과 같이 주어졌을 때, 다중 제어형 단일 큐비트 연산자 C_m과 더 큰 항등연산자 성분 $I^{(m)}$을 갖고 $U_{m-1} = C_m U_m$이 되는 U_m이 존재한다는 것을 보이려고 한다. 그러면 $V_N = U$로 두고, 유니타리 연산자 U는

$$U = U_0 = C_1 \cdots C_{N-2} U_{N-2}$$

처럼 적을 수 있다. 변환 U_{N-2}는

$$U_{N-2} = \begin{pmatrix} I^{(N-2)} & 0 \\ 0 & V_2 \end{pmatrix}$$

인 꼴을 가진다. 이 변환은 단순히 $\bigwedge_x^j V_2$ 연산으로, $x = x_{N-2}$이며 회색 부호 조건을 사용하면 $j = j_{N-2}$가 마지막 두 기저 벡터 $|x_{N-2}\rangle$와 $|x_{N-1}\rangle$에서 달라진 비트다. 따라서 일단 다중 제어형 단일 큐비트 연산자를 사용해 C_m을 어떻게 구현하는지 보였다면, 그 연산자를 사용해서 임의의 유니타리 연산자를 표현할 수 있고, 따라서 C_{not}, $K(\delta)$, $R(\beta)$, $T(\alpha)$만을 사용해서 구현될 수도 있음을 보이는 데 성공하게 된다.

기저 벡터 $|x_m\rangle$은 U_{m-1}이 비자명적으로 작용하는 첫 번째 기저 벡터이다.

$$|v_m\rangle = U_{m-1}|x_m\rangle = a_m|x_m\rangle + \cdots + a_N|x_N\rangle$$

이라고 적어 보자. a_N이 실수라고 가정할 수 있는데, 이것은 U_{m-1}에 전역 위상을 곱할 수 있기 때문이다. 만약 다중 제어형 단일 큐비트 변환만으로 구성돼 $|v_m\rangle$을 $|x_m\rangle$으로 바꾸고 기저의 처음 m개 원소에 대해서는 전혀 영향을 주지 않는 유니타리 변환 W_m을 찾을 수 있다면, $W_m U_{m-1}$은 바로 원하는 꼴을 갖게 되고, 따라서 $U_m = W_m U_{m-1}$과 $C_m = W_m^{-1}$을 얻을 수 있다. W_m을 정의하기 위해, 우선 $|v_m\rangle$의 마지막 두 성분에 대한 계수를 다시 적어 보자.

$$|v_m\rangle = a_m|x_m\rangle + \cdots + c_{N-1}\cos(\theta_{N-1})e^{i\phi_{N-1}}|x_{N-1}\rangle + c_{N-1}\sin(\theta_{N-1})|x_N\rangle$$

여기서,

$$a_{N-1} = |a_{N-1}|e^{i\phi_{N-1}},$$
$$c_{N-1} = \sqrt{|a_{N-1}|^2 + |a_N|^2},$$
$$\cos(\theta_{N-1}) = |a_{N-1}|/c_{N-1},$$
$$\sin(\theta_{N-1}) = |a_N|/c_{N-1}$$

이다. 그러면,

$$\bigwedge_{x_{N-1}}^{j_{N-1}} R(\theta_{N-1}) \bigwedge_{x_{N-1}}^{j_{N-1}} K(-\phi_{N-1})$$

은 $|v_m\rangle$을

$$a_m|x_m\rangle + \cdots + a'_{N-1}|x_{N-1}\rangle$$

으로 가져간다. 여기서 $a'_{N-1} = c_{N-1}$이다. $\bigwedge_{x_{N-1}}^{j_{N-1}} K(-\phi_{N-1})$이 $e^{i\phi_{N-1}}$ 인자를 상쇄시키고 $\bigwedge_{x_{N-1}}^{j_{N-1}} R(\theta_{N-1})$은 회전이므로 $|x_N\rangle$에 있던 모든 진폭은 이제 $|x_{N-1}\rangle$에 있다. 다른 기저 벡터는 전혀 영향을 받지 않는데, 연산자의 제어 부분이 패턴 B_{N-1}에 있는 비트를 가지는 기저 벡터만이 영향을 받도록 보증하기 때문이다. W_m의 나머지 부분을 얻기 위해, 이 절차를 좌표 $\{a_{N-2}, a'_{N-1}\}$에서 $\{a_m, a'_{m+1}\}$까지 모든 쌍에 대해 반복한다. 그러면 다음과

같은 연산자를 얻는다.

$$W_m = \bigwedge_{x_m}^{j_m} R(\theta_m) \bigwedge_{x_m}^{j_m} K(-\phi_m) \cdots \bigwedge_{x_{N-1}}^{j_{N-1}} R(\theta_{N-1}) \bigwedge_{x_{N-1}}^{j_{N-1}} K(-\phi_{N-1})$$

이것은 $|v_m\rangle$을 $a'_m|x_m\rangle$으로 보낸다. 여기서,

$$a_i = |a_i|e^{\mathbf{i}\phi_i},$$
$$a'_i = c_i,$$
$$c_i = \sqrt{|a_i|^2 + |a_{i+1}|^2},$$
$$\cos(\theta_i) = |a_i|/c_i,$$
$$\sin(\theta_i) = |a'_{i+1}|/c_i$$

이다. 계수는 $a'_m = 1$인데, $|v_m\rangle$의 상은 반드시 단위 벡터이고, 최종적인 $\bigwedge_{x_m}^{j_m} K(-\phi_m)$은 이것이 양의 실수인 것을 보증하기 때문이다.

이 절차가 임의의 유니타리 연산자 U에 대해 단순한 변환으로 된 구현을 제공하긴 하지만 큐비트 수에 대해 지수 함수적으로 많은 게이트가 필요하다. 이런 이유로 현실적인 값이 제한돼 실제 계산을 위해서는 더 효율적인 구현이 필요하다. 다수의 유니타리 연산자는 단순한 게이트로 된 효율적인 구현을 갖지 않는다. 양자 알고리듬 설계의 기술은 효율적인 구현을 가지는 유용한 유니타리 연산자를 찾아내는 것에 있다.

5.5 만능 근사 게이트 집합

5.4절에서 모든 유니타리 변환을 단일 큐비트 변환과 제어형 NOT 게이트를 나열해 구현할 수 있음을 보였다. 현실적인 관점에서 게이트의 유한한 집합을 다루는 것을 선호한다. 게이트의 어떤 유한한 집합으로도 이 게이트를 조합하는 것만으로는 구현할 수 없는 유니타리 변환이 존재하지만 임의의 유니타리 변환을 원하는 정확도로 근사시킬 수 있는 유한한 게이트 집합이 존재함을 보이는 것은 쉽다. 게다가 어떤 필요한 정확도 수준 2^{-d}에 대해, 이 근사는 효율적으로 구현될 수 있다. 즉, 유한한 집합에서 $p(d)$보다는 적은 게

144

이트를 나열해 임의의 단일 큐비트 유니타리 변환을 2^{-d} 내에서 근사시킬 수 있는 다항식 $p(d)$가 존재한다. 솔로베이-키타예프 정리^{Solovay-Kitaev Theorem}로 알려진 이 효율성에 관한 결과를 증명하진 않겠지만, 모든 유니타리 변환을 근사하는 데 사용할 수 있는 유한한 게이트 집합을 제시할 것이다.

임의의 유니타리 변환은 단일 큐비트 게이트와 C_{not} 게이트를 사용해서 구현될 수 있으므로, 모든 단일 큐비트 변환을 근사시킬 수 있는 유한한 게이트 집합을 찾는 것으로 충분하다. 아다마르 게이트 H, 위상 게이트 $P_{\frac{\pi}{2}}$, $\pi/8$게이트 $P_{\frac{\pi}{4}}$, C_{not} 게이트로 이뤄진 집합을 생각해보자. 여기서,

$$P_{\frac{\pi}{2}} = \begin{pmatrix} 1 & 0 \\ 0 & e^{\mathbf{i}\pi/2} \end{pmatrix} = |0\rangle\langle 0| + \mathbf{i}|1\rangle\langle 1|$$

이고,

$$P_{\frac{\pi}{4}} = \begin{pmatrix} 1 & 0 \\ 0 & e^{\frac{\mathbf{i}\pi}{4}} \end{pmatrix} = |0\rangle\langle 0| + e^{\frac{\mathbf{i}\pi}{4}}|1\rangle\langle 1|$$

이다. 5.4.1절에서 단일 큐비트 연산자 $T(\theta) = e^{\mathbf{i}\theta}|0\rangle\langle 0| + e^{-\mathbf{i}\theta}|1\rangle\langle 1|$을 떠올려 보자. $\pi/8$ 게이트 $P_{\frac{\pi}{2}}$는 전역 위상을 제외하면 $T(-\frac{\pi}{8})$ 게이트와 같은 방식으로 작용하기 때문에 그런 이름이 붙었다.

$$P_{\frac{\pi}{4}} = e^{\frac{\mathbf{i}\pi}{8}} T\left(-\frac{\pi}{8}\right)$$

그리고 안타깝게도 그 이름은 혼란을 일으키지만 그렇게 고정됐다(그 게이트 하나만 사용할 때는 전역 위상만 다르기 때문에 $P_{\frac{\pi}{4}}$를 쓰거나 $T(-\frac{\pi}{8})$를 쓰거나 중요하지 않지만 제어형 게이트 구성의 일부로 사용될 때는 이 위상은 물리적으로 중요한 상대 위상이 된다).

어떤 정수 m에 대해 $R^m = I$라면 회전 R은 유리수 회전이다. 만약 그런 m이 존재하지 않으면, R은 무리수 회전이다. 블로흐 구 위에 있는 유리수 회전으로만 구성된 집합으로 모든 단일 큐비트 변환을 근사시킬 수 있다는 것은 놀라워 보일 수 있다. 무리수 회전은 필요하지 않을까? 사실, 이 증명은 이 게이트를 사용해 무리수 회전을 구성하는 것으로 진행된다. 그와 같은 구성은 구의 회전군이 유클리드 평면^{Euclidean plane}의 회전군과 다르기

때문에 가능하다. 유클리드 평면에서 두 유리수 회전의 곱은 항상 유리수 회전이지만, 구의 회전에 대해서는 성립하지 않는다. 연습 문제 5.21가 구의 회전군과 유클리드 평면의 회전군의 중요한 성질을 증명해 독자에게 안내해줄 것이다.

연습 문제 5.19에서 연습 문제 5.22까지는 다음의 구면 기하학적인 논증의 단계를 더 자세히 살펴본다. 게이트 $P_{\frac{\pi}{4}}$는 블로흐 구에서 z축에 대한 $\pi/4$만큼의 회전이다. $S = HP_{\frac{\pi}{4}}H$ 변환은 x축에 대한 $\pi/4$만큼의 회전이다. 구면 기하학에서 $V = P_{\frac{\pi}{4}}S$가 무리수 회전임을 보이는 것은 좋은 연습 문제다. V가 무리수 회전이므로 그 축에 대한 임의의 회전 W는 V의 어떤 거듭제곱을 통해 2^{-d}라는 원하는 정확도로 근사될 수 있다. 5.4.1절에서 임의의 단일 큐비트 변환이 (전역 위상을 제외하면) y축과 z축에 대한 회전을 조합해 얻을 수 있음을 생각해보자. 즉, 모든 단일 큐비트 연산 W에 대해,

$$W = K(\delta)T(\alpha)R(\beta)T(\gamma)$$

을 만족하는 각도 α, β, γ, δ가 존재한다. 여기서 $T(\alpha)$는 z축에 대해 각도 α만큼 회전시키는 연산이고, $R(\alpha)$는 y축에 대해 각도 α만큼 회전시키는 연산이다. 임의의 두 다른 축에 대한 회전들로 임의의 단일 큐비트 변환을 만들어낼 수 있다. HVH는 V와 다른 축을 갖기 때문에, 두 변환 H와 V는 모든 단일 큐비트 연산자를 생성할 수 있다. 장점과 단점이 다르지만, 만능으로 근사가 가능한 또 다른 유한 집합도 존재한다.

5.6 표준 회로 모형

양자계산에 대한 **회로 모형**circuit model은 모든 계산을 단순한 게이트로 이뤄진 회로와 일련의 측정으로 나타내는 것이다. 단순한 게이트는 단순한 게이트로 이뤄진 만능 집합이나 양자 게이트로 이뤄진 만능 근사 집합에서 가져온다. 양자계산에 대한 **표준 회로 모형**standard circuit model은 그 게이트 집합을 C_{not} 게이트와 모든 단일 큐비트 변환을 조합한 것에서 가져오며, 측정 집합은 표준 기저에서의 단일 큐비트 측정으로 가져온다. 따라서 표준 모형에 있는 모든 계산은 단일 큐비트 게이트와 C_{not} 게이트를 나열하고, 표준 기저에 대한 단일 큐비트 측정의 나열로 이어진다. 게이트의 유한 집합이 단일 큐비트 변환의 무한 집합보다 더 현실적이지만, 무한 집합이 더 다루기 쉽고, 솔로베이와 키타예프의 연구

결과에 의하면 무한 집합이 특별히 더 강력한 계산 능력을 이끌어내지도 않는다. 개념적인 명확성을 위해 계산의 n큐비트는 종종 n큐비트의 부분집합인 레지스터register에 정리된다.

다른 계산 모형도 존재한다. 각각의 모형은 양자계산이 작동하는 것에 대해 그 자체의 통찰을 제시하며 각자 새로운 알고리듬, 견고한 양자계산에 대한 새로운 접근법, 양자 컴퓨터를 만드는 새로운 접근법 등을 통해 이 분야의 성장에 기여해왔다. 이 모형 중에서 가장 중요한 것들은 13.4절에서 논의될 것이다.

표준 회로 모형의 강력함 중 하나는 고전계산의 양자역학적 유사체를 곧바로 찾아낸다는 점이다. 이것이 6장의 주제다. 가역적인 고전 회로의 양자역학적 유사체를 찾아내는 것은 쉽다. 모든 기술적 어려움 중에는 임의의 고전 회로를 가역적인 고전 회로로 변환한다는 완전히 고전적인 문제가 포함된다. 5.4절의 결과는 임의의 양자 변환이 표준 회로 모형의 기본 게이트들로 구현될 수 있음을 보여준다. 하지만 그것은 효율성에 대해서는 아무것도 알려주지 않는다. 6장에서는 임의의 고전적 계산에 대한 양자역학적 유사체뿐만 아니라, 비교 가능한 효율성의 양자역학적 유사체도 알아볼 것이다. 2부는 양자 알고리듬의 설계를 탐색하는데, 여기에는 표준 회로 모형에서 기본적인 게이트로 효율적으로 구현될 수 있는 양자 변환을 찾는 것과 그것들을 사용해서 특정한 문제를 어떻게 고전적으로 가능한 것보다 더 효율적으로 해결할 수 있는지 알아내는 것이 포함된다.

5.7 참고문헌

복제 불가 정리는 우터스Wootters와 주렉Zurek의 결과이다[286]. 고밀도 부호화와 양자 상태 원격 전송은 둘 다 1990년대 초에 발견됐는데, 고밀도 부호화는 베넷과 위스너Wiesner[46]에 의해, 양자 상태 원격 전송quantum teleportation은 베넷 등[44]이 밝혔다. 단일 큐비트 원격 전송은 여러 실험에서 구현됐다. [57], [221], [56] 등을 참고하라.

솔로베이-키타예프 정리의 증명에 대한 개괄은 [173]에 소개됐다. 도슨Dawson과 닐센Nielsen은 이 결과에 대해 [95]에서 교육적인 리뷰를 제공한다. 이와 관련된 문제로, k단계의 양자계산을 유도하기 위해 얼마나 정확해야 하는지에 대한 논의는 베른슈타인과 바지라니[49]가 답을 내놓았으며 $O(\log k)$비트의 정확도면 충분하다($O(t)$ 표기법에 대해서는 상자 6.1을 참고하라).

간단한 변환에서 복잡한 유니타리 변환의 구현은 바렌코[Barenco] 등의 논문[31]에 설명돼
있다.

대다수의 양자 변환이 2큐비트 게이트로는 효율적으로 그리고 정확히 구현될 수 없다
는 증명은 닐[Knill]의 양자 회로에 의한 근사[Approximation by Quantum Circuits][177]에서 찾아볼 수
있다. 도이치는 하나의 3큐비트 게이트만으로 임의의 유니타리 변환에 대한 원하는 만큼
좋은 근사를 생성해낼 수 있음을 알아냈다[100]. 이후 도이치, 바렌코, 에커트는 거의 모
든 아무 2큐비트 게이트가 똑같은 일을 할 수 있음을 보였다[101]. 생성원으로 이뤄진 또
다른 더 작은 집합도 알려졌다.

5.8 연습 문제

연습 문제 5.1 단위 벡터를 단위 벡터로 가져가는 임의의 선형변환 U가 직교성을 보존함
을 보여라. 즉, 만약 두 부분 공간 S_1과 S_2가 직교한다면, US_1과 US_2도 직교한다.

연습 문제 5.2 다음 중 어떤 상태 집합에 복제 연산자가 존재하는가? 만약 그 집합이 복
제 연산자를 가진다면 그 연산자를 제시하라. 그렇지 않다면 그 이유를 설명하라.

a. $\{|0\rangle, |1\rangle\}$

b. $\{|+\rangle, |-\rangle\}$

c. $\{|0\rangle, |1\rangle, |+\rangle, |-\rangle\}$

d. $\{|0\rangle|+\rangle, |0\rangle|-\rangle, |1\rangle|+\rangle, |1\rangle|-\rangle\}$

e. $\{a|0\rangle + b|1\rangle\}$, 여기서 $|a|^2 + |b|^2 = 1$이다.

연습 문제 5.3 이브가 2.4절의 BB84 양자 키 분배 과정을 다음과 같이 공격한다고 해보
자. 이브가 가로챈 각각의 큐비트에 대해 이브는 $|0\rangle$ 상태에 있는 두 번째 큐비트를 준비
해, 전송된 큐비트에서 자신이 준비한 큐비트에 C_{not} 게이트를 작용하고, 첫 번째 큐비트
를 밥에게 보낸 후 자신의 큐비트를 측정한다. 이브는 이 방법을 통해 평균적으로 얼마나
많은 정보를 얻을 수 있는가? 앨리스와 밥이 s개의 비트를 비교했을 때 이브가 감지될 확

률은 얼마인가? 이 값을 2.4절에서 논의했던 직접 측정 후 전송한다는 전략에서 얻은 확률과 비교하면 어떠한가?

연습 문제 5.4 몇 가지 표준 게이트에 대해 다음의 분해를 증명하라.

$$I = K(0)T(0)R(0)T(0)$$
$$X = -\mathbf{i}T(\pi/2)R(\pi/2)T(0)$$
$$H = -\mathbf{i}T(\pi/2)R(\pi/4)T(0)$$

연습 문제 5.5 만약 $U|\psi\rangle = |\psi\rangle$라면, 벡터 $|\psi\rangle$는 연산자 U에 의해 안정화된다. 다음 연산자에 의해 안정화되는 벡터의 집합을 찾아라.

a. 파울리 연산자 X

b. 파울리 연산자 Y

c. 파울리 연산자 Z

d. $X \otimes X$

e. $Z \otimes X$

f. C_{not}

연습 문제 5.6

a. $R(\theta)$가 블로흐 구의 y축에 대한 2α만큼의 회전임을 보여라.

b. $T(\beta)$가 블로흐 구의 z축에 대한 2β만큼의 회전임을 보여라.

c. x축에 대해 2γ만큼의 회전에 대응하는 단일 큐비트 변환의 집합을 찾아라.

연습 문제 5.7 파울리 연산자가 2차원 공간에 대한 모든 선형 연산자에 대한 기저를 구성함을 보여라.

연습 문제 5.8 연산자 $\mathbf{i}Y$가 묘사하는 측정은 무엇인가?

연습 문제 5.9 그림 5.2의 회로를 사용해서 큐비트 b_0과 b_1의 상태에 대해서는 전혀 알지 못한 채 b_0과 b_1이 같은지를 어떻게 측정할 수 있을까? (힌트: 큐비트 a_0과 a_1로 이뤄진 레지

스터에 대해 어떤 초기 상태든지 자유롭게 선택할 수 있다)

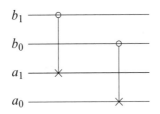

그림 5.2 연습 문제 5.9에 대한 회로

연습 문제 5.10 n큐비트 고양이 상태$^{\text{Cat state}}$는 $\frac{1}{\sqrt{2}}(|00\ldots0\rangle + |11\ldots1\rangle)$이다. $|00\ldots0\rangle$을 입력으로 해 고양이 상태를 만드는 회로를 설계하라.

연습 문제 5.11

$$|W_n\rangle = \frac{1}{\sqrt{n}}(|0\ldots001\rangle + |0\ldots010\rangle + |0\ldots100\rangle + \cdots + |1\ldots000\rangle)$$

이라고 하자. $|00\ldots0\rangle$을 입력받아서 $|W_n\rangle$을 만드는 회로를 설계하라.

연습 문제 5.12 하디 상태$^{\text{Hardy state}}$

$$\frac{1}{\sqrt{12}}(3|00\rangle + |01\rangle + |10\rangle + |11\rangle)$$

를 만드는 회로를 설계하라.

연습 문제 5.13 5.2.4절의 교환 회로가 모든 단일 큐비트 상태 $|\psi\rangle$와 $|\phi\rangle$에 대해 $|\psi\rangle|\phi\rangle$를 $|\phi\rangle|\psi\rangle$로 보낸다는 점에서 실제로 두 단일 큐비트의 값을 교환한다는 것을 보여라.

연습 문제 5.14 단일 큐비트 게이트와 C_{not} 게이트를 사용해 토폴리 게이트 $\bigwedge_2 X$를 구현하는 방법을 보여라.

연습 문제 5.15 두 큐비트가 같은 양자 상태에 있는지 알아내는 회로를 설계하라. 이 회로는 측정되는 보조 큐비트$^{\text{ancilla qubit}}$를 포함할 수 있다. 이 측정은 두 큐비트 상태가 똑같으면 긍정적인 답을, 두 큐비트 상태가 직교한다면 부정적인 답을 내놓아야 하며, 두 상태가 같으면 같을수록 더 긍정적인 답을 내놓아야 한다.

연습 문제 5.16 모든 단일 큐비트 상태 $|\psi\rangle$, $|\phi\rangle$, $|\eta\rangle$에 대해 $|\psi\rangle|\phi\rangle|\eta\rangle$를 $|\phi\rangle|\eta\rangle|\psi\rangle$로 보내도록 세 큐비트의 값을 치환하는 회로를 설계하라.

연습 문제 5.17 다음의 회로의 효과를 비교하라.

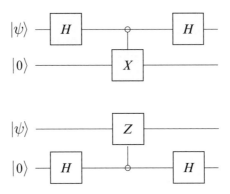

연습 문제 5.18 게이트로 이뤄진 어떤 유한집합에 대해서도 그 회로에서 골라낸 변환을 나열하는 것으로는 구현할 수 없는 유니타리 변환이 반드시 존재함을 보여라.

연습 문제 5.19 R이 구의 어떤 축에 대한 무리수 회전이라고 하자. 같은 축에 대한 또 다른 어떤 회전 R'에 대해 그리고 2^{-d} 수준을 가지는 어떤 원하는 근사에 대해 R의 어떤 거듭제곱이 존재해, R'을 원하는 수준의 정확도로 근사할 수 있음을 보여라.

연습 문제 5.20 블로흐 구의 임의의 서로 다른 두 축에 대한 회전으로 이뤄진 집합이 모든 단일 큐비트 변환을 (전역 위상을 제외하면) 생성할 수 있음을 보여라.

연습 문제 5.21

a. 유클리드 평면에서 각도 θ의 회전을 2번의 반전reflection을 통해 달성할 수 있음을 보여라.

b. (a)를 이용해 점 P에 대한 각도 θ만큼 시계 방향 회전에 이어서 점 Q에 대해 각도 ϕ만큼 시계 방향으로 회전시킨 것은 점 R에 대해 각도 $\theta + \phi$만큼 시계 방향으로 회전시킨 것과 같음을 보여라. 여기서 R은 P와 Q 사이의 점에서 각도 $\theta/2$로 P를 통과하는 선과,

P와 Q 사이의 점에서 각도 $\phi/2$로 점 Q를 통과하는 선 사이의 교점이다.

c. 유클리드 평면에서 두 유리수 회전의 곱은 다시 유리수 회전임을 보여라.

d. 반지름이 1인 구면에서, 각도 θ, ϕ, η를 가지는 삼각형은 $\theta + \phi + \eta$의 넓이를 가진다(여기서 θ, ϕ, η는 라디안 단위다). 이 사실을 사용해 점 P에 대해 각도 θ만큼 시계 방향으로 회전시키고 이어서 점 Q에 대해 각도 ϕ만큼 시계 방향으로 회전시킨 결과를 삼각형의 면적에 대해 나타내라.

e. 구면 위에서 두 유리수 회전의 곱이 무리수 회전이 될 수도 있음을 증명하라.

연습 문제 5.22

a. 게이트 H, $P_{\frac{\pi}{2}}$, $P_{\frac{\pi}{4}}$는 모두 (전역 위상을 제외하면) 블로흐 구의 유리수 회전임을 보여라. 이 게이트 각각에 대한 회전축과 회전 각도를 제시하고, $S = H P_{\frac{\pi}{2}} H$에 대해서도 회전축과 회전 각도를 제시하라.

b. 변환 $V = P_{\frac{\pi}{2}} S$가 블로흐 구의 무리수 회전임을 보여라.

06

고전계산의 양자화

6장에서는 임의의 고전계산과 같은 계산을 비슷한 효율로 수행할 수 있는 양자 회로를 구성해보겠다. 이 결과는 양자계산이 적어도 고전계산만큼은 강력함을 증명한다. 게다가 많은 양자 알고리듬이 중첩된 값에서 효율적으로 정보를 추출하기 위한 비고전적인 방법을 사용해 중첩된 값을 계산하기에 앞서 고전적인 함수를 계산하려는 목적으로 이 구성법을 사용해서 시작한다.

모든 고전적인 계산의 양자역학적 대응품을 만드는 일은 임의의 고전적 계산에 대해서 가역적인 계산법을 구성하는 고전적 결과에 의존한다. 6.1절에서는 고전적인 가역 계산과 일반적인 고전적 계산과 양자계산 사이의 관계를 설명한다. 6.1.1절은 부울 논리 게이트^{Boolean logic gate}의 가역적 판본과 이 가역적 판본들의 양자역학적 대응품을 소개한다. 가역적인 부울 논리 게이트로 구성된 고전적 가역 회로가 주어지면, 가역 게이트에 비슷한 양자 게이트를 간단히 대입하는 것으로 원하는 양자 회로를 얻게 된다. 모든 고전적 계산이 비슷한 효율을 갖는 양자 대응품을 가진다는 것을 증명하는 과정에서 어려운 단계는 모든 고전적 계산이 비슷한 효율을 가지는 가역적 판본을 가진다는 것을 증명하는 것이다. 이 구성이 순수하게 고전적이긴 하지만 여기서 제시하려는 내용은 양자계산에도 근본적인 중요성을 가진다. 6.2절에서 이 구성법을 제시한다. 6.3절은 6.4절에서 산술 연산과 같은 몇 가지 고전적 함수에 대한 명시적인 양자 회로를 구체적으로 나타내는 데 사용하는 언어를 설명한다.

6.1 가역적인 고전계산에서 양자계산으로

양자 변환을 어떻게 늘어놓더라도 양자계에 유니타리 변환 U를 작용한다. 측정이 이뤄지지 않는 한 $U^{-1} = U^\dagger$를 최종 양자 상태 $|\psi\rangle$에 작용하면 계산을 시작하기 전 계의 초기 양자 상태는 $|\psi\rangle$로부터 되돌릴 수 있다. 따라서 출력으로부터 그 입력을 항상 계산할 수 있다는 점에서 임의의 양자계산은 측정이 이뤄지기 전에 가역적이다.

대조적으로 고전계산은 일반적으로 가역적이지 않다. 즉, 출력으로부터 입력을 계산하는 것이 보통은 불가능하다. 예를 들어 고전적인 NOT 연산은 가역적이지만 AND, OR, NAND 연산은 그렇지 않다. 하지만 모든 고전계산은 아주 약간의 계산 자원을 더 쓰면 되는 가역적인 고전적 대응품이 있다. 6.1.1절에서 기본 부울 게이트를 가역적으로 만드는 방법을 보이겠다. 6.2.2절에서는 필요한 비트의 수와 기본 게이트의 수와 같은 공간 자원을 효율적으로 사용해 전체 부울 회로를 가역적으로 만드는 방법을 보인다. 임의의 부울 회로에 대한 효율적인 고전 가역적인 판본의 구성은 일반적인 고전 회로를 효율적으로 구현하는 양자 회로의 구성으로 쉽게 일반화시킬 수 있다.

n개의 입력 비트와 n개의 출력 비트를 가지는 임의의 가역적인 고전계산은 단순히 $N = 2^n$ 길이인 비트열을 치환시키는 과정이다. 따라서 그런 식의 임의의 고전 가역적인 계산에 대해, 입력 비트열을 출력 비트열로 보내는 치환 $\pi : \mathbf{Z}_N \to \mathbf{Z}_N$이 존재한다. 이 치환은 양자 변환을 정의하는 데 사용할 수 있다.

$$U_\pi : \sum_{x=0}^{N-1} a_x |x\rangle \mapsto \sum_{x=0}^{N-1} a_x |\pi(x)\rangle$$

이 변환은 표준 기저에 대해 고전 비트열로 봤을 때, 치환 π가 수행하는 것과 정확히 같은 역할을 한다. 변환 U_π는 유니타리 변환인데, 이것은 단순히 표준 기저의 원소를 재배열하기 때문이다.

n개의 입력 비트와 m개의 출력 비트에 대한 임의의 고전계산은 다음의 함수를 정의한다.

$$f : \mathbf{Z}_N \to \mathbf{Z}_M$$
$$x \mapsto f(x)$$

이 함수는 $N = 2^n$ 길이의 입력 비트열을 $M = 2^m$ 길이의 출력 비트열로 대응시킨다. 이런 함수는 n비트 입력 레지스터와 m비트 출력 레지스터라는 둘로 쪼개진 $n + m$비트에 작용한다는 방식을 통해 정석적인 방법을 통해 가역적인 함수 π_f로 다음과 같이 확장될 수 있다.

$$\pi_f : \mathbf{Z}_L \to \mathbf{Z}_L$$
$$(x, y) \mapsto (x, y \oplus f(x))$$

여기서 $\oplus$는 비트별 배타적 OR을 뜻한다. 함수 π_f는 $L = 2^{n+m}$ 비트열에 작용하는데, 이 비트열은 n비트의 비트열 x와 m비트의 비트열 y로 이뤄진다. $y = 0$일 때 π는 출력 레지스터에 출력이 나오고 입력 레지스터는 입력값을 보존한다는 점을 제외하면 f처럼 행동한다. 고전계산을 가역적으로 만들 수 있는 수많은 방법이 존재하며, 특정 고전계산에 대해서는 더 적은 비트를 요구하는 가역적 판본이 존재할 수도 있겠지만, 위의 방식은 항상 작동한다.

π_f가 가역적이므로, 그에 대응하는 유니타리 변환 $U_f : |x, y\rangle \to |x, y \oplus f(x)\rangle$가 존재한다. 그림으로 U_f 변환을 나타내면

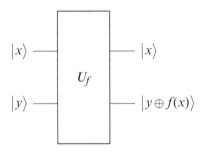

처럼 나타낼 수 있다. 5.4절에서 단순한 게이트를 사용해 임의의 유니타리 연산을 어떻게 구현하는지 알아봤었다. 대부분의 유니타리 변환에 대해 이 구현법은 매우 비효율적이다. 대부분의 유니타리 연산자들이 효율적인 구현을 갖지 않지만 f를 효율적으로 계산하는 고전 회로가 존재하는 한 U_f도 효율적인 구현을 갖는다. f에 대한 효율적인 고전 회로로부터 U_f의 효율적인 구현을 만드는 방법은 두 부분으로 나눠진다. 첫 번째 부분에서는 f를 계산하는 가역적이고 효율적인 고전 회로를 만든다. 두 번째 부분에서는 각각의 가역 게

이트에 양자 게이트를 대입해 고전적인 가역 회로를 고치는 것이다. 6.1.1절에서는 가역적인 부울 논리 게이트를 정의하고, 이 구성법의 쉬운 두 번째 부분을 다룬다. 6.2절에서는 여기서 말하는 임의의 효율적인 고전 회로에 대한 가역적이고 효율적인 고전 회로를 만드는 방법을 설명한다.

6.1.1 단순한 고전 게이트의 가역적 판본과 양자적 판본

이 절에서는 부울 논리 게이트 NOT, XOR, AND, NAND의 가역적 판본을 설명한다. 이 게이트의 양자적 판본은 표준 기저의 원소에 작용하는 가역적 게이트처럼 행동한다. 다른 입력 상태에 대한 이 게이트들의 작용은 양자연산의 선형성에 의해 처리된다. 중첩 상태에 대한 게이트의 작용은 표준 기저 원소에 대한 게이트의 작용을 선형 결합시켜서 중첩 상태로 만든 것과 같다. 이 방식으로 가역적 게이트의 거동은 완전히 양자역학적 게이트를 정의하며, 그 반대도 마찬가지다. 가역적인 고전 게이트가 표준 기저 원소에 대응하는 비트열에 작용하긴 해도, 양자 게이트가 임의의 중첩 상태에 작용할 수 있음을 이해하면 둘 사이의 끈끈한 연관성은 두 게이트에 대해 같은 표기법을 사용할 수 있도록 해준다.

b_1과 b_0가 두 이진수 변수라고 하자. 즉, 0과 1 값만을 가진다. 다음의 양자 게이트를 정의해보자.

NOT NOT 게이트는 이미 가역적이다. 가역적인 고전 게이트와 표준 기저 원소로 부호화된 고전 비트에 대해 고전적인 NOT 연산을 수행하는 5.2절의 단일 큐비트 연산자 $X = |0\rangle\langle1| + |1\rangle\langle0|$에 대해 모두 X를 사용할 것이다.

XOR $C_{not} = \bigwedge_1 X$ 게이트에 의해 수행되는 제어형 부정 연산자가 그 입력값에 대해 XOR 연산을 구현한다. 이 연산자는 첫 번째 비트 b_1의 값은 그대로 두고, b_0 비트를 두 값의 XOR 값으로 바꾼다.

$$|b_1\rangle \quad\longrightarrow\!\!\!\!\!\!\!\!-\!\!\!\!\circ\!\!\!\!\!\!\!\!\!-\quad |b_1\rangle$$
$$|b_0\rangle \quad\longrightarrow\!\!\!\!\!\!\!\!-\!\!\!\!\times\!\!\!\!\!\!\!\!\!-\quad |b_1 \oplus b_0\rangle$$

이 연산자의 양자연산자는 가역연산자가 표준 기저 벡터에 작용하는 것과 마찬가지로 행동하며, 다른 모든 상태에 대한 거동은 연산자의 선형성에서부터 유도할 수 있다.

AND 2개의 비트만으로 가역적인 AND 연산을 수행하는 것은 불가능하다. 3비트 제어형 제어형 NOT 게이트, 즉 토폴리 게이트 $T = \bigwedge_2 X$를 가역적인 AND 연산을 수행하는 데 사용할 수 있다.

$$T|b_1, b_0, 0\rangle = |b_1, b_0, b_1 \wedge b_0\rangle$$

여기서 $\wedge$ 표기는 두 비트 값의 고전적인 AND 연산을 나타낸다.

토폴리 게이트는 모든 입력에 대해 다음과 같이 정의된다. 세 번째 비트 값이 1이면 다음과 같다.

$$T|b_1, b_0, 1\rangle = |b_1, b_0, 1 \oplus b_1 \wedge b_0\rangle$$

입력 비트 값이 바뀜에 따라 토폴리 게이트 T를 고전적인 AND 연산자뿐만 아니라 부울 관계식 전체를 만드는 데 사용할 수도 있다. 따라서 임의의 조합적인 회로는 토폴리 게이트만을 사용해서 만들 수 있다. 토폴리 게이트는 NOT, AND, XOR, NAND를 다음과 같은 방법으로 계산한다.

$$T|1, 1, x\rangle = |1, 1, \neg x\rangle$$
$$T|x, y, 0\rangle = |x, y, x \wedge y\rangle$$
$$T|1, x, y\rangle = |1, x, x \oplus y\rangle$$
$$T|x, y, 1\rangle = |x, y, \neg(x \wedge y)\rangle$$

여기서 $\neg$는 비트 값에 대한 고전적인 NOT 연산을 뜻한다.

토폴리 게이트에 대한 대안으로, 프레드킨 게이트^{Fredkin gate} F가 있는데, 이것은 제어형 교환 연산자다.

$$F = \bigwedge_1 S$$

여기서 S는 두 비트의 교환 연산자다.

$$S : |xy\rangle \rightarrow |yx\rangle$$

프레드킨 게이트 F는 토폴리 게이트 T와 마찬가지로 고전적인 부울 연산자 전체를 구현할 수 있다.

$$F|x, 0, 1\rangle = |x, x, \neg x\rangle$$
$$F|x, y, 1\rangle = |x, y \vee x, y \vee \neg x\rangle$$
$$F|x, 0, y\rangle = |x, y \wedge x, y \wedge \neg x\rangle$$

여기서 $\vee$ 표시는 2개의 비트 값에 대한 고전적인 OR 연산을 뜻한다.

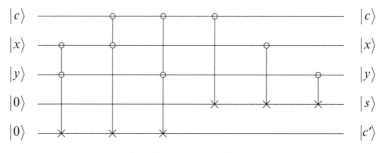

그림 6.1 1비트 전가산기

고전적인 부울 관계식의 완전한 집합을 토폴리 게이트 T나 프레드킨 게이트 F만을 사용해 구현할 수 있기 때문에, 이 게이트를 조합하면 임의의 부울 회로를 구현할 수 있다. 6.2절에서 특정한 고전 함수의 명시적 구현을 설명할 것이다. 토폴리 게이트에 대한 방정식이 설명하듯이, 1개나 2개의 비트를 영원히 1로 설정한 비트를 추가하면 토폴리 게이트로 C_{not} 게이트와 X 게이트를 구현할 수 있다. 여기서 구현할 때는 명확성을 위해 C_{not} 게이트와 X 게이트를 사용하지만 토폴리 게이트에 적절한 입력값으로 설정된 추가적인 입력 비트를 가지는 토폴리 게이트를 사용해 C_{not} 게이트와 X 게이트를 전부 대체할 수 있기 때문에 모든 구현은 토폴리 게이트만을 사용해도 가능하다. 예를 들어 그림 6.1에 나타낸 회로는 토폴리 게이트와 제어형 NOT 게이트만을 사용해 1비트 전가산기^{full} ^{adder}를 구현하는데, 여기서 x와 y는 데이터 비트이고 s는 (모듈러 2에서의) 두 비트의 합이며, c는 들어오는 캐리 비트$^{carry\ bit}$이고 c'는 새로운 캐리 비트다. 완전한 n비트 덧셈을 만들기 위해서 여러 개의 1비트 가산기를 묶을 수 있다.

6.2 고전 회로의 가역적 구현

이 절에서는 임의의 고전적인 부울 회로를 비트 수와 게이트 수에 대해 비교적 좋은 계산 효율을 갖는 가역적인 고전 회로로 바꾸는 체계적 방법을 전개한다. 그렇게 얻은 가역 회로는 토폴리 게이트와 부정 게이트만으로 이뤄진다. 가역적인 고전 회로와 같은 효율을 가지는 양자 회로는 고전적인 토폴리 게이트와 부정 게이트에 각각 양자 토폴리 게이트와 X 게이트를 대입한다는 간단한 치환으로 얻어진다. 따라서 토폴리 게이트로 이뤄진 계산의 효율적인 판본을 갖고 있으면, 그 즉시 똑같은 효율을 가지는 양자적 구현을 얻는 방법도 안 것이다.

6.2.1 순진한 가역적 구현

임의의 부울 회로부터 시작하기보다 비트 레지스터와 처리 장치로 구성된 고전적 기계를 생각해보겠다. 처리 장치는 레지스터에 있는 1번에 1개나 2개의 비트에 대해 간단한 부울 연산이나 게이트를 수행하고 그 결과를 레지스터 비트 중 하나에 저장한다. 어떤 입력 크기가 정해지면 연산 순서와 실행 순서는 고정되며 입력 데이터나 다른 외부 제어에 따라 달라지지 않는다고 가정하겠다. 양자 회로와 유사하게, 레지스터의 비트를 가로선으로 그릴 것이다. 이 유형의 기계에 대한 간단한 프로그램(4비트 논리곱)이 그림 6.2에 묘사돼 있다.

임의의 부울 회로는 입력, 출력, 중간 비트를 충분히 담을 정도로 큰 레지스터에 대한 연산의 나열로 변환될 수 있다. 회로의 공간 복잡도$^{\text{space complexity}}$란 레지스터의 크기이다.

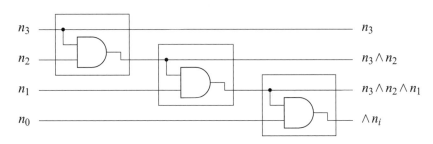

그림 6.2 4비트 논리곱에 대한 비가역적 고전 회로

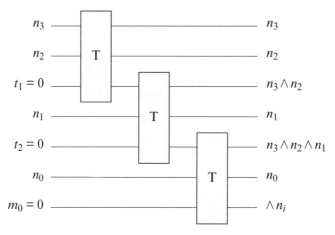

그림 6.3 4비트 논리곱에 대한 가역적 고전 회로

이 기계가 수행하는 계산은 일반적으로는 가역적이지 않다. 즉, 레지스터의 비트를 재사용하기 때문에 기계가 정보를 지우며, 나중에 재구성할 수 없다. 이 문제에 대한 당연한 해법은 공간적으로 매우 비효율적이지만, 전체 계산에 걸쳐서 비트를 재사용하지 않는 것이다. 그림 6.3은 각각의 연산 결과에 새 비트를 할당해 회로를 가역적으로 만들 수 있는 방법을 묘사한다. 이 논리곱을 가역적으로 계산하고 그 결과를 초기에 0으로 설정된 비트에 기록하는 연산은 물론 토폴리 게이트다. NOT 게이트는 가역적이며, NOT과 AND를 함께 써서 부울 연산 전체를 구성할 수 있으므로, 이 구성법은 부울 논리연산을 사용한 어떤 계산을 가역적인 게이트만 사용한 것으로 바꾸는 과정에 일반화시킬 수 있다. 하지만 이 구현은 모든 AND가 수행될 때마다 추가로 비트가 필요해 만약 원래 계산이 t단계를 필요로 한다면 그 가역적인 계산은 이 순진한 방법에서 최대 t개까지의 추가적인 비트 공간을 필요로 한다.

게다가 추가된 공간은 더 이상 0 상태가 아니며, 가령 두 가역적인 회로를 구성하는 데 직접적으로 재사용될 수 없다. 임시 비트를 재사용하는 것은 공간 요구 조건을 원래의 비가역적인 고전계산의 공간 요구 조건에 가깝게 유지하는 데 중요한 부분이다. 비트를 0으로 재설정하는 것은 보이는 것만큼 당연한 작업이 아니다. 그 이전에 비트가 0이었든 1이었든 상관없이 비트를 0으로 재설정하는 변환은 가역적일 수가 없으며(정보를 잃어버린다), 따라서 가역적 계산의 일부로는 사용할 수 없다. 가역적 계산은 간단한 재설정 연산을 통한 공간 재사용이 안 된다. 하지만 이 기계는 가역적 계산을 하는 동안 계산했던 비트에 대해 계산 일부를 되돌리는 역계산^{uncompute}을 할 수 있다.

예제 6.2.1 그림 6.3의 계산을 생각해보자. 비트 m_0의 출력을 얻기 위해 비트 t_1과 t_0가 임시로 사용됐다. 그림 6.4는 그림 6.3의 회로의 마지막 단계를 제외하고 나머지를 되돌려서 이 비트들을 원래의 0으로 재설정하는 방식으로 이 비트를 역계산하는 방법을 보여주는데, 그러면 후속 계산의 일부분으로 재사용할 수 있게 된다. 여기서 임시 비트는 단계의 수를 대략 2배로 만드는 비용이 필요하다.

큐비트를 역계산하고 알고리듬에서 재사용하는 데 필요한 큐비트의 수를 줄일 수 있다. 출력을 제공하는 단계를 제외한 나머지 모든 단계를 역순으로 수행해 비트를 역계산하는 방법은 어떤 고전 부울 부분회로에 대해서도 작동한다. s비트 레지스터에 연산을 작용하는 t개의 게이트로 이뤄진 고전 부울 부분회로를 생각해보자. 순진한 구성법은 레지스터에는 최대 t개의 추가적인 비트를 요구할 것이다.

예제 6.2.2 8비트 논리곱을 구성하려고 한다. 간단하게는 단계를 역순으로 적는 것은 그림 6.3에서 보여준 접근법을 일반화해 6개의 임시 비트를 추가하고 1개의 최종 출력 비트가 필요할 것이다. 그림 6.4의 4비트 AND 회로를 사용해 그 결과를 그림 6.5에서 보인 것처럼 결합해 공간을 절약할 수 있다. 이 구성은 4비트 AND 회로 각각에 사용된 2개의 임시 비트에 추가로 2개의 임시 비트를 추가로 사용한다. 각각의 4비트 AND는 그 임시 비트를 역계산하므로, 이 비트는 이어지는 4비트 AND에 의해 재사용될 수 있다. 이 회로는 더 많은 게이트가 필요하긴 하지만 모두 합쳐 4개의 추가 비트만을 사용한다.

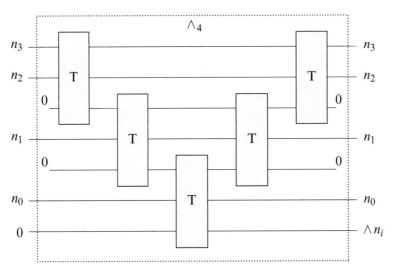

그림 6.4 임시 비트를 필요로 하는 가역적 회로

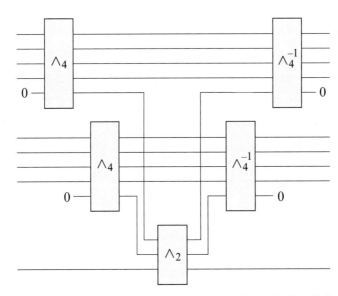

그림 6.5 그림 6.4의 가역적인 4비트 AND 회로를 결합해 8비트 논리곱을 구성하는 방법

효율성을 유지하고 계산의 다음 순번에서 사용되는 부분 결과를 유지하기 위해 언제 어떤 비트에 대해 역계산을 수행할지 정하는 기법이 존재한다. 이 절의 핵심 아이디어는 비

트를 추가해 가역성을 획득하고 그 값을 역계산해 재사용될 수 있도록 하는데, 6.2.2절에서 설명했던 방법의 일반적인 구성을 기본 구성 요소로 한다. 언제 무엇을 역계산할지 주의 깊게 선택하면, 공간을 훨씬 더 효율적으로 사용할 수 있도록 몇 가지 추가 게이트를 줄이는 긍정적인 개선이 가능하다. 예를 들어 m비트 AND에 대한 이와 같은 명시적인 효율적 구현이 6.4절에서 제시된다.

6.2.2 일반적 구성

이 절에서는 언제 어떤 비트를 역계산할지 주의 깊게 선택해 게이트와 비트의 수를 최소한으로만 증가시키면서 임의의 고전계산의 가역적 판본을 얻을 수 있는 방법을 보인다. t개의 게이트와 s개의 비트를 사용하는 어떤 고전적인 회로라도 그에 대응해 $O(t^{1+\epsilon})$개의 게이트와 $O(s \log t)$개의 비트만을 사용하는 가역적 회로가 있음을 보일 것이다($O(t)$ 표기법에 대해서는 상자 6.1을 참고하라). $t \gg s$인 경우 이 구성법은 적은 수의 게이트만을 증가시키는 것만으로 6.2.1절에서 설명했던 순진한 접근법에서 살펴본 $(s + t)$의 공간보다 확실히 적은 공간을 사용한다.

상자 6.1 효율성 한계의 표기법

$O(f(n))$은 f에 의해 한계가 정해지는 함수들의 집합이다. 엄밀하게 말하면

$g \in O(f(n))$은 상수 k와 n_0이 존재해, 모든 $n > n_0$에 대해 $|g(n)| \leq k|f(n)|$인 경우 그리고 그 경우에만 정립한다.

마찬가지로, $\Omega(f(n))$은 다음을 만족하는 함수들의 집합이다.

$g = \Omega(f(n))$은 상수 k와 n_0이 존재해, 모든 $n > n_0$에 대해 $|g(n)| \geq k|f(n)|$인 경우 그리고 그 경우에만 정립한다.

끝으로, f에 의해 위와 아래로 한계가 정해지는 함수들의 분류는 다음과 같다.

$$\Theta(f(n)) = O(f(n)) \cap \Omega(f(n))$$

그림 6.6 회로 C_i를 가역적인 회로 R_i로 바꾸기

이 한계를 얻는 방법을 이해하기 위해서는 얼마나 많은 비트가 사용되고 어떻게 사용되는지 주의 깊게 생각해야 한다. C가 t개보다 적은 게이트와 s개보다 적은 비트를 사용하는 AND와 NOT 게이트로 이뤄진 고전 회로라고 하자. 어떤 시점에 회로 C는 s개 또는 그보다 적은 연쇄적인 게이트를 포함하는 $r = \lceil t/s \rceil$개의 부분회로 $C = C_1C_2\ldots C_r$로 쪼개질 수 있다. 각각의 부분회로 C_i는 s개의 입력 비트와 s개의 출력 비트를 가지며, 그중 몇 개는 바뀌지 않을 수 있다.

6.2.1절의 기법을 사용해, 각 회로 C_i는 그림 6.6에서 묘사한 것과 같은 최대 s개의 추가적인 비트를 사용하는 가역적인 회로 R_i로 대체될 수 있다. 회로 R_i는 그 입력뿐만 아니라 그 후속 계산에서 사용될 s개의 출력 값을 반환한다. 입력값은 공간을 절약하기 위해 역계산되고 재계산되는 데 사용될 것이다.

s개 이상의 게이트가 R_i를 구성하는 데 필요할 수도 있다. 일반적으로 최대 $3s$개의 게이트를 사용해 R_i를 구성할 수 있다. 다른 더 효율적인 구성법이 가능할 수 있지만, 다음의 세 단계는 항상 작동한다.

- **1단계** 모든 출력 값을 가역적 방식으로 계산한다. 원래의 회로 C_i에 있던 모든 AND 게이트나 NOT 게이트에 대해 회로 R_i는 토폴리 게이트나 NOT 게이트를 가진다. 이 단계는 C_i와 같이 s개의 게이트를 사용하며 s개 이상의 추가적인 비트를 사용하지 않는다.

- **2단계** 이후의 계산에서 사용되는 모든 출력 값을 추가 비트가 s개보다는 적은 출력 레지스터에 복사한다.

- **3단계** 1단계를 이끌어내는 데 사용된 일련의 게이트를 수행하는데, 이번에는 역순으로 수행한다. 이 방법으로 출력 레지스터에 있는 비트를 제외한 모든 비트가 원래 값으로 재설정된다. 특히 모든 임시 비트는 0으로 되돌아오며, 모든 입력값을

복원할 수 있다.

회로 $R_1, \ldots, R_r$은 그림 6.7에서처럼 결합됐을 때, 계산 C를 가역적이지만 공간이 비효율적인 방식으로 수행한다. 부분회로 R_i는 특수한 방식으로 결합돼 비트 중 몇 개를 역계산하고 재사용하는 데 더 효율적으로 공간을 사용할 수 있다. 역계산은 추가적인 게이트가 필요하므로 너무 많은 추가적인 게이트를 사용하지 않고 공간 사용을 줄이기 위해 언제 역계산을 수행할지 신중하게 정해야 한다. 먼저 $O(t^{\log_2 3})$개의 게이트와 $O(s \log t)$개의 비트를 사용하는 가역적 판본을 얻는 방법을 설명하고, 이 방법을 개선해 $O(t^{1+\epsilon})$개의 게이트와 $O(s \log t)$개의 비트 한계를 얻는다.

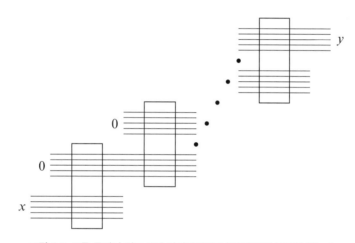

그림 6.7 R_i를 묶어서 회로 C의 가역적이지만 비효율적인 판본을 얻는다.

$r = \lceil t/s \rceil$개의 회로 R_i를 결합하는 기본 원리는 그림 6.8에 제시했다. 그 아이디어는 공간을 재사용하기 위해서 상태의 일부분만을 선택적으로 역계산하고 재계산하는 것이다. 계산 $R_1 R_2 \ldots R_r$을 체계적으로 변형해 사용된 공간의 전체 수량을 모두 감소시키고 계산이 끝나면 모든 임시 비트를 0으로 재설정할 것이다.

이 분석을 간단히 하기 위해 r이 2의 거듭제곱, 즉 $r = 2^k$라고 하자. $1 \le i \le k$에 대해 $r_i = 2^i$라고 하자. 그러면 게이트 나열을 똑같은 크기의 두 부분으로 쪼개는 다음의 재귀적 변환 $\mathcal{B}$를 수행해 부분들을 재귀적으로 바꿔준다. 그러면 이 방법으로 다음과 같이 구성할 수 있다.

$$\mathcal{B}(R_1, \ldots, R_{r_{i+1}}) = \mathcal{B}(R_1, \ldots, R_{r_i})\mathcal{B}(R_{1+r_i}, \ldots, R_{r_{i+1}}) \left(\mathcal{B}(R_1, \ldots, R_{r_i})\right)^{-1}$$

$$\mathcal{B}(R) = R$$

여기서 $(\mathcal{B}(R_1,\ldots,R_{t_i}))^{-1}$은 $\mathcal{B}(R_1,\ldots,R_{t_i})$와 정확히 같은 비트에 작용하며, 따라서 추가 공간이 필요하지 않다.

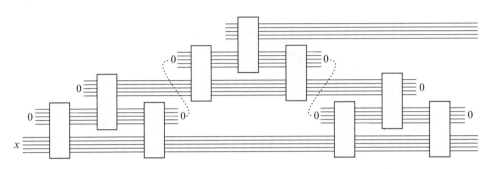

그림 6.8 저장 공간을 재사용하는 방식으로 가역적인 계산 회로 R_i를 조합하기

변환된 계산은 출력의 마지막 단계를 제외한 모든 공간을 역계산하므로, 추가적인 공간 사용은 s에 의해 한계가 정해진다. 따라서 $\mathcal{B}(R_1,\ldots,R_{r_i})$은 $\mathcal{B}(R_1,\ldots,R_{r_{i-1}})$에 비해 많아봐 야 s개의 공간이 더 필요하다. 이전 단계의 공간 요구량을 써서 재귀 함수에 있는 $k = \log_2 r$개의 i단계 각각이 필요한 공간을 $S(i)$라고 적을 수 있다. 그러면 $S(i) \leq s + S(i-1)$이며 $S(1) \leq 2s$다. 이 재귀는 $k = \log_2 r$단계 후에 끝나기 때문에, 마지막 계산 $\mathcal{B}(R_1,\ldots,R_r)$은 최대 $S(r) \leq (k+1)s = s(\log_2 r + 1)$의 공간을 요구한다. $\mathcal{B}$의 정의로부터 $\mathcal{B}(R_1,\ldots,R_{r_i})$ 계산에 의해 실행되는 회로 R_j의 수인 $T(i)$가 즉시 유도되는데, $T(i) = 2T(i-1)$이며 $T(1) = 1$이다. $r = 2^k$로 가정했으므로, 여기서 구성한 C의 가역적 판본은

$$T(2^k) = 3T(2^{k-1}) = 3^k = 3^{\log_2 r} = r^{\log_2 3}$$

개의 가역적인 회로 R_i를 사용하며, 각각은 3s개 이하의 게이트를 필요로 한다. 따라서 t개의 단계와 s개의 비트를 가지는 어떤 고전계산이라도 $O(t^{\log_2 3})$개의 단계와 $O(s \log_2 t)$개의 비트를 써서 가역적으로 수행할 수 있다.

$O(t^{1+\epsilon})$라는 한계를 얻기 위해 이분할법을 사용하는 대신에 다음과 같은 m 분할법을 생각해보자. 분석을 간단히 하기 위해 r이 m의 거듭제곱으로 $r = m^k$라고 하자. $1 \leq i \leq k$에

대해, $r_i = m^i$다. $R_{1+(x-1)r_i}, \ldots, R_{xr_i}$를 줄여서 $\vec{R}_{x,i}$라고 적자. 그러면 다음과 같다.

$$\mathcal{B}(\vec{R}_{1,i+1}) = \mathcal{B}(\vec{R}_{1,i}, \vec{R}_{2,i}, \ldots \vec{R}_{m,i})$$
$$= \mathcal{B}(\vec{R}_{1,i}), \mathcal{B}(\vec{R}_{2,i}), \ldots \mathcal{B}(\vec{R}_{m-1,i}),$$
$$\mathcal{B}(\vec{R}_{m,i}),$$
$$\mathcal{B}(\vec{R}_{m-1,i})^{-1}, \ldots \mathcal{B}(\vec{R}_{2,i})^{-1}, \mathcal{B}(\vec{R}_{1,i})^{-1}$$
$$\mathcal{B}(R) = R$$

재귀의 각 단계에서 각 덩어리는 m개의 조각으로 쪼개져서 $2m - 1$개의 조각으로 대체된다. 일반성을 잃지 않고 어떤 k에 대해 $r = m^k$라고 가정할 수 있는데, 이 경우는 k단계 후에 재귀가 멈출 것이다. 이 지점에서 $r = m^k$개의 부분회로 C_1은 $(2m-1)^k$개의 가역적 회로 R_i로 대체됐고, 따라서 최종 계산을 위해 필요한 회로 R_i의 수는 $(2m-1)^k$이며, 이것을 r에 대해 다시 적으면 이러한 답이 나온다.

$$(2m-1)^{\log_m r} = r^{\log_m(2m-1)} \approx r^{\log_m 2m} = r^{1+\frac{1}{\log_2 m}}$$

R_i에 있는 기본 게이트의 수는 $3s$와 $r = \lceil t/s \rceil$에 의해 한계가 지어지므로, t개의 게이트를 갖는 가역적 회로에 대한 게이트의 전체 수는 다음과 같다.

$$T(t) \approx 3s \left(\frac{t}{s}\right)^{1+\frac{1}{\log_2 m}} < 3t^{1+\frac{1}{\log_2 m}}$$

따라서 임의의 $\epsilon > 0$에 대해, 가역적인 계산을 위해 필요한 게이트의 수가 $O(t^{1+\epsilon})$가 되도록 충분히 큰 m을 고르는 것이 가능하다. 공간 한계는 앞과 마찬가지로 $O(s \log_2 t)$이다.

이 방식으로 고전적 부울 회로의 가역적 판본은 토폴리 게이트와 X 게이트로만 이뤄진 양자 회로로 직접 변형될 수 있다. 여기서 논의한 내용이 부울 회로를 사용하긴 했으나, 찰스 베넷은 같은 논증을 사용해 임의의 고전적인 튜링 머신을 가역적인 판본으로 바꿀 수 있음을 보였다. 이 논증에 기반해, f에 대한 임의의 고전적인 회로에서부터 비교적 괜찮은 수의 게이트로 구성된 U_f의 구현이 만들어질 수 있다.

비트의 역계산과 재사용에서 주의해야 할 부분은 값을 역계산하기 위해 필요한 큐비트 수가 훨씬 더 많을 수도 있는 큐비트로 일반화하는 것이다. 역계산은 임시 큐비트를 더 이상 출력 큐비트와 얽힌 상태가 안 되도록 만든다. 계산의 끝에서 임시 값들의 얽힘을 풀어야 할 필요성은 고전적 구현과 양자적 구현 사이의 차이 중 하나다. 가역적인 양자 변환에서는 단순히 큐비트를 재설정할 수 없다. 순진하게 말하자면, 임시 큐비트를 측정하고 그 결과에 따라 |0⟩으로 바꾸는 변환을 수행해 재설정할 수 있다고 생각할 수도 있다. 하지만 만약 임시 큐비트가 필요한 결과를 갖고 있는 큐비트, 또는 나중에 계산에서 사용될 결과를 갖고 있는 큐비트와 얽혀 있다면, 임시 큐비트를 측정하는 것은 그 결과를 바꿀 수도 있다. 임시 큐비트를 역계산하는 것은 계의 나머지 부분의 상태에 영향을 주지 않고 얽힘을 풀어야 한다. 6.4절의 회로는 임시 큐비트를 역계산하는 다수의 예제를 포함한다.

다음 절에서는 특정한 산술 함수의 명시적 구현을 묘사하기 위해 6.4절에서 사용하는 양자 구현을 위한 언어를 정한다. 이 구현은 그냥 주어진 일반적인 구성보다 더 효율적인 경우가 있지만, 모두 비슷한 효율을 가지는 유사한 고전적 구현을 갖고 있다. 2부는 진짜 양자 알고리듬, 즉 고전적인 대응품이 없는 알고리듬에 집중할 것이다.

6.3 양자 구현을 위한 언어

앞에서 논의했던 양자 회로는 큐비트 레지스터에 작용하는 양자 게이트의 나열을 표현하는 한 가지 방법을 제공한다. 이제 양자 회로를 더 간결하고 이해하기 쉽게 설명하는 또 다른 방법을 제시하겠다. 몇 가지 특정한 산술 함수에 대한 양자 구현을 나타내는 데 이 표기법을 사용할 것이다. 이 구현의 효율성에 대해 이야기할 때는 단순히 그 구현이 나타내는 양자 회로에 있는 간단한 게이트의 수를 셀 것이다. 이 값을 **회로 복잡도**circuit complexity라고 한다. 7.2절에서 회로 복잡도와 복잡도의 다른 개념과의 관계에 대해 설명할 것이다.

여기서 설명하는 표기법은 표준적이며, 여러 문헌에서 자주 쓰인다. 여기서는 양자 회로나 간단한 양자 게이트의 나열을 나타내기 위해 발전시킨 언어를 설명할 것이다. 그림 표기법에서는 복잡한 양자 회로의 간결한 표현을 제시하기 위해 프로그램과 유사한 표기법을 사용한다. 게다가 이 표기법에서 하나의 프로그램은 변동 가능한 입력 큐비트 수에 작용하는 회로 분류(와 다른 변동 가능한 고전 매개변수에 의존하는 분류) 전체를 정확히 나타낼 수 있다. 예를 들어 고전적인 경우와 같이, 24비트 수를 더하는 양자 회로는 12비트를 더하는 회로와는 관련은 있겠지만 다르다. 그림 표기법이 더 직관적이지만 부정확한 반면, 이런 프로그램스러운 표기법은 그 관계를 더 정확하게 설명할 수 있도록 해준다.

이 표기법은 고전 변수와 양자 변수를 모두 사용한다. 반복, 재귀, 조건문과 같은 고전적인 제어 구조는 어떤 양자 상태 변환이 작용해야 할지 그 순서를 정의하는 데 사용한다. 고전적인 정보는 양자 상태를 구성하는 데 사용하거나 양자 변환의 매개변수로 사용하지만, 양자정보는 고전 제어 구조에서 사용할 수 없다. 여기서 작성한 프로그램은 단순히 단일 전역 양자 레지스터에 작용하는 양자 게이트의 나열에 대한 고전적인 표현이다.

6.3.1 기본 개념

양자 변수는 레지스터에 대한 이름이고 단일한 전역 양자 레지스터에 있는 큐비트의 부분집합이다. 만약 x가 n큐비트 레지스터에 대한 변수 이름이라면 x에 있는 큐비트의 수를 명확히 하고 싶을 때 $x[n]$이라고 적을 수 있다. x의 i번째 큐비트를 x_i로 사용할 것이다. 그리고 $x_i \cdots x_k$는 x로 표기한 레지스터의 i번째 큐비트에서 k번째 큐비트를 나타낸다. 일반적으로 레지스터의 큐비트를 높은 인덱스에서 낮은 인덱스 순서로 적는데, 만약 레지스터 x가 표준 기저 벡터 $|b\rangle$를 가진다면 $b = \sum_i x_i 2^i$다. 만약 U가 n큐비트에 대한 유니타리 연산이고 x, y, z가 합쳐서 n큐비트가 되는 레지스터의 이름이라면, 프로그램 단계 $U|x, y, z\rangle = U|x\rangle|y\rangle|z\rangle$는 "$U$를 레지스터 이름이 적힌 순서대로 큐비트에 작용한다"는 뜻이다. 이 표기법에서 어떤 큐비트라도 2번 사용하는 것은 금지되며, 따라서 레지스터 x, y, z는 서로 겹치면 안 된다. 이 조건은 다른 입력값을 같은 큐비트에 연결하는 것이 가능하지 않으며 의미도 없기 때문에 필요하다. 여기서 켓 표기법을 큐비트 값이나 큐비트의 상태를 포함할 수 있는 큐비트로 자릿수를 채우거나 때로는 큐비트 값 그 자체를 나타내는 용도로 조금 다르게 사용할 것이다. 하지만 이 용법은 맥락에 따라 모호하지 않을 것이다.

예제 6.3.1 제어 비트로 b_5와 b_3을 사용하고 표적 비트로 b_2를 사용하는 토폴리 게이트는 다음의 그림 표기법을 가진다.

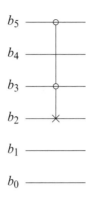

이것은 표준 텐서곱 표기법으로 나타내려면 이상한데, 작용하는 큐비트가 서로 이웃하지 않기 때문이다. 우리의 표기법에서 이 변환은 $T|b_5, b_3, b_2\rangle$로 적을 수 있다. $T|b_2, b_3, b_2\rangle$와 같은 표기는 큐비트가 반복됐기 때문에 허용되지 않는다. $(T \otimes C_{not} \otimes H)$ $|x_5 \cdots x_3\rangle|x_1, x_0\rangle|x_7\rangle$이라는 표기법은 10큐비트 레지스터 $x = x_9 x_8 \cdots x_0$에서 6개의 큐비트에 작용하는 변환을 나타내는데, $I \otimes I \otimes H \otimes I \otimes T \otimes I \otimes C_{not}$ 변환을 표현하는 다른 방법일 뿐이다. 여기서 분리된 켓은 어떤 큐비트에 텐서곱을 구성하는 변환이 작용하는지를 나타낸다. 토폴리 게이트 T는 큐비트 x_5, x_4, x_3에 작용하며 C_{not}은 x_1과 x_0에 작용하고, 아다마르 게이트 H는 x_7에 작용한다는 뜻이다. $(T \otimes C_{not} \otimes H)|x_5 \cdots x_3\rangle|x_4, x_0\rangle|x_7\rangle$과 같은 표기법은 허용되지 않는데, 첫 번째와 두 번째 레지스터가 중복됐기 때문이다. 이 두 레지스터는 $|x_4\rangle$ 큐비트를 공유한다.

제어형 연산은 그 자체적인 표기법을 만들 정도로 자주 사용된다. b와 x가 서로 겹치는 비트가 없는 레지스터일 때, $|b\rangle$ **control** $U|x\rangle$라는 표기법은 b의 모든 비트가 1인 경우에만 연산자 U가 레지스터 x의 내용에 작용한다는 뜻이다. $\neg|b\rangle$ **control** $U|x\rangle$라고 적는 것은 다음과 같은 연산자 나열을 편리하게 축약한 것이다.

$X \otimes \cdots \otimes X|b\rangle$
$|b\rangle$ **control** $U|x, y\rangle$
$X \otimes \cdots \otimes X|b\rangle$.

만약 상태 변환을 이어서 늘어놓는다면, 적힌 순서대로 작용한다.

프로그램이 **qubit** $t[n]$을 사용해 국소적 임시 레지스터를 선언할 수 있도록 하면, 이 프로그램은 그 레지스터에 있는 큐비트를 초기 상태인 $|0\rangle$ 상태로 되돌려 놓는 것으로 한다. 이 조건은 프로그램의 다른 실행에 대해 임시 큐비트가 재사용해 전체적인 저장 공간 요구가 제한되도록 보증해준다. 게다가 이것은 임시 큐비트가 다른 레지스터와 얽힌 상태로 남아 있지 않는 것도 보증한다.

6.3.2 함수

프로그램 단계를 나열하기 위해 새로운 이름을 도입할 수 있다. **control**과 같은 명령과는 다르게 **define**이라는 명령은 큐비트에 아무 작용도 하지 않으며, 컴퓨터에게 명령의 순서를 설명하고 변수 이름을 표현해 단순히 새로운 함수를 정의한다. 예를 들어 입력 캐리 비트를 포함한 모듈러 2의 덧셈은 다음과 같이 정의된다.

$$Sum : |c, a, b\rangle \rightarrow |c, a, (a + b + c) \bmod 2\rangle$$

define Sum $|c\rangle|a\rangle|b\rangle =$
    $|a\rangle$ **control** $X|b\rangle$
    $|c\rangle$ **control** $X|b\rangle$.

이 연산은 3개의 단일 큐비트에 작용해 a의 값과 캐리 c의 값을 b의 값에 더한다. 이 프로그램은 다음과 같은 회로로 그릴 수 있다.

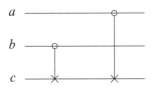

여기에 대응하는 캐리 연산자는 다음과 같은 꼴이다.

$$Carry : |c, a, b, c'\rangle \rightarrow |c, a, b, c' \oplus C(a, b, c)\rangle$$

여기서 캐리 $C(a, b, c)$는 a, b, c 중에서 둘 이상의 비트가 1이라면 1이다. 즉 $C(a, b, c) = (a \wedge b) \oplus (c \wedge (a \oplus b))$이다. 캐리 연산에 대한 프로그램은 다음과 같을 것이다.

define *Carry* $|c, a, b, c'\rangle =$

$\quad |a\rangle|b\rangle$ **control** $X|c'\rangle$ 레지스터 c'에서 $c \wedge b$를 계산   (1)

$\quad |a\rangle$ **control** $X|b\rangle$ 레지스터 b에서 $a \oplus b$를 계산   (2)

$\quad |c\rangle|b\rangle$ **control** $X|c'\rangle$ c와 b의 현재값이 1이면 c'를 뒤집음   (3)

$\quad |a\rangle$ **control** $X|b\rangle$ b를 초깃값으로 재설정   (4)

이 프로그램에서 레지스터 b는 (2)단계에서 시작해 임시로 a와 b의 원래 값의 XOR 값을 갖고 있다. (3)단계에서 레지스터 b의 이 값은 a와 b의 원래 값 중에서 딱 한 값과 c가 1인 경우 c'를 뒤집는다는 뜻이다. 레지스터 b는 (4)단계에서 원래 값으로 재설정된다.

상자 6.2 언어 요약

항	
U	유니타리 변환의 이름
U^{-1}	U의 역변환의 이름
x	큐비트 레지스터의 이름
$x[k]$	레지스터 x의 큐비트 수를 나타냄
qubit $x[k]$	x가 초기에 $|0\rangle$으로 설정된 임시 큐비트 레지스터의 이름 이라는 뜻
qubit t	t가 초기에 $|0\rangle$으로 설정된 임시 큐비트의 이름이라는 뜻
x_i	레지스터 x의 i번째 큐비트의 이름
$x_i \ldots x_j$	레지스터 x의 큐비트 열
$|r\rangle$	r이라는 이름의 큐비트를 사용함
구문	(Γ는 추상적인 구문을 뜻함)
$U|r\rangle$	U를 r이라는 큐비트에 작용함
$|b\rangle$ **control** Γ	구문 Γ의 제어형 꼴이며, b를 제어 큐비트로 함
$\neg|b\rangle$ **control** Γ	큐비트 b의 부정에 의해 제어되는 구문 Γ
$|b_1\rangle|b1\rangle$ **control** Γ	b_1과 b_0라는 두 큐비트에 의해 제어되는 구문 Γ

for $i = [a..b]\ \Gamma(i)$	고전 매개변수 i에 따라 구문 $\Gamma(a)$, $\Gamma(a+1)$, ...,$\Gamma(b)$의 나열을 수행함
define $Name\lvert x[k]\rangle =$ $\Gamma_0, \Gamma_1, ..., \Gamma_n$	구문 Γ_0에서 Γ_n을 k큐비트 레지스터 x에 수행한다는 구문에 대한 이름으로 $Name$을 설정함
$Name\lvert r\rangle$	$Name$의 정의에서 설명된 단계를 레지스터 r에 작용함
$Name^{-1}\lvert r\rangle$	$Name$의 정의에서 설명된 모든 단계의 역과정을 레지스터 r에 역순으로 작용함. 모든 양자 변환은 가역적이기 때문에 이 변환은 항상 잘 정의된다.

양자 상태 변환의 반복과 조건부 실행은 고전적인 프로그래밍 구조를 사용해 제어될 수 있다. 이 제어 구조에서는 양자적 정보가 아니라 고전적인 정보만이 사용된다. 하지만 양자 알고리듬에서, 어떤 고전 입력값이 양자 레지스터에 들어가고, 어떤 것이 사용되는지는 고전적인 제어 구조의 일부로써 선택할 수 있다. 예를 들어 x를 자기 자신에게 n번 더하는 어떤 프로그램은 고전적인 입력 n을 선택해 그것을 고전적 제어의 일부로만 사용할 수 있는데, 다른 프로그램은 추가적인 양자 레지스터에 n을 넣어둘 수 있다. 두 프로그램은 각각

$$A_n : \lvert x, 0\rangle \mapsto \lvert x, nx\rangle$$

와

$$A : \lvert x, n, 0\rangle \mapsto \lvert x, n, nx\rangle$$

와 같은 꼴이 될 것이다. 이 차이는 중첩 상태인 입력값에 작용하는 양자 알고리듬을 생각할 때 더 중요해질 것이다. 고전 제어 구조의 일부로 존재하는 입력값이 아닌 양자 레지스터에 들어가 있는 입력값만이 중첩 상태에 있을 수 있기 때문이다.

재귀를 고전적으로 꼬인 것을 풀 수 있다는 점에서, 새 프로그램의 정의는 같은 프로그램을 재귀적으로 사용할 수 있다. 즉, 함수의 재귀적 작용은 고전적으로 설정된 양자 변환의 나열에 대해 축약으로만 허용된다. 재귀 깊이가 고정된 고전적 상수에 의해 한계가 지어지는 한, **qubit** $t[n]$ 구성을 재귀적으로 사용할 수 있다.

6.4 산술 연산을 위한 몇 가지 예제 프로그램

이 절에 있는 각종 프로그램은 모듈러 산술과 이를 보조하는 연산에 대한 양자 회로를 구현한다. 여기서 보여주는 연산은 쇼어의 알고리듬의 일부분으로 사용됐던 모듈러 산술 구현보다 (덜 효율적이지만) 더 일반적이다. 여기서 모듈러스 M은 양자 레지스터에 들어 있어서, 이 알고리듬이 다른 입력의 중첩 상태뿐만 아니라 다른 모듈러스의 중첩에도 작용할 수 있다.

6.4.1 AND 연산의 효율적인 구현

단 1개의 임시 큐비트만을 추가로 사용해 출력 큐비트를 계산하는 m비트 AND 연산의 선형 구현을 제시하겠다. 먼저, 토폴리 게이트 T를 일반화하는 보조 변환인 $Flip$을 정의한다. $Flip$ 변환은 m큐비트 레지스터 $a = |a_{m-1} \ldots a_0\rangle$와 $(m-1)$큐비트 레지스터 $b = |b_{m-2} \ldots b_0\rangle$에 작용해 $(i+2)$ 결합인 $\bigwedge_{j=0}^{i+1} a_j$가 참인 경우에만 정확히 b_i큐비트를 뒤집는다. 레지스터 a의 내용에 따라 레지스터 b의 큐비트 중 몇몇에 비트 뒤집기 연산을 수행하도록 $Flip$ 연산을 토폴리 게이트 T를 사용해 정의할 수 있다.

define $Flip \ |a[2]\rangle |b[1]\rangle =$　　　(기본적인 경우 $m = 2$)
　$T |a_1\rangle |a_0\rangle |b\rangle$

define $Flip \ |a[m]\rangle |b[m-1]\rangle =$　　　(일반적인 경우 $m \geq 3$)
　$T |a_{m-1}\rangle |b_{m-3}\rangle |b_{m-2}\rangle$
　$Flip \ |a_{m-2} \ldots a_0\rangle |b_{m-3} \ldots b_0\rangle$
　$T |a_{m-1}\rangle |b_{m-3}\rangle |b_{m-2}\rangle$

수학적 귀납법 논증은 $Flip$이 이 방식으로 정의됐을 때 설명한 대로 거동한다는 것을 보여준다. 변환 $Flip$은 m큐비트 레지스터 a와 $(m-1)$큐비트 레지스터 b에 작용했을 때, $2(m-2)+1$개의 토폴리 게이트 T를 사용한다.

이어서 $(2m-1)$ 큐비트 계산 상태에 작용하는 $AndTemp$ 연산을 정의하는데, 이 연산은 $m-2$개의 추가적인 큐비트를 사용해 m비트에 대한 AND 연산을 계산한다. 큐비트를 더 효율적으로 사용할 수 있도록 만드는 AND 연산을 구성하기 위해 짧게 $AndTemp$를 사용할 것이다. *AndTemp* 연산은 레지스터 c에 있는 큐비트를 임시로 사용해 레지스터 a에 있는 비트의 논리곱을 계산해 단일 큐비트 레지스터 b에 넣는다.

define *AndTemp* $|a[2]\rangle|b[1]\rangle =$ (기본적인 경우 $m = 2$)
   $T|a_1\rangle|a_0\rangle|b\rangle$

define *AndTemp* $|a[m]\rangle|b[1]\rangle|c[m-2]\rangle =$ (일반적인 경우 $m \geq 3$)
   $Flip |a\rangle (|b\rangle|c\rangle)$ 논리곱 계산 결과를 b에 넣기   (1)
   $Flip |a_{m-2}\dots a_0\rangle|c\rangle$ c를 재설정   (2)

Flip $|a\rangle(|b\rangle|c\rangle)$에 있는 괄호는 *Flip*이 m큐비트 레지스터 a와, 레지스터 b와 레지스터 c를 이어 붙인 $m-1$큐비트 레지스터에 작용한다는 뜻이다. *Flip*의 정의에 의해, (1)단계는 a_j의 논리곱을 b에 남겨두지만, 처리 과정에서 c의 내용을 바꾼다. (2)단계는 c에 대한 변화를 취소한다. 첫 번째 *Flip*은 $2(m-2)+1$개의 토폴리 게이트를 사용하고, 두 번째 *Flip*은 $2(m-3)+1$개의 토폴리 게이트를 사용하므로, *AndTemp* 연산은 $4m-8$개의 게이트가 필요하다. *AndTemp*에 대한 이 구성 방법의 매력적인 부분은 레지스터 c에 $m-2$개의 추가적인 큐비트가 계산의 시작 시점에 아무 상태에나 있어도 된다는 점이다. 이 큐비트는 계산이 끝날 때 원래 상태로 되돌아오기 때문에 $(n \geq 2m-2)$개의 충분히 많은 큐비트가 이미 존재한다면 m비트 AND 연산을 계산하기 위해 이 큐비트를 사용할 수 있다. *AndTemp*의 이 특성을 영리하게 사용하면 최대 n개 큐비트를 단 1개의 추가적인 임시 큐비트만을 사용해 *And*를 정의할 수 있다.

더 적은 공간을 사용해 논리곱을 구성하기 위해서, 큐비트의 절반에 대해 *AndTemp*를 재귀적으로 사용하고, 나머지 절반은 임시 큐비트로 사용하는 작업을 바꿔 가면서 반복한다. 따라서 일반적인 *And* 연산은 하나의 추가적인 큐비트를 사용하며, 다음과 같이 정의할 수 있다. $k = \lfloor m/2 \rfloor$이고, 짝수인 m에 대해서 $j = k-2$, 홀수인 m에 대해서 $j = k-1$이라고 하자. 연산자 *And*는 a의 모든 비트가 1인 경우 그리고 오직 그 경우에만 b를 뒤집는 효과를 가진다.

define *And* $|a[1]\rangle|b[1]\rangle =$ 자명한 단일항인 경우, $m = 1$
   $C_{not}|a_0\rangle|b\rangle$

define *And* $|a[2]\rangle|b[1]\rangle =$ 항이 2개인 경우, $m = 2$
   $T|a_1\rangle|a_0\rangle|b\rangle$

define *And* $|a[m]\rangle|b\rangle =$ 일반적인 경우, $3 \le m$
   qubit $t[1]$ 임시 큐비트 사용

$AndTemp\ |a_{m-1}\ldots a_k\rangle\,|t\rangle\,|a_j\ldots a_0\rangle$ (1)

$AndTemp\ (|t\rangle|a_j\ldots a_0\rangle)\,|b\rangle\,|a_{k+j-2}\ldots a_k\rangle$ (2)

$AndTemp\ |a_{m-1}\ldots a_k\rangle\,|t\rangle\,|a_j\ldots a_0\rangle$ (3)

(1)단계에서 저차 비트를 임시로 사용해 고차 비트의 논리곱을 계산한다. (2)단계에서는 고차 비트를 임시로 사용해 고차 비트의 논리곱을 계산한다. *AndTemp*가 선형적으로 증가하는 수의 게이트를 사용하므로, *And*도 그렇게 된다.

6.4.2 다중 제어형 단일 큐비트 변환의 효율적 구현

앞 절에서 제시된 *And* 연산의 선형적 구현은 5.4.3절에서 살펴본 다중 제어형 단일 큐비트 변환 $\bigwedge_x^i Q$의 선형적 구현을 가능하게 한다. m비트 비트열 z가 주어졌을 때, $X^{(z)}$를 다음과 같은 변환이라고 하자.

$$X^{(z)} = X \otimes I \cdots \otimes X \otimes X$$

여기서 X는 z가 0인 위치마다 작용하고, I는 z가 1인 위치마다 작용한다. 그러면 레지스터 a의 비트가 비트열 z와 일치하는 경우에 그리고 오직 그 경우에만 단일 큐비트 변환 Q를 큐비트 b에 작용하는 변환 *Conditional*(z, Q)를 구현해보자.

define *Conditional*$(z, Q)\ |a[m]\rangle|b[1]\rangle =$

   qubit t 임시 큐비트 사용   (1)

   $X^{(z)}|a\rangle$ a와 z가 일치하면 a는 모두 1이 됨   (2)

   And $|a\rangle|t\rangle$ a에 대한 AND 연산   (3)

   $|t\rangle$ **control** $Q|b\rangle$ a가 z와 일치하면 Q를 b에 작용함   (4)

   And $|a\rangle|t\rangle$ AND의 역연산   (5)

   $X^{(z)}|a\rangle$ 일치의 역연산   (6)

이 구성은 2개의 추가적인 큐비트와 단지 $O(m)$개의 단순한 게이트만을 사용한다. z가 $11\dots1$이고 $Q = X$라면, $Conditional(z, Q)$는 단순히 앞 절에서 살펴본 And 연산자다.

6.4.3 제자리 덧셈

2개의 n비트 이진수를 더하는 Add 변환을 정의하겠다. 다음의 변환은 레지스터 c와 레지스터 b의 최고차 비트 b_n이 처음에 0이었을 때 레지스터 a와 b에 있는 2개의 n비트 수를 더해 레지스터 b에 결과를 넣는다.

$$Add : |c\rangle|a\rangle|b\rangle \rightarrow |c\rangle|a\rangle|(a + b + c) \mod 2^{n+1})$$

여기서 a와 c는 n큐비트 레지스터이고 b는 $(n + 1)$큐비트 레지스터이다.

Add 변환의 구현은 n번의 재귀적 단계를 사용한다. 여기서 n은 더하려는 수의 비트 수다. 재귀에서 i번째 단계는 처음에 계산된 $n - i$개의 최고차 비트 중 최저차에 있는 캐리를 갖고 $n - i$개의 최고차 비트를 더한다. 이 구성은 6.3.2절에서 정의된 Sum과 $Carry$를 사용한다. $n = 1$인 경우와 $n > 1$인 경우를 고려해보겠다.

define $Add \; \lvert c\rangle\lvert a\rangle\lvert b[2]\rangle =$	기본적인 경우 $n = 1$	
$\quad Carry \; \lvert c\rangle\lvert a\rangle\lvert b_0\rangle\lvert b_1\rangle$	b의 고차항의 캐리	(1)
$\quad Sum \; \lvert c\rangle\lvert a\rangle\lvert b_0\rangle$	b의 저차항의 합	(2)
define $Add \; \lvert c[n]\rangle\lvert a[n]\rangle\lvert b[n + 1]\rangle =$	일반적인 경우 $n > 1$	
$\quad Carry \; \lvert c_0\rangle\lvert a_0\rangle\lvert b_0\rangle\lvert c_1\rangle$	저차 비트에 대한 캐리 계산	(3)
$\quad Add \; \lvert c_{n-1}\cdots c_1\rangle\lvert a_{n-1}\cdots a_1\rangle\lvert b_n\cdots b_1\rangle$	$n - 1$개의 최고차항의 합	(4)
$\quad Carry^{-1}\lvert c_0\rangle\lvert a_0\rangle\lvert b_0\rangle\lvert c_1\rangle$	캐리의 역연산	(5)
$\quad Sum \; \lvert c_0\rangle\lvert a_0\rangle\lvert b_0\rangle$	저차항의 계산	(6)

(5)단계는 캐리 레지스터가 초깃값으로 재설정되는 것을 확실히 하기 위해 필요하다. $Carry^{-1}$ 연산자는 $Carry$ 연산자의 정의에 있는 각 변환의 역변환을 역순으로 실행해 구현된다.

6.4.4 모듈러 덧셈

다음의 프로그램은 n비트 이진수 a와 b에 대한 모듈러 덧셈을 정의한다.

$$AddMod\ |a\rangle|b\rangle|M\rangle \rightarrow |a\rangle|(b+a)\bmod M\rangle|M\rangle$$

여기서 레지스터 a와 M은 n큐비트를 갖고, b는 $n+1$큐비트 레지스터다. b의 최고차 비트 b_n이 초기에 0일 때, $AddMod$ 변환은 레지스터 b의 내용을 $b+a\bmod M$으로 바꾼다. 여기서 M은 레지스터 M의 내용이다. 레지스터 a와 M의 내용은 (그리고 임시변수 c와 t는) $AddMod$에 의해 바뀌지 않는다. 이 구성은 앞 절에서 정의했던 Add 변환을 사용한다.

define $AddMod\ |a[n]\rangle|b[n+1]\rangle|M[n]\rangle =$

qubit t	임시 변수 사용	(1)
qubit $c[n]$	n비트 캐리를 위한 저장 공간	(2)
$Add\ \|c\rangle\|a\rangle\|b\rangle$	a를 b에 더하기	(3)
$Add^{-1}\|c\rangle\|M\rangle\|b\rangle$	b에서 M을 빼기	(4)
$\|b_n\rangle$ **control** $X\|t\rangle$	언더플로우 발생 시 t를 뒤집음	(5)
$\|t\rangle$ **control** $Add\ \|c\rangle\|M\rangle\|b\rangle$	언더플로우 발생 시 M을 b에 다시 더하기	(6)
$Add^{-1}\|c\rangle\|a\rangle\|b\rangle$	a를 다시 빼기	(7)
$\neg\|b_n\rangle$ **control** $X\|t\rangle$	t를 재설정함	(8)
$Add\ \|c\rangle\|a\rangle\|b\rangle$	최종 결과 구성	(9)

고전적으로 (3)단계에서 (6)단계까지는 전부 필요하다. (4)단계에서 만약 $M>b$이면, b에서 M을 빼는 것은 b_n이 1이 되도록 한다. (7)단계에서 (9)단계까지는 t를 재설정하기 위해 필요하다. 각각의 Add 연산은 내부적으로 $|c\rangle$를 원래 값으로 되돌린다는 점을 알아두자.

$0 \le a,\ b < M$이라는 조건이 필요한 것은 이 범위를 벗어나는 값에 대해서는 $|a,b,M\rangle$을 $|a,b,+m\bmod M,M\rangle$으로 보내는 연산이 가역적이지 않고, 따라서 유니타리 연산이 아니기 때문이다. 만약 이 조건이 만족되지 않는다면, 예를 들어 처음에 $b \ge M$이라면, 그러면 이 알고리듬은 M을 많아봐야 1번만 빼기 때문에 b의 최종 값이 여전히 M보다 더 클 수 있다.

6.4.5 모듈러 곱셈

TimesMod 변환은 2개의 n비트 이진수 a와 b를 다른 n비트 이진수 M의 모듈러에 대해서 곱한다. 다음의 변환은 $b_i 2^i a \bmod M$을 결과 레지스터 p에 순차적으로 더해주는 다음의 프로그램에 의해 정의된다.

$$TimesMod \; |a\rangle|b\rangle|M\rangle|p\rangle \; \rightarrow \; |a\rangle|b\rangle|M\rangle|(p+ba) \bmod M\rangle$$

$a < M$이지만 b는 임의적일 수 있다고 가정하자. a와 p는 둘 다 $(n+1)$큐비트 레지스터다. 추가되는 최상위 비트는 중간 결과를 위해 필요하다. *Shift* 연산은 단순히 모든 비트를 1만큼 이동시키며, 이것은 최상위 비트에서 시작해서 모든 i에 대해 a_{i+1}비트와 a_i비트를 교환하는 것으로 쉽게 구현된다. *Shift*는 2를 곱한 것처럼 작용하는데, a의 최상위 비트가 0일 것이기 때문이다.

define *TimesMod* $|a[n+1]\rangle|b[k]\rangle|M[n]\rangle|p[n+1]\rangle =$

qubit $t[k]$	k개의 임시 비트를 사용	(1)
qubit $c[n]$	덧셈을 위한 캐리 레지스터	(2)
for $i \in [0 \dots k-1]$	b의 비트에 대해 반복	(3)
$\quad Add^{-1} \; |c\rangle|M\rangle|a\rangle$	a에서 M을 빼기	(4)
$\quad |a_n\rangle$ **control** $X|t_i\rangle$	$M > a$이면 $t_i = 1$	(5)
$\quad |t_i\rangle$ **control** $Add \; |c\rangle|M\rangle|a\rangle$	t_i가 1이면 M을 a에 더하기	(6)
$\quad |b_i\rangle$ **control**		
$\qquad AddMod \; |a_{n-1} \cdots a_0\rangle|p\rangle|M\rangle$	b_i가 1이면 a를 p에 더하기	(7)
$\quad Shift \; |a\rangle$	a에 2를 곱하기	(8)
for $i \in [k-1 \dots 0]$	t를 소거하고 a를 되돌리기	(9)
$\quad Shift^{-1} \; |a\rangle$	a를 2로 나누기	(10)
$\quad |t_i\rangle$ **control** $Add^{-1} \; |c\rangle|M\rangle|a\rangle$	모든 단계를 역순으로 수행하기	(11)
$\quad |a_n\rangle$ **control** $X|t_i\rangle$	t의 i번째 비트를 0으로 만들기	(12)
$\quad Add \; |c\rangle|M\rangle|a\rangle$	M을 a에 더하기	(13)

(4)에서 (6)까지는 $a \bmod M$을 계산한다. 두 번째 반복문인 (9)에서 (13)까지는 첫 번째 반복문인 (3)에서 (8)까지의 모든 단계를 8번째 줄에서 출력 p로 들어가는 조건부 덧셈을 제외하고 취소한다.

$|a, b, M\rangle$을 $|a, ab \bmod M, M\rangle$으로 보내는 변환이 유니타리 변환이 아니기 때문에 모듈러 곱셈은 제자리 연산으로는 정의될 수가 없다는 점을 알아두자. 예를 들어 $|2, 1, 4\rangle$와 $|2, 3, 4\rangle$는 둘 다 같은 상태인 $|2, 2, 4\rangle$에 대응된다.

6.4.6 모듈러 지수 함수

모듈러 지수 함수인

$$ExpMod \; |a\rangle|b\rangle|M\rangle|0\rangle \rightarrow |a\rangle|b\rangle|M\rangle|a^b \bmod M\rangle$$

을 $O(n^2)$개의 임시 큐비트를 사용해 구현하겠다. 여기서 a, b, M은 n큐비트 레지스터다.

먼저 $ExpMod$를 구현하는 데 사용할 두 가지 변환인 n비트 복사와 n비트 모듈러 제곱 함수를 정의한다. 복사 변환인 $Copy$는

$$Copy : |a\rangle|b\rangle \rightarrow |a\rangle|a \oplus b\rangle$$

으로, b가 0으로 초기화된 상태일 때는 항상 n비트 레지스터 a의 내용을 다른 n비트 레지스터인 b에 복사해서 넣는다. $Copy$ 연산은 a와 b레지스터에서 서로 대응되는 비트 사이의 비트별 XOR 연산으로 구현된다.

define $Copy \; |a[n]\rangle|b[n]\rangle =$
  for $i \in [0..n-1]$ 비트별로
    $|a_i\rangle$ **control** $X|b_i\rangle$ a와 b의 XOR 계산

모듈러 제곱 연산 $SquareMod$는

$$SquareMod : |a\rangle|M\rangle|s\rangle \rightarrow |a\rangle|M\rangle|(s + a^2) \bmod M\rangle$$

으로, 레지스터 a의 내용을 제곱한 결과를 레지스터 M의 내용에 대한 모듈러 연산을 취해서 레지스터 s에 넣는다.

define $SquareMod \; |a[n+1]\rangle|M[n]\rangle|s[n+1]\rangle =$
  qubit $t[n]$ n개의 임시 비트 사용   (1)
  $Copy \; |a_{n-1} \cdots a_0\rangle|t\rangle$ a의 n비트를 t에 복사   (2)

$TimesMod \, |a\rangle|t\rangle|M\rangle|s\rangle$ $a^2 \bmod M$을 계산 $\qquad$ (3)

$Copy^{-1} \, |a_{n-1}\cdots a_0\rangle|t\rangle$ t의 소거 $\qquad$ (4)

끝으로, 모듈러 지수 함수

$$ExpMod : |a\rangle|b\rangle|M\rangle|p\rangle|e\rangle \;\to\; |a\rangle|b\rangle|M\rangle|p\rangle|e \oplus (pa^b) \bmod M\rangle$$

를 다음과 같이 재귀적으로 정의할 수 있다.

define $ExpMod \, |a[n+1]\rangle|b[1]\rangle|M[n]\rangle|p[n+1]\rangle|e[n+1]\rangle = $ 　　기본적인 경우

　$\neg|b_0\rangle$ **control** $Copy \, |p\rangle|e\rangle$ 　　　결과가 $e + p$ $\qquad$ (1)

　$|b_0\rangle$ **control** $TimesMod \, |a\rangle|p\rangle|M\rangle|e\rangle$ 　　결과가 $e + pa^1 \bmod M$ $\qquad$ (2)

define $ExpMod \, |a[n+1]\rangle|b[k]\rangle|M[n]\rangle|e[n+1]\rangle = $ 　　$k > 1$인 일반적인 경우

　qubit $u[n+1]$ 　　　　　　　$a^2 \bmod M$을 위해 $\qquad$ (3)

　qubit $v[n+1]$ 　　　　　　　$(p * a^{b_0}) \bmod M$을 위해 $\qquad$ (4)

　$\neg|b_0\rangle$ **control** $Copy \, |p\rangle|v\rangle$ 　　$v = pa^0 \bmod M$ $\qquad$ (5)

　$|b_0\rangle$ **control** $TimesMod \, |a\rangle|p\rangle|M\rangle|e\rangle$ 　$e = pa^1 \bmod M$ $\qquad$ (6)

　$SquareMod \, |a\rangle|M\rangle|u\rangle$ 　　　　$a^2 \bmod M$을 계산해 u에 넣음 $\qquad$ (7)

　$ExpMod \, |u\rangle|b_{k-1}\cdots b_1\rangle|M\rangle|v\rangle|e\rangle$ 　$v(a^2)^{b/2} \bmod M$의 계산 $\qquad$ (8)

　$SquareMod^{-1} \, |a\rangle|M\rangle|u\rangle$ 　　　u의 역계산 $\qquad$ (9)

　$|b_0\rangle$ **control** $TimesMod^{-1} \, |a\rangle|p\rangle|M\rangle|e\rangle$ 　e의 역계산 $\qquad$ (10)

　$\neg|b_0\rangle$ **control** $Copy^{-1} \, |p\rangle|v\rangle$ 　　v의 역계산 $\qquad$ (11)

이 프로그램은 b의 각 비트마다 한번씩 재귀적으로 k번 실행된다. (5)에서 (8)까지의 단계와 기본적인 경우 (1)과 (2)단계는 고전계산을 수행한다. (8)단계의 나눗셈 $b/2$는 정수 나눗셈이다. 각 재귀적 단계는 $n+1$의 크기를 가지는 2개의 임시 레지스터를 필요로 하며, 이들은 끝부분의 (9)단계와 (11)단계에서 재설정된다. 따라서 이 알고리듬에는 모두 $2(k-1)(n+1)$개의 임시 큐비트가 필요하다.

6.4.5절에서 제시했던 모듈러 곱셈 알고리듬은 2개의 n비트 수를 곱하기 위해 $O(n^2)$개의 단계가 필요하다. 따라서 모듈러 지수 함수는 $O(kn^2)$개의 단계가 필요하다. 하지만 더 효율적인 곱셈 알고리듬이 가능한데, 쇤하게-스트라센 곱셈 알고리듬^{Schönhage-Strassen} multiplication algorithm을 사용하면 이 복잡도를 $O(kn \log n \log \log n)$으로 줄일 수 있다.

6.5 참고문헌

가역적인 계산과 정보와 계산의 에너지에 대한 관계에 대해 다루는 내용은 파인만의 Lectures on Computation$^{계산 강의}$[121]를 참고하라.

토마소 토폴리는 1980년 논문[270]에서 유한한 정의역과 치역을 가지는 임의의 (고전적인) 함수는 추가 비트를 사용해 가역적인 함수로 구현될 수 있음을 보였다. 이 정리를 증명하기 위해 토폴리는 제어형 게이트 $\theta^{(n)}$의 분류를 도입했으며, 이를 $\bigwedge_{n-1} X$로 적었다. 예를 들어 $\bigwedge_2 X$는 일반적으로 토폴리 게이트라고 알려져 있다. 프레드킨 게이트^{Fredkin} ^{gate}는 [124]에서 당구공 게이트로 처음 묘사됐다.

가역적인 고전계산에 대해서는 베넷이 [39]에서 처음 논의했다. 여기서 베넷은 비가역적 튜링 머신으로부터 가역적 튜링 머신을 구성했다. 베넷은 [40]에서 6.2절에서 제시됐던 재귀적 분해를 논의했다. 베넷의 논증은 레지스터 대신에 다중 테이프 튜링 머신을 사용했다.

도이치는 임의의 고전적으로 계산 가능한 함수에 대해 가역적인 양자 게이트를 구성하는 방법을 보였다[99]. 만능 양자 튜링 머신의 정의에 대해서는 도이치가 정의하고 야오[287], 베른슈타인과 바지라니[48] 등이 다듬었다. 이 구성법은 튜링 머신의 유한하지만 한계가 없는 테이프에 대응하도록 큐비트가 충분히 공급됨을 가정했다. 7.2절에서 양자 튜링 머신을 간략히 논의할 것이다.

m비트 AND 연산과 $Conditional(z, Q)$의 구현은 바렌코 등[31]이 수행했는데, 그는 $Conditional(z, Q)$에 대해 추가적인 큐비트를 사용하지 않는 $O(n^2)$ 게이트 회로를 묘사했다. 베드랄^{Vedral}, 바렌코, 에커트[275]는 산술 연산에 대한 양자 회로의 이해하기 쉬운 정의를 제시했다. 특히 이들은 a와 M이 고전적이며 서로소인 경우 모듈러 지수 함수 $a^x \bmod M$을 이 책에서 보인 것보다 더 적은 수의 임시 큐비트를 사용해 구현할 수 있는지 보였다. 빠른 곱셈 알고리듬은 쇤하게와 스트라센의 논문[245]에서 처음으로 설명했다. 영어로 된 설명은 [182]와 같이 알고리듬에 관한 대다수의 책에서 찾아볼 수 있다.

6.6 연습 문제

연습 문제 6.1 단 2개의 비트만을 사용해서 가역적인 AND 연산을 수행하는 것이 불가능함을 보여라.

연습 문제 6.2

a. 3개의 입력 비트와 2개의 출력 비트를 사용해 입력에서 1인 비트의 수를 2비트 이진 수로 나타내는 고전 부울 회로를 만들어라.

b. 위의 회로를 가역적인 고전 회로로 고쳐라.

c. 위의 회로와 동등한 양자 회로를 제시하라.

연습 문제 6.3 2큐비트 레지스터 $|c\rangle$와 $|a\rangle$ 그리고 3큐비트 레지스터 $|b\rangle$가 주어졌을 때, $Add \, |c\rangle \, |a\rangle \, |b\rangle$를 계산하는 양자 회로를 만들어라.

연습 문제 6.4

a. 2개의 n큐비트 레지스터에서 가장 큰 값을 계산하는 양자 알고리듬을 정의하라.

b. 앞의 알고리듬에서 재사용될 수 없는 1개의 추가 큐비트가 왜 필요한지 설명하라. 즉, 앞의 알고리듬은 $2n + 1$개의 입력 큐비트와 출력 큐비트를 가져야 할 것이다.

연습 문제 6.5 t가 2의 거듭제곱이라는 가정을 하지 않고 6.2.2절의 구성법에 따라 모든 고전 회로에 대해 효율적인 가역 회로를 만드는 방법을 제시하라. 그 방법에 대해 시간 한계와 공간 한계를 제시하라.

2부

양자 알고리듬

07

양자 알고리듬 소개

6장에서는 기본적으로 양자 컴퓨터를 고전적 방식으로 다뤘다. 즉, 1부의 각 알고리듬에서 양자 컴퓨터가 표준 기저 상태에서 계산을 시작한다면 계산의 각 단계가 끝난 상태는 또한 표준 기저 상태이며 중첩 상태가 아니고, 따라서 계산 상태는 항상 고전 상태로 분명하게 해석할 수 있다. 이 알고리듬은 큐비트가 중첩 상태가 될 수 있는 여러 큐비트가 얽힌 집합을 사용하지 않는다. 1부에서 우리는 양자계산이 적어도 고전계산만큼 강력함을 살펴봤다. 즉, 임의의 고전적인 회로에 대해 비슷한 효율로 같은 계산을 수행하는 양자 회로가 존재한다. 이제 양자계산이 고전계산보다 더 강력하다는 것을 보이는 데 집중하려고 한다. 2부는 고전적인 알고리듬이나 계산을 뛰어넘는 진짜 양자적인 알고리듬, 양자계산을 다룰 것이다.

2부의 알고리듬은 6장의 고전계산에 대한 양자 대응품에서 썼던 간단한 게이트를 사용하며, 고전적인 대응이 없는 더 일반적인 유니타리 변환도 사용한다. 기하학적으로 n큐비트에 대한 모든 양자 상태 변환은 2^n차원의 복소 상태 공간에 대한 차원이다. 6.1절에서 설명했듯이, 어떤 고전계산이라도 단지 표준 기저 원소에 대한 치환에 불과하지만 비고전적 양자계산은 비표준 기저에 대한 회전을 포함한다. 5.4.4절에서 임의의 양자변환을 간단한 게이트를 사용해서 구현할 수 있는 방법을 보였다. 이제 효율적으로 구현시킬 수 있는 양자변환과 특정 유형의 계산에 속도 증가를 위해 그런 변환을 어떻게 사용할 수 있는지에 집중할 것이다. 진짜 양자 알고리듬을 설계하는 열쇠는 계산을 더 효율적으로 수행하기 위해 이 비고전적인 기본 유니타리 게이트를 사용하는 방법을 알아내는 것이다.

7장과 이후의 몇 장에서는 모든 논의는 5.6절에서 설명했던 양자계산의 표준 회로 모형으로 나타낸다. 그러면 단순한 게이트의 일반적인 나열을 구체화시키기 위해 6.3절에서 도입한 언어를 사용하겠지만, 이제부터는 고전적인 대응품이 없는 기본적인 유니타리 변환도 허용한다. 양자 회로 모형에서 효율성을 계산하는 방식은 고전적으로 계산하는 방식과 닮았는데, 이는 양자와 고전 알고리듬의 효율성을 비교하기 쉽게 해준다. 초기 양자 알고리듬은 회로 모형에서 설계됐지만, 그것이 양자 알고리듬을 설계하기 위한 유일한 모형은 아니고, 당연히 최선의 모형도 아니다. 양자계산에 대한 다른 모형도 존재하며 이 모형에서 알고리듬은 다른 형태를 가진다. 13장에서 양자계산의 표준 회로 모형과 동등한 계산 능력을 가지는 것으로 확인된 대안적인 모형을 설명할 것이다. 새로운 유형의 양자 알고리듬을 이끌어낸 것에 더해, 이 모형은 양자 컴퓨터를 만드는 데 어떤 확실한 노력의 바탕이 된다.

양자계산의 표준 회로 모형에서, 양자 알고리듬의 효율은 그 알고리듬을 구현하는 데 사용된 회로의 회로 복잡도, 즉 사용된 큐비트의 수와 기본 게이트의 수로 계산된다. 때로는 다른 자원의 효율적 사용에 관심을 갖기도 하므로, 작업을 수행하는 두 참여자 사이에 전송된 비트나 큐비트의 수를 측정하거나, (통상적으로는 계산이 비싼) 함수를 호출한 횟수를 측정한다. 그런 함수는 종종 블랙박스black box나 오라클oracle 함수라고 하는데, 이것은 이 함수의 내부 계산 과정에는 접근할 수 없고, 그 결과에만 접근 가능하다고 가정하기 때문이다. 다양한 복잡도 개념은 7.2절에서 논의할 것이다.

7.1절은 양자 병렬성quantum parallelism 개념을 포함한 중첩 상태를 갖고 계산하는 것에 대한 일반적인 논의로 7장을 시작한다. 7.2절은 회로 복잡도, 질의 복잡도, 통신 복잡도를 포함한 다양한 복잡도 개념을 설명한다. 7.3.1절에서 도이치의 알고리듬으로 고전적 대응품이 없는 진짜 양자 알고리듬의 첫 예제를 제시할 것이다. 7.4절의 양자 서브루틴은 쇼어 인수분해 알고리듬에서 영감을 얻은 사이먼 알고리듬Simon's algorithm을 포함해 7.5절의 네 가지 간단한 양자 알고리듬을 설명하는 연결 고리다. 이 알고리듬이 해결하는 문제는 흥미롭진 않지만, 여기서 사용된 기법을 배워 보는 것은 그로버 알고리듬과 쇼어 알고리듬을 이해하는 데 도움이 된다. 7.7절에서 양자 복잡도를 정의하고, 양자 복잡도 분류와

고전 복잡도 분류 사이의 관계를 설명한다. 마지막 절인 7.8절은 양자 푸리에 변환을 논의하는데, 이는 이 책에서 설명한 알고리듬의 대다수에서 어떤 식으로든 사용된다.

7.1 중첩 상태에서 계산하기

많은 양자 알고리듬은 적어도 그 계산의 일부로 고전적 계산과 비슷한 양자적 계산을 사용한다. 양자 알고리듬은 종종 양자 중첩 상태를 만들고 이것을 함수 f를 계산하는 고전 회로의 양자적 판본인 U_f에 넣는 것으로 시작한다. 이 상황은 양자 병렬성이라고 하는데, 그 자체로는 아무것도 되지 않는다. 여기서 멈춘 어떤 알고리듬도 고전 알고리듬에 비해서 전혀 장점이 없다. 하지만 양자 알고리듬 설계자들은 이 구성법이 계를 유용한 시작점에 가져다 둔다는 것을 알아냈다. 쇼어 알고리듬과 그로버 알고리듬은 이 양자 병렬성 상황에서 시작한다.

7.1.1 월시-아다마르 변환

양자 병렬성은 많은 양자 알고리듬의 첫 단계로 월시-아다마르 변환$^{Walsh-Hadamard\ transformation}$을 사용하며 시작하는데, 이는 모든 입력값의 중첩 상태를 만드는 아다마르 변환의 일반화다. 5.2.2절에서 아다마르 변환 H가 $|0\rangle$에 작용해 중첩 상태 $\frac{1}{\sqrt{2}}(|0\rangle + |1\rangle)$을 만들어냈던 것을 떠올려 보자. 전부 $|0\rangle$ 상태에 있는 n큐비트에 개별적으로 작용하면 H는 2^n개의 표준 기저 벡터 전부의 중첩 상태를 만들어내는데, 이것은 0에서 $2^n - 1$까지의 수를 2진수로 나타낸 것으로 볼 수 있다.

$$(H \otimes H \otimes \cdots \otimes H)|00\ldots0\rangle$$

$$= \frac{1}{\sqrt{2^n}}((|0\rangle + |1\rangle) \otimes (|0\rangle + |1\rangle) \otimes \cdots \otimes (|0\rangle + |1\rangle))$$

$$= \frac{1}{\sqrt{2^n}}(|0\ldots00\rangle + |0\ldots01\rangle + |0\ldots10\rangle + \cdots + |1\ldots11\rangle))$$

$$= \frac{1}{\sqrt{2^n}} \sum_{x=0}^{2^n-1} |x\rangle$$

두 비트열 x와 y 사이의 해밍 거리$^{\text{Hamming distance}}$ $d_H(x, y)$는 두 비트열에서 다른 비트의 수다. 비트열 x의 해밍 가중치 $d_H(x)$는 x에서 1인 비트의 수이며, 이것은 x와 0으로만 이뤄진 비트열 사이의 해밍 거리다. 즉, $d_H(x) = d_H(x, 0)$이다.

두 비트열 x와 y에 대해 $x \cdot y$는 x와 y에서 둘 다 1인 비트의 수이고, $x + y$는 x와 y의 비트별 배타적 OR이며, $x \wedge y$는 x와 y의 비트별 AND다. 비트별 배타적 OR $\oplus$는 두 비트열 x와 y를 $\mathbf{Z}_2^n$의 원소로 생각하는 비트별 모듈러 덧셈으로 볼 수도 있다. 비트열 x의 전체에 대해 0과 1을 뒤집은 비트열을 $\neg x$으로 나타낸다. 따라서 $\neg x = x + 11 \ldots 1$이다.

다음의 항등식이 성립한다.

$$x \cdot y = d_H(x \wedge y)$$

$$(x \cdot y \bmod 2) = \frac{1}{2}\left(1 - (-1)^{x \cdot y}\right)$$

$$x \cdot y + x \cdot z =_2 x \cdot (y \oplus z)$$
$$d_H(x \oplus y) =_2 d_H(x) + d_H(y)$$

여기서 $x =_2 y$는 모듈러 2에서의 등식을 뜻한다. 즉, $x \bmod 2 = y \bmod 2$를 축약한 것이다. 이어지는 항들이(2i번째 항과 $2i + 1$번째 항) 상쇄되기 때문에

$$\sum_{x=0}^{2^n - 1} (-1)^{x \cdot x} = 0$$

임을 알아두자. 끝으로, 다음과 같음을 알아두자.

$$\sum_{x=0}^{2^n - 1} (-1)^{x \cdot y} = \begin{cases} y = 0\text{이면 } 2^n \\ \text{그 외에 } 0 \end{cases} \tag{7.1}$$

$W = H \otimes H \otimes \cdots \otimes H$ 변환은 월시 변환 또는 월시-아다마르 변환이라고 하며, H가 n큐비트 상태의 각 큐비트에 대해 작용한다. $N = 2^n$이라고 하면, 다음과 같이 적을 수 있다.

$$W|0\rangle = \frac{1}{\sqrt{N}} \sum_{x=0}^{N-1} |x\rangle$$

W를 다른 방식으로 적는 것은 양자 알고리듬에서 W의 효과를 이해하는 데 좋다. 표준 기저에서 n큐비트 월시-아다마르 변환은 $2^n \times 2^n$ 행렬 W로, 그 성분 W_{rs}가 다음과 같다.

$$W_{sr} = W_{rs} = \frac{1}{\sqrt{2^n}}(-1)^{r \cdot s}$$

여기서 $r \cdot s$는 s와 r에서 공통으로 1인 비트의 수다(상자 7.1 참고). 그리고 r과 s의 범위는 둘 다 0에서 $2^n - 1$이다. 이 등식을 살펴보기 위해, 다음을 생각해보자.

$$W(|r\rangle) = \sum_s W_{rs}|s\rangle$$

$r_{n-1} \ldots r_0$이 r의 이진수 표현이고, $s_{n-1} \ldots s_0$이 s의 이진수 표현이라고 하자. 그러면, 다음과 같다.

$$
\begin{aligned}
W(|r\rangle) &= (H \otimes \cdots \otimes H)(|r_{n-1}\rangle \otimes \cdots \otimes |r_0\rangle) \\
&= \frac{1}{\sqrt{2^n}}(|0\rangle + (-1)^{r_{n-1}}|1\rangle) \otimes \cdots \otimes (|0\rangle + (-1)^{r_0}|1\rangle) \\
&= \frac{1}{\sqrt{2^n}} \sum_{s=0}^{2^n-1} (-1)^{s_{n-1}r_{n-1}}|s_{n-1}\rangle \otimes \cdots \otimes (-1)^{s_0 r_0}|s_0\rangle \\
&= \frac{1}{\sqrt{2^n}} \sum_{s=0}^{2^n-1} (-1)^{s \cdot r}|s\rangle
\end{aligned}
$$

7.1.2 양자 병렬성

6.1절에서 $U_f = |x, y\rangle \to |x, y + f(x)\rangle$ 꼴을 가지는 임의의 변환이라도 선형이며, 따라서 중첩 상태인 입력 $\sum a_x|x\rangle$에 대해 작용하면

$$U_f : \sum_x a_x|x, 0\rangle \to \sum_x a_x|x, f(x)\rangle$$

와 같이 된다. 월시-아다마르 변환으로부터 얻은 0에서 $2^n - 1$에 있는 값들의 중첩 상태에 U_f를 작용하면

$$U_f : (W|0\rangle) \otimes |0\rangle = \frac{1}{\sqrt{N}} \sum_{x=0}^{N-1} |x\rangle|0\rangle \to \frac{1}{\sqrt{N}} \sum_{x=0}^{N-1} |x\rangle|f(x)\rangle$$

이다. U_f를 딱 1번만 적용한 다음에는 중첩 상태는 이제 2^n개의 함숫값 $f(x)$ 전부를 포함하며, 이것은 그에 대응하는 입력값 x에 얽혀 있다. 이 효과는 양자 병렬성^{quantum parallelism}이라고 한다. n큐비트가 2^n개의 값을 동시에 작업할 수 있도록 하기 때문에, 양자 병렬성은 어떤 관점에서는 선형적인 크기의 물리적 공간에 지수 함수적으로 많은 계산값을 가질 수 있는 능력이므로 고전적인 병렬성에서 나타나는 시간과 공간 사이의 절충을 무시하는 것이다. 하지만 이 효과는 첫인상보다는 덜 강력하다.

먼저 이 중첩 상태에서는 제한적인 정보만 얻을 수 있다. f의 2^n개 값은 독립적인 접근이 불가능하다. 정보는 상태의 측정을 통해서만 얻을 수 있는데, 표준 기저에서 측정은 최종 상태를 하나의 입력/출력 짝 $|x, f(x)\rangle$ 중 하나에 무작위적으로 투영시킨다. 다음의 간단한 예제가 양자 병렬성의 기본적인 상황을 사용하며, 양자 병렬성에서 만들어진 날것 그대로의 중첩 상태가 추가적인 변환을 수행하지 않은 그 자체로는 얼마나 쓸모없는지 보여준다.

예제 7.1.1 5.4.3절의 제어형 제어형 NOT 게이트(토폴리 게이트) T는 다음 두 값의 논리곱을 계산한다.

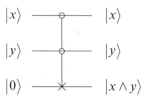

x와 y로 가능한 모든 비트 조합의 중첩 상태를 입력으로 받아서 초기에 $|0\rangle$으로 설정된 하나의 큐비트 레지스터에 그 결과를 넣는다고 하자. 양자 병렬성을 사용해 이 입력 상태를 표준 방식으로 만들 수 있다.

$$W(|00\rangle) \otimes |0\rangle = \frac{1}{\sqrt{2}}(|0\rangle + |1\rangle) \otimes \frac{1}{\sqrt{2}}(|0\rangle + |1\rangle) \otimes |0\rangle$$

$$= \frac{1}{2}(|000\rangle + |010\rangle + |100\rangle + |110\rangle)$$

중첩된 입력 상태에 토폴리 게이트 T를 작용하면

$$T(W|00\rangle \otimes |0\rangle) = \frac{1}{2}(|000\rangle + |010\rangle + |100\rangle + |111\rangle)$$

이 유도된다. 이 중첩 상태는 논리곱의 진리표로 볼 수도 있다. x, y, $x \wedge y$의 값은 표준 기저에서 측정했을 때 진리표 중의 한 줄이 되는 방식으로 얽혀 있다. 양자 병렬성을 사용해 AND 연산을 계산하고 이것을 표준 기저에서 측정하면 이것은 고전 병렬성에 비해 전혀 이점이 없다. 단 하나의 결과만을 얻을 수 있으며, 심지어 더 나쁜 것은 얻을 결과를 고를 수도 없다.

7.2 복잡도 개념

복잡도 이론은 계산을 수행하는 데 점근적으로 필요한 자원의 양을 분석하는데, 대체로 시간이나 공간이다. 튜링 머신은 계산 복잡도에 대한 논리를 펼치기 위해 종종 사용되는 형식적 계산 모형을 제공한다. 베니오프^{Benioff}의 초기 연구는 양자 튜링 머신$^{Quantum\ Turing}$ ^{machine}을 정의하고, 양자 복잡도$^{quantum\ complexity}$의 형식화와 그 고전적 결과와의 비교를 가능하게 했다. 이 연구는 데이비드 도이치, 앤드류 야오, 이든 베른슈타인, 우메시 바지라니 등이 발전시켰다. 고전적 상황과 양자적 상황 모두에서, 회로 모형과 같은 다른 방법들은 복잡도 개념을 형식화하는 다른 방법을 제공한다. 양자 알고리듬에 대한 대다수의 연구는 양자 회로 복잡도quantum circuit complexity라는 것으로 복잡도를 논의하기 때문에, 이 책에서도 그와 같은 접근법을 선택했다. 양자 알고리듬의 분석에서 사용되는 또 다른 공통적인 복잡도 척도는 양자 질의 복잡도quantum query complexity가 있는데, 이는 7.2.1절에서 논의할 것이다. 더불어 양자 통신규약을 분석하는 데 사용되는 많은 복잡도 척도가 존재한다. 통신 복잡도communication complexity는 7.2.2절에서 논의할 것이다.

회로 분류 $\mathcal{C} = \{C_n\}$은 회로에 입력되는 최대 입력 크기로 구분된 회로 C_n으로 이뤄진다. 즉, 회로 C_n은 크기가 n인 (비트나 큐비트)를 입력 받는다. 회로 C의 복잡도는 회로에 있는 간단한 게이트의 수로 정의된다. 여기서 고려하고 있는 간단한 게이트 집합은 반드시 구체적이어야 한다. 5.5절에서 논의했던 어떤 유한 집합이라도 쓸 수 있고, C_{not}과 함께 사용할 수 있는 모든 단일 큐비트 연산으로 이뤄진 무한 집합을 사용할 수도 있다. 회로 분류 $\mathcal{C} = \{C_n\}$의 회로 복잡도 또는 시간 복잡도time complexity는 회로에 있는 간단한 게이트의 점근적 개수이며, 입력 크기의 함수로써 표현된다. 즉, 회로 분류 $\mathcal{C} = \{C_n\}$의 크기가 $O(f(n))$으로 한계가 정해진다면, 그 회로 분류에 대한 회로 복잡도는 $O(f(n))$이다. 여기서 함수 $t(n) = |C_n|$은 $t(n) = O(f(n))$을 만족한다. 앞에서 언급한 모든 간단한 게이트 집합은 점근적으로 같은 회로 복잡도를 준다.

회로 복잡도 모형은 다른 더 큰 회로가 더 큰 입력 크기를 다뤄야 하는 경우에는 균일하지 않다. 대조적으로 고전 튜링 머신과 양자 튜링 머신 양쪽 모두 임의의 큰 입력을 다룰 수 있는 단일한 기계를 제시한다. 회로 모형의 비균일성은 회로 복잡도를 튜링 머신 모형보다 더 복잡하게 만드는데, 다음과 같은 문제 때문이다. 즉, 회로 C_n의 크기가 점근적으로 한계가 있다고 하더라도 그 복잡도가 회로 C_n 그 자체를 구성하는 복잡도에 숨어 있을 수 있다. 복잡도에 대한 민감한 개념을 얻으려면 특히 튜링 머신 기반의 척도와 유사한 회로 복잡도 척도를 얻으려면, 분리된 균일성 조건uniformity condition이 반드시 있어야 한다. 고전 회로 복잡도와 양자 회로 복잡도는 모두 유사한 균일성 조건을 사용한다.

균일성 조건에 더해서, 회로 분류 $\mathcal{C}$에 있는 회로 C_n들의 거동이 정합적이어야 한다는 요구 조건도 또한 있어야 한다. 이 정합성 조건consistency condition은 함수 $g(n)$으로 말할 수 있는데, x를 입력 받을 수 있는 $C_n \in \mathcal{C}$인 모든 회로가 $g(x)$를 출력해야 한다는 뜻이다. 이 조건은 가끔 정합적인 회로 분류가 계산할 수 있는 종류의 함수 $g(n)$에 대한 제약 조건을 포함하는 것으로 오해를 받는다. 이런 이유로 그리고 이것을 양자적인 경우로 일반화하기 위해 이 정합성 조건을 함수 $g(x)$에 대한 명시적 언급 없이 설명하겠다.

정합성 조건 양자 회로 또는 고전 회로 분류 $\mathcal{C}$는 그 회로 C_n이 정합적인 결과를 줄 때 정합적이다. 즉, 모든 $m < n$에 대해, 크기가 m인 입력 x를 회로 C_n에 넣으면 그 입력을 C_m에 넣은 것과 반드시 같은 결과가 나와야 한다.

여기서 사용하려는 가장 널리 사용하는 균일성 조건은 다항식 균일성 조건이다.

균일성 조건 양자 회로 또는 고전 회로 분류 $\mathcal{C} = \{C_n\}$을 다항 시간 내에 생성할 수 있는 고전적인 알고리듬이 존재한다면 그 회로 분류는 **다항식으로 균일**polynomially uniform하다. 다시 말해 어떤 다항식 $f(n)$이 있어서, 주어진 n에 대해 회로 C_n을 많아봐야 $O(f(n))$개의 단계로 만들어낼 수 있는 고전적인 프로그램이 존재한다면 $\mathcal{C}$는 다항식으로 균일하다.

균일성 조건은 회로 작성이 무한정 복잡해질 수 없음을 뜻한다.

다항식으로 균일하고 정합적인 회로 분류의 회로 복잡도와 튜링 머신의 복잡도 사이의 관계는 고전적인 경우와 양자적인 경우에 대해 모두 생각해볼 수 있다. 고전적인 경우, 튜링 머신에서 $O(f(n))$시간 내에 계산할 수 있는 임의의 고전적 함수 $g(x)$에 대해, $g(x)$를 $O(f(n) \log f(n))$시간 내에 계산할 수 있는 다항식으로 균일하고 정합적인 고전 회로 분류가 존재한다. 역으로 다항식으로 균일하고 정합적인 부울 회로들의 분류는 튜링 머신에 의해 효율적으로 시뮬레이션될 수 있다. 양자적인 경우 야오가 양자 튜링 머신에서 이뤄지는 어떤 다항 시간 계산도 다항식 크기를 가진 양자 회로들의 다항식으로 균일하고 정합적인 분류가 계산할 수 있음을 보였다. 고전적인 경우와 마찬가지로, 임의의 다항식으로 균일하고 정합적인 양자 회로의 분류가 양자 튜링 머신에 의해 시뮬레이션될 수 있음을 보이는 것은 바로 알 수 있다. 여기서는 많아봐야 $\log(f(n))$의 다항식 정도의 점근적인 차이를 보이는 부선형적 복잡도 차이에 대해서는 관심을 두지 않으므로, 양자 튜링 머신을 사용하는 대신에 다항식으로 균일한 조건을 가지는 회로 복잡도를 사용해 양자 복잡도를 논의할 것이다.

7.2.1 질의 복잡도

가장 초창기의 양자 알고리듬은 블랙박스^{black box} 또는 오라클^{oracle} 문제를 풀었다. 고전적인 블랙박스는 x라는 입력에 대한 출력 $f(x)$를 내놓았다. 양자 블랙박스는 입력 $\sum_x a_x|x\rangle|y\rangle$에 대해 출력 $\sum_x a_x|x, f(x)+y\rangle$를 내놓는 U_f처럼 작동한다. 블랙박스는 이론적으로 존재하는데, 효율적인 구현을 가질 수도 있고 그렇지 않을 수도 있다. 이런 이유로 블랙박스는 종종 오라클이라고도 한다. 블랙박스라는 용어는 문제를 푸는 데 있어 그 구현에 대한 내용이나 그 계산 중간 과정의 값들을 전혀 사용하지 않고 블랙박스의 출력만을 사용할 수 있다는 점을 강조한다. 우리는 그 내부를 볼 수 없다. 블랙박스 문제를 논의할 때 가장 공통적인 복잡도 유형은 질의 복잡도^{query complexity}로, 이는 문제를 푸는 데 오라클을 몇 번이나 호출해야 하는지를 뜻한다.

질의 복잡도가 낮은 블랙박스 알고리듬은 몇 번의 오라클 호출로 블랙박스 문제를 풀어내는 알고리듬인데, 그 블랙박스의 효율적인 구현을 갖고 있는 경우에만 현실적인 쓸모가 있다. 하지만 블랙박스 접근법은 문제의 회로 복잡도의 아래쪽 한계를 만들어낼 때는 매우 유용하다. 만약 질의 복잡도가 $\Omega(N)$이라면, 다시 말해 적어도 오라클을 $\Omega(N)$번은 호출해야 한다면, 그 회로 복잡도는 적어도 $\Omega(N)$이어야 한다.

블랙박스는 양자 알고리듬의 회로 복잡도에 대한 아래쪽 한계를 만드는 데 사용해왔지만, 양자계산에서 이를 처음 사용한 것은 어떤 블랙박스 문제의 양자 질의 복잡도가 같은 문제의 고전 질의 복잡도보다 확실하게 적다는 것을 보이기 위해서였다. 즉, 특정 문제를 풀기 위해 필요한 양자 오라클의 호출 횟수가 같은 문제를 풀기 위해 고전적 오라클을 호출해야 하는 횟수보다 확실하게 적다.

초기의 몇 가지 양자 알고리듬은 도이치 문제^{Deutsch's problem}(7.3.1절), 도이치-조사 알고리듬^{Deutsch-Jozsa problem}(7.5.1절), 베른슈타인-바지라니 문제(7.5.2절), 사이먼 문제^{Simon's problem}(7.5.3절)와 같은 블랙박스 문제를 풀었다. 가장 유명한 질의 복잡도 결과는 그로버 알고리듬이다. 이 알고리듬은 N개의 원소에 대한 비구조적 탐색 문제를 풀기 위해 $O(\sqrt{N})$회의 양자 블랙박스 호출만을 필요로 하는데, 그 비구조적 탐색 문제에 대한 고전 질의 복잡도는 $\Omega(N)$이다. 그로버의 알고리듬과 이를 확장해 우월한 질의 복잡도가 주는 실절적 이점에 대해선 9장에서 논의할 것이다.

7.2.2 통신 복잡도

통신규약에서 널리 쓰이는 복잡도 척도는 작업을 완수하기 위해 전송돼야 하는 비트의 최소 수, 또는 큐비트의 최소 수를 포함한다. 공유된 무작위 비트의 수, 또는 양자적 경우에는 공유된 EPR 쌍의 수와 같은 다른 자원에 대한 한계도 생각해볼 수 있다. 전송하려는 정보가 양자정보인지 혹은 고전정보인지에 따라, 보내려는 것이 큐비트인지 혹은 비트인지에 따라, 또는 어떤 얽힘 자원을 사용할 것인지에 따라 다양한 통신 복잡도 개념이 존재한다.

이미 통신 복잡도의 몇 가지 사례에 대해선 살펴봤다. 고밀도 부호화에서 관심 있는 복잡도 개념은 n비트의 정보를 전송하기 위해 반드시 보내야 하는 큐비트의 수다. 고전 통신규약이 n비트를 통신한다고 하면 그 n비트의 정보를 보내기 위해서는 $n/2$개의 큐비트만 있으면 된다. 고밀도 부호화에서 사용되는 다른 자원은 EPR 쌍의 수인데, 때때로 통신규약 분야에서는 얽힘비트^{ebit}라고도 하며, 이 상황에서는 또한 $n/2$개가 필요하다. 반대로 양자 원격 전송은 큐비트가 아닌 고전 통신 선로를 사용하는 비트만 전송해 양자정보를 전송하는 것이 목표다. 이와 관련된 복잡도 개념은 양자정보 n큐비트를 전송하기 위해 필요한 비트의 수다. 양자 원격 전송을 사용하면 n큐비트의 상태를 전송하기 위해 $2n$비트를 사용할 수 있다. n큐비트를 원격 전송하는 데 사용하는 얽힘비트의 수는 n개다.

7.5.4절에서 설명할 분산 계산 규약은 비트나 큐비트를 전혀 전송할 필요가 없지만, 길이가 $N = 2^n$인 지수 함수적으로 큰 비트열에 관련된 작업을 처리하기 위해서 n개의 얽힘비트가 필요하다. 이 문제에 대한 고전적인 해법으로는 최소한 $N/2$개의 비트를 전송해야 한다. 이 책에는 기본적으로 양자계산에 집중하며 양자 통신에 대해서는 다루지 않으므로, 13.5절에서 간단히 1번 더 다루는 것을 제외하면 양자 통신 복잡도를 논의하지 않을 것이다.

7.3 간단한 양자 알고리듬

이제 첫 번째 진짜 양자 알고리듬을 설명할 때가 됐다. 이 알고리듬은 데이비드 도이치가 1985년 개발했으며, 양자계산이 고전계산을 뛰어넘을 수 있음을 처음으로 보여준 결과이다. 도이치 알고리듬이 풀려는 문제는 어떤 블랙박스 문제다. 도이치는 자신의 양자 알고리듬이 어떤 가능한 고전 알고리즘보다 더 좋은 질의 복잡도를 가짐을 보였다. 즉, 도이치 알고리듬은 고전적으로 가능한 것보다 더 적은 수의 블랙박스 호출로 이 문제를 풀 수 있다. 이 알고리듬이 푸는 문제가 너무 간단하다 보니 현실적인 관심은 끌지 못하지만 이 알고리듬은 비표준 기저의 사용이나 고전 함수의 양자적 대응품을 중첩 상태에 적용하는 등과 같이 본질적인 양자계산의 많은 핵심 요소를 간단하게나마 담고 있으며, 이러한 일은 더 복잡한 양자 알고리듬에서 다시 일어난다.

7.3.1 도이치 문제

도이치 문제 부울 함수 $f : \mathbf{Z}_2 \to \mathbf{Z}_2$가 주어져 있을 때, f가 상수 함수인지 결정하라.

이 절에서 설명하려는 도이치의 양자 알고리듬은 이 문제를 풀기 위해 블랙박스 U_f를 단 1번만 호출하면 된다. 어떤 고전 알고리듬이라도 고전 블랙박스 C_f를 각 입력값에 대해 1번씩, 모두 2번은 호출해야 한다. 도이치 알고리듬의 핵심은 입력의 두 번째 비트를 블랙박스에 중첩 상태로 넣는 비고전적인 능력이다. 7.4.2절의 서브루틴은 이 기법을 일반화한 것이다.

6.1절에서 단일 비트 함수 f에 대한 U_f가 입력으로 2개의 큐비트를 받고 출력으로 2개의 큐비트를 생성함을 떠올려 보자. 입력 $|x\rangle|y\rangle$에 대해 U_f는 $|x\rangle|f(x) + y\rangle$를 만들어내며, 따라서 $|y\rangle = |0\rangle$일 때는 여기에 U_f를 적용한 결과는 $|x\rangle|f(x)\rangle$이다. 이 알고리듬은 U_f를 2큐비트 상태 $|+\rangle|-\rangle$에 작용하며, 첫 번째 큐비트는 f의 정의역에 있는 두 값의 중첩이고, 두 번째 큐비트는 $|-\rangle = \frac{1}{\sqrt{2}}(|0\rangle - |1\rangle)$이라는 중첩 상태다. 그러면 다음 식을 얻는다.

$$U_f\left(|+\rangle|-\rangle\right) = U_f\left(\frac{1}{2}(|0\rangle + |1\rangle)(|0\rangle - |1\rangle)\right)$$

$$= \frac{1}{2}\left(|0\rangle(|0 \oplus f(0)\rangle - |1 \oplus f(0)\rangle) + |1\rangle(|0 \oplus f(1)\rangle - |1 \oplus f(1)\rangle)\right)$$

다시 적으면 이렇게 된다.

$$U_f\left(|+\rangle|-\rangle\right) = \frac{1}{2}\sum_{x=0}^{1} |x\rangle(|0 \oplus f(x)\rangle - |1 \oplus f(x)\rangle)$$

$f(x) = 0$일 때, $\frac{1}{\sqrt{2}}(|0 + f(x)\rangle - |1 + f(x)\rangle)$는 $\frac{1}{\sqrt{2}}(|0\rangle - |1\rangle) = |-\rangle$가 된다. $f(x) = 1$일 때, $\frac{1}{\sqrt{2}}(|0 + f(x)\rangle - |1 + f(x)\rangle)$는 $\frac{1}{\sqrt{2}}(|1\rangle - |0\rangle) = -|-\rangle$가 된다. 따라서 다음과 같다.

$$U_f\left(\frac{1}{\sqrt{2}}\sum_{x=0}^{1}|x\rangle|-\rangle\right) = \frac{1}{\sqrt{2}}\sum_{x=0}^{1}(-1)^{f(x)}|x\rangle|-\rangle$$

f가 상수 함수이면, $(-1)^{f(x)}$는 물리적으로 의미가 없는 전역 위상일 뿐이며, 따라서 이 상태는 단순히 $|+\rangle|-\rangle$이다. f가 상수 함수가 아니면, $(-1)^{f(x)}$는 중첩 상태에 있는 항 중 하나에만 음수가 되며 전역 변수를 생각하지 않는다면 그 상태는 $|-\rangle|-\rangle$이다. 만약 아다마르 변환 H를 첫 번째 큐비트에 작용하고 이를 측정하면 전자의 경우는 $|0\rangle$을 얻고 후자의 경우는 $|1\rangle$을 얻을 것이다. 따라서 U_f를 1번만 호출해 f가 상수 함수인지 아닌지를 확실하게 결정할 수 있다. 이제 어떤 고전 알고리듬보다 더 우월한 양자 알고리듬의 첫 번째 사례를 알았다!

독자에겐 이 알고리듬이 확실하게 성공한다는 것이 놀라울 수 있다. 양자역학의 가장 널리 알려진 측면이 그 확률적 특성이다 보니, 사람들은 단순히 양자적으로 뭘 한다는 것이 확률적이어야 한다고 생각하거나, 적어도 이상한 양자적 특성은 확률적인 모습을 보여야 한다고 종종 생각한다. 고전계산의 양자 유사품을 공부해본 우리는 이미 이러한 예측 중 첫 번째는 성립하지 않는다는 것을 알고 있다. 도이치 문제에 대한 알고리듬은 근본적인 양자적 과정조차 확률적일 필요가 없음을 보여준다.

7.4 양자 서브루틴

이제, 양자계산에서 수행될 수 있는 몇 가지 유용한 비고전적 연산에 대해 살펴보겠다. 7.4.2절에서 논의할 첫 번째 서브루틴은 널리 쓰이는데, 특히 그로버의 탐색 알고리듬의 일부분일 뿐만 아니라 7.5절에서 도이치 문제를 다중 비트로 일반화한 도이치-조사 문제를 비롯한 더 간단한 대다수의 양자 알고리듬에서 사용된다. 양자 중첩이 어떻게 작동하는지 더 자세히 설명하기 위해 이 책의 다른 부분에서 더 사용되지는 않지만 몇 가지 서브루틴을 설명할 것이다.

7.4.1 양자 서브루틴에서 얽히지 않은 임시 큐비트의 중요성

6장에서, 6.2절의 구성법을 설명할 때 고전계산에서 공간을 보존하기 위해 역계산을 위해 임시로 사용하는 비트의 중요성을 강조했다. 양자계산에서 서브루틴의 일부로서 임시로 사용되는 역계산용 큐비트는 공간을 보존하고 큐비트를 재사용하는 것이 문제가 아닌 경우에도 중요하다. 임시 큐비트의 역계산에 실패하면 계산용 큐비트와 임시 큐비트 사이의 얽힘이 발생할 수 있고, 이것은 계산 결과를 망가뜨릴 수도 있다. 더 구체적으로 설명하면 서브루틴이 $\sum_i \alpha_i |x_i\rangle$ 상태를 계산했다고 할 때 실제로는 $\sum_i \alpha_i |x_i\rangle |y_i\rangle$를 계산했다면 두 레지스터 사이에 얽힘이 없지 않는 한 $|y_i\rangle$에 저장된 큐비트를 버리면 안 된다는 뜻이다. $\sum_i \alpha_i |x_i\rangle |y_i\rangle = (\sum_i \alpha_i |x_i\rangle) \otimes |y_i\rangle$이면 얽힘이 없는데, 이것은 모든 i와 j에 대해 $|y_i\rangle = |y_j\rangle$인 경우에만 발생한다. 일반적으로 $\sum_i \alpha_i |x_i\rangle$와 $\sum_i \alpha_i |x_i\rangle |y_i\rangle$ 상태는 우리가 두 번째 상태의 첫 번째 레지스터에만 접근할 수 있다고 하더라도 꽤나 다르게 거동한다. 10장에서 양자 부분계를 다루는데, 양자계산의 결과를 보지 않고도 두 상황의 차이에 대해 설명하는 방법을 제시할 것이다. 이 절에서는 두 번째 상태가 있을 때 첫 번째 상태를 사용하는 것이 어떻게 계산을 망칠 수 있는지 보여주는 것으로 그 차이를 설명하겠다. 특히 만약 도이치 문제에서 사용된 블랙박스 U_f를 다음과 같은 출력을 가지는 블랙박스 V_f로 바꾼다면 도이치 알고리듬이 더 이상 작동하지 않음을 보이겠다.

$$V_f : |x, t, y\rangle \rightarrow |x, t \oplus x, y \oplus f(x)\rangle$$

$|0\rangle$ 상태에 있는 큐비트 $|t\rangle$, $|+\rangle$ 상태에 있는 첫 번째 큐비트, $|-\rangle$ 상태에 있는 세 번째 큐비트를 갖고서 시작해보자. V_f를 적용하면 다음을 얻는다.

$$V_f \left(|+\rangle |0\rangle |-\rangle \right) = V_f \left(\frac{1}{\sqrt{2}} \sum_{x=0}^{1} |x\rangle |0\rangle |-\rangle \right) = \frac{1}{\sqrt{2}} \sum_{x=0}^{1} (-1)^{f(x)} |x\rangle |x\rangle |-\rangle$$

첫 번째 큐비트는 이제 두 번째 큐비트와 얽힌 상태이다. 이 얽힘 때문에 첫 번째 큐비트에 H를 적용하고 그 큐비트를 측정하는 것은 더 이상 원하는 효과를 주지 않는다. 예를 들어 f가 상수 함수일 때, 상태는 $(|00\rangle + |11\rangle) |-\rangle$인데, 여기서 $H \otimes I \otimes I$를 적용하면 그 결과는 다음과 같다.

$$\frac{1}{2}(|00\rangle + |10\rangle + |01\rangle - |11\rangle)|-\rangle$$

앞에서는 두 번째 항과 네 번째 항이 상쇄됐었는데 이번엔 그렇지 않다. 따라서 첫 번째 큐비트가 $|0\rangle$과 $|1\rangle$에서 측정될 가능성이 똑같다. f가 상수 함수가 아닐 때 비슷한 계산을 해보면 이번에도 첫 번째 큐비트가 $|0\rangle$과 $|1\rangle$에서 측정될 가능성이 똑같다. 따라서 두 경우를 구분할 수 없다. 큐비트 $|t\rangle$와의 얽힘이 양자계산을 망쳐 놓았다.

V_f가 t를 제대로 역계산해서 계산이 끝난 다음 그 상태가 $|0\rangle$이 됐더라면 이 알고리듬은 여전히 잘 작동할 수 있다. 예를 들어 f가 상수 함수인 경우,

$$\frac{1}{2}(|00\rangle + |10\rangle + |00\rangle - |10\rangle)|-\rangle$$

을 얻는데 이렇게 되면 서로 상쇄되는 항들이 있어서 다음 값이 유도된다.

$$(|00\rangle)|-\rangle$$

만약 양자 서브루틴이 상태 $|\psi\rangle$를 생성한다고 하면, 그 서브루틴은 $|\psi\rangle$처럼 보이지만 다른 큐비트와 얽혀 있는 상태를 생성해서는 안 된다. 특히 만약 서브루틴이 다른 큐비트를 사용했다면 서브루틴이 끝났을 때 이 큐비트는 다른 큐비트와 얽혀 있어서는 안 된다. 이런 이유에서 다음의 양자 서브루틴은 계산 끝에서 모든 보조 큐비트가 항상 $|0\rangle$ 상태가 되도록 역계산에 주의한다.

7.4.2 기저 벡터의 부분집합에 대한 위상 변화

목표 i가 $\{0, 1, \ldots, N-1\}$의 부분집합 X에 있는지 없는지에 따라 중첩 상태 $|\psi\rangle = \sum a_i |i\rangle$의 각 항이 가지는 위상을 바꿔라. 더 구체적으로는 다음의 양자 변환에 대한 효율적인 구현을 찾고 싶다.

$$S_X^\phi : \sum_{x=0}^{N-1} a_x |x\rangle \rightarrow \sum_{x \in X} a_x e^{i\phi} |x\rangle + \sum_{x \notin X} a_x |x\rangle.$$

5.4절에서는 효율성을 고려하지 않고 임의의 유니타리 변환을 구현하는 방법을 설명했다. 그 알고리듬을 맹목적으로 적용하면 $N = 2^n$보다 많은 수의 단순한 게이트를 사용하는 S_X^ϕ의 구현체가 나올 것이다. 이 절에서는 임의의 효율적으로 계산 가능한 부분집합 X에 대해, S_X^ϕ 변환을 어떻게 효율적으로 구현할 수 있는지 보여주겠다. 효율적으로 구현 가능한 S_X^ϕ는 나중에 고전 알고리듬보다 우월한 몇몇 양자 알고리듬을 설명할 때 사용한다.

우리는 X의 원소를 계산하는 효율적인 알고리듬이 있을 때만 S_X^ϕ를 효율적으로 구현하기를 바랄 수 있다. 즉, 부울 함수 $f : \mathbf{Z}_{2^n} \to \mathbf{Z}_2$가 있어서,

$$f(x) = \begin{cases} 1 & x \in X인\ 경우 \\ 0 & 그\ 외 \end{cases}$$

가 반드시 효율적으로, 가령 n에 대한 다항시간 내에 계산 가능해야 한다. 대부분의 부분집합 X는 이 성질을 갖지 않는다. 이 성질을 가지는 부분집합 X에 대해, 6장의 핵심 결과는 U_f에 대한 효율적인 양자 회로가 존재함을 뜻한다. U_f에 대해 그런 구현이 주어졌으면 몇 가지 추가적 단계를 사용해 S_X^ϕ를 계산할 수 있다. f를 임시 큐비트에서 계산하기 위해 U_f를 사용하고, 임시 큐비트의 값을 위상값에 영향을 주는 데 사용하고, 다시 f를 역계산해 임시 큐비트와 나머지 큐비트 사이의 얽힘을 모두 제거하면 된다.

define $Phase_f(\phi)|x[k]\rangle =$

qubit $a[1]$	임시 큐비트	(1)
$U_f|x, a\rangle$	f를 계산해 a에 저장	(2)
$K(\phi/2)|a\rangle$		(3)
$T(-\phi/2)|a\rangle$		(4)
$U_f^{-1}|x, a\rangle$	f를 역계산	(5)

K와 T가 5.4.1절에서 소개한 단일 큐비트 연산일 때,

$$T(-\phi/2)K(\phi/2) = \begin{pmatrix} 1 & 0 \\ 0 & e^{i\phi} \end{pmatrix}$$

이기 때문에 (3)단계와 (4)단계는 큐비트 a가 1인 경우에 그리고 오직 그 경우에만 위상을 $e^{i\phi}$만큼 이동시킨다. 엄밀히 말하면 (3)단계는 아예 필요하지 않은데, 이는 전역 위상

이동은 물리적으로 의미가 없기 때문이다. (3)단계를 수행하는 것은 단지 원하는 결과를 얻었는지 더 쉽게 알 수 있도록 할 뿐이다. 그 대신 텐서곱의 어떤 항에 위상을 주는 것은 그 위상을 다른 항에 주는 것과 같기 때문에 (3)단계와 (4)단계를 하나의 단계로 합쳐서 $\bigwedge_1 K(\phi)|a\rangle|x_i\rangle$로 둘 수 있다. 여기서 i는 레지스터 x의 큐비트 중 하나가 될 수 있다. (5)단계에서 레지스터 $|x\rangle$와 임시 큐비트 사이의 얽힘을 제거해 마지막에 $|x\rangle$가 원하는 대로 임시 큐비트와 더 이상 얽히지 않은 상태가 되도록 하려면 U_f를 역계산해야 한다.

특수한 경우 $\phi = \pi$ $\phi = \pi$라는 특수하고 중요한 경우는 도이치 문제를 푸는 알고리듬에서 사용되는 기법을 일반화하는 데 놀랍도록 간단한 또 다른 구현을 준다. U_f가 앞에서처럼 주어져 있을 때, 임시 큐비트 b를 $|-\rangle = \frac{1}{\sqrt{2}}(|0\rangle - |1\rangle)$로 초기화하고, 이 레지스터를 U_f를 써서 계산해 변환 S_X^π를 구현할 수 있다. 즉, $|\psi\rangle = \sum_{x \in X} a_x|x\rangle + \sum_{x \notin X} a_x|x\rangle$에 대해 다음을 계산해보자.

$$U_f(|\psi\rangle \otimes |-\rangle) = U_f\left(\sum_{x \in X} a_x|x\rangle \otimes |-\rangle\right) + U_f\left(\sum_{x \notin X} a_x|x\rangle \otimes |-\rangle\right)$$

$$= -\left(\sum_{x \in X} a_x|x\rangle \otimes |-\rangle\right) + \left(\sum_{x \notin X} a_x|x\rangle \otimes |-\rangle\right)$$

$$= (S_X^\pi|\psi\rangle) \otimes |-\rangle$$

특히 다음 회로는 $|1\rangle$ 상태에 있는 보조 큐비트와 함께 n큐비트 상태 $|0\rangle$에 작용해 중첩 상태 $|\psi_X\rangle = \sum (-1)^{f(x)}|x\rangle$를 만들어낸다.

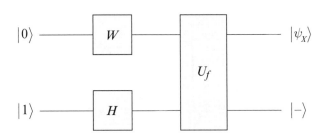

우아함과 보조 큐비트를 재사용하기 위해 마지막에 보조 큐비트에 아다마르 변환을 적용할 수도 있는데 그렇게 하면 다음과 같이 된다.

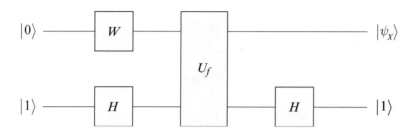

기하학적으로 양자계와 연관된 N차원 벡터 공간에 변환 S_X^π를 작용하는 것은 $\{|x\rangle\,|\,x \in X\}$에 의해 펼쳐지는 k차원 초평면에 수직인 $N - k$차원 초평면에 대한 반전reflection이다. 어떤 초평면에 대한 반전이란 그 초평면에 수직인 어떤 벡터 $|v\rangle$를 그 반대인 $-|v\rangle$로 보내는 것을 말한다. 임의의 유니타리 변환 U에 대해, 다음과 같은 변환은 $\{U|x\rangle\,|\,x \in X\}$인 벡터에 의해 펼쳐지는 초평면에 수직인 초평면에 대한 반전이다.

$$U S_X^\pi U^{-1}$$

9.2.1절에서 S_X^π에 대한 이런 기하학적 관점을 그로버 알고리듬에 대해 설명할 때 사용할 것이다.

S_X^π를 중첩 상태 $W|0\rangle$에 적용한 결과를 다음과 같이 적을 수 있다.

$$\frac{1}{\sqrt{N}} \sum (-1)^{f(x)} |x\rangle$$

여기서 f는 X에 포함됐는지를 알려주는 부울 함수로,

$$f(x) = \begin{cases} 1 & x \in X\text{인 경우} \\ 0 & \text{그 외} \end{cases}$$

이다. 역으로 부울 함수 f가 있으면 S_f^π를 $X = \{x\,|\,f(x) = 1\}$일 때 S_X^π로 정의할 수도 있다.

7.4.3 상태에 따른 위상 이동

7.4.2절에서 기저 원소의 특정한 부분집합에 해당하는 중첩 상태에 있는 모든 항의 위상을 효율적으로 바꾸는 방법을 설명했는데, 그 경우는 모든 항에 같은 위상 변화를 수행했다. 이 절에서는 다른 항에 다른 위상 이동을 구현하는 문제를 생각해본다. 즉, 양자 상태에 따라 위상 이동의 크기를 다르게 하는 변환을 구현하려고 한다.

목표 기저 원소에 대한 위상 변화가

$$|x\rangle \rightarrow e^{\mathbf{i}\phi(x)}|x\rangle$$

으로 주어지는 n큐비트에 대한 변환을 정확도 s만큼 효율적으로 근사하라. 여기서 함수 $\phi(x)$는 각 항 x에 대해 위상 이동각 ϕ를 주며, 그와 연관된 함수 $f : \mathbf{Z}_n \rightarrow \mathbf{Z}_s$가 있어서 효율적으로 계산할 수 있다. 그리고 $f(x)$의 i번째 비트 값은 $\phi(x)$의 다음과 같이 이진수 전개에서 i번째 항이다.

$$\phi(x) \approx 2\pi \frac{f(x)}{2^s}$$

이 구현은 함수 f만큼만 효율적일 수 있다. U_f를 효율적으로 구현하는 양자 회로가 있으면, $O(s)$번의 단계에 추가로 U_f를 2번 사용해 상태에 따른 위상 이동을 수행할 수 있다. f를 효율적으로 계산할 수 있는 능력은 강력한 것으로, 대다수의 함수는 이 성질을 갖지 않는다.

이번에는 s큐비트의 표준 기저 상태 $|x\rangle$의 위상을 각도 $\phi(x) = \frac{2\pi x}{2^s}$만큼 바꾸는 서브루틴을 효율적으로 구현하는 방법을 보이겠다.

$$P(\phi) = T(-\phi/2)K(\phi/2) = \begin{pmatrix} 1 & 0 \\ 0 & e^{\mathbf{i}\phi} \end{pmatrix}$$

가 큐비트가 1이면 위상을 바꾸고 0이면 아무것도 하지 않는 변환이라고 하자. 다음의 프로그램은 s큐비트 변환 $Phase : |a\rangle \rightarrow \exp(\mathbf{i}2\pi \frac{a}{2^s})|a\rangle$를 수행한다.

define *Phase* $|a[s]\rangle =$
   for $i \in [0 \dots s-1]$
      $P(\frac{2\pi}{2^i})|a_i\rangle$

프로그램 *Phase*는 n큐비트 변환 $Phase_f : |x\rangle \rightarrow \exp(2\pi i \frac{f(x)}{2^s})|x\rangle$를 구현하는 다음의 프로그램에서 서브루틴으로 사용된다.

define $Phase_f |x[k]\rangle =$

qubit $a[s]$	s비트 임시 레지스터	(1)
$U_f|x\rangle|a\rangle$	f를 계산해 a에 저장	(2)
Phase $|a\rangle$	$2\pi a/2^s$만큼 위상 이동	(3)
$U_f^{-1}|x\rangle|a\rangle$	f를 역계산	(4)

(3)단계 이후, 레지스터 a는 x와 얽혀 있으며, 기저 벡터 $|x\rangle$에 대해 원하는 위상 이동을 위한 각도 $\phi(x)$의 이진수 전개를 갖고 있다. 레지스터 a와 x가 얽혀 있기 때문에, (3)단계에서 레지스터 a의 위상을 바꾸는 것은 레지스터 x의 위상을 바꾸는 것과 동등하다. (4)단계에서는 U_f를 역계산해 레지스터 x의 내용이 원하는 상태가 되도록 하고 임시 큐비트와는 얽힘 상태가 되지 않도록 얽힘을 제거한다.

7.4.4 상태 의존 단일 큐비트 진폭 이동

목표 중첩 상태에 있는 각 항을 단일 큐비트 회전 $R(\beta(x))$(5.4.1절 참고)만큼 회전시키는 변환이 s의 정확도를 갖도록 효율적으로 근사하라. 여기서 각도 $\beta(x)$는 다른 레지스터에 있는 양자 상태에 따라 달라진다. 더 구체적으로는 다음의 변환을 구현하려는 것이다.

$$|x\rangle \otimes |b\rangle \rightarrow |x\rangle \otimes (R(\beta(x))|b\rangle)$$

여기서 $\beta(x) \approx f(x)\frac{2\pi}{2^s}$이고, 근사 함수 $f : \mathbf{Z}_n \rightarrow \mathbf{Z}_s$는 효율적으로 계산 가능하다.

U_f의 효율적 구현으로부터 $O(s)$개의 단계에 U_f를 2번 호출하는 것으로 이 변환을 구현할 수 있다. 서브루틴은 레지스터 a에 적혀 있는 만큼 큐비트 b의 진폭을 바꿔주는 보조적인 변환 *Rot*을 사용한다. 이것은 $|a\rangle \otimes |b\rangle \rightarrow |a\rangle \otimes (R(a\frac{2\pi}{2^s})|b\rangle)$이고, s큐비트 레지스터 a의 내용은 회전시키려는 각도가 2^{-s}의 정확도로 적혀 있다. 그림 7.1이 *Rot*을 구현하는 회로를 보여준다. 프로그램 표기법을 사용하면 이 변환은 다음과 같이 더 정확히 나타낼 수 있다.

define $Rot \, |a[s]\rangle|b[1]\rangle =$
   for $i \in [0 \ldots s-1]$
      $|a_i\rangle$ **control** $R(\frac{2\pi}{2^i})|b\rangle.$

함수 f에 의해 적시된 원하는 회전은 다음의 프로그램으로 구현된다.

define $Rot_f \, |x[k]\rangle|b[1]\rangle =$

qubit $a[s]$	s비트 임시 레지스터
$U_f\,|x\rangle|a\rangle$	f를 계산해서 a에 저장
$Rot \, |a, b\rangle$	$2\pi a/2^s$만큼 회전 수행
$U_f^{-1}|x\rangle|a\rangle$	f를 역계산

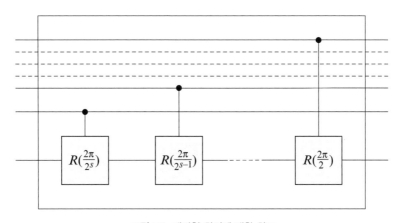

그림 7.1 제어형 회전에 대한 회로

7.5 몇 가지 간단한 양자 알고리듬

이 절에서는 몇 가지 간단한 양자 알고리듬을 소개하겠다. 처음 세 가지 문제는 블랙박스 또는 오라클 문제로, 그 양자 알고리듬의 질의 복잡도가 어떤 상상 가능한 고전 알고리듬의 질의 복잡도보다 더 좋다. 네 번째 문제는 양자 통신규약의 통신 복잡도에 관한 것으로, 어떤 가능한 고전적인 통신규약의 통신 복잡도보다 더 좋다. 도이치의 문제와 마찬가지로 이 문제들은 조금 인공적이지만, 어떤 가능한 고전적 접근법보다 상대적으로 간단한 양자 알고리듬이 더 효율적이라는 것을 증명할 수 있다. 도이치의 알고리듬과 마찬가지로 이 알고리듬은 문제를 확실하게 풀이한다.

7.5.1 도이치-조사 문제

데이비드 도이치와 리차드 조사는 다음의 문제에 대한 양자 알고리듬을 제시했다. 이는 7.3.1절의 도이치 문제를 다중 비트로 일반화시킨 것이다.

도이치-조사 문제 함수 f가 입력값 중 절반은 0을, 나머지 절반은 1을 반환한다면 그 함수를 균형 함수라고 한다. 상수 함수 또는 균형 함수 중 하나인 함수 $f : \mathbf{Z}_{2^n} \mapsto \mathbf{Z}_2$와 f에 대한 양자 오라클 $U_f : |x\rangle|y\rangle \rightarrow |x\rangle|y \oplus f(x)\rangle$가 주어졌을 때 함수 f가 상수 함수인지 균형 함수인지 알아내라.

이 알고리듬은 중첩 상태를 구성하는 항 중에서 $f(x) = 1$인 기저 벡터 $|x\rangle$의 부호를 바꾸기 위해 7.4.2절의 위상 변화 서브루틴을 사용하면서 시작한다. 즉, 서브루틴은 다음의 상태

$$|\psi\rangle = \frac{1}{\sqrt{N}} \sum_{i=0}^{N-1} (-1)^{f(i)} |i\rangle$$

을 반환한다(이 서브루틴은 $|-\rangle$ 상태에 있는 임시 큐비트를 사용한다. 7.4.1절의 도이치 알고리듬에서 보여준 바와 같이, 서브루틴은 임시 큐비트가 어떤 큐비트하고도 얽혀 있지 않도록 끝내는 것이 핵심이므로 임시 큐비트는 안심하고 무시해도 된다). 그다음, 그 결과로 얻은 상태 $|\psi\rangle$에 월시 변환 W를 적용해 다음을 얻는다.

$$|\phi\rangle = \frac{1}{N} \sum_{i=0}^{N-1} \left((-1)^{f(i)} \sum_{j=0}^{N-1} (-1)^{i \cdot j} |j\rangle \right)$$

f가 상수 함수인 경우 $(-1)f(i) = (-1)f(0)$이므로 이는 단순히 전역 위상이며, 상태 $|\psi\rangle$는 $|0\rangle$이 된다.

$$(-1)^{f(0)} \frac{1}{2^n} \sum_{j \in \mathbf{Z}_2^n} \left(\sum_{i \in \mathbf{Z}_2^n} (-1)^{i \cdot j} \right) |j\rangle = (-1)^{f(0)} \frac{1}{2^n} \sum_{i \in \mathbf{Z}_2^n} (-1)^{i \cdot 0} |0\rangle = (-1)^{f(0)} |0\rangle$$

이는 상자 7.1에서 보였듯이, $j \neq 0$에 대해서 $\sum_{i \in \mathbf{Z}_2^n}(-1)^{i \cdot j} = 0$이기 때문이다. f가 균형 함수인 경우는 다음과 같다.

$$|\phi\rangle = \frac{1}{2^n} \sum_{j \in \mathbf{Z}_2^n} \left(\sum_{i \in X_0}(-1)^{i \cdot j} - \sum_{i \notin X_0}(-1)^{i \cdot j} \right) |j\rangle$$

여기서 $X_0 = \{x | f(x) = 0\}$이다. 이번에는 $j = 0$에 대해 진폭이 0이 된다. 즉, $\sum_{j \notin X_0}(-1)^{i \cdot j} - \sum_{j \in X_0}(-1)^{i \cdot j} = 0$이다. 따라서 상태 $|\phi\rangle$를 표준 기저에서 측정하면, f가 상수 함수인 경우 1의 확률로 $|0\rangle$을 얻을 것이고, f가 균형 함수인 경우 1의 확률로 $|1\rangle$을 얻을 것이다.

이 양자 알고리듬은 U_f를 단 1번만 계산해서 도이치-조사 문제를 풀어낸다. 반면 어떤 고전 알고리듬이라도 이 문제를 확실히 풀기 위해서는 적어도 $2^{n-1}+1$번 f를 계산해야 한다. 따라서 이 양자 알고리듬의 질의 복잡도와 확실하게 문제를 풀어내는 임의의 가능한 고전 알고리듬의 질의 복잡도 사이에는 지수 함수적인 차이가 있다. 다만 훨씬 적은 계산을 하지만 높은 성공 확률로 이 문제를 풀어내는 고전 알고리듬이 존재한다(연습 문제 7.4 참고).

7.5.2 베른슈타인-바지라니 문제

이 문제는 길이가 n인 알려지지 않은 비트열 u의 값을, 어떤 질의 문자열 q에 대해 $q \cdot u$ 꼴을 가지는 단 1번의 질의만으로 알아내는 것이다. 최선의 고전 알고리듬은 $f_u(q) = q \cdot u$ mod 2를 $O(n)$회 호출한다. 도이치-조사 문제에서 제시한 것과 매우 관련이 깊은 양자 알고리듬을 쓰면 U_{f_u}를 단 1번만 호출해 u를 찾아낼 수 있다. 즉, 양자 컴퓨터에서는 (중첩 상태에 있는) 단 1번의 질의만으로 u를 정확히 알아내는 것이 가능하다. $f_u(q) = q \cdot u$ mod 2 라고 하고,

$$U_{f_u} : |q\rangle|b\rangle \mapsto |q\rangle|b \oplus f_u(q)\rangle$$

이라고 하자.

다음의 회로(그림 7.2)는 U_{f_u}를 단 1번만 호출해 이 문제를 확실하게 풀어낸다. 이 회로가

어떻게 작동하는지 이해하려면 7.4.2절에서 다룬 특수한 경우 $\phi = \pi$를 생각해보자. 그러면 위상 변화 서브루틴은 다음의 회로

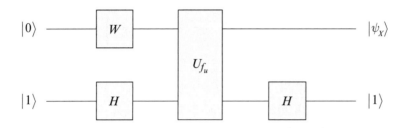

에 의해 이뤄진다. 이 경우, 회로를 작용하면 첫 번째 레지스터에 다음의 상태가 들어간다.

$$|\psi_X\rangle = \frac{1}{\sqrt{2^n}} \sum_q (-1)^{f_u(q)}|q\rangle = \frac{1}{\sqrt{2^n}} \sum_q (-1)^{u \cdot q}|q\rangle$$

다음 문단에서 월시-아다마르 변환 W를 이 상태에 작용해 상태 $|u\rangle$를 만들어내는 것을 살펴보겠다.

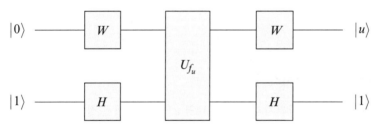

그림 7.2 베른슈타인-바지라니 알고리듬에 대한 회로

$W|x\rangle = \frac{1}{\sqrt{2^n}}\sum_z (-1)^{x \cdot z}|z\rangle$임을 생각해보자. 따라서

$$W|\psi_X\rangle = W\left(\frac{1}{\sqrt{2^n}} \sum_q (-1)^{u \cdot q}|q\rangle\right)$$

$$= \frac{1}{\sqrt{2^n}} \sum_q (-1)^{u \cdot q} W|q\rangle$$

$$= \frac{1}{2^n} \sum_q (-1)^{u \cdot q} \left(\sum_z (-1)^{q \cdot z}|z\rangle\right)$$

210

이다. 상자 7.1에서 $(-1)^{u \cdot q + z \cdot q} = (-1)^{(u \oplus z) \cdot q}$임을 설명했다. 게다가 식 7.1은 $u \oplus z = 0$이 아닌 한 괄호 안의 합이 0이라는 것을 알려주며, 이것은 $u = z$인 항만 남는다는 것을 뜻한다. 따라서 다음과 같다.

$$W|\psi_X\rangle = \frac{1}{2^n} \sum_z \left(\sum_q (-1)^{u \cdot q + z \cdot q} \right) |z\rangle$$

$$= |u\rangle$$

따라서 이것을 표준 기저에서 측정하면 확실하게 $|u\rangle$를 얻는다.

더 간단한 설명 양자 병렬성을 사용하면 동시에 모든 가능한 입력에 대한 계산을 할 수 있고, 그 결과로 얻은 중첩 상태를 영리하게 다룰 수 있다는 것이 양자 알고리듬의 작동 방식에 대한 보편적인 설명이다. 여기서 제시한 베른슈타인-바지라니 알고리듬에 대한 설명이 이 해석에 맞는다. 하지만 어떤 양자 병렬성으로 알고리듬을 바라보는 것이 올바른가 하는 질문이 생기게 된다. 이 점을 설명하기 위해, 머민의 설명과 같이 정확히 같은 알고리듬의 또 다른 설명을 제시하겠다.

이 알고리듬에 대한 머민의 설명의 핵심은 아다마르 기저에서 회로를 바라보는 것이다. U_{f_u}에 대한 양자 블랙박스가 아다마르 기저에서 어떤 일을 하는지 이해하려면 그 블랙박스가 마치 보조 큐비트 중 몇 개에 대해 C_{not} 연산을 포함한 회로처럼 거동한다는 것을 알아야 한다. 즉, 이 회로는 u의 i번째 비트가 1인 경우 그리고 오직 그 경우에만 i큐비트에 따라 보조 큐비트에 C_{not}을 작용하는 회로다(그림 7.3 참고). 5.2.4절에서 아다마르 연산이 제어 큐비트와 목표 큐비트의 역할을 바꾼다고 설명한 것을 떠올려 보자.

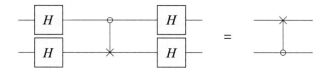

베른슈타인-바지라니 알고리듬은 $|0 \ldots 0\rangle|1\rangle$ 상태에서 시작해 U_{f_u}의 블랙박스를 호출하기 전과 후에 모든 큐비트에 아다마르 변환을 작용한다(그림 7.2 참고). 따라서 베른슈타인-바지라니 알고리듬은 마치 보조 큐비트에서 u에서 1인 비트에 해당하는 큐비트에

C_{not} 연산을 작용하는 것처럼 거동한다(그림 7.4 참고). 회로를 이렇게 살펴보면, 큐비트가 마지막에는 $|u\rangle$ 상태에 있음을 즉시 알 수 있고, 따라서 이렇게 훨씬 간단한 설명이 알고리듬을 바라보는 올바른 방법이며, 여기서는 양자 병렬성이나 "모든 가능한 입력에 대해 계산한다"는 내용에 대해서는 언급하지 않는다.

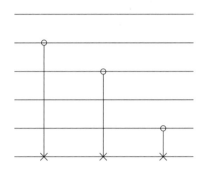

그림 7.3 $u = 01101$에 대해, u_{f_u}의 블랙박스는 u에서 1인 비트 각각에 대한 C_{not} 게이트로 이뤄진 회로를 가진 것처럼 작동한다.

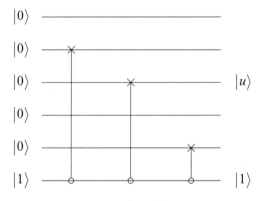

그림 7.4 $u = 01101$에 대해, 베른슈타인-바지라니 알고리듬은 u의 1인 비트 각각에 C_{not} 게이트로 이뤄진 간단한 회로에 의해 구현된 것처럼 작동한다.

7.5.3 사이먼 문제

사이먼 문제: 모든 $x \in \mathbf{Z}_2^n$에 대해 $f(x) = f(x \oplus a)$인 2대 1 함수 f가 주어졌을 때, 숨은 문자열 $x \in \mathbf{Z}_2^n$을 찾아라.

사이먼은 $O(n)$번의 U_f 호출 후 $O(n^2)$회의 추가 단계만으로 a를 찾을 수 있는 양자 알고리즘을 제시했다. 반면 최선의 고전 알고리듬은 f를 $O(2^{n/2})$번 호출해야 한다. 사이먼 알고리듬은 쇼어에게 인수분해 문제에 접근하는 방법을 제안했고, 이제 이 알고리듬은 쇼어 알고리듬으로 유명하다. 8장에서 살펴보겠지만 쇼어 알고리듬과 사이먼 알고리듬 사이에는 구조적 유사성이 있다.

a를 알아내기 위해 중첩 상태 $\sum_x |x\rangle|f(x)\rangle$를 생성한다. 레지스터의 오른쪽 부분을 측정하는 것은 왼쪽 레지스터의 상태를 $\frac{1}{\sqrt{2}}(|x_0\rangle + |x_0 \oplus a\rangle)$로 투영시킨다. 여기서 $f(x_0)$은 측정된 값이다. 월시-아다마르 변환 W를 적용하면,

$$
W\left(\frac{1}{\sqrt{2}}(|x_0\rangle + |x_0 \oplus a\rangle)\right)
$$
$$
= \frac{1}{\sqrt{2}}\left(\frac{1}{\sqrt{2^n}}\sum_y((-1)^{x_0 \cdot y} + (-1)^{(x_0 \oplus a)\cdot y})|y\rangle\right)
$$
$$
= \frac{1}{\sqrt{2^{n+1}}}\sum_y(-1)^{x_0 \cdot y}(1 + (-1)^{a \cdot y})|y\rangle
$$
$$
= \frac{2}{\sqrt{2^{n+1}}}\sum_{y \cdot a \, \text{짝수}}(-1)^{x_0 \cdot y}|y\rangle
$$

이 상태의 측정 결과는 $y \cdot a = 0 \bmod 2$를 만족하는 y가 무작위적으로 나오며, 따라서 a의 알려지지 않은 비트 a_i는 방정식 $y_0 \cdot a_0 \oplus \cdots \oplus y_{n-1} \cdot a_{n-1} = 0$을 만족해야 한다. 이 계산을 n개의 선형 독립인 방정식을 찾을 때까지 반복한다. 계산을 1번 반복할 때마다 그 결과로 얻은 방정식은 적어도 50%의 기회로 앞에서 얻은 방정식과 선형 독립일 것이다. $2n$회의 계산을 반복한 후, n개의 선형 독립인 방정식을 찾을 확률이 50%다. 그러면 $O(n^2)$번의 단계를 거쳐 이 방정식을 풀면 a를 알아낼 수 있다. 따라서 비밀 문자열 a는 $O(n)$회의 U_f 호출과 그렇게 얻은 연립방정식을 풀기 위한 $O(n^2)$단계를 거쳐서 높은 확률로 알아낼 수 있다.

7.5.4 분산계산

이번 절에서는 다른 유형의 양자 알고리듬을 설명하겠다. 통신 복잡도를 다루는 것 중 하나다. 고밀도 부호화와 양자 원격 전송과 마찬가지로 이 알고리듬은 이 계산과는 무관하게 미리 분배된 얽힌 쌍을 사용하므로 이 큐비트들은 문제를 푸는 동안 전송된 큐비트로는 (이것들을 포함해서 센다고 해도 지수 함수적인 절약이 있긴 하지만) 세지 않는다.

문제 $N = 2^n$이라고 하자. 앨리스와 밥이 각자 N비트 수 u와 v를 갖고 있다고 하자. 목표는 앨리스가 n비트 수 a를 계산하고, 밥이 n비트 수 b를 계산하는데, 다음과 같은 조건을 만족한다.

$$d_H(u, v) = 0 \rightarrow a = b$$
$$d_H(u, v) = N/2 \rightarrow a \neq b$$
$$\text{그 외} \rightarrow a \text{와 } b \text{에 제약 조건 없음}$$

여기서 $d_H(u, v)$는 u와 v 사이의 해밍 거리다. 다시 말해 앨리스와 밥은 임의의 u와 v로부터 a와 b를 생성하는데, $u = v$이면 $a = b$이고, u와 v가 그 비트 중 절반이 다르면 $a \neq b$이며, u와 v의 해밍 거리가 그 외의 경우라면 a와 b가 아무 값이라도 될 수 있도록 만들어주는 알고리듬이 필요하다.

이 문제는 u와 v가 a와 b보다 지수 함수적으로 더 크기 때문에 쉽지 않다. 이 문제에 대한 고전적인 풀이는 두 참가자 사이에 적어도 $N/2$비트를 통신해야 하지만 충분히 많은 얽힌 쌍이 주어진다면 앨리스와 밥 사이의 추가적인 통신 없이 풀 수 있다.

앨리스와 밥이 n개의 얽힌 쌍 (a_i, b_i)를 공유하고, 각각이 $\frac{1}{\sqrt{2}}(|00\rangle + |11\rangle)$에 있다고 하자. 여기서 앨리스는 입자 a_i에 접근할 수 있고, 밥은 입자 b_i에 접근할 수 있다. 이렇게 n개의 얽힌 쌍을 $a_0, a_1, \ldots, a_{n-1}, b_0, b_1, \ldots, b_{n-1}$의 순서로 적어서 $2n$개의 입자의 상태를 적으면 전체 $2n$큐비트 상태는 $\frac{1}{\sqrt{N}}\sum_{i=0}^{N-1}|i, i\rangle$로 적을 수 있다. 여기서 앨리스는 처음의 n개 큐비트를 조작할 수 있고 밥은 뒷부분의 n개 큐비트를 조작할 수 있다.

이 문제는 추가적인 통신 없이 다음과 같이 풀 수 있다. 7.4.2절의 위상 변화 서브루틴을 $f(i) = u_i$가 되도록 사용하면, 앨리스는 $\sum |i\rangle \rightarrow \sum (-1)^{u_i}|i\rangle$를 수행하고 자신의 n개 큐비트에 월시 변환 W를 수행한다. 밥은 자신의 n개 큐비트에 $f(i) = v_i$를 사용해서 마찬가

지 계산을 수행한다. 이제 이 결과를 합치면 입자들은 다음과 같은 전역 상태를 공통으로 가진다.

$$|\psi\rangle = W\left(\frac{1}{\sqrt{N}}\sum_{i=0}^{N-1}(-1)^{u_i \oplus v_i}|i\rangle|i\rangle\right)$$

앨리스와 밥은 이제 a와 b의 결과를 얻기 위해 이 상태에서 자신이 가진 부분을 측정한다. 이제 a와 b가 원하는 성질을 가졌음을 보이겠다.

측정 결과가 $a = x = b$에 있을 확률은 $|\langle x, x|\psi\rangle|^2$이다. 이 확률이 $u = v$이면 1이고 $d_H(u,v) = N/2$이면 0임을 보이려고 한다. 이 상태를 다음과 같이 간단하게 만들어 보자. 여기서 $W^{(l)}$의 위첨자는 W가 l번째 큐비트에 작용한다는 것을 가리킨다.

$$\begin{aligned}
|\psi\rangle &= W^{(2n)}\frac{1}{\sqrt{N}}\sum_{i=0}^{N-1}(-1)^{u_i \oplus v_i}|i\rangle|i\rangle \\
&= \frac{1}{\sqrt{N}}\sum_{i=0}^{N-1}(-1)^{u_i \oplus v_i}(W^{(n)}|i\rangle \otimes W^{(n)}|i\rangle) \\
&= \frac{1}{N\sqrt{N}}\sum_{i=0}^{N-1}\sum_{j=0}^{N-1}\sum_{k=0}^{N-1}(-1)^{u_i \oplus v_i}(-1)^{i \cdot j}(-1)^{i \cdot k}|jk\rangle
\end{aligned}$$

이제,

$$\langle x, x|\psi\rangle = \frac{1}{N\sqrt{N}}\sum_{i=0}^{N-1}(-1)^{u_i \oplus v_i}(-1)^{i \cdot x}(-1)^{i \cdot x} = \frac{1}{N\sqrt{N}}\sum_{i=0}^{N-1}(-1)^{u_i \oplus v_i}$$

만약 $u = v$이면 $(-1)^{u_i \oplus v_i} = 1$이고 $\langle x, x|\psi\rangle = \frac{1}{\sqrt{N}}$이며, 따라서 확률은 $|\langle x, x|\psi\rangle|^2 = \frac{1}{N}$이다. 이 확률을 앨리스와 밥이 측정했을 때 얻게 되는 N가지 가능한 값 x에 대해 더하면 1이 되며, 따라서 어떤 비트열 x에 대해 $a = b = x$일 때 a와 b를 얻을 확률이 1이다. $d_H(u,v) = N/2$에 대해서는 합 $\langle x, x|\psi\rangle = \frac{1}{N\sqrt{N}}\sum_{i=0}^{N-1}(-1)^{u_i \oplus v_i}$는 $+1$과 -1이 같은 수만큼 있어서 서로 상쇄돼 $\langle x, x|\psi\rangle = 0$이 된다. 따라서 이 경우 앨리스와 밥은 같은 값을 0의 확률로 측정하게 된다.

7.6 양자 병렬성에 대한 설명

양자계산에서 양자 병렬성의 역할은 종종 오해를 받기 때문에 널리 퍼진 몇몇 오개념을 바로잡기 위해 몇 가지 설명을 덧붙이겠다. 다음의 표기법

$$\frac{1}{\sqrt{N}} \sum_{x=0}^{N-1} |x, f(x)\rangle$$

은 중첩 상태 $\sum_x |x, 0\rangle$에 양자연산 U_f를 작용해 고전 컴퓨터가 x에서 $f(x)$를 계산하는 것보다 지수 함수적으로 더 많은 계산을 수행할 수 있음을 나타낸다. 다음 문단에서 이 관점이 어째서 잘못됐으며 이 관점이 양자계산의 위력을 어째서 설명하지 않는지 설명할 것이다. 마찬가지로, n큐비트 양자계 상태 공간의 지수 함수적 크기는 양자 병렬성을 사용하면 고전적인 경우에 비해 지수 함수적 속도 증가를 항상 얻을 수 있다고 제안하는 것처럼 보인다. 이 주장은 비록 양자계산의 몇 가지 특수한 경우가 그런 속도 증가를 제시하긴 하지만 일반적으론 부정확하다. 이 각각의 주장을 대략 따져보겠다.

7.1.2절에서 설명했듯이 양자 병렬성에서 생성된 중첩 상태를 표준 기저에서 측정하면 단 하나의 입력/출력 짝만을 추출할 수 있다. 다른 어떤 방법으로도 입력/출력 짝을 더 많이 추출하는 것은 불가능한데, 4.3.1절에서 설명했듯이 m큐비트 상태에서는 m비트의 정보만을 추출할 수 있기 때문이다. 따라서 $f(x)$의 2^n가지 값은 하나의 중첩 상태에 들어 있지만, 그 전부를 얻으려면 여전히 U_f를 2^n번 계산해야 하며 이것은 고전적인 경우에 비해 이점이 없다. 이 한계가 n비트의 출력을 얻기 위해 2^n번의 단계가 필요한 어떤 고전적인 알고리듬을 양자 컴퓨터에서는 단 1번의 단계로 수행할 수 있는 가능성을 열어준다. 어떤 알고리듬은 고전 알고리듬에 비해 지수 함수적인 크기의 속도 증가를 주지만, 9.1장에서 증명하는 그로버 알고리듬은 최적인 경우에도 지수 함수적인 속도 증가를 제공할 수 있는 양자 알고리듬이 없는 꼴의 문제가 존재함을 보여준다. 게다가 많은 문제에 대해 양자계산이 속도 증가를 전혀 제공하지 못할 수 있음을 보여주는 아래쪽 한계에 대한 결과가 존재한다. 따라서 양자 병렬성과 양자계산은 일반적으로 저 표기법에서 제시한 것과 같은 지수 함수적 속도 증가를 제공하지 않는다.

게다가 $\frac{1}{\sqrt{N}}\sum|x, f(x)\rangle$와 같은 중첩 상태는 양자 상태 공간에서는 여전히 단 하나의 상태다. n큐비트 양자 상태 공간은 극도로 크지만, 너무 커서 그 상태의 절대다수는 어떤 효율적인 양자 알고리듬으로도 근사할 수 없다(여기에 대한 우아한 증명은 이 책의 범위를 넘어간다. 7.9절의 참고문헌에 제시돼 있다). 따라서 어떤 효율적인 양자 알고리듬이라도 상태 공간의 대부분의 상태에는 가깝게 다가갈 수도 없다. 이런 이유로 양자 병렬성은 전체 상태 공간을 사용하지 않고, 효율적인 양자 알고리듬은 전체 상태 공간을 사용할 수 없다.

7.5.2절에서 베른슈타인-바지라니 알고리듬에 대한 머민의 설명이 보여준 바와 같이 어떤 알고리듬을 설명하는 데 양자 병렬성을 사용할 수 있을 때조차 양자 병렬성이 알고리듬의 핵심이라고 보는 관점을 고칠 필요는 없다. 양자계산의 강력함이 어디서 오는지는 아직 해결되지 않은 연구 문제다. 그 핵심 중 하나로써 얽힘의 특성을 이 문제를 명시적으로 다루는 10장과 13.9절에서 개괄적으로 논의할 것이다.

알고리듬의 양자 병렬성이라는 용어로 설명됐을 때, 그 알고리듬의 핵심은 이 알고리듬이 양자 병렬성에 의해 생성된 상태를 조작하는 방법이다. 이런 종류의 조작은 고전적인 유사품이 없고, 전통적이지 않은 프로그래밍 기법을 요구한다. 다음에 그 일반적인 기법 두 가지를 적었다.

관심 있는 출력값 증폭하기 이 일반적인 아이디어는 원하는 값이 더 큰 진폭을 갖도록 해 측정될 확률이 더 높아지도록 하는 방식으로 상태를 변환시키는 것이다. 9장의 그로버 알고리듬이 이 접근법을 사용하며, 이와 유사한 알고리듬이 많다.

$f(x)$의 모든 값들의 집합 특성을 찾아라 이 아이디어는 8장의 쇼어 알고리듬에서 활용되는데, f의 주기를 얻기 위해 양자 푸리에 변환을 사용한다. 도이치-조사 문제, 베른슈타인-바지라니 문제, 사이먼 문제 등에 대해 7.5절에서 제시한 알고리듬이 모두 이 접근법을 사용했다.

7.7 기계 모형과 복잡도 분류

계산 복잡도 분류는 인식하는 언어에 따라 언어와 기계라는 용어를 사용해서 정의된다. 기계^{machine}라는 용어는 어떤 양자적이거나 고전적인 계산 장치를 말하는데, 계산 단계의 수와 저장에 사용된 칸 수를 셀 수 있는 하나의 알고리듬을 실행한다. 알파벳^{Alphabet} Σ에 대한 언어^{language} L은 Σ에서 추출한 원소로 이뤄진 유한 문자열 Σ^*의 부분집합이다. 만약 $x \in \Sigma^*$인 각 문자열에 대해 기계 M이 $x \in L$인지 결정할 수 있다면 언어 L은 기계 M에 의해 인식될 수 있다. 결정한다는 단어가 정확히 어떤 의미인지는 생각하는 기계의 종류에 따라 달라진다. 예를 들어 입력 x가 주어졌을 때, 고전적인 결정론적 기계는 $x \in L$이면 Yes를 답하고 $x \notin L$이면 No를 답할 수 있으며, 아니면 영원히 멈추지 않을 수도 있다. 확률론적 기계와 양자적 기계는 Yes나 No를 어떤 확률을 갖고 정확히 대답할 수 있다. 우리는 다섯 가지 종류의 고전적 기계를 고려하는데, 결정론적 기계(**D**), 비결정론적 기계(**N**), 무작위화된 기계(**R**), 확률론적 기계(**Pr**), 한정된 오류 확률을 가지는 기계(**BP**)이다. 고전적 기계의 다섯 가지 유형 각각은 양자적 대응품(**EQ, NQ, RQ, PrQ, BQ**)을 가진다. 특별히 관심을 끄는 것은 (정확한) 양자 결정론적 기계(**EQ**)와 양자적인 한정된 오류 확률을 가지는 기계(**BQ**)일 것이다. 7.7.1에서 이 유형의 기계들을 사용해 여러 가지 자원 제약 조건에 따른 다양한 복잡도 분류를 정의할 것이다. 이제 다른 종류의 기계들이 언어를 정확히 어떻게 인식하는지 더 엄밀히 설명해보겠다.

각각의 기계 M에 대해, M이 인식하는 단일한 언어 L_M이 있다. 예를 들어 어떤 주어진 입력 x에 대해 답이 Yes일 때, 그 입력에 대해 항상 Yes라는 답을 내놓는 기계는 **결정론적**^{deterministic}이다. 결정론적 기계 D는 다음의 언어를 인식한다.

$$L_D = \{x \in \Sigma^* | D(x) = Yes\} = \{x | P(D(x) = Yes) = 1\}$$

결정론적이라는 말의 정의에 의해, 모든 $x \notin L$에 대해서는 확률 $P(D(x) = Yes)$가 0이다. 두 번째 사례로, 한정된 오류 확률을 가지는 기계는 주어진 입력 x에 작용했을 때 적어도 $1/2 + \epsilon$의 확률을 갖고 Yes를 답하거나, $1/2 - \epsilon$ 이하의 확률을 갖고 Yes를 답한다. 한정된 오류 확률을 가지는 기계 **BP**가 주어졌을 때, $L_{BP} = \{x | P(BP(x) = Yes) \geq 1/2 + \epsilon\}$이다. $x \notin L_{BP}$에 대해서는 $P(BP(x) = Yes) \leq 1/2 - \epsilon$이다.

어떤 기계는 몇 가지 입력에 대해서는 전혀 답을 주지 않을 수도 있다. 표 7.1에 여기서 고려하는 다양한 유형의 기계에 대한 조건을 요약했다. 양자 기계 유형들은 그에 대응하는 고전 기계와 같은 확률로 언어를 인식한다. 그림 7.5가 기계 종류들 사이의 포함 관계를 나타낸다. 포함 관계란 예를 들면 정의에 의해 **D** 기계 각각은 또한 **R** 기계이기도 하다는 뜻이다.

어떤 언어는 그 언어를 인식하는 종류의 기계가 존재하는 경우, 그 종류의 기계에 의해 인식된다. 앞서 정의했던 여러 유형의 기계에 의해 인식되는 언어의 집합은 ϵ의 특정 값에 의존하지 않는다. 예를 들어 $P(x \in L) > \frac{1}{2} + \epsilon$의 확률로 $x \in L$에 대해 *Yes*를 답하는 **Pr** 기계 M이 있다고 하자. 그러면 M을 3번 실행시켜서 M이 그중 적어도 2번을 *Yes*로 답하면 *Yes*라고 대답하는 새로운 **Pr** 기계 M'을 만들 수 있다. 그러면 M'는 $x \in L$을 확률 $> \frac{1}{2} + \frac{3}{2}\epsilon - \epsilon^3$의 확률로 받아들인다. 몇몇 저자는 $\epsilon = 1/4$과 같은 고정된 값을 사용한다. 하지만 $P(x \in L) > 1/2$인 경우는 $P(x \in L) > 1/2 + \epsilon$와 꽤 다른데, 앞의 경우는 다항식적인 횟수의 반복이 없다는 점이 위에서 주어진 문턱값인 $\frac{1}{2} + \epsilon$보다 높은 성공 확률로 증가시킴을 보증해주기 때문이다.

표 7.1 특정 종류의 기계에 입력 x가 주어졌을 때 x가 언어 L의 원소인지 아닌지에 따라 *Yes*가 나올 확률

접두사	기계의 종류	$P(x \in L)$	$P(x \notin L)$
고전			
D	결정론적	$= 1$	$= 0$
N	비결정론적	> 0	$= 0$
R	무작위적(몬테카를로)	$> \frac{1}{2} + \epsilon$	$= 0$
Pr	확률적	$> \frac{1}{2}$	$\leq \frac{1}{2}$
BP	한정된 오류 확률	$> \frac{1}{2} + \epsilon$	$\leq \frac{1}{2} - \epsilon$
양자			
EQ	양자 결정론적(정확함)	$= 1$	$= 0$
BQ	양자 한정된 오류 확률	$> \frac{1}{2} + \epsilon$	$\leq \frac{1}{2} - \epsilon$

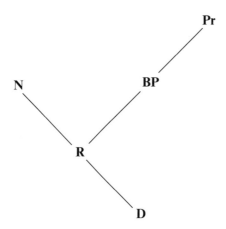

그림 7.5 여러 기계 종류들의 포함 관계. 이 관계는 고전 기계와 양자 기계에 대해 성립하며, 시간 복잡도와 공간 복잡도에 대해서도 성립한다.

7.7.1 복잡도 분류

기계가 정확히 답하는 확률에 관한 고민에 더해서, 복잡도 이론은 기계가 그 답을 얻기 위해 사용하는 자원의 양, 특히 시간과 공간을 정량화하는 것도 고려한다. 만약 길이가 n인 임의의 문자열 $x \in \Sigma^*$에 대해 어떤 기계가 $t(n)$번의 단계 내에 *Yes*인지 *No*인지 답을 내놓고 $t = O(f)$라고 한다면 그 기계는 언어 L을 시간 $O(f)$ 내에 인식한다. 만약 길이가 n인 임의의 문자열 $x \in \Sigma^*$에 대해, 어떤 기계가 최대 $s(n)$의 저장 단위를 사용해 *Yes*인지 *No*인지 답을 내놓는다면, 그 기계는 언어 L을 공간 $O(f)$ 내에서 인식한다. 여기서 $s = O(f)$이고 비트나 큐비트 단위로 측정된다.

복잡도 분류complexity class는 주어진 자원 한도 내에서 특정한 종류의 기계에 의해 인식되는 언어 집합이다. 구체적으로 $\mathbf{m} \in \{\mathbf{D}, \mathbf{EQ}, \mathbf{N}, \mathbf{R}, \mathbf{Pr}, \mathbf{BP}\}$에 대해 분류 $\mathbf{mTime}(f)$와 $\mathbf{mSpace}(f)$를 생각해보자. 만약 시간 $O(f)$ 내에 언어 L을 인식하는 $\mathbf{m}$이라는 종류의 기계 M이 존재한다면 그 언어 L은 복잡도 분류 $\mathbf{mTime}(f)$에 속한다. 만약 공간 $O(f)$ 내에 언어 L을 인식하는 $\mathbf{m}$이라는 종류의 기계 M이 존재한다면, 그 언어 L은 복잡도 분류 $\mathbf{mSpace}(f)$에 속한다.

특히 자원의 양을 다항식으로 나타내는 만큼만 사용하는 기계가 관심을 받으며, 지수 함수적으로 많은 자원을 사용하는 것들은 그 정도가 덜하다. 예를 들어 사람들은 길이 n인 입력에 대해, 어떤 k에 대해 $O(n^k)$만큼의 시간만을 사용해 대답하는 $\mathbf{P} = \mathbf{DTime}(n^k)$인 분류에 속하는 기계에 관심이 있다. 다음의 축약 표기를 공통적으로 사용한다.

$$\mathbf{P} \quad \mathbf{DTime}(n^k)$$
$$\mathbf{EQP} \quad \mathbf{EQTime}(n^k)$$
$$\mathbf{NP} \quad \mathbf{NTime}(n^k)$$
$$\mathbf{R} \quad \mathbf{RTime}(n^k)$$
$$\mathbf{PP} \quad \mathbf{PrTime}(n^k)$$
$$\mathbf{BPP} \quad \mathbf{BPTime}(n^k)$$
$$\mathbf{BQP} \quad \mathbf{BQTime}(n^k)$$
$$\mathbf{PSpace} \quad \mathbf{DSpace}(n^k)$$
$$\mathbf{NPSpace} \quad \mathbf{NSpace}(n^k)$$
$$\mathbf{EXP} \quad \mathbf{DTime}(k^n)$$

시간 분류에 대해, 함수 f가 가능한 실행 시간에 상한을 주기 때문에 기계는 항상 멈출 것이라고 가정할 수 있다. 하지만 공간 복잡도 분류에서 기계는 어떤 입력에 대해서는 영원히 멈추지 않을 수도 있다. 따라서 $O(f)$의 공간에서 유형 $\mathbf{m}$의 멈추는 기계에 의해 인식되는 언어의 분류를 $\mathbf{m}_H\mathbf{Space}(f)$라고 정의하겠다. 회로 모형에서는 모든 계산이 멈출 것이라는 점을 알아두자. 멈추지 않는 공간 분류의 복잡도 분석은 양자 튜링 머신과 같은 다른 계산 모형을 필요로 한다.

7.7.2 복잡도: 알려진 결과

양자 복잡도 분류를 비롯한 몇 가지 포함 관계에 대해 엄밀하진 않은 논의를 제시하겠다. 그림 7.6이 고전과 양자 시간 복잡도에 대해 알려진 포함 관계를 나타낸다. $\mathbf{BQP}$와 $\mathbf{NP}$ 또는 $\mathbf{PP}$ 사이의 관계에 대해서는 아직 알려진 것이 전혀 없다.

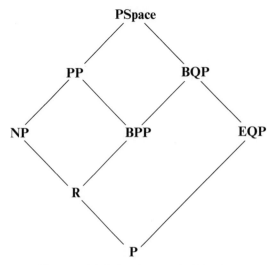

그림 7.6 고전과 양자 복잡도 분류에 대한 포함 관계

P ⊆ EQP　임의의 고전적인 다항 시간 계산은 다항 함수 크기를 가지는 회로 분류에 의해 실행될 수 있다. 이 포함 관계는 6장의 핵심 결과에서 유도된다. 즉, 모든 고전 회로는 시간과 공간에 있어 약간의 증가만으로 가역적으로 수행 가능하고, 어떤 가역적인 다항 시간 알고리듬도 정확한 다항 시간 알고리듬으로 바꿀 수 있다.

EQP ⊆ BQP　모든 정확한 양자 알고리듬은 한정된 오류 확률을 가지므로 이 포함 관계는 자명하다.

BPP ⊆ BQP　BPP에 있는 기계 M에 의해 수행될 수 있는 어떤 계산이라도 각 단계마다 확률이 똑같은 양자택일을 1번씩 하는 기계 $\tilde{M}$에 의해 원하는 만큼 가깝게 근사될 수 있다. 게다가 이 결정 나무$^{decision\ tree}$는 다항식적인 깊이를 가지고, 따라서 선택 순서는 다항식적인 크기의 비트열 c로 부호화될 수 있다. $\tilde{M}$으로부터 결정론적 기계 $\tilde{M}_d$를 만들 수 있고 c와 x에 이것을 작용하면 x에 작용해 무작위적인 선택 c를 만들어내는 $\tilde{M}$과 같은 계산을 수행할 것이다. 결정론적 기계 $\tilde{M}_d$에 대해 다항 시간 양자 기계 $\tilde{M}_q$가 있어서 모든 가능한 무작위적인 선택 c의 중첩 상태와 x에 작용해 $\sum_c |c, x, 0\rangle$에서 $\sum_c |c, x, \tilde{M}_d(c, x)\rangle$를 만들어낼 수 있다. 실질적으로 $\tilde{M}_q$는 x에 대해 $\tilde{M}$이 가지는 모든 가능한 계산을 병렬적으로 수행할 수 있다. 받아들여지는 답을 $\tilde{M}_q$로부터 읽어올 확률은 $\tilde{M}$이 x를 받아들일 확

률과 같다.

$\mathbf{BPP} \subseteq \mathbf{BQP}$가 진부분집합 관계인진 알려지지 않았다. 사실 $\mathbf{BPP} \neq \mathbf{BQP}$를 보이는 것은 $\mathbf{BPP} = \mathbf{Pspace}$인지에 대해 답하는 것과 연관된 미해결 문제일 수 있다.

$\mathbf{BQP} \subseteq \mathbf{PSpace}$ 길이가 n인 입력에 작용하는데, 알려진 상태 $|\psi_0\rangle = |0\rangle$에서 시작해 k회의 단계를 거친 후 측정을 하는 $\mathbf{BQP}$의 기계를 생각해보자. 특정한 정확도로 최종 상태의 어떤 진폭이라도 다항식적인 공간 내에서 계산한다는 관점에서 그런 기계를 원하는 만큼 가깝게 근사할 수 있음을 보이겠다. $|\psi_i\rangle = \sum_j a_{ij}|j\rangle$가 i번째 단계 후의 상태를 나타낸다고 하자. $i \neq 0$인 상태 $|\psi_i\rangle$ 각각은 (n에 대한) 지수 함수적으로 많은 수의 기저 벡터의 중첩 상태일 수 있다. 그런데 n의 다항식인 크기의 공간만을 사용해 최종 중첩 상태 $|\psi_k\rangle$에 있는 어떤 임의의 기저 벡터의 진폭 a_{kj}를 계산하는 것이 가능하다.

각 단계가 최대 $d \leq 3$ 큐비트에 작용하는 기본적인 양자 게이트 U_i에 대응한다고 가정하자. 이 변환에 대해 상태 $|\psi_{i+1}\rangle$에 있는 기저 벡터 $|j\rangle$의 진폭 $a_{i+1,j}$가 오직 진폭 $a_{i,j}$에만 의존함을 보일 것이다. 여기서 $a_{i,j}$는 이 게이트의 연산 대상인 비트 중에서 $|j\rangle$만 다른 직전 상태 $|\psi_i\rangle$의 기저 벡터 중 적은 수($2^d \leq 8$)의 진폭들이다. 일반성을 잃지 않고 $U = U_{i+1}$이 마지막 d개의 큐비트에만 작용한다고 가정할 수 있다. 여기서 간결한 표기법으로 $x \circ y$를 사용하는데, 이는 $2^d x + y$를 나타낸다. 2^d차원 공간에 대한 표준 기저 중에서 $|r\rangle$과 $|q\rangle$에 대해 $u_{qr} = \langle r|U|q\rangle$라고 하자.

$$
\begin{aligned}
|\psi_{i+1}\rangle &= (I^{n-d} \otimes U)|\psi_i\rangle \\
&= \sum_j a_{ij}(I^{n-d} \otimes U)|j\rangle \\
&= \sum_{p=0}^{2^{n-d}-1} \sum_{q=0}^{2^d-1} a_{i,p\circ q}|p\rangle \otimes U|q\rangle \\
&= \sum_p \sum_q a_{i,p\circ q}|p\rangle \otimes \sum_{r=0}^{2^d-1} u_{qr}|r\rangle \\
&= \sum_p \sum_r \left(\sum_{q+0}^{2^d-1} u_{qr}a_{i,p\circ q} \right) |p\rangle|r\rangle
\end{aligned}
$$

그러면 각각의 진폭 $a_{i+1,por} = \sum_{q=0}^{2^d-1} u_{qr} a_{i,poq}$가 그 이전 상태의 진폭 중 2^d개의 진폭 $a_{i,poq}$에만 의존한다는 점이 유도된다.

수학적 귀납법에 의해, 상태 $|\psi_i\rangle$의 단일한 진폭을 계산하기 위해서는 $i2^d$개의 진폭을 저장해야 한다. $|\psi_0\rangle$을 알기 때문에 어떤 j에 대한 진폭 $\langle j|\psi_0\rangle$을 계산하는데는 공간이 전혀 필요 없다. 방금 살펴봤듯이 진폭 $a_{i+1,j}$는 $|\psi_i\rangle$의 2^d개의 진폭으로부터 계산할 수 있다. 진폭 각각에 대해 순서대로 계산하면 되는데, 그러면 최대 2^d개의 진폭값을 저장해야 하고 결과로 나온 2^d개의 진폭도 저장해야 하며 $a_{i+1,j}$를 계산해야 한다. 종합하면 이 과정은 $(i+1)2^d$개의 진폭값 저장 공간이 필요하다.

M이 마지막에 필요한 정확도를 얻기 위해 계산 과정에서 필요한 최대의 정확도라고 하자. 전체적으로 누적된 오차는 개별 단계의 오차의 합보다 더 크지 않다. 따라서 M이라는 수는 필요한 단계의 수에 선형적으로만 증가하며, 어떤 하나의 진폭값을 공간 M에 저장할 수 있고, k단계 이후 최종 중첩 상태의 어떤 기저 벡터가 가지는 진폭은 $k2^d M$ 크기의 공간에서 계산될 수 있다. k가 n에 대해 다항식적이라는 가정에 의해 d는 3보다 더 크지 않은 상수이며 M은 k에 대해 선형적으로만 증가하므로, 최종 상태 $|\psi_k\rangle$의 진폭 중 하나를 계산하는 데는 다항식적 공간만이 필요하다.

이 알고리듬을 시뮬레이션하기 위해 기저 벡터 $|j\rangle$를 무작위로 골라서 (또는 원한다면 순서를 정해서) 진폭 a_{kj}를 계산한다. 0과 1사이의 무작위 수를 생성해 이것이 $|a_{kj}|$보다 작은지 살펴보자. 기저 벡터가 반환될 때까지 필요한 만큼 반복한다(시간은 문제가 아니다!). 따라서 **BQP**에 있는 어떤 계산도 다항식적인 공간 내에서 고전적으로 시뮬레이션이 가능하다.

7.8 양자 푸리에 변환

양자 푸리에 변환QFT, Quantum Fourier transformation은 가장 중요한 단일 양자 서브루틴이다. 양자 푸리에 변환과 그 일반화는 많은 양자 알고리듬에서 고전 알고리듬을 뛰어넘는 속도 증가를 얻기 위해 사용된다. 부록 B.2.2에서 양자 푸리에 변환의 일반화를 논의하고, 월시-아다마르 변환이 일반화된 양자 푸리에 변환이라는 것을 보일 것이다. QFT는 고전적인 이산 푸리에 변환DFT, Discrete Fourier transformation과 그 효율적인 구현인 빠른 푸리에 변환FFT, Fast Fourier transformation을 바탕으로 한다. 여기서 QFT와 이것의 놀랍도록 효율적인 양자적 구현을 설명하기 전에 DFT와 FFT를 간단히 설명하겠다.

7.8.1 고전 푸리에 변환

이산 푸리에 변환　이산 푸리에 변환은 이산적인 복솟값 함수에 작용해 또 다른 이산적인 복솟값 함수를 생성한다. $a : [0, \ldots, N-1] \to \mathbf{C}$라는 함수가 주어졌을 때, 이산 푸리에 변환은 함수 $A : [0, \ldots, N-1] \to \mathbf{C}$를 생성하며, 그 함수는 다음과 같이 정의된다.

$$A(x) = \frac{1}{\sqrt{N}} \sum_{k=0}^{N-1} a(k) \exp\left(2\pi \mathbf{i}\frac{kx}{N}\right)$$

이산 푸리에 변환은 열 벡터 $(a(0), \ldots, a(N-1))^T$를 $(A(0), \ldots, A(N-1))^T$로 가져가는 선형변환으로, 그 행렬 표현 F의 성분이 $F_{xk} = \frac{1}{\sqrt{N}} \exp(2\pi \mathbf{i}\frac{kx}{N})$라고 볼 수 있다. $A(0), \ldots,$ $A(N-1)$이라는 값들은 함수 a의 푸리에 계수Fourier coefficient라고 한다.

예제 7.8.1　$a : [0, \ldots, N-1] \to \mathbf{C}$가 N을 나누는 어떤 주파수 u를 가지는 주기적 함수 $a(x) = \exp(-2\pi \mathbf{i}\frac{ux}{N})$라고 하자. 이 함수가 상수 함수가 아니라고 가정하자. 즉 $0 < u < N$ 이다. 이 함수의 푸리에 계수는

$$\begin{aligned} A(x) &= \frac{1}{\sqrt{N}} \sum_{k=0}^{N-1} a(k) \exp\left(2\pi \mathbf{i}\frac{kx}{N}\right) \\ &= \frac{1}{\sqrt{N}} \sum_{k=0}^{N-1} \exp\left(-2\pi \mathbf{i}\frac{uk}{N}\right) \exp\left(2\pi \mathbf{i}\frac{kx}{N}\right) \\ &= \frac{1}{\sqrt{N}} \sum_{k=0}^{N-1} \exp\left(2\pi \mathbf{i}\frac{k(x-u)}{N}\right) \end{aligned}$$

이다.

$r = 0 \bmod N$이 아니면 $\sum_{k=0}^{N-1} \exp(2\pi \mathbf{i}k\frac{r}{N})$인 꼴의 합은 소멸한다는 것은 잘 알려진 사실이다(더 일반적인 사실을 부록 B에서 증명한다). $u < N$이기 때문에, $x - u = 0$이 아닌 한 $A(x) = 0$이다. $A(u)$만이 0이 아니다.

주기 r과 주파수 $u = N/r$을 가지는 어떤 주기적인 복숫값 함수 a는 그 주파수가 u의 배수인 지수 함수들의 합이 되는 그 푸리에 급수$^{Fourier\ series}$를 사용해 근사시킬 수 있다. 푸리에 변환은 선형변환이므로, 어떤 주기적 함수의 푸리에 계수 $A(x)$는 각 성분 함수의 푸리에 계수의 합이 된다. 만약 N이 r에 의해 나누어 떨어진다면, 푸리에 계수 $A(x)$는 $u = N/r$의 배수가 되는 x에 대해서만 0이 아닐 것이다. N이 r에 의해 나누어 떨어지지 않는다면 그 결과는 앞의 거동을 근사에 불과하며, $u = N/r$의 배수 중 가장 가까운 정수에서 최댓값을 갖고 이 배수에서 멀리 떨어진 정수에서는 낮은 값을 가질 것이다.

빠른 푸리에 변환 빠른 푸리에 변환은 N이 2의 거듭제곱일 때, 즉 $N = 2^n$일 때 이산 푸리에 변환의 효율적인 구현이다. 이 구현법의 핵심은 $F^{(n)}$을 2의 낮은 거듭제곱에 대한 푸리에 변환의 항으로 재귀적으로 분해할 수 있다는 점이다.

$\omega_{(n)}$이 1의 N차 제곱근, 즉 $\omega_{(n)} = \exp(\frac{2\pi i}{N})$이라고 하자. $N = 2^n$차원 푸리에 변환에 대한 $N \times N$ 행렬 $F^{(n)}$의 성분은 간단히 다음과 같다.

$$F^{(n)}_{ij} = \omega_{(n)}^{ij}$$

여기서 성분의 인덱스는 $N \times N$ 행렬에 대한 것으로, $i = \{0, \ldots, N-1\}$이고 $j = \{0, \ldots, N-1\}$이다. $F^{(k)}$가 2^k차원 푸리에 변환에 대한 $2^k \times 2^k$차 행렬이라고 하자.

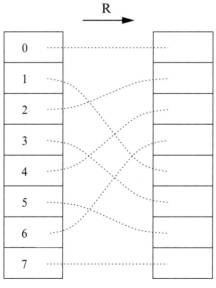

그림 7.7 뒤섞는 변환 R의 예

$I^{(k)}$가 $2^k \times 2^k$차 항등행렬이라고 하자. $D^{(k)}$가 $2^k \times 2^k$차 대각행렬로, 그 성분이 $\omega^0_{(k+1)}$, $\ldots, \omega^{2^k-1}_{(k+1)}$이라고 하자. $R^{(k)}$가 그림 7.7에서 나타낸 치환으로, 인덱스 $2i$에 있는 성분을 위치 i로 옮기고, 인덱스 $2i+1$에 있는 성분을 위치 $i + 2^{k-1}$로 옮긴다고 하자. $R^{(k)}$에 대한 $2^k \times 2^k$차 행렬의 성분은

$$R^{(k)}_{ij} = \begin{cases} 1 & 2i = j \text{인 경우} \\ 1 & 2(i - 2^k) + 1 = j \text{인 경우} \\ 0 & \text{그 외} \end{cases}$$

로 주어진다. 독자는 다음과 같음을 확인해볼 수 있을 것이다(연습 문제 7.7 참고).

$$F^{(k)} = \frac{1}{\sqrt{2}} \begin{pmatrix} I^{(k-1)} & D^{(k-1)} \\ I^{(k-1)} & -D^{(k-1)} \end{pmatrix} \begin{pmatrix} F^{(k-1)} & 0 \\ 0 & F^{(k-1)} \end{pmatrix} R^{(k)}$$

여러분은 여기서 다룬 $O(nN)$단계만을 사용하는 재귀적 분해에 기반한 구현에 대해 빠른 푸리에 변환을 다루는 어떤 표준적인 참고문헌이라도 찾아볼 수 있다.

7.8.2 양자 푸리에 변환

양자 푸리에 변환은 이산 푸리에 변환의 변종으로, 빠른 푸리에 변환과 마찬가지로 $N = 2^n$을 가정한다. 어떤 양자 상태 $\sum_x a_x |x\rangle$의 진폭 a_x는 x의 함수로 볼 수 있고, 이것을 $a(x)$로 나타내자. 양자 푸리에 변환은 양자 상태에 작용해

$$\sum_x a(x)|x\rangle \rightarrow \sum_x A(x)|x\rangle$$

을 수행한다. 여기서 $A(x)$는 $a(x)$의 이산 푸리에 변환의 푸리에 계수이고, x는 0과 $N-1$ 사이의 정수 범위를 가진다. 만약 이 상태가 푸리에 변환 수행 직후 표준 기저에서 측정된다면, 그 결과 상태가 $|x\rangle$에 있을 확률은 $|A(x)|^2$일 것이다. 양자 푸리에 변환은 U_f가 고전적인 이진수 함수 f를 일반화하는 방법과는 사뭇 다르게 고전적인 복솟값 함수로부터 일반화된다. 여기서 고전 함수의 출력은 마지막 중첩 상태의 복소수 진폭에 놓이며, 따라서 추가적인 출력 레지스터는 필요하지 않다.

주기가 2의 거듭제곱인 r을 갖는 주기적 함수 $a(x) = a_x$에 의해 진폭이 주어지는 상태에 양자 푸리에 변환을 작용하면 그 결과는 $\sum_x A(x)|x\rangle$가 된다. 여기서 $A(x)$는 x가 $\frac{N}{r}$의 배수가 아니면 0이다. 따라서 이 시점에 표준 기저에서 상태가 측정되면 그 결과는 $\frac{N}{r}$의 배수를 나타내는 기저 벡터 $|x\rangle$ 중 하나, 즉 $|j\frac{N}{r}\rangle$이 될 것이다. 양자 푸리에 변환은 주기가 2의 거듭제곱이 아닐 때는 (즉, 주기가 $N = 2^n$을 나누지 못하면) 이 방법을 근사적으로만 따른다. $\frac{N}{r}$의 배수에 가까운 정수를 나타내는 상태는 높은 확률로 측정될 것이다. 푸리에 변환의 밑으로 쓰이는 2의 거듭제곱이 커질수록 근사는 더 정확해진다.

양자 푸리에 변환의 구현은 빠른 푸리에 변환의 구현에 기반하지만 양자 푸리에 변환은 빠른 푸리에 변환에 대해 필요한 $O(nN)$회의 연산이 아니라 $O(n^2)$회의 연산만을 필요로 하며, 그만큼 지수 함수적으로 빠르게 구현될 수 있다. 양자 푸리에 변환이 효율적으로 구현 가능한 양자 변환의 더 일반적인 분류의 특수한 경우임을 부록 B.2.2에서 살펴볼 것이다.

7.8.3 빠른 푸리에 변환의 양자 회로

$N = 2^n$에 대한 양자 푸리에 변환 $U_F^{(n)}$은

$$U_F^{(n)} : |k\rangle \rightarrow \frac{1}{\sqrt{N}} \sum_{x=0}^{N-1} \exp\left(\frac{2\pi \mathbf{i}kx}{N}\right)|x\rangle$$

으로 정의되는데, 이것을 효율적으로 구현하는 방법을 보이겠다.

$N = 2$일 때 양자 푸리에 변환은 익숙한 아다마르 변환이다.

$$U_F^{(1)} : |0\rangle \rightarrow \frac{1}{\sqrt{2}} \sum_{x=0}^{1} e^0 |x\rangle = \frac{1}{\sqrt{2}}(|0\rangle + |1\rangle),$$

$$|1\rangle \rightarrow \frac{1}{\sqrt{2}} \sum_{x=0}^{1} e^{\pi \mathbf{i}x} |x\rangle = \frac{1}{\sqrt{2}}(|0\rangle - |1\rangle)$$

7.8.1절의 재귀적 분해를 사용하면 다음의 식이 성립한다.

$$U_F^{(k+1)} = \frac{1}{\sqrt{2}} \begin{pmatrix} I^{(k)} & D^{(k)} \\ I^{(k)} & -D^{(k)} \end{pmatrix} \begin{pmatrix} U_F^{(k)} & 0 \\ 0 & U_F^{(k)} \end{pmatrix} R^{(k+1)}$$

그러면 $U_F^{(n)}$을 계산할 수 있다. 모든 행렬 성분은 유니타리 연산자이다(앞에 곱해지는 인자들은 첫 번째 행렬로 몰아준다). 이제 이 성분들을 양자 컴퓨터에서 어떻게 효율적으로 구현하는지 보이는 것이 남았다.

다음과 같이 진행하겠다.

1. 회전 변환 $R^{(k+1)}$을 다음과 같이 적을 수 있다.

$$R^{(k+1)} = \sum_{i=0}^{2^k-1} |i\rangle\langle 2i| + |i + 2^k\rangle\langle 2i+1|$$

   이것은 $k+1$개 큐비트의 단순한 치환으로 달성된다. 즉, 큐비트 0은 큐비트 k가 되고, 큐비트 1에서 k까지는 큐비트 0에서 큐비트 $k-1$이 된다. 5.2.4절의 교환 연산^{swap operation}을 $k-1$번 써서 이 치환을 구현할 수 있다.

2. 다음의 변환은 큐비트 0부터 큐비트 k까지의 양자 푸리에 변환을 재귀적으로 구현할 수 있다.

$$\begin{pmatrix} U_F^{(k)} & 0 \\ 0 & U_F^{(k)} \end{pmatrix} = I \otimes U_F^{(k)}$$

3. $k \geq 1$에 대해, 위상 이동^{phase shift}을 시키는 $2^k \times 2^k$차 대각행렬 $D^{(k)}$는 다음과 같이 재귀적으로 분해된다.

$$D^{(k)} = D^{(k-1)} \otimes \begin{pmatrix} 1 & 0 \\ 0 & \omega_{(k+1)} \end{pmatrix}$$

   이렇게 해서 재귀적으로 분해되면 $\begin{pmatrix} 1 & 0 \\ 0 & \omega_{(i+1)} \end{pmatrix}$을 $1 \leq i \leq k$인 큐비트 i에 작용하는 것으로 변환 $D^{(k)}$를 구현할 수 있다. 따라서 $D^{(k-1)}$은 k개의 단일 큐비트 게이트를 사용해 구현 가능하다.

4. $D^{(k)}$를 이렇게 구현하고 나면,

$$\frac{1}{\sqrt{2}} \begin{pmatrix} I^{(k)} & D^{(k)} \\ I^{(k)} & -D^{(k)} \end{pmatrix}$$

를 k개의 게이트만을 사용해 구현할 수 있다.

$$\frac{1}{\sqrt{2}} \begin{pmatrix} I^{(k)} & D^{(k)} \\ I^{(k)} & -D^{(k)} \end{pmatrix} = \frac{1}{\sqrt{2}}(|0\rangle + |1\rangle)\langle 0| \otimes I^{(k)} + \frac{1}{\sqrt{2}}(|0\rangle - |1\rangle)\langle 1| \otimes D^{(k)}$$

$$= (H|0\rangle\langle 0|) \otimes I^{(k)} + (H|1\rangle\langle 1|) \otimes D^{(k)}$$

$$= (H \otimes I^{(k)})(|0\rangle\langle 0| \otimes I^{(k)} + |1\rangle\langle 1| \otimes D^{(k)})$$

변환 $(|0\rangle\langle 0| \otimes I^{(k)} + |1\rangle\langle 1| \otimes D^{(k)})$는 높은 차수 큐비트에 의해 제어돼 $D^{(k)}$를 낮은 차수 큐비트에 작용한다. 즉, 이 변환은 비트 k가 1인 경우 $D^{(k)}$를 비트 0부터 비트 $k-1$까지 작용한다. $D^{(k)}$의 제어형 버전은 $D^{(k)}$로 만들어진 단일 큐비트 연산자를 비트 k에 의해 제어돼 비트 i에 작용시키는 k개의 2큐비트 제어형 게이트를 나열해서 구현할 수 있다. $D^{(k)}$와 $R^{(k)}$는 둘 다 $O(k)$회의 연산에 의해 구현될 수 있으므로, 재귀에서 k차 단계는 $U_F^{(n)}$의 구현에 $O(k)$개의 단계를 추가한다. 종합하면 $U_F^{(n)}$을 구현하는 데 $O(n2^n)$개의 게이트가 소모된다.

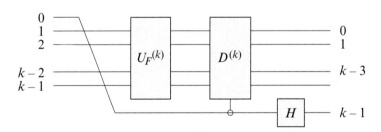

그림 7.8 푸리에 변환에 대한 재귀적 양자 회로

양자 푸리에 변환의 이 구현법에 대한 회로가 그림 7.8에 묘사돼 있다.

이 구현에 대한 재귀적 프로그램은

define $QFT |x[1]\rangle = H|x\rangle$

$QFT |x[n]\rangle =$

    $Swap |x_0\rangle|x_1 \cdots x_{n-1}\rangle$

    $QFT |x_0 \cdots x_{n-2}\rangle$

    $|x_{n-1}\rangle$ **control** $D^{(n-1)}|x_0 \cdots x_{n-2}\rangle$

    $H|x_{n-1}\rangle.$

이 된다.

7.9 참고문헌

고전적인 회로 복잡도는 골드라이히[Goldreich][131], 볼머[Vollmer][279]가 논의했다. 와트러스[Watrous][281]는 양자 복잡도 이론에 대해 탁월하고 광범위한 조사 보고서를 제시했다. 클리브[Cleve][85]가 작성한 더 오래된 조사 보고서는 와트러스와는 다르게 양자계산 복잡도뿐만 아니라 양자 통신 복잡도도 논의한다. 브라사드[59]와 드 볼프[de Wolf][97]는 둘 다 양자 통신 복잡도를 조사했다.

도이치는 [99]에서 도이치 문제의 1큐비트 버전에 대한 풀이를 설명했다. 세 가지 서브루틴은 호그[Hogg], 모촌[Mochon], 폴락[Polak], 리펠[Rieffel]이 논의했다[154]. 도이치와 조사는 [102]에서 그 문제의 n큐비트 버전과 그 풀이를 제시했다. 사이먼 문제는 [256]에서 풀이와 함께 소개됐다. 베른슈타인-바지라니 문제는 베른슈타인과 바지라니의 저술[49]에서 더 복잡한 문제의 일부분으로 처음 등장했다. 이 알고리듬에 대한 더 간단한 설명이 머민의 저술[209]에서 나온다. 그로버[144]와 테랄[Terhal]과 스몰린[Smolin][269]은 각자 독립적으로 이 문제와 그 풀이에 대한 양자 알고리듬을 재발견했다. 후자의 문헌에는 가능한 한 최선의 고전 알고리듬의 복잡도 증명을 포함한다.

7.5.4절의 예제는 브라사드, 클리브, 탭[Tapp][60]이 양자 통신 복잡도에 대한 연구에서 제시했다. 통신 복잡도의 다양한 개념은 [155, 96, 74]에서 논의한다.

빌즈[Beals] 등[35]은 많은 종류의 문제에 대해 양자계산이 전혀 속도 증가를 주지 않음을 증명했다. 그 기법은 여러 연구에서 다른 유형의 문제에 대해 하한선을 제시하는 데 사용된다.

베른슈타인과 바지라니[49]는 오류의 누적을 분석했는데, 그 결과는 양자계산을 시뮬레이션하는 데 필요한 정확도가 단계 수에 선형적으로만 증가함을 보여준다. 베넷 등[41]은 보다 접근하기 쉬운 다른 방식을 제시했다. 야오[287]는 양자 튜링 머신에서 다항 시간 내에 계산 가능한 어떤 함수도 다항식 크기의 양자 회로에서 계산 가능함을 보였다. 고전 튜링 머신과 부울 회로에 대해서도 같은 사실이 성립하는데, 그 증명은 피펜저Pippenger와 피셔Fischer의 논문[229]이나 파파디미트리우Papadimitriou의 책[223]에서 찾아볼 수 있다. 파파디미트리우의 책은 고전 복잡도 분류의 이해하기 쉬운 정의도 다루고, 존슨Johnson[164]의 저술에서도 볼 수 있다. 보파나Boppana와 M. 십서M. Sipser[55]는 부울 회로에 대한 고전 복잡도를 논의한다. 여기서 제시된 복잡도 결과에 대한 엄밀한 증명은 베르티옴Berthiaume과 브라사드[50]의 논문이나 베른슈타인과 바지라니의 논문[49]에서 찾을 수 있다.

푸리에 변환의 아이디어는 조지프 푸리에Joseph Fourier가 1822년에 저술한 책 『The Analytical Theory of Heat열에 대한 해석적 이론』까지 거슬러 올라간다[123]. 빠른 푸리에 변환 알고리듬은 쿨리Cooley와 투키Tukey[88]가 제안했고, 더 이해하기 쉬운 설명은 브리검Brigham[66], 코멘Cormen 등[90], 크누스Knuth[182], 스트랭Strang[264]의 저술에서 찾아볼 수 있다.

양자 푸리에 변환은 쇼어[250], 코퍼스미스Coppersmith[89]에 의해 독립적으로 개발됐으며, 도이치의 발표되지 않은 논문에서 개발됐다. 에커트와 조사[112]는 양자 푸리에 변환에 대해 여기서 보여준 몇 가지 회로도를 포함한 매력적인 설명을 제시한다. 양자 푸리에 변환의 근사적 구현은 바렌코[32] 등이 분석했다. 예를 들어 근사적 계산을 하는 몇 가지 응용 분야에 대해서는 더 좋은 성능을 이끌어낼 수 있음이 밝혀졌다.

아로노프Aharonov, 란다우Landau, 마코프스키Makowsky[12], 요란Yoran, 쇼트Short[288], 브라운Browne[67]은 입력이 곱 상태일 때 양자 푸리에 변환의 출력을 측정해서 얻은 것과 같은 분포로부터 추출하는 방법을 제시하는 효율적인 고전 알고리듬이 존재한다는 점에서, 양자 푸리에 변환이 고전 컴퓨터에서 효율적으로 시뮬레이션될 수 있음을 보였다. 브라운은 더 넓은 범위의 입력 상태에 적용되는 양자 푸리에 변환의 효율적인 고전적 시뮬레이션 기법을 보였다. 특정한 다른 입력 상태에 대해 양자 푸리에 변환의 출력 분포를 효율적으로 시뮬레이션하는 방법은 알려지지 않았다. 그런 상태 중 하나는 모든 입력의 중첩 상태에 적용됐을 때 6.5.6절의 모듈러 지수 함수의 출력이다. 그런 분포로부터 표본 추출

232

을 고전적으로 그리고 효율적으로 시뮬레이션하는 것이 가능하다면 8장에서 설명하듯이 쇼어 알고리듬이 고전적으로 시뮬레이션할 수 있어서, 인수분해 문제에 대한 효율적인 고전적 풀이가 유도된다. 이런 이유로 그런 시뮬레이션은 불가능한 것으로 의심된다.

7.10 연습 문제

연습 문제 7.1 5.6절의 표준 회로 모형에서, 계산은 양자 게이트를 작용시키는 것으로 바뀐다. 측정은 끝에서만 수행된다. 그 대신, 계산이 다음과 같이 수행된다고 생각해보자. 게이트 $G_0, G_1, \ldots, G_n$을 작용하고, 큐비트 i를 표준 기저에서 측정하며 두 번 다시 사용되지 않는다. 만약 측정 결과가 0이라면, 게이트 $G_{01}, G_{02}, \ldots, G_{0k}$를 작용한다. 그 결과가 1이라면 게이트 $G_{11}, G_{12}, \ldots, G_{1l}$을 작용한다. 표준 회로 모형을 써서, 마지막에만 측정해 이 계산을 수행하는 단일 양자회로를 찾아라.

연습 문제 7.2 식 7.1을 증명하라.

$$\sum_{x=0}^{2^n-1} (-1)^{x \cdot y} = \begin{cases} 2^n & y = 0\text{인 경우} \\ 0 & \text{그 외} \end{cases}$$

연습 문제 7.3 f와 g가 n비트 문자열의 공간에서 m비트 문자열의 공간으로 가는 함수라고 하자. $f(x) = g(x)$인 기저 상태 $|x\rangle$의 부호만을 정확히 바꾸고, f와 g가 효율적 구현을 갖는 경우, 효율적인 양자 서브루틴을 설계하라.

연습 문제 7.4

a. 도이치 문제를 풀기 위해 어떤 고전 알고리듬이라도 C_f를 적어도 2번은 호출해야 함을 증명하라.

b. 도이치-조사 문제를 확실히 풀기 위해 어떤 고전 알고리듬이라도 C_f를 적어도 $2^{n-1} + 1$번은 호출해야 함을 증명하라.

c. $2^{n-1} + 1$보다 더 적은 횟수의 호출을 사용해서 높은 확률로 도이치-조사 문제를 푸는 고전적인 접근법을 설명하라. 그 접근법의 성공 확률을 호출 횟수의 함수로 계산하라.

연습 문제 7.5 블랙박스를 $O(2^{n/2})$번 호출해 사이먼 문제를 푸는 고전 풀이를 보이고, 그 고전 알고리듬을 설명하라.

연습 문제 7.6 7.5.4절의 분산 계산 알고리듬에서 $u = v$일 때 모든 $x \neq y$에 대해 $|\langle x, y | \psi \rangle|^2$ 임을 직접 보여라.

연습 문제 7.7 빠른 푸리에 변환 분해

a. $k < l$에 대해, 푸리에 변환 $U_F^{(k)}$에 대한 $2^k \times 2^k$ 행렬의 성분 $F_{ij}^{(k)}$를 $\omega_{(l)}$를 써서 적어라.

b. 모든 $i \in Z$에 대해 $-\omega_{(k)}^i = \omega_{(k)}^{m+i}$가 되는 m을 k에 대해 찾아라.

c. 다음의 곱을 계산하고, 마지막에는 각 성분을 $\omega_{(k)}$의 거듭제곱으로 적어라.

$$\begin{pmatrix} I^{(k-1)} & D^{(k-1)} \\ I^{(k-1)} & -D^{(k-1)} \end{pmatrix} \begin{pmatrix} U_F^{(k-1)} & 0 \\ 0 & U_F^{(k-1)} \end{pmatrix}$$

d. A가 열 벡터로 A_j를 가지는 임의의 $2^k \times 2^k$ 행렬이라고 하자. 곱행렬 $AR^{(k)}$은 단지 그 열 벡터의 치환이다. $AR^{(k)}$의 곱에서 열 벡터 A_j는 어디에 있는가?

e. 다음을 확인하라.

$$U_F^{(k)} = \frac{1}{\sqrt{2}} \begin{pmatrix} I^{(k-1)} & D^{(k-1)} \\ I^{(k-1)} & -D^{(k-1)} \end{pmatrix} \begin{pmatrix} U_F^{(k-1)} & 0 \\ 0 & U_F^{(k-1)} \end{pmatrix} R^{(k)}$$

연습 문제 7.8 양자 하드웨어에 대해서는 아는 것이 거의 없지만, 물리적으로 멀리 떨어진 큐비트는 구현이 어려울 수 있기 때문에 그런 큐비트를 포함한 다수 큐비트 변환을 원하지 않을 것이라는 점은 그럴 듯하다. 그런 변환을 피하기 위해 여기서 제시했던 구현을 조금 바꿔볼 수 있다.

a. 입력 큐비트를 교환하는 대신에 출력 큐비트의 순서를 바꾸도록, 푸리에 변환에 대해 그림 7.8과 같은 양자 회로를 제시하라.

b. 단일 큐비트 변환과 이웃한 큐비트에 대한 2큐비트 변환만을 포함하도록 푸리에 변환 $U_F^{(3)}$에 대한 완전한 양자 회로를 제시하라. 5.2.4절에서 정의된 2큐비트 교환 연산자를 사용할 수도 있다.

08

쇼어 알고리듬

1994년 사이먼 알고리듬에 영감을 얻어서 피터 쇼어는 정수를 인수분해하기 위한 제한된 확률을 갖고 다항 시간 내에 작동하는 양자 알고리듬을 알아냈다. 1970년대 이래, 학자들은 정수를 인수분해하는 효율적인 알고리듬을 찾아왔다. 지금까지 알려진 가장 효율적인 고전 알고리듬은 수체 체$^{number field sieve}$로, 입력의 크기에 대해 초다항 시간이 걸린다. 이 알고리듬은 인수분해하려는 M을 입력받는다. 입력 M은 M자리의 목록으로 주어지며, 따라서 그 입력 크기는 $m = \lceil \log M \rceil$이 된다. 수체 체는 $O(\exp(m^{1/3}))$단계가 필요하다. 사람들은 널리 사용되는 RSA 알고리듬과 같은 많은 암호 체계의 보안성이 이 문제의 계산 난이도에 의존할 정도로 인수분해가 효율적으로 이뤄질 수 없다는 점에 충분한 자신감을 갖고 있다. 쇼어의 결과는 학계를 크게 놀라게 했고, 양자계산에 많은 관심을 불러일으켰다.

쇼어의 인수분해 알고리듬은 함수의 주기를 찾아주는 빠른 방법을 제공한다. 인수분해 문제를 어떤 함수의 주기를 찾는 문제로 바꿔주는 표준적인 고전적 축약법은 오랫동안 알려져 있다. 쇼어의 알고리듬은 이 함수의 모든 값의 중첩 상태를 한번에 생성하는 양자 병렬성을 사용한다. 즉, 주기의 역수의 배수에 가까운 상태에 진폭이 몰려 있는 상태를 효율적으로 만들기 위해 양자 푸리에 변환을 사용한다. 이 상태를 측정하면 고전적인 방법에 의해 높은 확률로 주기를 추출할 수 있다. 그러면 이 주기는 M을 인수분해하는 데 사용된다.

7.8.2절에서 쇼어 알고리듬의 양자역학적 부분에서 가장 중요한 부분, 즉 양자 푸리에 변환을 다뤘다. 나머지 복잡한 부분은 고전적인 부분으로, 특히 측정값에서 주기를 추출하는 것이다.

8.1절은 인수분해 문제를 함수의 주기를 찾는 문제로 바꾸는 고전적인 방법을 설명한다. 8.2절은 쇼어 알고리듬을 자세히 설명하고, 8.3절에서는 쇼어 알고리듬을 구체적인 예제를 들어서 더 깊이 들어간다. 8.4절에서는 쇼어 알고리듬의 효율성을 분석한다. 8.5절에서는 알고리듬 도중에 수행된 측정이 생략된 쇼어 알고리듬의 변형을 설명한다. 8.6절은 쇼어의 인수분해 알고리듬을 일반화해서 풀 수 있는 두 문제를 정의한다. 하나는 이산로그 문제이고, 다른 하나는 숨은 가환 부분군 문제다. 부록 B에서 이 문제를 풀이하는 쇼어 알고리듬의 일반화를 설명하며, 일반적인 숨은 부분군 문제의 어려움에 대해 논의한다.

8.1 주기 찾기의 고전적인 축약법

모듈러 M에서 정수 a의 위수^{order}는 $a^r = 1 \bmod M$을 만족하는 가장 작은 정수 $r > 0$이다. 만약 그런 정수가 존재하지 않는다면 위수는 무한대로 한다. 만약 두 정수가 소수인 인수를 공통으로 가지지 않는다면 서로소^{relatively prime}라고 한다. a와 M이 서로소인 한, a의 위수는 유한하다. 함수 $f(k) = a^k \bmod M$을 생각해보자. M과 서로소인 a에 대해, $a^k = a^k + r \bmod M$인 것과 $a^r = 1 \bmod M$인 것은 서로 필요충분조건이므로 모듈러 M에서 a의 위수 r은 f의 주기이다. 만약 $a^r = 1 \bmod M$이고 r이 짝수라면,

$$(a^{r/2} + 1)(a^{r/2} - 1) = 0 \bmod M$$

이라고 적을 수 있다. $a^{r/2} + 1$이나 $a^{r/2} - 1$이 둘 다 M의 배수가 아닌 한, $a^{r/2} + 1$과 $a^{r/2} - 1$은 M에 대해 둘 다 자명하지 않은 공약수를 가진다. 따라서 만약 r이 짝수라면, $a^{r/2} + 1$과 $a^{r/2} - 1$은 M에 대해 자명하지 않은 공약수를 가질 가능성이 있다. 이 성질은 M을 인수분해하는 데 다음의 전략을 제안한다.

- 정수 a를 무작위적으로 골라서 $f(k) = a^k \bmod M$의 주기 r을 결정한다.

- r이 짝수라면 유클리드 알고리듬을 써서 $a^{r/2} + 1$과 M의 최대공약수를 효율적으로 계산한다.
- 필요하다면 이 과정을 반복한다.

이 방법으로 M을 인수분해하는 것은 다른 어려운 문제, $f(k) = a^k \bmod M$이라는 함수의 주기를 계산하는 것으로 바뀐다. 쇼어의 양자 알고리듬은 함수의 주기를 효율적으로 찾는 문제를 공략한다.

8.2 쇼어의 인수분해 알고리듬

8.2.1절과 8.2.2절에서 쇼어의 인수분해 알고리듬을 자세히 설명하기 전에 대략적인 흐름을 설명하겠다. 양자계산은 다음 중 두 번째 부분과 세 번째 부분에서만 필요하며, 나머지 부분은 대부분 고전계산 장치에서도 처리할 수 있다.

1. $0 < a < M$인 정수 a를 무작위로 고른다. 유클리드 알고리듬을 사용해 a와 M이 서로소인지 알아낸다. 만약 아니라면 M의 인수를 알아낸 것이다. 그렇지 않다면 다음 과정을 수행한다.
2. 양자 병렬성을 사용해 중첩된 입력 상태에 $f(x) = a^x \bmod M$을 계산하고, 그 결과에 양자 푸리에 변환을 작용한다. 8.2.2절은 입력값으로 $x = \{0, \ldots, 2^n - 1\}$을 고려하면 충분하다는 것을 보일 것이다. 여기서 n은 $M^2 \le 2^n < 2M^2$이다.
3. 측정한다. 높은 확률로 $\frac{2^n}{r}$의 배수에 가까운 값 v를 얻을 것이다.
4. 고전적인 방법을 써서 v 값에서 예상되는 주기 q를 얻는다.
5. q가 짝수라면, 유클리드 알고리듬을 써서 $a^{q/2} + 1$(또는 $a^{q/2} - 1$)이 M과 자명하지 않은 공약수를 갖는지 조사한다.
6. 필요하다면 이 과정을 반복한다.

8.2.1절과 8.2.2절에서는 쇼어 알고리듬을 더 자세히 설명하겠다. 8.3절에서는 특정한 M과 a 값의 예를 들어 계산해본다.

8.2.1 양자적 핵심

양자 병렬성을 사용해 중첩 상태 $\sum_x |x, f(x)\rangle$를 만든 다음 쇼어 알고리듬의 두 번째 부분에서 양자 푸리에 변환을 작용한다.

$f(x) = a^x \bmod M$을 고전적으로 효율적으로 계산할 수 있으므로, 6장의 결과는 다음의 변환이 효율적인 구현을 갖는다는 것을 뜻한다(전체 알고리듬의 효율성은 8.4절에서 논의한다).

$$U_f : |x\rangle|0\rangle \rightarrow |x\rangle|f(x)\rangle$$

U_f와 양자 병렬성을 사용하면 다음의 중첩 상태를 얻는다.

$$\frac{1}{\sqrt{2^n}} \sum_{x=0}^{2^n-1} |x\rangle|f(x)\rangle \tag{8.1}$$

만약 두 번째 레지스터를 측정한다면 분석은 간단해진다. 8.5절에서 알고리듬의 결과나 효율성에 영향을 주지 않고 이 측정을 생략할 수 있는 방법을 보이겠다.

두 번째 레지스터를 측정하면 $f(x)$에 대한 u 값이 무작위적으로 반환되며, 그 상태는 다음과 같이 된다.

$$C \sum_x g(x)|x\rangle|u\rangle \tag{8.2}$$

여기서,

$$g(x) = \begin{cases} 1 & f(x) = u \text{인 경우} \\ 0 & \text{그 외} \end{cases}$$

이고 C는 적당한 척도 인자다. u의 값에는 관심이 없고 두 번째 레지스터가 첫 번째 레지스터와 더 이상 얽혀 있지 않으므로 무시해도 된다. 함수 $f(x) = a^x \bmod M$은 $f(x) = f(y)$인 조건이 x와 y가 주기의 배수만큼 다른 것과 필요충분조건이라는 성질을 갖기 때문에, 위의 합에서 남아 있는 x의 값은 $g(x) \neq 0$이며, 서로 그 주기만큼 떨어져 있다. 따라서 함수 g는 함수 f와 같은 주기를 가진다. 만약 어떻게 해서든 서로 연속된 두 항의 값을 알아낼 수 있다면 주기를 알아낸 것이다. 안타깝게도 양자 물리의 법칙은 1번의 측정으로부터 x의 값 중 단 하나만을 무작위적으로 얻도록 해준다. 이 과정을 반복하는 것은 도움이 안 되는데, $f(x)$의 같은 값 u를 측정하는 경우가 거의 발생하지 않기 때문에 2번 실행해서 얻은 두 값 x는 서로 관련이 없을 것이다.

이 상태의 첫 번째 레지스터에 양자 푸리에 변환을 작용하면 다음 식과 같이 된다.

$$U_F(C \sum_x g(x)|x\rangle) = C' \sum_c G(c)|c\rangle \tag{8.3}$$

여기서 $G(c) = \sum_x g(x) \exp(\frac{2\pi i c x}{2^n})$이다. 7.8.2절의 분석에 따르면 c가 $2^n/r$의 배수인 경우를 제외하면 함수 $g(x)$의 주기 r이 2의 거듭제곱일 때 $G(c) = 0$이다. 주기 r이 2^n을 나누지 못하는 경우, 양자 푸리에 변환은 정확한 2의 거듭제곱인 경우를 근사하며, 대부분의 진폭은 $\frac{2^n}{r}$의 배수에 가까운 정수에 몰려 있게 된다. 이런 이유로, 측정은 높은 확률로 $\frac{2^n}{r}$의 배수에 가까운 값 v를 유도한다. 이 알고리듬의 양자적 핵심은 이제 완성됐다. 8.2.2절에서 v를 고전적으로 사용해 주기를 잘 추측하는 방법을 알아보겠다.

8.2.2 측정된 값에서 주기를 고전적으로 추출하기

이번 절에서는 쇼어 알고리듬의 양자적 핵심에서 측정으로 얻은 값 v로부터 주기를 추출하기 위한 순수한 고전적 알고리듬을 설명하겠다. 주기 r이 2의 거듭제곱일 때 양자 푸리에 변환은 $2^n/r$의 정확한 배수를 주며, 이는 주기를 추출하기 쉽게 해준다. 이 경우, 측정된 값 v는 어떤 j에 대해 $j\frac{2^n}{r}$과 같다. 대체로 j와 r은 서로소일 것이므로, 그 경우 분수 $\frac{v}{2^n}$을 약분해서 얻은 분수 $\frac{j}{r}$은 그 분모가 주기 r이 된다. 이 절의 나머지 부분은 r이 2의 거듭제곱이 아닐 때 r을 잘 추측하는 방법을 설명하겠다.

일반적으로 양자 푸리에 변환은 척도가 조절된 진동수의 배수에 대해 근삿값만을 주며, 이것은 측정 결과에서 주기를 추출하는 것을 복잡하게 만든다. 주기가 2의 거듭제곱이 아닐 때, 주기를 잘 추측하는 것은 상자 8.1에서 설명하는 $\frac{v}{2^n}$의 연분수 전개로부터 얻을 수 있다. 쇼어는 v가 높은 확률로 $\frac{2^n}{r}$의 어떤 배수, 가령 $j\frac{2^n}{r}$이라고 하면, 그 배수와 $\frac{1}{2}$ 이내로 떨어져 있음을 보였다. 측정된 값 v에서 주기 r을 추출하려고 시도하다 보면 n이 $M^2 \le 2^n < 2M^2$를 만족하도록 선택한 이유가 분명해진다. 높은 확률로 어떤 j에 대해

$$\left| v - j\frac{2^n}{r} \right| < \frac{1}{2}$$

이 성립하는 경우, 왼쪽 부등식 $M^2 \leq 2^n$은 다음을 뜻한다.

$$\left| \frac{v}{2^n} - \frac{j}{r} \right| < \frac{1}{2 \cdot 2^n} \leq \frac{1}{2M^2}$$

일반적으로 분모가 M보다 작은 서로 다른 두 분수 $\frac{p}{q}$와 $\frac{p'}{q'}$의 차이는 다음과 같이 한정된다.

$$\left| \frac{p}{q} - \frac{p'}{q'} \right| = \left| \frac{pq' - p'q}{qq'} \right| > \frac{1}{M^2}$$

따라서 적어도 하나의 분수 $\frac{p}{q}$가 있어서 분모 $q < M$을 갖고 $\left| \frac{v}{2^n} - \frac{p}{q} \right| < \frac{1}{M^2}$을 만족한다. 높은 확률로 v가 $j\frac{2^n}{r}$과 $\frac{1}{2}$ 이내로 떨어진 경우 이 분수는 $\frac{j}{r}$이 될 것이다. 분수 $\frac{p}{q}$는 연분수 전개를 사용해 계산할 수 있다(상자 8.1 참고). 그렇게 얻은 분수의 분모 q를 우리가 추측한 주기라고 두자. 이 추측은 j와 r이 서로소인 경우에는 항상 정확할 것이다.

상자 8.1 연분수 전개

$\frac{v}{2^n}$에서 $\frac{1}{M^2}$ 이내에 있으면서 M보다 작은 분모를 가지는 유일한 분수꼴은 $\frac{v}{2^n}$의 연분수 전개로부터 다음과 같이 효율적으로 얻을 수 있다. $[x]$를 x보다 작은 최대의 정수라고 하자. 다음의 수열을 사용하면 $q_i < M \leq q_{i+1}$인 첫 번째 분수꼴 $\frac{p_i}{q_i}$를 계산할 수 있다.

$$a_0 = \left[\frac{v}{2^n} \right]$$

$$\epsilon_0 = \frac{v}{2^n} - a_0$$

$$a_i = \left[\frac{1}{\epsilon_{i-1}} \right]$$

$$\epsilon_i = \frac{1}{\epsilon_{i-1}} - a_i$$

$$p_0 = a_0$$
$$p_1 = a_1 a_0 + 1$$
$$p_i = a_i p_{i-1} + p_{i-2}$$
$$q_0 = 1$$
$$q_1 = a_1$$
$$q_i = a_i q_{i-1} + q_{i-2}$$

8.3 쇼어 알고리듬을 설명하는 예제

이번 절에서는 정수 $M = 21$을 인수분해하면서 쇼어 알고리듬의 작동을 설명한다. $M^2 = 441 \leq 2^9 < 882 = 2M^2$이기 때문에, $n = 9$로 정한다. $\lceil \log M \rceil = m = 5$이므로, 두 번째 레지스터는 5큐비트가 필요하다. 따라서

$$\frac{1}{\sqrt{2^9}} \sum_{x=0}^{2^9-1} |x\rangle |f(x)\rangle \tag{8.4}$$

는 14큐비트 상태이며, 첫 번째 레지스터는 9큐비트이고 두 번째 레지스터는 5큐비트다.

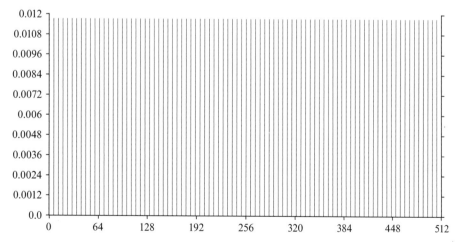

그림 8.1 식 8.2에서 얻은 상태 $C \sum_{x \in X} |x, 8\rangle$을 측정했을 때 x를 측정할 확률. 여기서 $X = \{x | 11^x \bmod 21 = 8\}$이다.

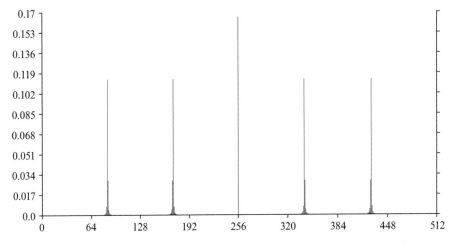

그림 8.2 푸리에 변환을 수행한 후의 양자 상태의 확률분포

무작위로 고른 정수가 $a = 11$이고, 식 8.1의 중첩 상태에 있는 두 번째 레지스터의 양자 측정

$$\frac{1}{\sqrt{2^9}} \sum_{x=0}^{2^9-1} |x\rangle |f(x)\rangle \tag{8.5}$$

가 $u = 8$이 됐다고 하자. 이 측정 후 첫 번째 레지스터의 상태는 그림 8.1에 나타나 있는데, 여기서 f의 주기성이 뚜렷하게 보인다.

그림 8.2는 이 상태에 양자 푸리에 변환을 작용했을 때의 결과를 보여준다. 즉, 이 그래프는 그림 8.1에 나온 함수의 빠른 푸리에 변환의 그래프다. 이 특정한 예제에서 주기 f는 2^n을 나누지 못하며, 이것이 확률분포가 각 값에서 한 줄로 뾰족하게 솟는 대신에 $2^n/r$의 배수 주변에 퍼져 있는 이유다.

상태를 측정해서 $v = 427$이 나왔다고 하자. v와 2^n이 서로소이므로, 상자 8.1의 연분수 전개를 사용해 주기의 q를 추측해볼 수 있다. 다음 표가 연분수 알고리듬을 따라간다.

i	a_i	p_i	q_i	ϵ_i
0	0	0	1	0.8339844
1	1	1	1	0.1990632
2	5	5	6	0.02352941
3	42	211	253	0.5

이 알고리듬은 $6 = q_2 < M \le q_3$에서 끝난다. 따라서 $q = 6$이 f의 주기에 대한 추측이다.

6이 짝수이기 때문에 $a^{6/2} - 1 = 11^3 - 1 = 1330$이고 $a^{6/2} + 1 = 11^3 + 1 = 1332$는 둘 다 M과 공약수를 가질 것이다. 이 예제에 대해서는 $\gcd(21, 1330) = 7$이고 $\gcd(21, 1332) = 3$이다.

8.4 쇼어 알고리듬의 효율

이번 절에서는 각 부분을 구현하는 데 필요한 게이트 수 또는 고전적인 단계 수 그리고 알고리듬에서 반복돼야 하는 예상 횟수를 검토해 쇼어 알고리듬의 효율을 생각해보겠다.

$x > y$인 정수에 대한 유클리드 알고리듬은 최대 $O(\log x)$단계가 필요하며, 쇼어 알고리듬의 첫 번째 부분과 다섯 번째 부분은 모두 $O(\log M) = O(m)$단계가 필요하다. 네 번째 부분에서 사용된 연분수 알고리듬은 유클리드 알고리듬과 관계가 있으며, 따라서 $O(m)$단계가 필요하다. 세 번째 부분에서 m개 큐비트를 측정하는 부분은 8.5절에서 설명하겠지만 생략해도 된다. 두 번째 부분은 U_f를 계산하는 것과 양자 푸리에 변환을 계산하는 것으로 구성된다. 7.8.2절에서 m큐비트에 대한 양자 푸리에 변환이 $O(m)$단계가 필요함을 보였다. 6.4절에서 제시한 모듈러 거듭제곱 알고리듬은 $O(n^3)$단계가 필요하며 U_f의 구현에 사용될 수 있다. 변환 U_f는 쇼어의 설명에 따르면 알려져 있는 가장 효율적인 고전적 기법에 기반한 모듈러 거듭제곱 알고리듬을 사용해 더 효율적으로 구현될 수 있으며, $O(n^2 \log n \log \log n)$시간과 $O(n \log n \log \log n)$ 공간 내에 실행된다. 이 결과는 쇼어 알고리듬을 1번 수행하는 데 걸리는 전체적인 실행 시간이 U_f의 계산에 달려 있음을 보여주며, 이 알고리듬을 1번 실행하는 전체적인 시간 복잡도가 $O(n^2 \log n \log \log n)$임을 보여준다.

쇼어의 알고리듬이 효율적임을 보이려면 위의 절차를 너무 여러 번 반복할 필요가 없다는 것도 보여야 한다. 네 가지 방식으로 잘못될 수 있다.

- $f(x) = a^x \bmod M$의 주기가 홀수다.
- 네 번째 부분에서 M을 M의 약수로써 유도할 수 있다.
- 세 번째 부분에서 얻어진 v값이 $\frac{2^n}{r}$의 배수에 충분히 가깝지 않다.
- v에서 $\frac{2^n}{r}$의 배수 $j\frac{2^n}{r}$을 얻었는데 j와 r이 공약수를 갖고 있어서 q는 주기 그 자체가 아니라 실제로는 주기의 약수다.

처음 두 번째 문제는 고전적 축약법에서 나타나는데, 표준적인 고전적 논증은 그럴 확률을 최대 1/2로 제한한다. r이 2^n을 나누는 경우, 세 번째 문제는 발생하지 않는다. 쇼어는 일반적인 경우 v가 높은 확률로 $\frac{2^n}{r}$의 배수와 1/2 이내로 떨어져 있음을 보였다. 네 번째 문제에 대해서는 r이 2^n을 나누는 경우에는 모든 출력 $v = j\frac{2^n}{r}$이 나올 가능성이 똑같음을 보이는 것이 어렵지 않다. 즉, 양자 푸리에 변환을 작용한 후의 상태는 다음과 같다.

$$C' \sum_{c=0}^{2^n-1} G(c)|c\rangle$$

여기서,

$$G(c) = \sum_{x \in X_u} \exp(2\pi i \frac{cx}{2^n}) = \sum_{y=0}^{2^n/r} \exp(2\pi i \frac{cry}{2^n})$$

이며, $X_u = \{x | f(x) = u\}$이다. 7.8.1절에서 언급했듯이 마지막 급수는 c가 $2^n/r$의 배수일 때는 1이고 그 외에는 0이다. 따라서 이 경우 $j = \{0, \ldots, r-1\}$은 똑같은 확률로 나온다. j로부터, r과 j가 서로소, 즉 $\gcd(r, j) = 1$일 때 주기 r을 정확히 구할 수 있다. r보다 작고 r과 서로소인 정수의 수는 유명한 오일러 ϕ 함수로 주어진다. 이것은 어떤 상수 δ에 대해 $\phi(r) \geq \delta/\log \log r$을 만족한다고 알려져 있다. 따라서 높은 성공 확률을 얻기 위해서는 이 부분을 $O(\log \log r)$번만 반복하면 된다. r이 2^n을 나누지 않는 일반적인 경우에 대한 논증은 보다 복잡하지만 같은 결과가 나온다.

8.5 내부 측정의 생략

쇼어 알고리듬의 세 번째 부분에서 u를 얻기 위한 식 8.1의 상태 중 두 번째 레지스터 측정은 완전히 건너뛸 수 있다. 이 절에서는 왜 이 측정을 생략할 수 있는지 직관적으로 설명하고, 이어서 증명을 엄밀히 제시하겠다.

만약 그 측정이 생략된다면 이 상태는 몇 개의 주기적 함수들의 중첩 상태로 이뤄지며, 각각은 $f(x)$의 값 중 하나로 모두 같은 주기를 갖는 수들이다. 양자변환의 선형성에 의해, 양자 푸리에 변환을 작용하면 이 함수의 푸리에 변환의 중첩 상태가 된다. 다른 함수는 중첩 상태에서 서로 구분되도록 유지되며, 두 번째 레지스터의 u값이 달라서 서로 간섭하지 않는다. 첫 번째 레지스터를 측정하면 이 푸리에 변환 중 하나의 값을 주며, 그 값은 앞서 말했듯이 어떤 j에 대해 $j\frac{2^n}{r}$에 가까울 것이고, 앞에서와 같은 방식으로 주기를 얻는 데 사용할 수 있다. 그러면 이 논증을 엄밀하게 만드는 방법을 살펴보며, 양자 중첩을 다룰 때 미묘한 몇 가지 부분을 설명하겠다.

$X_u = \{x \mid f(x) = u\}$라고 하자. 식 8.1의 상태는 다음과 같이 적을 수 있다.

$$\frac{1}{\sqrt{2^n}} \sum_{x=0}^{2^n-1} |x\rangle |f(x)\rangle = \frac{1}{\sqrt{2^n}} \sum_{u \in R} \sum_{x \in X_u} |x\rangle |u\rangle$$

$$= \frac{1}{\sqrt{2^n}} \sum_{u \in R} \left(\sum_{x=0}^{2^n-1} g_u(x)|x\rangle \right) |u\rangle$$

여기서 R은 $f(x)$의 치역이고 g_u는 u로 표시된 함수 분류로,

$$g_u(x) = \begin{cases} 1 & f(x) = u\text{인 경우} \\ 0 & \text{그 외} \end{cases}$$

두 번째 레지스터에서 u가 다른 상태에 있는 진폭들은 서로 간섭 현상(보강 간섭 또는 상쇄 간섭)이 일어나지 않는다. $U_F \otimes I$ 변환을 앞의 상태에 작용한 결과는 다음처럼 적을 수 있다.

$$U_F \otimes I \left(\frac{1}{\sqrt{2^n}} \sum_{u \in R} \left(\sum_{x=0}^{2^n-1} g_u(x)|x\rangle \right) |u\rangle \right) = \frac{1}{\sqrt{2^n}} \sum_{u \in R} \left(U_F \sum_x g_u(x)|x\rangle \right) |u\rangle$$

$$= C' \sum_{u \in R} \left(\sum_{c=0}^{2^n-1} G_u(c)|c\rangle \right) |u\rangle$$

여기서 $G_u(c)$는 $g_u(x)$의 이산 푸리에 변환이다. 이 결과는 식 8.3에서 가능한 모든 u에 대한 상태들의 중첩 상태다. g_u가 모두 같은 주기를 가지므로, 이 상태의 첫 번째 부분을 측정하면 $2^n/r$의 배수에 가까운 c가 나오며, 이것은 원래 알고리듬에서 두 번째 레지스터를 측정했을 때 발생한 것과 같은 상황이다.

8.6 일반화

쇼어의 원래 논문은 양자 인수분해 알고리듬뿐만 아니라 이산 로그 문제와 관련된 알고리듬도 다뤘다. 쇼어의 양자 알고리듬을 더 일반화하면 숨은 부분군 문제의 일반적인 분류로 귀결되는 문제를 얻을 수 있다. 다음 두 절, 8.6.1절과 8.6.2절은 군론에 관한 지식이 필요하다. 군론에 익숙하지 않은 독자라면 이 절을 건너뛰어도 좋다. 이 결과는 부록 B와 더 최근의 알고리듬 결과를 살펴보는 마지막 장을 제외하면 이 책의 나머지 부분에서는 사용되지 않는다. 군론의 기초는 상자에 요약해둔다.

8.6.1 이산 로그 문제

이산 로그 문제도 암호 이론에서 중요하다. 예를 들면 디피-헬만Diffie-Hellman 기법과 엘가말El Gamal 기법 그리고 타원 곡선 공개 키 암호화가 여전히 이 유형의 문제로 고전적인 어려움이 남아 있다. 사실 모든 표준 공개 키 암호화 체계와 디지털 서명 기법은 인수분해나 이산 로그 문제에 기반한다. 전자상거래와 통신은 그 보안성과 효율성을 공개 키 암호화와 전자서명 기법에 의존한다. 고전적인 공격과 양자적인 공격에 대해 안전하다고 믿어도 되는 공개 키 암호화 체계가 양자 컴퓨터가 만들어지기 전에 개발될 것인지는 현재 확실치 않다. 만약 양자 컴퓨터가 이 경쟁에서 승리하면 실질적인 함의는 엄청날 것이다. 일단 양자 컴퓨터가 현실이 되면 현재 사용 중인 모든 공개 키 암호화 체계는 완전히 보안이 뚫릴 것이다.

$\mathbf{Z}_p^*$가 모듈러 p의 곱에 대한 정수의 군group $\{1, \ldots, p-1\}$이라고 하자. 그리고 b가 이 군의 생성원generator이라고 하자($p-1$과 서로소인 어떤 b라도 된다). 밑이 b일 때 $y \in \mathbf{Z}_p^*$의 이산 로그는 $b^x = y \bmod p$인 원소 $x \in \mathbf{Z}_p^*$다.

이산 로그 문제 소수 p, 밑 $b \in \mathbf{Z}_p^*$, 임의의 원소 $y \in \mathbf{Z}_p^*$가 주어져 있을 때, $b^x = y \bmod p$를 만족하는 $x \in \mathbf{Z}_p^*$를 찾아라.

p가 큰 경우, 이 문제는 계산적으로 풀기 어렵다. 어떤 큰 G에 대해서는 고전적으로 풀기 어렵진 않지만 이산 로그 문제는 임의의 유한 순환군 G에 대해 일반화시킬 수 있다. 이산 로그는 가환 숨은 부분군 문제Abelian hidden subgroup problem의 특수한 경우다. 부록 B는 가환 숨은 부분군 문제에 대한 일반적인 알고리듬에서 특수한 경우에 대한 쇼어의 기초적인 원래의 이산 로그 알고리듬을 유도한다. 다음 절에서는 숨은 부분군 문제를 논의한다.

8.6.2 숨은 부분군 문제

숨은 부분군이라는 작업 틀은 지금까지 논의했던 많은 문제와 양자 알고리듬을 포함한다. 이 작업 틀을 이해하는 것은 군론에 대한 경험이 필요하다. 군의 정의는 상자 8.2에 요약했으며, 예제도 있다. 상자 8.3은 군과 부분군의 몇 가지 특성을 정의한다. 상자 8.4는 가환군을 논의한다.

숨은 부분군 문제 G가 군이라고 하자. 부분군 $H < G$가 G에 관한 함수 f에 의해 묵시적으로 정의된다고 하자. f는 H의 각 잉여류에 대해 상수이며 서로 다르다. H의 생성원의 집합을 찾아라.

목표는 어떤 k에 대해 $O((\log|G|)^k)$단계 내에 H의 생성원 집합을 계산하는 로그 다항식적인 알고리듬을 찾는 것이다. 이 문제의 어려움은 G와 F에 의존할 뿐만 아니라 G가 주어졌다는 말이 무슨 뜻인가에도 의존한다. 몇 가지 유용한 성질은 군의 특정한 설명과 다른 성질로부터 즉시 알아내기는 어려울 수 있다. 예를 들어 생성원과 관계를 정의하는 집

합과 같이 특정 유형의 설명으로부터 군의 크기를 계산하는 것은 계산적으로 어려운 것으로 알려져 있다. 또한 f 자체가 로그 다항 시간 내에 계산 가능한 경우에만 로그 다항 시간 해법이 찾아지길 바랄 수 있다.

상자 8.2 군

군^{group}은 이항연산 ∘이 있는 공집합이 아닌 집합 G로, 다음을 만족한다.

- (폐포) G의 임의의 두 원소 g_1과 g_2에 대해 그 곱 $g_1 \circ g_2$도 G의 원소다.
- 항등원^{identity} $e \in G$가 있어서 $e \circ g = g \circ e = g$를 만족하며,
- 모든 원소 $g \in G$에 대한 역원^{inverse} $g^{-1} \in G$가 있어서 $g \circ g^{-1} = g^{-1} \circ g = e$를 만족한다.

연관된 이항연산은 일반적으로 군의 곱^{product}으로 부른다. 곱은 ∘을 생략하고 간단히 맞붙여 놓는 것으로 나타내기도 한다. 즉, $g_1 \circ g_2$를 간단히 $g_1 g_2$로 적는다. 어떤 군에 대해서는 다른 기호를 이항연산으로 사용할 수 있다.

다음과 같은 군의 사례가 있다.

- 정수 $\{0, 1, \ldots, n-1\}$은 모듈러 덧셈 n에 대해 군을 이룬다. 이 군은 $\mathbf{Z}_n$으로 적으며, 이항연산자 $+$를 가진다.
- k비트 문자열에 대해 $\mathbf{Z}_2^k$는 비트별로 모듈러 덧셈 2에 대해 군을 이룬다.
- 소수 p에 대해 정수집합 $\{1, \ldots, n-1\}$은 모듈러 p에 대해 군 $\mathbf{Z}_p^*$를 이룬다.
- n차원 벡터 공간 V에 대한 모든 유니타리 연산자 집합 $\mathcal{U}(n)$은 군을 이룬다.
- 파울리군은 8개의 원소 $\pm I$, $\pm X$, $\pm Y$, $\pm Z$로 이뤄진다.
- 확장된 파울리군은 ωI, ωX, ωY, ωZ의 16개 원소로 이뤄진다. 여기서 $\omega = \{1, -1, -\mathbf{i}, \mathbf{i}\}$이다.

어떤 군의 원소의 수 $|G|$는 군의 위수^{order}라고 한다. 만약 그 위수가 유한한 수라면 그 군은 유한하다고 한다. 그렇지 않으면 무한군$^{\text{infinite group}}$이다.

G의 곱이 H로 제한돼 그 자체로 군이 된다면, G의 부분집합 H는 G의 부분군^{subgroup}이라고 한다. 부분군 관계는 $H < G$로 적는다. 예를 들어 n을 나누는 임의의 정수 m에 대해 m의 배수 집합은 $\mathbf{Z}_n$의 부분군을 구성한다. 또한 벡터 공간 V의 임의의 부분 공간 W는 벡터 덧셈에 대한 군 V의 부분군이다. 파울리군은 유니타리군 $U(n)$의 부분군이다.

어떤 원소 g의 위수는 그 원소가 생성하는 G의 부분군의 크기다. 원소의 위수는 군의 위수를 나눌 수 있어야 한다.

군 G의 생성원의 집합은 G에 있는 모든 원소들로 이뤄진 G의 부분집합으로, G는 생성원과 그 역원의 (임의의 순서와 반복을 허용하는) 유한한 곱으로 적을 수 있다. 군의 생성원의 집합은 만약 다른 생성원의 곱으로 적을 수 있는 생성원이 하나도 없으면 독립^{independent}이라고 한다. 만약 생성원의 유한집합이 존재한다면 그 군은 유한히 생성된다$^{\text{finitely generated}}$고 한다. 만약 군이 하나의 원소에 의해 생성될 수 있다면 그 군은 순환적^{cyclic}이다. 일반적으로 어떤 군이 주어졌을 때 그 군의 생성원 집합은 유일하지 않다.

G의 부분군 H의 중심화^{centralizer} 부분군 $Z(H)$는 H의 모든 원소와 가환인 G의 원소들의 집합이다. 즉,

$$Z(H) = \{g \in G \,|\, \text{모든 } h \in H \text{에 대해 } gh = hg\}$$

$H < G$에 대해, H의 중심화 부분군 $Z(H)$는 G의 부분군이다.

만약 군의 곱 ∘이 가환^{commutative}이라면, 즉 $g_1 \circ g_2 = g_2 \circ g_1$이라면 그 군은 가환군 Abelian group이다.

군 $\mathbf{Z}_n$은 가환군이지만, 유니타리 연산자들의 집합 $\mathcal{U}(n)$은 가환군이 아니다.

각각 그 곱으로 $\circ_G$와 $\circ_H$를 가지는 두 군 G와 H의 곱 $G \times H$는 $\{(g,h)|g = H, h \in H\}$인 짝으로 이뤄진 집합으로, 그 곱은 $(g_1, h_1) \circ (g_2, h_2) = (g_1 \circ_G g_2, h_1 \circ_H h_2)$이다.

유한 가환군의 구조는 잘 알려져 있다. 모든 유한 가환군은 하나 이상의 순환군 $\mathbf{Z}_{n_i}$의 곱과 동형^{isomorphic}이다. 예를 들어 서로소인 두 정수 p와 q의 곱 n에 대해, 군 $\mathbf{Z}_n$은 $\mathbf{Z}_p \times \mathbf{Z}_q$와 동형이다. 임의의 유한 가환군 A는 그 소수의 거듭제곱인 위수를 가지는 순환군으로 (인수분해 순서를 제외하면) 유일한 분해를 가진다. 이 분해는 그 위수인 $|A|$에만 의존한다. $|A| = \Pi_i c_i$가 $|A|$의 소인수분해라고 하자. 여기서 $c_i = p_i^{s_i}$이고 p_i는 서로 다른 소수다. 그러면 다음 식이 성립한다.

$$A \cong \mathbf{Z}_{c_1} \times \mathbf{Z}_{c_2} \times \cdots \times \mathbf{Z}_{c_k}$$

일반적인 숨은 부분군 문제는 풀리지 않은 채 남아 있지만, 유한 가환군의 일반적인 경우에 대해서는 그 순환군 분해로 나타내는 로그 다항식적인 확률 한계의 양자 알고리듬이 존재한다. 가환군의 순환군 분해는 상자 8.4에 설명해놨다.

유한한 가환 숨은 부분군 문제 G가 유한 가환군으로, 순환군 분해 $G = \mathbf{Z}_{n_0} \times \cdots \times \mathbf{Z}_{n_L}$을 가진다고 하자. G가 G에 대한 함수 f에 의해 묵시적으로 정의되는 부분군 $H < G$를 가지며, f는 H의 각 잉여류에 대해서는 다른 값을 가지는 상수 함수다. H에 대해 생성원들의 집합을 찾아라.

예제 8.6.1 숨은 부분군 문제로서 주기 찾기. 주기 찾기는 숨은 부분군 문제로 다시 적을 수 있다. f가 $\mathbf{Z}_N$에 대한 주기적 함수로 N을 나누는 주기 r을 가진다고 하자. r에 의해 생성되는 부분군 $H < \mathbf{Z}_N$는 숨은 부분군이다. H에 대한 생성원 h를 일단 찾으면, 주기 r은 h와 N의 최대공약수를 구해서 찾을 수 있다. 즉, $r = \gcd(h, N)$이다.

주기 찾기에 더해, 사이먼 문제와 이산 로그 문제는 둘 다 유한한 가환 숨은 부분군 문제의 사례다. 사이먼 문제를 어떻게 숨은 부분군 문제로 볼 수 있는지 이해하는 것은 상대적으로 쉽다. 이산 로그 문제가 어째서 숨은 부분군 문제의 특수한 경우인지 이해하기 위해서는 기발한 아이디어가 필요하다.

예제 8.6.2 숨은 부분군 문제로서 이산 로그 문제. 이산 로그 문제는 다음과 같다. p가 소수이고 군 $G = \mathbf{Z}_p^*$, 밑 $b \in G$, 임의의 원소 $y \in G$가 주어졌을 때, $b^x = y \bmod p$를 만족하는 $x \in G$를 찾아라. $f : G \times G \to G$를 생각해보자. 여기서 $f(g, h) = b^{-g} y^{-h}$다. $f(g, h) = 1$을 만족하는 원소들의 집합은 $G \times G$의 숨은 부분군 H이며 (mx, m) 꼴의 순서쌍으로 이뤄진다. H의 임의의 생성원으로부터, 원소 $(x, 1)$을 계산할 수 있다. 따라서 숨은 부분군 문제를 풀면 x를 얻을 수 있고, 이산 로그 문제가 풀린다.

쇼어 알고리듬의 핵심 요소는 양자 푸리에 변환이다. 사이먼 문제에 대한 양자 알고리듬도 양자 푸리에 변환을 사용한다. 양자 푸리에 변환은 모든 유한 가환군에 대해 (그리고 더 일반적으로는 모든 유한군에 대해) 정의할 수 있고, 군 $\mathbf{Z}_2^n$에 대한 양자 푸리에 변환은 월시-아다마르 변환 W다. 가환군 G에 대한 숨은 부분군 문제의 풀이는 군 G에 대한 양자 푸리에 변환을 사용한다. 일반적인 유한군 G에 대한 푸리에 변환은 G의 군 표현으로 정의된다. 그 핵심 요소는 부록 B에서 설명하며, 유한한 가환 숨은 부분군 문제에 대한 일반적인 풀이도 설명한다. 이 내용은 이 책의 남은 부분에서보다 더 깊이 있는 군론의 내용을 사용한다. 일반적인 비가환 군에 대한 숨은 부분군 문제를 어떻게 푸는진 아무도 모른다. 비가환 숨은 부분군 문제에 대해 어디까지 이해가 진행됐는지는 13장에서 논의하겠다.

8.7 참고문헌

렌스트라^{Lenstra}와 렌스트라[193]는 현재까지 알려진 최선의 고전적인 인수분해 알고리듬으로 $O(\exp(n^{1/3}))$의 복잡도를 가지는 수체 체를 설명한다. 더 간단하지만 덜 효율적인 몇 가지 고전적 인수분해 알고리듬은 크누스의 책[182]에서 설명한다.

쇼어 알고리듬은 1994년에 처음 등장했다[250]. 쇼어는 나중에 확장판[253]을 출간했는데, 여기에는 복잡도와 성공 확률에 대한 자세한 분석이 포함된다.

연분수 전개와 그 근사식은 하디[Hardy]와 라이트[Wright]의 책[149]을 포함한 대부분의 표준적인 정수론 교재에서 자세히 설명한다. 그 효율성과 유클리드 알고리듬과의 관계는 크누스의 책[182]에서 논의한다. 오일러의 ϕ 함수와 그 특성은 하디와 라이트의 책[149]과 같은 표준적인 정수론 교재에서도 논의한다.

키타예프[Kitaev]는 일반적인 가환 숨은 부분군 문제를 풀었다[172]. 조사는 [165]와 [112]에서 숨은 부분군 문제의 관점에서 양자 푸리에 변환에 대한 접근법을 제시했다. 일반적인 숨은 부분군 문제는 모스카[Mosca]와 에커트가 [214]에서 소개했다.

코블리츠[Koblitz]와 메네즈[Menezes]는 2004년의 조사[183]에서 제안한 공개 키 암호화 기법에 대한 상세한 소개를 제시했다. 여기에는 인수분해나 이산 로그 문제에 기반하지 않은 기법과 더 표준적인 공개 키 기법도 포함한다. 리펠[Rieffel]은 [242]에서 양자계산이 보안에 미치는 현실적인 함의를 논의했다. 양자 암호 너머에 관한 학술 대회도 있다. 『Post-Quantum Cryptography[양자 암호 너머]』[47]는 양자계산이 암호학에 주는 함의와 몇 가지 더 확실한 방향성에 대한 개괄에 관한 논문 모음집이다. 펄너[Perlner]와 쿠퍼[Cooper]는 [224]에서 공개 키 암호화와 디지털 서명 기법이 양자적 공격에 취약한지 알려지지 않았고, 미래에 그런 체계가 배포되는 상황에서 필요할 설계 기준에 대해 논의했다.

8.8 연습 문제

연습 문제 8.1 식 8.2에서 척도인자 C의 정확한 값을 f와 u의 특성을 사용해 제시하라.

연습 문제 8.2 높은 확률 v로 8.2.1절에서 설명한 쇼어 알고리듬의 양자적 핵심에서 얻을 수 있는 수가 $\frac{2^n}{r}$의 어떤 배수에 대해 $\frac{1}{2}$보다 가까움을 보여라.

연습 문제 8.3 r이 2^n을 나누지 않는 일반적인 경우에 대해 쇼어 알고리듬의 효율을 구하라.

연습 문제 8.4 $f(x) = a^x \bmod M$의 주기가 홀수일 확률이 최대 $1/2$임을 보여라.

연습 문제 8.5 r이 2^n을 나누지 않는 일반적인 경우에 대해 높은 성공 확률을 얻기 위해서는 쇼어 알고리듬의 각 부분들이 단지 $O(\log \log r)$번만 반복되면 된다는 것을 보여라.

연습 문제 8.6 7.3.1절의 도이치 문제가 어째서 숨은 부분군 문제의 사례인지 설명하라.

연습 문제 8.7 사이먼 문제가 어째서 숨은 부분군 문제의 사례인지 설명하라.

09

그로버 알고리듬과 일반화

그로버 알고리듬은 쇼어 알고리듬 이후 양자계산에서 가장 유명한 알고리듬이다. 하지만 그 상황은 쇼어 알고리듬이 많은 찬사를 받는 것과 다르다. 쇼어 알고리듬은 명백한 현실적인 결과가 보이는 문제를 풀지만, 그 응용은 좁은 영역의 중요하다면 중요한 문제에 초점이 맞춰져 있다. 9.6절에서 설명한 것처럼 그로버 알고리듬과 그 많은 일반화가 광범위한 문제에 적용될 수 있지만, 그로버 알고리듬과 그 일반화의 실제적 함의가 얼마나 광범위한지에 대해서는 논쟁이 있다.

그로버 알고리듬은 블랙박스 문제를 해결한다. 이 알고리듬은 $O(\sqrt{N})$회의 오라클 호출로 해답을 찾는데, 가능한 최선의 고전적 접근법으로는 $O(N)$회의 호출이 필요하다. 따라서 쇼어 알고리듬과는 다르게 그로버 알고리듬은 어떤 가능한 고전적인 알고리듬보다 확실히 더 좋다. 이와 같은 고전적인 알고리듬에 대한 질의 복잡도의 개선은 특정한 조건이 있을 때만 속도 증가로 바꿀 수 있다. 즉, 속도 증가가 블랙박스를 구현할 수 있는 효율성과 고전적 알고리듬과 양자 알고리듬에 의해 사용될 수 있는 추가적인 구조가 문제에 존재하는지에 따라 달라진다. 이 문제는 9.6절에서 논의할 것이다. 심지어 질의 복잡도가 시간 복잡도 개선으로 이어진다고 해도, 그 속도 증가는 쇼어 알고리듬보다는 훨씬 적다.

그로버 알고리듬의 질의 복잡도 $O(\sqrt{N})$은 최적이라고 알려져 있다. 즉, 어떤 양자 알고리듬도 그보다 더 잘할 수 없다. 이 제한은 알고리듬 그 자체만큼이나 중요하다. 이 제한은 양자계산의 능력에 심각한 제한을 준다. 그로버 알고리듬이 쇼어 알고리듬과는 다르게 대체로 높은 확률로 성공한다는 것을 보여줬지만, 확실히 성공하는 변종들이 알려져 있다. 그로버 알고리듬은 쇼어 알고리듬보다 더 간단하고 이해하기 쉬우며, 우아한 기하학적 해석을 가진다.

9.1절에서는 그로버 알고리듬을 설명하고 그 질의 복잡도를 알아본다. 9.2절은 진폭 증폭과 그로버 알고리듬의 일반화를 다룬다. 여기서는 또한 이 알고리듬의 간단한 기하학적 해설을 제시할 것이다. 그로버 알고리듬의 최적성은 9.3절에서 증명한다. 9.4절은 그로버 알고리듬의 효율성을 보존하면서 역무작위화하는 방법을 보인다. 9.5절은 그로버 알고리듬을 해답의 수가 알려지지 않은 경우를 다루도록 일반화한다. 9.6절에서는 블랙박스의 구현 가능성을 논의하고, 어떤 조건에서 질의 복잡도 결과가 속도 증가로 이어지는지 설명하며, 그로버 알고리듬의 실질적인 잠재적 응용 분야의 가능성을 평가한다.

9.1 그로버 알고리듬

그로버 알고리듬은 N개의 원소를 갖는 비구조화된 집합에서 탐색을 하기 위해 **진폭 증폭** amplitude amplification을 사용한다. 이 문제는 대체로 찾고자 하는 대상을 포착하는 부울 함수, 또는 서술 함수 $P : \{0, \ldots, N-1\} \rightarrow \{0, 1\}$로 표현할 수 있다. 이 문제의 목표는 해답, 즉 $P(x) = 1$이 되는 x를 찾는 것이다. 사이먼 문제나 도이치-조사 문제와 같이, 서술 함수 P를 오라클 또는 블랙박스로 볼 수 있으며, 일단은 오라클 P를 부르는 횟수인 질의 복잡도에 관심을 둘 것이다. 입력 x에 대해 $P(x)$를 출력하는 블랙박스가 있으면 최선의 고전적인 접근법은 답이 하나인 경우 평균적으로 $N/2$회의 값을 조사해야 한다. 즉, 서술 함수 $P(x)$를 평균적으로 $N/2$번 계산해야 한다. 양자 블랙박스 U_P가 있어서

$$\sum_x c_x |x\rangle |P(x)\rangle$$

을 출력하고, 그 입력으로는

$$\sum_x c_x |x\rangle |0\rangle$$

을 받는다고 하면, 그로버 알고리듬은 답이 하나인 경우 U_P를 $O(\sqrt{N})$회 호출해 해답을 찾는다. 그로버 알고리듬은 $P(x) = 1$이 되는 값 x의 진폭을 반복적으로 증가시켜서, 최종 측정이 관심 있는 x값을 높은 확률로 내놓도록 한다. 그로버 알고리듬의 실질적인 응용을 위해서 서술 함수 P는 효율적으로 계산 가능해야 하지만 고전적인 기법이 양자 알고리듬보다 빨리 작동할 정도로 충분히 구조화되진 않아야 한다.

9.1.1 개괄

그로버 알고리듬은 탐색 공간의 모든 N 값의 동등한 중첩 상태 $|\psi\rangle = \frac{1}{\sqrt{N}}\sum_x |x\rangle$에서 시작하며, 다음과 같은 순서의 변환을 반복적으로 수행한다.

1. $|\psi\rangle$에 U_P를 작용한다.
2. 해답을 표현하는 모든 기저벡터의 부호를 뒤집는다.
3. 평균에 대한 뒤집음을 수행한다. 즉, A가 진폭의 평균값일 때, 모든 진폭 $A - \delta$를 $A + \delta$로 변환한다.

답이 하나인 경우, 위의 단계를 거치면 해답에 대한 기저벡터의 진폭이 어떻게 증가하는지 그림 9.1에서 묘사하고 있다. 이제 이 과정을 자세히 살펴보겠다.

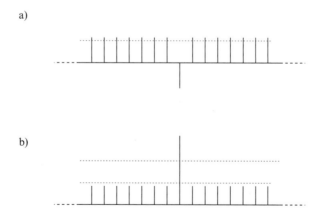

그림 9.1 그로버 알고리듬의 반복 단계는 (a) 원하는 원소의 부호를 바꾸고 (b) 평균에 대해 뒤집는 것으로 이뤄진다. 이 그림은 답이 하나인 경우에 대한 것이다.

9.1.2 준비

일반성을 잃지 않고 어떤 정수 n에 대해서 $N = 2^n$이라고 하자. 그리고 X가 $\{|0\rangle, \ldots, |N-1\rangle\}$에 의해 생성된 상태 공간이라고 하자. U_P가 양자 블랙박스로, 모든 $x \in X$와 단일 큐비트 상태 $|a\rangle$에 대해 다음과 같이 작용한다고 하자.

$$U_P : |x, a\rangle \rightarrow |x, P(x) \oplus a\rangle$$

$G = x|P(x)\}$이고 $B = \{x|\neg P(x)\}$가 각각 원하는 값과 버리는 값을 나타낸다고 하자. 그리고 원하는 값의 수는 전체 상태 수에서 작은 부분을 차지한다고 하자. 즉,

$$|G| \ll N$$

이다.

$$|\psi_G\rangle = \frac{1}{\sqrt{|G|}} \sum_{x \in G} |x\rangle$$

가 원하는 상태로만 이뤄진 중첩 상태라고 하고,

$$|\psi_B\rangle = \frac{1}{\sqrt{|B|}} \sum_{x \in B} |x\rangle$$

가 불필요한 상태로만 이뤄진 중첩 상태라고 하자. 그러면 모든 N값에 대해 같은 중첩 상태인 $|\psi\rangle = W|0\rangle$은 $|\psi_G\rangle$와 $|\psi_B\rangle$의 중첩 상태로 적을 수 있다.

$$|\psi\rangle = \frac{1}{\sqrt{2^n}} \sum_{x=0}^{2^n - 1} |x\rangle = g_0|\psi_G\rangle + b_0|\psi_B\rangle$$

여기서 $g_0 = \sqrt{|G|/N}$이고 $b_0 = \sqrt{|B|/N}$이다.

그로버 알고리듬의 핵심은 최댓값에 도착할 때까지 원하는 상태의 진폭 g_i를 증가시키고 (b_i는 감소시키는) 다음의 유니타리 변환을 반복해서 작용하는 것이다.

$$Q : g_i|\psi_G\rangle + b_i|\psi_B\rangle \rightarrow g_{i+1}|\psi_G\rangle + b_{i+1}|\psi_B\rangle$$

진폭 증폭 변환 Q를 적당한 횟수 j만큼 작용한 후에는 거의 모든 진폭이 원하는 상태로 옮겨져서 $|b_j| \ll |g_j|$일 것이다. 이 시점에서 측정을 하면 $x \in G$가 높은 확률로 반환된다. Q를 정확히 몇 번 작용해야 하는지는 $\sqrt{N}$ 정도의 규모이며 N과 $|G|$ 모두에 따라 달라진다. 9.1.4절에서 자세한 분석을 제시하겠다.

9.1.3 반복 단계

변환 Q는 원하는 원소의 부호를 바꾸고 평균에 대해 뒤집는 것으로 구성된다. 이 절에서는 이 두 단계의 구현에 대해 자세히 설명할 것이다. 두 단계는 모두 실수 진폭을 실수 진폭으로 바꾸며, 따라서 이 논의 전체에 대해 실숫값인 진폭만을 다룰 것이다.

원하는 원소의 부호를 바꾸기 정확히 $x \in G$인 $|x\rangle$로 이뤄진 중첩 상태 $\sum c_x |x\rangle$의 부호만 바꾸기 위해서 S_G^π를 작용한다. 부호 변경은 단순히 $e^{i\pi} = -1$만큼 위상을 이동시키는 것이다. 7.4.1절에서 다음을 보였다.

$$U_P(|\psi\rangle \otimes H|1\rangle) = (S_G^\pi |\psi\rangle) \otimes H|1\rangle$$

원하는 원소의 부호를 바꾸는 것은 다음과 같이 달성된다.

$$U_P : (g_i |\psi_G\rangle + b_i |\psi_B\rangle) \otimes H|1\rangle \rightarrow (-g_i |\psi_G\rangle + b_i |\psi_B\rangle) \otimes H|1\rangle$$

원하는 원소에 대한 부호만 바꾸기 위해 필요한 게이트의 수는 N에 따라 변하진 않고, U_P를 계산하기 위해서 얼마나 많은 게이트가 필요한지에 따라 달라진다.

평균에 대한 반전 평균에 대한 반전은 $a|x\rangle$를 $(2A - a)|x\rangle$로 보낸다. 여기서 A는 중첩 상태에 있는 모든 진폭의 평균값이다(그림 9.1 참고). 다음의 변환

$$\sum_{i=0}^{N-1} a_i |x_i\rangle \rightarrow \sum_{i=0}^{N-1} (2A - a_i)|x_i\rangle$$

이 다음의 유니타리 변환에 의해 수행된다는 것을 쉽게 알 수 있다.

$$D = \begin{pmatrix} \frac{2}{N}-1 & \frac{2}{N} & \cdots & \frac{2}{N} \\ \frac{2}{N} & \frac{2}{N}-1 & \cdots & \frac{2}{N} \\ \cdots & \cdots & \cdots & \cdots \\ \frac{2}{N} & \frac{2}{N} & \cdots & \frac{2}{N}-1 \end{pmatrix}$$

이번 문단에서는 이 변환을 $O(n) = O(\log_2(N))$개의 양자 게이트로 구현하는 방법을 보이 겠다. 그로버를 따라서 $D = -WS_0^\pi W$라고 정의하자. 여기서 W는 월시-아다마르 변환 이며,

$$S_0^\pi = \begin{pmatrix} -1 & 0 & \cdots & 0 \\ 0 & 1 & 0 & \cdots \\ 0 & \cdots & \cdots & 0 \\ 0 & \cdots & 0 & 1 \end{pmatrix}$$

은 7.4.2절에서 설명했던 기저벡터 $|0\rangle$에 대해 π만큼 위상을 바꾸는 변환이다. $D = -WS_0^\pi W$임을 보기 위해 다음과 같다고 하자.

$$R = \begin{pmatrix} 2 & 0 & \cdots & 0 \\ 0 & 0 & 0 & \cdots \\ 0 & \cdots & \cdots & 0 \\ 0 & \cdots & 0 & 0 \end{pmatrix}$$

$S_0^\pi = I - R$이므로, 다음과 같다.

$$-WS_0^\pi W = W(R-I)W = WRW - I$$

$i \neq 0$이거나 $j \neq 0$이면 $R_{ij} = 0$이므로

$$(WRW)_{ij} = W_{i0}R_{00}W_{0j} = \frac{2}{N}$$

이고, 따라서 $-WS_0^\pi W = WRW - I = D$이다.

평균에 대한 반전을 원하는 원소에 대한 부호 바꾸기와 함께 사용하면 반복 적용할 변환

$$Q = -WS_0^\pi W S_G^\pi$$

가 유도된다.

9.1.4 반복 횟수는?

이 절에서는 부호 뒤집기와 평균에 대한 반전이 결합된 반복 단계 Q를 여러 번 작용한 결과를 검토해 Q를 작용해야 하는 최적의 횟수를 알아본다. 이 절에서는 Q가 고정된 회전이며, 원하는 상태의 진폭 g_i가 반복 횟수에 따라 주기적으로 변하는 것을 보이겠다. 높은 확률로 해답을 알아내려면 반복 횟수 i를 주의해서 선택해야 한다. 반복에 필요한 정확한 횟수를 결정하기 위해, Q를 적용한 결과를 g_i와 b_i에 대한 점화식으로 나타낸다.

반복 단계 $Q = DS_G^\pi$는 $g_i|\psi_G\rangle + b_i|\psi_B\rangle$를 $g_{i+1}|\psi_G\rangle + b_{i+1}|\psi_B\rangle$로 변환한다. 먼저,

$$S_G^\pi : g_i|\psi_G\rangle + b_i|\psi_B\rangle \to -g_i|\psi_G\rangle + b_i|\psi_B\rangle$$

평균 진폭 A를 계산하기 위해, $-g_i|\psi_G\rangle$는 $|G|$개의 진폭으로

$$\frac{-g_i}{\sqrt{|G|}}$$

만큼 기여하고, $b_i|\psi_B\rangle$는 $|B|$개의 진폭으로

$$\frac{b_i}{\sqrt{|B|}}$$

만큼 기여한다. 따라서 종합하면 다음과 같다.

$$A_i = \frac{\sqrt{|B|}b_i - \sqrt{|G|}g_i}{N}$$

평균에 대한 반전은

$$D : -g_i|\psi_G\rangle + b_i|\psi_B\rangle \to \sum_{x \in G}\left(2A_i + \frac{g_i}{\sqrt{|G|}}\right)|x\rangle + \sum_{x \in B}\left(2A_i - \frac{b_i}{\sqrt{|B|}}\right)|x\rangle$$

$$= (2A_i\sqrt{|G|} + g_i)|\psi_G\rangle + (2A_i\sqrt{|B|} - b_i)|\psi_B\rangle$$

$$= g_{i+1}|\psi_G\rangle + b_{i+1}|\psi_B\rangle$$

이다. 여기서,

$$g_{i+1} = 2A_i\sqrt{|G|} + g_i,$$
$$b_{i+1} = 2A_i\sqrt{|B|} - b_i$$

이다.

t가 $\{0, \ldots, N-1\}$에 있는 무작위 값이 P를 만족할 확률이라고 하자. 그러면 $t = |G|/N$이고 $1 - t = |B|/N$이다. 그러면 다음과 같다.

$$A_i\sqrt{|G|} = \frac{\sqrt{|B||G|}b_i - |G|g_i}{N} = \sqrt{t(1-t)}b_i - tg_i,$$
$$A_i\sqrt{|B|} = \frac{|B|b_i - \sqrt{|B||G|}g_i}{N} = (1-t)b_i - \sqrt{t(1-t)}g_i$$

점화식은 t를 이용해서 다음처럼 적을 수 있다.

$$g_{i+1} = (1-2t)g_i + 2\sqrt{t(1-t)}b_i,$$
$$b_{i+1} = (1-2t)b_i - 2\sqrt{t(1-t)}g_i$$

여기서 $g_0 = \sqrt{t}$이고 $b_0 = \sqrt{1-t}$이다. 위의 연립방정식의 답이 $\sin\theta = \sqrt{t} = \sqrt{|G|/N}$일 때 다음과 같음을 쉽게 확인할 수 있다.

$$g_i = \sin((2i+1)\theta)$$
$$b_i = \cos((2i+1)\theta)$$

이제 Q의 최적의 반복 횟수를 계산할 준비가 됐다. 원하는 상태를 측정할 확률을 최대화하고, 그에 따라 원하는 성질 P를 가지는 원소를 찾아내기 위해서는 $\sin((2i+1)\theta) \approx 1$이나 $(2i+1)\theta \approx \pi/2$가 되는 i를 고르면 된다. $|G| \ll N$에 대해서 각도 θ는 매우 작아서 $\sqrt{|G|/N} = \sin\theta \approx \theta$다. 따라서 g_i는 $i \approx \frac{\pi}{4}\sqrt{N/|G|}$일 때 최대가 될 것이다.

반복 과정을 추가하면 알고리듬의 성공 확률이 줄어들 것이다. 이 상황은 반복을 더 많이 할수록 더 좋은 결과를 얻게 되는 다수의 고전 알고리듬과는 대조적이다. g_i와 b_i에 대한 방정식을 사용하면 $t = 1/4$일 때 최적의 반복 횟수는 1이고 $t = 1/2$일 때는 1번도 반복하지 않는 것이 상황을 더 좋게 한다.

반복 과정의 각 단계를 실수 계수를 가지는 $|\psi_G\rangle$와 $|\psi_B\rangle$의 선형 결합으로 적었기 때문에, 그로버 알고리듬을 $|\psi_G\rangle$와 $|\psi_B\rangle$에 의해 펼쳐지는 2차원 실수 부분 공간에 작용하는 것으로 볼 수도 있다. 이 알고리듬은 단순히 $|\psi_B\rangle$에서 $|\psi_G\rangle$로 진폭을 이동시킨다. 이 관점은 9.2.1절에서 논의하게 될 그로버 알로리듬의 우아한 기하학적 해석을 유도한다. 먼저 그로버 알고리듬의 일반화인 진폭 증폭을 설명하고, 이 기하학적 관점을 적용해볼 것이다.

9.2 진폭 증폭

그로버 알고리듬의 첫 단계는 반복연산자 $Q = -WS_0^\pi WS_G^\pi$를 초기 상태 $W|0\rangle$에 작용하는 것이다. W를 $|0\rangle$에 작용해 모든 가능한 값의 중첩 상태로 변환하고, 그에 따라 답을 찾을 확률을 $|G|/N$으로 만드는 자명한 알고리듬이라고 생각할 수 있다. 어떤 알고리듬 U가 있어서 $U|0\rangle$이 높은 확률로 처음의 답을 준다고 하자. 이 절에서는 9.1.4절의 분석을 원하는 상태에서 $U|0\rangle$이 어떤 진폭을 갖도록 하는 임의의 알고리듬 U에 대해 직접적으로 일반화시키는 것을 보이겠다. 진폭 증폭은 그로버 알고리듬에서 반복연산자 $Q = -WS_0^\pi WS_G^\pi$를 다음처럼 교체해 일반화시킨다.

$$Q = -US_0^\pi U^{-1} S_G^\pi$$

이 절의 나머지 부분은 9.1.4절의 논증을 일반화해 이렇게 더 일반적인 경우에 대해 같은 점화식을 얻는 것이다.

$\mathcal{G}$와 $\mathcal{B}$가 각각 $\{|x\rangle | x \in G\}$와 $\{|x\rangle | x \notin G\}$에 의해 펼쳐지는 부분 공간이라고 하자. 그리고 $P_\mathcal{G}$와 $P_\mathcal{B}$가 각각 그에 연관된 투영연산자라고 하자. $|\psi\rangle = U|0\rangle$를 다음과 같이 적을 수 있다고 하자.

$$|\psi\rangle = g_0|\psi_G\rangle + b_0|\psi_B\rangle$$

여기서 $|\psi_G\rangle$와 $|\psi_B\rangle$는 $|\psi\rangle$를 원하는 부분 공간과 필요 없는 부분 공간으로 투영시키고 정규화한 상태로,

$$|\psi_G\rangle = \frac{1}{g_0} P_G |\psi\rangle$$

과,

$$|\psi_B\rangle = \frac{1}{b_0} P_B |\psi\rangle$$

이다. 여기서,

$$g_0 = |P_G|\psi\rangle|$$

이며,

$$b_0 = |P_B|\psi\rangle|$$

이다. $U = W$인 경우, $|\psi_G\rangle$, $|\psi_B\rangle$, g_0, b_0은 9.1.4절에서 설명한 것과 같다. 여기서는 g_0과 b_0은 해답의 수에 의해 정해지지 않으며, 그보다는 원하는 상태와 관련된 U의 성질에 따라 정해진다. $|\psi_G\rangle$와 $|\psi_B\rangle$가 각각 원하는 상태와 필요 없는 상태들이 같은 진폭을 가지는 중첩 상태일 필요는 없지만, g_0과 b_0은 여전히 실수다. 이번에도 $t = g_0^2$이고 $1 - t = b_0^2$이라고 하자. 여기서 t는 중첩 상태 $U|0\rangle$의 측정에서 서술 함수 P를 만족하는 상태가 나올 확률이라고 생각해야 한다. 연산자 U는 $|0\rangle$을 G에 있는 해답의 집합으로 $t = |g_0|^2$이라는 확률을 갖고서 대응시키는 가역적인 알고리듬으로 볼 수 있다.

$Q = -U S_0^\pi U^{-1} S_G^\pi$의 효과를 이해하기 위해 7.4.2절에서 $S_0^\pi|\varphi\rangle$를 $|\varphi\rangle - 2\langle 0|\varphi\rangle|0\rangle$으로 적을 수 있었다는 것을 떠올려 보자. 임의의 상태 $|\psi\rangle$에 대해,

$$
\begin{aligned}
U S_0^\pi U^{-1}|\psi\rangle &= U\left(U^{-1}|\psi\rangle - 2\langle 0|U^{-1}|\psi\rangle|0\rangle\right) \\
&= |\psi\rangle - 2\langle 0|U^{-1}|\psi\rangle U|0\rangle \\
&= |\psi\rangle - 2\overline{\langle\psi|U|0\rangle} U|0\rangle
\end{aligned}
$$

이다. $S_G^\pi|\psi_G\rangle = -|\psi_G\rangle$이고 $S_B^\pi|\psi_B\rangle = |\psi_B\rangle$이기 때문에,

$$
\begin{aligned}
Q|\psi_G\rangle &= -U S_0^\pi U^{-1} S_G^\pi |\psi_G\rangle \\
&= U S_0^\pi U^{-1} |\psi_G\rangle \\
&= |\psi_G\rangle - 2\overline{g_0} U|0\rangle \\
&= |\psi_G\rangle - 2\overline{g_0} g_0 |\psi_G\rangle - 2\overline{g_0} b_0 |\psi_B\rangle \\
&= (1-2t)|\psi_G\rangle - 2\sqrt{t(1-t)}|\psi_B\rangle
\end{aligned}
$$

이며,

$$
\begin{aligned}
Q|\psi_B\rangle &= -|\psi_B\rangle + 2\overline{b_0} U|0\rangle \\
&= -|\psi_B\rangle + 2\overline{b_0} g_0 |\psi_G\rangle + 2\overline{b_0} b_0 |\psi_B\rangle \\
&= -|\psi_B\rangle + 2(1-t)\frac{g_0}{b_0}|\psi_G\rangle + 2(1-t)|\psi_B\rangle \\
&= (1-2t)|\psi_B\rangle + 2\sqrt{t(1-t)}|\psi_G\rangle
\end{aligned}
$$

이다. $|\psi_G\rangle$와 $|\psi_B\rangle$의 임의의 실수 중첩 상태는 Q에 의해 다음과 같이 변환된다.

$$
\begin{aligned}
&Q(g_i|\psi_G\rangle + b_i|\psi_B\rangle)) \\
&= (g_i(1-2t) + 2b_i\sqrt{t(1-t)})|\psi_G\rangle + (b_i(1-2t) - 2g_i\sqrt{t(1-t)})|\psi_B\rangle
\end{aligned}
$$

그리고 이것은 앞 절과 같은 점화식을 유도한다.

$$
\begin{aligned}
g_{i+1} &= (1-2t)g_i + 2\sqrt{t(1-t)}b_i \\
b_{i+1} &= (1-2t)b_i - 2\sqrt{t(1-t)}g_i
\end{aligned}
$$

이 식은 $\sin\theta = \sqrt{t} = g_0$에 대해 다음의 해를 갖는다.

$$
\begin{aligned}
g_i &= \sin((2i+1)\theta) \\
b_i &= \cos((2i+1)\theta)
\end{aligned}
$$

따라서 작은 g_0에 대해 진폭 g_i는 $i \approx \frac{\pi}{4}\frac{1}{g_0}$회의 반복 후 최댓값이 될 것이다. 만약 알고리듬 U가 t의 확률로 성공한다면 U의 간단한 고전적 반복은 해답을 찾기 위해 평균적으

로 $1/t$회의 반복을 필요로 할 것이다. 진폭 증폭은 이 과정을 빠르게 해서 해답을 찾는 데 $O(\sqrt{1/t})$회의 시도만이 필요하다. 만약 U가 원하는 상태에 진폭이 없다면 g_0은 0이고 진폭 증폭은 아무런 영향을 주지 않을 것이다. 게다가 $t = 1/2$이면 그로버 알고리듬이 반복을 해도 성공 확률을 증가시킬 수 없는 것과 마찬가지로, g_0이 크면 진폭 증폭은 상황을 개선시킬 수 없다. 이런 이유로 알고리듬 U에 의한 진폭 증폭의 결과에 진폭 증폭을 작용하는 것은 그 결과를 개선하지 않는다.

9.2.1 진폭 증폭의 기하학적 해석

Q를 반복 수행해야 하는 최적의 횟수를 포함해서 진폭 증폭에 숨은 논리는 2차원 유클리드 기하학의 간단한 논증으로 축약할 수 있다. $|\psi_G\rangle$와 $|\psi_B\rangle$, $Q = -U S_0^\pi U^{-1} S_G^\pi$가 앞에서 정의한 것과 같다고 하자. 이 절에서는 진폭 증폭의 전체 논리 그리고 특히 그로버 알고리듬이 $\{|\psi_G\rangle, |\psi_B\rangle\}$에 의해 생성된 2차원 실수 부분 공간에서 회전에 대한 간단한 기하학적 논증으로 축약할 수 있음을 보이겠다.

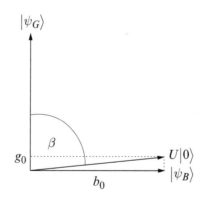

그림 9.2 기저 $\{|\psi_G\rangle, |\psi_B\rangle\}$에서의 초기 상태 $U|0\rangle$

266

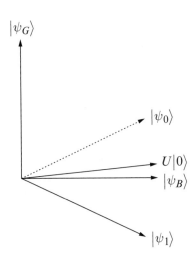

그림 9.3 변환 S_G^π는 $|\psi_0\rangle$을 $|\psi_B\rangle$에 대해 되짚으며, $|\psi_1\rangle$ 상태가 나온다.

$|\psi_G\rangle$와 $|\psi_B\rangle$의 정의에 의해, 초기 상태 $U|0\rangle = g_0|\psi_G\rangle + b_0|\psi_B\rangle$는 실수 진폭 g_0와 b_0을 가지며, 따라서 $\{|\psi_G\rangle, |\psi_B\rangle\}$에 의해 펼쳐지는 2차원 실수 평면에 있다. 성공 확률 t가 더 작을수록 $U|0\rangle$은 $|\psi_B\rangle$에 더 가까울 것이다. β가 그림 9.2에 묘사된 것과 같이 $U|0\rangle$과 $|\psi_G\rangle$ 사이의 각도라고 하자. 각도 β는 측정했을 때 초기 상태 $U|0\rangle$이 답을 줄 확률 $t = g_0^2$에만 의존한다. 즉, $\cos(\beta) = \langle\psi_G|U|0\rangle = g_0$이다. 이 절의 나머지 부분은 그로버 알고리듬을 반복할 때마다 어째서 이 상태가 원하는 상태의 방향으로 정해진 각도만큼 회전하는지를 설명한다. 원하는 상태의 진폭을 최대화하기 위해 이 상태가 $|\psi_G\rangle$에 가까워질 때까지 반복한다. 이 상황에 대한 간단한 기하학적 해석으로부터 최적의 반복 횟수와 성공할 확률을 정할 수 있다.

진폭 증폭과 $U = W$인 특수한 경우인 그로버 알고리듬은 $Q = -US_0^\pi U^{-1}S_G^\pi$를 반복 작용하는 것으로 이뤄진다. 이 변환을 기하학적으로 이해하려면 7.4.2절에 따라 S_G^π 변환이 $|\psi_G\rangle$에 수직인 초평면에 대한 반전으로 볼 수 있다는 것을 떠올려야 한다. $\{|\psi_G\rangle, |\psi_B\rangle\}$에 의해 펼쳐지는 평면에서, 이 초평면은 $|\psi_B\rangle$에 의해 펼쳐지는 1차원 공간으로 축소된다. 그림 9.3이 S_G^π가 $\{|\psi_G\rangle, |\psi_B\rangle\}$의 부분 공간에 있는 임의의 상태 $|\psi_G\rangle$를 $|\psi_1\rangle = S_G^\pi|\psi_0\rangle$으로 어떻게 옮기는지 묘사한다. 마찬가지로, 변환 S_0^π은 $|0\rangle$에 대해 수직인 초평면에 대한 반전이다. $US_0^\pi U^{-1}$은 S_0^π과 기저가 다르기 때문에, 이 변환은 $U|0\rangle$에 수직인 초평면에 대

한 반전이다. 이 변환을 $|\psi_1\rangle$에 작용한 효과는 그림 9.4에서 보여준다. 마지막 음수 부호는 그림 9.5에 있는 것처럼 상태 벡터의 방향을 뒤집어준다(엄밀히 말해 이 음수 부호는 불필요하다. 양자 상태에는 아무것도 하지 않는 전역 위상 변화이고, 따라서 물리적으로 의미가 없기 때문이다. 하지만 여기서는 그림을 투영 공간이 아니라 평면에 그리고 있기 때문에, 음수 부호가 상황이 어떻게 진행되는지 알아보기 더 쉽게 만들어준다). 유클리드 기하학에 따르면, 2개의 반전을 이어 붙인 것이 2개의 반전 사이에 있는 축의 각도만큼의 회전을 2번 수행한 것이라는 점을 떠올려 보자. 반전의 두 축은 이 경우 각각 $U|0\rangle$에 수직인 축과 $|\psi_G\rangle$에 수직인 축이고, 따라서 두 축 사이의 각도는 $-\beta$다. 여기서 앞서와 마찬가지로 $\cos\beta = g_0$이다. 2번의 반전은 -2β 회전을 수행하며, 마지막 음수 부호는 π만큼 회전을 수행한다. 따라서 각 단계 Q는 $\pi - 2\beta$의 회전을 수행한다.

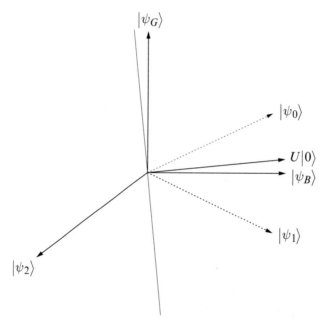

그림 9.4 변환 $US_0^\pi U^{-1}$은 $|\psi_1\rangle$을 $U|0\rangle$에 수직인 선에 대해 뒤집어서 $|\psi_2\rangle$가 되도록 한다.

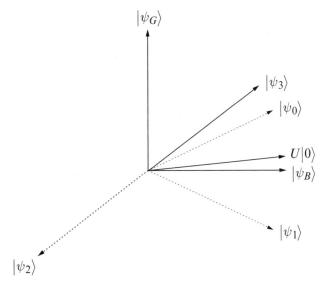

그림 9.5 마지막 음수 부호는 $|\psi_2\rangle$를 $\pi - 2\beta$의 회전을 통해 $|\psi_3\rangle$으로 옮긴다.

$\theta = \frac{\pi}{2} - \beta$가 $U|0\rangle$과 $|\psi_B\rangle$ 사이의 각도라고 하면, 앞 절에서 했던 분석과 마찬가지로 $\sin\theta$ $= g_0$이다. Q를 반복할 때마다 상태가 2θ만큼 회전하는데, 그러면 i번째 단계 이후의 각도는 $(2i + 1)\theta$다. 이전과 마찬가지로, i단계 이후의 원하는 상태에 있을 진폭은 $g_i = \sin((2i + 1)\theta)$에 의해 주어진다. 그러면 9.1.4절의 마지막에서 했던 것과 마찬가지로 최적의 반복 횟수를 알아낼 수 있다.

9.3 그로버 알고리듬의 최적성

그로버 알고리듬 그 자체만큼이나 중요한 것이 그로버 알고리듬이 소모적 탐색을 하는 어떤 가능한 양자 알고리듬만큼 좋다는 것에 대한 증명이다. 그로버가 그 알고리듬을 알아내기 전에도, 학자들은 소모적 탐색에 대해 임의의 가능한 양자 알고리듬의 질의 복잡도가 가지는 하한을 증명해봤다. 어떤 양자 알고리듬도 $\Omega(\sqrt{N})$회보다 더 적은 횟수로 서술 함수 U_P를 호출할 수는 없다. 따라서 그로버 알고리듬이 최적이다. 이 결과는 양자 컴퓨터가 할 수 있는 일에 심각한 제한을 준다.

양자 상태 공간의 지수 함수적인 크기는 양자 컴퓨터가 모든 계산에 대해 지수 함수적 속도 증가를 줄 수 있을 것이라는 순진한 희망을 줬다. 대중매체는 양자 컴퓨터가 이런 일들을 폭넓게 할 수 있다고 말한다. 덜 순진한 생각으로는 양자 컴퓨터가 병렬화시킬 수 있고 단 하나의 답을 출력으로 가지는 계산에 대해서만 지수 함수적 속도 증가를 줄 수 있다고 볼 수 있다. 하지만 그로버 알고리듬의 최적성은 그런 희망조차도 너무 낙관적이라는 것을 보였다. 소모적 탐색은 쉽게 병렬화시킬 수 있으며 단 하나의 답을 요구하지만 양자 컴퓨터는 상대적으로 작은 속도 증가만을 줄 수 있을 뿐이다. 이 절에서는 답이 x로 1개뿐인 경우에 대한 최적성 증명을 요약할 것이다. 이 증명은 오라클 U_P를 호출하는 횟수에 한계를 준다. 이 논증은 답이 여러 개인 경우로 일반화시킬 수 있다.

7.4.2절에서 S_x^π를 U_P로부터 어떻게 계산할 수 있는지 보였다. S_x^π를 오라클의 인터페이스로 사용하겠다. 그렇게 하면서 일반성을 전혀 잃지 않는데, 이것은 U_P에서 S_x^π를 계산하는 과정이 가역적이므로 S_x^π를 사용하는 어떤 알고리듬이라도 U_P를 써서 다시 적을 수 있고, 그 반대도 마찬가지이기 때문이다.

오라클 U_P가 우리가 찾는 원소 x에 대한 어떤 정보든지 접근할 수 있는 유일한 방법을 주기 때문에, 임의의 양자 탐색 알고리듬은 x에 무관한 유니타리 변환과 S_x^π를 호출하는 것 사이를 반복하는 알고리듬으로 볼 수 있다. 그러면 임의의 양자 탐색 알고리듬은 다음과 같이 적을 수 있다.

$$|\psi_k^x\rangle = U_k S_x^\pi U_{k-1} S_x^\pi \ldots U_1 S_x^\pi U_0 |0\rangle$$

여기서 U_i는 x에 의존하지 않는 유니타리 변환이다. 이 논증은 큐비트를 추가로 사용하더라도 바뀌지 않는다. 그러므로 단순히 S_x^π 대신에 $I \otimes S_x^\pi$를 쓰겠다. 그리고 이제 N이 더 커지기 때문에 알고리듬은 덜 효율적이 될 것이다.

어떤 x가 답이냐에 상관없이 이 알고리듬이 반드시 작동한다는 것을 깨닫는 것이 중요하다. 어떤 특정한 x에 대해, x를 매우 빠르게 찾을 수 있는 변환이 존재한다. 우리가 원하는 것은 x가 무엇이냐에 상관없이 x를 빠르게 찾는 알고리듬이다. 그 이름이 붙은 어떤 탐색 알고리듬이든 모든 가능한 x값에 대해 적절한 확률로 x를 반환해야 한다. 여기서는 최소한 확률 $p = 1/2$를 갖고 x를 반환하는 양자 탐색 알고리듬만을 생각하겠다. 독자들이 $0 < p < 1$의 어떤 값에 대해서도 상수 차이를 빼면 $O(\sqrt{N})$이라는 결과가 나온다는 것

을 쉽게 점검해볼 수 있다. 더 엄밀하게는, 만약 $U_i S_x^\pi$ 꼴의 변환을 k번 반복한 후 얻은 상태 $|\psi_k^x\rangle$가 모든 x에 대해 다음을 만족한다면 k는 $\Omega(\sqrt{N})$이어야 한다는 것을 보일 것이다.

$$|\langle x|\psi_k^x\rangle|^2 \geq \frac{1}{2}$$

이번 문단에서는 증명 뒤에 숨어 있는 대강의 전략과 직관을 설명하겠다. 알고리듬이 어떤 x에 대해서도 작동한다는 조건은 오라클 인터페이스가 S_x^π일 때 알고리듬 $U_k S_x^\pi U_{k-1} S_x^\pi ... U_1 S_x^\pi U_0 |0\rangle$을 작용한 것이 충분히 $|x\rangle$에 가까운 상태 $|\psi_k^x\rangle$가 돼서, 측정 결과에서 높은 확률로 x를 얻어야 한다는 뜻이다. 표준 기저 $|x\rangle$와 $|y\rangle$라는 두 기저가 어떤 상수보다 더 가까워질 수 없기 때문에, 다른 S_x^π와 S_y^π에 대한 알고리듬의 최종 상태는 충분히 멀리 떨어져 있게 된다. U_i는 모두 같으므로 알고리듬을 실행한 결과에서 어떤 차이가 있으면 그것은 S_x^π를 호출할 때 발생한 것이다. 이 알고리듬은 모두 같은 상태 $U0|0\rangle$에서 시작하므로 만약 $|\psi_i^x\rangle$와 $|\psi_i^y\rangle$ 사이의 거리가 각 단계마다 증가하는 양을 일정 크기 이하로 제한할 수 있다면, 오라클 인터페이스 S_x^π를 호출하는 횟수인 k에 대한 한계를 얻을 수 있다. 다시 말해, $U_i S_x^\pi$를 $|\psi_{i-1}^x\rangle$에 작용하고 $U_i S_y^\pi$를 $|\psi_{i-1}^y\rangle$에 작용했을 때 늘어나는 거리의 양을 일정 크기 이하로 제한하고 싶은 것이다. 이 한계를 얻기 위해 $|\psi_i^x\rangle$와 $|\psi_i^y\rangle$ 둘 다를 S_x^π를 전혀 끼워넣지 않고 U_0에서 U_i까지 작용해서 얻은 $|\psi_i\rangle$와 비교한다. 먼저 $\Omega(\sqrt{N})$번의 오라클 호출이 필요하다는 것을 증명하기 위해 이 아이디어에 기반한 부등식을 어떻게 사용하는지 자세히 설명하고, 부등식 각각의 증명을 자세히 제시하겠다.

9.3.1 3개의 부등식으로 축약

이 증명을 위해 양자 상태의 세 분류 사이의 관계를 고려해보자. 세 가지 상태는 원하는 결과 $|x\rangle$, k단계 이후 계산 상태 $|\psi_k^x\rangle$, 오라클의 작용 없이 U_i 변환만 줄줄이 수행해서 얻은 상태 $|\psi_k\rangle = U_k U_{k-1} ... U_1 U_0 |0\rangle$이다. 만약 어떤 경우 $|x\rangle$ 대신에 $|x\rangle$에서 위상을 조절한 것, 말하자면 $|x_k'\rangle = e^{i\theta_k^x}|x\rangle$를 고려한다면 분석이 간단해진다. 여기서 $e^{i\theta_k^x} = \langle x|\psi_k^x\rangle / |\langle x|\psi_k^x\rangle|$이다. 위상 조절은 $\langle x_k'|\psi_k\rangle$가 모든 k에 대해 실수가 되도록 고른다. $|x_k'\rangle$가 $|x\rangle$와는 위상만 다르므로, $|\langle x|\psi_k^x\rangle|^2 = \frac{1}{2}$이기만 하면 $|x_k'\rangle$에 대해서도 다음과 같은 유사한 부등식을 얻는다.

$$|\langle x_k' | \psi_k^x \rangle|^2 \geq \frac{1}{2}$$

여기서 $\langle x_k' | \psi_k^x \rangle = \frac{1}{\sqrt{2}}$이다.

이 상태에 대해서 다음의 쌍 사이의 거리를 생각해보자.

$$d_{kx} = |\,|\psi_k^x\rangle - |\psi_k\rangle\,|$$
$$a_{kx} = |\,|\psi_k^x\rangle - |x_k'\rangle\,|$$
$$c_{kx} = |\,|x_k'\rangle - |\psi_k\rangle\,|$$

이 증명은 이 거리 제곱의 합 또는 평균을 포함해서 한계를 찾는 것이다.

$$D_k = \frac{1}{N}\sum_x d_{kx}^2, \qquad A_k = \frac{1}{N}\sum_x a_{kx}^2, \qquad C_k = \frac{1}{N}\sum_x c_{kx}^2$$

합, 또는 그와 동등한 평균을 고려하는 이유는 임의의 일반적으로 유용한 탐색 알고리듬은 모든 가능한 x에 대해 효율적으로 x를 찾아야 한다. 이 증명은 D_k, A_k, C_k가 들어 있는 세 부등식에 의존하며, 9.3.2절에서 증명할 것이다. 이러한 부등식을 증명하기 전에 먼저 이 부등식들을 설명하고 이것이 오라클 호출 횟수에 대한 아래쪽 한계에 어떤 의미인지 보이겠다.

상자 9.1 코시-슈바르츠 부등식

두 가지 형태의 코시-슈바르츠 부등식Cauchy-Schwarz inequality이 있다. 일반적인 꼴은

$$\sum_i u_i v_i \leq \sqrt{\left(\sum_i u_i^2\right)\left(\sum_i v_i^2\right)} \qquad (9.1)$$

이고, N차원 공간에서 $v_i = 1$인 경우에 대해서는 특별히 다음 식을 사용한다.

$$\sum_i u_i \leq \sqrt{N}\sqrt{\sum_i u_i^2} \qquad (9.2)$$

첫 번째 부등식은 k단계 이후 얻은 상태 $|\psi_k^x\rangle$와 위상을 조절한 상태 $|x_k'\rangle$ 사이의 제곱 평균 거리인 A_k에 위쪽 한계를 준다. 9.3.2절에서 성공 확률이 $|\langle x|\psi_k^x\rangle|^2 \geq \frac{1}{2}$를 얻기 위해서 다음의 부등식이 성립해야 함을 보일 것이다.

$$A_k \leq 2 - \sqrt{2}$$

두 번째 부등식은 벡터 $|\psi_k\rangle$와 모든 기저벡터 $|j\rangle$ 사이의 거리 제곱의 합 C_k에 아래쪽 한계를 주는데, $N \geq 4$가 만족되는 한

$$C_k \geq 1$$

이어야 한다. 세 번째 부등식은 $|\psi_k^x\rangle$와 $|\psi_k\rangle$ 사이의 제곱 평균 거리 D_k가 k가 증가함에 따라

$$D_k \leq \frac{4k^2}{N}$$

을 만족한다는 내용이다.

세 가지 양 d_{kx}, a_{kx}, c_{kx}는 다음과 같이 연관돼 있다.

$$d_{kx} = \||\psi_k^x\rangle - |\psi_k\rangle| = \||\psi_k^x\rangle - e^{i\theta_x^k}|x\rangle + e^{i\theta_x^k}|x\rangle - |\psi_k\rangle| \geq a_{kx} - c_{kx}$$

d_{kx}, a_{kx}, c_{kx}라는 양들 사이의 관계는 코시-슈바르츠 부등식(상자 9.1 참고)을 사용해 다음을 얻을 수 있다.

$$
\begin{aligned}
D_k &= \frac{1}{N}\sum_x d_{kx}^2 \\
&\geq \frac{1}{N}\left(\sum_x a_{kx}^2 - 2\sum_x a_{kx}c_{kx} + \sum_x c_{kx}^2\right) \\
&\geq \frac{1}{N}\sum_x a_{kx}^2 - \frac{2}{N}\sqrt{\left(\sum_x a_{kx}^2\right)\left(\sum_x c_{kx}^2\right)} + \frac{1}{N}\sum_x c_{kx}^2 \\
&\geq A_k - 2\sqrt{A_k C_k} + C_k
\end{aligned}
$$

이 부등식과 앞의 세 가지 부등식을 사용하면, $\frac{4k^2}{N}$의 아래쪽 한계를 상수로 줄 수 있다.

$$\frac{4k^2}{N} \geq D_k$$
$$\geq A_k - 2\sqrt{A_k C_k} + C_k$$
$$= \left(\sqrt{C_k} - \sqrt{A_k}\right)^2$$
$$\geq \left(1 - \sqrt{2 - \sqrt{2}}\right)^2$$

이것은 $1 \geq 2 - \sqrt{2} \geq A_k$다. 따라서 (두 번째 부등식에 필요한) $N \geq 4$에 대해, $q = 1 - \sqrt{2 - \sqrt{2}}$로 잡으면, 모든 x에 대해 성공 확률이 $\left|\langle x|\psi_k^x\rangle\right|^2 \geq \frac{1}{2}$가 되기 위해 적어도 $k \geq \frac{q}{2}\sqrt{N}$회의 반복이 필요하다.

이제, 세 부등식의 증명을 제시하겠다.

9.3.2 세 부등식의 증명

A_k에 대한 부등식   가정에 의해, $\left|\langle\psi_k^x|x\rangle\right|^2 \geq \frac{1}{2}$이다. $|x\rangle$와 $|x_k'\rangle$를 이어주는 위상 $e^{i\theta_k^x}$를 잘 고르면,

$$\langle\psi_k^x|x_k'\rangle \geq \frac{1}{\sqrt{2}}$$

이고, 따라서

$$a_{kx}^2 = \left|\,|\psi_k^x\rangle - |x_k'\rangle\right|^2$$
$$= \left|\,|\psi_k^x\rangle\right|^2 - 2\langle x_k'|\psi_k^x\rangle + \left|\,|x_k'\rangle\right|^2$$
$$\leq 2 - \sqrt{2}$$

이다. 여기서 다음이 유도된다.

$$A_k = \frac{1}{N}\sum_x a_{kx}^2 \leq 2 - \sqrt{2}$$

모든 기저벡터에 대한 제곱 거리 합의 한계 c_{kx}^2 항들은 다음과 같이 한계가 주어진다.

$$c_{kx}^2 = \left| |x_k'\rangle - |\psi_k\rangle \right|^2$$

$$= \left| e^{i\theta_k^x}|x\rangle - |\psi_k\rangle \right|^2$$

$$= ||\psi_k\rangle|^2 - \overline{e^{i\theta_k^x}\langle\psi_k|x\rangle} - e^{i\theta_k^x}\langle\psi_k|x\rangle + ||x\rangle|^2$$

$$= 2 - 2Re(e^{i\theta_k^x}\langle\psi_k|x\rangle)$$

$$\geq 2 - 2|\langle x|\psi_k\rangle|$$

이제, 이 항들의 평균을 한정 지을 수 있으므로,

$$C_k = \frac{1}{N}\sum_x c_{kx}^2$$

$$\geq 2 - \frac{2}{N}\sum_x |\langle x|\psi_k\rangle|$$

$$\geq 2 - \frac{2}{\sqrt{N}}\sqrt{\sum_x |\langle x|\psi_k\rangle|^2} \tag{9.3}$$

$$= 2 - \frac{2}{\sqrt{N}} \tag{9.4}$$

여기서 부등식 9.3은 코시-슈바르츠 부등식(상자 9.1 참고)에서 유도되고, 식 9.4는 $|\psi_k\rangle$ 가 단위벡터이고 $\{|x\rangle\}$가 기저벡터를 구성하기 때문에 성립한다. 따라서 두 번째 부등식 $C_k \geq 1$은 $N \geq 4$가 성립하는 한 성립한다.

여기에 추가로, 이 논증은 $|\psi_k\rangle$에 아무런 가정을 하지 않았기 때문에, 모든 기저벡터에 대한 거리의 합에 대한 한계는 어떤 양자 상태에 대해서도 성립한다. 즉,

$$\frac{1}{N}\sum_x \left| |x\rangle - |\psi\rangle \right|^2 \geq 2 - \frac{2}{\sqrt{N}}$$

이 임의의 $|\psi\rangle$에 대해서 성립한다.

D_k에 대한 부등식 먼저, $|\psi_k^x\rangle$와 $|\psi_k\rangle$가 각 단계마다 얼마나 거리가 멀어지는지 한계를 잡아야 한다. d_{kx}와 $d_{k+1,x}$ 사이의 다음과 같은 관계식을 생각해보자.

$$d_{k+1,x} = ||\psi_{k+1}^x\rangle - |\psi_{k+1}\rangle|$$
$$= |U_{k+1}S_x^\pi|\psi_k^x\rangle - U_{k+1}|\psi_k\rangle|$$
$$= |S_x^\pi|\psi_k^x\rangle - |\psi_k\rangle|$$
$$= |S_x^\pi(|\psi_k^x\rangle - |\psi_k\rangle) + (S_x^\pi - I)|\psi_k\rangle|$$
$$\leq |S_x^\pi(|\psi_k^x\rangle - |\psi_k\rangle)| + |(S_x^\pi - I)|\psi_k\rangle|$$
$$= d_{kx} + 2|\langle x|\psi_k\rangle|$$

이 부등식은 $|\psi_k^x\rangle$와 $|\psi_k\rangle$ 사이의 거리가 각 단계마다 최대 $2|\langle x|\psi_k\rangle|$만큼 증가할 수 있음을 보여준다. 이 한계를 사용하면, 수학적 귀납법으로

$$D_k = \frac{1}{N}\sum_x d_{kx}^2 \leq \frac{4k^2}{N}$$

을 증명할 수 있다.

기본 단계 $k=0$인 경우, 모든 x에 대해 $|\psi_0^x\rangle = U_0|0\rangle = |\psi_0\rangle$이 성립해 $d_{0x} = 0$이고, 따라서 $D_0 = 0$이다.

수학적 귀납법 단계

$$D_{k+1} = \frac{1}{N}\sum_x d_{k+1,x}^2$$
$$\leq \frac{1}{N}\sum_x (d_{kx} + 2|\langle x|\psi_k\rangle|)^2$$
$$= \frac{1}{N}\sum_x d_{kx}^2 + \frac{4}{N}\sum_x |\langle x|\psi_k\rangle|^2 + \frac{4}{N}\sum_x d_{kx}|\langle x|\psi_k\rangle|$$
$$= D_k + \frac{4}{N} + \frac{4}{N}\sum_x d_{kx}|\langle x|\psi_k\rangle|$$

코시-슈바르츠 부등식을 이용하면 다음의 식이 유도된다.

$$\frac{1}{N} \sum_x d_{kx} |\langle x|\psi_k\rangle| \leq \frac{1}{N} \sqrt{\left(\sum_x d_{kx}^2\right)\left(\sum_x |\langle x|\psi_k\rangle|^2\right)} = \sqrt{\frac{D_k}{N}}$$

수학적 귀납법의 가정 $D_k \leq \frac{4k^2}{N}$을 사용하면, 다음 결과를 얻는다.

$$D_{k+1} \leq D_k + \frac{4}{N} + 4\sqrt{\frac{D_k}{N}} \leq \frac{4(k+1)^2}{N}$$

9.4 그로버 알고리듬과 진폭 증폭의 비무작위화

쇼어 알고리듬과는 다르게 그로버 알고리듬은 본질적으로 확률적이진 않다. 머리를 조금 쓰면 이차식의 속도 증가를 그대로 두면서 그로버 알고리듬이 답을 확실히 찾을 수 있도록 변형할 수 있다. 더 일반적으로, 진폭 증폭은 비무작위화derandomize될 수 있다. 브라사드, 호여Høyer, 탭은 두 가지 접근법을 제안했다. 첫 번째 방법은 각 반복 단계에서 9.2.1절에서 사용한 것보다 조금 더 작은 각도만큼 회전시키며, 두 번째 방법은 마지막 단계에서만 더 작게 회전시킨다. 이 절에서는 각 접근법을 순서대로 설명한다.

9.4.1 접근법 1: 각 단계 고치기

그로버 알고리듬과 진폭 증폭의 각도 θ가 $\frac{\pi}{4\theta} - \frac{1}{2}$를 정수가 되도록 한다고 하자. 이 경우 $i = \frac{\pi}{4\theta} - \frac{1}{2}$회의 반복 후, 진폭 g_i은 1이고 알고리듬은 확실하게 해답을 출력할 것이다. 9.2절을 떠올려 보면 θ가 $\sin\theta = \sqrt{t} = g_0$을 만족한다. 알고리듬 U에 대한 진폭 증폭을 성공 확률 g_0을 갖고 비무작위화하려면 U를 고쳐서 θ'가 $\sin\theta' = g_0'$을 만족하고 $\frac{\pi}{4\theta'} - \frac{1}{2}$가 정수가 되도록 하며 성공 확률 $g_0' < g_0$을 가지는 알고리듬 U'를 만들어야 한다.

직관적으로는 알고리듬 U를 바꿔서 덜 성공적이게 만드는 것이 어려울 리가 없음에도 U에서 U'를 효율적으로 계산할 수 있도록 만들어야만 한다. 그 기교는 추가적인 큐비트 b를 사용하도록 하는 것이다. n큐비트 레지스터 $|s\rangle$에 작용하는 알고리듬이 성공 확률 g_0을 갖고 있을 때, $(n+1)$ 큐비트 레지스터 $|s\rangle|b\rangle$에 작용하는 변환 $U \otimes B$를 U'로 정의한다. 여기서 B는 다음의 단일 큐비트 변환이다.

$$B = \sqrt{1 - \frac{g_0'}{g_0}}\,|0\rangle + \sqrt{\frac{g_0'}{g_0}}\,|1\rangle$$

G'이 $|x\rangle \in G$와 $|b\rangle = |1\rangle$을 만족하는 기저 상태 $|x\rangle \otimes |b\rangle$의 집합이라고 하자. 독자들은 초기 성공 확률 $|P_G U'|0\rangle|$이 실제로 g_0'이라는 것을 확인해볼 수 있을 것이다. 이제, $(n+1)$ 큐비트 상태에 대한 진폭 증폭을 U 대신에 U', S_G^π 대신에 $S_{G'}^\pi$를 쓰는 반복 연산자 $Q' = -U' S_0^\pi (U')^{-1} S_{G'}^\pi$를 쓰면 $i = \frac{\pi}{4\theta'} - \frac{1}{2}$단계 후에 확실히 성공한다.

이렇게 고친 알고리듬은 큐비트 하나를 추가하는 비용만으로 $O\!\left(\sqrt{\frac{1}{t}}\right)$회의 오라클 호출을 사용해 확실하게 답을 얻는다.

9.4.2 접근법 2: 마지막 단계만 고치기

이 접근법은 설명하기가 더 복잡하지만 그 결과는 추가적인 큐비트 없이도 $O\!\left(\sqrt{\frac{1}{t}}\right)$시간 내에 확실히 답을 얻는다. 아이디어는 마지막 단계에 있는 S_G^π와 S_0^π을 고쳐서 정확히 원하는 마지막 상태를 얻도록 하는 것이다. 이를 위해 다음과 같이

$$Q(\phi, \tau) = -U S_0^\phi U^{-1} S_G^\tau$$

꼴의 변환의 일반적인 성질을 분석하는 것으로 시작하겠다. 여기서 ϕ와 τ는 둘 다 임의의 각도이며,

$$S_X^\phi |x\rangle = \begin{cases} e^{i\phi}|x\rangle & |x\rangle \in X\text{인 경우} \\ |x\rangle & |x\rangle \notin X\text{인 경우} \end{cases}$$

7.4.2절에서 S_X^ϕ를 효율적으로 구하는 방법을 보였다.

먼저, 임의의 양자 상태 $|v\rangle$에 대해

$$U S_0^\phi U^{-1}|v\rangle = |v\rangle - \left(1 - e^{i\phi}\right)\overline{\langle v|U|0\rangle}\,U|0\rangle$$

을 보이겠다. 다음과 같이 적어 보자.

$$|v\rangle = \sum_{i=1}^{N-1} \overline{\langle v|U|i\rangle}\,U|i\rangle + \overline{\langle v|U|0\rangle}\,U|0\rangle$$

278

그러면,

$$US_0^\phi U^{-1}|v\rangle = US_0^\phi \left(\sum_{i=1}^{N-1} \overline{\langle v|U|i\rangle}|i\rangle + \overline{\langle v|U|0\rangle}|0\rangle \right)$$

$$= U \left(\sum_{i=1}^{N-1} \overline{\langle v|U|i\rangle}|i\rangle + \overline{\langle v|Ue^{i\phi}|0\rangle}|0\rangle \right)$$

$$= \sum_{i=1}^{N-1} \overline{\langle v|U|i\rangle}U|i\rangle + e^{i\phi}\overline{\langle v|U|0\rangle}U|0\rangle$$

$$= |v\rangle - \left(1 - e^{i\phi}\right)\overline{\langle v|U|0\rangle}U|0\rangle$$

이 결과를 사용하면 이제 $Q(\phi, \tau) = US_0^\phi U^{-1}S_G^\tau$를 $|v_G\rangle$와 $|v_B\rangle$에 의해 펼쳐지는 부분 공간에 있는 임의의 중첩 상태 $|v\rangle = g|v_G\rangle + b|v_B\rangle$에 작용한 효과를 볼 수 있다. 그러면 다음 값을 얻는다.

$$Q(\phi, \tau)|v\rangle = g(-e^{i\tau}|v_G\rangle + e^{i\tau}(1 - e^{i\phi})\overline{\langle v_G|U|0\rangle}U|0\rangle)$$

$$+ b(-|v_B\rangle + (1 - e^{i\phi})\overline{\langle v_B|U|0\rangle}U|0\rangle)$$

$s = \lfloor \frac{\pi}{4\theta} - \frac{1}{2} \rfloor$회의 진폭 증폭 후 상태 $|\psi_s\rangle = -\sin((2s+1)\theta)|\psi_G\rangle + \cos((2s+1)\theta)|\psi_B\rangle$를 얻는다. 여기서 $\sin\theta = \sqrt{t} = g_0$이다. $Q(\phi, \tau)$를 상태 $|\psi_G\rangle$와 $|\psi_B\rangle$에 작용하면, 다음 값을 얻는다.

$$Q(\phi, \tau)|\psi_G\rangle = e^{i\tau}\left((1 - e^{i\phi})g_0^2 - 1\right)|\psi_G\rangle + e^{i\tau}(1 - e^{i\phi})g_0 b_0|\psi_B\rangle),$$

$$Q(\phi, \tau)|\psi_B\rangle = (1 - e^{i\phi})b_0 g_0|\psi_G\rangle + \left((1 - e^{i\phi})b_0^2 - 1\right)|\psi_B\rangle)$$

따라서

$$Q(\phi, \tau)|\psi\rangle = g(\phi, \tau)|\psi_G\rangle + b(\phi, \tau)|\psi_B\rangle$$

이다. 여기서,

$$g(\phi, \tau) = \sin\left((2s+1)\theta\right)e^{i\tau}\left((1 - e^{i\phi})g_0^2 - 1\right) + \cos\left((2s+1)\theta\right)(1 - e^{i\phi})b_0 g_0$$

$$b(\phi, \tau) = \sin\left((2s+1)\theta\right)e^{i\tau}(1 - e^{i\phi})g_0 b_0 + \cos\left((2s+1)\theta\right)\left((1 - e^{i\phi})b_0^2 - 1\right)$$

이다. 여기서 목표는 이제 $Q(\phi, \tau) = U S_0^\phi U^{-1} S_G^\tau$를 마지막 단계로 작용하면 답이 확실하게 얻어지는 ϕ와 τ가 존재함을 보이는 것이다.

$Q(\phi, \tau)|\psi\rangle$의 모든 진폭이 원하는 상태에 있도록 ϕ와 τ를 고를 수 있음을 보이기 위해, $b(\phi, \tau) = 0$ 또는,

$$\left(\sin\left((2s+1)\theta\right) e^{i\tau}(1 - e^{i\phi}) g_0 b_0\right) + \cos\left((2s+1)\theta\right)\left((1 - e^{i\phi}) b_0^2 - 1\right) = 0$$

또는 $b_0 = \sqrt{1 - g_0^2}$이기 때문에

$$e^{i\tau}(1 - e^{i\phi}) g_0 \sqrt{1 - g_0^2} \sin\left((2s+1)\theta\right) = \left(1 - (1 - e^{i\phi})(1 - g_0^2)\right) \cos\left((2s+1)\theta\right)$$

이기를 원한다. 우변이

$$\left(g_0^2(1 - e^{i\phi}) + e^{i\phi}\right) \cos\left((2s+1)\theta\right)$$

와 같기 때문에, ϕ와 τ가

$$\cot\left((2s+1)\theta\right) = \frac{e^{i\tau}(1 - e^{i\phi}) g_0 \sqrt{1 - g_0^2}}{g_0^2(1 - e^{i\phi}) + e^{i\phi}} \tag{9.5}$$

을 만족하기를 원한다.

일단 ϕ를 고르면, 우변이 실수가 되도록 τ를 고를 수 있다. ϕ를 찾기 위해, 식 9.5의 우변의 크기를 제곱하면 다음과 같다.

$$\frac{g_0^2 b_0^2 (2 - 2\cos\phi)}{g_0^4(2 - 2\cos\phi) - g_0^2(2 - 2\cos\phi) + 1}$$

크기 제곱의 최댓값은 $\cos\phi = -1$일 때 얻어지며

$$\frac{4 g_0^2 b_0^2}{4 g_0^4 - 4 g_0^2 + 1} = \frac{4 g_0^2 b_0^2}{(2 g_0^2 - 1)^2}$$

이다. 따라서 최대 크기는

$$\frac{2g_0 b_0}{2g_0^2 - 1} = \frac{2g_0 b_0}{g_0^2 - b_0^2} = \tan(2\theta)$$

이다. 여기서 앞서와 마찬가지로 $\sin\theta = \sqrt{t} = g_0$이다. 따라서 ϕ와 τ는 식 9.5의 우변을 $[0, \tan(2\theta)]$ 사이에 있는 임의의 실수가 되도록 고를 수 있다. 9.2.1절의 기하학적 해석에 의하면, $s = \lfloor \frac{\pi}{4\theta} - \frac{1}{2} \rfloor$회 반복 후에, 이 상태는 원하는 상태의 2θ 이내로 회전돼 있을 것이다. 따라서 Q를 s번 작용하고 이어서 $Q(\phi, \tau)$를 1번 작용하는 것으로 해답을 확실히 유도하도록 ϕ와 τ를 선택할 수 있다.

9.5 답의 개수를 모를 때

그로버 알고리듬은 변환 Q를 몇 번이나 작용해야 하는지 결정하기 위해 해의 상대적인 수 $t = |G|/N$을 알아야 한다. 더 일반적으로 진폭 증폭은 $U|0\rangle$의 성공 확률 $t = |g_0|^2$을 입력 받아야 한다. 이 절에서는 t를 모르는 경우를 다루는 두 가지 접근법을 간략히 설명하겠다. 첫 번째 접근법은 그로버의 알고리듬을 여러 번 반복해 각 실행에서 Q를 반복 횟수를 무작위로 선택한다. 우아하진 않지만, 이 접근법은 높은 확률로 해답을 찾는 데 성공한다. 두 번째 접근법은 양자 계수quantum counting라고 하는데, t를 추정하기 위해 양자 푸리에 변환을 사용한다. 두 접근법은 모두 U_P를 $O(\sqrt{N})$번 호출해야 한다.

9.5.1 반복 횟수가 변하는 경우

농도cardinality가 N인 공간에 tN개의 해가 있는 문제에 적용된 그로버 알고리듬을 생각해보자. t가 알려지지 않았을 때 단순한 전략은 0과 $\frac{\pi}{4}\sqrt{N}$ 사이에서 무작위적으로 선택된 반복 횟수만큼 그로버 알고리듬을 반복적으로 실행하는 것이다. t가 커짐에 따라 이 단순한 전략은 분명 최적이 아니다. 이제 살펴보겠지만, 그럼에도 이 단순한 전략은 t의 값에 상관없이 최대 $O(\sqrt{N})$번 U_P를 호출하는 것으로 성공한다.

9.1.4절의 결과는 Q를 i번 실행할 때 평균 성공 확률이

$$Pr(i < r) = \frac{1}{r} \sum_{i=0}^{r-1} \sin^2((2i+1)\theta)$$

으로 주어진다는 것이다. 여기서 i는 0과 r 사이에서 무작위로 고르며, 앞서와 마찬가지로 $\sin\theta = \sqrt{t}$이다. r의 다른 값에 대한 평균 성공 확률에 대한 그래프가 그림 9.6에 나타나 있다. 비교를 위해 그로버 알고리듬을 정확히 r단계 반복한 후 성공 확률 그래프도 제시했다.

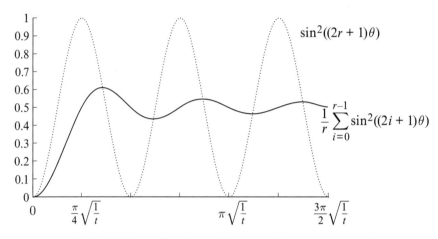

그림 9.6 0과 r사이에서 무작위적으로 반복 횟수를 골랐을 때 r의 함수로 그린 평균 성공 확률 $Pr(i < r)$. 여기서 앞서와 마찬가지로 $\sin\theta = \sqrt{t}$이다. 참고로 점선은 정확히 r번 반복 실행했을 때의 성공 확률이다.

이 함수의 그래프에서 모든 $r > \frac{\pi}{4}\sqrt{\frac{1}{t}}$에 대해 $Pr(i < r) > c$를 만족하는 상수 c가 있음을 알아보기는 쉽다. $\frac{1}{t} \le N$에 대해, 적어도 하나의 답이 있음을 보장한다면, 만약 $r = \frac{\pi}{4}\sqrt{N}$을 선택한다면, $Pr(i < \pi/4\sqrt{N}) \ge c$이다. 따라서 Q의 반복 횟수를 0과 $\pi/4\sqrt{N}$ 사이에서 무작위적으로 고를 때, 이 알고리듬을 1번 실행할 때 답을 찾을 확률은 최소한 c다. 그 실행에서 오라클을 호출하는 횟수의 기댓값은 따라서 $O(\sqrt{N})$이다. 임의의 확률 $c' > c$에 대해, 그로버 알고리듬을 K번 실행하고 앞에서와 같은 방식으로 실행마다 반복 횟수를 골랐을 때 그 해답을 찾을 확률이 c'가 되도록 하는 상수 K가 존재한다. 따라서 임의의 c'에 대해 Q를 작용하는 전체 횟수, 그에 따라 오라클의 전체 호출 횟수는 $O(\sqrt{N})$이다.

9.5.2 양자 계수

그로버 알고리듬을 무작위로 변하는 반복 횟수에 따라 Q를 반복하는 대신에, 양자 계수는 더 많은 양자적 접근법을 사용한다. Q를 다른 횟수만큼 작용한 결과의 중첩 상태를 만

들고, 이 중첩 상태에 푸리에 변환을 사용해 t의 상대적인 횟수에 대해 좋은 추정값을 얻는다. 같은 전략이 $U|0\rangle$의 성공 확률 t를 추측하기 위해서 진폭 증폭 알고리듬에 대해서도 사용할 수 있다. 이 접근법도 $O(\sqrt{N})$의 질의 복잡도를 가진다.

이 알고리듬 자체는 설명하기 쉽지만, 필요한 중첩 상태의 크기를 알아내는 데는 좀 더 들여다봐야 한다. U와 Q가 9.2절의 진폭 증폭 알고리듬에서 정의된 것과 같다고 하자. $|k\rangle$와 $|\psi\rangle$를 입력으로 받아서 Q를 $|\psi\rangle$에 k번 반복 작용하는 변환 **RepeatQ**를 정의하자.

$$\textbf{RepeatQ} : |k\rangle \otimes |\psi\rangle \rightarrow |k\rangle \otimes Q^k|\psi\rangle$$

이 변환은 Q를 반복하는 고전적인 능력보다 더 강력한데, **RepeatQ**는 중첩 상태에 작용될 수 있기 때문이다. **RepeatQ**를 모든 $k < M = 2^m$에 대해 $U|0\rangle$와 텐서곱으로 묶인 중첩 상태에 작용해 다음을 얻는다.

$$\frac{1}{\sqrt{M}} \sum_{k=0}^{M-1} |k\rangle \otimes U|0\rangle \rightarrow \frac{1}{\sqrt{M}} \sum_{k=0}^{M-1} |k\rangle \otimes (g_k|\psi_G\rangle + b_k|\psi_B\rangle)$$

여기서 M을 어떻게 골랐는지는 잠시 무시하겠다.

표준 기저에서 오른쪽 레지스터를 측정하면 원하는 상태($|\psi_B\rangle$에 직교) 또는 불필요한 상태 ($|\psi_G\rangle$에 직교)에 있는 상태 $|x\rangle$를 생성한다. 따라서 왼쪽 레지스터는 $|\psi\rangle = C \sum_{k=0}^{M-1} b_k|k\rangle$ 나 $|\psi\rangle' = C' \sum_{k=0}^{M-1} g_k|k\rangle$로 붕괴한다. 앞의 상태 $|\psi\rangle$를 얻었다고 하자. 뒤의 상태에 대한 설명도 유사하다. 9.2절에서 $b_k = \cos((2k+1)\theta)$라고 했으므로,

$$|\psi\rangle = C \sum_{k=0}^{M-1} \cos((2k+1)\theta)|k\rangle$$

이다. 이 상태에 양자 푸리에 변환을 작용하면 다음을 얻는다.

$$\mathcal{F} : C \sum_{k=0}^{M-1} b_k|k\rangle \rightarrow \sum_{j=0}^{M-1} B_j|j\rangle$$

7.8.1절에서 주기가 $\frac{\pi}{\theta}$인 코사인 함수에 대해 진폭의 대부분은 $\frac{M\theta}{\pi}$라는 하나의 값에 가까운 B_j에 몰려 있다. 만약 지금 이 상태를 측정하면, 측정된 값 $|j\rangle$로부터 $\theta = \frac{\pi j}{M}$을 취해서

높은 확률로 θ의 원하는 근삿값을 얻을 것이다. 따라서 높은 확률로 $t = \sqrt{\sin\theta}$는 그로버 알고리듬에는 해의 개수에 대한, 또는 진폭 증폭의 경우에는 $U|0\rangle$의 성공 확률에 대한, 좋은 근삿값이다.

물론 한 가지 문제가 남아 있다. M의 적절한 값을 미리 알지 못한다는 점이다. 이 문제는 M을 의미 있는 j값이 읽혀질 때까지 증가시키면서 알고리듬을 반복하는 것으로 해결할 수 있다. $\theta = \frac{j}{M}\pi$이기 때문에, 주어진 θ에 대해 정숫값 $j \sim \frac{\theta M}{\pi}$을 높은 확률로 읽어올 수 있고, M이 제시된 문제에 대해 너무 작을 때는 높은 확률로 j가 0으로 측정될 것이다.

9.6 그로버 알고리듬과 진폭 증폭의 현실적 의미

9장의 서두에서 그로버 알고리듬과 그 일반화인 진폭 증폭의 실질적인 영향이 어디까지 미쳤는지에 논쟁이 있다고 언급했었다. 그로버 알고리듬과 진폭 증폭이 고전적 알고리듬에 대해 제곱 정도의 질의 복잡도 감소가 쇼어 알고리듬의 초다항식적인 속도 증가와 비교하면 사소해 보일 수도 있지만, 이차식 정도의 속도 증가는 현실적인 의미가 있다. 예를 들어 빠른 푸리에 변환은 푸리에 변환을 직접 구현하는 방법에 비해 이차식 정도의 속도 증가뿐이지만, 그 정도로도 의미 있는 개선으로 간주된다. 그로버 알고리듬이 제공하는 속도 증가가 그보다 더 크지 않다는 점은 이 알고리듬의 현실적 영향이라는 점에서는 적어도 고민을 해봐야 한다.

가장 큰 고민은 주어진 현실적인 문제에 대해 U_P가 계산되는 효율성이다. U_P가 효율적으로 계산 가능하지 않는 한, $O(\sqrt{N})$의 탐색 속도 증가는 U_P를 계산하는 데 걸리는 시간에 묻힐 것이다. 만약 U_P를 계산하는 데 $O(\sqrt{N})$의 시간이 걸린다면, U_P를 단지 $O(\sqrt{N})$번만을 사용한다 해도 그로버 알고리듬을 실행하는 데는 $O(N)$ 시간이 걸린다. 이것은 일반적인 P에 대해 참이다. 게다가 같은 공간에서 여러 번 탐색하는 경우는 절약되는 것이 없다. 즉, 알고리듬 끝에서 측정이 이뤄지면 중첩 상태는 파괴되며, U_P는 각 탐색마다 새로 계산돼야 한다.

다른 고민은 대다수의 탐색이 실제로는 많은 구조를 가지는 공간에 대한 것이라는 점이다. 여러 경우, 이 특징은 진폭 증폭으로 더 이상 개선시킬 수 없는 빠른 고전적 알고리듬을 허용한다. 예를 들어 알파벳 순서로 정렬된 N개의 원소 중에서 고전적 알고리듬은 어떤 원소를 $O(\log_2 N)$시간 내에 찾을 수 있다. 게다가 그 알고리듬은 진폭 증폭으로 속도를 증가시키기에 적합한 꼴이 아니다. 탐색 공간에 구조가 없는 경우에는 상대적으로 실질적인 탐색 문제가 거의 없고, 따라서 그로버 알고리듬은 그 자체로는 실질적인 응용 분야가 거의 없다. 그 일반화인 진폭 증폭은 대부분 경험적 방법은 없지만 확실한 속도 증가를 위해 사용될 수 있는 경우에는 더 폭넓게 적용 가능하다.

그로버 알고리듬은 탐색 공간의 소모적인 탐색에 작용된다. 그로버 알고리듬은 공통적으로 데이터베이스^{database} 탐색 알고리듬이지만, 그 이름에는 오해가 있다. 그로버의 탐색 알고리듬은 비구조화된 탐색에 대한 고전 알고리듬에 대해서만 속도 증가를 준다. 데이터베이스는 일반적으로는 고도로 구조화돼 있어서 고전적으로 빠르게 탐색 가능하다. 대부분의 데이터베이스는 고용인 기록이나 실험 결과들인데, 구조화돼 있지만 그와 동시에 제일 원리$^{first principle}$로부터는 계산하기 어렵다(그에 대응하는 U_P의 계산 비용이 비싸다). 예를 들어 알파벳 순서로 된 이름 목록은 구조화돼 있지만, 그것을 계산하는 것은 각 항목을 각각 더하는 것보다 빠르게 계산할 수 없고, 이것은 $O(N)$번의 연산이 필요하다. 이런 이유에서, 그로버 알고리듬을 데이터베이스 탐색 알고리듬이라고 부르는 것은 불행한 역사적 사건이다. 일반적인 관념과 다르게 그로버 알고리듬은 표준적인 데이터베이스나 인터넷 검색을 처리하지는 않는데, 이것은 그 원소를 양자 중첩 상태에 넣고 매번 탐색을 수행할 때마다 상태가 파괴되기 때문에, 처음부터 고전적인 탐색을 하는 것보다 시간이 더 오래 걸리기 때문이다. 중첩 상태를 다시 만드는 것은 종종 N에 선형으로 증가하며 이것은 그로버 탐색 알고리듬의 장점인 $O(\sqrt{N})$을 부정한다. 사실, 차일즈^{Childs} 등은 순서가 있는 자료에 대해 양자계산은 최적의 고전 알고리듬에 비해서 상수 인자 이상의 개선은 주지 못한다는 것을 보였다.

문제에 대한 답의 후보가 쉽게 열거될 수 있고, 주어진 값 x가 답을 나타내는지 아닌지에 대한 효율적인 계산이 존재할 때 U_P는 쉽게 계산될 수 있고, 따라서 그런 걱정은 없어도 된다. 그로버 알고리듬에서 사용된 진폭 증폭 기법은 수열의 평균을 근사하는 것과 r대 1 함수에서 충돌을 찾는 다른 통계 문제, 문자열 일치, 경로 적분과 같은 문제를 포함해 다수의 문제에 대해 작은 속도 증가를 준다. NP-완전 문제도 그 문제에 관련된 U_P가 효율적으로 계산 가능하다는 점에서 그런 문제들의 분류에 들어간다. 안타깝게도 진폭 증폭은 이차식적인 속도 증가만을 주므로, 따라서 고전적으로 지수 함수적인 수의 질의를 필요로 하는 문제들은 그로버 알고리듬에 대해서도 지수 함수적으로 남아 있다. 특히 그로버 탐색은 NP-완전 문제를 효율적으로 푸는 방법을 제공하지 못한다. 게다가 NP-완전 문제는 고전적인 경험적 알고리듬에서 활용될 수 있는 구조를 갖고 있고, 그중 몇 가지만이 진폭 증폭을 통해 개선될 수 있을 뿐이다.

9.7 참고문헌

그로버의 탐색 알고리듬은 [143]에서 처음으로 제시됐다. 그로버는 자신의 알고리듬을 어떤 함수의 평균과 중앙값을 계산하는 것[144]과 같은 다른 비탐색적 문제에도 이차식적인 속도 증가를 달성하도록 확장했다. 유사한 기법을 사용해 그로버는 또한 고전적으로 $O(\log N)$ 내에 실행되는 특정 탐색 문제가 양자 컴퓨터에서는 $O(1)$ 내에 풀 수 있음을 보였다[143]. 진폭 증폭은 바이런Biron 등의 결과[52]를 보면 다른 양자계산의 서브루틴으로 사용되는데, 여기서는 기본적으로 어떤 초기 진폭 분포에 대해서도 진폭 증폭이 어떻게 $O(\sqrt{N})$의 복잡도를 유지하면서 작동하는지 보여준다.

조사[166]는 그로버 알고리듬과 진폭 증폭의 기하학적 해석에 대한 상보적 설명을 제시한다.

베넷, 베른슈타인, 브라사드, 바지라니[41]는 그로버 알고리듬의 최적성에 대해 가장 이른 증명을 제시했다. 보여Boyer 등[58]은 그로버 알고리듬의 성능에 대해 자세한 분석을 제시하고, 9.1.4절의 점화식에 답을 제시했다. 그로버 알고리듬의 최적성을 더 강하게 만든 것은 잘카Zalka가 제시했다[290].

보여 등[58]은 t를 모를 때 반복 횟수를 무작위적으로 선택하기 위한 전략을 제시했다. 여기서 또한 같은 원리에 기반해 t가 큰 경우에 대해 더 효율적인 알고리듬을 제시했다. 양자 계수의 아이디어는 브라사드 등[62]에 의한 것이다. 이들의 논문은 M을 찾기 위해 반복하는 전략을 포함한 자세한 분석이 들어 있다. 그로버 알고리듬의 두 가지 변형은 같은 논문에서 내재적으로 확률적이진 않음이 밝혀졌다.

차일즈 등[81]은 양자계산이 정렬된 자료의 탐색에 대해서는 최적의 고전적 알고리듬에 비해 상수 인자 이상의 개선을 주지 못함을 보였다. 비아몬테스Viamotes 등[277]과 잘카

등[291]은 둘 다 그로버의 탐색 알고리듬과 그 일반화에 대해 실질적인 사용에 관련된 문제를 논의했다.

그로버 알고리듬의 확장은 수열의 평균과 다른 통계치의 근사[144, 216], r대 1에서 충돌 찾기[61], 문자열 일치[234], 경로 적분[271]을 포함한다. 그로버 알고리듬은 이분법적이지 않은 표지 붙이기[58], 임의의 초기 조건[52], 중첩된 탐색[77]을 지원하도록 일반화할 수 있다.

9.8 연습 문제

연습 문제 9.1 다음의 식이 9.1.4절의 점화식의 답임을 확인하라.

$$g_i = \sin((2i+1)\theta)$$
$$b_i = \cos((2i+1)\theta)$$

여기서 $\sin\theta = \sqrt{t} = \sqrt{|G|/N}$이다.

연습 문제 9.2 그로버 알고리듬을 $t = |G|/N = 1/2$인 경우에 적용하는 것이 개선이 없음을 보여라.

연습 문제 9.3 $t = |G|/N = 3/4$인 경우에 그로버 알고리듬을 적용하려고 하면 어떻게 되는가?

연습 문제 9.4

a. 16개 중 하나의 항목을 찾기 위해 그로버 알고리듬을 사용하면 몇 번을 반복해야 하는가?

b. 만약 최적보다 1번 더 적게 반복하고 측정하면, 최적인 경우에 비해 성공 확률은 어떻게 되는가?

c. 만약 최적보다 1번 더 많이 반복하고 측정하면, 최적인 경우에 비해 성공 확률은 어떻게 되는가?

연습 문제 9.5 $P : \{0,\ldots,N-1\} \to \{0,1\}$이 $x = t$를 제외하면 0이라고 하자. 그리고 양자 오라클 U_P뿐만 아니라 알려진 문자열 s와 해답 t가 정확히 k비트만큼 다르다는 정보도 안다고 하자. U_P를 $O(\sqrt{2^k})$번 호출해 답을 찾는 알고리듬을 제시하라.

연습 문제 9.6 $P : \{0,\ldots,N-1\} \to \{0,1\}$이 $x = t$를 제외하면 0이라고 하자. 그리고 양자 오라클 U_P뿐만 아니라 010과 100을 제외한 모든 접미어가 제외된다는 정보도 안다고 하자. 다시 말해서, 해답 t는 010이나 100으로 끝난다. 그로버 알고리듬보다 더 적은 횟수로 U_P를 호출해 답을 찾는 알고리듬을 제시하라.

연습 문제 9.7 $P : \{0,\ldots,N-1\} \to \{0,1\}$이 $x = t$를 제외하면 0이라고 하자. 그리고 양자 오라클 U_P뿐만 아니라 알려진 문자열 s와 해답 t가 많아봐야 k비트만큼 다르다는 정보도 안다고 하자. U_P를 $O(\sqrt{2^n})$번 호출하는 것보다 더 효율적으로 답을 찾는 알고리듬을 제시하라.

연습 문제 9.8 $P : \{0,\ldots,N-1\} \to \{0,1\}$이 $x = t$를 제외하면 0이라고 하자. 그리고 양자 오라클 U_P가 주어져 있고 해답 t의 처음 $n/2$ 비트가 0.9의 확률로 0이라고 하자. 이 정보를 활용해 오라클 호출 횟수가 $O(\sqrt{2^n})$보다 더 효율적인 알고리듬을 어떻게 얻을 수 있는가?

연습 문제 9.9 $f : \{0,\ldots,N-1\} \to \{0,\ldots,N-1\}$인 함수에 대한 양자 블랙박스가 주어져 있을 때, $O(\sqrt{N}\log N)$번의 질의로 그 최솟값을 찾는 양자 알고리듬을 설계하라. 여기서 $N = 2^n$이다.

연습 문제 9.10 초기 상태에 오류가 있어서 $|00\ldots0\rangle$으로 시작하는 대신에

$$\frac{1}{\sqrt{1+\epsilon^2}}(|00\ldots0\rangle + \epsilon|11\ldots1\rangle))$$

이라는 상태로 시작해서 그로버 알고리듬을 실행한다고 하자. 이 오류가 그로버 알고리듬의 결과에 어떤 영향을 주는가?

연습 문제 9.11 어째서 진폭 증폭을 처음 작용한 결과에 진폭 증폭을 작용하는 것이 질의 복잡도를 추가로 제곱근 정도로 줄여주지 못하는가?

연습 문제 9.12 답이 여럿인 경우에 대해 그로버 알고리듬의 최적성을 증명하라.

연습 문제 9.13 9.5.2절의 양자 계수 절차에 대해, 원하지 않는 상태가 측정됐을 때 t의 추정을 얻는 방법을 보여라.

3부
얽힌 부분계와 강건한 양자계산

10

양자 부분계와 얽힌 상태의 성질

양자계산의 능력은 종종 얽힘에서 가장 큰 영향을 받는다. 실제로 조사와 린든[Linden][167]은 고전적 알고리듬에 비해 지수 함수적 속도 증가를 달성하는 어떤 양자 알고리듬이든, 알고리듬의 입력 크기에 따라 증가하는 많은 큐비트들 사이에 얽힘을 사용해야만 한다는 것을 보였다. 그럼에도 13.9절에서 설명하겠지만 양자계산과 더 일반적으로는 양자정보 처리에서 얽힘의 정확한 역할은 명확하지 않게 남아 있다. 얽힘이 일반적으로 양자계산의 중요한 자원으로 여겨지긴 하지만 얽힘이, 특히 다자간 얽힘은 여전히 거의 잘 이해가 안 됐다.

10장에서는 얽힘에 대해, 특히 셋 또는 그 이상의 부분계들 사이의 얽힘인 다자간 얽힘에 대해 몇 가지 알려진 것을 알아본다. 또한 얽힘을 더 깊이 이해하는 것을 어렵게 만드는 몇 가지 복잡함에 대해 설명할 것이다. 예를 들어 다자간 얽힘의 몇 가지 서로 다른 유형이 다수 존재한다. 4개 (또는 그 이상의) 부분계 사이의 얽힘에 대해, 구분되는 얽힘 유형은 비가산적으로 무한하다! 다수의 연구는 어떤 유형의 얽힘이 유용하고 어디에 유용한지 이해하는 수준에 머무른다.

3장과 4장에서 강조했듯이, 얽힘 개념은 계를 특정한 텐서 분해를 통해 부분계로 분해하는 것에 대해서만 잘 정의된다. 얽힘에 대한 더 깊은 이해는 이 양자 부분계를 알아보는 것에서 시작된다. 관심 있는 것은 n큐비트를 만드는 단일 큐비트로 이뤄진 n개의 부분계와 계산에 사용되는 양자 컴퓨터의 레지스터 사이의 얽힘이다. 10.1절에서 설명할 밀도 연산자는 양자계를 모형화하는 데 사용되고, 더 특별하게는 하나의 부분계에만 접근 가능할 때 상태가 어떻게 보이는지 모형화하는 데 사용한다. 밀도연산자는 또한 설명하려는 측정이 아직 실행되지 않았거나 그 결과를 아직 모를 때 유용하다. 밀도연산자의 수학적 표현은 상태에 얼마나 많은 얽힘이 포함됐는지 정량화하고 여러 다른 얽힘을 구분하는 데 연관된 문제들을 포함해 얽힘을 더 자세히 검증할 수 있도록 한다.

10.2절에서 밀도연산자 형식 체계를 사용해 이분할 얽힘을 정량화하고 다자간 얽힘의 성질을 검증한다. 밀도연산자가 측정을 모형화하는 방법은 10.3절에서 논의하고 10.4절에서는 양자계의 변환을 논의한다. 양자 부분계의 성질은 얽힘뿐만 아니라 양자계산의 강건함 문제에도 통찰을 준다. 실질적 관점에서 양자 컴퓨터와 같은 어떤 양자계는 실질적으로는 항상 양자 부분계다. 어떤 실험 장치도 우주의 나머지 부분으로부터 완전히 고립시키는 것은 절대로 불가능하며, 어떤 실험이든지 더 큰 양자계의 일부분으로 보는 것이 적절하다. 10장의 마지막 절인 10.4.4절은 환경과의 상호 작용에 의해 야기되는 오류인 결어긋남을 어떻게 모형화할 수 있는지 보여준다. 이 모형은 11장과 12장에서 논의하는 양자 오류 보정과 결함 내성 양자계산의 기초를 구성한다.

10.1 양자 부분계와 섞인 상태

어떤 더 큰 계의 일부분에만 접근 가능, 또는 관심이 있는 경우는 늘 일어난다. 이 절에서는 양자 부분계와 부분계 사이의 얽힘을 연구하는 기반이 되는 개념과 표기법을 만들어 나간다.

양자 부분계를 모형화시킬 때 몇 가지 문제는 두 참여자 사이에 분배된 EPR 쌍으로 묘사된다. EPR 쌍의 $\frac{1}{\sqrt{2}}(|00\rangle + |11\rangle)$의 첫 번째 큐비트를 앨리스가 갖고 두 번째 큐비트를 밥이 갖고 있다고 하자. 앨리스는 자신의 큐비트를 어떻게 묘사할 수 있을까? 이것은 $a|0\rangle + b|1\rangle$ 꼴의 단일 큐비트 양자 상태에 있지 않다. 앨리스가 자신의 큐비트를 표준 기저에서 측정한다면, $|0\rangle$과 $|1\rangle$을 볼 가능성이 50%다. 따라서 앨리스의 큐비트 상태는 $|0\rangle$과 $|1\rangle$의 동등한 중첩 상태에 있는 것처럼 보일 것이다. 만약 앨리스가 그 큐비트를 $\{|+\rangle, |-\rangle\}$ 기저에서 측정했다면, $|+\rangle$나 $|-\rangle$를 관찰할 가능성이 50%일 것이다. 사실 어떤

기저에서 측정하더라도 두 기저 상태에 대해서 동등한 중첩 상태에 있는 것처럼 보인다. 하지만 어떤 단일 큐비트 상태도 이런 성질을 갖지 않는다. 예를 들어 $\frac{1}{\sqrt{2}}(|0\rangle + |1\rangle)$ 상태는 표준 기저에서는 동등한 중첩 상태에 있지만, 대부분의 기저에서는 동등하지 않은 중첩 상태에 있으며, $\{|+\rangle, |-\rangle\}$ 기저에서는 결정된 상태다. 그러면 앨리스는 자신의 큐비트에 대해 무엇을 말할 수 있을까?

이 질문에 답하려면 계의 상태가 무엇을 나타내는지 조심해서 살펴보는 것이 좋다. 상태는 모든 정보를 갖고 있으며, 계에 대해서 상상할 수 있는 것들을 다 알고 있다. 정보는 측정에 의해서만 얻을 수 있기 때문에, 아울러 측정은 양자 상태를 바꾸기 때문에, 똑같이 준비된 양자 상태를 무한히 공급한다고 생각해보자. 양자 상태는 이 무한히 많이 공급되는 똑같은 양자 상태에 대한 측정에서 몇 번이든 측정을 해서 얻을 수 있는 모든 정보를 담고 있다.

단일 큐비트의 부분계 각각의 상태로 분리해서 표현할 수 없는 다중 큐비트계의 상태 대다수를 말하는 또 다른 방법은 다중 큐비트계의 단일 큐비트가 일반적으로 잘 정의된 양자 상태에 있지 않다. 얽힌 쌍에서 앨리스가 가진 큐비트가 그런 경우다. n큐비트 양자계는 무한히 공급되는 똑같이 준비된 양자계에 대한 측정에서 얻을 수 있는 상상 가능한 모든 정보를 가진다. 똑같이 준비된 n큐비트계에서 m큐비트 부분계가 무한히 공급된다면, m큐비트 부분계에 대한 단독 측정으로 무엇을 알아낼 수 있는지 물어보는 것도 흥미롭다. 그 구조는 m큐비트 부분계의 섞인 상태$^{\text{mixed state}}$라고 부르는 정보를 갖고 있으며, 밀도연산자$^{\text{density operator}}$라는 수학적 개념으로 모형화된다. 지금까지는 그 자체로 우주 전체인 계만을 고려했다. 그런 계의 상태, 즉 지금까지 공부했던 모든 상태는 순수 상태$^{\text{pure state}}$라고 한다.

섞인 상태에서 상태라는 말의 뜻은 주의 깊게 해석해야 한다. 부분계가 항상 잘 정의된 섞인 상태를 가진다는 것을 계의 상태가 부분계로 분해되는 얽힘 상태에 있을 때 부분계의 상태가 완전히 잘 정의된다는 뜻으로 해석하면 안 된다. 섞인 상태는 지금까지 사용해왔던 관점에서는 통상적으로는 양자 상태가 아니다. 계를 구성하는 모든 부분계의 섞인 상태를 아는 것이 전체 계의 상태를 알게 해주지 않는다. 즉, 여러 가지 다른 상태를 가지는 계가 부분계에서는 같은 섞인 상태 집합을 줄 수 있다. 모든 계의 섞인 상태를 아는 것은 전체 계가 부분계 분해에 대해서 얽히지 않았을 때 전체 계에 대한 완전한 지식을 정확히 제공한다. 정확히 그 경우, 부분계의 섞인 상태는 순수 상태로 간주할 수 있다. 전체 계의 순수 상태와 부분계의 섞인 상태의 관계는 결합분포와 주변분포의 관계와 유사하다. 그 유사성은 더 정확하게 만들어질 수 있다. 부록 A를 참고하라.

다음 절에서는 섞인 상태를 모형화하는 밀도연산자의 수학적 개념을 전개한다. 그리고 이 절은 앨리스의 큐비트를 설명하는 것으로 마무리된다.

10.1.1 밀도연산자

더 큰 n큐비트계 $X = A \otimes B$의 m큐비트 부분계 A에 대해, 부분계 A의 섞인 상태는 $O \otimes I$ 꼴의 연산자에 의해 측정되는 모든 가능한 결과를 가져야 한다. 여기서 O는 A의 m큐비트에만 작용하는 측정 연산자이고, I는 B의 $n - m$큐비트에 작용하는 항등연산자다. $|x\rangle$가 전체 n큐비트계의 상태라고 하자. 다음 몇 문단에서는 2차원 복소 벡터 공간 A에 작용하는 밀도연산자라고 하는 연산자를 설명하는데, 이 연산자는 $\rho_x^A : A \to A$의 꼴로, m큐비트 부분계 A에 대한 측정으로부터 $|x\rangle$에 대해 얻을 수 있는 모든 정보를 갖고 있다. 이런 이유로 밀도연산자는 섞인 상태를 모형화하는 데 사용된다.

$M = 2^m$이고 $L = 2^{n-m}$이라고 하자. A와 B에 대한 기저가 각각 $\{|\alpha_0\rangle, \ldots, |\alpha_{M-1}\rangle\}$과 $\{|\beta_0\rangle, \ldots, |\beta_{L-1}\rangle\}$으로 주어졌다고 하자. 그리고 $\{|\alpha_i\rangle \otimes |\beta_j\rangle\}$는 $X = A \otimes B$에 대한 기저다. X의 상태 $|x\rangle$는 다음과 같이 적을 수 있다.

$$|x\rangle = \sum_{i=0}^{M-1} \sum_{j=0}^{L-1} x_{ij} |\alpha_i\rangle |\beta_j\rangle$$

A계만 측정하는 것은 $0 \le i < 2^m$에 대해 연관된 투영연산자 $\{P_i^A\}$를 갖는 관측가능량 O^A으로 모형화된다. 전체 공간 X에 대해, 그런 측정은 투영연산자 $P_i^A \otimes I^B$로 이뤄진 $O^A \otimes I^B$ 꼴을 가진다. 어떤 특정한 투영연산자 P^A에 대해, $\langle x | P^A \otimes I | x \rangle$는 $|x\rangle$를 $O^A \otimes I^B$로 측정했을 때 P^A와 연관된 부분 공간에서 상태가 관찰될 확률을 준다. 이 확률을 $\{|\alpha_0\rangle, \ldots, |\alpha_{M-1}\rangle\}$과 $\{|\beta_0\rangle, \ldots, |\beta_{L-1}\rangle\}$ 기저에 대해 적으면

$$\langle x | P^A \otimes I | x \rangle = \left(\sum_{ij} \overline{x_{ij}} \langle \alpha_i | \otimes \langle \beta_j | \right) (P^A \otimes I) \left(\sum_{kl} x_{kl} | \alpha_k \rangle \otimes | \beta_l \rangle \right)$$

$$= \sum_{ijkl} \overline{x_{ij}} x_{kl} \langle \alpha_i | P^A | \alpha_k \rangle \langle \beta_j | \beta_l \rangle$$

여기서 인덱스 i와 k는 $[0 \ldots M-1]$에 대해 더하고, j와 l은 $[0 \ldots L-1]$에 대해 더한다. $\langle \beta_j | \beta_l \rangle = \delta_{lj}$이므로, 각 항은 $j = l$인 경우를 제외하면 0이며, 따라서 P^A에 연관된 상태로 결과가 측정될 확률을 다음과 같이 더 정확히 적을 수 있다.

$$\langle x | P^A \otimes I | x \rangle = \sum_{ijk} \overline{x_{ij}} x_{kj} \langle \alpha_i | P^A | \alpha_k \rangle \tag{10.1}$$

상자 10.3에서 소개되는 대각합에 대한 몇 가지 사실과 함께 위의 공식은 $O^A \otimes I^B$ 꼴의 측정에서 얻을 수 있는 모든 정보를 담고 있는 밀도연산자를 유도한다. $\{|\alpha_u\rangle\}$는 A의 기저이므로,

$$\sum_{u=0}^{M-1} |\alpha_u\rangle\langle\alpha_u| = I$$

는 A의 항등연산자다.

$$\langle x | P^A \otimes I | x \rangle = \sum_{ijk} \overline{x_{ij}} x_{kj} \langle \alpha_i | P^A | \alpha_k \rangle$$

$$= \sum_{ik} \sum_j \overline{x_{ij}} x_{kj} \langle \alpha_i | P^A \left(\sum_u |\alpha_u\rangle\langle\alpha_u| \right) |\alpha_k\rangle$$

$$= \sum_u \sum_{ik} \sum_j \overline{x_{ij}} x_{kj} \langle \alpha_u | \alpha_k \rangle \langle \alpha_i | P^A | \alpha_u \rangle$$

$$= \sum_u \langle \alpha_u | \left(\sum_{ik} \sum_j \overline{x_{ij}} x_{kj} | \alpha_k \rangle \langle \alpha_i | P^A \right) | \alpha_u \rangle$$

$$= \mathbf{tr}(\rho_x^A P^A)$$

이라고 적어 보자. 여기서,

$$\rho_x^A = \sum_{ik} \sum_j \overline{x_{ij}} x_{kj} |\alpha_k\rangle \langle \alpha_i| \tag{10.2}$$

이라고 정의하고 ρ_x^A는 부분계 A위의 $|x\rangle$에 대한 밀도연산자라고 한다. 상자 10.3에 따르면 다음과 같다.

$$\rho_x^A = \mathbf{tr}_B(|x\rangle\langle x|) \tag{10.3}$$

O^A는 A에 대한 일반적인 관측가능량이고, P^A는 O^A에 연관된 일반적인 투영연산자이므로, 이 계산은 부분계 A에 관한 측정만으로 밀도연산자 ρ_x^A로부터 모든 정보를 얻을 수 있음을 보여준다. 따라서 밀도연산자 ρ_x^A는 A에 있는 $|x\rangle$의 일부분에 대응하는 섞인 상태를 모형화한다.

$|x\rangle$의 밀도연산자의 이런 정의는 이 정의가 기저 $\{|\alpha_i\rangle\}$의 선택에 의존하지 않는 경우에만 물리적으로 의미가 있는데, 이것은 물리적으로는 어떤 기저도 선호되지 않기 때문이다. 다음의 두 문단에서 다른 기저에서 ρ_x^A를 계산해도 같은 연산자를 준다는 관점에서 밀도연산자가 잘 정의됨을 보이겠다. 먼저 순수 상태의 밀도연산자에 대한 결과를 증명하고, 그 결과를 사용해 일반적인 경우를 증명할 것이다.

상자 10.1 연산자의 대각합

벡터 공간 V에 작용하는 연산자 O의 대각합^{trace}을 정의하기 위해, 먼저 행렬 O의 대각합을 정의하고 그 대각합이 기저에 따라 바뀌지 않으며 따라서 특정한 행렬 표현이 아닌 연산자의 특성임을 보이겠다. $O : V \to V$에 대한 행렬 M의 대각합은 그 대각 성분의 합이다. 즉, 다음과 같다.

$$\mathbf{tr}(M) = \sum_i \langle v_i | M | v_i \rangle$$

여기서 $\{|v_i\rangle\}$는 행렬 M이 적힌 벡터 공간 V에 대한 기저다. 다음의 항등식은 쉽게 확인할 수 있다.

$$\mathbf{tr}(M_1 + M_2) = \mathbf{tr}(M_1) + \mathbf{tr}(M_2),$$

$$\mathbf{tr}(\alpha M) = \alpha \mathbf{tr}(M),$$

$$\mathbf{tr}(M_1 M_2) = \mathbf{tr}(M_2 M_1)$$

마지막 등식은 임의의 가역적 행렬 C에 대해 $\mathbf{tr}(C^{-1}MC) = \mathbf{tr}(M)$을 함의하며, 다시 말해 대각합이 기저 교체에 따라 불변임을 뜻한다. 따라서 연산자의 대각합 개념은 기저에 독립적이고, 따라서 기저를 특정하지 않고 간단히 $\mathbf{tr}(O)$를 말할 수 있다.

유용한 사실: 벡터 공간 V에서 임의의 $|\psi_1\rangle$과 $|\psi_2\rangle$에 대해 그리고 V에 작용하는 연산자 O에 대해 다음과 같다.

$$\langle \psi_1 | O | \psi_2 \rangle = \mathbf{tr}(|\psi_2\rangle \langle \psi_1 | O) \tag{10.4}$$

이 사실의 증명은 대각합에 대한 논리를 전개하는 보편적인 방법을 나타낸다. V에 대한 임의의 기저 $\{|\alpha_i\rangle\}$에 대해 다음과 같다.

$$\mathbf{tr}(|\psi_2\rangle \langle \psi_1 | O) = \sum_i \langle \alpha_i | \psi_2 \rangle \langle \psi_1 | O | \alpha_i \rangle$$

$$= \sum_i \langle \psi_1 | O | \alpha_i \rangle \langle \alpha_i | \psi_2 \rangle$$

$$= \langle \psi_1 | O \left(\sum_i |\alpha_i\rangle \langle \alpha_i| \right) |\psi_2\rangle$$

$S_i |\alpha_i\rangle \langle \alpha_i|$는 항등 행렬이기 때문에, 위의 결과가 유도된다.

생각하는 부분계가 전체계 그 자체라고 하자. 즉, $A = X$다. 이 계는 순수 상태 $|x\rangle$에 있고 X에 대한 기저 $\{|\psi_i\rangle\}$에서 $|x\rangle = \sum_i x_i |\psi_i\rangle$라고 적는다. 밀도연산자 식 10.2는 다음 식이 된다.

$$\rho_x^X = \rho_x^A = \sum_{ik} \overline{x_i} x_k |\psi_k\rangle \langle \psi_i| = |x\rangle \langle x|$$

$A \otimes B$에 대한 임의의 연산자 O_{AB}에 대응해서 B의 원소의 짝에 의해 매개변수화되는 부분계 A의 연산자들의 족이 있다. B에 있는 상태들의 임의의 짝 $|b_1\rangle$과 $|b_2\rangle$는 A에 대한 연산자 $\langle b_1|O_{AB}|b_2\rangle$로 표기되는 연산자를 정의한다. 먼저 A에 대한 기저 $\{|\alpha_i\rangle\}$에 대해서 연산자 $\langle b_1|O_{AB}|b_2\rangle$를 정의하고, 이 연산자가 기저에 독립적임을 보이며, 따라서 A의 어떤 기저에 대해서도 같은 연산자가 정의됨을 보이겠다. 연산자 $\langle b_1|O_{AB}|b_2\rangle$는 다음과 같이 작용한다.

$$\langle b_1|O_{AB}|b_2\rangle : A \;\rightarrow\; A$$
$$|x\rangle \;\mapsto\; \sum_i \langle \alpha_i|\langle b_1|O_{AB}|x\rangle|b_2\rangle\, |\alpha_i\rangle \tag{10.5}$$

이 표기법은 곧 사용될 것이다. 연산자 $\langle b_1|O_{AB}|b_2\rangle$를 $\langle \_, b_1|O_{AB}|\_, b_2\rangle$로 적으면서 시작하는 것이 독자에게 도움이 될 수 있다.

기저에 대한 독립성을 증명하기 위해 $\{|a_j'\rangle\}$가 $|a_j'\rangle = \sum_i a_{ij}|\alpha_i\rangle$를 만족하는 A의 또 다른 기저라고 하자. 그러면 다음과 같다.

$$\langle b_1|O_{AB}|b_2\rangle|a\rangle = \sum_j \langle a_j'|\langle b_1|O_{AB}|b_2\rangle|a\rangle\, |a_j'\rangle$$

$$= \sum_j \left(\sum_i \overline{a_{ij}}\langle \alpha_i|\right) \langle b_1|O_{AB}|a\rangle|b_2\rangle \left(\sum_k a_{kj}|\alpha_k\rangle\right)$$

$$= \sum_i \sum_k \sum_j \overline{a_{ij}}a_{kj}\langle \alpha_i|\langle b_1|O_{AB}|a\rangle|b_2\rangle\, |\alpha_k\rangle$$

$$= \sum_i \langle \alpha_i|\langle b_1|O_{AB}|a\rangle|b_2\rangle\, |\alpha_i\rangle$$

여기서 마지막 줄은 $\{|\alpha_i\rangle\}$가 기저이고, 따라서 $\sum_j \overline{a_{ij}}a_{kj} = \delta_{ik}$이기 때문에 유도된다. 이 제한된 연산자는 부분대각합(상자 10.3)을 정의할 때 유용한데, 이것은 O_{AB}를 부분계 A로 제약시키는 표준적인 방법이며, 10.4절에서 논의하는 연산자 합 분해를 정의할 때도 유용하다.

따라서 순수 상태에 대한 밀도연산자 $\rho_x^X = |x\rangle\langle x|$는 X에 대한 기저에 독립적이다. 임의의 밀도연산자를 갖고서도 마찬가지이므로, 연산자의 행렬 표현은 기저에 따라 달라진다. $\{|\psi_i\rangle\}$ 기저에서 ρ_x^X에 대한 행렬의 ij번째 성분은 $\overline{x_j}x_i$다. 이 행렬의 대각 성분 $\overline{x_i}x_i$는 $\{|\psi_i\rangle\}$ 기저에서 이뤄진 측정에 대해 특수한 의미를 가진다. 즉, $|x\rangle$가 투영연산자 $P_i = |\psi_i\rangle\langle\psi_i|$에 의해 기저 상태 $|\psi_i\rangle$에 있는 것으로 측정될 확률이 다음과 같다.

$$\langle x|P_i|x\rangle = \langle x|\psi_i\rangle\langle\psi_i|x\rangle = \overline{x_i}x_i$$

일반적인 경우$(A \neq X)$에 대해, $X = A \otimes B$라고 하고, A와 B에 대한 기저가 각각 $\{|\alpha_i\rangle\}$와 $\{|\beta_j\rangle\}$라고 하자. 기저 $\{|\alpha_i\beta_j\rangle\}$에서 상태 $|x\rangle = \sum x_{ij}|\alpha_i\rangle|\beta_j\rangle$의 밀도연산자 ρ_x^X에 대한 행렬은 $\overline{x_{ij}}x_{kl}$이며, 다음과 같다.

$$\rho_x^X = \sum_{i,k=0}^{M-1} \sum_{j,l}^{L-1} \overline{x_{ij}}x_{kl}|\alpha_k\rangle|\beta_l\rangle\langle\alpha_i|\langle\beta_j|$$

밀도연산자 ρ_x^A를 얻기 위해서는 식 10.3을 사용하는데, 간단히 말해 ρ_x^A가 ρ_x^X의 B에 대한 부분대각합이라는 뜻이다(상자 10.3 참고).

상자 10.3 부분대각합

$A \otimes B$에 대한 임의의 연산자 O_{AB}에 대해, 부분계 B에 대한 O_{AB}의 부분대각합은 부분계 A에 대한 연산자 $\mathbf{tr}_B O_{AB}$로, 다음과 같이 정의한다.

$$\mathbf{tr}_B O_{AB} = \sum_i \langle\beta_i|O_{AB}|\beta_i\rangle$$

여기서 $\{|\beta_i\rangle\}$는 B에 대한 기저다. 연산자 $\langle\beta_i|O_{AB}|\beta_i\rangle$는 상자 10.2에서 정의됐다. 대각합 $\mathbf{tr}_B O_{AB}$는 상자 10.2에서 $\langle\beta_1|O_{AB}|\beta_2\rangle$에서 제시한 것과 비슷한 논증에 의하면 기저에 독립적이다. A와 B에 대한 각각의 기저 $\{|\alpha_i\rangle\}$와 $\{|\beta_j\rangle\}$에 대해서, $\mathbf{tr}_B O_{AB}$는 그 성분으로 다음 값을 갖는다.

$$(\mathbf{tr}_B O_{AB})_{ij} = \sum_{k=0}^{M-1} \langle\alpha_i|\langle\beta_k|O_{AB}|\alpha_j\rangle|\beta_k\rangle$$

따라서 $\mathbf{tr}_B O_{AB}$에 대한 행렬은 다음과 같다.

$$\mathbf{tr}_B O_{AB} = \sum_{i,j=0}^{N-1} \left(\sum_{k=0}^{M-1} \langle \alpha_i | \langle \beta_k | O_{AB} | \alpha_j \rangle | \beta_k \rangle \right) |\alpha_i\rangle \langle \alpha_j|$$

여기서 N과 M은 각각 A와 B의 차원이다. $O_{AB} = |x\rangle\langle x|$인 특수한 경우에 대해, $x_{ij}\overline{x_{kl}}$이 $|\alpha_i\rangle|\beta_j\rangle$인 기저에서 O_{AB}의 성분이라고 하자. 그러면 다음과 같게 된다.

$$O_{AB} = \sum_{ij} x_{ij} |\alpha_i\rangle |\beta_j\rangle \sum_{kl} \overline{x_{kl}} \langle \alpha_k | \langle \beta_l |$$

$$= \sum_{ijkl} x_{ij} \overline{x_{kl}} |\alpha_i\rangle |\beta_j\rangle \langle \alpha_k | \langle \beta_l |$$

그러면 다음과 같다.

$$\mathbf{tr}_B(O_{AB}) = \mathbf{tr}_B(|x\rangle\langle x|) = \sum_{i,k=0}^{N-1} \sum_{j=0}^{M-1} x_{ij} \overline{x_{kj}} |\alpha_i\rangle \langle \alpha_k|$$

이 연산자가 분리된 부분계에 대한 연산자들의 텐서곱이 특수한 경우, 부분대각합은 $\mathbf{tr}_B(O_A \otimes O_B) = O_A \, \mathbf{tr}(O_B)$와 같이 간단한 꼴을 갖는다.

$$\rho_x^A = \mathbf{tr}_B(\rho_x^X)$$

$$= \mathbf{tr}_B \left(\sum_{i,k=0}^{M-1} \sum_{j,l}^{L-1} \overline{x_{ij}} x_{kl} |\alpha_k\rangle |\beta_l\rangle \langle \alpha_i | \langle \beta_j | \right)$$

$$= \sum_{u,v=0}^{M-1} \left(\sum_{w}^{L-1} \langle \alpha_u | \langle \beta_w | \left(\sum_{i,k=0}^{M-1} \sum_{j,l}^{L-1} \overline{x_{ij}} x_{kl} |\alpha_k\rangle |\beta_l\rangle \langle \alpha_i | \langle \beta_j | \right) |\alpha_v\rangle |\beta_w\rangle \right) |\alpha_u\rangle \langle \alpha_v|$$

$$= \sum_{u,v=0}^{M-1} \sum_{w}^{L-1} \overline{x_{vw}} x_{uw} |\alpha_u\rangle \langle \alpha_v|$$

대각합은 기저에 의존하지 않으므로 밀도연산자도 기저에 의존하지 않는다.

예제 10.1.1 앨리스에게 되돌아가서, 앨리스가 EPR 쌍의 $|\psi\rangle = \frac{1}{\sqrt{2}}(|00\rangle + |11\rangle)$의 첫 번째 큐비트를 제어하고 밥이 두 번째 큐비트를 제어한다고 하자. 순수 상태 $|\psi\rangle = A \otimes B$에 대한 밀도연산자는

$$\rho_\psi = |\psi\rangle\langle\psi|$$

$$= \frac{1}{2}(|00\rangle\langle00| + |00\rangle\langle11| + |11\rangle\langle00| + |11\rangle\langle11|)$$

$$= \frac{1}{2}\begin{pmatrix} 1 & 0 & 0 & 1 \\ 0 & 0 & 0 & 0 \\ 0 & 0 & 0 & 0 \\ 1 & 0 & 0 & 1 \end{pmatrix}$$

앨리스 큐비트의 섞인 상태는 똑같은 상태 $|\psi\rangle$의 나열에서 앨리스의 큐비트에 대한 측정들만으로 얻을 수 있는 모든 정보를 담고 있는데, ρ_ψ에 밥의 큐비트에 대한 $\rho_\psi^A = \mathbf{tr}_B \rho_\psi$라는 대각합을 취해서 얻은 밀도연산자 ρ_ψ^A로 모형화된다. 표준 기저에서 ρ_ψ^A를 표현하는 행렬의 네 성분 a_{00}, a_{01}, a_{10}, a_{11}은 따로따로 계산할 수 있다.

$$a_{00} = \sum_{j=0}^{1} \langle 0|\langle j| \, |\psi\rangle\langle\psi| \, |0\rangle|j\rangle = \left(\frac{1}{2} + 0\right) = \frac{1}{2},$$

$$a_{01} = \sum_{j=0}^{1} \langle 0|\langle j| \, |\psi\rangle\langle\psi| \, |1\rangle|j\rangle = (0 + 0) = 0,$$

$$a_{10} = \sum_{j=0}^{1} \langle 1|\langle j| \, |\psi\rangle\langle\psi| \, |0\rangle|j\rangle = (0 + 0) = 0,$$

$$a_{11} = \sum_{j=0}^{1} \langle 1|\langle j| \, |\psi\rangle\langle\psi| \, |1\rangle|j\rangle = \left(0 + \frac{1}{2}\right) = \frac{1}{2}$$

따라서 다음과 같다.

$$\rho_\psi^A = \frac{1}{2}\begin{pmatrix} 1 & 0 \\ 0 & 1 \end{pmatrix}$$

대칭성에 의해 밥의 큐비트에 대한 밀도연산자는 다음과 같다.

$$\rho_\psi^B = \frac{1}{2} \begin{pmatrix} 1 & 0 \\ 0 & 1 \end{pmatrix}$$

일반적으로 모든 부분계에 대한 밀도연산자 집합에서 전체계의 상태를 복원하는 것은 불가능하다. 즉, 정보는 이미 손실됐다. 예를 들어 2큐비트계에 대해, 두 큐비트 각각에 대한 밀도연산자가 $\rho_\psi^A = \frac{1}{2}\begin{pmatrix} 1 & 0 \\ 0 & 1 \end{pmatrix}$과 $\rho_\psi^B = \frac{1}{2}\begin{pmatrix} 1 & 0 \\ 0 & 1 \end{pmatrix}$이라고 하면, 두 큐비트계 전체의 상태는 예제 10.1.1에서처럼 $\frac{1}{\sqrt{2}}(|00\rangle + |11\rangle)$이거나, 또는 다른 가능성 중에서 $\frac{1}{\sqrt{2}}(|00\rangle - |11\rangle)$과 $\frac{1}{\sqrt{2}}(|01\rangle + |10\rangle)$이 될 수도 있다.

10.1.2 밀도연산자의 성질

임의의 밀도연산자 ρ_x^A는 다음을 만족한다.

1. ρ_x^A는 에르미트 연산자다(자기 수반 연산자다).
2. $\mathbf{tr}(\rho_x^A) = 1$이다.
3. ρ_x^A는 양의 부호를 가진다.

성질 (1)은 정의(식 10.2)로부터 즉시 유도된다. $|x\rangle$가 단위벡터이므로 $\mathbf{tr}(\rho_x^A) = \sum \overline{x_{ij}} x_{ij}$ $= 1$이다. 어떤 연산자 $O : V \to V$가 양의 부호를 갖는다는 것은 V에 있는 모든 $|v\rangle$에 대해 $\langle v|O|v\rangle$가 실수이며 $\langle v|O|v\rangle \geq 0$이라는 뜻이다. $\rho_x^A : A \to A$가 양의 부호라는 것을 보이기 위해 $|v\rangle = A$라고 하자. 그러면 다음과 같게 된다.

$$\langle v|\rho_x^A|v\rangle = \sum_{ik}\sum_j \langle v|(\overline{x_{ij}}x_{kj}|\alpha_k\rangle\langle\alpha_i|)|v\rangle$$

$$= \sum_{ik}\sum_j \overline{x_{ij}}\langle\alpha_i|v\rangle x_{kj}\langle v|\alpha_k\rangle$$

$$= \sum_j \left(\overline{\sum_i x_{ij}\langle v|\alpha_i\rangle}\right)\left(\sum_k x_{kj}\langle v|\alpha_k\rangle\right)$$

$$= \sum_j \left| \sum_i x_{ij} \langle v | \alpha_i \rangle \right|^2$$

$$\geq 0$$

양의 부호성은 ρ_x^A의 모든 고윳값이 실수이며 음수가 아님을 뜻한다. 즉, 만약 λ가 ρ_x^A의 고윳값이고 그 고유 벡터가 $|v_\lambda\rangle$라고 하면, $\lambda = \langle v_\lambda | \rho_x^A | v_\lambda \rangle$은 실수이며 음수가 아니다. 이 것으로부터 ρ_x^A에 대한 임의의 (정규직교) 고유 기저 $\{|v_0\rangle, \dots, |v_{M-1}\rangle\}$에서 ρ_x^A에 대한 행렬은 대각행렬이며 음수가 아닌 실수 성분 λ_i를 갖고 그 합이 1이라는 사실이 유도된다. 따라서 $\rho_x^A = \sum_i \lambda_i |v_i\rangle\langle v_i|$이다. 이 방식으로 밀도연산자 ρ_x^A를 가지는 섞임 상태는 순수 상태 $|v_i\rangle\langle v_i|$의 섞임으로 볼 수도 있고, 또는 더 정확하게 이 상태에 대한 확률분포로 볼 수도 있다.

성질 (1), (2), (3)을 만족하는 임의의 연산자가 밀도연산자라는 것이 알려져 있다. 어떤 관점에서는 밀도연산자를 처음으로 정의하는 방법이기도 하다. 이것들이 동등함을 보이기 위해서는 이 조건을 만족하는 임의의 연산자 $\rho : A \to A$에 대해, $\mathbf{tr}_B(|\psi\rangle\langle\psi|) = \rho$를 만족하는 더 큰 계 $A \otimes B$의 순수 상태 $|\psi\rangle$가 존재한다. 상태 $|\psi\rangle$는 ρ의 정화^{purification}라고 한다. ρ가 성질 (1), (2), (3)을 만족하는 $M = 2^m$차원의 부분계 A에 작용하는 어떤 연산 자라고 하자. 이 성질은 그 고유 기저 $\{|\psi_0\rangle, |\psi_1\rangle, \dots, |\psi_{M-1}\rangle\}$에서 ρ가 음수가 아닌 실수 고윳값 λ_i를 대각성분으로 갖고 그 합이 1이 되는 행렬이라는 뜻이다. 따라서 임의의 ρ에 대해,

$$\rho = \lambda_0 |\psi_0\rangle\langle\psi_0| + \cdots + \lambda_{M-1}|\psi_{M-1}\rangle\langle\psi_{M-1}|$$

이 어떤 $\{|\psi_0\rangle, |\psi_1\rangle, \dots, |\psi_{M-1}\rangle\}$에 대해 성립한다. B가 $2^n > M$차원의 연관된 벡터 공간을 가지는 양자계라고 하자. 그리고 $\{|0\rangle, \dots, |M-1\rangle\}$이 B의 (정규직교) 기저 중 첫 M개의 원소라고 하자. 그러면 순수 상태 $|x\rangle \in A \otimes B$

$$|x\rangle = \sqrt{\lambda_0}|\psi_0\rangle|0\rangle + \sqrt{\lambda_1}|\psi_1\rangle|1\rangle + \cdots + \sqrt{\lambda_{M-1}}|\psi_{M-1}\rangle|M-1\rangle$$

은 $\rho_x^A = \rho$를 만족한다.

순수 상태 $|x\rangle$에 대해 밀도연산자 $\rho_x^X = |x\rangle\langle x|$는 그 i번째 원소로 $|x\rangle$를 포함하는 기저의 꼴이 되는 특별히 간단한 꼴을 가진다. 즉, 대각 성분의 i번째 원소 하나에만 1이 있고 나머지 성분은 모두 0이 되는 행렬이다. 여기에서 순수 상태의 밀도연산자는 투영연산자임이 유도된다. 즉, $\rho_x^X \rho_x^X = \rho_x^X$다. 역으로, 순수 상태에 대응하는 투영연산자, 즉 고윳값으로 0과 1만 갖는 투영연산자인 임의의 밀도연산자가 대각합이 1인 밀도연산자를 얻으려면 고윳값이 1인 고유 벡터를 하나만 가져야 하고, 이것이 순수 상태에 대응한다.

순수 상태의 밀도연산자가 가지는 다른 좋은 성질은 전역 위상에 따라 상태의 표현이 유일하지 않다는 점이 없어진다는 것이다. $|x\rangle = e^{i\theta}|y\rangle$라고 하자. $|x\rangle$에 대응하는 밀도연산자는 $\rho_x = |x\rangle\langle x|$이고, 이것은 $|y\rangle\langle y|$와도 같은데 $\rho_x = |x\rangle\langle x| = e^{i\theta}|y\rangle\langle y|e^{-i\theta} = |y\rangle\langle y|$이기 때문이다. 따라서 전역 위상이 다른 임의의 두 벡터는 같은 밀도연산자를 가진다.

중첩 상태를 섞인 상태와 혼동하지 않는 것은 중요하다. $|0\rangle$과 $|1\rangle$이 똑같은 확률적 조합으로 있는 섞인 상태는 순수한 중첩 상태 $|+\rangle = \frac{1}{\sqrt{2}}(|0\rangle + |1\rangle)$과 같지 않다. 그 밀도연산자가 다르다. 표준 기저에서 섞인 상태의 밀도연산자는 다음과 같으며,

$$\rho_{ME} = \frac{1}{2}\begin{pmatrix} 1 & 0 \\ 0 & 1 \end{pmatrix}$$

반면에 순수한 중첩 상태의 밀도연산자는 다음과 같다.

$$\rho_+ = \frac{1}{2}\begin{pmatrix} 1 & 1 \\ 1 & 1 \end{pmatrix}$$

순수한 중첩 상태의 밀도연산자는 적당한 기저에서 측정했을 때에는 확정된 결과를 주지만, 섞인 상태의 밀도연산자는 모든 기저에서 확률적 결과가 나온다.

섞인 상태는 참된 양자 상태로 간주되진 않으며, 그보다는 그 상태가 잘 정의되지 않고 섞인 상태로만 존재하거나 또는 잘 정의된 순수 상태의 확률적 섞임으로만 존재하는 부분계를 설명하는 방법으로 본다. 따라서 상태^{state}, 또는 양자 상태$^{quantum\ state}$는 섞인^{mixed}이라는 단어가 앞에 붙어 있지 않는 한 순수 상태를 의미한다. 게다가 어떤 부분계를 논의 중인지 분명할 때에는 위첨자를 떼고 ρ_x라고만 한다.

10.1.3 섞인 단일 큐비트 상태의 기하학

블로흐 구(2.5.2절)는 섞인 단일 큐비트 상태를 포함하면서 우아한 방식으로 확장될 수 있다. 섞인 상태는 순수 상태의 볼록 조합인데, 이것은 합이 1이 되는 음이 아닌 계수를 갖도록 만든 순수 상태의 선형 결합으로, 따라서 섞인 단일 큐비트 상태가 블로흐 구의 내부에 놓여 있는 것으로 보이는 것은 놀랄 일이 아니다. 기하학적 특성과의 정확한 연관성은 밀도연산자가 대각합이 1인 에르미트 연산자(자기 수반 연산자)라는 사실을 사용한다. 임의의 자기 수반 2×2 행렬은 다음의 꼴과 같다.

$$\begin{pmatrix} a & c - \mathbf{i}d \\ c + \mathbf{i}d & b \end{pmatrix}$$

여기서 a, b, c, d는 실수 매개변수다. 이 행렬의 대각합이 1이 되도록 하는 것은 3개의 실수 매개변수만 있다는 뜻이다. 그런 행렬은 다음과 같이 적을 수 있다.

$$\frac{1}{2}\begin{pmatrix} 1 + z & x - \mathbf{i}y \\ x + \mathbf{i}y & 1 - z \end{pmatrix}$$

여기서 x, y, z는 실수 매개변수다. 따라서 단일 큐비트계에 대한 임의의 밀도행렬은 다음과 같이 적을 수 있다.

$$\frac{1}{2}(I + x\sigma_x + y\sigma_y + z\sigma_z)$$

여기서 $\sigma_x = X = \begin{pmatrix} 0 & 1 \\ 1 & 0 \end{pmatrix}$, $\sigma_y = -\mathbf{i}Y = \begin{pmatrix} 0 & -\mathbf{i} \\ \mathbf{i} & 0 \end{pmatrix}$, $\sigma_z = Z = \begin{pmatrix} 1 & 0 \\ 0 & -1 \end{pmatrix}$은 파울리 스핀 행렬이다
(파울리 스핀 행렬은 5.2.1절의 파울리군의 원소 X, Y, Z와 $\sigma_x = X$, $\sigma_y = -\mathbf{i}Y$, $\sigma_z = Z$라는 관계를 가진다).

단일 큐비트 밀도연산자 $\rho = \frac{1}{2}(I + x\sigma_x + y\sigma_y + z\sigma_z)$의 행렬식은 기하학적 의미를 가진다. 그 행렬식은 다음처럼 간단히 계산할 수 있다.

$$\det(\rho) = \frac{1}{4}(1 - r^2)$$

여기서 $r = \sqrt{|x|^2 - |y|^2 + |z|^2}$는 x, y, z 좌표계에서 원점과의 거리다. ρ의 행렬식은 그 고 윗값들을 곱한 것이고, 밀도연산자는 그 고윗값들이 음수가 아니기 때문에 $\det(\rho) \geq 0$ 이다. 그러면 $0 \leq r \leq 1$이다. 따라서 x, y, z를 좌표로 두면 섞인 단일 큐비트 상태의 밀 도연산자 $\rho = \frac{1}{2}(I + x\sigma_x + y\sigma_y + z\sigma_z)$는 모두 반지름이 1인 구의 안쪽에 놓인다. 구의 경 계에 있는 상태에 대한 밀도연산자는 $\det(\rho) = 0$을 가진다. 즉, 그 고윗값 중 하나는 0이어 야 한다. 밀도연산자는 대각합이 1이기 때문에, 다른 고윗값은 반드시 1이다. 따라서 구의 경계면에 놓인 밀도연산자는 투영연산자이며, 따라서 그 상태가 순수 상태임을 뜻한다. 2.5절에서 논의했던 블로흐 구의 경계를 파울리 스핀 행렬로 좌표를 주는 구의 경계로 되돌렸었다. 이 구 전체를 (블로흐 공^{Bloch ball}이라고 불러야 함에도 불구하고) 블로흐 구^{Bloch sphere}라고 한다.

다음 표는 표준 기저에서 밀도연산자와 몇 가지 익숙한 상태와 섞인 상태의 블로흐 구에 대한 좌표를 준다.

(x, y, z) 좌표	상태 벡터	밀도행렬
$(1, 0, 0)$	$|+\rangle$	$\frac{1}{2}(I + \sigma_x) = \frac{1}{2}\begin{pmatrix} 1 & 1 \\ 1 & 1 \end{pmatrix}$
$(0, 1, 0)$	$|i\rangle$	$\frac{1}{2}(I + \sigma_y) = \frac{1}{2}\begin{pmatrix} 1 & -\mathbf{i} \\ \mathbf{i} & 1 \end{pmatrix}$
$(0, 0, 1)$	$|0\rangle$	$\frac{1}{2}(I + \sigma_z) = \frac{1}{2}\begin{pmatrix} 2 & 0 \\ 0 & 0 \end{pmatrix}$
$(0, 0, 0)$		$\rho_0 = \frac{1}{2}I = \frac{1}{2}\begin{pmatrix} 1 & 0 \\ 0 & 1 \end{pmatrix}$

$n \geq 2$인 n큐비트계의 섞인 상태에 대한 모든 밀도연산자의 집합도 또한 볼록집합을 구 성하지만 그 기하학적 특성은 간단한 블로흐 구 그림보다는 확실히 더 복잡하다. 한 가 지 예를 들면 단일 큐비트의 경우, 블로흐 구의 경계는 정확히 순수 상태만 포함하고, 여 기서 $n \geq 2$에 대한 경우와 마찬가지로 모든 섞인 상태의 집합의 경계는 순수 상태와 섞인 상태를 둘 다 포함한다. 독자들은 n큐비트 섞인 상태의 공간의 차원이 $2^{2n} - 1$이 된다는 것을 계산해보고, 그 차원을 순수 상태의 공간의 차원인 $2^{n+1} - 2$와 비교해보면 이 주장 이 반드시 참이 된다는 것을 쉽게 검사해볼 수 있을 것이다.

10.1.4 폰 노이만 엔트로피

EPR 쌍의 한 큐비트의 밀도행렬은

$$\rho_{ME} = \frac{1}{2} \begin{pmatrix} 1 & 0 \\ 0 & 1 \end{pmatrix}$$

인데, 이것은 구의 중심인 $(0, 0, 0)$ 점에 대응하며, 이것은 경계에서 가장 멀리 떨어진 점이다. 기술적 관점에서 이 상태는 가능한 가장 순수하지 않은 단일 큐비트 섞인 상태다. 즉, 어떤 기저에서 측정하느냐에 상관없이 최대로 불확실한 상태로, 이 상태는 두 가지 가능한 답을 같은 확률로 내놓는다. 대조적으로, 어떤 순수 상태에 대해서도 그 상태를 측정했을 때 확정적인 결과를 주는 측정 기저가 존재한다. 순수 상태이든 섞인 상태이든 어떤 상태도 서로 다른 두 기저에서 확정적인 결과를 주지는 않으므로, 순수 상태는 가능한 가장 확실한 상태다.

이런 불확정성 개념은 고전 정보이론의 엔트로피^{entropy} 개념을 확장해 일반적인 n큐비트 상태에 대해 정량화될 수 있다. 밀도연산자 ρ를 가지는 섞인 상태의 폰 노이만 엔트로피^{von Neumann entropy}는 다음과 같이 정의된다.

$$S(\rho) = -\mathbf{tr}(\rho \log_2 \rho) = -\sum_i \lambda_i \log_2 \lambda_i$$

여기서 λ_i는 ρ의 (중복을 포함한) 고윳값들이다. 고전 엔트로피에서와 마찬가지로 $0 \log(0) = 0$이라고 하자.

폰 노이만 엔트로피는 순수 상태에 대해서는 0이다. 이것은 순수 상태 $|x\rangle$의 밀도연산자 ρ_x가 투영연산자이기 때문에 하나의 1인 고윳값과 $n-1$개의 0인 고윳값을 가지며, 따라서 $S(\rho_x) = 0$이기 때문이다. 최대로 불확실한 단일 큐비트 섞인 상태 ρ_{ME}의 폰 노이만 엔트로피가 $S(\rho) = 1$임을 알아두자. 더 일반적으로, 최대로 불확실한 n큐비트 상태는 그 성분이 모두 2^{-n}이 되는 대각행렬이다. 그러면 최대로 불확실한 n큐비트 상태 ρ의 폰 노이만 엔트로피는 $S(\rho) = n$이다.

밀도연산자 ρ를 가지는 단일 큐비트 상태에 대해, 폰 노이만 엔트로피 $S(\rho)$는 ρ에 대응하는 블로흐 구의 점과 블로흐 구의 중심 사이의 거리와 관련됐다. λ_1과 λ_2가 ρ의 고윳값들이라고 하자. 밀도연산자는 대각합이 1이므로, $\lambda_2 = 1 - \lambda_1$이다. ρ의 폰 노이만 엔트로피는 그 행렬식에서 유도할 수 있다. 즉, $\det(\rho) = \lambda_1\lambda_2$이다. 따라서 $\det(\rho) = \lambda_1(1 - \lambda_1)$이므로 $\lambda_1^2 - \lambda_1 + \det(\rho) = 0$이다. 이 식을 풀면

$$\lambda_1 = \frac{1 + \sqrt{1 - 4\det\rho}}{2}$$

과

$$\lambda_2 = \frac{1 - \sqrt{1 - 4\det\rho}}{2}$$

을 얻는다. 10.1.3절에서 $\det(\rho) = \frac{1}{4}(1 - r^2)$를 사용하면,

$$\lambda_1 = \frac{1 + r}{2}$$

과

$$\lambda_2 = \frac{1 - r}{2}$$

을 알 수 있다. 따라서 단일 큐비트 섞인 상태에 대해 엔트로피는 단순히 반지름 r의 함수이다.

$$S(\rho) = -\left(\left(\frac{1+r}{2}\right)\log_2\left(\frac{1+r}{2}\right) + \left(\frac{1-r}{2}\right)\log_2\left(\frac{1-r}{2}\right)\right) \tag{10.6}$$

10.2 얽힌 상태의 분류

양자 부분계의 개념과 표기법은 얽힘에 대해 더 깊은 이해를 뒷받침한다. 이 분야가 시작할 때부터, 얽힘은 양자정보처리를 위한 근본적인 자원이자 고전정보처리와 구분 짓는 핵심 요소로 인식됐다. 그럼에도 얽힘은 아직도 제대로 이해가 부족하다. 가장 간단한 경우에 대한 이분할계 $A \otimes B$의 순수 상태의 얽힘이 잘 이해된 얽힘일 뿐이다. 다분할 얽힘

에 대해 알려진 것은 그것이 복잡하다는 점이다. 다분한 얽힘에는 서로 구분되는 다양한 종류가 있어서, 그 쓸모와 관계는 이제 겨우 이해되기 시작하고 있을 뿐이다. 이분할 섞임 상태조차 얽힘에 대한 다양한 척도가 존재한다. 각각은 다양한 양자정보처리 작업에서 필요한 얽힘 자원에 대해 통찰을 준다. 즉, 얽힘에 대해 어느 하나의 척도로는 그렇게 할 수 없다.

얽힘이 양자 상태의 절대적 성질이 아니라 계가 부분계로 텐서 분해되는 방식에 따라 달라진다는 점을 떠올려 보자. 연관된 벡터 공간 V를 가지는 양자계의 (순수한) 상태 $|\psi\rangle$가 만약

$$|\psi\rangle = |\psi_1\rangle \otimes \cdots \otimes |\psi_n\rangle$$

으로 적을 수 있다면 텐서 분해 $V = V_1 \otimes \cdots \otimes V_n$에 대해 이 상태는 분리 가능^{separable}하다. 여기서 $|\psi_i\rangle$는 V_i에 속한다. 그렇지 않다면 $|\psi\rangle$는 그 분해에 대해 얽혀 있다^{entangled}. n큐비트계에 대해, 일반적으로 사람들은 n개의 단일 큐비트계로 분해하는 것에 대한 얽힘을 말한다. 따라서 추가적인 설명 없이 어떤 상태가 얽혀 있다고 말할 때는 그 상태가 개별 큐비트로 분해하는 것에 대해 얽혀 있음을 뜻한다.

이분할 순수 상태에 대해 어떤 상태가 갖는 얽힘의 양을 정량화하는 것이 가능하다. 어떤 합리적인 얽힘의 척도라도 특정한 성질을 만족해야 한다. 예를 들어 어떤 얽힘의 척도라도 얽히지 않은 상태에 대해서는 최솟값, 대체로 0을 가져야 한다. 더불어 측정을 포함해서 개별 부분계에 대한 연산은 어떻게 수행하더라도 얽힘 척도의 값을 증가시키면 안 된다. 부분계에 대한 측정 결과가 다른 부분계에 대해 어떤 연산을 수행할지 영향을 줄 수 있게 한다고 해도 그 척도는 증가하면 안 된다. 각 부분계를 서로 고전적 통신 선로로만 소통하는 다른 사람들이 제어한다고 생각해보자. 이 사람들이 수행할 수 있는 제한된 연산들의 집합은 종종 LOCC로 줄여서 말한다. 이는 **고전 통신을 통한 국소적 연산**^{Local Operations with Classical Communication}이다. 어떤 합리적인 얽힘 척도에 대해서도 LOCC 요구 조건은 이 사람들이 수행할 수 있는 어떤 연산도 얽힘 척도의 값을 증가시킬 수 없음을 뜻한다.

10.2.1 이분할 양자계

이분할계 $X = A \otimes B$의 순수 상태에 대해 얽힘에 대한 좋은 척도를 찾기 위해 가장 간단한 이분할계, 2큐비트계를 살펴보자. $|\psi\rangle = \frac{1}{\sqrt{2}}(|00\rangle + |11\rangle)$ 상태는 개별적으로 살펴봤을 때 각 큐비트 상태가 가능한 가장 불확실하다는 점에서 최대로 얽혀 있다. 각 큐비트에 대해 대각합을 취하면 섞인 상태 $\rho_{ME} = \frac{1}{2}I$를 준다. 이 상태는 모든 2큐비트 상태 중 최대의 폰 노이만 엔트로피를 가진다. 마찬가지로, 얽히지 않은 상태는 이 관점에서 최소로 얽힌 상태로, 분리해서 볼 때 큐비트 각각의 상태는 가능한 한 확실하게 정해져 있다. 각 큐비트에 대해 대각합을 취하면 순수 상태가 나오는데, 이 상태는 폰 노이만 엔트로피가 0이다. 이 사례는 부분계 중 하나에 대한 부분대각합의 폰 노이만 엔트로피가 이분할계의 얽힘에 대해 좋은 척도가 될 수 있음을 시사한다.

이 접근법이 성립하려면 부분계 A를 보든 아니면 부분계 B를 보든, 부분대각합의 폰 노이만 엔트로피가 같아야 한다. 두 양이 같다는 증명은 슈미트 분해$^{\text{Schmidt decomposition}}$에 바탕을 둔다. 슈미트 분해는 또한 얽힘의 성긴 척도를 직접 유도한다. 이분할계 $A \otimes B$의 임의의 순수 상태 $|\psi\rangle$에 대해서, $\sum_{i=1} \lambda_i^2 = 1$을 만족하는 어떤 양의 실수 λ_i에 대해 다음을 만족하는 정규직교 상태의 집합 $\{|\psi_i^A\rangle\}$와 $\{|\psi_i^B\rangle\}$가 존재한다.

$$|\psi\rangle = \sum_{i=1}^{K} \lambda_i |\psi_i^A\rangle \otimes |\psi_i^B\rangle$$

연습 문제 10.8과 10.9에 걸쳐서 모든 상태 $|\psi\rangle$에 대해 슈미트 분해가 존재함을 증명한다. λ_i는 슈미트 계수$^{\text{Schmidt coefficient}}$라고 하고, $|\psi\rangle$의 K는 슈미트 랭크$^{\text{Schmidt rank}}$ 또는 슈미트 수$^{\text{Schmidt number}}$라고 한다. 얽히지 않은 상태에 대해 슈미트 랭크는 1이다.

이제 슈미트 분해를 사용해 $\mathbf{tr}_A \rho = \mathbf{tr}_B \rho$임을 알아보자. $|\psi\rangle$가 이분할계 $X = A \otimes B$의 상태라고 하자. 여기서 A와 B는 일반적인 다중 큐비트계다. $\rho = |\psi\rangle\langle\psi|$라고 하자. 그리고

$$|\psi\rangle = \sum_{i=0}^{K-1} \lambda_i |\psi_i^A\rangle \otimes |\psi_i^B\rangle$$

가 $|\psi\rangle$의 슈미트 분해라고 하자. 그러면,

$$\rho = |\psi\rangle\langle\psi| = \sum_{i=0}^{K-1} \sum_{j=0}^{K-1} \lambda_i \lambda_j |\psi_i^A\rangle\langle\psi_j^A| \otimes |\psi_i^B\rangle\langle\psi_j^B|$$

이고,

$$\mathbf{tr}_B \rho = \sum_{i=0}^{K-1} \lambda_i^2 |\psi_i^A\rangle\langle\psi_i^A|$$

이며,

$$\mathbf{tr}_A \rho = \sum_{i=0}^{K-1} \lambda_i^2 |\psi_i^B\rangle\langle\psi_i^B|$$

이다. $\{|\psi_i^A\rangle\}$는 정규직교 집합이므로,

$$S(\mathbf{tr}_A \rho) = - \sum_{i=0}^{K-1} \lambda_i^2 \log_2 \lambda_i^2$$

이 유도된다. 마찬가지로,

$$S(\mathbf{tr}_B \rho) = - \sum_{i=0}^{K-1} \lambda_i^2 \log_2 \lambda_i^2$$

이다. 따라서

$$S(\mathbf{tr}_A \rho) = S(\mathbf{tr}_B \rho)$$

이 성립한다. 밀도연산자 $\rho = |\psi\rangle\langle\psi|$를 가지는 이분할계 $X = A \otimes B$의 순수 상태 $|\psi\rangle$의 두 부분 사이의 얽힘의 크기는

$$S(\mathbf{tr}_A \rho)$$

으로 정의되거나, 또는 동등하게 $S(\mathbf{tr}_B \rho)$로 정의된다.

그러면 다양한 이분할 생태에 대해 이 값을 계산해보겠다. 먼저 얽히지 않은 상태에 대해서는 0이다.

예제 10.2.1 $|x\rangle = \frac{1}{\sqrt{2}}(|00\rangle + |11\rangle)$에 대해, $\rho_x^1 = \mathbf{tr}_2 |x\rangle\langle x| = \rho_{ME} = \frac{1}{2}I$에 대해 연습 문제 10.1.1을 떠올려 보자. 따라서 단일 큐비트 섞인 상태에 대한 폰 노이만 엔트로피 공식, 식 10.6에 의해 얽힘의 크기는 $S(\rho_{ME}) = 1$이다. 만약 상태 $\frac{1}{\sqrt{2}}(|01\rangle + |10\rangle)$과 $\frac{1}{\sqrt{2}}(|00\rangle - i|11\rangle)$의 첫 번째 큐비트에 대해 밀도연산자를 계산해보면, 이것도 ρ_{ME}와 같음을 알 수 있다. 그 상태들은 최대로 얽힌 두 큐비트 상태 중 하나다.

예제 10.2.2 $|x\rangle = \frac{7}{10}|00\rangle + \frac{1}{10}|01\rangle + \frac{1}{10}|10\rangle + \frac{7}{10}|11\rangle$의 밀도연산자가 $\rho_x = |x\rangle\langle x|$라고 하자. 밀도연산자 $\rho_x^1 = \mathbf{tr}_2 |x\rangle\langle x|$를 얻기 위해, 두 번째 큐비트에 대해 대각합을 취하자. 표준 기저에서 ρ_x^1 행렬을 만드는 네 항은 다음과 같다.

$$\sum_{j=0}^{1} \langle 0|\langle j||x\rangle\langle x||0\rangle|j\rangle \, |0\rangle\langle 0| = \left(\left(\frac{7}{10}\right)^2 + \left(\frac{1}{10}\right)^2\right)|0\rangle\langle 0| = \frac{1}{2}|0\rangle\langle 0|,$$

$$\sum_{j=0}^{1} \langle 0|\langle j||x\rangle\langle x||1\rangle|j\rangle \, |0\rangle\langle 1| = \left(\frac{7}{10}\frac{1}{10} + \frac{1}{10}\frac{7}{10}\right)|0\rangle\langle 1| = \frac{7}{50}|0\rangle\langle 1|,$$

$$\sum_{j=0}^{1} \langle 1|\langle j||x\rangle\langle x||0\rangle|j\rangle \, |1\rangle\langle 0| = \left(\frac{1}{10}\frac{7}{10} + \frac{7}{10}\frac{1}{10}\right)|1\rangle\langle 0| = \frac{7}{50}|1\rangle\langle 0|,$$

$$\sum_{j=0}^{1} \langle 1|\langle j||x\rangle\langle x||1\rangle|j\rangle \, |1\rangle\langle 1| = \left(\left(\frac{1}{10}\right)^2 + \left(\frac{7}{10}\right)^2\right)|1\rangle\langle 1| = \frac{1}{2}|1\rangle\langle 1|$$

그러면,

$$\rho_x^1 = \frac{1}{2}|0\rangle\langle 0| + \frac{7}{50}|1\rangle\langle 0| + \frac{7}{50}|0\rangle\langle 1| + \frac{1}{2}|1\rangle\langle 1|$$

$$= \frac{1}{100}\begin{pmatrix} 50 & 14 \\ 14 & 50 \end{pmatrix} = \frac{1}{2}\left(I + \frac{14}{50}X\right)$$

은 블로흐 구에서 $(14/50, 0, 0)$ 점에 대응한다. $S(\rho_x^1)$을 계산하려면 $\{|+\rangle, |-\rangle\}$가 ρ_x^1의 고유기저로, 고윳값으로 $\frac{16}{25}$와 $\frac{9}{25}$를 가진다는 점을 이용하자. 그러면

$$S(\rho_x^1) = -\frac{16}{25} \log_2 \frac{16}{25} - \frac{9}{25} \log_2 \frac{9}{25} = 0.942\ldots$$

이다. 더 직접적으로는 10.1.4절의 식 10.6을 사용해서 ρ_x^1과 블로흐 구 중심의 거리 $r = \frac{14}{50}$으로부터 고윳값을 계산할 수 있다.

예제 10.2.3 $|y\rangle = \frac{\mathbf{i}}{10}|00\rangle + \frac{\sqrt{99}}{10}|11\rangle$이 밀도연산자 $\rho_y = |y\rangle\langle y|$라고 하자. 두 번째 큐비트에 대해 대각합을 구하면,

$$\rho^1(y) = \mathbf{tr}_2(\rho_y) = \frac{1}{100} \begin{pmatrix} 1 & 0 \\ 0 & 99 \end{pmatrix} = \frac{1}{2}\left(I - \frac{49}{50}Z\right)$$

이 되고, 블로흐 구의 점 $(0,0,49/50)$에 대응한다. $r = 49/50$과 10.1.3절의 식 10.6에서 주어진 고윳값 사이의 관계를 사용하면 다음을 얻는다.

$$S(\rho_y^1) = -\frac{1}{100} \log_2 \frac{1}{100} - \frac{99}{100} \log_2 \frac{99}{100} = 0.0807\ldots$$

얽힘 개념이 고려하고 있는 부분계 분해에 얼마나 강하게 의존하는지 알아보기 위해, 계를 분해하는 두 가지 방법에 대해 매우 다른 폰 노이만 엔트로피가 나오는 상태의 예를 제시하겠다.

예제 10.2.4 다음의 4큐비트 상태

$$|\psi\rangle = \frac{1}{2}(|00\rangle + |11\rangle + |22\rangle + |33\rangle) = \frac{1}{2}(|0000\rangle + |0101\rangle + |1010\rangle + |1111\rangle)$$

에서, 두 가지 다른 이분할계 분해에 대해 얽힘의 정도는 매우 다르다.

먼저, 첫 번째 큐비트와 세 번째 큐비트 그리고 두 번째 큐비트와 네 번째 큐비트로 분해해 보자. 첫 번째 부분계에 대해 대각합을 계산하면 상태 $\rho_\psi^{24} = \mathbf{tr}_{1,3}(|\psi\rangle\langle\psi|)$는 예제 3.2.3에 의해 이 부분계 각각에 있는 순수 상태의 텐서곱으로 적을 수 있으므로 폰 노이만 엔트로피 0을 가진다. 따라서 이 분해에 대해서 상태 $|\psi\rangle$는 얽힌 상태가 아니다.

이제, 첫 번째와 두 번째 큐비트 그리고 세 번째와 네 번째 큐비트에 대한 분해를 생각해 보자. 두 번째 계에 대해 대각합을 계산하면 다음 식이 유도된다.

$$\rho_\psi^{12} = \mathbf{tr}_{34}(|\psi\rangle\langle\psi|) = \sum_{i,j=0}^{3}\sum_{k=0}^{3}\langle j|\langle k||\psi\rangle\langle\psi||i\rangle|k\rangle|j\rangle\langle i|$$

$|j\rangle\langle i|$의 계수는 $\frac{1}{4}\delta_{ij}$이고, 따라서 ρ_ψ^{12}는 대각 성분이 모두 1/4인 4×4 대각행렬이므로 $S(\mathbf{tr}_{1,2}(|\psi\rangle\langle\psi|)) = 2$다. 2큐비트계 상태의 폰 노이만 엔트로피의 최댓값은 2이다. 따라서 이 분해에 대해서 상태 $|\psi\rangle$는 최대로 얽힌 상태다.

부분계 중 하나에 대한 부분대각합의 폰 노이만 엔트로피가 이분할 순수 상태의 얽힘에 대한 가장 보편적인 척도이지만, 슈미트 랭크 K도 얽힘의 유용한 척도이다. 둘 다 국소적 연산과 고전 통신LOCC에 대해서는 증가하지 않는다. 슈미트 랭크는 대각합의 폰 노이만 엔트로피보다 얽힘에 대해서는 훨씬 성긴 척도다. 2큐비트계에 대해, 슈미트 랭크는 그 랭크가 1인 경우인 얽히지 않은 상태와 2인 경우로 얽힌 상태를 구분해줄 뿐이다. A와 B 가 다중 큐비트계인 이분할계 $A \otimes B$에 대해, 슈미트 랭크는 단일 큐비트의 경우보다 더 흥미로워지지만, 여전히 대각합의 폰 노이만 엔트로피보다는 성긴 척도이다.

10.2.2 LOCC 등가성으로 이분할 순수 상태 분류하기

텐서 분해 $X = X_1 \otimes \cdots \otimes X_n$에 대해, X_i에 제각각으로 상태 $|\psi\rangle \in X$에 작용해서 그 결과가 $|\phi\rangle \in X$가 되는 유니타리 연산과 측정이 존재한다면 국소 연산과 고전 통신LOCC에 의해 $|\phi\rangle \in X$로 변환될 수 있다. 어떤 변환이 어떤 변환이 적용되는가는 이전 측정 결과에 의존하지만 그 외에는 결정론적이다. $|\psi\rangle$가 LOCC를 통해서 $|\phi\rangle$로 변환될 수 있고, 그 반대도 가능하다면 두 상태 $|\psi\rangle$와 $|\phi\rangle$는 $X = X_1 \otimes \cdots \otimes X_n$ 분해에 대해 LOCC 등가라고 한다.

예제 10.2.5 벨 상태 $\frac{1}{\sqrt{2}}(|00\rangle + |11\rangle)$과 $\frac{1}{\sqrt{2}}(|01\rangle + |10\rangle)$은 LOCC 등가적이다. 즉, 간단히 두 번째 큐비트에 X를 작용하면 된다.

예제 10.2.6 벨 상태 $\frac{1}{\sqrt{2}}(|00\rangle + |11\rangle)$은 LOCC를 통해 $|00\rangle$으로 변환될 수 있지만 그 반대는 안 된다. 이 상태를 표준 기저에서 첫 번째 큐비트에 대해 측정하면 $|00\rangle$이나 $|11\rangle$을 얻고, 그 결과가 $|1\rangle$이면 두 큐비트에 각각 X를 작용하면 된다.

닐슨^{Nielsen}은 부분계 밀도연산자의 고윳값 집합의 다수화^{majorization}라는 용어로 이분할계 순수 상태를 LOCC 등가성에 대해 우아하게 분류했다. $a = (a_1, \ldots, a_m)$과 $b = (b_1, \ldots, b_m)$이 $\mathbf{R}^m$에 있는 두 벡터라고 하자. $a^{\downarrow}$가 모든 i에 대해 $a_i \geq a_{i+1}$이 되도록 a를 다시 순서를 고친 벡터라고 하자. 만약 $1 \leq k \leq m$인 각각의 k에 대해, $\sum_{j=1}^{k} a_j^{\downarrow} \leq \sum_{j=1}^{k} b_j^{\downarrow}$가 성립하고 추가적인 조건으로 $k = m$일 때 $\sum_{j=1}^{k} a_j^{\downarrow} = \sum_{j=1}^{k} b_j^{\downarrow}$를 만족한다면 b는 a를 다수화한다고 하며, $b \succeq a$로 적는다. 이분할계 $A \otimes B$의 어떤 순수 상태 $|\psi\rangle$에 대해, $\lambda^{\psi} = (\lambda_1^{\psi}, \ldots, \lambda_m^{\psi})$이 $\mathbf{tr}_B |\psi\rangle\langle\psi|$의 고윳값이라고 하자. 닐슨은 LOCC에 의해 상태 $|\psi\rangle$가 $|\phi\rangle$로 변환될 수 있으면, 오직 그 경우에만 λ^{ψ}가 λ^{ϕ}에 의해 다수화된다는 것을 증명했다. 따라서 $|\psi\rangle$와 $|\phi\rangle$는 LOCC 등가인 것은 $\lambda^{\psi} \succeq \lambda^{\phi}$이고 $\lambda^{\phi} \succeq \lambda^{\psi}$인 것과 동치이다.

두 큐비트로 구성된 이분할계의 경우, 다수화 조건은 간단히 하나로 줄어든다. $|\psi\rangle$와 $|\phi\rangle$가 두 큐비트계의 두 상태로, $\lambda^{\psi} = (\lambda, 1 - \lambda)$와 $\lambda^{\phi} = (\mu, 1 - \mu)$라고 하자. 여기서 $\lambda \geq 1/2$이고 $\mu \geq 1/2$이다. 그러면 $\lambda^{\psi} \succeq \lambda^{\phi}$인 것과 $\lambda \geq \mu$가 동치가 된다. 이것은 $\lambda^{\psi} \succeq \lambda^{\phi}$인 것이 $S(\mathbf{tr}_2 |\psi\rangle\langle\psi|) \leq S(\mathbf{tr}_2 |\phi\rangle\langle\phi|)$인 것과 동치임이 유도된다. 따라서 $|\phi\rangle$가 LOCC를 통해서 $|\psi\rangle$로 변환될 수 있다는 것은 $|\phi\rangle$가 $|\psi\rangle$보다 더 얽혀 있다는 것과 동치다. 마찬가지로 $|\phi\rangle$와 $|\psi\rangle$가 LOCC 등가인 것은 두 계 중 하나에 대한 대각합으로 얻은 밀도연산자의 폰 노이만 엔트로피가 같다는 것과 동치다. 무한히 많은 LOCC 등가류가 존재하고, 이 분류들이 연속변수 $1/2 \leq \lambda \leq 1$로 매개변수화할 수 있음을 알아두자.

단일 큐비트계보다 큰 부분계를 가지는 이분할계에 대해, 이 분류법은 비교할 수 없는 상태가 존재하는 경우 더 복잡하다. 예를 들어 A와 B가 둘 다 두 큐비트계라고 하면,

$$|\psi\rangle = \frac{3}{4}|0\rangle|0\rangle + \frac{2}{4}|1\rangle|1\rangle + \frac{\sqrt{2}}{4}|2\rangle|2\rangle + \frac{1}{4}|3\rangle|3\rangle$$

과

$$|\phi\rangle = \frac{2\sqrt{2}}{4}|0\rangle|0\rangle + \frac{\sqrt{6}}{4}|1\rangle|1\rangle + \frac{1}{4}|2\rangle|2\rangle + \frac{1}{4}|3\rangle|3\rangle$$

은 비교할 수 없는데,

$$\lambda_1^{\psi} = \frac{9}{16} > \frac{1}{2} = \lambda_1^{\phi}$$

이지만,

$$\lambda_1^{\psi} + \lambda_2^{\psi} = \frac{13}{16} < \frac{14}{16} = \lambda_1^{\phi} + \lambda_2^{\phi}$$

이기 때문이다. 그럼에도 어떤 이분할계가 얼마나 크든지 간에 상관없이, 임의의 얽히지 않은 상태에 대한 벡터는 나머지 다른 벡터를 전부 다수화한다. 게다가 임의의 이분할계에는, 모든 상태 $|\phi\rangle$에 대해 λ^{ϕ}에 의해 다수화되는 λ^{ψ}를 가지는 최대로 얽힌 상태 $|\psi\rangle$가 존재한다. X가 이분할계 $X = A \otimes B$라고 하자. 여기서 A와 B는 각각 n과 m차원으로, $n \geq m$이다. $|\psi\rangle$가 다음의 꼴을 갖는 상태라고 하자.

$$|\psi\rangle = \frac{1}{\sqrt{m}} \sum_{i=1}^{m} |\phi_i^A\rangle \otimes |\phi_i^B\rangle$$

여기서 $\{|\phi_i^A\rangle\}$와 $\{|\phi_i^B\rangle\}$는 정규직교 집합이다. 그리고 m이 B의 차원이기 때문에 $\{|\phi_i^B\rangle\}$는 B에 대한 기저다. 모든 상태 $|\phi\rangle \in A \otimes B$에 대해 벡터 λ^{ψ}는 λ^{ϕ}에 의해 다수화된다. 게다가 예상할 수 있듯이, 최대로 얽힌 상태는 최대의 슈미트 랭크를 가진다. 그리고 각 부분계에 대해 대각합을 취한 후의 폰 노이만 엔트로피는 가능한 최댓값이 된다. 이 상태는 최대로 얽힌 상태에 대해 지금의 예측을 모두 충족한다. 앞으로 살펴보겠지만, 그럼에도 다분할 상태에 대해서는 최대로 얽힌 상태의 의미가 매우 불분명하다.

10.2.3 이분할 섞인 상태의 얽힘 정량화하기

다분할 양자계의 얽힘을 논의하기 전에, 섞인 상태에 대한 얽힘의 의미를 간략히 살펴보겠다. 양자계 $V_1 \otimes \cdots \otimes V_n$의 섞인 상태 ρ를 얽히지 않은 상태의 확률적 섞임으로 적을 수 있다면 이 상태는 주어진 텐서 분해에 대해 분리 가능하다. 즉, ρ를

$$\rho = \sum_{j=1}^{m} p_j |\phi_j^{(1)}\rangle\langle\phi_j^{(1)}| \otimes \cdots \otimes |\phi_j^{(n)}\rangle\langle\phi_j^{(n)}|$$

과 같이 적을 수 있다면 분리 가능하다. 여기서 $|\phi_j^{(i)}\rangle \in V_i$이고 $p_i \geq 0$이며 $\sum_i p_i = 1$이다. 주어진 i에 대해, 다양한 $|\phi_j^{(i)}\rangle$가 직교할 필요는 없다. 만약 섞인 상태 ρ를 위와 같이 적을 수 없다면, 그 상태는 얽혀 있다고 한다.

이 정의는 생각보다 더 복잡해 보인다. 섞인 상태 ρ를 $\rho_1 \otimes \cdots \otimes \rho_n$처럼 적을 수 없으면 왜 그 상태가 얽혀 있지 않다는 것일까? 더 깊은 정의는 얽힘을 단순한 고전적 상관성과 구분 짓는다. 예를 들어 섞인 상태 $\rho_{cc} = \frac{1}{2}|00\rangle\langle 00| + \frac{1}{2}|11\rangle\langle 11|$은 고전적으로 상관돼 있지만($\rho_1 \otimes \cdots \otimes \rho_n$처럼 적을 수 없다), 얽혀 있진 않다. 상태 $\rho_{\Phi^+} = \frac{1}{2}(|00\rangle + |11\rangle)(\langle 00| + \langle 11|)$은 얽혀 있다. 부록 A에서 양자 얽힘과 고전적 상관성을 더 자세히 논의한다.

만약 섞인 상태 ρ를 얽힌 상태의 확률적 섞임으로 적을 수 있다면, 그 상태는 얽혀 있을 필요가 없으며, 분리 가능할 수 있다. 예를 들어

$$\rho = \frac{1}{2}|\Phi^+\rangle\langle\Phi^+| + \frac{1}{2}|\Phi^-\rangle\langle\Phi^-|$$

여기서 $|\Phi^+\rangle$와 $|\Phi^-\rangle$는 벨 상태로 $|\Phi^+\rangle = 1/\sqrt{2}(|00\rangle + |11\rangle)$과 $|\Phi^-\rangle = 1/\sqrt{2}(|00\rangle - |11\rangle)$이다. 여기서 섞인 상태 ρ를 최대로 얽힌 상태의 확률적 섞임으로 정의했지만, 그 상태를

$$\rho = \frac{1}{2}|00\rangle\langle 00| + \frac{1}{2}|11\rangle\langle 11|$$

처럼 적을 수 있음을 쉽게 적을 수 있고, 이것은 곱 상태의 확률적 섞임이며, 따라서 ρ는 사실상 분리 가능하다.

섞인 이분할 상태에 대한 유용한 얽힘 척도는 많이 있으며, 모두 순수 상태의 표준적인 얽힘 척도인 부분계 중 하나에 대한 밀도연산자의 폰 노이만 엔트로피와 잘 맞아떨어진다. 이 척도 중 몇 가지에 대해 간략한 설명을 제시하겠다. 섞인 상태 ρ에 포함된 **증류 가능한 얽힘**distillable entanglement의 양은 점근적 비율 m/n이다. 여기서 m은 ρ의 n개의 사본으로부터 LOCC에 의해 얻을 수 있는 최대로 얽힌 상태 ρ_{ME}의 최댓값이다. 역으로, **얽힘 비용**entanglement cost은 점근적 비율 m/n이다. 여기서 n은 LOCC만을 사용해 ρ의 m개의 사본을 만들어내는 데 필요한 최대로 얽힌 상태 ρ_{ME}의 사본의 최솟값 n이다. **얽힘의 상대 엔트로피**relative entropy of entanglement는 ρ가 분리 가능한 상태 ρ_S에 얼마나 가까운지를 나타내는 척도로 생각할 수 있으며,

$$\inf_{\rho_S \in S} \mathbf{tr}[\rho(\log\rho - \log\rho_S)]$$

으로 정의할 수 있다. 여기서 하한inf, infimum은 모든 분리 가능한 상태 ρ_S에 대한 것이다.

증류 가능한 얽힘은 얽힘 비용보다 결코 더 클 수 없을 뿐만 아니라, 대부분의 섞인 상태에 대해 증류 가능한 얽힘은 얽힘 비용보다 엄격히 더 작다는 것이 알려져 있다. 특히 제한된 얽힘 상태bound entangled state가 존재해서, 이 상태에서는 어떤 얽힘도 증류될 수 없지만 그 얽힘 비용이 0이 아닌 상태가 있다. 섞인 이분할 상태에 있는 섞임의 연구는 풍부한 연구 분야로, 여기서 설명되지 않은 결과도 많이 알려져 있을 뿐만 아니라 미해결 문제도 많이 남아 있다. 심지어 바로 앞에서 설명했던 척도들 사이의 관계조차도 아직 완전히 이해된 것이 아니다.

10.2.4 다분할 얽힘

학자들은 얽힘에 대한 새로운 척도를 계속해서 개발하고, 둘 이상의 부분계로 들어가는 텐서 분해에 대해 얽힌 상태의 성질을 탐색하고 있다. 양자계산에 대해서는 큰 n에 대한 n큐비트 상태의 성질과 이 상태를 개별 큐비트계로 분해할 때의 얽힘 척도에 특히 관심이 있다. 다분할 얽힘을 이해하는 것은 양자계산의 능력과 한계를 이해하는 데 중요하다는 점은 다들 알고 있지만, 많은 것들이 아직 알려지지 않고 있다. 얽힌 상태는 양자 원격작용과 고밀도 부호화를 비롯한 양자계산과 같은 다른 유형의 양자정보처리를 위한 근본적인 자원을 제공한다. 어떤 유형의 얽힌 상태가 어떤 유형의 양자정보처리 작업에 가장 유용한지는 아직 활발한 연구 분야로 남아 있다.

3큐비트계와 같이 가장 간단한 다분할계의 순수 상태에 대해서도 얽힘을 정량화하는 것은 복잡하다. 2큐비트계에 대해서도 무한히 많은 LOCC 등가류가 존재하는 것을 살펴봤다. 하지만 LOCC 조건을 완화하는 것은 그림을 조금 간단히 만들어준다. 만약 0이 아닌 확률로 $|\phi\rangle$를 $|\psi\rangle$로 바꿀 수 있는 국소 연산과 고전 통신의 순서가 존재한다면 상태 $|\psi\rangle$는 확률적 국소 연산과 고전 통신SLOCC, Stochastic Local Operations and Classical Communication에 의해 $|\phi\rangle$로 변환될 수 있다. 상태 $|\psi\rangle$가 SLOCC에 의해 $|\phi\rangle$로 변환될 수 있고, 그 반대도 가능하다면 두 상태 $|\psi\rangle$와 $|\phi\rangle$는 SLOCC 등가다. SLOCC 등가 조건에서 2큐비트의 경우는 얽힌 상태와 얽히지 않은 상태 두 분류로 간소화된다.

3큐비트계 $X = A \otimes B \otimes C$에 대해, 세 계로 분해하는 것에 대한 상태들의 SLOCC 분류는 여섯 가지 서로 다른 SLOCC 분류가 있다.

- 얽히지 않은 상태
- A-BC 분해 가능한 상태
- B-AC 분해 가능한 상태
- C-AB 분해 가능한 상태
- $|GHZ_3\rangle = \frac{1}{\sqrt{2}}(|000\rangle + |111\rangle)$과 SLOCC 등가인 상태
- $|W_3\rangle = \frac{1}{\sqrt{3}}(|001\rangle + |010\rangle + |100\rangle)$과 SLOCC 등가인 상태

상태 $|\psi\rangle$가 A-BC 분해 가능한 상태 분류에 속한다는 것은 그 상태가 $|\psi_A\rangle \in A$이고 $|\psi_{BC}\rangle$ $\in B \otimes C$일 때 $|\psi\rangle = |\psi_A\rangle \otimes |\psi_{BC}\rangle$로 적을 수 있지만 $|\psi_A\rangle \in A$, $|\psi_B\rangle \in B$, $|\psi_C\rangle \in C$일 때 $|\psi\rangle = |\psi_A\rangle \otimes |\psi_B\rangle \otimes |\psi_C\rangle$로 완전히 분해되진 않는다는 것을 뜻한다.

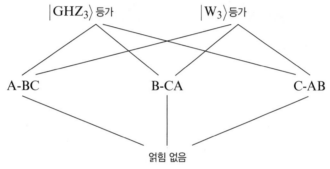

그림 10.1 3큐비트계에 대한 SLOCC 분류의 부분적 순서. 위쪽에 있는 상태들은 SLOCC를 통해 아래쪽 상태로 변환될 수 있지만, 가장 위쪽의 두 상태는 서로 변환될 수 없다.

이 여섯 가지 분류에 대한 부분적 순서를 그림 10.1에 나타냈다. $|\psi\rangle$를 $|\phi\rangle$로 변환할 수 있지만 그 반대는 안 되는 SLOCC 순서가 존재한다면 상태 $|\psi\rangle$는 $|\phi\rangle$ 상태의 분류 위에 있는 분류에 속한다. 위계의 꼭대기에는 서로 동등하지 않은 두 가지 분류가 존재한다. $|GHZ_3\rangle$는 $|W_3\rangle$으로 변환될 수 없고, 그 반대도 마찬가지다. $|GHZ_3\rangle$나 $|W_3\rangle$ 중에 어느 것이 더 얽혀 있다고 볼 수 있는진 분명하지 않다. 각각은 어떤 방법으론 매우 얽혀 있지만 다른 방식에서는 덜 얽혀 있어 보인다. 이 상태가 구현된 서로 다른 유형의 얽힘을 설명하기 위해, 그 얽힘의 지속성과 **연결도**connectedness라는 용어로 이 상태를 바라보겠다.

얽힘의 지속성 $|\psi\rangle = V \otimes \cdots \otimes V$의 얽힘의 지속성persistence은 측정 결과로 얻은 상태가 얽혀 있지 않도록 보장하기 위해 측정돼야 할 필요가 있는 큐비트의 최소 수 P_e다.

최대 연결도 임의의 두 큐비트에 대해, 그를 제외한 다른 큐비트에 수행됐을 때 두 큐비트가 최대로 얽힌 상태에 있을 것이 보장되는 순차적 단일 큐비트 측정이 존재한다면 상태 $|\psi\rangle = V \otimes \cdots \otimes V$는 최대로 연결됐다.

$|GHZ_n\rangle$이 n큐비트 상태로,

$$|GHZ_n\rangle = \frac{1}{\sqrt{2}}(|00\ldots0\rangle + |11\ldots1\rangle)$$

이고, $|W_n\rangle$은 n큐비트 상태로,

$$|W_n\rangle = \frac{1}{\sqrt{n}}(|0\ldots001\rangle + |0\ldots010\rangle + |0\ldots100\rangle + \cdots + |1\ldots000\rangle)$$

이라고 하자. $|GHZ_n\rangle$을 얽히지 않은 상태로 바꾸기 위해 필요한 측정은 단 하나의 큐비트이므로, $|GHZ_n\rangle$의 얽힘의 지속성은 단지 1이며, 이 관점에서 이 상태는 고도로 얽혀 있지는 않다. 반면 $|GHZ_n\rangle$은 최대로 연결됐다. $|W_n\rangle$ 상태가 최대로 연결되지 않았음은 상대적으로 쉽게 검사할 수 있다. 하지만 이 상태는 높은 지속성을 가진다. 즉, $P_e(|W_n\rangle) = n - 1$이다. 따라서 $|GHZ_n\rangle$과 $|W_n\rangle$ 중에서 어느 것이 더 얽혀 있다고 봐야 하는지는 관심 있는 얽힘의 특성이 무엇인가에 달려 있다.

$n \geq 4$에 대해, 상황은 훨씬 더 복잡해진다. $n \geq 4$에 대해, 무한히 많은 SLOCC 등가류가 존재하며, 이 등가류는 연속변수로 매개변수화된다. n이 증가함에 따라 어떤 상태를 최대로 얽혀 있다고 봐야 하는지는 점점 덜 분명해진다.

클러스터 상태 n큐비트 얽힌 상태의 분류인 클러스터 상태^{cluster state}는 $|GHZ_n\rangle$ 상태와 $|W_n\rangle$ 상태 모두의 특성을 결합한다. $|GHZ_n\rangle$ 상태는 최대로 연결됐지만 지속성이 1에 불과하다. $|W_n\rangle$의 지속성은 n에 따라 증가하지만 최대로 연결된 상태가 아니다. 클러스터 상태는 최대로 연결되고 n에 따라 증가하는 지속성을 가진다. 클러스터 상태는 13장에서 논의되는 클러스터 상태 양자계산^{cluster state quantum computing}, 또는 단방향 양자계산^{one-way quantum computing}을 위한 기저가 돼, 양자계산에 대한 만능 얽힘 자원을 형성한다.

G가 큐비트를 정점^{vertex}으로 가지는 임의의 유한 그래프라고 하자. 임의의 정점 $v \in G$의 근방^{neighborhood} $nbhd(v)$는 그래프의 간선^{edge}에 의해 v에 연결된 정점 w의 집합이다. 만약 $O|\psi\rangle = |\psi\rangle$라면 연산자 O는 상태 $|\psi\rangle$를 안정시킨다. 그래프 G에 대응하는 그래프 상태 $|G\rangle$는 G의 각 정점에 대해 하나씩 있는 연산자 집합

$$X^v \otimes \bigotimes_{i \in nbhd(v)} Z^i \tag{10.7}$$

에 의해 안정되는 상태다. 여기서 $X = |1\rangle\langle 0| + |0\rangle\langle 1|$과 $Z = |0\rangle\langle 0| - |1\rangle\langle 1|$은 익숙한 파울리 연산자이고, 이 연산자의 위첨자는 연산자가 작용하는 큐비트를 나타낸다. 만약 그래프 G가 d-차원 직사각형 격자라면, $|G\rangle$는 **클러스터 상태**$^{\text{cluster state}}$라고 한다(그림 10.2 참고). 문헌에 따라 사용하는 용어에 조금 차이가 있다. 어떤 경우 클러스터 상태는 **그래프 상태**$^{\text{graph state}}$와 동의어처럼 쓰인다. 클러스터 상태를 포함해서 그래프 상태는 다음과 같이 구성될 수 있다. 각 정점에 대해 상태 $|+\rangle$에 있는 큐비트에서 시작하자. 그러면 그래프에 있는 각 간선에 대해 제어형 위상 연산자 $C_p = |00\rangle\langle 00| + |01\rangle\langle 01| + |10\rangle\langle 10| - |11\rangle\langle 11|$을 작용한다. 제어형 위상 연산자는 큐비트에 대해 대칭적이기 때문에, 아울러 제어형 위상 연산자의 작용은 모두 서로 교환 가능하므로, 어떤 순서로 연산자를 작용하는진 중요하지 않다. 여기서 연산자 $X^v \otimes \bigotimes_{i \in nbhd(v)} Z^i$에 의해 안정되는 상태만을 고려하지만 몇 가지 설명은 이 연산자들의 결합 고유 상태가 되는 모든 상태를 고려한다.

예제 10.2.7 1×2 크기 격자에 대한 클러스터 상태 만들기. C_p를 $|+\rangle|+\rangle$에 작용하면 다음의 클러스터 상태를 얻는다.

$$|\phi_2\rangle = \frac{1}{2}(|00\rangle + |01\rangle + |10\rangle - |11\rangle) = \frac{1}{\sqrt{2}}(|+\rangle|0\rangle + |-\rangle|1\rangle) = \frac{1}{\sqrt{2}}(|0\rangle|+\rangle + |1\rangle|-\rangle)$$

이 상태는 벨 상태와 LOCC 등가이다.

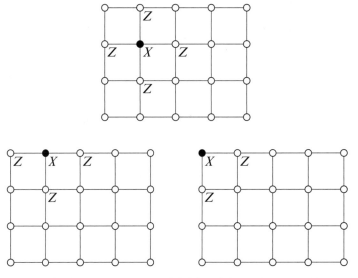

그림 10.2 4×5 직사각형 격자. 내부 노드, 가장자리이지만 모서리는 아닌 노드, 모서리 노드에 대해서 클러스터 상태를 정의하는 연산자의 사례가 그려져 있다. 클러스터 상태는 격자의 각 노드에 대해서 이와 같은 모든 연산자에 대해 동시에 고유 상태가 된다.

예제 10.2.8 1×3 격자에 대한 클러스터 상태. 연산자 $(C_p \otimes I)(I \otimes C_p)$를 $|+\rangle|+\rangle|+\rangle$에 작용하면 클러스터 상태가 된다.

$$|\phi_3\rangle = (C_P \otimes I)(\frac{1}{\sqrt{2}}(|+\rangle|0\rangle|+\rangle + |1\rangle|-\rangle)))$$

$$= \frac{1}{2}(|0\rangle|0\rangle|+\rangle + |0\rangle|1\rangle|-\rangle + |1\rangle|0\rangle|+\rangle - |1\rangle|1\rangle|-\rangle))$$

$$= \frac{1}{2}(|+\rangle|0\rangle|+\rangle + |-\rangle|1\rangle|-\rangle))$$

이 상태는 $|GHZ_3\rangle$ 상태와 LOCC 등가 상태이다.

예제 10.2.9 1×4 격자에 대한 클러스터 상태

$$|\phi_4\rangle = \frac{1}{2}(|0\rangle|+\rangle|0\rangle|+\rangle + |1\rangle|-\rangle|0\rangle|+\rangle + |0\rangle|-\rangle|1\rangle|-\rangle + |1\rangle|+\rangle|1\rangle|-\rangle))$$

$$= \frac{1}{2}(|+\rangle|0\rangle|+\rangle|0\rangle + |-\rangle|0\rangle|-\rangle|0\rangle + |+\rangle|0\rangle|-\rangle|1\rangle + |-\rangle|1\rangle|+\rangle|1\rangle))$$

독자라면 식 10.7의 모든 연산자에 의해서 이 각각의 상태들이 안정된다는 것을 확인해 보자.

브리겔Briegel과 로센도르프Raussendorf는 모든 클러스터 상태가 최대로 연결됐다는 직접적인 증명을 제시했다. 더 깊이 들여다보면 클러스터 상태 $|\phi_n\rangle$은 지속성 $\lfloor n/2 \rfloor$를 가진다. 따라서 $|\phi_n\rangle$의 지속성은 $|W_n\rangle$의 지속성만큼 크지 않지만, $|W_n\rangle$과는 다르게 클러스터 상태의 지속성은 최대로 연결된 클러스터 상태의 큐비트 수에 대해 선형으로 증가한다. 그러므로 클러스터 상태는 $|GHZ_n\rangle$ 상태와 $|W_n\rangle$ 상태의 얽힘 세기를 섞는다. 13.4.1절에서, 양자계산의 자원으로서 그 얽힘의 사용을 설명하기 위해 클러스터 상태를 간단히 다시 살펴볼 것이다. 다음의 표는 상황을 요약한다.

	최대 연결됨	지속성
$|GHZ_n\rangle$	YES	1
$|\phi_n\rangle$	YES	$\lfloor n/2 \rfloor$
$|W_n\rangle$	NO	$n-1$

10.3 측정에 대한 밀도연산자 형식 체계

측정을 포함하는 양자 알고리듬이나 양자 통신규약의 해석은 반드시 임의의 측정에 대해 가능한 모든 결과를 고려해야 한다. 현재까지 우리가 가진 것은 단지 미래의 측정 결과를 설명하는 이상한 방법일 뿐이다. 즉, 모든 가능한 결과와 그에 대한 확률을 늘어놓는다. 밀도연산자는 수행되지 않은 측정이나 결과가 알려지지 않은 측정의 확률적 결과를 모형화하는 간결하고 우아한 방법을 제시한다.

밀도연산자는 양자 상태에 대한 확률분포나 양자 상태의 앙상블의 통계적 특성을 압축적으로 표현하는 방법을 제공한다. 만약 여러분이 확률 이론과 양자역학 사이의 관계를 다룬 부록 A를 아직도 읽지 않았다면 지금이 바로 읽기에 딱 좋은 때다. 다음의 게임은 이런 맥락에서 밀도연산자를 사용하는 방법에 영감을 준다. 10.1절에서 제시했던 "동일한 양자계를 공급해줄 때, 임의의 수의 측정으로 얻을 수 있는 그 계의 모든 정보"를 가지고 있는 상태라는 정의를 염두해두자. 여러분이 수열의 모든 원소가 벨 상태 $\frac{1}{\sqrt{2}}(|00\rangle + |11\rangle)$의

첫 번째 큐비트이거나, $|0\rangle$과 $|1\rangle$이 같은 확률이 되는 $|0\rangle$과 $|1\rangle$의 무작위 수열이 보내지거나, 둘 중 하나인 큐비트 수열을 받는다는 이야기를 들었다고 하자. 여러분이 할 일은 받은 수열이 어떤 유형인지 결정하는 것이다. 어떤 전략을 써야 할까?

무작위로 추측하는 것보다 더 잘하는 것은 불가능하다. 더 많은 정보에 접근하지 않는다면, 두 수열을 구분할 방법은 없다. 만약 첫 번째 경우에서 각 벨 쌍의 두 번째 큐비트에 접근할 수 있고, 두 번째 경우에서 각 큐비트의 두 번째 사본에 접근할 수 있다면 승리 전략이 가능해진다. 하지만 두 번째 큐비트에 접근하지 않는다면 두 수열은 전혀 구분할 수 없다. 왜 그런지 살펴보기 위해 10.1.1절에서 벨 쌍의 한 큐비트에 대한 밀도연산자가 $\frac{1}{2}I$였음을 떠올려 보자. 그리고 $|0\rangle$과 $|1\rangle$에 대한 밀도연산자가 각각 $|0\rangle\langle 0| = \begin{pmatrix} 1 & 0 \\ 0 & 0 \end{pmatrix}$과 $|1\rangle\langle 1|$ $= \begin{pmatrix} 0 & 0 \\ 0 & 1 \end{pmatrix}$임을 생각해보자. 부록 A에 따르면 $|0\rangle$ 상태와 $|1\rangle$ 상태에 대해 50대 50의 확률을 가지는 밀도연산자 ρ는 다음과 같다.

$$\rho = \frac{1}{2}\begin{pmatrix} 1 & 0 \\ 0 & 0 \end{pmatrix} + \frac{1}{2}\begin{pmatrix} 0 & 0 \\ 0 & 1 \end{pmatrix}$$
$$= \frac{1}{2}|0\rangle\langle 0| + \frac{1}{2}|1\rangle\langle 1|$$
$$= \frac{1}{2}I$$

따라서 벨 쌍의 한 큐비트에 대한 밀도연산자는 $|0\rangle$과 $|1\rangle$ 상태에 대해 50대 50의 확률분포를 가지는 섞인 상태와 같다.

더 일반적으로, $|\psi_i\rangle$가 확률 p_i를 가지는 양자 상태에 대한 확률분포는 다음의 밀도연산자로 표현된다.

$$\rho = \sum_{i=0}^{K-1} p_i |\psi_i\rangle\langle\psi_i|$$

이 표현은 심지어 $|\psi_i\rangle$가 서로 직교하지 않는 경우에도 작동한다. 양자 상태에 대한 확률분포는 측정의 가능한 결과들을 설명하기 위해 이 책에서 자주 등장했다. 밀도연산자는 간단한 표현을 제공하는데, 이어지는 유니타리 연산과 측정의 효과를 보기 위해 직접 조작될 수 있다. 특정한 상태 $|x\rangle$의 측정의 가능한 결과들로 이뤄진 직교 집합 $\{|x_i\rangle\}$가 각 결

과가 나올 확률 p_i를 갖고서 주어졌을 때, 양자 상태에 대해서 이런 확률분포를 가지는 상태는 다음과 같다.

$$\rho = \sum p_i |x_i\rangle\langle x_i|$$

ρ가 에르미트 연산자이며, 대각합이 1이고 양의 연산자이며, 따라서 ρ가 밀도연산자임은 쉽게 확인할 수 있다. 밀도연산자 $\rho = \sum p_i |x_i\rangle\langle x_i|$는 결과물의 확률로 가중치가 주어진 가능한 순수 상태에 대한 밀도연산자의 확률적 섞임으로 가능한 측정 결과를 요약한다.

10.3.1 밀도연산자의 측정

이번 절에서는 밀도연산자의 측정의 의미와 그 표기법을 논의한다. 섞인 상태의 측정은 순수 상태의 측정을 직접적으로 일반화한다. 먼저 밀도연산자를 사용해 순수 상태의 익숙한 측정을 적어 보겠다. $|x\rangle$가 $N = 2^n$차원 벡터 공간 X의 원소로, 대응하는 밀도연산자 $\rho_x = |x\rangle\langle x|$를 가진다고 하자. $|x\rangle$를 K개의 연관된 투영연산자 P_j를 가지는 연산자 O로 측정하면 $p_j = \langle x|P_j|x\rangle$의 확률로 다음을 얻는다.

$$\frac{P_j|x\rangle}{|P_j|x\rangle|} = \frac{1}{\sqrt{p_j}} P_j|x\rangle$$

이 상태 각각에 대한 밀도연산자는 다음과 같다.

$$\rho_x^j = \frac{1}{p_j} P_j|x\rangle\langle x|P_j^\dagger = \frac{1}{p_j} P_j \rho_x P_j^\dagger$$

따라서 측정의 가능한 결과를 요약하는 밀도연산자 ρ_x^O는 다음과 같다.

$$\rho_x^O = \sum_j p_j \rho_x^j = \sum_j P_j \rho_x P_j^\dagger$$

ρ_x가 측정 연산자 O에 대한 고유 기저에 대해 적혀 있을 때, O를 갖고 측정한 결과 ρ_x^O는 특히 살펴보기 쉽다. $\{|\alpha_i\rangle\}$가 O에 대한 고유기저로, N개의 기저 원소 중 처음 K개의 원소가 되는 $\frac{P_j|x\rangle}{|p_j|x\rangle|}$ 벡터를 포함한다고 하자. 이 기저에서,

$$|x\rangle = \sum_{j=0}^{K-1} \frac{P_j|x\rangle}{|P_j|x\rangle|} = \sum_{i=0}^{N-1} x_i|\alpha_i\rangle$$

이다. 여기서 $i < K$에 대해 $x_i = \sqrt{p_j}$이고, $i \geq K$에 대해 $x_i = 0$이다. 따라서

$$\rho_x = |x\rangle\langle x| = \left(\sum_{i=0}^{N-1} x_i|\alpha_i\rangle\right)\left(\sum_{j=0}^{N-1} x_j|\alpha_j\rangle\right)^{\dagger} = \sum_j \sum_i x_i\overline{x_j}|\alpha_i\rangle\langle\alpha_j|$$

이고, $\{|\alpha_k\rangle\}$ 기저에서 ρ_x에 대한 행렬의 ij번째 성분은 $\bar{x}_i x_j$다. 밀도연산자 ρ_x^O는

$$\rho_x^O = \sum_j x_j\overline{x_j}|\alpha_j\rangle\langle\alpha_j| = \sum_j P_j|x\rangle\langle x|P_j^{\dagger}$$

이고, 따라서 ρ_x^O는 ρ_x에서 서로 교차하는 모든 항을 지워서 얻을 수 있다. 즉, $\{|\alpha_i\rangle\}$ 기저에서 ρ_x^O에 대한 행렬은 ρ_x에서 대각 성분이 아닌 원소를 모두 0으로 바꾼 것이다.

섞인 상태의 측정은 그 순수 상태의 측정에서 쉽게 얻어진다. ρ가 어떤 밀도연산자라고 하자. 10.1.1절의 결과를 사용하면 ρ는 순수 상태 $|\psi_i\rangle$의 확률적 섞임인 $\rho = \sum_i q_i|\psi_i\rangle\langle\psi_i|$라고 볼 수 있다. 섞인 상태 ρ를 측정하는 것은 확률 q_i를 갖고 $|\psi_i\rangle\langle\psi_i|$를 측정하는 것으로 볼 수 있고, 따라서 측정 결과는 밀도연산자 ρ'에 들어가 있는데, 이 연산자는 각 $|\psi_i\rangle\langle\psi_i|$를 측정할 때 가능한 결과를 표현하는 밀도연산자들의 확률적 섞임이므로 다음과 같게 된다.

$$\rho_i' = \sum_j P_j|\psi_i\rangle\langle\psi_i|P_j^{\dagger}$$

따라서 섞인 상태 ρ를 측정할 때 가능한 결과에 대한 밀도연산자 ρ'는

$$\rho' = \sum_i q_i \sum_j P_j|\psi_i\rangle\langle\psi_i|P_j^{\dagger} = \sum_j P_j\left(\sum_i q_i|\psi_i\rangle\langle\psi_i|\right)P_j^{\dagger} = \sum_j P_j\rho P_j^{\dagger}$$

이다. $P_j\rho P_j^{\dagger}$라는 항은 일반적으로 밀도연산자가 아니다. 이것은 양의 연산자이고 에르미트 연산자이지만, 대각합이 1보다 작을 수도 있다. 양의 에르미트 연산자의 대각합은

그 연산자가 0 연산자인 경우에만 0이 되기 때문에, ρ'는 가중치 $p_j = \mathbf{tr}(P_j \rho P_j^\dagger)$를 가지는 밀도연산자 $\rho_j = \frac{P_j \rho P_j^\dagger}{\mathbf{tr}(P_j \rho P_j^\dagger)}$의 확률적 섞임으로 볼 수 있다.

$$\rho' = \sum_j p_j \rho_j = \sum_j p_j \frac{P_j \rho P_j^\dagger}{\mathbf{tr}(P_j \rho P_j^\dagger)}$$

여기서 0인 항들은 무시한다. 밀도연산자 $\rho = |\psi\rangle\langle\psi|$를 가지는 순수 상태 $|\psi\rangle$에 대해,

$$\rho' = \sum_j p_j \frac{P_j \rho P_j^\dagger}{\langle\psi|P_j|\psi\rangle}$$

이 성립하는데, 이것은 상자 10.1의 대각합 기법과 투영연산자의 특성에 의해

$$\mathbf{tr}(P_j|\psi\rangle\langle\psi|P_j^\dagger) = \langle\psi|P_j^\dagger P_j|\psi\rangle = \langle\psi|P_j|\psi\rangle$$

이기 때문이다.

결과가 알려진 측정과, 아직 수행되지 않았거나 결과가 알려지지 않은 측정은 모두 밀도연산자에 의해 간결하게 표현될 수 있다. 연산자 O를 갖고 $|x\rangle$를 측정해 그 결과로 밀도연산자 $\rho = |\psi\rangle\langle\psi|$를 가지는 상태 $|\psi\rangle = \frac{p_j|x\rangle}{|p_j|x\rangle|}$를 얻었다고 하자. 이 측정 결과에 대해 두 가지 다른 표현으로 ρ_ψ와 ρ_x^O가 있다. 어떤 것을 써야 할까? 만약 측정 결과를 모른다면 ρ_x^O를 사용해야 한다. 만약 결과를 알고 있다면 ρ_ψ를 써야 한다. 밀도연산자 ρ_x^O를 쓸 수는 있지만 ρ_ψ에 우리가 아는 더 많은 정보가 담겨 있다. 만약 ρ_x^O를 사용하려고 한다면 측정 결과는 분리해서 추적해야 하며 ρ_x^O가 더 많은 가능성을 허용하기 때문에 이를 사용한다는 것은 일어나지 않을 가능성을 포함한 불필요한 계산을 수행한다는 뜻이다. 같은 차이는 확률분포에서 추출할 때도 발생한다. 표본을 얻기 전에 또는 표본이 추출됐지만 그 결과를 모르는 경우, 표본에 대한 최고의 모형은 확률분포 그 자체다. 하지만 일단 그 결과가 알려졌으면 표본은 알려진 값에 의해 가장 잘 모형화된다. 부록 A에서 고전적 상황과 양자적 상황의 그와 같은 관계를 논의한다. 측정과 관계된 문제는 양자역학에서 가장 깊이 있는 문제에 연결되는데, 측정 결과에 대한 이 두 모형들 사이의 차이는 이 문제들 중 하나가 아니다. 더 깊이 있는 질문은 왜, 어떻게 그리고 누구에 의해 측정 결과를 알게 되는가다. 여기서 이 양자역학적 문제를 더 파고들진 않겠다.

10.4 양자 부분계의 변환과 결어긋남

밀도연산자는 양자 부분계를 더 잘 논의하려는 목적으로 도입됐다. 앞 절에서 이 개념을 알차게 사용해 얽힘에 대한 통찰을 얻었다. 지금까지는 정적인 상황에 대해서만 논의해왔다. 이제는 동역학으로 들어가 보겠다. 이 책의 처음 2부까지는 유니타리 연산자가 작용하는 순수 상태에 의해 모형화되는 양자계를 논의했다. 10.1절에서 살펴봤듯이 양자 부분계를 논의하기 위해서는 순수 상태만을 고려하던 것에서 확장해 밀도연산자를 고려할 필요가 있다. 마찬가지로, 양자 부분계의 동역학을 논의하기 위해서는 유니타리 연산자만 고려하는 것을 더 일반적인 분류의 연산자로 확장할 필요가 있다. 10.4.1절에서는 더 일반적이 분류의 연산자로 초연산자^{superoperator}를 살펴보는데, 전체계에 대한 유니타리 연산자를 고려하고 부분계에 대한 그 효과를 어떻게 이해할 수 있을지 알아본다. 10.4.2절은 초연산자에 통찰을 주는 분해를 설명한다. 10.4.3절은 측정에 대응하는 초연산자를 논의한다. 10.4.4절은 초연산자 형식 체계를 사용해 결어긋남을 논의한다. 이와 같은 결어긋남에 관한 논의는 11장에서 양자오류보정을 논의하기 위한 바탕을 제공한다.

10.4.1 초연산자

이 절에서는 부분계의 동역학을 따져 본다. 10.1절은 먼저 부분계 A가 전체계($A = X$)인 경우를 고려하고, 이어서 일반적인 경우를 고려하겠다. 여기서는 먼저 X계에 작용하는 유니타리 연산자를 생각해보자. 순수 상태에 대한 원래의 표기법에서, X에 작용하는 유니타리 연산자 U는 $|\psi\rangle$를 $U|\psi\rangle$로 보낸다. 순수 상태 $|\psi\rangle$에 대한 밀도연산자는 $\rho = |\psi\rangle\langle\psi|$이고, 따라서 U는 ρ를 $U|\psi\rangle\langle\psi|U^\dagger = U\rho U^\dagger$로 보낸다. A가 $X = A \otimes B$의 부분계가 되는 일반적인 경우는 더 복잡하다. $|\psi\rangle \in X = A \otimes B$이고 $U : X \to X$라고 하자. 그러면 밀도연산자 $\rho_A = \mathbf{tr}_B|\psi\rangle\langle\psi|$는 $\rho'_A = \mathbf{tr}_B(U|\psi\rangle\langle\psi|U^\dagger)$로 보내진다. $U = U_A \otimes U_B$일 때, ρ'_A는 ρ_A와 U만 있으면 유도할 수 있으며, $\rho'_A = U_A\rho_A U_A^\dagger$가 된다. 그렇지만 일반적인 유니타리 연산자 U에 대해, U와 ρ_A만으로부터 ρ'_A를 연역해내는 것은 불가능하다. 즉, 밀도연산자 ρ'_A는 전체계의 원래 상태 $|\psi\rangle$에 따라 달라진다. 두 예제로 이 부분을 설명해본다.

예제 10.4.1 $X = A \otimes B$라고 하자. 여기서 A와 B는 둘 다 단일 큐비트계이다. $\rho_A = |0\rangle\langle 0|$이고 $U = C_{not}$이라고 하자. 여기서 B는 제어 큐비트고 A는 목표 큐비트이다. 그러면

다음과 같다.

$$U = |00\rangle\langle 00| + |11\rangle\langle 01| + |10\rangle\langle 10| + |01\rangle\langle 11|$$

부분계 A에 대한 밀도연산자 ρ_A는 $|\psi_0\rangle = |00\rangle$, $|\psi_1\rangle = |01\rangle$, $|\psi_2\rangle = \frac{1}{\sqrt{2}}|0\rangle(|0\rangle + |1\rangle)$을 포함해 전체계 X의 많은 가능한 상태와 모순이 없다. U가 작용한 후 계 A의 밀도연산자 ρ'_A는 무엇일까? 만약 전체계의 상태가 $|\psi_0\rangle = |00\rangle$라면, $\rho'_A = |0\rangle\langle 0|$이다. 하지만 만약 $|\psi_1\rangle = |01\rangle$이었다면 $\rho'_A = |1\rangle\langle 1|$이고 만약 전체계의 상태가 $|\psi_2\rangle = \frac{1}{\sqrt{2}}|0\rangle(|0\rangle + |1\rangle)$이었다면 $\rho'_A = \frac{1}{2}I$다.

사실, 그 결과로 만들어진 섞인 상태 ρ'_A는 원래의 섞인 상태 ρ_A와 관계가 없을 수도 있다.

예제 10.4.2 단일 큐비트계 A와 B에 작용하는 유니타리 연산자를 생각해보자.

$$U_{Switch} = |00\rangle\langle 00| + |10\rangle\langle 01| + |01\rangle\langle 10| + |11\rangle\langle 11|$$

이 변환은 두 계의 상태를 교환한다. 계 A가 원래 $\rho_A = |\psi_A\rangle\langle\psi_A|$ 상태에 있고, 계 B는 $|0\rangle\langle 0|$ 상태에 있다고 하자. U를 작용하면, 그 결과로 얻은 A계의 상태는 $|\psi\rangle$가 무엇이든지 상관없이 $|0\rangle\langle 0|$ 이다.

$\mathcal{D}_A$가 부분계 A에 대한 모든 밀도연산자의 집합이라고 하자. 부분계 A가 처음에 부분계 B와 얽힌 상태가 아니고, 부분계 B는 $|\phi_B\rangle$ 상태에 있을 때, 유니타리 연산자 $U : X \to X$는 변환 $S_U^{\phi_B} : \mathcal{D}_A \to \mathcal{D}_A$를 유도한다. 구체적으로 말하면 다음의 유니타리 변환이 이어지는 다음 식을 유도한다.

$$U : X \to X$$
$$|\psi\rangle \mapsto U|\psi\rangle$$

$$S_U^{\phi_B} : \mathcal{D}_A \to \mathcal{D}_A$$
$$\rho_A \mapsto \rho'_A$$

여기서 $\rho_A = \mathbf{tr}_B|\psi\rangle\langle\psi|$이고 $\rho'_A = \mathbf{tr}_B U|\psi\rangle\langle\psi|U^\dagger$이다. 이렇게 유도된 $S_U^{\phi_B}$와 같은 변환을 초연산자라고 한다.

초연산자는 선형연산자다. 즉, 다른 밀도연산자의 확률적 섞임 $\rho = \sum_i p_i \rho_i$로 이뤄진 임의의 밀도연산자 ρ에 대해 초연산자 S의 효과는 그 각각의 성분에 초연산자를 작용한 결과의 합으로 다음과 같다.

$$S : \rho \mapsto \sum_i p_i S(\rho_i)$$

10.4.2 연산자 합 분해

초연산자 $S : \mathcal{D}_A \to \mathcal{D}_A$가 주어져 있을 때, A계의 항과 A에 대한 연산자에 대해 이미 갖고 있는 형식 체계만으로 그 초연산자를 묘사하는 것이 편리하다. 그렇지만 일반적인 초연산자는 어떤 유니타리 연산자에 대해서는 $U \rho U^\dagger$ 꼴이 아니다. 심지어 초연산자는 일반적으로 가역적이지도 않다. 예제 10.4.2에서 보면 $U = U_{Switch}$와 $|\phi\rangle = |0\rangle$으로 두면, S_U^ϕ는 모든 $|\psi\rangle$에 대해 $\rho_A = |\psi\rangle\langle\psi|$를 $\rho'_A = |0\rangle\langle0|$으로 보낸다. 게다가 다수의 초연산자는 어떤 선형연산자 A에 대해서는 $A\rho A^\dagger$ 꼴조차도 아니다. 그러나 모든 초연산자가 다음의 꼴을 가지는 연산자들의 합이라는 것이 밝혀졌다. 즉, 모든 초연산자 S에 대해, 선형연산자 $A_1, \ldots, A_k$가 있어서 다음 식이 만족된다.

$$S(\rho) = \sum_{i=1}^{K} A_i \rho A_i^\dagger$$

이와 같은 표현을 S에 대한 **연산자 합 분해**^operator sum decomposition 라고 한다. 주어진 초연산자 S에 대한 연산자 합 분해는 일반적으로 유일하지 않다.

S_U^ϕ에 대한 연산자 합 분해를 얻기 위해 $\{|\beta_i\rangle\}$가 B에 대한 기저이고, $A_i : A \to A$가 상자 10.2의 식 10.5에서 정의된 연산자 $A_i = \langle\beta_i|U|\phi\rangle$라고 하자. 그러면,

$$S_U^\phi(\rho) = \mathbf{tr}_B(U(\rho \otimes |\phi\rangle\langle\phi|)U^\dagger)$$
$$= \sum_{i=1}^{K} \langle\beta_i|U(\rho \otimes |\phi\rangle\langle\phi|)U^\dagger|\beta_i\rangle$$

$$= \sum_{i=1}^{K} \langle \beta_i | U | \phi \rangle \rho \langle \phi | U^\dagger | \beta_i \rangle$$

$$= \sum_{i=1}^{K} A_i \rho A_i^\dagger$$

두 번째 줄에서 세 번째 줄이 어떻게 유도되는지 살펴보려면 먼저 순수 상태인 경우 $\rho = |\psi\rangle\langle\psi|$를 생각해보고 그다음 순수 상태의 섞임인 일반적인 경우 ρ를 생각해보자.

주어진 초연산자에 대해 수많은 가능한 연산자 합 분해가 존재한다. 즉, 연산자 합 분해는 어떤 기저를 사용했느냐에 따라 달라진다. 다음의 두 예제는 예제 10.4.1과 예제 10.4.2의 연산자에 대해 표준 기저에서 연산자 합 분해를 제시한다.

예제 10.4.3 C_{not}과 $|\phi\rangle = \frac{1}{2}(|0\rangle + |1\rangle)$에 대한 연산자 합 분해. 예제 10.4.1에서 U의 C_{not} 연산자는 $U = X \otimes |1\rangle\langle 1| + I \otimes |0\rangle\langle 0|$으로 적을 수 있다. 처음에 두 계가 얽혀 있지 않았고, 계 A는 $\rho' = |\psi\rangle\langle\psi|$ 상태에 있고 계 B는 $\rho = |\phi\rangle\langle\phi|$ 상태에 있다고 하자.

$$S_u^\phi(\rho) = \mathbf{tr}_B(U(\rho \otimes |\phi\rangle\langle\phi|)U^\dagger)$$

$$= A_0 \rho A_0^\dagger + A_1 \rho A_1^\dagger$$

여기서 $A_0 = \langle 0 | U | \phi \rangle$이고 $A_1 = \langle 1 | U | \phi \rangle$이다. 그러면 상자 10.2의 식 10.5에서 본 A_i의 정의를 사용하면 다음과 같다.

$$A_0 |\psi\rangle = \sum_{i=0}^{1} \langle \alpha_i | \langle 0 | U | \psi \rangle | \phi \rangle | \alpha_i \rangle$$

$$= \langle 0 | \langle 0 | (X \otimes |1\rangle\langle 1| + I \otimes |0\rangle\langle 0|) | \psi \rangle | \phi \rangle |0\rangle$$

$$+ \langle 1 | \langle 0 | (X \otimes |1\rangle\langle 1| + I \otimes |0\rangle\langle 0|) | \psi \rangle | \phi \rangle |1\rangle$$

$$= (\langle 0 | \langle 0 | (X \otimes |1\rangle\langle 1|) | \psi \rangle | \phi \rangle + \langle 0 | \langle 0 | (I \otimes |0\rangle\langle 0|) | \psi \rangle | \phi \rangle) |0\rangle$$

$$+ (\langle 1 | \langle 0 | (X \otimes |1\rangle\langle 1|) | \psi \rangle | \phi \rangle + \langle 1 | \langle 0 | (I \otimes |0\rangle\langle 0|) | \psi \rangle | \phi \rangle) |1\rangle$$

$\langle 0 | 1 \rangle = 0$이기 때문에, 첫 번째 항과 세 번째 항은 0이며, 따라서 다음과 같은 결과가 나온다.

$$A_0|\psi\rangle = \langle 0|\langle 0|I \otimes |0\rangle\langle 0| \ |\psi\rangle|\phi\rangle \ |0\rangle + \langle 1|\langle 0|I \otimes |0\rangle\langle 0| \ |\psi\rangle|\phi\rangle \ |1\rangle$$

$$= \langle 0|\psi\rangle\langle 0|\phi\rangle|0\rangle + \langle 1|\psi\rangle\langle 0|\phi\rangle|1\rangle$$

$$= \langle 0|\phi\rangle|\psi\rangle$$

$|\phi\rangle = \frac{1}{\sqrt{2}}(|0\rangle + |1\rangle)$이므로, 다음의 결과가 나오고

$$A_0|\psi\rangle = \frac{1}{\sqrt{2}}|\psi\rangle$$

따라서 다음의 결괏값이 나온다.

$$A_0 = \frac{1}{\sqrt{2}}I$$

같은 논리로,

$$A_1|\psi\rangle = \langle 0|\langle 1|X \otimes |1\rangle\langle 1| \ |\psi\rangle|\phi\rangle \ |0\rangle + \langle 1|\langle 1|X \otimes |1\rangle\langle 1| \ |\psi\rangle|\phi\rangle \ |1\rangle$$

$$= \langle 0|X|\psi\rangle\langle 1|\phi\rangle \ |0\rangle + \langle 1|X|\psi\rangle\langle 1|\phi\rangle \ |1\rangle$$

$$= \langle 1|\phi\rangle(X|\psi\rangle)$$

$$= \frac{1}{\sqrt{2}}X|\psi\rangle$$

이며, 따라서 다음과 같음을 알 수 있다.

$$A_1 = \frac{1}{\sqrt{2}}X$$

예제 10.4.4 U_{switch}와 $|\phi\rangle = |0\rangle$에 대한 연산자 합 분해

$$U_{Switch} = |00\rangle\langle 00| + |10\rangle\langle 01| + |01\rangle\langle 10| + |11\rangle\langle 11|$$

이고 $|\phi\rangle = |0\rangle$이라고 하자. 그러면 다음과 같다.

$$S_u^\phi(\rho) = \mathbf{tr}_B(U\rho \otimes |\phi\rangle\langle\phi|U^\dagger)$$

$$= A_0\rho A_0^\dagger + A_1\rho A_1^\dagger$$

여기서 $A_0 = \langle 0|U|\phi\rangle$이고 $A_1 = \langle 1|U|\phi\rangle$이다.

$$A_0|\psi\rangle = \sum_{i=0}^{1} \langle\alpha_i|\langle 0|U|\psi\rangle|\phi\rangle\,|\alpha_i\rangle$$

$$= \langle 00||\phi\rangle|\psi\rangle\,|0\rangle + \langle 10||\phi\rangle|\psi\rangle\,|1\rangle$$

$$= \langle 0|\phi\rangle\langle 0|\psi\rangle|0\rangle + \langle 1|\phi\rangle\langle 0|\psi\rangle|1\rangle$$

$|\phi\rangle = |0\rangle$이기 때문에,

$$A_0|\psi\rangle = \langle 0|\psi\rangle|0\rangle$$

이고,

$$A_0 = |0\rangle\langle 0|$$

이다. 마찬가지 이유로 다음과 같다.

$$A_1 = |0\rangle\langle 1|$$

연산자 합 분해에 있는 각 항 $A_i\rho A_i^\dagger$는 에르미트 연산자이고 영의 연산자이지만, 일반적으로 대각합이 1은 아니다. $\mathbf{tr}(A_i\rho A_i^\dagger) \geq 0$이므로, 연산자 $\frac{A_i\rho A_i^\dagger}{\mathbf{tr}(A_i\rho A_i^\dagger)}$는 에르미트 연산자이고, 양의 연산자이며, 대각합이 1이며, 따라서 밀도연산자다. 게다가 에르미트이면서 양의 연산자의 대각합은 그 연산자가 0일 때만 0이 되고, $1 = \mathbf{tr}(S_U^\phi(\rho)) = \sum_{i=1}^{K}\mathbf{tr}(A_i\rho A_i^\dagger)$이기 때문에, $S_U^\phi(\rho)$는 연산자 $\frac{A_i\rho A_i^\dagger}{\mathbf{tr}(A_i\rho A_i^\dagger)}$들의 확률적 섞임으로, 다음과 같다.

$$S_U^\phi(\rho) = \sum p_i \frac{A_i\rho A_i^\dagger}{\mathbf{tr}(A_i\rho A_i^\dagger)} \tag{10.8}$$

여기서 $p_i = \mathbf{tr}(A_i\rho A_i^\dagger)$이며, 0인 항들은 무시했다.

계 $X = A \otimes B$의 부분계 A에 대한 초연산자 S의 연산자 합 분해와 그 분해가 B에 대한 기저를 어떻게 선택하느냐에 따라 달라진다는 점은 측정의 항으로 이해해볼 수 있다. 식 10.8이 투영연산자 P_j를 갖는 연산자 O에 의해 ρ의 가능한 측정 결과를 내포하는 식

$$\rho' = \sum_j p_j \frac{P_j\rho P_j^\dagger}{\mathbf{tr}(P_j\rho P_j^\dagger)}$$

을 연상시키는 것은 우연이 아니다. B에 대한 기저로 $\{|b_i\rangle\}$를 사용했을 때 S_U^ϕ에 대한 연산자 합 분해로 얻어진 연산자를 A_i라고 하자. $U : A \otimes B \to A \otimes B$가 ρ에 작용한 다음, 부분계 B가 B에 대한 $K = 2^k$개의 기저 원소 $|b_i\rangle$에 대한 투영연산자 $P_i = |b_i\rangle\langle b_i|$에 대해 측정됐다고 하자. 이 측정이 이뤄진 후 부분계 A에 대한 최고의 설명은 섞인 상태의 확률적 섞임인 $\rho' = \sum_i p_i \rho_i$이다. 여기서,

$$\rho_i = \mathbf{tr}_B \left(\frac{(I \otimes P_i)U(\rho \otimes |\phi\rangle\langle\phi|)U^\dagger(I \otimes P_i^\dagger)}{\mathbf{tr}\left((I \otimes P_i)U(\rho \otimes |\phi\rangle\langle\phi|)U^\dagger(I \otimes P_i^\dagger)\right)} \right)$$

이고,

$$p_i = \mathbf{tr}\left((I \otimes P_i)U(\rho \otimes |\phi\rangle\langle\phi|)U^\dagger(I \otimes P_i^\dagger)\right)$$

이다.

$$\mathbf{tr}_B\left((I \otimes |\beta_i\rangle\langle\beta_i|)U\rho \otimes |\phi\rangle\langle\phi|U^\dagger(I \otimes |\beta_i\rangle\langle\beta_i|)\right) = \langle\beta_i|U\rho \otimes |\phi\rangle\langle\phi|U^\dagger|\beta_i\rangle$$

이기 때문에, 밀도연산자 $\rho' = \sum_i p_i \rho_i$는 밀도연산자 $S_U^\phi(\rho)$와 똑같다.

10.4.3 양자 상태 변환과 측정 사이의 관계

10.3.1절에서 처음에 섞인 상태 ρ에 의해 표현된 A계의 연관된 투영연산자 $\{P_i\}$를 가지는 측정 O의 결과를 확률적 섞임으로 표현하는 밀도연산자가 다음과 같음을 보였다.

$$\rho' = \sum_j p_j \frac{P_j \rho P_j^\dagger}{\mathbf{tr}(P_j \rho P_j^\dagger)}$$

임의의 측정 O에 대해,

$$S_O : \mathcal{D}_A \to \mathcal{D}_A$$
$$\rho \mapsto \rho'$$

이라는 대응은 더 큰 계에 대한 유니타리 변환에서 나온 초연산자로서 다른 방법으로 얻을 수도 있다. 더 구체적으로 말하면, A계에 대한 임의의 관측가능량 O에 대해, $S_U^\phi = S_O$를 만족하는 더 큰 계 $X = A \otimes B$, 유니타리 연산자 $U : X \to X$, B의 상태 $|\psi\rangle$가 존재한다.

이 진술을 증명하기 위해 O가 M개의 서로 다른 고윳값을 갖는다고 하자. B가 기저 $\{|\beta_i\rangle\}$를 가지는 M차원 계이고, B가 처음에 상태 $|\phi\rangle = |\beta_0\rangle$에 있다고 하자. 그리고 U가 $X = A \otimes B$에 대한 임의의 유니타리 연산자로, 다음과 같이 대응시킨다고 하자.

$$|\psi\rangle |\beta_0\rangle \mapsto \sum_{i=1}^{M} P_i |\psi\rangle |\beta_i\rangle$$

그러면 $\rho = |\psi\rangle\langle\psi|$에 대해, 다음과 같은 식이 도출된다.

$$
\begin{aligned}
S_U^\phi(\rho) &= \mathbf{tr}_B(U(\rho \otimes |\phi\rangle\langle\phi|)U^\dagger) \\
&= \sum_{i=1}^{M} A_i \rho A_i^\dagger \\
&= \sum_{i=1}^{M} A_i |\psi\rangle\langle\psi| A_i^\dagger
\end{aligned}
$$

여기서 $A_i = \langle\beta_i|U|\phi\rangle$이다. $|\phi\rangle = |\beta_0\rangle$이기 때문에, 다음과 같다.

$$
\begin{aligned}
A_i |\psi\rangle &= \sum_j \langle\alpha_j|\langle\beta_i|U|\psi\rangle|\beta_0\rangle\, |\alpha_j\rangle \\
&= \sum_j \langle\alpha_j|\langle\beta_i| \left(\sum_{k=1}^{M} P_k |\psi\rangle|\beta_k\rangle \right) |\alpha_j\rangle \\
&= \sum_j \langle\alpha_j|P_i|\psi\rangle\, |\alpha_j\rangle \\
&= P_i |\psi\rangle
\end{aligned}
$$

따라서 다음과 같은 식이 도출된다.

$$S_U^\phi(\rho) = \sum_{i=1}^{M} P_i |\psi\rangle\langle\psi| P_i^\dagger$$

$$= \sum_{i=1}^{M} p_i \frac{P_i |\psi\rangle\langle\psi| P_i^\dagger}{\mathbf{tr}(P_i |\psi\rangle\langle\psi| P_i^\dagger)}$$

여기서 $p_i = \mathbf{tr}(P_i |\psi\rangle\langle\psi| P_i^\dagger)$이다. 양자 물리학계에는 유니타리 연산자와 측정 사이의 이와 같은 관계가 어떻게 양자역학의 토대를 이루는 다양한 문제를 명확히 할 수 있을지에 대해 논쟁이 있다. 여기서 이 문제를 더 깊이 파고들진 않을 것이다.

10.4.4 결어긋남

실질적으로 양자 컴퓨터를 그 환경으로부터 완전히 고립시키는 것은 불가능하다. 모든 물리적 큐비트는 그 환경과 상호 작용하기 때문에, 양자 컴퓨터의 계산 큐비트는 계산 큐비트와 그 환경으로 이뤄진 더 큰 계의 부분계로 보는 것이 적절하다. 여기서 환경environment이란 우리가 제어할 수 없는 부분계를 뜻한다. 즉, 환경을 측정해서 정보를 얻거나 환경에 게이트를 작용하는 것은 불가능하다.

어떤 경우, 계산용 부분계가 환경과 상호 작용하는 효과는 부분계 자체에 대한 변환에 의해 되돌릴 수도 있다. 하지만 그렇지 않은 경우 결어긋남decoherence이 일어난다. 결어긋남이 발생하면 계산용 부분계의 상태에 대한 정보는 환경으로 손실된다. 환경적 영향이 계산 가능한 통제를 벗어나기 때문에, 그런 종류의 오류는 심각하다. 11장과 12장에서는 결어긋남 때문에 발생하는 오류뿐만 아니라 불완전한 양자 게이트 구현에서 발생하는 다른 종류의 오류에 대해 반대 작용을 하는 양자오류보정과 결함 내성 기법을 개발한다. 이 절은 환경과 상호 작용해서 발생한 오류에 대한 오류모형을 만들어가는 것으로 논의의 기초를 놓을 것이다.

연산자 합 분해는 계산용 부분계에 대한 연산만으로 계산용 부분계가 다른 부분계와 상호 작용하는 효과를 묘사하는 방법을 제공한다. 연산자 합 분해를 사용하면, 계산 부분계가 어떤 상호 작용을 통해서든 환경으로부터 받은 영향이 K개의 섞인 상태 $\frac{A_i \rho A_i^\dagger}{\mathbf{tr}(A_i \rho A_i^\dagger)}$의 결과가 되는 K개의 오류의 섞임으로 볼 수 있다.

공통적인 오류모형은 계산용 부분계의 여러 다른 부분에 환경이 제각각 상호 작용한다고 가정한다. 예를 들어 공통적인 오류모형은 국소적이면서 마르코프^{Markov} 성질을 가지는 오류로 이뤄진다.

- **국소적 성질**: 각 큐비트가 자기 자신의 환경하고만 상호 작용한다.
- **마르코프 성질**: 큐비트의 환경의 상태와 큐비트와의 상호 작용이 그 이전 시간의 환경 상태에 무관하다.

더 정확히는 국소적 오류모형에서 n큐비트계가 마주치는 오류는 환경 $E = E_1 \otimes \cdots \otimes E_n$과의 상호 작용으로 모형화할 수 있다. 여기서 환경 E_i는 X의 i번째 큐비트하고만 상호 작용한다. 그리고 오류는 $U = U_1 \otimes \cdots \otimes U_n$ 꼴의 유니타리 변환으로 모형화할 수 있다. 여기서 U_i는 E_i에 작용한다. 그리고 X의 i번째 큐비트는 $S_U = S_{U_1} \otimes \cdots \otimes S_{U_n}$ 꼴의 초연산자에 의해 주어진다. 여기서 S_{U_i}는 X의 i번째 큐비트에만 작용한다.

마르코프 조건을 생각하는 합리적인 방법은 각 큐비트의 환경이 각 계산 시간 단계마다 갱신(또는 교체)된다고 보는 것이다. 더 구체적으로는 국소적이고 마르코프적인 오류모형에서 계산용 부분계 X는 주어진 시간 t에 환경 $E' = E'_1 \otimes \cdots \otimes E'_n$과 E'_i와 X계의 i번째 큐비트 사이의 상호 작용하는 방식으로만 상호 작용한다. 여기서 환경 E의 현재 상태와 X와의 상호 작용은 그 이전의 어떤 시간 s에 대해서도 환경 상태에 독립적이다. 11장과 12장에서 논의되는 양자 오류 보정 부호와 결함 내성 기법의 대다수는 국소적이면서 마르코프적인 오류를 다루기 위해 설계됐다. 다른 오류모형을 다루는 기법도 개발됐으며, 그중 몇 가지는 13.3절에서 간략히 설명할 것이다.

10.5 참고문헌

조사와 린덴[167]은 고전 알고리듬에 대해 지수 함수적인 속도 증가를 달성하는 어떤 양자 알고리듬이라도 점점 많은 수의 큐비트를 얽히게 해야 한다는 것을 보였다. 그 증명은 항상 순수 상태에 있는 상태로 고립된 환경에서 실행되는 알고리듬에만 적용된다. 10.4절의 결과는 어떠한 섞인 상태 알고리듬이라도 더 큰 계의 순수 상태 알고리듬으로 간주할 수 있다는 것을 보여준다. 조사와 린덴의 결과는 얽힘이 더 큰 계에 계산용이 아닌 큐비트를 포함하는 경우를 제외하면 이렇게 더 일반적인 상황에서도 여전히 적용된다. 계산 용이 아닌 큐비트는 계산용 큐비트 사이에서 필요하지 않은 큐비트다.

특정한 양자계의 효율적인 고전적 시뮬레이션은 비달Vidal과 다른 학자들이 발견했다 [278, 204]. 메이어Meyer는 베른슈타인-바지라니 알고리듬과 여기에 연관된 결과를 통해 얽힘의 결핍에 대해 논의한다[213].

베넷과 쇼어의 「Quantum information theory양자정보 이론」[38]은 몇 가지 예제와 증류 프로토콜을 포함한 이분할계의 섞인 상태에 대한 다양한 얽힘 척도를 논의한다. 그 책은 여기서 다루지 않은 흥미로운 여러 주제를 포함한 양자정보 이론에 대해 일반적으로 다루는 좋은 개론서다. 브러스Bruss의 「Characterizing entanglement얽힘을 특징 짓기」[69]는 지금까지 얽힘에 대한 가장 중요한 결과들을 다수 담고 있는 15쪽의 멋진 개론서다. 마이어Myhr의 석사 논문 「Measures of entanglement in quantum mechanics양자역학의 얽힘 척도」[215]는 이 결과 중 다수에 대해 읽기 쉽고 더 상세한 설명을 제시한다.

닐슨의 다수화 결과는 닐슨[217]의 논문에서 찾을 수 있다. 3큐비트 상태의 SLOCC 분류는 뒤르, 비달, 시락이 처음 설명했다[107]. 브리겔과 로센도르프는 얽힘의 지속성과 최대 연결도를 [65]에서 정의했고, 또한 클러스터 상태도 도입했다.

10.6 연습 문제

연습 문제 10.1 부분 대각합의 정의가 기저에 의존하지 않음을 보여라.

연습 문제 10.2 $\mathbf{tr}_B(O_A \otimes O_B) = O_A \, \mathbf{tr}(O_B)$임을 보여라.

연습 문제 10.3

a. $|\Psi^-\rangle = \frac{1}{\sqrt{2}}(|00\rangle - |11\rangle)$에 대해 전체 계와 각 큐비트에 대한 밀도연산자를 찾아라.

b. $|\Phi^+\rangle = \frac{1}{\sqrt{2}}(|01\rangle + |11\rangle)$에 대해 전체 계와 각 큐비트에 대한 밀도연산자를 찾아라.

연습 문제 10.4 순수 상태와 섞인 상태를 구분하기

a. 밀도연산자 ρ가 순수 상태인 것은 $\rho^2 = \rho$인 것과 동치임을 보여라. 다시 말해, ρ가 투영연산자다.

b. 순수 상태의 밀도연산자의 랭크에 대해서 무엇을 말할 수 있는가?

연습 문제 10.5 우리는 임의의 밀도연산자를 직교상태의 집합에 대한 확률분포로 볼 수 있음을 보였다. 몇몇 밀도연산자는 여러 개의 연관된 확률분포를 가져서, 일반적으로는 밀도연산자에 연관된 확률분포가 유일하지 않음을 예를 들어서 보여라.

연습 문제 10.6 블로흐 영역의 기하학

a. n큐비트계의 섞인 상태의 집합 S인 블로흐 영역이 $2^{2n} - 1$ 개의 실수 매개변수에 의해 매개변수화될 수 있음을 보여라.

b. S가 볼록집합임을 보여라.

c. n큐비트계의 순수 상태의 집합이 $2^{n+1} - 2$개의 실수 매개변수로 매개변수화될 수 있음을 보여라. 그리고 따라서 순수 상태에 대응하는 밀도연산자들의 집합도 이 방식으로 매개변수화시킬 수 있음을 보여라.

d. $N > 2$에 대해 섞인 상태 집합의 경계가 하나 이상의 순수 상태로 구성돼야 하는 이유를 설명하라.

e. 다른 점의 볼록 선형 결합이 아닌 극점들은 정확히 순수 상태임을 보여라.

f. 블로흐 영역의 경계 위에 있는 극점이 아닌 상태를 특징 지어라.

연습 문제 10.7 5.4.1절의 $R(\theta)$와 $T(\phi)$에 대한 기하학적 해석을 블로흐 구의 점으로 이뤄진 섞인 상태집합에 대한 거동을 결정해 제시하라.

연습 문제 10.8 슈미트 분해. $m \leq n$인 모든 $m \times n$ 행렬 M은 특잇값 분해 $M = UDV$를 가진다. 여기서 D는 음이 아닌 실수 성분만을 가지는 $m \times n$ 대각 행렬이며, U와 V는 각각 $m \times m$과 $n \times n$의 유니타리 행렬이다.

$|\psi\rangle \in A \otimes B$라고 하자. A는 m차원이고 B는 n차원으로, $m \leq n$이다. $\{|i\rangle\}$가 A에 대한 기저이고 $\{|j\rangle\}$가 B에 대한 기저라고 하면 $m_{ij} \in \mathbf{C}$의 어떤 선택에 대해,

$$|\psi\rangle = \sum_{i=0}^{m-1} \sum_{j=0}^{n-1} a_{ij} |i\rangle |j\rangle$$

이다. M이 성분 a_{ij}를 가지는 $m \times n$ 행렬이라고 하자. M에 특잇값 분해를 사용해 다음을 만족하는 정규직교 단위 벡터 $|\alpha_i\rangle \in A$와 $|\beta_j\rangle \in B$의 집합을 찾아라.

$$|\psi\rangle = \sum_{i=0}^{m-1} \lambda_i |\alpha_i\rangle |\beta_j\rangle$$

여기서 λ_i는 음수가 아니다. λ_i는 슈미트 계수라고 하며, λ_i의 개수인 K는 $|\psi\rangle$의 슈미트 랭크 또는 슈미트 수라고 한다.

연습 문제 10.9 특잇값 분해$^{\text{Singular value decomposition}}$. A가 $n \times m$ 행렬이라고 하자.

a. $|u_j\rangle$가 고윳값 λ_j를 가지는 $A^\dagger A$의 단위 길이 고유 벡터라고 하자. 모든 j에 대해 λ_j가 실수이며 음수가 아닌지 알 수 있는 방법을 설명하라.

b. U가 $|u_j\rangle$를 그 열 벡터로 가지는 행렬이라고 하자. U가 유니타리 행렬임을 보여라.

c. 0이 아닌 고윳값을 가지는 모든 고유 벡터에 대해, $|v_i\rangle = \frac{A|x_i\rangle}{\sqrt{\lambda_i}}$를 정의하자. V가 $|v_i\rangle$를 열 벡터로 가지는 행렬이라고 하자. V가 유니타리 행렬임을 보여라.

d. $V^\dagger A U$가 대각 행렬임을 보여라.

e. 어떤 대각 행렬 D에 대해 $A = VDU^\dagger$임을 증명하라. D는 무엇인가?

연습 문제 10.10 $|\psi\rangle \in A \otimes B$에 대해, $|\psi\rangle$가 얽힌 상태가 아닌 것은 $S(\mathbf{tr}_B \rho) = 0$인 것과 동치임을 보여라. 여기서 $\rho = |\psi\rangle\langle\psi|$다.

연습 문제 10.11

a. 상태 $\frac{1}{\sqrt{2}}(|01\rangle + |10\rangle)$과 $\frac{1}{\sqrt{2}}(|00\rangle - i|11\rangle)$이 최대로 얽혀 있음을 보여라.

b. 최대로 얽힌 다른 두 상태를 적어라.

연습 문제 10.12 이분할 양자계 $A \otimes B$의 모든 순수 상태에 대해, 폰 노이만 엔트로피로 측정했을 때 얽힘의 가능한 최댓값은 얼마인가? 여기서 A는 n차원이고 B는 m차원이며 $n \geq m$이다.

연습 문제 10.13 주장: LOCC는 얽히지 않은 상태를 얽힌 상태로 바꿀 수 없다.

a. 이 주장을 더 정확한 용어로 설명하라.

b. 이 주장을 증명하라.

연습 문제 10.14 네 가지 벨 상태 $|\Psi\rangle^{\pm}$와 $|\Phi\rangle^{\pm}$가 모두 LOCC 등가임을 보여라.

연습 문제 10.15

a. 임의의 두 큐비트 상태는 LOCC를 통해 $|00\rangle$으로 변환할 수 있음을 보여라.

b. 임의의 n큐비트 상태는 n큐비트로 이뤄진 텐서 분해에 대해 얽히지 않은 상태로 변환될 수 있음을 보여라.

연습 문제 10.16 이분할계의 임의의 얽히지 않은 상태 $|\psi\rangle$의 밀도연산자에 대해 순서가 정해진 고윳값들의 벡터 λ^{ψ}가 이분할계의 다른 어떤 상태의 벡터라도 다수화^{majorize}시킴을 보여라.

연습 문제 10.17 최대로 얽힌 이분할 상태. $|\psi\rangle$가 다음과 같은 꼴의 상태라고 하자.

$$|\psi\rangle = \frac{1}{\sqrt{m}} \sum_{i=1}^{m} |\phi_i^A\rangle \otimes |\phi_i^B\rangle$$

여기서 $\{|\phi_i^A\rangle\}$와 $\{|\phi_i^B\rangle\}$는 정규직교 기저 집합이다. λ^{ψ} 벡터가 $|\phi\rangle \in A \otimes B$인 모든 상태에 대해 λ^{ϕ}에 의해 다수화됨을 보여라.

연습 문제 10.18 모든 두 큐비트 상태를 SLOCC 등가에 대해 분류하라.

연습 문제 10.19 $|GHZ_3\rangle$이 SLOCC를 통해 임의의 A-BC로 분해 가능한 상태로 변환될 수 있음을 보여라.

연습 문제 10.20 $|GHZ_n\rangle$ 상태가 최대로 연결됐음을 보여라.

연습 문제 10.21 $|W_n\rangle$이 최대로 연결되지 않았음을 보여라.

연습 문제 10.22

a. 만약 $|\psi\rangle$가 지속성 n을 가지고 $|\phi\rangle$가 지속성 m을 가진다면 $|\psi\rangle \otimes |\phi\rangle$의 지속성은 얼마인가?

b. $|W_n\rangle$의 지속성이 $n-1$임을 수학적 귀납법으로 보여라(힌트: (a)의 결과를 쓸 수도 있다).

연습 문제 10.23

a. 예제 10.2.7, 예제 10.2.8, 예제 10.2.9의 클러스터 상태 각각이 식 10.7의 연산자에 의해 안정화됨을 확인하라.

b. 1×5 격자에 대한 클러스터 상태를 찾아라.

c. 2×2 격자에 대한 클러스터 상태를 찾아라.

연습 문제 10.24 클러스터 상태의 최대 연결도

a. $1 \times n$ 격자에 대한 클러스터 상태 $|\phi_n\rangle$에서 사슬의 끝에 대응하는 큐비트에 대해, 이 큐비트를 벨 상태에 놓는 단일 큐비트 측정 순서가 존재함을 수학적 귀납법으로 보여라.

b. 그래프 상태에 있는 임의의 두 큐비트 q_1과 q_2에 대해, 이 큐비트를 $1 \times r$ 격자에 있는 클러스터 상태의 끝 큐비트로 남겨둘 수 있는 단일 큐비트 측정 순서가 존재함을 보여라. 그래프 상태가 최대로 연결됐음을 보여라.

연습 문제 10.25 클러스터 상태의 지속성. N이 짝수일 때 $1 \times N$ 격자에 대응하는 클러스터 상태 $|\phi_N\rangle$에 대해, 완전히 얽히지 않은 상태가 그 결과로 나오는 $N/2$개의 단일 큐비트 측정 순서를 제시하라.

연습 문제 10.26 만약 $\{|x_i\rangle\}$가 측정에서 얻을 수 있는 가능한 상태의 집합이고, p_i가 각 결과의 확률이라면, $\rho = \sum p_i |x_i\rangle\langle x_i|$는 에르미트 연산자이고, 대각합이 1이며, 양의 연산자임을 보여라.

연습 문제 10.27 초기 섞인 상태 $\rho_A \otimes \rho_B$에 대해, 변환 $U = |00\rangle\langle00| + |10\rangle\langle01| + |01\rangle\langle10| + |11\rangle\langle11|$을 작용한 후의 A의 섞인 상태를 찾아라.

연습 문제 10.28 부분계 $A = A_1 \otimes A_2$가 있고, $U : A \otimes B \to A \otimes B$가 A_1에 대해서는 항등연산자처럼 작동한다고 하자. 다시 말해, $U = I \otimes V$라고 하자. 여기서 I는 A_1에 작용하고 V는 $A_2 \otimes B$에 작용한다. B 계에 있는 임의의 상태 $|\phi\rangle$에 대해, 초연산자 S_U^ϕ를 부분계 A_2에 단독으로 작용하는 어떤 초연산자 S에 대해 $I \otimes S$처럼 적을 수 있음을 보여라.

연습 문제 10.29

a. 예제 10.4.3에 대해 다른 연산자 합 분해를 제시하라.

b. 예제 10.4.4에 대해 다른 연산자 합 분해를 제시하라.

c. 같은 초연산자에 대해 두 연산자 집합 $\{A_i\}$와 $\{A'_j\}$가 연산자 합 분해를 주기 위한 일반적인 조건을 제시하라.

연습 문제 10.30

a. 만약 두 큐비트가 수신됐을 때, 10.3절의 게임에서 어떤 수열로 보내졌는지 알아내는 전략을 설명하라. 더 구체적으로 말하면 당신은 큐비트 쌍을 연달아서 수신한다. 모든 쌍은 $\{|00\rangle, |11\rangle\}$에서 무작위적으로 선택되거나, 또는 모든 쌍은 $\frac{1}{\sqrt{2}}(|00\rangle + |11\rangle)$ 상태에 있다. 어떤 수열로 전송됐는지 알아내는 전략을 설명하라.

b. 각 수열에 대해, 각 수열을 표현하는 밀도연산자를 적어라.

11

양자오류보정

실제로 양자 컴퓨터가 만들어지려면 양자계산을 헝클어버리는 환경과의 상호 작용을 다루는 기법이 필요하다. 쇼어의 알고리듬은 찬사는 많이 받고 있지만 많은 사람들은 처음에 단지 이론적으로 흥미로운 것일 뿐이라고 생각했다. 추측에 따르면 피할 수 없는 환경과의 상호 작용이 실질적인 관심이 있는 수에 대한 쇼어의 인수분해 알고리듬을 실행시키기에는 규모가 많이 차이 날 정도로 너무 강하고, 양자계산에 대한 오류보정을 어떻게 수행해야 할 것인지는 아무도 아이디어가 없다. 알려지지 않은 양자 상태의 복제가 불가능하다는 것이 주어졌으니, 고전적인 기법을 양자적 경우에 그대로 적용하는 것은 불가능하며, 그 외에 다른 방법이 있는지는 불명확하다. 복제 금지 정리와 같은 결과는 많은 전문가들에게 강건한 양자계산이 불가능할 수 있다고 믿게 만들었다. 하지만 고전적인 기법을 우아하고 놀랍게 사용하는 것이 복잡한 양자오류보정 기법의 기초를 구성한다는 것이 밝혀졌다. 양자오류보정은 이제 가장 널리 개발 중인 양자계산 분야 중 하나다. 양자정보처리를 제대로 의미 있는 분야로 바꾼 것은 쇼어 알고리듬뿐만 아니라 바로 양자오류보정의 발견이었다.

고전적인 세계에서 오류보정 부호는 자료 전송에서 주로 사용된다. 하지만 양자계가 계산을 수행하는 능력을 유지하는 동안 환경과의 상호 작용으로부터 충분히 고립시키는 것이 어렵다. 양자정보처리에 사용되는 어떤 양자계에서도 환경과의 상호 작용 효과는 양자오류보정을 항상 사용해야 할 정도로 만연해 있다.

11장은 11.1절에서 양자오류보정에 대한 감각을, 특히 오류와 상태 모두의 양자 중첩을 어떻게 다루는지와 같은 순수한 양자적 측면을 느낄 수 있도록 몇 가지 간단한 예제로 시작하겠다. 양자오류보정에 대한 일반적인 작업 틀은 11.2절에서 제시한다. 이 작업 틀은 고전적인 부호를 위한 작업 틀과 비슷하지만 훨씬 더 복잡해진다. 양자오류보정 부호는 단일 큐비트 상태의 무한한 다양성과 큐비트들이 서로 상호 작용할 수 있는 별난 양자적 방법을 다뤄야 한다. 11.3절에서는 칼더뱅크-쇼어-스테인$^{\text{CSS, Calderbank-Shor-Steane}}$ 부호를 제시한다. 이어서 11.4절에서는 더 일반적인 분류의 안정자 부호를 설명한다. 우리가 고려하는 특정한 양자오류보정 부호의 대다수는 k개 또는 그보다 더 적은 수의 모든 오류를 바로잡도록 설계된다. 그런 부호는 독립적인 단일 큐비트나 몇 개 안되는 큐비트의 오류에 노출된 계에 대해서는 잘 작동한다. 오류가 있는 종류의 거동은 많은 상황에서 예상되는데, 다른 합리적인 오류모형도 존재한다. 11장 전체에 대해, 양자오류보정이 완벽하게 수행될 수 있다고 가정하겠다. 12장에서는 양자오류보정이 불완전하게 수행될 때에도 작동하도록 할 수 있는 결함 내성 기법을 논의한다. 강건한 양자계산에 대한 다른 접근법은 13장에서 논의한다.

11.1 양자오류보정 부호의 세 가지 간단한 사례

고전적인 오류보정 부호는 오류의 검출과 보정을 할 수 있도록 메시지 단어를 더 긴 단어로 이뤄진 부호 공간으로 여유롭게 대응시킨다. 양자오류보정 부호는 단어^{word}라고 하는 메시지 상태의 벡터 공간을 부호 공간이라는 더 큰 벡터 공간의 부분 공간에 넣는다. 논리적으로 n큐비트에 대해 작용하는 양자 알고리듬은 n큐비트가 부호화돼 있는 훨씬 큰 m큐비트계에 대해 작용하는 알고리듬으로 구현된다. 오류를 검출하고 보정하려면 보조^{ancilla} 큐비트로 계산이 수행되고, 보조 큐비트가 측정된다. 그 측정의 결과에 따라 오류보정 변환이 적용된다. 중첩 상태를 보존하기 위해 부호화와 측정은 이 측정에서 어떤 오류가 발생했는지에 관한 정보만을 주고, 부호화된 계산 상태에 대해서는 정보를 주지 않도록 주의해서 설계해야 한다.

양자오류보정, 특히 이를 위한 측정의 사용과 보정 가능한 오류의 중첩 상태를 바로잡을 수 있는 능력에 대한 일반적인 감각을 주기 위해, 먼저 단일 큐비트의 비트 뒤집힘 오류만을 바로잡는 간단한 부호를 설명하고, 그다음 단일 큐비트 위상 오류만을 바로잡는 부호를 설명하며, 끝으로 모든 단일 큐비트 오류를 바로잡는 부호를 설명하겠다.

11.1.1 단일 비트 뒤집힘 오류를 바로잡는 양자 부호

단일 큐비트 비트 뒤집힘 오류는 양자 컴퓨터의 큐비트 중 하나에 X를 작용한다. 다음의 간단한 부호는 고전적인 $[3, 1]$ 반복 부호의 양자적 판본으로, 11.2절에서 더 엄밀하게 설명된다. 이 부호는 세 단일 비트 뒤집힘 오류 중 어떤 것이든 검출하며 바로잡는다.

$$\{X_2 = X \otimes I \otimes I,\ X_1 = I \otimes X \otimes I,\ X_0 = I \otimes I \otimes X\}$$

여기서 X_i는 i번째 큐비트에 X를 작용하고 나머지 모든 큐비트에는 항등연산자를 작용하는 텐서곱을 뜻한다.

간단히 말하면 $[3, 1]$ 반복 부호는 각 비트를 다음과 같이 세 비트로 부호화한다.

$$0 \rightarrow 000$$
$$1 \rightarrow 111$$

복호화는 다수결 원칙에 의해 수행된다.

$$\left.\begin{array}{c} 000 \\ 001 \\ 010 \\ 100 \end{array}\right\} \mapsto 0$$

$$\left.\begin{array}{c} 011 \\ 101 \\ 110 \\ 111 \end{array}\right\} \mapsto 1$$

다수결을 구현하기 위해, 먼저 첫 번째 비트를 다른 비트 각각과 비교해 오류가 발생했는지 알아내야 한다. 더 엄밀히 말하면, 이 비교를 하기 위해 보조 비트라는 2개의 추가적인 비트를 사용해 각각 $b_2 \oplus b_1$과 $b_2 \oplus b_0$의 계산 결과를 유지해둔다. 이 계산은 징훗값 계산$^{\text{syndrome compuation}}$이라고 한다. 징훗값 $b_2 \oplus b_1$과 $b_2 \oplus b_0$은 표 11.1에서 보는 것과 같이 어떤 오류보정 변환이 적용돼야 하는지 결정한다. 이 표의 첫 번째 줄은 $b_2 \oplus b_1$과 $b_2 \oplus b_0$이 둘 다 0이면 아무것도 하지 말라는 뜻이다. 두 번째 줄은 $b_2 = b_1$이지만 $b_2 \neq b_0$인 경우, b_0이 다수결에 따라 b_2와 b_1에 합치하도록 뒤집으라는 뜻이다. 마찬가지로 $b_2 \neq b_1$과 $b_2 = b_0$이면 b_1을 뒤집는다. 끝으로, $b_2 \neq b_2$이고 $b_2 \neq b_0$이면, b_1과 b_0이 반드시 같으며, 따라서 다수결에 맞추려면 b_2를 뒤집는다. 그 이전에 어떤 일이 있었든지 상관없이 이 절차는 부호 단어가 나온다. 하지만 만약 하나 이상의 오류가 발생한다면 이 상태는 다른 부호로 보정될 것이다. 예를 들어 원래의 문자열이 000이었고, 첫 번째 큐비트와 세 번째 큐비트 등 두 비트에 뒤집힘 오류가 발생하면, 그 결과로 얻은 문자열 101은 이 절차에 따라 111로 "보정"될 것이다. [3, 1] 반복 부호는 하나의 비트 뒤집힘 오류만을 보정할 수 있다. n비트에 하나의 비트를 부호화하고 다수결로 복호화하는 $[n, 1]$ 반복 부호처럼 더 강력한 부호는 더 많은 오류를 보정할 수 있다.

고전적인 오류보정과 양자오류보정은 모두 보호하려는 정보를 여러 큐비트에 분산시켜서 개별 오류가 그 효과를 덜 보이도록 한다. [3, 1] 반복 부호는 0과 1을 각각 000과 111에 부호화한다. 양자적 상황에서, C_{BF}가 $\{|000\rangle, |111\rangle\}$에 의해 펼쳐지는 부분 공간이라고 하자. 이 양자 부호는 $|0\rangle$을 $|000\rangle$에 부호화하고, $|1\rangle$을 $|111\rangle$에 부호화한다. 이 부호의 선형성과 이 관계는 단일 큐비트 상태를 3큐비트계 상태 공간의 부분 공간 C_{BF}로 향하는 일반적인 부호화 c_{BF}를 정의한다.

$$
\begin{aligned}
c_{BF}: \quad |0\rangle \otimes |00\rangle \;&\rightarrow\; |000\rangle \\
|1\rangle \otimes |00\rangle \;&\rightarrow\; |111\rangle
\end{aligned}
$$

따라서 $a|0\rangle + b|1\rangle$은 $a|000\rangle + b|111\rangle$에 대응된다. 일반적으로 양자 부호에 대해, $|0\rangle$의 부호화에 대해 $|\tilde{0}\rangle$ 표기법을 사용하며, 다른 상태에 대해서도 마찬가지다. 이 부호의 경우, $|\tilde{0}\rangle = |000\rangle$이고 $|\tilde{1}\rangle = |111\rangle$이다.

이 상태 집합 $a|\tilde{0}\rangle + b|\tilde{1}\rangle = a|000\rangle + b|111\rangle$은 2차원 벡터 공간으로, 그 자체로도 큐비트라고 생각할 수 있다. 전체 8차원 부호 공간으로 이뤄진 텐서곱의 계산 큐비트$^{\text{computation qubit}}$와 이 상태를 구분하기 위해, 이 상태를 **논리 큐비트**$^{\text{logical qubit}}$라고 한다. 논리적 큐비

트 값이 아닌 $|101\rangle$과 같은 상태는 적합한 계산 상태가 아니다. 적합한 상태는 논리적 큐비트로 가능한 값이며, **부호단어**codeword라고 한다. 논리적 큐비트 $a|000\rangle + b|111\rangle$에 대해, 단일 비트 뒤집힘 오류는 더 이상 적합한 계산 상태를 적합한 계산 상태로 보내지 않으며, 부호단어가 아닌 상태로 보낸다. 예를 들어 첫 번째 큐비트에 대한 비트 뒤집힘 오류는 $a|100\rangle + b|011\rangle$이 되는데, 이 상태는 C_{BF}에 없기 때문에 부호단어가 아니다. 오류 보정 기법의 목표는 부호단어가 아닌 상태를 감지해 그 상태를 부호단어로 되돌아가도록 변환하는 것이다.

오류를 검출하기 위해서, 첫 번째 큐비트와 두 번째 큐비트를 XOR 연산해 하나의 보조 큐비트에 넣고, 두 번째 큐비트와 세 번째 큐비트를 XOR 연산해 또 다른 보조 큐비트에 넣는다. 더 형식적으로 적는다면 다음과 같다.

$$U_{BF} : |x_2, x_1, x_0, 0, 0\rangle \rightarrow |x_2, x_1, x_0, x_2 \oplus x_1, x_2 \oplus x_0\rangle$$

변환 U_{BF}는 **징훗값 추출 연산자**syndrome extraction operator라고 하며, 다음의 양자 회로를 가진다.

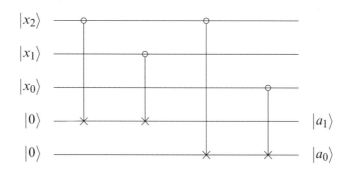

보조 큐비트는 표준 기저에서 측정되며, 오류의 징훗값을 얻는다.

징훗값의 사용은 고전적인 $[3, 1]$ 반복 부호와 같은 방식이다. 모든 단일 비트 뒤집힘 오류에 더해, 이 부호가 보정된 상태를 오염시키면 안 되므로, 편의를 위해 $I \otimes I \otimes I$를 바로잡을 수 있는 "오류"로 생각하겠다. 보조 큐비트를 측정해서 얻을 수 있는 정보는 오류를 보정하기 위해 올바른 변환을 선택할 수 있도록 해준다. $X = X^{-1}$이기 때문에, 이 경우 보정용 변환은 발생한 오류의 변환과 같다. 다음 표는 보조 큐비트의 측정 결과가 주어졌을 때 적용할 변환을 제시한다.

뒤집힌 비트	징홋값	오류보정 변환
없음	$|00\rangle$	없음
0	$|11\rangle$	$X_2 = I \otimes I \otimes X$
1	$|10\rangle$	$X_1 = I \otimes X \otimes I$
2	$|01\rangle$	$X_0 = X \otimes I \otimes I$

이 부호가 고전적인 $[3, 1]$ 부호와 비슷하기 때문에 이 절차가 부호화에 사용된 표준 기저 상태 $|\tilde{0}\rangle = |000\rangle$과 $|\tilde{1}\rangle = |111\rangle$에 발생한 임의의 단일 비트 뒤집힘 오류를 보정하는 것은 놀랄 일이 아니다. 추가로 이 절차는 부호단어의 중첩 상태에 대한 단일 비트 뒤집힘 오류도 보정한다.

예제 11.1.1 중첩 상태에 발생한 비트 뒤집힘 오류를 보정하기. 일반적인 중첩 상태 $|\psi\rangle = a|0\rangle + b|1\rangle$은

$$|\tilde{\psi}\rangle = a|\tilde{0}\rangle + b|\tilde{1}\rangle = a|000\rangle + b|111\rangle$$

으로 부호화된다. $|\tilde{\psi}\rangle$가 단일 비트 뒤집힘 오류 $X_2 = X \otimes I \otimes I$에 노출됐다고 하면, 그 결과는 다음과 같다.

$$X_2|\tilde{\psi}\rangle = a|100\rangle + b|011\rangle$$

징홋값 추출 연산자 U_{BF}를 $X_2|\tilde{\psi}\rangle \otimes |00\rangle$에 작용하면 그 결과로 다음과 같은 상태가 된다.

$$U_{BF}((X_2|\tilde{\psi}\rangle) \otimes |00\rangle) = a|100\rangle|11\rangle + b|011\rangle|11\rangle$$
$$= (a|100\rangle + b|011\rangle)|11\rangle$$

두 보조 큐비트를 측정하면 $|11\rangle$이 나오며, 그 상태는 이제 다음과 같다.

$$(a|100\rangle + b|011\rangle) \otimes |11\rangle$$

이 오류는 측정된 징홋값 $|11\rangle$에 대응하는 오류의 역연산자 X_2를 처음의 세 큐비트에 작용해 제거할 수 있다. 그렇게 하면 원래의 부호화된 상태가 다음과 같이 재구성된다.

$$|\psi\rangle = a|\tilde{0}\rangle + b|\tilde{1}\rangle = a|000\rangle + b|111\rangle)$$

이 절차가 측정을 포함하는데도 불구하고 양자 상태를 고칠 수 없을 정도로 헝클어트리지 않는 이유에 숨어 있는 직관은 징훗값 추출 연산자에 의해 보조 큐비트를 측정한 것이 개별 계산 큐비트 상태에 대해서는 아무것도 말하지 않고, 어떤 오류가 발생했는지에 대해서만 말한다는 점이다. 만약 징훗값 추출 연산자를 부호단어 $a|\tilde{0}\rangle + b|\tilde{1}\rangle$에 적용한다면, 보조 큐비트의 측정 결과는 부호단어가 $|\tilde{0}\rangle$, $|\tilde{1}\rangle$이거나 또는 그 둘의 중첩 상태인가에 상관없이 징훗값 00이 된다. 마찬가지로, 만약 오류 $X_2 = X \otimes I \otimes I$가 발생했다면, 징훗값은 계산 큐비트가 $|100\rangle$, $|011\rangle$ 또는 그 둘의 중첩 상태인가에 상관없이 상태 $|11\rangle$에 있을 것이다. 따라서 보조 큐비트를 측정하는 것은 계산 큐비트의 상태에 대해서는 아무 정보도 주지 않지만 보조 큐비트를 측정하는 것은 초기 상태가 $a|000\rangle + b|111\rangle$일 때조차도 계산을 방해하지 않고 오류에 대한 정보를 준다.

고전적인 경우와는 다르게, 양자오류의 선형 결합도 가능하다. 같은 절차가 비트 뒤집힘 오류의 선형 결합도 보정할 수 있다.

예제 11.1.2 비트 뒤집힘 오류의 선형 결합을 보정하기. 상태 $|0\rangle$이 $|\tilde{0}\rangle = |000\rangle$에 부호화되고 2개의 단일 비트 뒤집힘 오류의 선형 결합인 $E = \alpha X \otimes I \otimes I + \beta I \otimes X \otimes I$가 발생했다면 다음 식이 유도된다.

$$E|\tilde{0}\rangle = \alpha|100\rangle + \beta|010\rangle$$

징훗값 추출 연산자 U_{BF}를 $(E|\tilde{0}\rangle) \otimes |00\rangle$에 작용하면

$$U_{BF}((E|\tilde{0}\rangle) \otimes |00\rangle) = \alpha|100\rangle|11\rangle + \beta|010\rangle|10\rangle$$

상태가 유도된다. 이 상태의 두 보조 큐비트를 측정하면 $|11\rangle$이나 $|10\rangle$이 유도된다. 만약 측정이 앞의 것이었으면 상태는 이제 $|100\rangle$이 된다. 이 측정은 오류가 발생한 부분의 합 하나를 제외한 나머지 거의 모든 상태를 없애는 마법적인 효과를 나타낸다. 오류의 나머지 부분은 측정된 징훗값 $|11\rangle$에 대응하는 오류의 역연산자 $X_2 = X \otimes I \otimes I$를 작용해 제거시킬 수 있다. 그렇게 하면 원래의 부호화된 상태 $|\tilde{0}\rangle = |000\rangle$이 재구성된다. 만약 그 대신 징훗값 측정이 $|10\rangle$이 유도됐다면, $|010\rangle$에 X_1을 작용해 원래의 상태 $|\tilde{0}\rangle = |000\rangle$을 복원할 수 있다.

단일 비트 뒤집힘 오류의 선형 결합은 이 방식으로 보정될 수 있지만, 다중 비트 뒤집힘 오류는 이 부호로는 보정될 수 없다. 단일 비트 뒤집힘 오류의 선형 결합과 다중 비트 뒤집힘 오류의 차이는, 첫 번째 경우는 계산용 상태를 표현하는 중첩에 있는 어떤 항이라도 단 하나의 오류만을 포함하지만 두 번째의 경우 징홋값에 의해 잘못 해석될 수 있는 다수의 오류가 하나의 항에 포함될 수 있다는 점이다.

고전적인 경우 $[3, 1]$ 부호는 가능한 모든 단일 비트 오류를 보정한다. $[3, 1]$ 부호에 기반한 양자 부호 C_{BF}는 모든 단일 큐비트 오류를 보정하지 않는다. 고전적인 경우, 비트 뒤집힘은 유일하게 가능한 오류다. 양자적인 경우에는 가능한 단일 큐비트 오류가 무한히 연속적으로 존재한다. 부호 C_{BF}만으로는 위상오류를 검출할 수도 없고, 따로 보정해야 한다.

예제 11.1.3 검출되지 않은 위상오류. 양자 상태 $|+\rangle$가

$$|\tilde{+}\rangle = \frac{1}{\sqrt{2}}(|000\rangle + |111\rangle)$$

으로 부호화됐고 위상오류 $E = Z \otimes I \otimes I$에 노출됐다고 하자. 상태 $|\tilde{+}\rangle$는 다음의 오류 상태가 된다.

$$E|\tilde{+}\rangle = \frac{1}{\sqrt{2}}(|000\rangle - |111\rangle)$$

징홋값 추출 연산자 U_{BF}가 $E|\tilde{+}\rangle|00\rangle$에 작용되면 $E|\tilde{+}\rangle|00\rangle$이 유도되며, 따라서 어떤 오류도 검출되지 않고 따로 보정해야 한다.

모든 단일 큐비트 위상 뒤집힘 오류를 보정하지만 단일 큐비트 비트 뒤집힘 오류를 보정하지 않는 부호를 구성하는 것은 쉽다. 다음 절에서 그런 부호를 설명하겠다. 모든 단일 큐비트 오류를 보정하는 부호를 구하는 것은 좀 더 꾀를 써야 한다. 비트 뒤집힘 오류와 위상 뒤집힘 오류를 보정하는 부호를 주의 깊게 결합하면 모든 단일 큐비트 오류를 보정하는 부호를 만들 수 있다는 것이 알려져 있다. 그 부호는 11.1.3절에서 제시하겠다.

11.1.2 단일 큐비트 위상 뒤집힘 오류에 대한 부호

3큐비트계에 대한 3개의 단일 큐비트 위상 뒤집힘 오류 Z_2, Z_1, Z_0을 생각해보자. 여기서,

$$\{Z_2 = Z \otimes I \otimes I, Z_1 = I \otimes Z \otimes I, Z_0 = I \otimes I \otimes Z\}$$

이다. 표준 기저에서 위상 뒤집힘 오류 Z_i는 아다마르 기저 $\{|+\rangle, |-\rangle\}$에서는 비트 뒤집힘 오류 $X = HZH$이며, 그 반대도 마찬가지다. 이 관찰은 11.1.1절의 비트 뒤집힘 부호 C_{BF}를 적절히 고치면 그 대신에 비트 뒤집힘 오류를 보정하는 부호 C_{PF}가 나온다는 것을 시사한다. 부호 C_{PF}에 대한 논리 큐비트를 얻으려면, 월시-아다마르 변환 $W(3) = H \otimes H \otimes H$를 C_{BF} 부호의 논리 큐비트에 작용한다. 그러면 C_{PF}에 대한 논리 큐비트는 $|\tilde{0}\rangle = |+++\rangle$이고 $|\tilde{1}\rangle = |---\rangle$이다.

위상 뒤집힘 오류 Z_2는 $|+++\rangle$를 $|-++\rangle$로 보내고, $|---\rangle$를 $|+--\rangle$로 보낸다. 이런 오류를 검출하기 위해 C_{PF}에 대한 징훗값 추출 연산자 U_{PF}를 U_{BF}의 기저를 표준 기저에서 아다마르 기저로 바꿔서 얻을 수 있다. 아다마르 기저에서 위상 뒤집힘은 비트 뒤집힘으로 나타나기 때문에, 부호 C_{BF}로 U_{BF}를 작용하면 오류가 검출된다. 일단 표준 기저에서 보조 큐비트를 측정해 징훗값을 얻으면 C_{BF}에 대한 징훗값에 대응하는 비트 뒤집힘 연산자를 작용하고 W를 작용해 원래의 기저로 되돌리는 것으로 오류를 보정할 수 있다. 그 대신에 $HX = ZH$이기 때문에 W를 먼저 작용하고 다음의 표에 따라 적절한 오류보정 변환을 작용하는 것으로 오류를 보정할 수도 있다.

뒤집힌 비트	징훗값	오류보정 변환
없음	$|00\rangle$	없음
0	$|11\rangle$	$Z_2 = Z \otimes I \otimes I$
1	$|10\rangle$	$Z_1 = I \otimes Z \otimes I$
2	$|01\rangle$	$Z_0 = I \otimes I \otimes Z$

따라서 $U_{BF} = W U_{BF} W$이며, 다음과 같은 구현을 가진다.

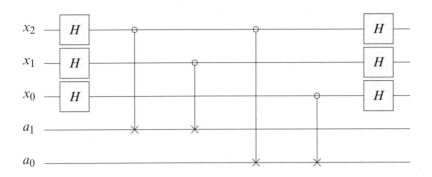

임의의 단일 큐비트 위상오류는 의미 없는 전역 위상 인자를 제외하면 Z와 I의 선형 결합이기 때문에 부호 C_{PF}는 Z뿐만이 아니라 모든 단일 큐비트 상대 위상오류를 보정할 수 있다. 즉,

$$\begin{pmatrix} 1 & 0 \\ 0 & e^{\mathbf{i}\phi} \end{pmatrix} = e^{\mathbf{i}\frac{\phi}{2}} \left(\cos\frac{\phi}{2} I - \mathbf{i}\sin\frac{\phi}{2} Z \right)$$

부호 C_{PF}는 비트 뒤집힘 오류는 보정하지 않으며, 일반적인 단일 큐비트 오류는 따로 보정해야 한다.

11.1.3 모든 단일 큐비트 오류에 대한 부호

11.2.11절은 모든 X_i와 Z_i 오류를 보정할 수 있는 양자오류보정 부호 C가 모든 Y_i 오류도 보정할 수 있음을 보인다. 11.2.9절은 보정 가능한 오류들의 임의의 중첩(선형 결합)도 보정 가능하다는 것을 보인다. 11.2.9절에서는 또한 파울리 오류 I, X, Y, Z가 모든 단일 큐비트 오류에 대한 기저를 구성함을 보인다. 그러므로 만약 모든 X_i 오류와 모든 Z_i 오류를 바로잡는 부호를 설계한다면, 그 부호는 사실상 모든 단일 큐비트 오류를 바로잡을 것이다.

그런 부호를 구성하기 위해서 C_{BF}와 C_{PF}를 결합하려고 시도하는 것이 자연스럽다. 먼저 C_{PF}를 사용해 큐비트를 부호화하고, 이어서 각 결과 큐비트를 C_{BF}를 사용해 부호화하면 쇼어의 9큐비트 부호로 알려진 다음의 9큐비트 부호가 유도된다.

$$|0\rangle \rightarrow |\tilde{0}\rangle = \frac{1}{\sqrt{8}}(|000\rangle + |111\rangle) \otimes (|000\rangle + |111\rangle) \otimes (|000\rangle + |111\rangle),$$

$$|1\rangle \rightarrow |\tilde{1}\rangle = \frac{1}{\sqrt{8}}(|000\rangle - |111\rangle) \otimes (|000\rangle - |111\rangle) \otimes (|000\rangle - |111\rangle)$$

편의를 위해 이 상태를 종종 다음과 같이 적는다.

$$|0\rangle \rightarrow |\tilde{0}\rangle = \frac{1}{\sqrt{8}}(|000\rangle + |111\rangle)^{\otimes 3}$$

$$|1\rangle \rightarrow |\tilde{1}\rangle = \frac{1}{\sqrt{8}}(|000\rangle - |111\rangle)^{\otimes 3}$$

오류보정을 수행하려면 먼저 U_{BF}를 3큐비트의 각 덩어리에 사용해 각 덩어리에서 가능한 X 오류를 따로 보정한다. 이때 각 상태의 비트 값들은 정확하다. 어떤 중첩 상태에 있든지, 각 덩어리의 세 큐비트는 이제 같은 비트 값을 가진다. 하지만 상대적인 위상은 틀릴 수 있다. 위상 오류를 보정하기 위해 U_{PF}의 변종이 사용되는데, 기본적으로는 U_{PF}를 3큐비트 대신 9큐비트로 확장한 것이다. 더 자세한 설명은 11.3절에서 제시하겠다.

고전적 상황이든 양자적 상황이든 **부호**code라는 용어는 부호 단어의 집합을 말한다. 원래의 문자열 또는 상태를 부호 단어로 대응시키는 것은 엄청나게 중요하진 않다. 다른 식으로 대응시키는 것도 정확히 같은 집합의 오류를 보정할 수 있다. 게다가 부호화 대응 관계는 일반적으로는 구현되지 않는다. $a|0\rangle + b|1\rangle$을 $a|\tilde{0}\rangle + b|\tilde{1}\rangle$에 대응시키는 것은 추상적인 대응으로 간주해야 한다. 시작할 때 $a|0\rangle + b|1\rangle$ 꼴의 큐비트를 갖고 시작하지 않으며, 그 큐비트를 부호화하지도 않는다. 그렇다고 하기보다는 계의 논리적 큐비트를 이 방식으로 정의하며, 이 논리적 큐비트를 사용해 게이트를 설계하고 측정을 해석한다. 예를 들어 쇼어의 부호에서, 직접적으로 n개의 단일 큐비트를 계산하는 대신 각 큐비트를 9개의 큐비트에 부호화해서 모두 $9n$개의 큐비트를 함께 사용하는 것이다. 모든 양자계산은 n개의 논리 큐비트를 사용하며 각각은 9큐비트로 구성된다. 계산은 논리 큐비트가 포함된 2^n 차원 부분 공간에 대해 이뤄지며 2^{9n} 차원 전체가 아니다. 오류보정은 이 상태를 부분 공간으로 되돌리며, 필요한 게이트 만능 집합은 2^n차원 부분 공간에 대한 것이고 2^{9n}차원 공간 전체가 아니다. 11.28절과 11.4.4절 그리고 12장의 많은 부분은 그런 게이

트의 설계에 관한 것이다.

이후의 절에서는 다중 큐비트 오류를 보정하고 9개보다 적은 큐비트를 사용해 모든 단일 큐비트 오류를 보정하는 부호를 설명하겠다. 그 부호들을 논의하기 전에 부호를 생각하고 설명하는 보다 체계적인 방법을 만들어 둘 필요가 있다.

11.2 양자오류보정 부호에 대한 작업 틀

10.4.4절에서 설명했듯이 환경과의 상호 작용 때문에 발생하는 계산용계에 대한 오류는 선형적이지만 유니타리할 필요는 없다. 유니타리 변환은 역연산이 가능하므로 어떤 유니타리 오류가 발생했는지만 알아낸다면 바로잡을 수 있다. 하지만 일반적인 오류는 역변환을 갖지 않으며, 따라서 그런 오류가 발생했다면 어떤 종류의 오류가 발생했는지 알아낼 수 있다고 하더라도 그것을 어떻게 바로잡을 수 있는진 분명하지 않다. 먼저 계와 상호 작용했던 환경의 일부분에 대한 접근과 제어 없이는 그런 오류를 보정할 수 없을 것이라고 생각할 수 있다. 그 오류가 계산용계에만 단독으로 작용하는 유니타리 양자 변환에 의해 바로잡을 수 없음은 사실이다. 하지만 계를 측정하는 것에 의해, 또는 보조 큐비트와 계를 얽히도록 하는 것에 의해, 비유니타리 오류는 보정될 수 있다.

계가 비유니타리 변환에 따른 결어긋남에 노출됐을 때, 계의 원래 상태에 대한 정보는 손실된다. 예를 들어 결어긋남은 환경에 있는 큐비트를 계산용계의 큐비트와 교환해, 그 결과로 그 큐비트에 대한 정보를 다른 큐비트로부터 추리해낼 수 있는 것을 제외하면 완전히 손실시켜버릴 수도 있다. 만약 그 큐비트의 상태가 다른 큐비트와 완전히 상관돼 있었다면 그 큐비트의 상태에 대한 정보는 전부 손실된다. 양자 상태에 저장된 정보를 보호하기 위한 어떤 종류의 기법이든 그 뒤에 숨은 아이디어는 더 큰 양자계에 고도로 상관된 상태를 가지는 상태에 우리가 보호하려는 양자 상태를 묻어두는 것이다. 일반적인 양자 오류에 대항해 보정하려면 이 상관성은 반드시 양자적이어야 하며 그 상태는 고도로 얽힌 상태여야 한다.

양자오류보정 부호를 설계하는 기술은 측정을 통해서 계가 경험할 가능성이 높아서 공통적으로 나타나는 오류의 대다수를 바로잡을 수 있는 방법으로 k개의 논리 큐비트를 n큐비트계에 넣는 방법을 고르는 것이다. 일반적으로 이런 포함시키기는 선형적이다. 이것은 논리계의 2^k차원 벡터 공간과 더 큰 계의 2^n차원 벡터 공간 사이의 선형 대응으로 주어진다. 여기서는 선형적인 부호만을 고려하겠다. 양자 부호는 많은 종류의 오류에 대해 설계가 돼왔다. 가장 자주 고려되는 오류 분류는 t개 또는 그 이하의 큐비트에 대한 모든 오류다. 양자오류보정에 대한 일반적인 작업 틀을 제시한 다음에는 이 분류의 오류에 집중하겠다. 양자 컴퓨터의 물리적 구현이 개발됨에 따라 주어진 물리적 장치가 어떤 종류의 오류에 가장 많이 노출되는지 알아내는 것과 이 오류에 대응해서 가장 효율적이고 가장 효과적으로 보호할 수 있는 오류보정 부호나 다른 종류의 오류 방지 방법을 설계하는 것이 가능해질 것이다.

선형 양자 부호는 고전적인 블록 부호block code와 가깝게 관련됐다. 양자오류보정의 각 개념마다 먼저 그에 연관된 고전 부호의 개념을 살펴보겠다. 이런 이유로 이번 절에서는 고전 오류보정을 설명하는 짧은 절과 양자오류보정을 설명하는 절을 교대로 뒀다.

이렇게 소개하는 것은 고전 오류보정 부호에 어느 정도 익숙한 독자에게 대체로 잘 맞는다. 오류보정 부호에 낯선 독자는 오류보정에서 사용되는 일반적인 전략에 대해 감을 잡기 위해 먼저 고전적인 절을 모두 읽어보는 것이 좋을 수도 있다. 군, 부분군, 가환군에 대해 간략히 설명하는 상자는 8.6.1절과 8.6.2절에서 찾아볼 수 있다. 조금 더 많은 상자를 11장 사이사이에 배치해뒀다. 군론이 익숙치 않은 독자들은 군론을 주로 다루는 교과서의 관련된 절들을 공부할 필요가 있을 것이다. 추천 교재는 11장의 마지막에 있는 참고 문헌에서 제시한다.

이 절은 선형 양자오류보정 부호를 위한 일반적인 비구성적인 작업 틀을 설명하며, 특히 모든 선형 양자오류보정 부호가 만족해야 하는 성질들을 구체적으로 살펴본다. 이 작업 틀은 부호가 어떻게 효율적으로 구현될 수 있는지에 대해서는 관심을 두지 않는다. 이 문제는 그 부호가 유용한가 아닌가에 중요하며, 11장의 뒷부분과 12장에서 더 주의 깊게 다룰 것이다.

11.2.1 고전 오류보정 부호

고전적인 $[n, k]$ 블록 부호 C는 2^n개의 가능한 n비트 문자열의 크기가 2^k인 부분집합이다. n비트 문자열의 집합은 군으로, 비트별 모듈러 2의 덧셈에 대해 $\mathbf{Z}_2^n$로 적는다. 만약 2^k 크기의 부분집합 C가 $\mathbf{Z}_2^n$의 부분집합이라면, 이 부호는 $[n, k]$ 선형 블록 부호라고 한다. 그 부호가 사용됐을 때, 특정한 부호화 함수 $c : \mathbf{Z}_2^k \to \mathbf{Z}_2^n$가 선택된다. 여기서 c는 모든 k비트 문자열의 집합 메시지 공간 $\mathbf{Z}_2^k$와 부호 공간 C 사이의 동형사상^{isomorphism}이다. 즉, $\mathbf{Z}_2^k \to C \subset \mathbf{Z}_2^n$다. 일반적으로 임의의 부호 C에 대해 많은 가능한 부호화 함수가 존재한다. 이 부호가 순전히 부호화 함수가 아니라 부분군 C를 사용해 정의된다는 것이 이상해 보일 수도 있다. 관행적으로 이렇게 쓰는 이유는 어떤 부호화 함수를 고르든지 간에 상관없이, 정확히 같은 오류집합을 바로잡을 수 있기 때문이다.

상자 11.1 군 준동형사상

군 G에서 군 H로 가는 준동형사상^{homomorphism} f는 $f : G \to H$인 대응으로, G의 임의의 원소 g_1과 g_2에 대해 다음을 만족한다.

$$f(g_1 \circ g_2) = f(g_1) \circ f(g_2)$$

좌변에 사용된 곱은 군 G에서의 곱이고, 우변에 사용된 곱은 군 H에서의 곱이다. 군 G에서 군 H로의 동형사상은 일대일이면서 그 위로의 준동형사상이다. 만약 H와 G 사이의 동형사상이 존재한다면, H와 G는 동형이며 $H \cong G$로 적는다.

준동형사상 $f : G \to H$의 핵^{kernel}은 H의 항등원 e_H로 대응되는 G의 원소 집합이다.

길이 mk인 메시지를 부호화하기 위해, 길이가 k인 m개의 블록 각각은 c를 사용해 개별적으로 부호화돼 길이가 mn인 암호문을 얻는다. 이런 이유로, 이 부호는 블록 부호라고 부른다. 부호화 함수 c는 길이가 k인 열 벡터로 간주하는 $\mathbf{Z}_2^k$의 원소 메시지 단어를 $C \subset \mathbf{Z}_2^n$의 원소인 부호단어로 가져가는 $n \times k$ 생성행렬 G에 의해 표현될 수 있다. 즉, 생성행렬 G를 메시지 단어에 곱하면 그에 대응하는 부호단어가 나온다. G의 k개의 열 벡터는 이진 단어들의 선형 독립인 집합을 구성한다.

예제 11.2.1 $[3, 1]$ 반복 부호. $[3, 1]$ 반복 부호는 모든 3비트 문자열의 부분집합 $C = \{000, 111\}$로 정의된다. 이 부분집합은 모듈로 2에 대한 비트별 덧셈에 대해서 $\mathbf{Z}_2^3$의 부분군이다.

표준적인 부호화 함수는

$$0 \rightarrow 000$$

$$1 \rightarrow 111$$

으로 보내며, 여기에 연관된 생성행렬은 다음과 같다.

$$G = \begin{pmatrix} 1 \\ 1 \\ 1 \end{pmatrix}$$

이것은 열 벡터로서 비트열에 다음과 같이 작용한다.

$$\begin{pmatrix} 0 \\ 0 \\ 0 \end{pmatrix} = \begin{pmatrix} 1 \\ 1 \\ 1 \end{pmatrix}(0)$$

$$\begin{pmatrix} 1 \\ 1 \\ 1 \end{pmatrix} = \begin{pmatrix} 1 \\ 1 \\ 1 \end{pmatrix}(1)$$

더 흥미로운 부호는 $[7, 4]$ 해밍 부호$^{\text{Hamming code}}$이다. 널리 사용되는 양자 부호인 스테인 부호$^{\text{Steane code}}$는 $[7, 4]$ 해밍 부호의 특수한 성질을 사용해서 만들어졌다. 스테인 부호는 11.3.3절에서 소개되며 각각 11.3절과 11.4절의 주제인 CSS 부호와 안정자 부호를 포함하는 몇 가지 중요한 부호 분류의 하나이다.

예제 11.2.2 $[7, 4]$ 해밍 부호. $[7, 4]$ 해밍 부호 C는 $\mathbf{Z}_2^4$ 4비트 문자열을 $\mathbf{Z}_2^7$의 원소인 7비트 문자열에 부호화한다. 부호 C는 $\{1110100, 1101010, 1011001, 1111111\}$에 의해 생성되는 $\mathbf{Z}_2^7$의 부분군이다. 이 구성에 숨은 이유는 11.2.5절에서 분명해질 것이다. C에 대한 부호화 함수 중 하나는

$$1000 \mapsto 1110100$$

$$0100 \mapsto 1101010$$

$$0010 \mapsto 1011001$$

$$0001 \mapsto 1111111$$

처럼 대응시킨다. 이 관계는 선형성과 함께 부호화를 완전히 정의한다. 이 부호화에 대한

생성행렬 G'는 다음과 같다.

$$G' = \begin{pmatrix} 1 & 1 & 1 & 0 & 1 & 0 & 0 \\ 1 & 1 & 0 & 1 & 0 & 1 & 0 \\ 1 & 0 & 1 & 1 & 0 & 0 & 1 \\ 1 & 1 & 1 & 1 & 1 & 1 & 1 \end{pmatrix}^T$$

또 다른 부호화 함수는

$$1000 \mapsto 1000111$$
$$0100 \mapsto 0100110$$
$$0010 \mapsto 0010101$$
$$0001 \mapsto 0001011$$

으로 대응시키며, 그 생성행렬은 다음과 같다.

$$G = \begin{pmatrix} 1 & 0 & 0 & 0 \\ 0 & 1 & 0 & 0 \\ 0 & 0 & 1 & 0 \\ 0 & 0 & 0 & 1 \\ 1 & 1 & 1 & 0 \\ 1 & 1 & 0 & 1 \\ 1 & 0 & 1 & 1 \end{pmatrix}$$

11.2.2 양자오류보정 부호

$[[n, k]]$ 양자 블록 부호 C는 n큐비트계의 상태 공간에 연관된 벡터 공간 V의 2^k 차원 부분 공간 C다. 이중 사각 괄호는 $[[n, k]]$ 양자 부호를 $[n, k]$ 고전 부호와 구분하기 위해 썼다. k개의 큐비트 메시지 공간 W를 처음 $n - k$개의 원소가 0인 모든 문자열로 구성된 표준 기저의 부분집합인 기저를 가지는 V의 부분 공간이라고 생각해보자. W를 C로 보내는 임의의 유니타리 변환 $U_C : V \to V$은 부호 C에 대해 가능한 어떤 부호화 연산자다. 대부분의 경우 U_C가 W의 바깥 상태에 대한 행동은 신경 쓰지 않으며, 따라서 부호화 연산자 U_C를 정의할 때 자주 그 행동을 V 전체가 아니라 W에 대해서만 정하기도 한다. 원소 $|w\rangle \in W$는 메

시지 단어라고 하며, C의 원소는 고전적인 경우와 유사하게 부호단어^{codeword}라고 한다. 이 용어는 너무 문자적으로 받아들여서는 안 된다. 즉, W에 있는 메시지 단어나 C에 있는 부호단어는 어떤 것도 비트열이 아니며, 각각 k개의 큐비트와 n개의 큐비트로 이뤄진 양자 상태다.

고전적인 경우와 똑같이, 부호를 정의하는 것은 부분 공간 C이며, 부호화 함수가 아니다. 같은 오류집합은 어떤 부호화 함수를 썼는가에 상관없이 보정된다. 부호화 함수와 $|w\rangle \in W$로 표현되는 임의의 상태가 주어지면, $|w\rangle$의 상 $U_C(|w\rangle) = |\tilde{w}\rangle$는 $|w\rangle$에 대응하는 논리적인 k큐비트 상태를 나타내는 n큐비트 상태다.

예제 11.2.3 비트 뒤집힘 오류 다시보기. 부호 C는 $\{|000\rangle, |111\rangle\}$에 의해 펼쳐지는 부분 공간이다. 표준 부호화 연산자는 다음과 같다.

$$U_C : |0\rangle \mapsto |000\rangle$$
$$|1\rangle \mapsto |111\rangle$$

따라서 $|\tilde{0}\rangle = |000\rangle$이고 $|\tilde{1}\rangle = |111\rangle$이다.

엄격히 말한다면 다음과 같이 적어야 한다.

$$U_C : |000\rangle \mapsto |000\rangle$$
$$|001\rangle \mapsto |111\rangle$$

아울러 V의 나머지 부분에 대한 U_C를 정의해야 한다. 하지만 부호화가 W의 바깥에 있는 상태에 어떻게 작동하는지는 신경 쓰지 않고, 접두사로 오는 0을 떼어내면 함수 정의가 더 읽기 쉽기 때문에, 일반적으로 부호화 함수를 이 방식으로 정의할 것이다.

예제 11.2.4 쇼어 부호 다시보기. 쇼어 부호는 $[[9, 1]]$ 부호다. 여기서 C는 2차원 부분 공간으로,

$$\frac{1}{\sqrt{8}}(|000\rangle + |111\rangle)^{\otimes 3}$$

과,

$$\frac{1}{\sqrt{8}}(|000\rangle - |111\rangle)^{\otimes 3}$$

에 의해 펼쳐진다. 이 부호에 표준 부호화 연산자가 작용하면

$$|0\rangle \rightarrow |\tilde{0}\rangle = \frac{1}{\sqrt{8}}(|000\rangle + |111\rangle)^{\otimes 3}$$

$$|1\rangle \rightarrow |\tilde{1}\rangle = \frac{1}{\sqrt{8}}(|000\rangle - |111\rangle)^{\otimes 3}$$

과 같이 보내진다. 하지만 $|0\rangle$과 $|1\rangle$을 부분 공간 C에 있는 두 직교 벡터로 대응시키는 다른 어떤 함수라도 사용 가능한 부호화 함수가 될 수 있다.

실제로는 부호화 함수와 복호화 함수를 구현하는 것은 필요하지 않다. 계산을 시작할 때는 단순히 허용되는 시작 상태를 만들면 되고, 끝에는 최종 논리 상태에 대한 정보를 알아낼 수 있는 측정으로부터 얻어낸 고전적인 정보를 해석하면 된다. 11.2.8절과 11.4.4절 그리고 12장의 많은 부분에서 부호화된 자료에 어떻게 직접 계산을 수행하는지 논의할 것이다.

11.2.3 고전 부호에 대해 바로잡을 수 있는 오류집합

고전적인 오류를 부호 비트의 부분집합을 뒤집는 비트별 덧셈 +를 통해 부호단어에 작용하는 n비트 문자열 $e \in \mathbf{Z}_2^n$로 생각할 수도 있다. 임의의 부호 C는 오류의 어떤 집합을 바로잡으며, 그 외에는 바로잡지 않는다. 만약 $\mathbf{Z}_2^n$에 있는 w에 대해, w가 되는 오류가 많아봐야 1개까지만 존재한다면, 오류집합 $\mathcal{E}$는 C에 의해 바로잡을 수 있다고 한다. 즉, 모든 $e_1, e_2 \in \mathcal{E}$와 $c_1, c_2 \in C$에 대해 식 11.1이 성립한다.

$$e_1 \oplus c_1 \neq e_2 \oplus c_2 \tag{11.1}$$

이 조건은 고전 오류보정에 대한 서로소 조건disjointness condition이라고 한다. 보통은 $\mathcal{E}$를 모듈러 2의 비트별 덧셈에 대해 군을 이루므로, $\mathcal{E}$는 오류가 아닌 $00\dots0$이라는 항등원을 포함한다. $e_1 = 00\dots0$에 대한 서로소 조건은 바로잡을 수 있는 오류는 부호단어를 다른

부호단어로 가져갈 수 없다는 뜻이다. 임의의 부호 C에 대해 바로잡을 수 있는 오류의 많은 가능한 집합이 있다. 어떤 바로잡을 수 있는 오류집합은 실질적 관점에서는 다른 것보다 더 좋은 경우도 있다.

예제 11.2.5 [3,1] 반복부호에 대한 바로잡을 수 있는 오류집합. 집합 $\mathcal{E} = \{000, 001, 010, 100\}$은 [3, 1] 반복부호 C에 대한 바로잡을 수 있는 오류집합이다. 집합 $\mathcal{E}' = \{000, 011, 101, 110\}$도 C에 대한 바로잡을 수 있는 오류집합이다. $\mathcal{E}$와 $\mathcal{E}'$의 합집합은 C에 대해 바로잡을 수 있는 오류집합이 아니다.

11.2.4 양자 부호에 대해 바로잡을 수 있는 오류집합

고전 오류보정에서는 간단한 이산 오류집합인 비트 뒤집힘 오류만 생각하면 충분하다. 양자오류보정에서는 부호화된 상태나 가능한 오류들이 이산 집합을 구성하지 않는다. 이런 이유로, 양자부호 C에 대한 바로잡을 수 있는 오류집합을 특정하는 것은 고전 부호보다 더 복잡해진다. 다행히도 생각보다는 더 간단하다.

$B_C = \{|c_1\rangle, \ldots, |c_k\rangle\}$가 C에 대한 (정규직교) 기저라고 하자. 유니타리 변환 $E_i : V \rightarrow V$의 유한한 집합 $\mathcal{E} = \{E_1, E_2, \ldots, E_L\}$은 성분 m_{ij}를 가지는 행렬 M이 존재해,

$$\langle c_a | E_i^\dagger E_j | c_b \rangle = m_{ij} \delta_{ab} \tag{11.2}$$

인 조건을 모든 $|c_a\rangle, |c_b\rangle \in C$와 $E_i, E_j \in \mathcal{E}$에 대해 만족한다면, 부호 C에 대한 바로잡을 수 있는 오류집합이라고 한다. 다음 몇 문단에서 이 정의의 뜻과 바탕을 명확히 하겠다.

고전적인 경우와 마찬가지로 부호 C에 대해 가능한 많은 바로잡을 수 있는 오류집합이 있다. 게다가 최대의 바로잡을 수 있는 집합은 없지만, 어떤 집합은 현실적 관점에서 다른 것보다 더 유용하다. 오류보정을 수행하기 위해서는 바로잡을 수 있는 오류집합을 하나 고르고, 그 집합에 맞게 오류보정 절차를 설계한다. 양자적인 경우, 이 절차에 의해 보정되는 오류집합은 원래의 바로잡을 수 있는 집합 $\mathcal{E}$보다 훨씬 크다. 11.2.9절에서 만약 오류집합 $\mathcal{E} = \{E_1, E_2, \ldots, E_L\}$을 바로잡는 부호 C에 대한 절차가 존재한다면, $\mathcal{E}$에 있는 임의의 중첩 상태나 섞임도 부호 C에 의해 보정될 수 있음을 보였다. 10.4절에서 논의했던 선형변환의 확률적 섞임으로 모형화될 수 있는 일반적인 오류를 보정할 수 있게 해주

는 것은 바로 이 성질이다. 유니타리 오류 E는 역변환 $E^\dagger$를 작용해 쉽게 바로잡히므로, 바로잡을 수 있는 오류집합은 일단 오류를 알아내면 깔끔한 오류보정 절차를 가진다. 다음의 두 문단에서는 바로잡을 수 있는 **오류집합의 조건**(식 11.2)을 직관적으로 정당화한다.

고전적인 경우와 같이, 2개의 다른 부호단어를 같은 상태로 가져가는 오류변환의 쌍을 포함하는 오류집합에서 정확하게 복원을 하는 것은 희망이 없다. 양자적인 경우는 이 관점에서 더 강한 요구 조건을 가진다. $\mathcal{E}$에 있는 임의의 서로 다른 오류는 직교하는 부호단어를 반드시 직교하는 상태로 보내야 한다. 이 요구 조건에 대한 이유는 어떤 오류가 가장 일어났을 것 같은지 알아내기 위해서는 측정을 해야 하고, 두 상태를 확실하게 구분 가능하다는 것은 두 상태가 직교한다는 것과 필요충분조건이기 때문이다. 이 조건은 원래의 부호단어가 구분 가능하다면 두 다른 부호단어의 상이 E에 있는 오류에 대해 구분 가능하다는 것을 보증한다. 이 조건은 모든 $E_i, E_j \in \mathcal{E}$와 $\langle c | c' \rangle = 0$을 만족하는 모든 $|c\rangle$, $|c'\rangle \in C$에 대해 다음과 같이 적을 수 있다.

$$\langle c | E_i^\dagger E_j | c' \rangle = 0 \tag{11.3}$$

이 직교 조건은 고전 오류보정에 대한 식 11.1의 서로소 조건과 유사하다.

양자적 경우, 오류보정이 양자계산을 망가뜨리지 않기 위해서는 추가적인 조건이 필요하다. 오류를 알아내기 위해 수행된 측정은 다른 중첩 상태를 파괴시켜서 양자계산을 쓸모 없게 만들 수도 있기 때문에 논리 상태에 대해서는 어떤 정보도 줘서는 안 된다. 이런 이유로 모든 $|c_a\rangle, |c_b\rangle \in C$와 $E_i, E_j \in \mathcal{E}$에 대해

$$\langle c_a | E_i^\dagger E_j | c_a \rangle = \langle c_b | E_i^\dagger E_j | c_b \rangle \tag{11.4}$$

가 필요하다. 이 요구 조건은 인덱스의 모든 쌍 i와 j에 대해

$$\langle c_a | E_i^\dagger E_j | c_a \rangle = m_{ij}$$

을 만족하는 어떤 값 m_{ij}가 존재한다는 뜻이다. 조건 식 11.3과 식 11.4를 합치면 원래의 식 11.2가 나온다. 즉, 모든 $|c_a\rangle, |c_b\rangle \in C$와 $E_i, E_j \in \mathcal{E}$에 대해

$$\langle c_a | E_i^\dagger E_j | c_b \rangle = m_{ij} \delta_{ab}$$

조건 11.2는 모든 $|c_a\rangle, |c_b\rangle \in C$와 $i \neq j$인 $E_i, E_j \in \mathcal{E}$에 대해

$$\langle c_a | E_i^\dagger E_j | c_b \rangle = 0 \tag{11.5}$$

이면 성립하지만 이 조건은 필요한 것보다 더 강력하다. 만약 두 다른 오류 E_1과 E_2가 상태 $|\psi\rangle$를 같은 상태 $|\psi'\rangle$로 보낸다면, 어떤 오류가 발생했든지 $E_1^\dagger$(또는 $E_2^\dagger$)가 그 오류를 바로잡는다. 조건 11.5는 많은 양자 부호에 대해 성립하지만 몇 가지 중요한 부호에 대해서는 성립하지 않는다. 이 조건을 만족하지 않는 부호는 오류집합 $\mathcal{E}$에 대해 **축중 부호** degenerate code라고 한다. 예를 들어 쇼어 부호는 축중 부호다. 즉, 첫 번째 큐비트에 작용하는 상대적 위상오류가 두 번째 큐비트에 작용하는 상대적 위상오류와 같은 효과를 가진다. 축중 부호의 존재는 문제를 복잡하게 만든다. 축중 양자부호는 고전적인 유사체가 없다.

E_i의 유니타리성은 $E_i C$가 모든 오류 E_i에 대해 2^k차원을 가진다는 뜻이다. 2^n차원의 공간은 많아봐야 2^{n-k}개의 서로 직교하는 2^k차원 부분 공간을 갖기 때문에, 비축중 부호에 대한 바로잡을 수 있는 오류집합 $\mathcal{E}$의 최대 크기는 2^{n-k}다. 축중 부호에 대해서는 바로잡을 수 있는 오류의 최대 집합의 크기가 2^{n-k}보다 더 클 수 있다.

예제 11.2.6 비트 뒤집힘 부호 다시 보기

다음의

$$E_{00} = I \otimes I \otimes I, \; E_{01} = X \otimes I \otimes I, \; E_{10} = I \otimes X \otimes I, \; E_{11} = I \otimes I \otimes X$$

을 가지는 오류집합 $\mathcal{E} = \{E_{ij}\}$는 비트 뒤집힘 부호에 대해 바로잡을 수 있는 오류집합이다. 다음과 같이

$$E'_{00} = I \otimes I \otimes I, \; E'_{01} = I \otimes X \otimes X, \; E'_{10} = X \otimes I \otimes X, \; E'_{11} = X \otimes X \otimes I$$

을 가지는 오류집합 $\mathcal{E}' = \{E'_{ij}\}$는 비트 뒤집힘 부호에 대해 다른 바로잡을 수 있는 오류집합이다. 이 경우, 이 부호는 모든 2큐비트 뒤집힘 오류를 바로잡지만, 단일 비트 뒤집힘 오류는 하나도 바로잡지 못한다. 물론 일반적으로 한 쌍의 비트 뒤집힘 오류보다는 단일 비트 뒤집힘 오류가 더 자주 발생하므로 이렇게 바로잡을 수 있는 오류집합은 실질적으

로는 적은 수다. 하지만 어떤 물리적 구현에서는 한 쌍의 큐비트에서 비트 뒤집힘 오류가 더 많이 일어날 수 있다는 것도 생각해볼 수 있다.

11.2.5 고전 부호를 사용한 오류 바로잡기

C가 고전적인 $[n, k]$ 선형 블록 부호라고 하자. 그리고 $\mathcal{E}$가 C에 대해 바로잡을 수 있는 오류집합이라고 하자. 어떤 부호단어 $c \in C$와 오류 $e \in \mathcal{E}$에 대해 $w = e \oplus c$가 성립한다고 하자. 이제 w를 바로잡아서 c로 만들고 싶다. e와 c를 찾기 위해서는 부호 C의 잉여류coset를 생각해보는 것이 도움이 된다.

이 문단에서는 각 잉여류와 연관된 유일한 오류가 존재함을 보이겠다. H가 $\mathbf{Z}_2^n$에 있는 C의 잉여류들의 집합이라고 하자. 어떤 오류 $e \in \mathcal{E}$가 부호 단어 c를 C의 어떤 잉여류의 원소인 $e \oplus c$로 바꿨다고 하자. $e_1 \neq e_2$인 오류와 부호 단어 c_1, c_2가 주어졌으면, 서로소 조건 11.1에 의해, $e_1 \oplus c_1$과 $e_2 \oplus c_2$는 두 다른 잉여류에 속한다. 이를 알아보기 위해 $e_1 \oplus c_1$과 $e_2 \oplus c_2$가 같은 잉여류에 있다고 해보자. 그럼, $e_1 \oplus c_1 \oplus c_3 = e_2 \oplus c_2$를 만족하는 $c_3 \in C$가 존재할 수 있다. 하지만 $c_1 \oplus c_3$는 C에 속하므로, 서로소 조건 11.1을 위반하며, 이것은 두 다른 바로잡을 수 있는 오류는 두 부호단어를 같은 단어로 보낼 수 없다는 뜻이다. 따라서 단어 $e \oplus c$가 어떤 잉여류에 속하는지 아는 것은 어떤 오류 e가 발생했는지 알려준다. 더 정확하게 만들어 보자.

상자 11.2 잉여류

부분군 $H < G$가 주어져 있을 때 각각의 $a \in G$에 대해 집합 $aH = \{ah \,|\, h \in H\}$는 (좌)잉여류left coset라고 한다(우잉여류right coset도 비슷하게 정의되지만, 여기서 고려할 필요는 없고, 따라서 좌잉여류를 간단히 잉여류라고 하겠다).

G에 있는 a와 b에 대해 $aH = bH$이거나 $aH \cap bH = \emptyset$이고 따라서 잉여류는 G를 분할한다. 그러므로 부분군의 위수는 반드시 군의 위수를 나눠야 하며, 비슷하게 서로 다른 잉여류의 수는 군의 위수를 나눠야 한다. G에 있는 H의 지표index는 G에 있는 H의 서로 다른 잉여류의 수이며, $[G : H]$로 적는다.

예를 들어 $G = \mathbf{Z}_n$이라고 하자. 그리고 $H = m\mathbf{Z}_n$이 n을 나누는 어떤 정수 m에 대해 m의 배수의 집합이라고 하자. G의 위수는 n이고, H의 위수는 n/m이며, 서로 다른 잉여류의 수는 $[G : H] = |G|/|H| = m$이다.

만약 $K < H < G$라면, $[G : K] = |G|/|K| = (|G|/|H|)(|H|/|K|) = [G : H][H : K]$다.

$\mathbf{Z}_2^n$는 가환군이기 때문에 모든 잉여류의 집합은 군 H를 구성한다. 그 크기는 2^{n-k}다. H가 가환군이고 자명하지 않은 군이며 H의 모든 원소는 위수 2를 갖기 때문에 H는 $\mathbf{Z}_2^{n-k}$와 동형이다. $\sigma : H \to \mathbf{Z}_2^{n-k}$가 그 동형사상이라고 하자. 다음의

$$h : \mathbf{Z}_2^n \to \mathbf{Z}_2^{n-k} \cong H$$

$$w \mapsto \sigma(w \oplus C)$$

인 대응은 C의 모든 원소를 $\mathbf{Z}_2^{n-k}$의 0 원소로 보낸다. 즉, h의 핵은 C다. $h(w) = h(w')$인 것과 w와 w'가 같은 잉여류에 속한다는 것은 필요충분조건이기 때문에, 원소 $h(w)$는 각 잉여류를 특징 짓는다. 앞 문단에 의하면, 이 잉여류에 연관된 유일한 오류 $e \in \mathcal{E}$가 존재한다. $h(w)$가 그 잉여류를 특징 짓기 때문에 $h(w)$는 이 오류도 특징 짓는다. 이런 이유로 $h(w)$는 **오류 징훗값**$^{\text{error syndrom}}$ 또는 간단히 **징훗값**이라고 한다.

더 구체적으로, h는 $(n-k) \times n$차 행렬 P에 의해 실현될 수 있다. 구체적인 P를 만들기 위해서 모든 $c \in C$에 대해 $p_i \cdot c = 0 \bmod 2$를 만족하는 $n-k$개의 선형 독립인 $\mathbf{Z}_2^n$의 원소 p_i를 찾아서 그 원소들을 다음과 같이 행렬의 열 벡터로 두자.

$$P = \begin{pmatrix} p_1^T \\ \vdots \\ p_{n-k}^T \end{pmatrix}$$

주어진 부호 C에 대해, 많은 가능한 행렬 P가 존재한다(이것은 많은 가능한 동형사상 σ가 존재하기 때문이다). 행렬 P가 행 벡터로 생각할 수 있는 $w = \mathbf{Z}_2^n$에 작용하면 $n-k$ 길이의 이진 열 벡터 Pw, 즉 징훗값을 만들어내며, 이 벡터는 w를 포함하는 C의 잉여류를 특징 짓는다. 이런 $n-k$개의 값 각각은 P의 열과 w의 (mod 2) 내적이다. 이런 이유에서, 열 벡

터 p_i는 **홀짝성 검사**$^{\text{parity check}}$라고 하며, P는 부호 C에 대한 **홀짝성 검사행렬**$^{\text{parity check matrix}}$라고 한다. $P(e_i) \neq P(e_j)$이기 때문에 홀짝성 검사행렬 P는 보정 가능한 오류 e_i와 e_j를 구분한다. 만약 G가 부호단어 C에 대한 생성행렬이고, P가 임의의 $(n-k) \times n$ 행렬이면, $(n-k) \times n$ 곱행렬 PG가 0인 것과 P가 C에 대한 홀짝성 검사행렬인 것은 필요충분조건이다. 부호 C는 연산 G에 대해 $\mathbf{Z}_2^n$에 있는 $\mathbf{Z}_2^k$의 상이면서 P에 의해 $00\ldots0$으로 보내지는 $\mathbf{Z}_2^n$의 원소 집합인 P의 핵의 상이다.

해밍 부호$^{\text{Hamming code}}$는 가장 간단한 고전적 부호 중의 하나로, 많은 양자 부호의 토대로 사용된다. 모든 정수 $n \geq 2$에 대해 해밍 부호 C_n이 존재한다. 해밍 부호에 대한 홀짝성 검사행렬은 0이 아닌 n비트 문자열 전부로 구성된다. 해밍 부호 C_n에 대한 홀짝성 검사행렬은 $n \times (2^n - 1)$ 행렬이기 때문에, C_n에 대한 생성행렬은 $(2^n - 1) \times (2^n - n - 1)$ 행렬이고, 해밍 부호 C_n은 $[2^n - 1, \, 2^n - n - 1]$ 부호다. 모든 해밍 부호는 단일 비트 뒤집힘 오류를 바로잡는다.

예제 11.2.7 해밍 부호 C_2. $[3, 1]$ 반복 부호는 또한 해밍 부호 C_2로, 이 부호는 다음의 홀짝성 검사행렬

$$P = \begin{pmatrix} 0 & 1 & 1 \\ 1 & 0 & 1 \end{pmatrix}$$

을 가진다. 같은 부호에 대한 다른 홀짝성 검사행렬로

$$P' = \begin{pmatrix} 1 & 1 & 0 \\ 1 & 0 & 1 \end{pmatrix}$$

이 있다. 행렬 P'는 $(A \,|\, I)$를 구성한다. 연습 문제 11.2에 따라, $\left(\dfrac{I}{A} \right)$는 이 부호에 대한 생성행렬이다. 이 방법으로 P'으로부터 생성행렬을 얻으면 다음과 같다.

$$G = \begin{pmatrix} 1 \\ 1 \\ 1 \end{pmatrix}$$

부호 C_2는 $0 \mapsto 000$과 $1 \mapsto 111$이기 때문에 반복 부호라고도 한다.

예제 11.2.8 해밍 부호 C_3. 해밍 부호 C_3은 $[7, 5]$ 부호다. 11.3.3절에서 양자 스테인 부호를 정의하기 위해 C_3을 사용한다.

$[7, 4]$ 해밍 부호에 대한 홀짝성 검사행렬은 다음과 같다.

$$P' = \begin{pmatrix} 0 & 0 & 0 & 1 & 1 & 1 & 1 \\ 0 & 1 & 1 & 0 & 0 & 1 & 1 \\ 1 & 0 & 1 & 0 & 1 & 0 & 1 \end{pmatrix}$$

즉, 그 열 벡터는 바로 7개의 0이 아닌 3비트 문자열이다. 그러면 다음 작업은 C에 대한 생성행렬 G'를 찾는 것이다. P'의 각 행은 짝수 개의 1을 가지므로, 각 행은 자기 자신에 대해 직교한다. 게다가 각 원소는 서로 직교한다. 즉, $PP^T = 0$이며, 따라서 G'의 처음 세 열 벡터를 P'의 행 벡터의 전치행렬로 잡을 수 있다. 이어서, 이 열 벡터들과 직교하며 선형 독립인 다른 하나의 벡터를 찾아야 한다. 다음의 벡터

$$\begin{pmatrix} 1 & 1 & 1 & 1 & 1 & 1 & 1 \end{pmatrix}^T$$

는 두 조건을 모두 만족한다. 따라서 $[7, 4]$ 해밍 부호에 대한 생성행렬은 다음과 같다.

$$G' = \begin{pmatrix} 0 & 0 & 0 & 1 & 1 & 1 & 1 \\ 0 & 1 & 1 & 0 & 0 & 1 & 1 \\ 1 & 0 & 1 & 0 & 1 & 0 & 1 \\ 1 & 1 & 1 & 1 & 1 & 1 & 1 \end{pmatrix}^T$$

다르게는 $[7, 4]$ 해밍 부호를 $(A \,|\, I)$ 꼴의 더 편리한 홀짝성 검사행렬로 정의할 수 있다.

$$P = \begin{pmatrix} 1 & 1 & 1 & 0 & 1 & 0 & 0 \\ 1 & 1 & 0 & 1 & 0 & 1 & 0 \\ 1 & 0 & 1 & 1 & 0 & 0 & 1 \end{pmatrix}$$

연습 문제 11.2에 의하면 이 꼴의 홀짝성 검사행렬에 대응하는 생성행렬은 $\binom{I}{A}$로, 다음과 같다.

$$G = \begin{pmatrix} 1 & 0 & 0 & 0 \\ 0 & 1 & 0 & 0 \\ 0 & 0 & 1 & 0 \\ 0 & 0 & 0 & 1 \\ 1 & 1 & 1 & 0 \\ 1 & 1 & 0 & 1 \\ 1 & 0 & 1 & 1 \end{pmatrix}$$

11.2.6 양자부호를 사용해 오류 진단하고 바로잡기

이 절에서는 비축중 양자암호로 다뤄지는 오류를 바로잡는 절차에 대해 설명한다. C가 $[[n,k]]$ 양자부호로, 바로잡을 수 있는 오류집합 $\mathcal{E} = \{E_i\}$에 대해 비축중 부호라고 하자. 여기서 $0 \leq i < M$이다. 어떤 $E_s \in \mathcal{E}$와 $|v\rangle \in C$에 대해 $|w\rangle = E_s|v\rangle$라고 하자. C가 $\mathcal{E}$에 대해 비축중 부호이므로, 부분 공간 E_iC와 E_jC는 모든 $i \neq j$에 대해 직교하고, 따라서 $E_s|v\rangle$는 C에 있는 부호단어와 $\mathcal{E}$에 있는 오류에서 $|w\rangle$를 얻을 수 있는 유일한 방법이다. 즉, E_s와 $|v\rangle$는 유일하다. 따라서 만약 M개의 부분 공간 $\{E_iC\}$ 중에서 상태 $|w\rangle$가 살고 있는 부분 공간 E_sC를 알아낼 수 있다면, $E_s^\dagger$를 $|w\rangle$에 작용해 그 오류를 바로잡을 수 있다. 이것을 알아내기 위해서는 상태 $|w\rangle$를 측정해야만 한다. 양자계산의 표준 모형은 표준 기저에 대한 단일 큐비트 측정만을 허용한다. 임의의 다른 측정은 보조 큐비트를 계산하고 그 보조 큐비트 각각을 표준 기저에서 측정해 수행될 수 있지만, 몇몇 측정들만 이 방식을 통해 효율적으로 수행될 수 있다. 이 절에서는 일반적인 작업 틀을 제시할 것이다. 11장의 뒷부분과 12장에서는 특정한 부호에 대해 구현할 때의 문제점을 고려해보겠다.

측정의 목표는 상태 $|w\rangle$가 놓여 있는 오류 부분 공간을 알아내는 것이다. $W_i = E_iC$라고 하자. 그리고 다음과 같다고 하자.

$$W = \bigoplus_{i=0}^{M-1} W_i$$

$W^\perp$가 W에 직교하는 계산 공간 V의 가능한 비어 있는 부분 공간이라고 하자. 즉, $W^\perp$에 있는 벡터는 모든 부호단어에 직교하며, 바로잡을 수 있는 오류 $E_i \in \mathcal{E}$에 대한 부호단어의 상이 되는 모든 상태에도 직교한다. 표기상의 편의를 위해 $W_M = W^\perp$이라고 정의하

자. $|w\rangle$가 오류 E_i를 부호단어에 작용한 결과이므로 W_M의 정의에 의해 $|w\rangle$는 W_M에는 놓여 있지 않다. W_i가 서로 직교하므로 그 부분 공간이 정확히 W_i가 되는 어떤 관측가능량 O가 존재한다.

P_i가 부분 공간 W_i 위로의 투영연산자라고 하자. $m = \lceil \log_2 M \rceil$이고 U_p가 $n + m$개의 큐비트에 대한 유니타리 연산자로, 다음을 만족한다고 하자.

$$U_P : |w\rangle|0\rangle \mapsto \sum_{j=0}^{M-1} b_j |w_j\rangle|j\rangle \tag{11.6}$$

여기서 $|w\rangle = \sum_{j=0}^{M-1} b_j |w_j\rangle$는 그 성분 $b_j |w_j\rangle = P_j |w\rangle$로 적혀 있다. m개의 보조 큐비트를 표준 기저에서 측정하면 오류 징훗값인 부분 공간 인덱스 j를 준다. W_M의 정의에 의해, 인덱스 M은 나올 수 없다. 측정 후, 처음 n개 큐비트의 상태는 부분 공간 $W_j = E_j C$에 있고, 따라서 연산자 $E_j^\dagger$가 오류를 바로잡는다. 연산자 U_P는 징훗값 추출 연산자^{Syndrome} $^{\text{extraction operator}}$라고 하는데, 이것은 고전적인 오류보정에서 징훗값과 유사한 역할을 하기 때문이다. U_P라는 표기법은 고전 오류보정에서 홀짝성 검사행렬 P의 역할을 하는 유니타리 연산자를 제안해야 한다. 부분 공간에 대한 표식은 임의로 정할 수 있기 때문에, 주어진 부호 C와 오류집합 $\mathcal{E}$에 대해 수많은 다른 유니타리 연산자를 징훗값 추출 연산자로 쓸 수 있다.

m개의 보조 큐비트 중 단일 큐비트 l을 자기 자신에 대해 측정하는 것은 그 인덱스 i의 이진수 표기의 l번째 비트가 0이 되는 모든 W_i에 의해 펼쳐지는 부분 공간과 그 인덱스 i의 이진수 표기의 l번째 비트가 1이 되는 모든 W_i에 의해 펼쳐지는 부분 공간이라는 2개의 2^{n-1}차원 고유 부분 공간을 가지는 이진 관측가능량에 대응한다. 이 방식으로 징훗값 추출 연산자는 m개 관측가능량의 집합으로 볼 수 있다.

예제 11.2.9 비트 뒤집힘 부호 다시 보기. 비트 뒤집힘 부호 C와 다음의 보정 가능한 오류집합 $\mathcal{E} = \{E_{ij}\}$

$$E_{00} = I \otimes I \otimes I, E_{01} = X \otimes I \otimes I, E_{10} = I \otimes X \otimes I, E_{11} = I \otimes I \otimes X$$

를 생각해보자. 더 간단히, $E_{00} = I$, $E_{01} = X_2$, $E_{10} = X_1$, $E_{11} = X_0$으로, 여기서 X_i는 i번째 큐비트에 작용하는 X 연산자다. 이 오류집합에 대응하는 직교 부분 공간은 $W_{00} = E_{00} C$,

$W_{01} = E_{01}C$, $W_{10} = E_{10}C$, $W_{11} = E_{11}C$이며, 그 기저는 각각 $B_{00} = \{|000\rangle, |111\rangle\}$, $B_{01} = \{|100\rangle, |011\rangle\}$, $B_{10} = \{|010\rangle, |101\rangle\}$, $B_{11} = \{|001\rangle, |110\rangle\}$이다. 다음의 연산자

$$U_P : |x_2, x_1, x_0, 0, 0\rangle \rightarrow |x_2, x_1, x_0, b_1 = x_1 \oplus x_0, b_0 = x_2 \oplus x_0\rangle$$

는 오류집합 $\mathcal{E}$를 가지는 C에 대한 징훗값 추출 연산자로 작용한다. 비트 b_1을 표준 기저에서 측정하면 부분 공간 $\{W_{00}, W_{01}\}$과 $\{W_{10}, W_{11}\}$에 의해 펼쳐지는 고유 공간들을 서로 구분하게 된다. 마찬가지로, b_0를 측정하면 부분 공간 $\{W_{00}, W_{10}\}$과 $\{W_{01}, W_{11}\}$에 의해 펼쳐지는 공간의 오류를 구분할 수 있다. b_1과 b_0을 i와 j로 측정하면 그 상태는 $W_{ij} = E_{ij}C$에 투영된다. 이 오류는 $E_{ij}^\dagger$를 작용해 바로잡을 수 있다. 만약 가령 보조 큐비트 b_1과 b_0를 측정해서 각각 0과 1이 나온다면, X_2 변환을 작용하면 된다.

보조 큐비트를 사용하지 않고 b_0을(또는 b_1을) 직접 측정하는 것은 관측가능량 $Z \otimes I \otimes Z$ (또는 $I \otimes Z \otimes Z$)를 사용해 이뤄질 수 있다. $[3, 1]$ 부호에 대한 고전 홀짝성 검사행렬

$$P = \begin{pmatrix} 1 & 0 & 1 \\ 0 & 1 & 1 \end{pmatrix}$$

을 다음의 배열과 비교해보자.

$$\begin{matrix} Z & I & Z \\ I & Z & Z \end{matrix}$$

여기서 두 관측가능량의 인자들이 각 행에 놓여 있다. 고전적인 경우, 단어에 곱해지는 홀짝성 검사행렬은 그 단어가 부호 단어인 경우 0이 된다. 부호단어가 아닌 단어를 곱했을 때 홀짝성 검사행렬의 적어도 한 행은 0이 아닐 것이다. 양자적인 경우 부호단어는 모든 관측가능량에 대해 +1 고유 공간에 있으며, 부호단어가 아닌 단어들은 적어도 하나의 관측가능량에 대해서 −1 고유 공간에 있다. 11.4절의 안정자 부호가 이 연관성을 활용한다.

다른 예제로 넘어가기 전에, 이 예제를 사용해서 징훗값 측정의 대안을 설명하겠다. 일반적인 오류를 바로잡기 위해서 양자오류보정의 보조 큐비트를 사용하는 것은 양자계산에서 가장 우아하고 놀라운 측면 중 하나다. 정보를 보조 큐비트에 넣는 계산을 하고 그 보조 큐비트를 측정하는 것에 의해, 비유니타리 오류는 유니타리 오류로 바뀔 수 있다. 측

정 결과가 어떤 유니타리 오류가 남아 있는지 말해줄 때, 그 유니타리 역연산자를 작용해 그 오류를 바로잡을 수 있다. 그 대신으로 동등하게, 보조 큐비트에 정보를 넣고 계산한 다음에 측정하는 대신, 보조 큐비트에 의한 제어형 연산을 계산용 큐비트에 작용해 오류를 바로잡을 수 있다. 일반적으로 $\mathcal{E} = \{E_s\}$에 대해, U_P를 계산용 큐비트와 보조 큐비트에 작용한 다음 측정하는 대신, 다음의 제어형 연산을 보조 큐비트를 제어 비트로 사용해 작용한다.

$$V_P = \sum_s E_s^\dagger \otimes |s\rangle\langle s|$$

이 방법으로 측정 없이 오류를 바로잡을 수 있다.

예제 11.2.10 제어형 연산에 의해 비트 뒤집힘 오류 C_{BF} 바로잡기. 예제 11.1.2에서 U_{BF}를 작용한 다음 측정하는 대신, 제어형 연산 V_P를 보조 큐비트에서 계산 큐비트에 수행시킬 수 있다. 여기서 V_P는 다음과 같이 보조 큐비트가 그에 대응하는 상태에 있을 때, 세 가지 오류보정 변환 각각을 작용하는 것이다.

$$V_P = I \otimes |00\rangle\langle 00| + X_2 \otimes |01\rangle\langle 01| + X_1 \otimes |10\rangle\langle 10| + X_0 \otimes |11\rangle\langle 11|$$

이 제어형 연산에 대한 회로는 다음과 같다.

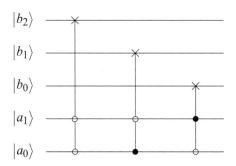

오류 $E = \alpha X_2 + \beta X_1$이 발생했다고 하자. 위의 회로를 다음의 상태

$$U_{BF}(E|\tilde{0}\rangle \otimes |00\rangle) = \alpha |100\rangle|11\rangle + \beta |010\rangle|10\rangle$$

에 작용하면

$$\alpha|000\rangle|11\rangle + \beta|000\rangle|10\rangle = |000\rangle(\alpha|11\rangle + \beta|10\rangle)$$

이 된다. 두 보조 큐비트를 $|00\rangle$으로 바꿔서 그 이후의 오류보정 단계에서 다시 사용할 수 있도록 하기 위해 2개의 보조 큐비트를 측정할 수도 있지만, 양자오류보정을 이루기 위해 측정할 필요는 없다.

예제 11.2.11 위성 뒤집힘 부호 다시 보기. 11.1.2절의 상대적 위상 부호가 예제 11.2.9의 비트 뒤집힘 오류에 대해 $W = H \otimes H \otimes H$ 변환을 통해 쌍대임을 떠올려 보자. 모든 상태에 W를 작용하고 예제 11.2.9에서 사용된 모든 변환 T를 WTW로 바꾸면 상대적 위상 부호에 대한 오류보정 절차가 된다. $X = HZH$이므로, 징훗값 연산자 U_P^i에 대응하는 관측가능량은 $X \otimes I \otimes X$와 $I \otimes X \otimes X$이며, 이들은 그에 대응하는 배열

$$\begin{array}{ccc} X & I & X \\ I & X & X \end{array}$$

을 가지며, 이 배열은 고전적인 홀짝성 검사행렬

$$P = \begin{pmatrix} 1 & 0 & 1 \\ 0 & 1 & 1 \end{pmatrix}$$

에 연관된다. 이 경우,

$$V_P' = I \otimes |00\rangle\langle00| + Z_2 \otimes |01\rangle\langle01| + Z_1 \otimes |10\rangle\langle10| + Z_0 \otimes |11\rangle\langle11|$$

을 사용한 측정 없이 오류를 바로잡을 수 있다.

11.2.7 다중 블록을 통한 양자오류보정

11.2.1절의 고전적인 $[n, k]$ 블록 부호가 k개 비트로 이뤄진 m개 블록 각각을 부호화해 mk 길이의 비트열을 길이가 mn인 비트열로 부호화했던 것과 마찬가지로, $[[n, k]]$ 양자부호 C는 k개의 논리적 비트로 이뤄진 m개 블록 각각을 C를 사용해 부호화해 mk개의 논리

적 큐비트를 mn개의 계산용 큐비트로 부호화한다. 다음과 같은 논리적 중첩

$$|\psi\rangle = \sum_i \sum_j \alpha_{ij}(|w_i\rangle \otimes |w_j\rangle)$$

은 다음과 같이 부호화된다.

$$|\tilde{\psi}\rangle = \sum_i \sum_j \alpha_{ij}(|c_i\rangle \otimes |c_j\rangle)$$

여기서 $|c_i\rangle = U_C|w_i\rangle$이고, U_C는 C에 대한 부호화 함수다. 양자 블록 부호는 이와 같은 중첩 상태에 대해서도 오류를 바로잡을 수 있어야 한다. 게다가 만약 C가 오류 $E_i \in \mathcal{E}$를 바로잡을 수 있다면, 블록별로 작용하는 C는 부호화된 상태에 발생한 $E_{i_1} \otimes \cdots \otimes E_{i_m}$ 꼴의 오류를 바로잡을 수 있어야 한다. 이 절의 나머지 부분은 블록이 2개인 경우에서 여러 블록에 걸쳐 있는 중첩 상태에 발생한 양자오류보정을 설명하겠다.

부호화된 상태 $|\tilde{\psi}\rangle = \sum_i \sum_j \alpha_{ij}(|c_i\rangle \otimes |c_j\rangle)$가 오류 $E_a \otimes E_b$에 노출됐다고 하자. 여기서 E_a와 E_b는 둘 다 부호 C로 바로잡을 수 있는 오류다. C에 대한 징훗값 추출 연산자 U_P를 각 블록에 나눠서 작용하고, 각 블록에 대해 보조 큐비트를 측정한 다음, 적절한 보정 연산자를 작용하면 상태 $|\tilde{\psi}\rangle$가 다음과 같이 복원된다.

$$U_P \otimes U_P((E_a \otimes E_b|\tilde{\psi}\rangle) \otimes |0\rangle|0\rangle) = \sum_{ij} \alpha_{ij}(U_P(E_a|c_i\rangle|0\rangle)) \otimes (U_P(E_b|c_j\rangle|0\rangle))$$

$$= \sum_{ij} \alpha_{ij}(E_a|c_i\rangle|a\rangle \otimes E_b|c_j\rangle|b\rangle)$$

여기서 명확히 하기 위해 큐비트의 순서를 재배치했다. 두 보조 큐비트에 대한 측정은 각각 $|a\rangle$와 $|b\rangle$를 유도하고, 그 계산용 큐비트는 $|\phi\rangle = \sum_{ij} \alpha_{ij}(E_a|c_i\rangle \otimes E_b|c_j\rangle)$에 있게 된다. 징훗값 $|a\rangle|b\rangle$는 이 오류가 $E_a^\dagger \otimes E_b^\dagger$를 작용해 바로잡을 수 있음을 알려준다. $E_a^\dagger \otimes E_b^\dagger$는 실제로 다음과 같이 오류를 바로잡는다.

$$E_a^\dagger \otimes E_b^\dagger |\phi\rangle = \sum_i \sum_j \alpha_{ij}(|c_i\rangle \otimes |c_j\rangle) = |\tilde{\psi}\rangle$$

11.2.8 부호화된 양자 상태로 계산하기

오류보정 부호가 양자계산을 위해 유용하려면, 부호화된 다음에도 그 상태에 여전히 계산을 수행할 수 있어야 한다. $C \subset V$가 $[[n, k]]$ 양자 부호이고, U_C가 부호화 함수 $U_C : W \to C$라고 하자. 부호화된 상태에 대해 일반적인 계산을 수행하기 위해서는 임의의 유니타리 연산자 $U : W \to W$에 대해 부호화된 상태에 작용하는 유사한 유니타리 연산자 $\tilde{U}$를 찾아야 한다. 이 연산자는 모든 $|w\rangle \in W$에 대해 $U_C(|w\rangle)$를 $U_C(U|w\rangle)$로 보낸다. C의 바깥에서 $\tilde{U}$가 어떻게 거동하는지는 신경 쓰지 않기 때문에, V에 작용해 이 성질을 가지는 수많은 유니타리 연산자가 존재한다. 주어진 유니타리 연산자 $\tilde{U}$에 대해, 기본 게이트를 사용해서 그 연산자를 구현하는 많은 방법이 존재한다. 게다가 논리적으로 유사한 두 연산자 $\tilde{U} : V \to V$와 $\tilde{U}' : V \to V$를 가지는 $U : W \to W$가 주어져 있으면 $\tilde{U}$와 $\tilde{U}'$ 중의 하나는 다른 것보다 더 효율적으로 구현 가능할 수도 있으며, 어떤 구현은 다른 것보다 더 강건한 성질을 가질 것이다.

그런 연산자 중 하나를 부호화 연산자를 사용해 구성할 수 있다. U_C가 유니타리 부호화 함수로, $|w\rangle \otimes |0\rangle$을 $|\tilde{w}\rangle$로 보낸다고 하자. 변환 $U_C^\dagger$는 적합한 부호단어 $|\tilde{w}\rangle$를 $|\tilde{w}'\rangle \otimes |0\rangle$으로 보낸다. 연산자 $\tilde{U} = U_C(U \otimes I)U_C^\dagger$는 그 부호 공간에 대해 원하는 대로 작동한다. $\tilde{U}$는 부호화된 상태에 대해 U와 논리적으로 동등하다. 그렇지만 일반적으로는 이 구성법은 별로 견고하지 않은 성질을 가지는 $\tilde{U}$를 유도한다. $U_C^\dagger$를 작용한 다음 그 상태는 부호화가 풀리며, 이것은 이 시간 동안 발생하는 어떤 오류에 대해서도 극단적으로 취약해진다. 12장에서는 부호화된 상태에 논리적 연산을 작용하는 최선의 방법을 주의 깊게 살펴볼 것이다.

11.2.9 바로잡을 수 있는 오류의 중첩과 섞임 상태는 바로잡을 수 있다

10.4절에서 일반적인 오류 E가 다음과 같이 선형변환의 확률적 섞임으로 모형화될 수 있고, 그 선형 오류 변환 A_i가 유니타리일 필요가 없음을 보였다.

$$E : \rho \mapsto \sum_{i=1}^{K} A_i \rho A_i^\dagger$$

이번 절에서는 부호 C에 대해 바로잡을 수 있는 오류집합 $\mathcal{E}$에 속하는 원소들의 0이 아닌 복소 선형 결합인 오류도 이 부호 C로 바로잡을 수 있음을 보이겠다. 바로잡을 수 있는 **오류집합**set of correctable errors이라는 용어는 그 부호가 유니타리 변환을 통해 바로잡을 수 있는 오류들의 집합을 뜻하지만, 그 부호가 바로잡는 오류집합은 훨씬 크다. 즉, 그 오류의 모든 선형결합을 바로잡을 수 있다. 오류의 선형결합을 바로잡을 수 있는 오류 중 하나로 투영시키기 위해 측정이 사용하며, 또한 측정한 다음 어떤 오류가 남아 있는지 검출해 그에 대응하는 유니타리 오류 변환을 작용할 수 있도록 하는 데에도 사용한다. 고전적인 경우와 마찬가지로, 주어진 부호에 대해 바로잡을 수 있는 오류들의 많은 가능한 최대 집합이 존재하고, 이들 바로잡을 수 있는 오류의 서로 다른 최대 집합 중 일부는 서로 구분되는 부분 공간을 생성한다.

오류 $E = \sum_{i=0}^{m} \alpha_i E_i$가 오류의 확률적 섞임으로, 바로잡을 수 있는 오류집합 $\mathcal{E}$에서 나온 오류들 E_i의 선형 결합으로 $\sum_i |\alpha_i|^2 = 1$을 만족한다고 하자. 오류 E는 유니타리일 수도 있고 아닐 수도 있다. 그러므로 일반적인 경우를 생각해서 E가 밀도연산자 $\rho = |c\rangle\langle c|$를 가지는 부호단어 $|c\rangle$를 섞인 상태 $\rho' = E\rho E^{\dagger}$로 보낸다고 하면, 그 오류는 바로잡을 수 있다. 섞인 상태 ρ'를

$$\rho' = \sum |\alpha_i|^2 E_i |c\rangle\langle c| E_i^{\dagger}$$

으로 적을 수 있다고 하자. $E_i|c\rangle$가 서로 직교하고 $\sum_i |\alpha_i|^2 = 1$이기 때문에, ρ'는 대각합이 1이고 섞인 상태다. 따라서 ρ'는 직교하는 순수 상태 $E_i|c\rangle$에 대한 확률분포다. 관측가능량 $O = \sum_i \lambda_i P_i$를 생각해보자. 여기서 λ_i는 서로 다르며 P_i는 부분 공간 $E_i C$ 위로의 투영연산자다. 10.3절의 정의를 사용하면 O를 사용한 측정은 상태 확률 $|\alpha_i|^2$를 갖고 $P_i \rho' P_i^{\dagger} = E_i|c\rangle\langle c| E_i^{\dagger}$가 된다. 따라서 측정 후에는 순수 상태 $E_i|c\rangle$를 얻는다. 측정 결과 λ_i는 그 상태가 어떤 부분 공간 $E_i C$에 있는지 알려준다. $E_i^{\dagger}$를 작용하면 그 상태를 바로잡을 수 있다.

11.2.10 고전적인 독립 오류모형

양자적인 경우와 고전적인 경우 모두, 일반적인 오류보정 전략은 세 부분으로 나눠진다. 부호단어가 아닌 것을 검출하고 가장 일어날 법한 오류를 알아낸 후 그 오류를 바

로잡는 변환을 작용하는 것이다. 가장 일어날 법한 오류를 알아내려면 오류모형이 필요하다. 고전적인 계산에서 공통적으로 쓰는 오류모형 분류는 독립 오류모형[independent error model]으로, 각 비트가 뒤집힐 확률이 $p \leq 1/2$이다. 이 모형에서 어떤 단일 비트 뒤집힘 오류 $100\ldots0, 010\ldots0, \ldots, 000\ldots1$이 발생할 확률은 $p(1-p)^{n-1}$이고, 두 비트 오류 $110\ldots0$이 일어날 확률은 $p^2(1-p)^{n-2}$이며, 오류가 발생하지 않을 확률은 $(1-p)^n$이다.

이 오류모형은 오류보정 전략을 안내해준다. 이 모형을 가정하면 어떤 오류도 더 자주 일어나지 않기 때문에 어떤 부호단어를 받았을 때 최선의 선택은 오류가 전혀 일어나지 않았을 것이라고 가정하는 것이다. w가 바로잡기를 원하는 비부호단어라고 하자. c가 C의 원소로, 해밍 거리에 대해 w에 가장 가깝다고 하자. 가장 가까운 원소가 유일하다면 독립 오류모형 아래서 가장 일어났을 법한 오류는 $e = c \oplus w$다. w'가 w를 포함하는 잉여류의 다른 원소라고 하자. 그러면 어떤 $k \in C$에 대해 $w' = w \oplus k$다. 만약 c가 C의 원소 중에서 w에 가장 가까운 원소라면, $c' = c \oplus k$는 C의 원소 중에서 w'에 가장 가까운 원소여야 한다. 그러면,

$$w' \oplus c' = w \oplus k \oplus c \oplus k = w \oplus c = e$$

이기 때문에 w'가 되는 가장 일어날 법한 오류도 e다. 따라서 잉여류의 모든 원소는 해밍 거리에 대해 C에 똑같이 가깝다. c의 정의에 의해 가장 일어날 법한 오류 e는 가장 낮은 해밍 가중치를 가지는 잉여류의 원소다.

일단 징홋값 계산이 그 잉여류를 알려주면, 그 잉여류 원소의 가장 낮은 가중치 원소 e를 작용해 오류를 바로잡는다. 만약 실제 오류가 다른 것이었다면, 틀린 단어로 "바로잡게" 되지만, 그보다 더 나은 전략은 존재하지 않는다. 특히 만약 부호단어를 받았다면 아무 것도 하지 않을 것이다. 일반적으로 오류보정 부호는 부호단어를 부호단어로 옮기는 오류는 바로잡을 수 없다. 게다가 만약 C에서 w에 가장 가까운 원소가 하나 이상이라면, 그 오류를 어떻게 바로잡는 것이 최선인지 불분명하다. 이런 이유로, 독립 오류모형 아래에서 작업할 때 바로잡을 수 있는 오류집합은 일반적으로 해밍 가중치가 t이거나 더 작은 모든 단어의 집합인 $\mathcal{E}_t$가 되도록 정한다. 여기서 t는 모호성이 없도록, 또는 그와 동등하게 바로잡을 수 있는 오류 집합에 대한 서로소 조건(식 11.1)을 깨지 않는 한 가장 큰 값이다.

어떤 두 부호단어 사이의 최소 해밍 거리는 **부호의 거리**^{distance of the code}라고 한다. $[n, k, d]$
부호는 n비트 단어를 사용해 k비트 메시지를 부호화하며, 그 거리가 d인 것이다. 각 부호
단어 c에 대해,

$$e_t(c) = \{v | d_H(v, c) \leq t\}$$

이 c에서 떨어진 해밍 거리가 t보다 더 크지 않은 단어 집합이라고 하자. 집합 $e_t(c)$는 바
로 최대 t의 오류 가중치에 의해 c로부터 얻은 단어 v를 포함한다. 만약 집합 $e_t(c)$가 부
호단어의 모든 쌍 c와 c'에 대해 서로소라면, 이 부호는 $e_t(c)$에 있는 단어를 부호단어 c
에 대응시키는 어떤 가중치 t를 가지는 오류라도 바로잡을 수 있다. 집합 $e_t(c)$가 서로소
인 것은 $d \geq 2t + 1$인 것과 필요충분조건이다. 따라서 $[n, k, d]$ 부호는 최대로는 가중치가
$t = \lfloor \frac{d-1}{2} \rfloor$와 같거나 더 작은 모든 오류를 바로잡을 수 있다. 거리 d인 부호 C에 대해, 최
대로 가능한 t는 $2t + 1 \leq d$를 만족하는데, 그렇지 않은 경우 두 다른 t비트 오류에 의해
두 부호단어가 같은 오류단어에 대응할 수 있어서 서로소 조건이 성립하지 않을 수 있기
때문이다.

11.2.11 양자 독립 오류모형

양자부호 C가 주어졌을 때 C에 대해 어떤 바로잡을 수 있는 오류집합은 실질적 관점에서
다른 것들보다 더 좋다. 고전적인 경우와 마찬가지로, 어떤 바로잡을 수 있는 오류집합이
더 좋은지는 어떤 오류가 더 일어날 가능성이 있는지에 따라 달라진다. 양자오류는 더 풍
부한 종류가 존재하므로, 양자오류모형은 고를 수 있는 더 많은 다양성이 있다. 고전적인
독립 오류모형에서 그렇게 했듯이, 가장 보편적인 양자오류모형은 서로 분리된 큐비트에
오류가 독립적으로 발생하고, 어떤 큐비트가 p의 확률로 오류에 노출된다는 것이다. 여
기서 설명하려는 오류모형은 10.4.4절에서 논의했던 국소적 가정과 마르코프 성질에 대
한 가정에서 착안한 것이다.

유니타리 오류는 역변환을 작용해 쉽게 바로잡을 수 있기 때문에, 바로잡을 수 있는 오류
집합은 유니타리 오류 변환을 포함하는 것들로만 선택된다. 특히 보통은 일반화된 파울
리군 $\mathcal{G}_n$의 원소들만을 포함하는 바로잡을 수 있는 오류집합을 고른다. 일반화된 파울리군
^{Generalized Pauli group} $\mathcal{G}_n$은 파울리군의 원소들로 이뤄진 n중 텐서곱으로 구성된다. 즉, $\mathcal{G}_n$의

모든 원소는

$$\mu A_1 \otimes A_2 \otimes \cdots \otimes A_n$$

의 꼴이다. 여기서 $A_i \in \{I, X, U, Z\}$이고 $\mu \in \{1, -1, \mathbf{i}, -\mathbf{i}\}$다. 파울리군에 대한 교환 관계, 즉 군 원소의 곱 $g_i g_j$와 $g_j g_i$의 관계는 $\mathcal{G}_n$의 모든 원소를

$$\mu(X^{a_1} \otimes \cdots \otimes X^{a_n})(Z^{b_1} \otimes \cdots \otimes Z^{b_n}),$$

과 같은 꼴로 적을 수 있음을 의미한다. 여기서 a_i와 b_i는 이진수 값이다.

10.4.4절에서 임의의 오류는 다음과 같은 선형변환의 섞임으로 표현할 수 있음을 보였다.

$$\frac{A_i}{\sqrt{\mathbf{tr}(A_i \rho A_i^\dagger)}}$$

일반화된 파울리군 $\mathcal{G}_n$은 n큐비트계와 연관된 벡터 공간에 작용하는 선형변환들의 벡터 공간에 대한 기저를 형성한다. 따라서 n큐비트 양자 레지스터에 대한 일반적인 오류 E를 선형결합 $\sum_j e_j E_j$로 표현할 수 있다. 여기서 $E_j \in \mathcal{G}_n$이다. 연산자 합 분해에 등장하는 모든 선형변환은 유니타리 연산자뿐만 아니라 일반화된 파울리 연산자 꼴로도 적을 수 있다. 11.2.9절의 결과에 의해, 각각이 어떤 절차에 의해 바로잡을 수 있는 오류의 섞임은 또한 그 절차에 의해 바로잡을 수 있다. i번째 큐비트에 X를 작용하고 나머지를 그대로 두는 변환을 X_i라고 적으며, 다음과 같다.

$$\underbrace{I \otimes \cdots \otimes I}_{i} \otimes X \otimes \underbrace{I \otimes \cdots \otimes I}_{n-i-1}$$

Y_i와 Z_i의 의미도 비슷하다. 파울리 오류의 가중치는 그 텐서곱 표현에 있는 항등원이 아닌 항의 수다. 오류의 가중치는 파울리 오류에 대해서만 정의되며, 일반적인 오류에 대해서는 정의되지 않는다.

일반화된 파울리군은 편리한 성질을 많이 갖고 있다. 예를 들어 11.4절의 안정자 부호는 파울리군에 있는 임의의 두 원소 g_1과 g_2가 교환 가능($g_1 g_2 = g_2 g_1$)이거나 반교환 가능($g_1 g_2 = -g_2 g_1$)이라는 사실을 중요하게 사용한다. 또 다른 편리한 성질은 만약 모든 i에 대

해 모든 단일 양자비트 뒤집힘 오류 X_i와 모든 위상 뒤집힘 오류 Z_i가 부호 C에 대한 바로잡을 수 있는 오류집합 $\mathcal{E}$라면, $\mathcal{E}$는 모든 i에 대해 Y_i 오류를 포함하는 것으로 확장될 수 있다는 점이다. $\mathcal{E}$와 C에 대한 직교성 조건은 만약 X_i와 Z_i가 바로잡을 수 있는 오류들이라면, 모든 i에 대해 다음의 네 가지 표현식이 0이라고 한다.

$$\langle c_1|X_i^\dagger Z_i|c_2\rangle = \langle c_1|Z_i^\dagger X_i|c_2\rangle = \langle c_1|I Z_i|c_2\rangle = \langle c_1|I X_i|c_2\rangle = 0$$

Y_i가 호환 가능한 바로잡을 수 있는 오류들임을 보이기 위해서는 모든 i와 j에 대해 모든 정규직교하는 $|c_1\rangle \neq |c_2\rangle = C$에 대해

$$\langle c_1|X_j^\dagger Y_i|c_2\rangle = 0$$
$$\langle c_1|Z_j^\dagger Y_i|c_2\rangle = 0$$
$$\langle c_1|I Y_i|c_2\rangle = 0$$

과, 모든 $j \neq i$에 대해

$$\langle c_1|Y_j^\dagger Y_i|c_2\rangle = 0$$

임을 보이는 것으로 충분하다. 이 등식들은 파울리군의 곱에서 곧바로 유도된다. 예를 들어

$$X_i^\dagger Y_i = -X_i^\dagger X_i Z_i = -I Z_i,$$

이기 때문에,

$$X_i^\dagger Y_i = -X_i^\dagger X_i Z_i = -I Z_i$$

이다. 따라서 모든 비트 뒤집힘 오류 X와 모든 위상 뒤집힘 오류 Z를 바로잡을 수 있는 어떤 부호라도 모든 Y 오류를 바로잡을 수 있다.

t가 최대 가중치로, 가중치가 t와 같거나 그보다 작은 파울리군의 원소 집합이 바로잡을 수 있는 오류집합 조건(식 11.2)을 만족한다고 하자. 어떤 $[[n,k]]$ 비축중 양자부호라도 가중치가 t보다 큰 오류를 바로잡을 수 없다. 11.2.4절에서 비축중 부호에 대해 바로잡

을 수 있는 오류집합의 최대 원소 수가 2^{n-k}임을 보였다. 가중치 t를 가지는 원소의 수는 $3^t\binom{n}{t}$이다. 따라서 가중치가 t와 같거나 더 작은 모든 오류를 바로잡는 임의의 비축중 부호는 다음의 양자 해밍 한계quantum Hamming bound를 만족해야 한다.

$$\sum_{i=0}^{t} 3^i \left(\begin{array}{c} n \\ i \end{array} \right) \le 2^{n-k}$$

양자 해밍 한계에서 등호가 성립하는 비축중 부호는 **완벽한 부호**perfect code라고 한다. 고전 해밍 한계는 상자 11.3에서 논의한다. 양자 해밍 한계는 축퇴 부호에는 적용하지 않는다. 모든 고전 부호는 고전 해밍 한계를 만족한다. 양자 해밍 한계를 모든 부호에 적용하지 않는다는 점은 축중 부호의 존재가 양자적 묘사를 얼마나 복잡하게 만드는지 그 사례를 제공한다.

고전적인 경우와 마찬가지로, 실제 사용에서 완벽한 부호가 꼭 최선의 부호라는 것을 뜻한다는 식으로 완벽하다는 용어가 받아들여지면 안 된다. 양자 해밍 한계는 부호 연장(원래 메시지 상태에 대한 부호화된 상태 길이의 비율)이라는 용어로 최적의 타협점과 그 부호가 바로잡을 수 있는 단일 큐비트 오류의 수라는 용어로 오류보정의 강력함을 정량화한다. 세 번째 양으로, 오류를 검출할 수 있는 효율은 또한 많은 관심을 받는다. 양자 해밍 한계에 가까워지면 징홋값 추출에 필요한 게이트의 수와 측정될 필요가 있는 큐비트의 수로 측정되는 효율적인 오류 검출 기법을 갖지 않는 많은 부호가 있다. 양자적인 경우와 고전적인 경우 모두에서, 효율적인 오류 검출 기법이 가능하기 위해서는 유의미한 구조가 있어야 한다. 효율적인 오류 검출과 자료 연장과 강력함 사이의 좋은 타협점을 갖는 오류보정 기법의 설계는 양자적인 경우뿐만 아니라 고전적인 경우도 지속적인 연구 분야다. 안정자 부호가 이런 구조를 제공한다. 이런 이유에서 거의 모든 양자오류보정 부호는 안정자 부호다. 안정자 부호의 부분집합인 CSS 부호는 특수한 방식으로 서로 연관이 있는 고전 부호의 쌍으로부터 구성해낼 수 있다는 장점을 갖는다.

상자 11.3 고전 해밍 한계

임의의 $[n, k, d]$ 부호에 대해, $\binom{n}{t}$개의 가중치 t인 오류가 존재하며, 따라서 $E_t(c)$의 농도cardinality는

$$|E_t(c)| = \sum_{i=0}^{t} \begin{pmatrix} n \\ i \end{pmatrix}$$

이다. 2^k개의 부호단어가 존재하기 때문에 집합 $E_t(c)$는 $|E_t(c)|2^k \leq 2^n$인 경우에만 서로소가 될 수 있다. 따라서 가중치가 t와 같거나 더 작은 모든 오류를 바로잡는 임의의 $[n, k]$ 부호는 반드시 다음의 한계를 만족해야 한다.

$$\sum_{i=0}^{t} \begin{pmatrix} n \\ i \end{pmatrix} \leq 2^{n-k}$$

이 조건을 (고전) 해밍 한계$^{\text{Hamming bound}}$라고 한다. 여기서 등호가 성립하는 부호를 완벽한 부호라고 하는데, 이것은 최소 크기 n을 사용해 모든 가중치가 t인 오류를 바로잡을 수 있는 방식으로 k비트 메시지 단어를 부호화하기 때문이다. t에 대한 이 한계는 d에 의존하지 않는다.

11.3 CSS 부호

쇼어의 부호는 단일 큐비트를 세 큐비트로 부호화해 비트 뒤집힘 오류를 바로잡으며, 그 결과로 얻은 논리적 큐비트를 다시 부호화해 위상 뒤집힘 오류를 바로잡는다. 11.1.2절에서, $X_i = HZ_iH$이므로 비트 뒤집힘 오류 X_i가 위상 뒤집힘 오류 Z_i와 가깝게 연관됐다는 사실을 떠올려 보면 표준 기저 $\{|0\rangle, |1\rangle\}$에서 비트 뒤집힘 오류는 아다마르 기저 $\{|+\rangle, |-\rangle\}$에서 위상 뒤집힘 오류이며, 그 반대도 마찬가지다. 칼더뱅크^{Calderbank}와 쇼어 그리고 독립적으로 스테인^{Steane}은 이 관계를 사용해 어떤 쌍대 관계$^{\text{duality relation}}$를 만족하는 고전 부호 쌍으로부터 양자 부호를 구성할 수 있음을 알아냈다. 이 부호는 그 발견자를 따라 CSS 부호라고 하는데 많은 장점을 가진다. 예를 들어 일단 위상 뒤집힘 오류와 비트 뒤집힘 오류를 바로잡기 위해 단 1번만 부호화하는 것으로, t개 큐비트 오류를 바로잡기 위해 필요한 큐비트의 수가 줄어든다. 가장 유명한 CSS 부호인 스테인의 $[[7, 1]]$ 부호는 모든 단일 큐비트 오류를 바로잡는 데 7큐비트가 필요한데, 이것은 쇼어 부호에서 필요했던 9큐비트보다 적다.

11.3.1 쌍대 고전 부호

두 고전 부호 C_1과 C_2에 대해 한쪽의 생성행렬이 다른 쪽의 홀짝성 검사행렬의 전치행렬이라면, 즉 $G_1 = P_2^T$라면, 두 부호는 서로 쌍대로, $C_1 = C_2^\perp$로 적는다. 모든 $v \in V$와 $w \in W$에 대해, 내적 $v^\dagger w = 0 \bmod 2$라면 단어 V와 W의 집합은 직교한다. 여기서 v와 w는 벡터로 간주한다. C와 $C^\perp$가 생성행렬과 홀짝성 검사행렬이 각각 $\{G, P\}$와 $\{G^\perp, P^\perp\}$인 쌍대 부호라고 하자. $G^\perp = P^T$이기 때문에, 부호단어 $G^\perp$는 C의 부호단어에 직교한다. 즉, $v \in G^\perp$와 $w \in C$라는 것은 $v = G^\perp x$와 $w = Gy$를 만족하는 x와 y가 존재해서, 다음 식이 성립한다는 뜻이다.

$$v^\dagger w = (G^\perp x)^T Gy = (P^T x)^T Gy = x^T PGy = 0$$

예제 11.3.1 $[7, 4]$ 해밍 부호에 대한 쌍대 부호는 $[7, 3]$ 부호 $C^\perp$이고, 그 생성행렬은

$$G^\perp = P^T = \begin{pmatrix} 1 & 1 & 1 & 0 & 1 & 0 & 0 \\ 1 & 1 & 0 & 1 & 0 & 1 & 0 \\ 1 & 0 & 1 & 1 & 0 & 0 & 1 \end{pmatrix}^T$$

이며, 홀짝성 검사행렬은

$$P^\perp = G^T = \begin{pmatrix} 1 & 1 & 1 & 0 & 1 & 0 & 0 \\ 1 & 1 & 0 & 1 & 0 & 1 & 0 \\ 1 & 0 & 1 & 1 & 0 & 0 & 1 \\ 1 & 1 & 1 & 1 & 1 & 1 & 1 \end{pmatrix}$$

P의 행들은 $P^\perp$의 행의 부분집합이므로, C가 그 자신의 쌍대를 포함함, 즉 $C^\perp \subset C$임이 유도된다. $C^\perp$의 여덟 가지 부호단어는 $G^\perp$의 열 벡터의 선형 결합이다. 즉,

$C^\perp = \{0000000, 1110100, 1101010, 0011110, 1011001, 0101101, 0110011, 1000111\}$

이다. C의 열여섯 가지 부호단어는 $C^\perp$의 부호단어와, $C^\perp$의 모든 부호단어에 1111111을 더해서 얻은 부호단어이다.

임의의 $[n, k]$ 고전 부호 C에 대해,

$$\sum_{c \in C} (-1)^{c \cdot x} = \begin{cases} 2^k & x \in C^\perp \text{인 경우} \\ 0 & \text{그 외} \end{cases} \tag{11.7}$$

이 항등식은 상자 7.1의 다음 항등식을 사용해서 얻을 수 있다.

$$\sum_{y=0}^{N-1} (-1)^{y \cdot x} = \begin{cases} 0 & x \neq 0 \text{인 경우} \\ N = 2^n & x = 0 \text{인 경우} \end{cases}$$

$x \cdot Gy = G^T x \cdot y$이기 때문에, 두 n비트 문자열 x와 Gy의 내적은 두 k비트 문자열 $G^t x$와 y의 내적과 같다. 그러므로,

$$\sum_{c \in C} (-1)^{c \cdot x} = \sum_{y=0}^{2^k-1} (-1)^{Gy \cdot x}$$

$$= \sum_{y=0}^{2^k-1} (-1)^{y \cdot G^T x}$$

$$= \begin{cases} 2^k & G^T x = 0 \text{인 경우} \\ 0 & \text{그 외} \end{cases}$$

정확히 $x \in C^\perp$일 때 $G^T x = P^\perp x = 0$이므로 항등식 11.7이 유도된다.

11.3.2 쌍대 조건을 만족하는 고전 부호에서 CSS 부호의 구성

항등식 11.7은 표준 기저에서 봤을 때는 고전 부호 C에서 온 부호단어의 중첩 상태이고 아다마르 기저에서 봤을 때는 쌍대 부호단어 $w \in C^\perp$의 부호단어의 중첩 상태인 상태 구성을 허용한다. 더 정확히는 C에서 부호단어의 중첩 상태인 상태 $|\psi_g\rangle$를 만들고 이 상태들이 상태 $|h_i\rangle$에만 있는 진폭을 가졌음을 보이겠다. 여기서 $i \in C^\perp$이고 $|h_i\rangle$는 n큐비트 아다마르 기저의 원소다. 즉,

$$|h_i\rangle = W|i\rangle = H \otimes \cdots \otimes H|i\rangle$$

이다. 이 상태를 만든 다음, 이 절에서는 이 성질이 어떻게 위상 뒤집힘 오류와 비트 뒤집힘 오류 모두를 바로잡도록 해주는지 보이겠다.

C_1과 $C_2^\perp$가 각각 고전 부호 $[n, k_1]$과 $[n, k_2]$라고 하자. 그리고 두 부호가 모두 t개의 오류를 바로잡는다고 하자. 또한 $C_2^\perp \subset C_1$이라고 하자. $C_2^\perp$의 $2^{k_1 - k_2}$개의 서로 다른 잉여류가 C_1에 있다. 즉, 모든 $c \in C_1$이 잉여류 $c \oplus C_2^\perp = \{c \oplus c' | c' \in C_2^\perp\}$와 $c \oplus C_2^\perp = d \oplus C_2^\perp$를 정의하는 것과 $c \oplus d \in C_2^\perp$는 필요충분조건이다. 이 잉여류 집합은 군으로, 몫군 $G = C_1 / C_2^\perp$을 형성한다. $C_1 \equiv \mathbf{Z}_2^{k_1}$이고 $C_2^\perp \equiv \mathbf{Z}_2^{k_2}$이기 때문에, 몫군은 $G \equiv \mathbf{Z}_2^{k_1 - k_2}$다. 각 원소 $g \in G$에 대해, 다음의 양자 상태를 정의하자.

$$|\psi_g\rangle = \frac{1}{\sqrt{2^{k_2}}} \sum_{c \in C_2^\perp} |c_g \oplus c\rangle$$

여기서 c_g는 $C_2^\perp$의 잉여류에 포함되며 g로 표시되는 C_1의 임의의 원소다. 모든 $g \in G$에 대해 $|\psi_g\rangle$에 의해 펼쳐지는 $2^{k_1 - k_2}$ 차원 부분 공간은 $[[n, k_1 - k_2]]$ 양자부호 C를 정의하며, 이것은 CSS 부호인 $CSS(C_1, C_2)$이다.

이 문단에서는 $|\psi_g\rangle$가 아다마르 기저에서 볼 때 C_2의 부호단어에만 진폭을 가진다는 것을 보이겠다. 아다마르 기저에서 $|\psi_g\rangle$의 성분은

$$\langle h_i | \psi_g \rangle | h_i \rangle = \langle i | W | \psi_g \rangle W | i \rangle$$

이다. 따라서 $W | \psi_g \rangle$는 부호단어 $|c\rangle \in C_2$의 중첩 상태임을 보이면 충분하다. 그러면 7.1.1절에서 다음과 같음을 생각해보자.

$$W|y\rangle = \frac{1}{\sqrt{N}} \sum_{x=0}^{N-1} (-1)^{y \cdot x} |x\rangle$$

그러므로,

$$
\begin{aligned}
W|\psi_g\rangle &= \frac{1}{\sqrt{2^{k_2}}} \sum_{c \in C_2^\perp} \frac{1}{\sqrt{2^n}} \sum_{x=0}^{N-1} (-1)^{(c_g \oplus c) \cdot x} |x\rangle \\
&= \frac{1}{\sqrt{2^{n+k_2}}} \sum_{x=0}^{N-1} (-1)^{x \cdot c_g} \sum_{c \in C_2^\perp} (-1)^{x \cdot c} |x\rangle \\
&= \frac{1}{\sqrt{2^{n+k_2}}} \sum_{x \in (C_2^\perp)^\perp} (-1)^{x \cdot c_g} (2^{k_2}) |x\rangle \\
&= \frac{1}{\sqrt{2^{n-k_2}}} \sum_{x \in C_2} (-1)^{x \cdot c_g} |x\rangle
\end{aligned}
$$

이다. 여기서 3번째 줄은 항등식 11.7에 의해 두 번째 줄에서 유도된다.

이제 어떻게 오류보정이 수행되는지 알아보자. 각각의 $|\psi_g\rangle$는 C_1에 있는 부호단어기 때문에, C_1에 대한 징훗값의 양자화 판본은 모든 t 비트 뒤집힘 오류를 바로잡는데 사용될 수 있다. 더 구체적으로는, 홀짝성 검사행렬 P_1의 각 행은 그에 대응하는 비트 집합의 총합 (mod 2)가 짝수인지 혹은 홀수인지 시험한다. 만약 홀짝성 검사행렬의 행이 $b = b_{n-1} b_{n-2} \ldots b_1$으로 읽히면, 양자 상태에 그 검사를 수행하는 관측가능량은 $Z^{b_{n-1}} \otimes \cdots \otimes Z^{b_1}$이다. 이 연산자는 홀짝성 검사가 1인 자리에는 전부 Z이고, 홀짝성 검사가 0인 자리에는 전부 0이다. 더 일반적으로, 임의의 단일 큐비트 유니타리 변환 Q에 대해, Q^b가 텐서곱 $Q^{b_{n-1}} \otimes \cdots \otimes Q^{b_1} \otimes Q^{b_0}$이라고 하자. $b \in P$가 b가 P에서 행으로 나타난다는 뜻이라고 하자. 이 관측가능량을 단일 큐비트 측정으로 구현하기 위해, 각 행

$b \in P_1$을 n개의 계산 큐비트와 1개의 보조 큐비트로 이뤄진 $n + 1$개의 큐비트에 대한 양자 회로의 성분에 대응시킨다. 그 성분은 그 행의 i번째 성분이 1인 경우일 때마다 i번째 큐비트와 보조 큐비트 사이에 C_{not}을 가진다.

이 부호가 위상 오류를 다루는 방법을 살펴보기 위해 먼저 위상 뒤집힘 오류가 W에 의해서 비트 뒤집힘 오류로 변한다는 것을 확인하겠다. e가 위상 뒤집힘 오류의 위치를 알려주는 비트열이라고 하자. 이 오류에서, $|\psi_g\rangle$는 다음과 같이 된다.

$$\frac{1}{\sqrt{2^{k_2}}} \sum_{c \in C_2^\perp} (-1)^{e \cdot (c_g \oplus c)} |c_g \oplus c\rangle$$

여기에 W를 작용하면 다음 식이 이뤄진다.

$$\frac{1}{\sqrt{2^{n+k_2}}} \sum_{c \in C_2^\perp} (-1)^{e \cdot (c_g \oplus c)} \sum_{x=0}^{N-1} (-1)^{x \cdot (c_g \oplus c)} |x\rangle$$

$$= \frac{1}{\sqrt{2^{n+k_2}}} \sum_{x=0}^{N-1} (-1)^{(e \oplus x) \cdot c_g} \sum_{c \in C_2^\perp} (-1)^{(e \oplus x) \cdot c} |x\rangle$$

$$= \frac{1}{\sqrt{2^{n-k_2}}} \sum_{x \oplus e \in C_2} (-1)^{(e \oplus x) \cdot c_g} |x\rangle$$

$$= \frac{1}{\sqrt{2^{n-k_2}}} \sum_{y \in C_2} (-1)^{y \cdot c_g} |y \oplus e\rangle$$

이 상태는 정확히 문자열 e에 대응하는 비트 뒤집힘 오류만큼 $W|\psi_g\rangle$와 다르다.

W를 $|\psi_g\rangle$에 작용한 것이 C_2의 원소들의 선형 결합으로 나오기 때문에 그리고 W에 의해 위상 뒤집힘 오류가 비트 뒤집힘 오류가 되기 때문에, C_2에 대한 징훗값의 양자화된 판본을 위상오류를 바로잡기 위해 사용할 수 있다. 홀짝성 행렬 P_2의 각 행에 대해 비트 뒤집힘 오류 검출 구성에 따라 i번째 큐비트와 보조 큐비트 사이의 C_{not} 연산자를 가지는 양자 회로의 성분을 구성하는 것은 그 행의 i번째 성분에 1이 있는 것과 필요충분조건이다.

이 구성법의 변형은 양자적 징훗값 계산과 홀짝성 검사행렬 사이에 훨씬 더 직접적인 관계를 준다. 다음의 두 회로는 계산용 큐비트와 보조 큐비트를 포함하는데, 임의의 상태

$|\psi\rangle$가 있을 때 상태 $|\psi\rangle|0\rangle$에 같은 효과를 가진다.

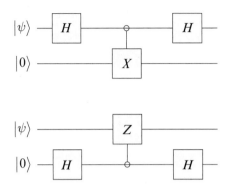

두 경우, 보조 큐비트를 측정한 결과는 같은 확률을 가지며 같은 상태가 된다. 따라서 월시-아다마르 변환을 계산용 큐비트에 작용하고 계산 큐비트를 보조 큐비트에 작용하는 대신에, 간단히 아다마르 게이트를 보조 큐비트에 작용하고 그 보조 큐비트를 제어 큐비트로 해서 계산 큐비트에 제어형 위상 뒤집기를 작용해도 된다. 마찬가지 논의로, 비트 뒤집힘 오류를 바로잡기 위해 보조 큐비트에 아다마르 변환을 작용하고 그 큐비트를 사용해서 계산 큐비트에 제어형 비트 뒤집기를 수행할 수 있다.

CSS 부호의 일반화인 안정자 부호를 연구하는 것은 정확한 계산 상태가 징훗값 계산에 의해 방해받지 않고 남아 있는 이유를 설명해준다. 종합하면 CSS 부호는 다음 개수의 관측가능량을 갖는다.

$$n - k_1 + n - k_2 = 2n - k_1 - k_2$$

그중 $n - k_1$개는 Z와 I로 이뤄진 항들만을 포함하며 비트 뒤집힘 오류를 바로잡고, $n - k_2$개는 X와 I로 이뤄진 항들만을 포함하며 위상 뒤집힘 오류를 바로잡는다. 고전 부호 단어의 중첩 상태에서 시작해서 CSS 부호를 만드는 대신, C_1과 C_2 부호에 대한 홀짝성 검사 행렬에 대응하는 관측가능량으로 만드는 것에서 시작할 수도 있다. 이 접근법은 11.4절에서 안정자 부호를 다룰 때 살펴볼 것이다.

11.3.3 스테인 부호

스테인의 [[7, 1]] 부호는 [7, 4] 해밍 부호에 바탕을 둔다. 이 부호는 여러 번 다시 만나게 되는데, 먼저 11.4절에서 안정자 부호의 예제로서 만나고, 결함 내성 절차의 설계를 설명할 때 작동하는 예제로서 12장에서 볼 것이다.

예제 11.3.1에서

$$C^{\perp} = \{0000000, 1110100, 1101010, 0011110, 1011001, 0101101, 0110011, 1000111\}$$

이었던 점과, C가 16개의 부호단어를 포함하고, $C^{\perp}$의 부호단어는 C의 부호단어에 모두 1111111을 더해서 얻은 것들을 합친 것이라는 점을 떠올려 보자. C가 그 자신의 쌍대를 포함하기 때문에 CSS 구성에 대한 조건은 $C_1 = C$, $C_2 = C$로 정하면 만족된다. 다음의 CSS 구성을 따라가 보자.

$$|0\rangle \to |\tilde{0}\rangle = \frac{1}{\sqrt{8}} \sum_{c \in C^{\perp}} |c\rangle$$

$$= \frac{1}{\sqrt{8}} (|0000000\rangle + |1110100\rangle + |1101010\rangle + |0011110\rangle +$$

$$|1011001\rangle + |0101101\rangle + |0110011\rangle + |1000111\rangle)$$

$$|1\rangle \to |\tilde{1}\rangle = \frac{1}{\sqrt{8}} \sum_{c \in C,\, c \notin C^{\perp}} |c\rangle$$

$$= \frac{1}{\sqrt{8}} (|1111111\rangle + |0001011\rangle + |0010101\rangle + |1100001\rangle +$$

$$|0100110\rangle + |1010010\rangle + |1001100\rangle + |0111000\rangle)$$

스테인 부호에 대한 징훗값 추출 연산자 U_P는 [7, 4] 해밍 부호에 대한 다음의 홀짝성 검사행렬 P에 바탕을 둔다.

$$P = \begin{pmatrix} 1 & 1 & 1 & 0 & 1 & 0 & 0 \\ 1 & 1 & 0 & 1 & 0 & 1 & 0 \\ 1 & 0 & 1 & 1 & 0 & 0 & 1 \end{pmatrix}$$

이 스테인 부호에 대한 여섯 가지 관측가능량은

$$S_1 = Z \otimes Z \otimes Z \otimes I \otimes Z \otimes I \otimes I$$
$$S_2 = Z \otimes Z \otimes I \otimes Z \otimes I \otimes Z \otimes I$$
$$S_3 = Z \otimes I \otimes Z \otimes Z \otimes I \otimes I \otimes Z$$
$$S_4 = X \otimes X \otimes X \otimes I \otimes X \otimes I \otimes I \qquad (11.8)$$
$$S_5 = X \otimes X \otimes I \otimes X \otimes I \otimes X \otimes I$$
$$S_6 = X \otimes I \otimes X \otimes X \otimes I \otimes I \otimes X$$

이다(S_1에 대한 회로는 그림 11.1에서 볼 수 있다).

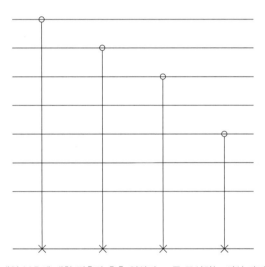

그림 11.1 스테인 부호에 대한 징훗값 추출 연산자 U_P를 구성하는 여섯 가지 회로 중 하나

부호화된 상태를 계산하는 방법에 대한 논의는 CSS 부호를 포함한 일반적인 부호 분류인 안정자 부호를 개발한 다음으로 미루겠다.

11.4 안정자 부호

안정자 부호 구성은 11.3절에서 설명했던 CSS 부호 구성을 일반화시킨다. 이 구성은 2^n 차원 공간의 2^k차원 부분 공간인 어떤 $[[n, k]]$ 부호가 이 부분 공간을 안정화하는 연산자

집합으로 정의될 수 있다는 점을 알아차리는 것에서 시작한다.

예제 11.4.1 스테인 부호는 식 11.8의 여섯 관측가능량 S_1, S_2, S_3, S_4, S_5, S_6에 의해 안정화된다. 즉, 스테인 부호의 상태 $|\tilde{0}\rangle$과 $|\tilde{1}\rangle$은 여섯 관측가능량 전부에 대해 +1 고유 벡터다.

11.4.1절은 그 안정자에 의해 부호가 정의되는 방법을 설명한다. 그리고 부호 C에 대해 안정자로 작용하는 이진 관측가능량의 경우를 살펴본다. CSS 부호 구성에서 사용되는 모든 관측가능량은 2개의 고윳값, -1과 $+1$만을 가진다. 11.4.1절은 이 관측가능량의 성질을 사용해 C에 대한 바로잡을 수 있는 오류 집합에 대한 조건을 알아낸다. 11.4.2절은 이진 관측가능량에서 일반화된 파울리군의 원소로 더 제한해, 바로잡을 수 있는 오류 집합에 대한 더 구체적인 조건을 유도하겠다. 이 설정은 11.4.3절에서 안정자 부호 오류보정의 완전한 전개 과정을 준비한다. 11.4.4절은 새로운 부호인 [[5, 1]] 안정자 부호를 작동하는 예제로서 사용해 안정자 부호의 논리 큐비트에 계산이 어떻게 수행되는지 설명한다.

11.4.1 양자오류보정에 대한 이진 관측가능량

만약 모든 $|w\rangle \in W$에 대해 $S|w\rangle = |w\rangle$이라면, 벡터 공간 V의 부분 공간 W는 연산자 $S : V \rightarrow V$에 의해 안정된다. 다시 말해, 모든 $|w\rangle \in W$에 대해 $|w\rangle$가 S의 +1 고유 상태라면 W는 S에 의해 안정된다. 부분 공간 $W \subset V$의 안정자^{stabilizer}는 W를 안정시키는 모든 연산자들의 집합이다. S가 V에 대한 고윳값으로 +1과 -1만을 가지는 모든 이진 연산자들의 집합이라고 하자. 관측가능량들의 어떤 집합 $\{S_i\} \subset S$은 모든 원소 S_i에 의해 안정되는 가장 큰 부분 공간인 부분 공간 C를 정의한다. 때때로 부호 C는 매력적인 양자오류보정 부호이지만, 그렇지 않은 경우도 있다. 예를 들어 어떤 관측가능량 집합에 대해, C가 단순히 0벡터인 경우다. 다음 작업은 C를 정의하는 관측가능량 집합으로부터 C에 대한 바로잡을 수 있는 오류집합을 알아내는 방법을 배우면서 어떤 관측가능량 집합에 대해 흥미로운 부호를 얻게 되는지를 이해하는 것이다.

S가 $|v\rangle$를 안정시키고, T가 S와 반교환 가능하다고 하자. 즉, $ST = -TS$다. 그러면,

$$ST|v\rangle = -TS|v\rangle = -T|v\rangle$$

이고, 따라서 $T|v\rangle$는 S의 -1 고유 벡터다. 만약 부호 C가 S에 의해 안정된다면, 모든 $|v\rangle \in C$에 대해 상태 $T|v\rangle$는 C의 부호단어가 될 수 없다. $T|v\rangle$가 부호단어가 아니라는 것은 S를 사용한 측정으로 검출될 수 있다. 이 사실은 11.2.4절의 식 11.2에서 유니타리 오류 집합 $\mathcal{E}$에 대한 조건을 다음과 같이 안정자 집합을 사용해서 식 11.9로 표현할 수 있게 해준다.

$$\langle c_a | E_i^\dagger E_j | c_b \rangle = m_{ij}\delta_{ab} \tag{11.9}$$

C가 r개의 안정자 $S_1, \ldots, S_r$에 의해 정의된 부호라고 하자. 서로 다른 원소 E_i와 E_j의 모든 쌍에 대해, $E_i^\dagger E_j$는 C를 안정시키거나, 적어도 하나의 S_l이 있어서 $E_i^\dagger E_j$와 반교환가능하다고 하자. 다음 문단에서 그런 $\mathcal{E}$가 C에 대한 바로잡을 수 있는 오류집합임을 보이겠다.

상자 11.5 집합에 작용하는 안정자와 군

모든 원소 $g, g_1, g_2 \in G$와 원소 $s \in S$에 대해,

- G가 g를 s에 작용해 S의 다른 원소 gs를 얻는 것을 설명하는 데 의미가 있고
- G의 항등원 e가 어떤 s에 대해서도 그 자신으로 보낸다면, 즉 $es = s$라면,
- 그리고 $(g_1 g_2)^s = g_1(g_2{}^s)$라면

군 G는 집합 S에 작용한다. 군은 여러 다른 방식으로 집합에 작용할 수 있고, 따라서 어떤 작용을 논의하고 있는지 정의하는 것은 중요하다. 몇 가지 예시를 보자.

- 임의의 $H < G$에 대해, 군 G는 H의 잉여류의 집합에 표준적인 방식으로 작용한다. 즉, 어떤 원소 $g_1 \in G$는 잉여류 $g_2 H$에 작용해 잉여류 $(g_1 g_2)H$로 보낸다.
- 유니타리 연산자들의 군 $U : V \to V$는 집합으로 간주한 벡터 공간 V에 $|v\rangle \in V$를 벡터 $U|v\rangle$로 보내는 방식으로 작용한다.

임의의 $s \in S$에 대해, s를 안정시키는 군 원소들의 집합은 부분군이다. 즉,

$$H_s = \{g \in G | gs = s\}$$

는 s의 안정자라고 한다.

만약 $E_i^\dagger E_j$가 C를 안정시킨다면,

$$\langle c_a | E_i^\dagger E_j | c_b \rangle = \langle c_a | c_b \rangle = \delta_{ab}$$

이다. 반면 $E_i^\dagger E_j$가 안정자 S_l과 반교환 관계라고 하자. 그러면

$$\langle c_a | E_i^\dagger E_j | c_b \rangle = \langle c_a | E_i^\dagger E_j S_l | c_b \rangle = -\langle c_a | S_l E_i^\dagger E_j | c_b \rangle = -\langle c_a | E_i^\dagger E_j | c_b \rangle$$

으로부터 다음 식이 유도된다.

$$\langle c_a | E_i^\dagger E_j | c_b \rangle = 0$$

E_i가 유니타리 연산자이므로, 모든 i, a, b에 대해

$$\langle c_a | E_i^\dagger E_i | c_b \rangle = \delta_{ab}$$

이다. 이 식은 $\mathcal{E}$가 식 11.2의 양자오류 조건을 만족함을 보여준다. 만약 어떤 i와 j에 대해 변환 $E_i^\dagger E_j$가 C를 안정시킨다면, 부호 C는 E에 대해 축중 부호다. 그렇지 않고 만약 모든 $i \neq j$인 경우 각각에 대해 $E_i^\dagger E_j$가 적어도 하나의 S_l과 반교환 관계라면, 그 부호 C는 축중 부호가 아니다.

11.4.2 양자오류보정에 대한 파울리 관측가능량

11.4.1절의 관찰 내용은 특정한 관계를 만족하는 연산자 집합에서 바로잡을 수 있는 오류집합 $\mathcal{E}$를 가지는 부호 C를 만드는 일반적인 기법을 제안한다. 일반화된 파울리군의 교환 관계 때문에, 이 관계를 만족하는 일반화된 파울리 연산자의 집합을 찾는 것은 비교적 쉽다. $Y^\dagger = -Y$, $X^\dagger = X$, $Z^\dagger = Z$이므로, 짝수 개의 Y항과 임의의 개수인 X항과 Z항을 갖는 일반화된 파울리군 $\mathcal{G}_n$의 어떤 원소라도 에르미트 연산자이며, 따라서 관측가능량이라고 볼 수 있다.

S가 $\mathcal{G}_n$의 교환가능한 부분군으로 $-I$를 포함하지 않는다고 하자. 일반화된 파울리군 $\mathcal{G}_n$의 모든 원소는 제곱하면 $\pm I$ 중 하나다. S가 $-I$를 포함하지 않는 부분군이므로, S의 모든 원소는 제곱하면 I이고, 이것은 고윳값이 ± 1이라는 뜻이다. S가 그 원소들이 제곱해서 항등원이 되는 교환가능한 군이므로, S는 어떤 k에 대해서 $\mathbf{Z}_2^k$와 동형이어야 한다.

$S_1, \ldots, S_r$이 S에 대한 생성원이라고 하자. C가 S에 의해 안정되는 부분 공간이라고 하자. 즉,

$$C = \{|v\rangle \in V \mid S_a|v\rangle = |v\rangle, \ \forall S_a \in S\}$$

이다. 다음 문단에서 C의 차원이 2^{n-r}임을 보이겠다.

C_i가 처음 i개의 안정자에 의해 안정되는 부분 공간이라고 하자. 즉,

$$C_i = \{|v\rangle \in V \mid S_j|v\rangle = |v\rangle, \ \forall 0 < j \le i\}$$

이다. $\mathcal{G}_n$의 모든 항등원이 아닌 원소 S_α는 대각합이 0이고, $+1$과 -1만을 고윳값으로 갖기 때문에, S_α의 $+1$ 고유 공간은 V의 절반의 차원을 가진다. 즉, C_1 부분 공간은 2^{n-1} 차원이다. 모든 i에 대해, 연산자 $P_i = \frac{1}{2}(I + S_i)$는 S_i의 $+1$ 고유 공간 위로의 투영연산자이고, 따라서 $C_1 = P_1 V$다. $S_2 P_1 = \frac{1}{2}(I + S_1)S_2$는 대각합이 0이기 때문에, C_1의 정확히 절반이 S_2의 $+1$ 고유 공간에 속한다. 그러므로 S_2는 2^{n-2} 차원을 갖는다. $C = C_r$이기 때문에, 수학적 귀납법으로 $\dim C = 2^{n-r}$이 유도된다. C를 명시적으로 찾으면, 임의의 원소 $S_\alpha \in S$에 대해 S가 군이기 때문에 $\{S_\alpha S_\beta \mid S_\beta = S\}$인 원소의 집합이다. 따라서

$$\frac{1}{\sqrt{|S|}} \sum_{S_\alpha \in S} S_\alpha |\psi\rangle$$

은 S에 의해 안정된다. 여기서 $|\psi\rangle$는 임의의 n큐비트 상태다.

$\mathcal{E} \in \mathcal{G}_n$이 오류집합 $\{E_i\}$로, 모든 i와 j에 대해 $E_i^\dagger E_j$가 S의 안정자에 속하거나, S의 적어도 한 원소와 반교환 관계라고 하자. 다시 말해,

$$E_i^\dagger E_j \notin Z(S) - S$$

이다. 여기서 $Z(S)$는 S의 중심자^{centralizer}로, S의 모든 원소와 교환 관계인 원소를 포함하는 $\mathcal{G}_n$의 부분군이다. 11.4.1절에서 말했듯이, 만약 $E_i^\dagger E_j$가 C를 안정시킨다면, $\langle c_a|E_i^\dagger E_j|c_b\rangle = \delta_{ab}$이고, 만약 $E_i^\dagger E_j$가 어떤 S_i과 반교환 관계라면, $i = j$이고 $a = b$가 아닌 한 $\langle c_a|E_i^\dagger E_j|c_b\rangle = 0$이다. 따라서 모든 $E_i, E_j \in \mathcal{E}$가 $E_i^\dagger E_j! \notin Z(S) - S$를 만족하는 어떤 E라도 부호 C에 대해 바로잡을 수 있는 오류집합이다. 특히 관심 있는 것은 t와 같거나 더

적은 큐비트에 대한 모든 오류 E_i와 E_j가 $E_i^\dagger E_j \notin Z(S) - S$를 만족하는 최대의 t다.

안정자 부호의 거리 d는 $Z(S) - S$에 있는 원소의 최소 가중치다. $[[n, k, d]]$ 양자 부호는 k 큐비트 메시지 단어를 n큐비트 부호단어로 표현하며, 거리 d를 가진다. 양자 부호를 고전 부호와 구분하기 위해 이중 괄호를 사용한다. $[[n, k, d]]$ 양자 부호는 $d \geq 2t + 1$이면 가중치가 t와 같거나 더 작은 모든 오류를 바로잡을 수 있다.

11.4.3 오류의 진단과 바로잡기

C가 안정자 부호로, 독립적인 생성 집합 $S_1, \ldots, S_r$으로 주어진 안정자 S를 가진다고 하자. S가 가환군이므로, 다른 S_i에 의한 측정은 서로 영향을 주지 않는다. 즉, 상태 $|v\rangle \in V$가 측정돼서 S_i의 -1 고유 상태로 결정될 확률은 이전에 다른 S_j로 측정이 됐더라도 상관없이 같다. r개의 관측가능량 S_i 전체에 대한 측정은 V의 2^r개의 부분 공간 $\{V_e\}$를 구분하며, 각각은 2^{n-r}차원을 갖는다. 각 부분 공간은 유일한 표지 e를 갖는데, 길이가 r이고 그 i번째 비트가 e_i 비트열이 V_e가 S_i의 $+1$ 고유 공간에 있는지 -1 고유 공간에 있는지를 알려준다. 즉,

$$S_i\text{의 } V_e = \bigcap_i (-1)^{e_i} \text{ 고유 공간}$$

어떤 오류 $E \in \mathcal{G}_n$은 각 S_i와 교환 관계이거나 반교환 관계다. 안정자 부호에 대한 논의는 S에 의해 안정되는 임의의 $|v\rangle$에 대해, E와 S가 교환 관계이면 상태 $E|v\rangle$가 S_i의 $+1$ 고유 상태에 있고, E와 S가 반교환 관계이면 상태 $E|v\rangle$가 S_i의 -1 고유 상태에 있다는 관찰에서 시작했다. E_C와 V_e는 둘 다 2^{n-r}차원이기 때문에 어떤 e에 대해 부분 공간 $EC = V_e$다. 11.4.1절에서 $\mathcal{E}$가 C에 대한 바로잡을 수 있는 오류집합이라면 $\mathcal{E}$에 있는 모든 E_i와 E_j에 대해 $E_i^\dagger E_j$가 S와 반교환 관계이거나 S에 포함된다고 설명한 것을 다시 떠올려 보자. 만약 $E_i^\dagger E_j$가 S와 반교환 관계라면, $E_i C$와 $E_j C$는 직교 부분 공간이다. 만약 $E_i^\dagger E_j$가 S에 있으면 모든 $|v\rangle \in C$에 대해 $E_i|v\rangle = E_j|v\rangle$이고, $E_i C = E_j C$다. 첫 번째 경우에는 r개의 관측가능량 S_i에 의한 측정이 $E_i C$를 $E_j C$와 구분해준다. 두 번째 경우, 측정은 E_i 오류인지 E_j 오류인지 알아낼 수 없지만, 알아낼 필요가 없다. $E_i^\dagger$나 $E_j^\dagger$ 중 하나를 작용하면 원래 상태로 되돌아간다. $\mathcal{E}$에 있는 모든 E_i는 유일한 표지 e를 가진다. S_i가 측정되고 r비트

열 e를 얻었을 때, 표지 e를 가지는 E_i 중 어떤 것에 대해서도 $E_i^\dagger$를 작용하면 어떤 오류 $E_j \in \mathcal{E}$가 발생했는지에 상관없이 그 상태는 올바른 상태로 되돌아올 것이다.

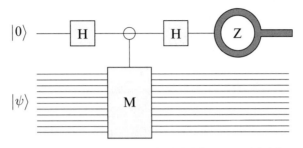

그림 11.2 에르미트 유니타리 연산자인 연산자 M에 대한 간접적 측정. 표준 기저에서 보고 큐비트를 측정하면 레지스터를 M으로 직접 측정해서 얻은 것과 같은 확률로 양자 레지스터는 같은 상태에 남아 있다.

M이 n개 큐비트에 대한 어떤 에르미트 유니타리 연산자라고 하자. M이 에르미트 연산자이면서 유니타리 연산자이기 때문에, 그림 11.2의 회로처럼 간접 측정을 추가 보조 큐비트에 수행할 수 있다. 여기서 회색 원은 "동그라미 친 에르미트 연산자에 따라 측정한다"는 뜻이다. 이 경우, 보조 큐비트를 표준 기저에서 연산자 Z로 측정한다. 이 절의 나머지 부분에서 이 회로가 M에 따른 간접 측정을 구현하는 방법을 설명하겠다.

M이 유니타리이면서 에르미트 연산자이기 때문에, 가능한 고윳값은 $+1$과 -1뿐이다. 이 회로는 임의의 $|\psi\rangle$에 대해, 상태 $c(|\psi\rangle + M|\psi\rangle)$가 M의 $+1$ 고유 벡터이고, $c'(|\psi\rangle - M|\psi\rangle)$가 M의 -1 고유 벡터라는 사실을 이용한다. 여기서 c와 c'는 규격화 인자로, $c = 1/\||\psi\rangle + M|\psi\rangle\|$이고 $c' = 1/\||\psi\rangle - M|\psi\rangle\|$이다. 즉, 만약 $|\psi\rangle$를 M의 고유 상태로 적는다면 $|\psi\rangle + M|\psi\rangle$에서 -1 고유 벡터가 상쇄되고 $+1$ 고유 벡터만 남는 것을 보게 된다. P^+가 M의 $+1$ 고유 상태로의 투영연산자라고 하자. 그러면 $\frac{1}{2}(|\psi\rangle + M|\psi\rangle) = P^+|\psi\rangle$이다. 그리고 P^-를 M의 -1 고유 상태로의 투영연산자라고 하자. 그러면 $\frac{1}{2}(|\psi\rangle - M|\psi\rangle) = P^-|\psi\rangle$이다. M에 따른 $|\psi\rangle$의 직접 측정은 $\frac{P^+|\psi\rangle}{|P^+|\psi\rangle|}$를 확률 $\langle\psi|P^+|\psi\rangle$로 이끌어내고, $\frac{P^-|\psi\rangle}{|P^-|\psi\rangle|}$를 확률 $\langle\psi|P^-|\psi\rangle$로 이끌어낸다.

이번 문단에서는 그림 11.2의 회로가 이와 같은 상태를 같은 확률로 이끌어낸다는 것을 보이겠다. 측정하기 전의 상태는

$$\frac{1}{\sqrt{2}}(|+\rangle|\psi\rangle + |-\rangle M|\psi\rangle) = \frac{1}{2}(((|0\rangle + |1\rangle)|\psi\rangle + (|0\rangle - |1\rangle)M|\psi\rangle)$$

$$= \frac{1}{2}(|0\rangle(|\psi\rangle + M|\psi\rangle) + |1\rangle(|\psi\rangle - M|\psi\rangle))$$

$$= \frac{1}{2}(\frac{1}{c}|0\rangle(c(|\psi\rangle + M|\psi\rangle)) + \frac{1}{c'}|1\rangle(c'(|\psi\rangle - M|\psi\rangle)))$$

이다. 보조 큐비트를 Z로 측정하면 확률 $P_+ = \langle\psi|P^+|\psi\rangle$로 0이 나오고, 그 결과는 n 큐비트 상태 $c(|\psi\rangle + M|\psi\rangle)$다. 마찬가지로, 이 측정확률 $p_- = \langle\psi|P^-|\psi\rangle$로 1이 나오고 그 결과는 n큐비트 레지스터의 상태인 $c'(|\psi\rangle - M|\psi\rangle)$가 된다. 또 다른 논증으로는, $M = P^+ - P^-$이고 $I = P^+ + P^-$이므로

$$c(|\psi\rangle + M|\psi\rangle) = c((P^+ + P^-)|\psi\rangle + (P^+ - P^-)|\psi\rangle) = cP^+|\psi\rangle$$

이다. 따라서 그림 11.2의 회로는 n개의 계산 큐비트에 대해 M에 의한 직접 측정과 같은 효과를 가진다. $1 \leq i \leq M$에 대해 S_i 각각을 측정하기 위해서는, 이런 회로가 m개 필요하며 m개의 보조 큐비트가 필요하다. 이 큐비트를 측정하면 문자열 e가 나온다.

11.4.4 부호화된 안정자 상태에 대한 계산

안정자 부호에 대해, 파울리군에 있는 것들을 포함한 특정한 연산자 U는 간단히 얻을 수 있는 논리적 등가 연산자 $\tilde{U}$가 있다. 12장에서는 안정자 부호가 오류를 다루는 데 좋은 특성도 갖고 있음을 보이겠다. 본론으로 되돌아와서, 부호화 함수를 정의하고 그 부호화에 대한 논리적 연산자를 찾아내는 대신에, 논리적 연산자의 후보를 찾고 그것들을 사용해 그 부호화에 대한 논리 연산자를 찾겠다. 특히 논리적인 단일 큐비트 파울리 연산자 $\tilde{Z}_1, \ldots, \tilde{Z}_k$를 찾아내고 이들을 사용해 부호화 함수를 정의하겠다.

일반적으로 어떤 상태는 그 상태를 고유 상태로 하는 연산자를 사용해 정의될 수 있다. 예를 들어 k개 큐비트계에 대한 모든 표준 기저 원소를 이 상태들이 연산자 $Z_1, \ldots, Z_k$ 각각에 대해 $+1$ 고유 벡터인지 -1 고유 벡터인지에 따라 정의할 수 있다. 다른 사례로 10.2.4절에서 클러스터 상태를 이 상태를 안정시키는 연산자를 사용해 정의했다. 이때 부호화 함수는 임의의 표준 기저벡터 $|b_1 \ldots b_k\rangle$를 모든 i에 대해 $\tilde{Z}_i$의 $(-1)^{b_i}$ 고유 상태가

되는 부호 C의 유일한 상태로 보낸다. 이 절의 나머지 부분은 작동하는 예제로 5큐비트 부호를 만들어 가면서 이 프로그램을 더 자세히 설명하겠다.

예제 11.4.2 다음의 관측가능량 집합은 $[[5, 1]]$ 부호를 정의한다.

$$S_0 = X \otimes Z \otimes Z \otimes X \otimes I$$
$$S_1 = Z \otimes Z \otimes X \otimes I \otimes X$$
$$S_2 = Z \otimes X \otimes I \otimes X \otimes Z$$
$$S_3 = X \otimes I \otimes X \otimes Z \otimes Z$$

이 네 가지 관측가능량은 독립적이며, 따라서 네 관측가능량 각각은 2^5차원 부호 공간을 두 고유 공간으로 쪼개고, $2^5/2^4 = 2^1$차원의 부호단어 공간을 남겨둔다. 이 부호는 양자 해밍 한계를 만족하며, 따라서 완전한 부호이다.

어떤 원소 $A \in Z(S)$를 생각해보자. 임의의 $|v\rangle \in C$에 대해, 상태 $A|v\rangle$도 C에 들어 있다. 즉,

$$S_i A|v\rangle = AS_i|v\rangle = A|v\rangle$$

이고, 따라서 $A|v\rangle$는 모든 S_i의 $+1$ 고유 상태다. 만약 A가 S에 들어 있다면, $A|v\rangle = |v\rangle$지만, $Z(S) - S$에 있는 모든 A에 대해 A는 C에 자명하지 않은 방식으로 작용한다. 만약 어떤 $S_a \in S$에 대해 $A_1 = A_2 S_a$라면, A_1과 A_2는 C에 같은 방식으로 행동한다. 몫군 $Z(S)/S$의 모든 원소는 C에 대해 다른 방식으로 작용한다. 이 원소들이 C에 어떻게 작용하는지 이해하기 위해서는 중심자 $Z(S)$의 구조에 대해 더 알아볼 필요가 있다.

$\mathcal{G}_n$을 심플렉틱 군$^{\text{symplectic group}}$으로 보면 $Z(S)$의 구조가 보인다. 11.2.11절에서 $\mathcal{G}_n$의 임의의 원소를 다음과 같이 유일하게 적을 수 있다.

$$\mu(X^{a_1} \otimes \cdots \otimes X^{a_n})(Z^{b_1} \otimes \cdots \otimes Z^{b_n})$$

따라서 $\mathcal{G}_n$의 각 원소에 대해 연관된 다음과 같은 $2n$ 비트 문자열

$$(a|b) = a_1 \ldots a_n b_1 \ldots b_n$$

이 존재한다는 논의를 했음을 떠올려 보자. 게다가 $h : \mathcal{G}_n \to \mathbf{Z}_2^{2n}$는 군 준동형사상으로,

$$(a|b) \cdot (a'|b') = (a \oplus a'|b \oplus b')$$

이 성립한다. 준동형사상 h는 4대 1 함수이고, μ에 포함된 위상 정보는 손실된다. S가 $-I$를 포함하지 않기 때문에, 그리고 따라서 $\mathbf{i}I$나 $-\mathbf{i}I$도 포함하지 않기 때문에, S에 있는 어떤 두 원소도 같은 문자열에 대응되지 않고, 그러므로 S에 대해 준동형사상 h는 1대 1이다. $\mathcal{G}_n$의 원소 $S_1, \ldots, S_r$은 독립적인데, 이것은 서로 간에 어떤 것도 다른 원소의 곱으로 적을 수 없다는 뜻이며, 이것은 그에 대응하는 비트열 $(a|b)$가 선형 독립인 것과 필요충분조건이다.

$\mathcal{G}_n$의 두 원소 g와 g'가 교환 가능한 것은

$$ab' + a'b = 0 \bmod 2$$

과 필요충분조건이다. 여기서 ab'는 통상적인 내적으로, 서로 대응하는 비트를 비트별로 곱한 것의 합이고, $(a|b) = h(g)$이며 $(a'|b') = h(g')$이다. $ab' + a'b \bmod 2$는 **심플렉틱 내적** symplectic inner product이라고 한다.

예제 11.4.3 예제 11.4.2의 네 관측가능량으로 생성된 안정자 군은 다음과 같이 16개의 원소 S_a를 가진다.

$$
\begin{aligned}
S_i S_i = I &= I \otimes I \otimes I \otimes I \otimes I & S_0 &= X \otimes Z \otimes Z \otimes X \otimes I \\
S_1 &= Z \otimes Z \otimes X \otimes I \otimes X & S_2 &= Z \otimes X \otimes I \otimes X \otimes Z \\
S_3 &= X \otimes I \otimes X \otimes Z \otimes Z & S_0 S_1 &= -Y \otimes I \otimes Y \otimes X \otimes X \\
S_0 S_2 &= -Y \otimes Y \otimes Z \otimes I \otimes Z & S_0 S_3 &= -I \otimes Z \otimes Y \otimes Y \otimes Z \\
S_1 S_2 &= -I \otimes Y \otimes X \otimes X \otimes Y & S_1 S_3 &= -Y \otimes Z \otimes I \otimes Z \otimes Y \\
S_2 S_3 &= -Y \otimes X \otimes X \otimes Y \otimes I & S_0 S_1 S_2 &= -X \otimes X \otimes Y \otimes I \otimes Y \\
S_0 S_1 S_3 &= -Z \otimes I \otimes Z \otimes Y \otimes Y & S_0 S_2 S_3 &= -Z \otimes Y \otimes Y \otimes Z \otimes I \\
S_1 S_2 S_3 &= -X \otimes Y \otimes I \otimes Y \otimes X & S_0 S_1 S_2 S_3 &= I \otimes X \otimes Z \otimes Z \otimes X
\end{aligned}
$$

다음의 표는 이 부호에 대해 위의 관측가능량으로 정의된 오류 징훗값을 보여준다. 큐비트 0번에서 4번에 발생한 단일 큐비트 오류 X, Y, Z에 대해, 그에 대응하는 열 벡터는 부호 단어에 단일 오류가 발생한 다음에 관측가능량 S_i로 측정한 결과를 보여준다. $+$와 $-$는 각각 그 큐비트를 S_i로 측정한 결과가 $+1$인지 -1인지를 나타낸다. 네 측정 결과는 오류

를 유일하게 판별해낸다. +를 0으로, −를 1로 세면, 마지막 줄은 네 가지 관측가능량 모두의 측정에서 나오는 유일한 십진수 값을 보여준다.

	비트 0			비트 1			비트 2			비트 3			비트 4		
	X	Z	Y	X	Z	Y	X	Z	Y	X	Z	Y	X	Z	Y
S_0	+	−	−	−	+	−	−	+	−	+	−	−	+	+	+
S_1	−	+	−	−	+	−	+	−	−	+	+	+	+	−	−
S_2	−	+	−	+	−	−	+	+	+	+	−	−	−	+	−
S_3	+	−	−	+	+	+	+	−	−	−	+	−	−	+	−
	6	9	15	3	4	7	1	10	11	8	5	13	12	2	14

$S_1, \ldots, S_r$이 S에 대한 독립적인 생성 집합이라고 하자. $r \times 2n$ 이진수 행렬

$$M = \begin{pmatrix} (a|b)_1 \\ (a|b)_2 \\ \vdots \\ (a|b)_r \end{pmatrix}$$

을 각 행에 $(a|b)_i = h(S_i)$를 써서 만들자. S_i가 독립이고 M의 행들도 독립이며, 따라서 M은 랭크가 r이다. 행렬 M은 $2n$비트 문자열 $(a|b)$에 작동하는데, 열 벡터 $\binom{b}{a}$로 보면 길이가 r인 벡터를 만들어내고, 이 벡터는 i번째 성분이 $(a|b)$의 심플렉틱 내적으로 $(a|b)_i$가된다. 행렬 M은 $2n - r$ 차원의 핵^{kernel}을 가진다. 이 핵의 원소는 모든 안정자 원소와 교환 가능한 $\mathcal{G}_n$의 원소에 대응한다. 따라서 $Z(S)$에는 $4 \cdot 2^{2n-r}$개의 원소가 존재하는데, 여기서 4는 μ의 네 가지 가능한 값에서 온 것이다. μ의 이 값은 나머지 논의에서는 중요하지 않은데, S의 원소가 그에 대응하는 문자열 $(a|b)$에 의해 유일하게 결정되기 때문이다. 어떤 $[[n, k]]$ 안정자 부호에 대해, 안정자 부분군의 크기는 2^{n-k}다. 따라서 $[[n, k]]$ 부호에 대해 $Z(S)$에는 $2^{2n-r} = 2^{n+k}$개의 원소가 있다.

$\tilde{Z}_1$을 $S_1, \ldots, S_r$에 독립적인 $Z(S)$의 아무 원소가 되도록 고르자. $(r + 1) \times 2n$차 이진수 행렬 M_1을 $\tilde{Z}_1$에 대응하는 $2n$비트 문자열인 M에 행을 추가해서 만들자. 행렬 M_1은 가득 찬 랭크 $r + 1$을 가진다. C_1이 크기 $2^{2n-(r+1)} = 2^{n+k-1}$이고 M_1의 핵이 되는 열 벡터 $\binom{b}{a}$인 이진 문자열 집합이라고 하자. $\tilde{Z}_2$는 C_1에 있는 비트열에 대응하는 $Z(S)$의 임의의 원소라고 하자. 이 과정을 k번 반복해 서로 교환 가능하고 S의 모든 원소와 교환 가능한 연산자

$\tilde{Z}_1, \ldots, \tilde{Z}_k$를 얻을 수 있다. M_k의 핵은 S가 될 것이다.

잠시 부호화되지 않은 표준 기저벡터를 생각해보자. k큐비트 상태 $|00\ldots0\rangle$은 $Z_1, \ldots, Z_k$의 유일한 $+1$ 고유 상태다. 더 일반적으로, 표준 기저벡터 $|b_1 \ldots b_k\rangle$는 고유한 상태로, 모든 i에 대해 Z_i의 $(-1)^{b_i}$ 고유 상태다. 임의의 k비트 문자열 $b_1 \ldots b_k$에 대해, 모든 i에 대해 Z_i의 $(-1)^{b_i}$인 부호 C의 유일한 원소가 있다. 즉, 유일한 원소가 존재한다는 논증은 C의 차원을 구성할 때의 논증과 유사하다. 부호 C에 대해 표준 기저 원소를 C의 원소로 보내서 Z_i의 논리적 판본인 $\tilde{Z}_i$와 유사한 고유 상태 관계를 가지도록 하는 부호화 함수 U_C가 정의된다. k큐비트 상태 $\sum_{x=0}^{2^k-1} a_x |x\rangle$는 다음과 같이 부호화된다.

$$U_C : \sum_{x=0}^{2^k-1} a_x |x\rangle \to \sum_{x=0}^{2^k-1} a_x |\tilde{x}\rangle \tag{11.10}$$

여기서 $|\tilde{x}\rangle$는 C의 유일한 원소로, 모든 $0 \leq i \leq k$에 대해 $\tilde{Z}_i$의 $(-1)^{x_i}$ 고유 상태에 있다.

$(r+k) \times 2n = n \times 2n$차 행렬 M_k가 가득 찬 랭크를 가진다. 따라서 임의의 i에 대해 비트열 $(a|b)$가 있어서, 열 벡터 $\binom{b}{a}$로 봤을 때 i번째 자리에 1이 있고 나머지는 0이 있는 n비트 문자열 e_i를 이끌어낸다. 특히 $2n$비트 문자열 $(a|b)$가 있어서 다음을 만족한다.

$$M_k \begin{pmatrix} b \\ a \end{pmatrix} = e_1$$

$\tilde{X}_1$이 M_k를 곱해서 e_1이 나오는 비트열 $(a|b)$를 가지는 $Z(S)$의 원소라고 하자. $\tilde{X}_1$에 대응하는 비트열 M_k에 행을 더해서 M_{k+1}을 만들자. $\tilde{X}_2$가 비트열 $(a|b)$로, 다음과 같다고 하자.

$$M_{k+1} \begin{pmatrix} b \\ a \end{pmatrix} = e_2$$

이 방법을 계속해서 $\tilde{X}_1, \ldots, \tilde{X}_k$를 얻을 때까지 계속할 수 있다. 이 구성에 의해, $\tilde{X}_i$는 $\tilde{Z}_i$와 반교환가능이고, S의 모든 원소, 모든 $\tilde{Z}_i$, $j \neq i$인 모든 $\tilde{Z}_j$와 교환 가능하다.

예제 11.4.4 예제 11.4.2의 $[[5,1]]$부호에 대해, 독립적인 생성 집합 $\{S_i\}$에 대응하는 이진 행렬은

$$M = \begin{pmatrix} 1 & 0 & 0 & 1 & 0 & 0 & 1 & 1 & 0 & 0 \\ 0 & 0 & 1 & 0 & 1 & 1 & 1 & 0 & 0 & 0 \\ 0 & 1 & 0 & 1 & 0 & 1 & 0 & 0 & 0 & 1 \\ 1 & 0 & 1 & 0 & 0 & 0 & 0 & 0 & 1 & 1 \end{pmatrix}$$

이다. 비트열 $(a|b) = (11111|00000)$은 행 벡터 $m \in M$과 독립적이며, $Mb = 0$를 만족하므로

$$\tilde{Z} = Z \otimes Z \otimes Z \otimes Z \otimes Z$$

로 정할 수 있고, $(b|a)$가 $(a|b)$와 M의 모든 행 벡터와 직교하므로

$$\tilde{X} = X \otimes X \otimes X \otimes X \otimes X$$

로 정할 수 있다.

$|\tilde{e}_i\rangle$가 C에 있는 유일한 상태로, $\tilde{Z}_i$의 -1 고유 상태이면서 $j \neq i$인 모든 $\tilde{Z}_j$에 대해서는 $+1$ 고유 상태라고 하자. $j \neq i$에 대해,

$$\tilde{Z}_j \tilde{X}_i |\tilde{e}_i\rangle = \tilde{X}_i \tilde{Z}_j |\tilde{e}_i\rangle = \tilde{X}_i |\tilde{e}_i\rangle$$

이므로, $\tilde{X}_i |\tilde{e}_i\rangle$는 $j \neq i$에 대해 $\tilde{Z}_j$의 $+1$ 고유 상태다. $\tilde{Z}_i$에 대해,

$$\tilde{Z}_i \tilde{X}_i |\tilde{e}_i\rangle = -\tilde{X}_i \tilde{Z}_i |\tilde{e}_i\rangle = -\tilde{X}_i |\tilde{e}_i\rangle$$

이므로 $\tilde{X}_i |\tilde{e}_i\rangle$도 $\tilde{Z}_i$의 $+1$ 고유 상태에 있다. 이 계산은 $\tilde{X}_i$가 식 11.10의 부호화 U_C에 따르는 C에 대한 X_i의 논리적 유사체임을 제안한다. 전체 증명은 쉽게 이어진다.

예제 11.4.5   예제 11.4.2의 $[[5, 1]]$ 부호에 대해, $\tilde{Z}_1$의 $+1$ 고유 공간은 짝수 개의 1을 가지는 표준 기저 상태 집합에 의해 펼쳐진다. 따라서 $|\tilde{0}\rangle$을

$$\begin{aligned} |\tilde{0}\rangle &= \frac{1}{\sqrt{|S|}} \sum_{S_\alpha \in S} S_\alpha |00000\rangle \\ &= \frac{1}{4} (|00000\rangle + |10010\rangle + |00101\rangle + |01010\rangle \\ &\quad + |10100\rangle - |10111\rangle - |11000\rangle - |00110\rangle \end{aligned}$$

$$- \, |01111\rangle - |10001\rangle - |11110\rangle - |11101\rangle$$
$$- \, |00011\rangle - |01100\rangle - |11011\rangle + |01001\rangle)$$

으로 잡고, $|\tilde{1}\rangle$을

$$|\tilde{1}\rangle = \frac{1}{\sqrt{|S|}} \sum_{S_\alpha \in S} S_\alpha |11111\rangle$$

홀수 개의 1을 갖는 모든 기저벡터의 중첩 상태로 잡는다.

안정자 부호 C에 대한 다른 단일 큐비트 게이트와 다중 큐비트 게이트의 논리적 판본을 만드는 것은 더 복잡해진다. 12장에서 이 문제를 더 자세히 살펴보고, 스테인 부호에 대한 논리적 게이트의 만능 근사 집합을 만드는 법을 제시하겠다.

11.5 안정자 부호로서의 CSS 부호

C_1과 C_2가 각각 고전 부호 $[n, k_1]$과 $[n, k_2]$라고 하자. 그리고 둘 다 t 오류를 바로잡는다고 하자. 게다가 $C_2^\perp \subset C_1$이라고 하자. 이 부호는 $[[n, k_1 - k_2]]$ CSS 부호의 구성을 위해 필요한 조건을 만족한다. 이 절에서는 11.3절의 CSS 부호 구성의 대안을 안정자 관점을 사용해 설명하겠다.

P_1(또는 P_2)가 C_1(또는 C_2)에 대한 홀짝성 검사행렬이라고 하자. 비트열 $b = b_1 \ldots b_n$으로 간주되는 P_1의 각 행에 대해, 관측가능량

$$X^b = X^{b_1} \otimes \cdots \otimes X^{b_n}$$

을 구성하자. $n - k_1$개의 관측가능량은 독립인데, 이것은 P_1의 행들이 선형 독립이기 때문이다. P_2의 각 행에 대해서도 관측가능량

$$Z^b = Z^{b_1} \otimes \cdots \otimes Z^{b_n}$$

을 구성하자. 이 $n - k_2$개의 관측가능량도 독립이고, X와 Z가 독립이므로 $2n - k_1 - k_2$개의 관측가능량 집합 전체도 독립이다. 이 관측가능량들에 의해 생성된 군 S는 $-I$를 포함

하지 않으며, 그러므로 S가 안정자 부호를 정의한다는 것과 S가 가환군이라는 것은 필요충분조건이다.

이번 문단에서는 CSS 조건이 S가 가환군임을 함의한다는 것을 보이겠다. X와 I는 교환가능하므로, $\{X^a | a \in P_1\}$의 모든 원소는 교환가능하다. 마찬가지로, $\{Z^b | b \in P_2\}$의 모든 원소도 교환가능하다. X와 Z가 반교환가능하므로, X^a와 Z^b의 군 원소가 교환가능한 것은 $a \cdot b$가 짝수인 것과 필요충분조건이다. 따라서 P_1의 모든 행 a와 P_2의 모든 행 b에 대해 $ab^T = 0 \bmod 2$이면 S의 원소는 교환가능하다. 이 등식은 $P_1 P_2^T = 0 \bmod 2$이면 성립한다. $C_2^\perp = C_1$이기 때문에, 생성행렬 $C_2^\perp$는 $P_1 G_2^\perp = 0$을 만족한다. $C_2^\perp = P_2^T$를 만족하기 때문에, $P_1 P_2^T = 0$이 성립한다. 따라서 S는 가환군이며 S에 의해 안정되는 부분 공간 C는 안정자 부호다.

11.3.2절의 부호 $CSS(C_1, C_2)$는 S에 의해 안정된다. S가 $n - k_1 + n - k_2$개의 독립적인 생성원을 갖기 때문에, S는

$$n - (2n - k_1 - k_2) = k_1 + k_2 - n$$

차원의 부분집합을 안정시킨다. $CSS(C_1, C_2)$는 $k_1 + k_2 - n$차원을 가지므로, 이 부호는 S에 대한 안정자 부호다.

예제 11.5.1 스테인 부호 다시보기.

홀짝성 검사행렬

$$P = \begin{pmatrix} 1 & 1 & 1 & 0 & 1 & 0 & 0 \\ 1 & 1 & 0 & 1 & 0 & 1 & 0 \\ 1 & 0 & 1 & 1 & 0 & 0 & 1 \end{pmatrix}$$

은 $[7, 4]$ 해밍 부호를 정의한다. 스테인 부호는 $[7, 4]$ 해밍 부호를 C_1과 C_2로 취한다. 스테인 부호에 대한 안정자를 얻기 위해, $\mathcal{G}_7$에 있는 연산자를 홀짝성 검사행렬의 각 행에서 모든 1을 Z로 두고 모든 0을 I로 두도록 정의하자. 즉,

$$Z \otimes Z \otimes Z \otimes I \otimes Z \otimes I \otimes I$$
$$Z \otimes Z \otimes I \otimes Z \otimes I \otimes Z \otimes I$$
$$Z \otimes I \otimes Z \otimes Z \otimes I \otimes I \otimes Z$$

이다. 홀짝성 검사행렬의 각 행에 대해, 1이 나타날 때마다 X를 두는 연산자도 다음과 같이 정의할 수 있다.

$$X \otimes X \otimes X \otimes I \otimes X \otimes I \otimes I$$
$$X \otimes X \otimes I \otimes X \otimes I \otimes X \otimes I$$
$$X \otimes I \otimes X \otimes X \otimes I \otimes I \otimes X$$

이 6개의 관측가능량은 정확히 스테인 부호 C를 안정시키며, 따라서 스테인 부호는 $[[7, 1]]$ 안정자 부호다.

11.6 참고문헌

헝거포드의 『Abstract Algebra: An introduction』[159]은 여기에 사용된 군론과 선형대수학의 완전한 설명을 제시할 뿐만 아니라 고전 오류보정에 대한 장을 포함한다. 위커^{Wicker}의 『Error Control Systems for Digital Communications and Storage』(Prentice-Hall, 1994)[283]는 고전 오류보정을 논의하며, 여기에 연관된 대수학에 관한 장을 포함한다.

11.1.3절의 9큐비트 부호는 처음 쇼어[251]가 제안했다. 11.3절의 7큐비트 부호는 스테인[259]이 처음 제안했다. 안정자 부호 이론과 그 부호의 결함 내성 구현법은 다니엘 고츠먼$^{\text{Daniel Gottesman}}$이 학위 논문[135]에서 자세히 논의했다.

11.7 연습 문제

연습 문제 11.1 다음의 생성행렬

$$G = \begin{pmatrix} 1 \\ 1 \\ 1 \end{pmatrix}$$

에 의해 정의되는 부호 $C : \mathbf{Z}_2^1 \to \mathbf{Z}_2^3$에 대해,

- 부호단어 집합
- 두 가지 서로 다른 홀짝성 검사행렬

을 제시하라.

연습 문제 11.2 생성행렬에 의해 특정된 부호에 대한 홀짝성 검사행렬 계산하기

a. 부호 C에 대한 생성행렬 G의 어떤 열 벡터를 다른 열 벡터에 더하면 같은 부호 C에 대해 또 다른 생성행렬 G'가 만들어짐을 보여라.

b. 임의의 $[n, k]$ 부호에 대해 $\left(\frac{A}{I}\right)$ 꼴의 생성행렬이 존재함을 보여라. 여기서 A는 $(n-k) \times k$ 차 행렬이고 I는 $k \times k$차 항등행렬이다.

c. 만약 $G = \left(\frac{A}{I}\right)$이면, $(n-k) \times k$차 행렬 $P = (I|A)$가 부호 C에 대한 홀짝성 검사행렬임을 보여라. 여기서 I는 $(n-k) \times (n-k)$차 항등행렬이다.

d. 만약 홀짝성 검사행렬 P'가 $(A|I)$ 꼴을 가진다면, $G' = \left(\frac{I}{A}\right)$는 그 부호에 대한 생성행렬임을 보여라.

연습 문제 11.3 11.1.2절의 부호 C_{PF}가 임의의 중첩 상태 $a|\bar{0}\rangle + b|\bar{1}\rangle$에 발생한 단일 큐비트 위상 뒤집힘 오류 $\{I, Z_2, Z_1, Z_0\}$의 모든 선형 결합을 바로잡음을 보여라.

연습 문제 11.4 11.1.2절의 부호 C_{PF}가 위상 뒤집힘 오류는 바로잡지 않음을 보여라.

연습 문제 11.5 만약 $[[n, k, d]]$ 양자 부호가 가중치가 t와 같거나 더 작은 모든 오류를 바로잡을 수 있다면, $d \geq 2t + 1$임을 보여라.

연습 문제 11.6 모든 해밍 부호는 거리 3을 가지며, 따라서 단일 비트 뒤집힘 오류를 바로잡음을 보여라.

연습 문제 11.7 쇼어 부호가 축중 부호임을 보여라.

연습 문제 11.8 스테인 부호의 또 다른 구성법

a. 스테인 부호에 대해 $(I|A)$ 꼴의 홀짝성 검사행렬을 찾아라.

b. (a)에서 찾은 홀짝성 검사행렬에 기반해, 스테인 부호에 대한 징훗값 추출 연산으로 쓸 수 있는 또 다른 회로를 구성하라.

연습 문제 11.9 파울리 원소로 이뤄진 일반화된 집합이 n큐비트계와 연관된 벡터 공간에 대한 선형변환의 기저를 구성함을 보여라.

연습 문제 11.10

a. 모든 i와 j에 대해 그리고 모든 직교하는 $|c_1\rangle \neq |c_2\rangle = C$에 대해

$$\langle c_1|Z_j^\dagger Y_i|c_2\rangle = 0$$
$$\langle c_1|IY_i|c_2\rangle = 0$$

임을 보여라.

b. 모든 $j \neq i$에 대해 그리고 모든 직교하는 $|c_1\rangle \neq |c_2\rangle = C$에 대해

$$\langle c_1|Y_j^\dagger Y_i|c_2\rangle = 0$$

임을 보여라.

연습 문제 11.11 측정을 전혀 하지 않고 단일 큐비트 오류를 바로잡는 데 쇼어 부호를 어떻게 쓸 수 있는지 설명하라.

연습 문제 11.12 부호 C에 따라 부호화된 두 블록이 오류 E에 노출됐다면, E를 바로잡을 수 있음을 보여라. 여기서 E는 중첩된 오류 $E = E_a \otimes E_b + E_c \otimes E_d$이고, E_a, E_b, E_c, E_d는 모두 C에 대해 바로잡을 수 있는 오류 집합 E의 원소다.

연습 문제 11.13 단일 큐비트 $|\psi\rangle = a|0\rangle + b|1\rangle$가 스테인 부호를 사용해서 부호화됐고, 오류 $E = \frac{1}{2}X_2 + \frac{\sqrt{3}}{2}Z_3$가 발생했다고 하자. 다음을 적어라.

a. 부호화된 상태

b. 오류가 발생한 다음의 상태

c. 오류보정의 각 위상에 대한 징훗값과 그 결과 상태

d. 각각 적용된 오류보정 변환과 그 적용 다음의 상태

연습 문제 11.14 어떤 $[[n, k]]$ 양자 안정자 부호에 대해, 임의의 k비트 문자열 $b_1 \ldots b_k$에 대해 부호 C의 유일한 원소가 존재해서, 모든 i에 대해 Z_i의 $(-1)^{b_i}$ 고유 상태임을 보여라.

연습 문제 11.15 11.4.3절의 부분 공간 V_e가 2^{n-r}차원임을 보여라.

연습 문제 11.16 11.4.4절의 안정자 부호에 대해 정의된 연산자 $\tilde{X}_i$가 부호화된 c로부터 얻은 논리적 상태에 대해 X_i 게이트의 논리적 유사체로 작용함을 보여라.

연습 문제 11.17 $[[9,1]]$ 쇼어 부호가 안정자 부호임을 보여라.

연습 문제 11.18 5큐비트 안정자 부호의 논리적 큐비트에 대해 X와 Z에 대응하는 연산을 구현하는 또 다른 방법을 찾아라.

연습 문제 11.19 $[[n,k,d]]$가 어떤 축중되지 않은 부호라고 하자. 그런 부호는 $t = \lfloor \frac{d-1}{2} \rfloor$ 오류를 바로잡을 수 있다. 임의의 $n-t$개 큐비트에 대한 어떤 부호단어에 대한 대각합이라도 남아 있는 t개 큐비트에 대한 완전히 섞인 상태 $\rho = \frac{1}{2^t}I$로 귀결됨을 보여라. 따라서 모든 부호단어는 매우 얽힌 상태다.

12

결함 내성 및 강건한 양자계산

양자오류보정은 그 자체로는 강건한 양자계산을 하기에 충분하지 않다. 강건한 계산 robust computation이란 긴 계산을 원하는 정확도가 얼마이든지 실행할 수 있음을 뜻한다. 11장에서 양자오류보정 기술을 분석할 때는 오류보정이 완벽히 수행된다는 비현실적인 가정을 했다. 또한 환경이 오류보정 부호에 의해 다룰 수 있는 방식으로만 계와 상호 작용한다 하더라도, 계산의 일부로 사용된 게이트는 부호로 바로잡을 수 없는 오류를 생성하는 방식으로 오류가 전파될 수도 있다. 강건한 양자계산을 달성하기 위해서는 양자오류보정은 반드시 결함내성 기법fault-tolerant technique과 결합돼야 한다.

12장에서는 강건한 양자계산에 대한 한 가지 접근법을 제시한다. 즉, 결함내성 절차와 결합된 오류보정이다. 표준 회로 모형에서의 양자계산과 대안적인 계산 모형에 대해 모두 강건한 양자계산에 대한 다른 접근법이 존재한다. 이 대안적인 접근법들은 각각 13.3절과 13.4절에서 간략히 다룰 것이다. 12장은 하나의 오류모형에 대해 문턱값 정리로 결론을 짓는다. 문턱값 정리threshold theorem에 따르면 오류율이 특정 문턱값 아래로 유지되는 한, 양자계산은 원하는 만큼 긴 계산을 원하는 만큼 높은 정확도로 계산할 수 있다. 12장은 결함내성 양자계산에 대한 일반적인 접근법을 설명하는 데는 충분한 간단한 오류모형을 사용한다. 이 전략은 양자 회로를 더 강건하게 확장된 양자 회로로 바꾸는 것이다. 만약 원래 회로가 $O(p)$ 정도로 실패할 확률을 가진다면, 확장된 회로는 $O(p^2)$에 불과한 확률로 실패한다. 그런 확장된 회로를 얻기 위한 일반적인 방법이 제시되면, 이어 붙이는 방식으로 임의의 낮은 실패 확률을 달성할 수 있다. 확장된 훨씬 더 크고 더 강건한 회로로 교체될 수 있고, 이어 붙이기 부호화concatenated coding라고 하는 이 과정을 원하는 정확도 수준에 도달할 때까지 이 과정을 반복할 수 있다. 이어 붙이기 부호화의 핵심 특징은 지수함수적으로 낮은 실패 확률을 얻기 위해서 단지 다항식 수준의 자원만이 필요하다는 점이다.

양자오류보정과 마찬가지로 결함내성 양자계산은 풍성하게 개발된 분야이다. 다양한 접근법이 개발됐으며, 다양한 오류모형과 부호에 대해 문턱값 정리가 증명됐다. 결함내성 양자계산은 양자오류보정과 마찬가지로 활발한 연구 영역으로 남아 있다. 이 부분은 양자정보처리 장치가 발전함에 따라, 더 현실적인 오류모형이 알려짐에 따라 그리고 더 복잡한 양자 컴퓨터 아키텍처가 개발됨에 따라 발달할 것이다.

11장과 마찬가지로 12장에서는 가중치가 t와 같거나 더 작은 오류를 바로잡는 양자오류보정 부호에 집중하겠다. 회로를 항상 더 강건하게 확장된 회로로 교체할 수 있도록 확실히 하는 데 있어 가장 중요한 문제는 퍼짐spread의 제어다. 즉, 만약 계산 과정에서 단일 오류가 바로잡을 수 있기 전에 추가적인 큐비트에 전파된다면, 그 계산이 바로잡을 수 없는 오류에 노출될 확률은 훨씬 높아진다. 결함내성 양자계산 방법은 적은 수의 큐비트에서 많은 수의 큐비트로 향하는 오류의 전달을 제거하는 데 목표를 둔다. 양자계산의 모든 측면, 즉 오류보정, 게이트 그 자체, 초기 상태 준비, 측정은 결함내성을 가져야 한다.

12장의 절들은 강건한 양자계산을 받쳐주는 결함내성 절차의 완전한 프로그램을 만들어내기 위해 오류의 각 근원을 다루는 기법을 추가하면서 완벽에 대한 가정을 점진적으로 벗겨 나간다. 12장은 스테인의 7큐비트 부호를 실행 예제로 사용한다. 12.1절은 결함내성 기법을 설명하기 위한 설정을 논의하는데, 오류모형과 오류보정 단계를 언제 적용하는지를 포함한다. 12.2절은 결함내성 양자오류보정을 다룬다. 12.2절에서는 스테인 부호로 부호화된 큐비트에 대한 임의의 계산을 수행하는 결함내성 절차의 완전한 집합의 설계를 시험해본다. 12.3절은 이어 붙이기 부호를 설명해 문턱값 정리를 이끌어낸다.

12.1 강건한 양자계산을 위한 무대 준비

만능 게이트의 특정한 집합과 특정한 $[[k, 1]]$ 양자오류보정 부호가 주어지면, 결함내성 기법은 이 게이트로 이뤄진 어떤 회로를 갖고서 부호화된 큐비트에 작용하는 회로를 만들어서 더 많은 큐비트와 더 많은 연산이 포함된다고 하더라도 계산이 잘못될 확률이 줄어드는 상황이 되도록 하는 것이다. 주어진 부호에 대한 결함내성 기법은 계산용 큐비트, 징훗값 추출 연산자, 측정, 상태 준비에 대한 논리적 절차와 원래의 회로보다 더 강건한 계산이 수행되는 결과가 되도록 오류보정 변환을 어떻게 구현하는지에 대한 문제를 다룬다. 즉, 대략 말하자면 만약 원래의 회로의 실패 확률이 $O(p)$라면 확장된 회로는 실패 확률이 $O(p^2)$다. 결함내성 기법을 설명하기 전에 양자오류보정 연산이 언제 작용하는지 그리고 오류를 어떻게 모형화하는지 논의할 필요가 있다.

Q_0이 강건하게 만들려고 하는 계산을 위한 양자 회로라고 하자. 시간을 어떤 큐비트에 최대 1개의 게이트가 작용하는 구간으로 쪼개 보겠다(그림 12.1 참고). 이 쪼개는 방식은 유일하지 않다. 그림 12.1에 대해 첫 번째 큐비트에 작용하는 단일 큐비트 게이트는 대신에 두 번째 시간 구간에 놓을 수도 있고, 또는 첫 번째 시간 구간을 둘로 쪼개서, 예를 들면 첫 번째 구간에 단일 큐비트 연산이 수행되고 두 번째 구간에서 두 큐비트 연산이 수행될 수도 있다. 쪼개진 회로 Q_0이 있을 때, 확장된 회로 Q_1을 정의하는데, 이것은 모든 큐비트가 k개 큐비트의 블록으로 확장되고, 각 시간 구간들이 두 부분으로 나눠져서 그 중 하나는 논리 게이트를 처리하도록 구현하는 과정을 거치고, 두 번째 부분에서는 징훗값을 측정하고 오류보정 변환을 작용한다(그림 12.2 참고). 두 절차 모두 보조 큐비트가 필요할 수 있다. 그러면 확장된 회로는 하나 이상의 게이트가 아무 큐비트에도 작용하지 않는 시간 구간들로 더 쪼개진다. 오류보정을 덜 빈번히 작용하도록 고를 수도 있다. 아니면 가능한 자주 작용하도록 고르는데, 즉 각 논리적 절차를 마칠 때마다 작용한다. 많은 선택지가 가능하다. 논리적 게이트를 구현하는 데 어떤 절차를 사용할지, 징훗값과 오류보정 변환을 어떻게 작용할지는 확장된 회로 Q_1이 원래의 회로 Q_0보다 더 강건한지 아닌지를 결정한다.

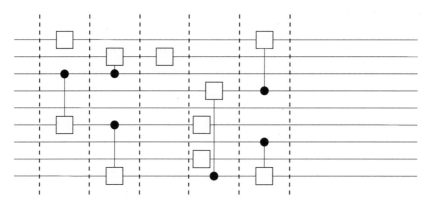

그림 12.1 강건하게 만들고자 하는 계산에 대한 원래의 회로 Q_0는 하나의 큐비트에 작용하는 최대 1개의 게이트를 갖는 시간 구간으로 쪼개져 있다.

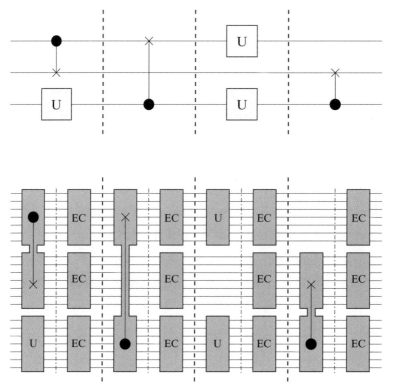

그림 12.2 더 쪼개진 시간 구간을 포함해서, [[7,1]] 양자 부호의 확장된 회로에 대한 일반적인 구조를 보여주는 개념적인 그림. 확장된 회로는 논리적 처리를 수행하고 오류보정(EC)을 수행하는 과정을 번갈아서 반복한다.

결함내성 절차를 설명하려는 목적을 위해, 오류가 시간 구간의 시작에서만 발생한다는 모형을 사용하겠다. 불완전한 단일 큐비트 게이트를 단일 큐비트 오류에 완벽한 게이트가 이어지는 것으로 모형화하겠다. 마찬가지로, 불완전한 C_{not} 게이트를 2개의 단일 큐비트 오류에 불완전한 게이트가 이어지는 것으로 모형화하겠다. 양자오류보정이 각 블록에 나눠서 작용하고, 이 결함내성 절차에서 다른 블록에 있는 큐비트 사이의 C_{not} 변환만 허용하도록 하기 때문에 이 오류들 사이의 상관성을 무시할 수 있다. 환경과 상호 작용해서 발생하는 오류는 시간 구간의 시작에서만 발생하는 것으로 모형화된다. 이 초기 논의를 위해, 10.4.4절의 국소적 마르코프 오류모형을 사용한다. 이 모형은 각 큐비트가 각 시간 구간에서 각 시간 단계의 시작 부분에서 자기 환경하고만 상호 작용하며(그림 12.3 참고), 각 시간 구간의 시작에서 환경의 상태는 그 모든 이전 시간의 상태와 상관성이 없다. 12.3.2절에서 논의된 문턱값 정리가 더 일반적인 오류모형을 사용한다.

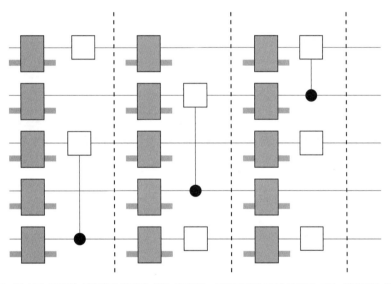

그림 12.3 각 시간 구간의 시작에서 환경과 상호 작용하는 오류모형에 대한 개념적 그림. 환경과의 상호 작용을 표현하는 상자는 임의의 크기의 자기 자신과의 환경과 상호 작용하는 각 큐비트를 나타낸다.

12.2 스테인 부호를 사용한 결함내성 계산

의학에서 의사들은 "첫째, (환자에게) 해를 끼치지 않는다"고 맹세한다. 11장에서 설명했던 양자오류보정 기법은 양자계산 과정에서 오류 보정을 가능하게 하지만 또한 더 많은 큐비트와 더 많은 게이트를 필요로 하기 때문에 오류가 발생할 기회를 늘리기도 한다. 11장의 양자오류보정은 오류보정 단계들이 완벽하게 수행된다는 비현실적인 가정을 했다. 사실, 간단히 살펴보겠지만 만약 11장의 양자오류보정 기법을 설명한 대로 정확히 사용한다면 그 과정의 불완전성이 그 과정에서 바로잡은 것보다 더 많은 오류를 발생시킬 것이다. 이 기법은 결함내성$^{fault-tolerant}$이 없다. 다행히 이 기법은 바로잡은 것보다 더 많은 오류를 만들어내지 않도록 고칠 수 있다. 스테인의 7큐비트 부호가 결함내성을 갖도록 고치는 방법을 보여주는 것으로 결함내성 양자오류보정 기법을 설명하겠다. 스테인 부호로는 다중 오류를 바로잡을 수 없기 때문에 결함내성 기법은 단일 오류가 다중 큐비트로 전파될 수 없도록 하는 안전판을 설치한다. 그 전략은 단일 큐비트 오류에 따라 실패하는 부분을 둘 이상의 오류가 있을 때만 실패하는 앙상블로 교체해, 만약 원래의 부분이 p의 확률로 실패한다면 교체해서 들어간 앙상블은 실패 확률이 cp^2에 불과하게 만드는 것이다.

12.2.1절에서는 11.3.3절의 양자오류보정 기법이 결함내성이 되지 못하는 방식을 설명한다. 12.2.2절에서는 스테인 부호를 예로 들어 결함내성이 있는 방식으로 오류보정을 수행하는 방법을 보인다. 12.2.3절은 오류 전파를 제한하는 스테인 부호에 대해 결함내성 논리 게이트를 만들어보고, 12.2.4절과 12.2.5절은 결함내성 측정과 결함내성 상태 준비를 다룬다. 더불어 이 절차들을 양자계산을 계와 보조 큐비트의 오류, 게이트의 오류, 측정의 오류, 상태 준비의 오류에 대해 더 강건해지도록 만든다.

12.2.1 징훗값 계산 문제

징훗값 계산은 계산 상태에 잠재적으로 위험하다. 스테인 부호에 대해 제시했던 여섯 가지 홀짝성 검사 회로 중 그림 12.4에 그려둔 첫 번째 회로를 생각해보자. 이것은 부호화된 상태의 첫 번째, 두 번째, 세 번째, 다섯 번째 큐비트와 첫 번째 보조 큐비트에 작용한다. 스테인 부호는 큐비트 중 어떤 하나에 대해 발생한 어떤 단일 큐비트 오류라도 바로잡을 수 있도록 설계돼 있다. 여기서는 오류보정 기법을 수행하는 동안 불완전성이 상

황을 더 나쁘게 만들지 못하도록 확실히 해두고 싶다. 특히 양자오류보정을 수행하면서 발생한 단일 오류가 부호화된 큐비트에 다중의 오류로 나타나지 않도록 확실히 하려고 한다. 비트 뒤집힘 오류가 보조 큐비트에 발생해 존재하지 않는 오류의 "보정"을 시도했다고 하자. 그런 상황은 불편하지만 심각하진 않다. 이 "보정"은 부호 큐비트에 발생한 단일 큐비트 오류만 발생시키고, 다른 오류가 발생하지 않는 한 다음 단계의 오류보정에서 바로잡히게 된다(보조 큐비트는 그 큐비트가 $|0\rangle$으로 재설정된 경우에만 다시 사용되기 때문에 그 오류는 더 이상 퍼져 나가지 않는다). 더 나쁜 가능성으로는, 부호 큐비트에 다수의 오류가 발생하는 경우로 다른 오류가 발생하지 않았다 하더라도 그다음에 이어지는 오류보정에서 바로잡히지 않은 큐비트가 있을 수 있다. 여러분이 이 문제를 살펴볼 수 있는지 잠시 생각해보자. 이 문제를 짚어내는 것은 여러분이 양자 회로를 양자적 관점에서 생각하는지 혹은 고전적 관점에서 생각하는지 알아보는 좋은 시험이다.

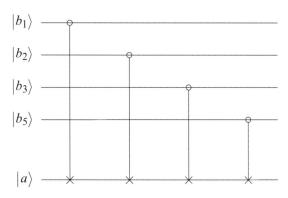

그림 12.4 스테인의 7큐비트 부호에 대한 여섯 가지 징훗값 계산 회로 중 하나

양자 부호에 대한 징훗값 추출 연산은 공통적으로 제어형 게이트를 사용한다. 이 상황에서 제어형 연산은 완벽하게 안전해 보이는데 계산 큐비트에서 보조 큐비트로 제어형 계산을 하는 것이 계산용 큐비트 상태에 나쁜 영향을 줄 수 있다고는 생각하기 어렵기 때문이다. 하지만 5.2.4절의 주의 사항 2에서 봤듯이, 제어 큐비트와 목표 큐비트의 표기는 기저에 따라 달라진다. 아다마르 기저에서 C_{not} 게이트의 제어 큐비트와 목표 큐비트는 뒤집히며, 위상 뒤집기는 비트 뒤집기가 되고 그 반대도 마찬가지이다. 예를 들어서 부호 큐비트 b_1, b_2, b_3, b_5가 상태 $|+\rangle$에 있고, 징훗값 계산을 시작하기 전에 ZH 오류가 보조 큐비트에 일어나는 경우 어떤 일이 발생하는지 생각해보자. 오류가 $|-\rangle$ 상태에 있는 보

조 큐비트에 발생하고 각각의 C_{not} 게이트가 수행됐을 때 이 큐비트는 제어 큐비트로 작용하며, 그 결과 b_1, b_2, b_3, b_5의 네 큐비트는 모두 $|-\rangle$큐비트로 바뀐다. 이런 방식으로 보조 큐비트에 발생한 단일 오류가 부호 큐비트에 다중 오류로 전파된다.

12.2.2 결함내성 징훗값 추출과 오류보정

12.2.1절의 예제는 결함내성 오류보정을 얻기 위해서는 보조 큐비트가 많아봐야 하나의 부호 큐비트와 연결돼야 함을 시사한다. 스테인 부호를 결함내성이 있는 방식으로 구현하기 위해서는 다음과 같은 꼴의 회로를 사용해야 한다.

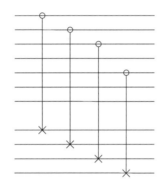

하지만 만약 보조 큐비트를 측정한다면 오류뿐만이 아니라 부호 큐비트의 양자 상태에 대한 정보를 얻을 위험이 있는데, 이것은 측정이 부호화된 큐비트 상태에 영향을 줄 가능성이 높다는 뜻이다. 예를 들어 단일 큐비트 오류가 b_5큐비트에 발생하기 전에 부호화된 상태가 $\frac{1}{\sqrt{2}}(|\bar{0}\rangle + |\bar{1}\rangle)$이었다고 하자. 표준 기저에서 보조 큐비트를 측정하는 것은 b_5큐비트에 오류가 발생했음을 알려주겠지만, 중첩 상태를 파괴하기도 할 것이므로 오류보정 연산은 그 상태를 올바른 상태인 $\frac{1}{\sqrt{2}}(|\bar{0}\rangle + |\bar{1}\rangle)$이 아니라 $|\bar{0}\rangle$이나 $|\bar{1}\rangle$으로 "돌릴" 것이다.

너무 많은 정보를 얻는 것을 피하기 위한 기교는 계산 상태에 대한 어떤 정보도 알아낼 수 없는 상태로 큐비트를 초기화하는 것이다. 4개의 보조 큐비트는 결함내성이 없는 회로의 단일 큐비트를 대신해, 따라서 4개의 보조 큐비트 전부의 측정으로부터 단 1비트의 정보, 즉 그에 대응하는 징훗값 연산자의 값만을 얻으면 된다. 연습 문제 5.9는 이 결과를 얻는 방법을 제안한다. 즉, 주의 깊게 설계된 초기 시작 상태 $|\phi_0\rangle$은 4개의 큐비트 중

어떤 하나에 대해서 단일 큐비트 비트 뒤집힘 오류가 발생한 두 번째 상태 $|\phi_e\rangle$가 되는데, 단 1비트의 정보를 이끌어낼 것이다. 다음 식을 생각해보자.

$$|\phi_0\rangle = \frac{1}{2\sqrt{2}} \sum_{d_H(x)\,\text{짝수}} |x\rangle$$

여기서 덧셈은 짝수인 해밍 가중치를 가지는 모든 문자열에 대한 것이다. 그리고 다음 식을 생각해보자.

$$|\phi_e\rangle = \frac{1}{2\sqrt{2}} \sum_{d_H(x)\,\text{홀수}} |x\rangle$$

원래의 징홋값 계산에서 징홋값 상태가 $|0\rangle$으로 나올 수 있는 오류가 부호화된 큐비트에 발생하면 보조 큐비트는 $|\phi_0\rangle$에 남아 있다. 그 결과가 $|\phi_1\rangle$이 되는 오류가 발생한다면, 보조 큐비트는 $|\phi_e\rangle$ 상태가 된다. 이 두 상태는 표준 기저에 대한 측정에 의해 구분되며 오류가 없는 짝수 가중치 문자열인 경우와 오류가 발생한 홀수 가중치인 경우가 무작위로 유도된다. 이 측정은 단 1비트의 정보만을 준다.

한 가지 마지막 문제는 스테인 부호에 대한 징홋값 측정의 결함내성적인 구현을 얻기 전에 짚어볼 필요가 있다. 위에서 주어진 해법은 상태 $|\phi_0\rangle$의 준비가 필요하다. 결함내성적인 방식으로 $|\phi_0\rangle$을 준비할 수 있도록 확실히 해둬야 한다. 우리의 전략은 상태가 $|\phi_0\rangle$에서 너무 멀리 벗어나면 준비한 상태를 사용하지 않는 것이다. 특히 고양이 상태^{cat state} $\frac{1}{\sqrt{2}}(|0000\rangle + |1111\rangle)$에 월시-아다마르 변환을 작용하면 상태 $|\phi_0\rangle$이 만들어진다. 그림 12.5의 회로는 고양이 상태를 결함내성적이지 않은 방법으로 만들어낸다. 이 구성법을 결함내성적인 방식으로 만드는 방법을 살펴보기 위해서 어떤 오류가 발생할 수 있는지 알아보자.

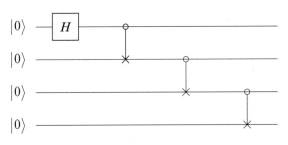

그림 12.5 고양이 상태의 결함내성적이지 않은 구성법

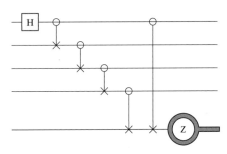

그림 12.6 고양이 상태의 보조 큐비트를 결함내성적으로 준비하기. Z 측정은 첫 번째와 네 번째 큐비트가 같은 값인지 시험한다. 만약 측정이 실패한다면 이 상태는 버려지며, 시험이 통과될 때까지 상태 준비가 반복된다.

고양이 상태 큐비트 중 어떤 하나에 단일 오류는 하나 이상의 부호 큐비트의 오류로 전달되면 안 된다. 보조 큐비트 상태의 전체적인 구성에 비트 뒤집힘 오류가 발생하거나, 심지어 단일 오류에서 나온 비트 다수의 뒤집힘 오류가 발생하는 것도 신경 쓰는 것이 아니다. 최악의 경우는 징훗값에 오류가 발생하는 것으로, 이 징훗값에 대응하는 "보정"이 수행됐을 때 많아봐야 단일 큐비트 오류가 발생한다. 단일 오류에서 발생하는 다수의 위상 오류는 반드시 회피해야 하는데, 그런 오류는 부호 큐비트에 다수의 오류를 발생시킬 수 있기 때문이다. 마지막 아다마르 변환을 작용하기 전에, 위상 오류는 비트 뒤집힘 오류였고, 그러므로 회로의 첫 부분에서 비트 뒤집힘 오류를 회피해야 한다. 그림 12.5의 회로에서 두 번째 큐비트나 세 번째 큐비트에 발생한 비트 뒤집힘 오류는 그 이후의 큐비트에 전파될 수 있다. 하지만 이 비트 뒤집힘 오류 중 하나는 첫 번째 큐비트와 네 번째 큐비트가 반댓값을 가짐을 뜻하고, 반면 오류가 없는 경우에는 첫 번째 큐비트와 네 번째 큐비트는 같은 값을 가진다. 만약 이 값이 같은지에 대한 검사를 집어넣는다면, 검사가 실패했을 때 상태를 버리고 준비를 다시 할 수 있다. 이 단일 큐비트 시험이면 충분하다.

그림 12.6은 이 시험을 포함하는 고양이 상태의 보조 큐비트 준비를 보여준다.

12.2.3 스테인 부호에 대한 결함내성 게이트

스테인 부호의 논리 큐비트에 임의의 양자계산을 수행하기 위해서 논리 큐비트에 대한 어떤 유니타리 연산자라도 근사시킬 수 있는 결함내성적인 만능 논리 게이트 집합이 반드시 있어야 한다. 단일 큐비트 논리 게이트의 구현은 심지어 결함내성적이지 않을 수도 있다. 이 게이트가 단일 오류를 다수의 큐비트에 전파시킬 수 있기 때문이다. 예를 들어 최적에서는 거리가 멀긴 하지만 논리적인 단일 큐비트 연산을 수행하는 가장 확실한 방법은 논리 큐비트를 복호화시키고, 그렇게 얻은 단일 큐비트에 실제 단일 큐비트 연산을 작용하고, 다시 부호화하는 것이다. 그 구현은 분명 결함내성적이지 않다. 즉, 만약 복호화시킨 후 하나의 큐비트에 오류가 발생하면 다시 부호화시켰을 때 오류가 7개의 부호화된 큐비트 전체로 퍼져 나갈 것이다. 게다가 논리 게이트는 하나 이상의 논리 큐비트에 작용하기 때문에, 결함내성적인 구현은 한 블록에 있는 단일 오류를 다른 블록의 다중 오류로 퍼트려서는 안 된다.

스테인 부호에 대해서 X, H, C_{not}을 포함한 몇 가지 게이트에 대한 결함내성적인 구현을 찾는 것은 쉽다. 다른 다수의 게이트에 대해서 결함내성적 구현을 찾는 것은 어려운 일이며, 토폴리 게이트와 $\pi/8$ 게이트를 포함해 알려진 몇 가지 게이트에 대해서만이 보조 큐비트가 필요하다. 논리적인 $\tilde{X}$ 연산의 결함내성 구현을 위해 11.3.3절에서 논의했던 논리 큐비트 $|\tilde{0}\rangle$이 C의 모든 원소가 똑같은 가중치를 가진 중첩 상태이고, $|\tilde{1}\rangle$은 $C^{\perp} - C$의 모든 원소들이 똑같은 가중치를 가진 중첩 상태임을 떠올려 보자. 여기에 더해 $C^{\perp}$에 속하지 않는 C의 원소는 C의 원소에 1111111을 더해서 얻은 것들임을 떠올려 보자. 따라서 X를 7큐비트 블록의 모든 큐비트에 작용하면 $|\tilde{0}\rangle$을 $|\tilde{1}\rangle$로, $|\tilde{1}\rangle$을 $|\tilde{0}\rangle$으로 가져가는 논리적 $\tilde{X}$ 게이트를 수행한다. "C의 임의의 원소를 $C^{\perp}$의 임의의 원소에 더하면 $C^{\perp}$에 있는 원소가 된다"는 관계를 사용해 이 논의를 확장하면, 그림 12.7에서 보인 것 같이 C_{not} 연산자를 두 블록의 대응하는 큐비트 사이에 작용하는 것으로 논리적 $\widetilde{C_{not}}$을 구현할 수 있음을 보여준다. 이 구현법은 둘 다 결함내성적인데, 단일 오류가 자기 블록이나 다른 블록의 다중 오류를 만들어낼 수 없기 때문이다. 안타깝게도 이 사례에서 적용된 가로지르는 전

략, 즉 블록에서 대응하는 큐비트 사이에만 게이트를 작용시키는 전략은 많은 경우 작동하지 않는다.

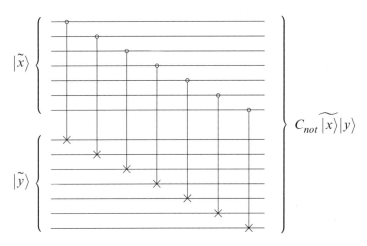

그림 12.7 결함내성적인 C_{not} 연산자

가로지르는 전략이 작동하지 않을 때, 결함내성적인 구현을 찾는 것은 전혀 쉽지 않다. 결함내성적인 절차의 구성은 사용된 부호에 따라 다르다. 어떤 부호에 대해서는, 몇 가지 논리적 게이트의 결함내성적 구현을 만드는 방법이 알려지지 않았다. 심지어 스테인 부호에 대해서도, 다수의 단일 큐비트 연산이 가로지는 방식으로 구현될 수 없다. 5.5절의 위상 게이트 $P_{\frac{\pi}{2}} = |0\rangle\langle 0| + \mathbf{i}|1\rangle\langle 1|$을 스테인 부호의 7개 큐비트 모두에 작용하면 논리 게이트 $|\tilde{0}\rangle\langle\tilde{0}| - \mathbf{i}|\tilde{1}\rangle\langle\tilde{1}|$이 되는데, 이것은 정확히 $\tilde{P}_{\frac{\pi}{2}}$가 아니다. 이 경우 $|0\rangle\langle 0| - \mathbf{i}|1\rangle\langle 1|$을 각 큐비트에 작용하는 것이 $\tilde{P}_{\frac{\pi}{2}}$의 결함내성적인 구현이 된다. 그렇지만 다른 경우는 쉽게 고쳐지지 않는다. 예를 들어 $P_{\frac{\pi}{4}} = |0\rangle\langle 0| + e^{\mathbf{i}\frac{\pi}{4}}|1\rangle\langle 1|$을 각 큐비트에 작용하는 것이 $\tilde{P}_{\frac{\pi}{4}}$를 만들어내지도 않고, 가로지르는 방식으로는 어떻게 해도 $\tilde{P}_{\frac{\pi}{4}}$를 구현할 수 없다. $\tilde{P}_{\frac{\pi}{4}}$에 대해서 가로지르는 방식 구현은 알려진 것이 없다. $\tilde{P}_{\frac{\pi}{4}}$에 대해서 알려진 결함내성적 구현은 보조 큐비트를 사용한 것뿐이다.

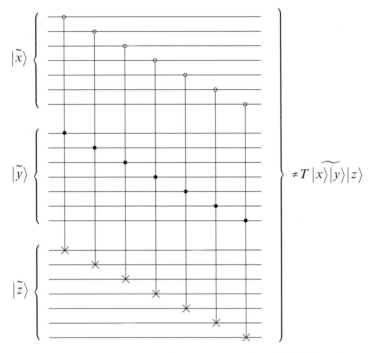

그림 12.8 가로지르는 접근법은 논리적 토폴리 게이트 $\tilde{T}$가 되지 않는다.

그림 12.8에서 볼 수 있듯이 세 블록의 대응하는 큐비트에 토폴리 게이트를 작용하는 방식으로는 논리적 토폴리 게이트 $\tilde{T}$를 구현할 수 없다(연습 문제 12.4 참고). $\tilde{P}_{\frac{\pi}{4}}$ 게이트와 마찬가지로, 스테인 부호에 대해서는 $\tilde{T}$의 가로지르지 않는 방식의 구현만이 가능하다.

결함내성적인 계산이 스테인 부호를 사용해서 부호화된 자료에 대해 수행될 수 있음을 보여주기 위해서는 결함내성 게이트를 순서대로 작용해 모든 논리적 유니타리 게이트를 원하는 만큼 가깝게 근사시킬 수 있음을 보여줘야 한다. 5.5절에서 설명된 만능 근사 게이트 집합, 즉 아다마르 게이트 H, 위상 게이트 $P_{\frac{\pi}{2}}$, 제어형 NOT 게이트 C_{not}, $\pi/8$ 게이트 $P_{\frac{\pi}{8}}$의 집합에 대해 논리적 연산의 결함내성적인 판본을 제시하겠다. $\tilde{P}_{\frac{\pi}{2}}$와 $\widetilde{C_{not}}$의 결함내성인 구현은 이미 설명했다. 논리적 아다마르 게이트 $\tilde{H}$는 각 블록의 큐비트를 가로질러서 H를 작용하는 것으로 구현된다. $\tilde{P}_{\frac{\pi}{4}}$의 결함내성적 구현을 찾는 것은 작업을 더해야 한다.

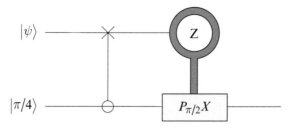

그림 12.9 $P_{\frac{\pi}{4}}$에 대해 결함내성 구현에 대한 기저를 구성하는 회로. $P_{\frac{\pi}{2}}X$는 Z 측정 결과에 조건부로 작용한다.

많은 결함내성 구현 방법이 같은 핵심 아이디어를 사용한다. 즉, 결함내성적으로 준비된 보조 큐비트 상태를 사용해서 구현될 수 있는 많은 변환이 직접적인 결함내성 구현을 갖지 않는다는 것이다. 그 기교는 측정을 사용하는 것이다. $\pi/8$ 게이트의 결함내성적 구현을 만드는 것을 이용해 이 기법을 설명해보겠다. 상태 $|\pi/4\rangle = |0\rangle + e^{\mathbf{i}\frac{\pi}{4}}|1\rangle$를 $\pi/8$ 게이트 $P_{\frac{\pi}{4}}$을 구현하는 데 사용할 수 있다는 것은 아마 놀랍지 않을 것이다. 그림 12.9의 회로는 임의의 입력 상태 $|\psi\rangle$에 $\pi/8$ 게이트 $P_{\frac{\pi}{4}}$를 수행한다. C_{not}, $P_{\frac{\pi}{2}}$, X에 대한 결함내성적 구현은 이미 알고 있으므로, 이 회로를 구현하기 위해서는 부호화된 상태 $|\widetilde{\pi/4}\rangle$의 결함내성적 준비를 찾아야 한다. 먼저 결함내성적인 측정을 생각해보고, 이를 사용해 결함내성 상태 준비의 일부로 사용할 것이다.

12.2.4 결함내성 측정

11.4.3절에서 M이 에르미트 유니타리 연산자라면, 다음의 회로를 사용해 추가적인 보조 큐비트에 비간접적 측정을 수행할 수 있다는 점을 생각해보자.

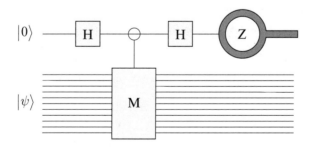

이 구성법은 결함내성과는 거리가 멀다. 보조 큐비트에 발생한 단일 오류가 n큐비트 전체로 퍼져 나갈 수 있기 때문이다. 이 구성법을 결함내성적으로 만들기 위해 12.2.2절의 결함내성적 징훗값 측정에서 했던 것과 같이 고양이 상태를 사용하겠다. 여기서 결함내성적 구성을 위해 n큐비트 고양이 상태가 필요하며, 결함내성 양자오류보정과 마찬가지로 만들어낸 고양이 상태를 검사해 이 시험에 통과 못한 상태는 모두 버려야 한다. M에 의한 간접적 측정은 고양이 상태에 의해 M의 제어형 게이트가 만들어질 수 있는 경우에는 항상 결함내성적 구현을 가진다. 만약 M이 단일 큐비트 연산자로 나타내는 가로지르는 구현을 가진다면, 그 제어형 게이트는 얻기 쉽다. 즉, 고양이 상태에서 대응하는 큐비트를 써서 각 단일 큐비트 연산을 제어하고, 모든 단일 큐비트 연산자가 수행되거나 또는 어떤 연산자도 전혀 수행되지 않는다. 이 구성법의 사용은 다음 절에서 설명하는 $|\widetilde{\pi/4}\rangle$ 상태의 결함내성적인 준비 과정에서 설명된다.

12.2.5 $|\widetilde{\pi/4}\rangle$의 결함내성적 상태 준비

상태 $|\tilde{\phi}\rangle$를 결함내성적으로 준비하기 위해 $|\tilde{\phi}\rangle$가 고유 상태인 효율적이고 결함내성적으로 구현 가능한 측정연산자 $\tilde{M}$을 찾으면 된다. $|\tilde{\phi}\rangle$에 직교하지 않으며 임의의 결함내성적으로 준비된 상태는 $\tilde{M}$에 의해 측정됐을 때 양의 확률로 $|\tilde{\phi}\rangle$가 나온다. 그런 측정에서 올바르지 않은 고유 상태를 얻으면 올바른 상태를 얻을 때까지 이 과정을 반복하거나 또는 많은 경우 이렇게 나온 고유 상태에 결함내성 게이트를 사용해 원하는 상태가 될 때까지 변환시킨다.

$|\widetilde{\pi/4}\rangle$ 상태에 대해 효율적이고 결함내성적으로 구현 가능한 $\tilde{M}$을 얻기 위해 다음 연산자

$$P_\theta = |0\rangle\langle 0| + e^{i\theta}|1\rangle\langle 1|$$

와 상태 $|\theta\rangle = \frac{1}{\sqrt{2}}(|0\rangle + e^{i\theta}|1\rangle)$에 대해 일반적인 관측을 통해 시작해보겠다. X가 고유 벡터로 $|+\rangle$와 $|-\rangle$를 각각의 고윳값 $+1$과 -1로 갖기 때문에, $P_\theta X P_\theta^{-1}$는 고유 벡터 $P_\theta|+\rangle = \frac{1}{\sqrt{2}}(|0\rangle + e^{i\theta}|1\rangle)$과 $P_\theta|-\rangle = \frac{1}{\sqrt{2}}(|0\rangle - e^{i\theta}|1\rangle)$을 각각 고윳값 $+1$과 -1로 가진다. 일단 이 사실은 유용해보이지 않는다. 사실 $|\pi/4\rangle$는 $M = P_{\pi/4}XP_{\pi/4}^{-1}$의 고유 상태이지만, 먼저 구현하려고 시도하고 있는 것은 $P_{\pi/4}$이기 때문이다. 하지만 $XP_\theta^{-1} = e^{-i\theta}P_\theta X$인

교환 관계는

$$M = P_{\pi/4} X P_{\pi/4}^{-1} = e^{-i\frac{\pi}{4}} P_{\pi/4} P_{\pi/4} X = e^{-i\frac{\pi}{4}} P_{\pi/2} X$$

과 $\tilde{P}_{\pi/2}$와 $\tilde{X}$를 결합내성적으로 구현하는 방법을 알았다는 뜻이다.

간접 측정 구성법이 작동하기 위해 이 게이트의 제어형 판본을 완전히 구현할 필요가 없고, 그 대신 측정을 결합내성적으로 구현하기 위해 사용된 고양이 상태에 의해 올바르게 제어되는 판본을 구현하는 것만으로 충분하며, 훨씬 쉬운 작업이다. M에 의한 간접 측정의 논리적 유사체를 얻기 위해서는 고양이 상태의 첫 번째 큐비트와 보조 상태의 첫 번째 큐비트 사이에 제어형 $e^{-i\frac{\pi}{4}}$ 위상 게이트를 작용한 다음, 이어서 고양이 상태와 보조 상태 사이의 대응하는 7쌍의 큐비트에 7개의 제어형 $P_{\pi/2} X$ 게이트를 작용하면 $\tilde{P}_{\pi/2} \tilde{X}$를 구현한다(그림 12.10 참고). 그러면 고양이 상태 구성은 취소되고 남은 큐비트는 표준 기저에서 측정된다. 만약 측정 결과가 0이면 원하는 상태 $|\widetilde{\pi/4}\rangle$를 얻은 것이다. 만약 측정 결과가 1이면 그 결과 상태는 $\frac{1}{\sqrt{2}}(|\tilde{0}\rangle - e^{i\frac{\pi}{4}}|\tilde{1}\rangle)$이며 $\tilde{Z}$를 작용해서 원하는 상태를 얻을 수 있다.

이 회로가 측정 $\tilde{M}$을 수행한다는 것을 보기 위해 각 단계에 어떤 일이 벌어지는지 생각해 보자. 6개의 C_{not} 연산에 함께 아다마르 변환을 작용하면 $|\phi_0\rangle|\tilde{\psi}\rangle$ 상태가 된다. 다음 8개의 게이트는 고양이 상태에 의해 제어되는 $\tilde{M}$을 계산 큐비트에 수행해 다음의 상태를 만들어낸다.

$$\frac{1}{\sqrt{2}}(|0\rangle^{\otimes 7}|\tilde{\psi}\rangle + |1\rangle^{\otimes 7}\tilde{M}|\tilde{\psi}\rangle)$$

6개의 C_{not} 게이트는 다음의 상태가 된다.

$$\frac{1}{\sqrt{2}}(|0\rangle^{\otimes 7}|\tilde{\psi}\rangle + |1\rangle|0\rangle^{\otimes 6}\tilde{M}|\tilde{\psi}\rangle)$$

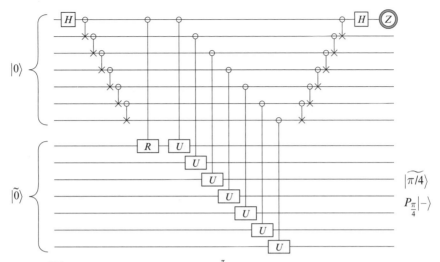

그림 12.10 $|\widetilde{\pi/4}\rangle$의 결함내성적 구성. 여기서 $R = e^{-i\frac{\pi}{2}}$이고 $U = P_{\frac{\pi}{2}}X$다. 첫 번째 집합은 고양이 상태를 만들고, 그다음 집합은 고양이 상태에 제어되는 $\tilde{M}$을 작용하고, 고양이 상태 구성은 취소되며 고양이 상태 레지스터의 첫 번째 큐비트가 측정된다. $|\widetilde{\pi/4}\rangle$ 또는 $P_{\frac{\pi}{2}}|-\rangle$ 중 하나를 얻게 된다. 후자의 경우, $\tilde{Z}$ 연산자를 작용하면 $|\widetilde{\pi/4}\rangle$를 얻는다.

마지막 아다마르 변환은 다음의 상태를 만들어내며,

$$\frac{1}{2}(|+\rangle|0\rangle^{\otimes 6}|\tilde{\psi}\rangle + |-\rangle|0\rangle^{\otimes 6}\tilde{M}|\tilde{\psi}\rangle)$$

다음과 같다.

$$\frac{1}{2\sqrt{2}}(|0\rangle|0\rangle^{\otimes 6}(|\tilde{\psi}\rangle + \tilde{M}|\tilde{\psi}\rangle) + |1\rangle|0\rangle^{\otimes 6}(|\tilde{\psi}\rangle - \tilde{M}|\tilde{\psi}\rangle))$$

11.4.3절과 같이 표준 기저에서 첫 번째 큐비트를 측정하면 $\tilde{M}$의 고유 상태 중 하나를 얻는다.

12.3 강건한 양자계산

12.3.1절은 더 크고 더 강건한 것으로 반복적으로 교체해가는 이어 붙이기 부호화를 설명한다. 이 절에서는 자원(큐비트와 게이트)의 다항식적인 증가로 정확도의 지수 함수적

인 증가를 얻을 수 있음을 보이기 위해 원하는 정확도를 얻으려면 얼마나 많은 단계의 이어 붙이기가 필요한지 분석한다. 12.3.2절은 이 도구를 갖고서 문턱값 정리 결과를 설명한다.

12.3.1 이어 붙이기 부호화

Q_0이 강건하게 만들려는 계산을 위해 시간 간격으로 쪼개진 회로라고 하자(12.1절 참고). 최소한 $1 - \epsilon$의 확률로 계산을 성공시키고 싶다고 하자. Q_i 회로의 각 큐비트를 스테인 부호로 부호화하고, Q_i에 사용된 모든 기본 게이트를 동등한 결함내성 논리 게이트로 교체하고, 각 Q_i의 동등한 논리 게이트의 시간 간격이 종료된 다음 결함내성 오류보정을 수행해 얻은, 시간 간격으로 나눠진 회로를 Q_{i+1}이라고 하자. 다시 말해서 회로 Q_i는 Q_0에 i단계의 이어 붙이기 부호화를 통해서 얻은 것이다. 그림 12.11이 이어 붙이기 부호화의 두 단계를 개념적으로 보여준다. Q_i 회로에서 오류보정에 i개의 다른 단계가 존재한다. 즉, 7큐비트 블록에 오류보정이 최대한 자주 수행된다. 마지막 논리 큐비트에 대응하는 블록에는 오류보정이 최소한으로 수행된다. 오류보정의 이와 같은 계층적 작용은 다항식적으로 많은 자원, 즉 큐비트와 게이트만으로 지수 함수적 단계의 강건함을 달성할 수 있도록 해준다.

이 문단에서는 어떻게 다항식적으로 많은 자원이 지수 함수적인 정확도 증가를 얻는 데 충분한지 대강의 경험적인 논의를 제시한다. 부호 큐비트가 오류보정 부호를 사용할 때 이 방법을 대충 단일 큐비트 오류에서 실패하는 부분을 둘 이상의 오류가 있을 때 실패하는 부분들의 모음으로 교체했다고 생각할 수 있다. 만약 주어진 시간 내에 어떤 부분이 실패할 확률이 p라면, 그 모음은 실패할 확률이 cp^2다. M_0이 N개의 부분으로 이뤄진 기계이고 각각이 단일 시간 간격 동안 확률 p로 실패하는데, T번의 시간 간격 동안 작동한다고 하자. M이 실패하지 않고 작동할 확률은 $(1 - p)^{NT}$다. 새로운 기계 M_1이 N개의 부분 각각을 함께 작동해서 원래의 부분의 연산을 수행하는 K개의 부분으로 교체했는데, 각각의 부분은 여전히 실패할 확률이 p라고 하자. 그러면 K개 부분의 모음은 어떤 상수 $c < 1/p$에 대해 cp^2에 불과한 확률로 원하는 작동 수행에 실패한다. M_1의 기본적 부분은 이제 K개의 모음으로 교체될 수 있다. 이 방식을 i번 계속한 다음, 기계 M_i의 계층적

앙상블은 기계 M_0의 단일 부분과 동등한 부분을 만드는데, 확률 $c^{2^i-1}p^{2^i}$에 불과한 확률로 원하는 작동 수행에 실패하며, 전체적으로 M_i는 확률 $(1-c^{2^i-1}P^{2^i})^{NT}$의 확률로 성공한다. 기계 M_0의 한 부분에 대응하는 계층적 모음에서 K^i 부분의 수는 i에 대해 지수 함수적으로 증가하는데, 정확도는 i에 대해 이중 지수 함수적으로 증가한다. 따라서 이 모음이 $(1/2)^r$보다 더 작은 실패 확률에 도달하기 위해서 단지 $O(\log_2 r)$번 부호화를 하면 된다. 즉, 임의의 $i > \log_2\left(\frac{\log_2 c - r}{\log_2(cp)}\right)$에 대해 실패율은 $(1/2)^r$보다 작은데, 왜냐하면

$$i > \log_2\left(\frac{\log_2 c - r}{\log_2(cp)}\right)$$

임이

$$2^i > \frac{r - \log_2 c}{-\log_2(cp)}$$

을 뜻하기 때문이다. 분모의 $-\log_2(cp)$는 양수인데, $cp < 1$이어서

$$-2^i \log_2(cp) > r - \log_2 c$$

이고, 이것은

$$-r > 2^i \log_2(cp) - \log_2 c = \log_2\left(\frac{(cp)^{2^i}}{c}\right)$$

임을 뜻하기 때문이다. 따라서 다음과 같다.

$$2^{-r} > \frac{(cp)^{2^i}}{c}$$

여기서 $\frac{(cp)^{2^i}}{c} = c^{2^i-1}p^{2^i}$는 원래의 기계 M_0의 단일 부분을 교체한 기계 M_i의 모음에 대해 계산한 실패 확률이다.

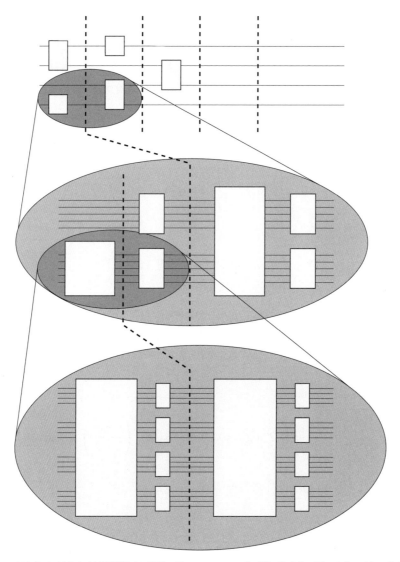

그림 12.11 2단계 이어 붙이기 부호화를 보여주는 회로 Q_0, Q_1, Q_2에 대한 개념적 그림. 큐비트 수는 예시이며, 스테인 부호에 대해 회로 Q_2는 Q_0의 각 큐비트에 대해 49개의 큐비트를 사용한다.

12.3.2 문턱값 정리

이번 절은 문턱값 정리를 설명하고 그 설명에서 사용된 개념의 의미를 설명하는 것으로 시작한다. 그리고 더 일반적인 문턱값 정리를 간략히 설명하며, 지금까지 얻게 된 문턱값에 대해 추정 수치를 설명하겠다.

문턱값 정리threshold theorem   결함내성 절차의 완전한 집합을 가진 임의의 $[[n, 1, 2t + 1]]$ 양자오류보정 부호에 대해, 다음의 성질을 가지는 문턱값 p_T가 존재한다. 임의의 $\epsilon > 0$과 임의의 이상적인 회로 C에 대해, 오류율 $p < p_T$인 국소적 추계적 잡음이 존재하는 상황에서 C'가 $a|C|$보다 적은 수의 큐비트와 더 적은 시간 단계를 사용하며, 통계적 거리 측도로 보는 C의 결과와의 거리가 ϵ보다 가까운 결과를 만들어내는 결함내성 회로 C'가 존재한다. 여기서 a는 $\frac{|C|}{\epsilon}$에 다항로그적인 인자이고, $|C|$는 C에 속한 위치의 수다.

오류보정 부호가 만능 논리 게이트, 오류보정 단계, 상태 준비, 측정의 집합에 대해 결함내성적 절차를 가진다면 그 오류보정 부호는 결함내성 절차의 완전한 집합을 가진다. 회로 C가 많아봐야 각 큐비트가 1번의 준비, 게이트 작용, 또는 측정을 받는 시간 간격으로 나눠져 있다고 하자. C의 **장소**location는 게이트, 상태 준비, 측정, 또는 대기(다음 단계를 위한 큐비트를 저장하는 항등 변환)이다. 결함내성 절차의 완전한 집합을 가지는 오류보정 부호에 기반한 **결함내성 규약**fault-tolerant protocol은 각 자리를 결함내성 절차와 그에 뒤따르는 결함내성 오류보정 절차로 교체한다. 12.3.1절에서 설명했던 대로 문턱값 정리의 회로 C'는 그 이전 단계에서 얻은 회로를 고쳐주는 결함내성 절차에 포함된 게이트, 상태 준비, 측정을 각 단계마다 교체해서 결함내성 절차를 반복적으로 작용해서 얻게 된다. 이걸 수행하는 데 필요한 반복 횟수는 원하는 정확도에 따라 달라진다.

국소적 추계적 오류모형local stochastic error model에서 한 시간 간격 동안 장소 집합의 모든 장소에서 오류 확률은 집합의 크기에 따라 지수 함수적으로 줄어든다. 더 정확히 회로 C에 있는 장소의 부모든 부분집합 S에 대해, S에 있는 모든 장소에서 (그리고 S의 바깥에서도) 결함이 발생했을 전체 확률은 최대로 $\prod_i p_i$다. 여기서 p_i는 장소 L_i에서 결함이 발생했을 고정된 확률이다. 만약 모든 장소에 대한 오류확률 p_i가 p보다 작다면 **오류율**error rate이 p보다 작다고 한다. 이 장소에서 발생한 오류의 유형은 특정되지 않는다. 즉, 분석을 위해서는 계산을 가능한 최대로 망치려고 시도하는 적대적인 누군가에 의해 오류가 선택된다고 상상하는 것이 도움이 된다. 추계적stochastic이라는 말은 결함이 발생하는 장소가 무작위적으로 선택된다는 뜻이다.

N개의 결과물 i에 대해 각각 확률 p_i와 q_i를 가지는 두 확률분포 P와 Q 사이의 **통계적 거리**statistical distance ϵ는 L1 거리로, 다음과 같다.

$$\epsilon = ||P - Q||_1 = \sum_{i=1}^{N} |p_i - q_i|$$

이 경우, 이상적인 회로가 완벽하게 실행되고 그 결과로 얻은 상태를 표준 기저에서 측정한 경우 얻은 측정 결과에 대한 확률분포를 P라고 하자. 오류율 p의 국소적 추계적 잡음 조건에서 C'를 작용하고 그 논리적 큐비트를 측정해서 얻은 확률분포를 Q라고 하자. 측정하기 전, 이상적인 경우에 C의 출력 상태와 잡음이 있는 경우의 C'의 출력 상태는 각각 밀도연산자 ρ와 σ로 적을 수 있다. ρ와 σ를 표준 기저에서 측정해서 얻은 두 분포 사이의 통계적 거리는 에르미트 연산자 ρ와 σ 사이의 대각합 거리와 같다. 대각합 거리trace distance 또는 대각합 측도trace metric는 에르미트 연산자의 대각합 노름에서 온다. 즉, A의 대각합 노름trace norm $||A||_{Tr}$은 $||A||_{Tr} = \mathbf{tr}|A|$로 정의된다. 여기서 $|A| = \sqrt{A^\dagger A}$는 연산자 $A^\dagger A$의 양의 제곱근이다. ρ와 ρ'가 두 밀도연산자라고 하자. 밀도연산자에 대한 대각합 측도 $d_{Tr}(\rho, \rho')$는

$$\epsilon = d_{Tr}(\rho, \rho') = ||\rho - \rho'||_{Tr} = \mathbf{tr}|\rho - \rho'|$$

으로 정의된다.

문턱값 정리는 더 일반적인 모형을 포함한 다른 오류모형에 대해서도 얻어진다. 예를 들어 각 기본 게이트가 환경과 상호 작용하지만 원래의 게이트에 가깝게 남아 있는 것으로 교체된 오류모형에 대해서도 문턱값 정리가 존재한다. 더 정확히는, 완벽하게 작동하는 각각의 기본 게이트는 $U \otimes I$로 모형화되는데, 여기서 U는 계산용 계에 작용하는 기본 게이트이고, I는 환경에 작용하는 항등연산자다. 각각의 완벽한 게이트는 계산용 계와 환경에 함께 작용하는 유니타리 연산자 V로 모형화돼 대응하는 유잡음 게이트를 가진다. 여기서 V는 $U \otimes I$의 η_T 이내로 제약하는데, 즉 어떤 문턱값 η_T에 대해

$$||V - U \otimes I||_{Tr} < \eta_T$$

으로 제약된다. 이 잡음 모형은 꽤 일반적이다. 특히 이 모형은 국소적 추계적 오류모형을 포함한다.

p_T나 η_T와 같은 문턱값의 추정치는 다양한 부호, 결함내성 절차, 오류모형에 대해 얻어졌다. 초기 결과는 $\eta' = 10^{-7}$ 정도의 크기인 문턱값을 가지며, 이 결과는 $\eta' = 10^{-3}$으로 개선됐다. 추가적인 개선은 $\eta' = 10^{-2}$에 도달할 필요가 있는데, 이 값은 구현 실험으로 도달되기 시작한 값이다. 현실적인 잡음 모형, 더 진보된 오류 부호의 개발, 개선된 결함내성 기법을 더 잘 이해하는 것은 이 값들을 개선할 것이다.

12.4 참고문헌

결함내성에 대한 첫 논문은 쇼어[252]가 제시했다. 프레스킬[233]은 결함내성과 연관된 문제와 결과를 조사했다. 알리페리스^{Aliferis}[18]와 고츠먼[138]은 문턱값 정리의 증명을 포함한 결함내성 계산에 대한 자세하고 엄밀하지만 그럼에도 읽기 좋은 설명을 제시했다.

초기의 문턱값 결과는 아로노프^{Aharonov}와 벤오어[9, 10], 키타예프[173], 닐, 라플램^{Laflamme}, 주렉[180, 181]이 증명했다. 10^{-3} 정도 크기의 개선된 오류 문턱값은 예를 들면 스테인[263], 닐[178], 알리페리스, 괴츠먼, 프레스킬[19]이 찾아냈다. 문턱값 정리의 결과는 마르코프적이지 않은 잡음[268]을 포함한 다양한 잡음 모형에서 찾아볼 수 있다. 문턱값 정리의 결과는 가령 13.4절에서 논의하게 될 클러스터 상태 양자계산과 같은 대안적인 계산 모형[219, 220]에 대해서도 발견됐다. 스테인[260]은 현실적인 결어긋남 시간을 추정했다.

스테인[261]은 결함내성 양자계산의 관점에서 다양한 종류의 유한한 만능 근사 집합을 정리했다. 이스틴^{Eastin}과 닐[108]은 가로지르는 만능 게이트 집합을 허용하는 부호가 없음을 보였다. 크로스^{Cross}, 디빈센조^{DiVincenzo}, 테르할^{Terhal}[92]은 결함내성의 관점에서 많은 양자오류보정 부호를 비교했다.

12.5 연습 문제

연습 문제 12.1 단일 큐비트 게이트에 단일 큐비트 오류가 이어지는 것이 (아마 다를 것 같은) 단일 큐비트 오류에 그 게이트가 이어지는 것과 동등함을 보여라.

연습 문제 12.2 그림 12.6에서, Z 측정이 수행된 큐비트에 2개의 C_{not} 게이트를 포함하는데도 고양이 상태의 준비 과정이 결함내성이라고 생각해도 되는 이유는 무엇인가?

연습 문제 12.3 스테인 7큐비트 부호화에서 각 큐비트에 $P_{\frac{\pi}{4}}$를 작용하는 것은 어떤 효과를 보이는가?

연습 문제 12.4 그림 12.8에서 보인 가로지르는 회로가 토폴리 게이트를 구현하지 않음을 보여라. 그 회로를 $|\tilde{1}\rangle \otimes |\tilde{0}\rangle \otimes |\tilde{0}\rangle$에 작용한 효과를 고려하라.

연습 문제 12.5 스테인 부호에 대한 토폴리 게이트의 결함내성적인 판본을 설계하라.

13

양자정보처리 더 알아보기

13장에서는 완전히 논의할 수 없었던 여러 주제를 간략히 살펴보겠다. 13.1절은 양자 알고리듬에 대한 더 많은 최근의 결과를 살펴본다. 양자계산의 알려진 한계는 13.2절에서 논의한다. 양자오류보정의 몇 가지 많은 진보뿐만 아니라 강건한 양자계산에 대한 다른 접근법은 13.3절에서 설명한다. 13.4절은 클러스터 상태 양자계산, 단열적 양자계산, 홀로노미 양자계산, 위상학적 양자계산을 포함한 대안적 모형과 그 모형의 양자 알고리듬, 강건함, 양자 컴퓨터를 만드는 것에 대한 접근법에 대한 그 함의를 간략히 설명하겠다. 13.5절은 양자 암호의 더 넓은 영역을 빠르게 탐색하고 양자 게임, 양자 상호 작용 규약, 양자정보이론을 다뤄본다. 양자정보처리가 고전적 컴퓨터과학에 혁신을 가져오는 통찰은 13.6절에서 논의한다.

13.7절은 확장 가능한 양자 컴퓨터에 대한 기준에서 시작해 양자 컴퓨터를 만드는 접근법을 간단히 설명해본다. 이 논의는 13.8절에서 양자계의 시뮬레이션을 고려하는 것으로 이어진다. 13.9절은 얽힘의 상태에 대한 강조와 함께 양자계산의 능력이 어디서 오는지에 대한 질문이 여전히 잘 이해되지 않았다는 점을 논의한다. 끝으로 13.10절은 양자 이론의 이론적 변형으로 계산을 논의한다.

이렇게 전반적으로 본 것이 완전할 수는 없다. 이렇게 빠르게 발전하는 분야는 매일 새로운 결과가 나온다. 전자출판 저장소의 양자물리학 부분(http://arXiv.org/archive/quant-ph)을 살펴보는 것은 이 분야의 추가적인 주제를 살펴보고 최신의 개발 상황을 따라가는 데 좋은 방법이다(하지만 이 논문들은 심사받은 것이 아님을 주의하자).

13.1 양자 알고리듬 더 보기

그로버 알고리듬 이후 유의미한 또 다른 알고리듬이 발견되기까지 5년 이상의 간격이 있었다. 이 시기에 이 분야는 학자들이 더 넓은 범위의 문제에 대한 알고리듬을 제공하는 쇼어와 그로버의 기법의 다양한 변종들을 찾아내면서 발전해왔지만 알고리듬적인 혁신은 없었다. 9.6절에서 언급했듯이 그로버와 다른 학자들은 그로버 기법을 확장해 많은 문제에 대한 작은 속도 증가를 이뤄냈다. 쇼어의 알고리듬은 숨은 부분군 문제의 풀이를 찾도록 확장됐다. 임의의 유한군의 정규 부분군[147, 141]과 모든 부분군에 대한 정규자의 교집합이 크다는 점에서 거의 가환인군[141]에 대한 숨은 부분군 문제의 풀이를 포함해 가환군에 가까운 다양한 비가환군[244, 162, 161, 29]의 숨은 부분군 문제에 대한 풀이를 찾는 것까지 확장됐다. 부정적인 부분으로는 그리그니^{Grigni} 등은 대다수의 비가환군과 그 부분군에 대해 쇼어 알고리듬과 그 후예들이 사용한 표준적인 푸리에 표본 추출방법은 숨은 부분군에 대해 지수 함수적으로 적은 정보만을 이끌어낸다는 것을 보였다[141]. 반면 에팅거 등은 2004년에 이 문제를 푸는 데 정보 이론적인 장벽은 없음을 보였다[114]. 즉, 이들은 일반적인 비가환적 숨은 부분군 문제의 질의 복잡도가 다항식적임을 보였다.

대다수의 학자들은 양자 컴퓨터가 NP-완전 문제를 다항 시간 내에 풀 수 없을 것으로 예측한다. 그 증명(**P** ≠ **NP**를 뜻하는 증명)은 없다. 13.10절에서 더 자세히 논의하겠지만 애론슨^{Aaronson}은 계산 능력에 대한 이 제한을 우리 우주를 설명할 수 있는 어떤 합리적인 물리 이론이라도 따라야 하는 원리로 간주하자는 것까지도 제안하려고 한다. NP-중급 문제 ^{NP-intermediate problem}, 즉 **NP**에는 속하며 **P**에는 속하지 않아서 **NP** 완전은 아닌 문제의 후보에는 많은 관심이 갔다. 래드너^{Ladner} 정리는 만약 **P** ≠ **NP**라면 NP-중급 문제가 존재함을 말해준다. 인수분해와 이산로그 문제는 둘 다 NP-중급 문제의 후보다. 다른 후보 문제에는 그래프 동형 문제, 최단 격자 벡터 틈 문제^{gap shortest lattice vector problem} 그리고 많은 숨은 부분군 문제 등을 포함한다[254, 13]. 몇 가지 숨은 부분군 문제, 특히 가환군에 가까운 경우에 대한 다항 시간 양자 알고리듬이 발견됐지만, 이 문제는 양자계산 분야의 가장 중요한 미해결 문제로 남아 있다.

숨은 부분군 문제에서 두 가지 특수한 경우가 가장 관심을 받는다. n개 원소의 완전 치환군인 대칭군 S_n과 n개의 변을 가지는 정다각형의 대칭군인 이면체군dihedral group D_n이다. 비얼스Beals의 초기 연구 결과[34]는 대칭군에 대한 양자 푸리에 변환을 제시했지만, 그 대칭군의 숨은 대칭군 문제에 대한 풀이는 계속해서 학자들이 잡지 못하는 중이다. 이 문제는 그 풀이가 그래프 동형 문제에 대한 풀이를 줄 수 있기 때문에 특별한 관심을 받는다. 이면체군에 대한 숨은 부분군 문제는 레게브Regev가 2002년에 쇼어의 기법을 일반화한 푸리에 표본 추출을 사용하는 숨은 이면체 부분군 문제에 대한 어떤 효율적인 알고리듬이라도 암호학에서 관심 있는 문제인 최단 격자 벡터 틈 문제에 대한 효율적인 알고리듬을 만들어줄 수 있다는 것을 보였을 때 훨씬 더 많은 관심을 이끌었다[237]. 2003년에 쿠퍼버그Kuperberg가 이면체군에 대한 준지수 함수적subexponential(하지만 여전히 초다항식적) 알고리듬을 찾았는데[189], 이것은 준지수 함수적인 시간 복잡도를 유지하면서 공간 요구 사항을 다항식적으로 줄이는 것으로 더 개선했다[239]. 앨러직Alagic 등은 이 기법을 일반적인 비가환군에 대한 사이먼 문제의 풀이로 확장했다[17]. 로몽Lomont은 [191]에서 숨은 부분군의 연구 결과와 기법을 조사했다.

2002년, 홀그렌Hallgren은 펠 방정식Pell's equation을 푸는 효율적인 양자 알고리듬을 찾아냈다[146]. 펠 방정식을 푸는 것은 인수분해나 이산로그 문제보다 더 어렵다고 여겨졌다. 북먼-윌리엄스Buchmann-Williams 고전 키 교환과 북먼-윌리엄스 공개 키 암호 체계의 보안성은 펠 방정식을 푸는 것이 어렵다는 점에 기반한다. 따라서 북먼-윌리엄스 공개 키 암호 체계조차도 표준 공개 키 암호 알고리듬보다 더 강한 보안성을 보증한다고 믿어져왔지만 이제는 양자 컴퓨터의 세계에서는 안전하지 않다는 것이 알려졌다. 2003년, 밴 덤 van Dam, 홀그렌, 입Ip은 옮겨진 르장드르 기호 문제shifted Legendre symbol problem에 대한 효율적인 양자 알고리듬을 찾았다[272]. 옮겨진 르장드르 기호 문제는, 예를 들면 특정한 암호 체계용 난수 생성기에서 사용되는 등 몇몇 대수학적 준동형 암호 체계에 대한 기반이다. 밴 덤 등이 발견한 알고리듬의 존재성은 양자 컴퓨터가 이 난수 생성기의 값을 예측할 수 있으므로, 이들의 보안을 풀어버린다는 뜻이다. 2007년, 파르히Farhi, 골드스톤, 거트만Gutmann은 수년 동안 양자 컴퓨터 학자들을 혼란스럽게 했던 NAND 나무NAND tree

문제를 $O(\sqrt{N})$ 시간 내에 계산하는 양자 알고리듬을 찾았다.

지난 5년간, 다양한 문제를 풀기 위해 양자 마구 걷기quantum random walk 기법을 사용한 새로운 부류의 양자 알고리듬이 발견됐다. 차일즈 등은 고전적으로는 준지수 함수적 시간 내에 풀 수 없는 블랙박스 그래프 연결 문제를 다항 시간 내에 풀었다[80]. 매그니즈Magnies 등은 양자 마구 걷기 접근법을 사용해 다른 그래프 문제에 대해 그로버 유형의 속도 증가가 가능함을 증명했다[201]. 매그니즈와 네약Nayak은 군의 간환성 검사 문제[75]에, 부르만Buhrman과 스팔렉Spalek은 행렬 곱 검증 문제[75]에, 암바이니스Ambainis는 원소 구분성에 양자 마구 걷기를 적용했다. 크로비Krovi와 브런Brun은 몇 그래프에 양자 마구 걷기의 맞춤 시간을 연구했다[186]. 암바이니스[22]와 켐페Kempe[169]는 양자 마구 걷기와 양자 마구 걷기 기반 알고리듬을 전반적으로 살펴봤다.

양자 학습 이론quantum learning theory은 쇼어 알고리듬과 그로버 알고리듬을 통합하는 개념적 작업 틀을 제공한다[70, 246, 132, 160, 27]. 양자 학습은 계산 학습 이론computational learning theory의 일부분으로, 개념의 학습에 연관된다. 개념concept은 멤버십 함수membership function에 의해 모형화되는데, 이는 부울 함수 $c : \{0,1\}^n \rightarrow \{0,1\}$ 이다. $C = \{c_i\}$가 개념의 부류라고 하자. 일반적으로 양자 학습 문제는 오라클 O_C에게 C에 있는 개념 c 중의 하나를 질의하는데, 그 작업은 개념 c를 밝혀내는 것이다. 오라클의 유형은 바뀔 수 있다. 공통적인 것으로는 멤버십 오라클membership oracle인데, 이것은 입력 x에 대한 $c(x)$를 출력한다. 공통적인 모형은 정확한 학습과 가능한 근사적으로 올바른PAC, Probably Approximately Correct 학습을 포함한다. 양자적인 경우, 오라클은 중첩 상태 입력에 대해 중첩 상태를 출력한다. 세르베디오Servedio와 고틀러Gortler는 부정적인 결과를 내놓았는데[132], 어떤 개념에 대해 필요한 고전적 질의와 양자적 질의의 수가 정확한 모형에서나 PAC 모형에서나 다항 함수보다 더 큰 차이가 없다는 점이다. 긍정적인 부분으로는 같은 논문에서 질의 복잡도보다는 계산 효율에 대해서는 이야기가 꽤 다르다는 것을 보인 점이다. 정확한 모형에서는 임의의 고전적인 단방향 함수의 존재성이 양자적 경우에 다항 시간 내에 학습 가능한 개념 부류의 존재성을 보증하지만 고전적 경우에는 그렇지 않다. PAC 모형에 대해서는 특정한 단방향 함수를 써서 조금 완화된 결과가 알려져 있다.

13.2 양자계산의 한계

비얼스와 그 동료들[35]은 광범위한 부류의 문제에 대해 양자계산이 기껏해야 작은 다항시간 수준의 속도 개선만을 줄 수 있음을 증명했다. 그 증명은 이 문제를 풀기 위해 임의의 양자 알고리듬이 반드시 사용해야 하는 시간 단계의 수에 대한 하한을 찾아냈다. 그 기법은 다른 학자들이 다른 유형의 문제에 대해 하한선을 제시하기 위해 사용했다. 암바이니스는 하한을 찾아내는 또 다른 강력한 기법을 찾아냈다[21].

2002년에 애론슨은 충돌 문제에 대한 효율적인 양자 알고리듬이 존재할 수 있느냐는 질문에 대해 부정적인 답을 내놓았다[1]. 그 결과는 시[Shi]와 애론슨 본인에 의해 일반화됐다 [248, 6]. 이 결과는 모든 암호용 해시 함수[hash function]에 대한 일반적인 양자 공격이 존재할 수 없음을 보여주기 때문에 많은 관심을 받았다. 애론슨의 결과는 어떤 공격이든지 고려 중인 해시 함수의 특정 성질을 반드시 사용해야 함을 말한다. 쇼어 알고리듬은 몇 가지 암호용 해시 함수를 깨트리지만, 다른 함수에 대한 양자 공격은 아직 발견되지 않았을 것이다.

9.3절에서는 그로버 검색 알고리듬이 최적임을 보았다. 1999년, 암바이니스[20]는 뷰어만과 디울프[de Wolf][73]와 파르히, 골드스톤, 거트만, 십서[Sipser][117]의 결과에 바탕해 정렬된 리스트를 검색하는 데는 양자계산이 가능한 최선의 고전 알고리듬에 대해 상수인자 수준의 개선만을 줄 수 있음을 보였다. 차일즈와 그 동료들[81, 82]은 이 상수의 추정치를 개선했다. 애론슨[5]은 양자계산의 한계에 대해 높은 수준의 총론을 제시했다.

13.3 강건한 양자계산을 위한 더 많은 기법들

양자오류보정은 양자정보처리에서 가장 발전된 분야이지만 많은 미해결 문제가 남아 있다. 더 많은 양자정보처리 장치가 만들어짐에 따라 그런 장치가 가장 취약한 특정 오류에 최적화된 양자부호나 다른 강건한 기법을 찾는 것은 풍부한 연구 영역으로 남아 있을 것이다.

양자정보를 전송하기 위해서는 양자 통신규약의 일부로서나 양자 컴퓨터 내부로 정보를 집어넣기 위해서는 효율적인 오류 검출과 자료의 길이와 부호의 강도 사이의 타협뿐만 아니라 복호화 효율도 중요하다. 오랜 기간 동안 좌절시켰던 것은 저밀도 홀짝성 검사 LDPC, Low-Density Parity Check와 같이 효율적인 복호화 특성을 가지는 특정 고전 부호를 유사한 효율적 복호화를 가지는 양자 부호를 만드는 기반으로 사용하는 어려움이었다. CSS 부호를 만들 때 쌍대성 제약 조건은 이 부호에 대해 너무 많은 장벽이었고, 무엇을 더 해야 할지는 아무도 몰랐다. 2006년 브런Brun, 데브택Devetak, 슈Hsieh는 송신자와 수신자 사이의 얽힘을 부속 자원으로 사용해 LDPC 부호를 포함한 더 고전적인 여러 부호의 양자적 판본을 얻을 수 있었다[68, 137]. 이 구성법은 양자 통신을 넘어서도 유용할 것이다.

공통적인 오류를 검출하고 바로잡을 수 있도록 상태를 부호화시키는 대신에, 이 오류에 영향을 받지 않는 부분 공간에 상태를 놓을 수도 있다. 이런 접근법은 우리가 살펴봤던 오류보정 부호를 보완해 오류 회피 부호error avoiding code, 무잡음 양자계산noiseless quantum computation, 또는 더 보편적으로는 결어긋남 없는 부분 공간decoherence-free subspace이라는 다양한 방식으로 발전하고 있다. 특정 조건에서 어떤 계는 계의 모든 큐비트에 영향을 주는 계 자체의 오류에 노출될 것이라고 예상된다. 우리가 살펴봤던 양자 부호들은 적은 수의 큐비트에 발생한 오류에는 효과적이지만 모든 큐비트에 발생한 계 자체의 오류에는 효과적이지 않다. 라이더Lidar와 웨일리Whaley는 결어긋남 없는 부분 공간의 상세한 리뷰를 제시한다[195]. 연산자 오류보정[184, 185]은 양자오류보정과 결어긋남 없는 부분 공간을 통합하는 작업 틀을 제시한다. 양자계산의 위상학적 모형에 따라 만들어진 양자 컴퓨터(13.4.4절에서 설명됨)는 처음부터 자체적으로 강건하다.

여기서 결어긋남 없는 부분 공간의 일반적인 접근법을 설명하기 위해 몇 가지 간단한 예를 제시하겠다.

예제 13.3.1 계 자체의 비트 뒤집힘 오류. 어떤 계가 그 계의 모든 큐비트에 큐비트 뒤집힘 오류를 수행하는 오류에 노출된다고 하자. 비트 뒤집힘 오류는 $|++\rangle$와 $|--\rangle$ 상태(또는 이 상태의 임의의 선형 결합)에는 아무 영향이 없다. 예를 들어 비트 뒤집힘 오류는

$$|--\rangle = \frac{1}{2}(|0\rangle - |1\rangle)(|0\rangle - |1\rangle)$$

상태를

$$\frac{1}{2}(|1\rangle - |0\rangle)(|1\rangle - |0\rangle) = |--\rangle$$

으로 옮겨준다. 만약 모든 $|0\rangle$과 $|1\rangle$을 각각 두 큐비트 상태 $|++\rangle$와 $|--\rangle$로 부호화한다면, 이런 오류에 면역이 있는 $2n$큐비트계의 상태에 묻어두는 것으로 계 자체에 발생하는 모든 비트 뒤집힘 오류로부터 계산 상태를 보호하는 데 성공할 것이다.

예제 13.3.2 계 자체의 위상 오류. 어떤 계가 계의 모든 큐비트에 같은 상대 위상 이동 $E = |0\rangle\langle0| + e^{i\phi}|1\rangle\langle1|$을 수행하는 오류에 노출된다고 하자. 만약 각각의 단일 큐비트 상태 $|0\rangle$과 $|1\rangle$을 두 큐비트 상태인

$$|\psi_0\rangle = \frac{1}{\sqrt{2}}(|01\rangle + |10\rangle)$$

과

$$|\psi_1\rangle = \frac{1}{\sqrt{2}}(|01\rangle - |10\rangle)$$

으로 부호화한다고 하면, 이 오류는 물리적으로 의미가 없는 전역 위상이 되며, 따라서 계산용 상태는 이런 오류로부터 완전히 보호된다. 즉,

$$(E \otimes E)\frac{1}{\sqrt{2}}(|01\rangle \pm |10\rangle) = \frac{1}{\sqrt{2}}(|0\rangle \otimes e^{i\phi}|1\rangle \pm e^{i\phi}|1\rangle \otimes |0\rangle)$$

$$= e^{i\phi}\frac{1}{\sqrt{2}}(|01\rangle \pm |10\rangle)$$

$$\sim \frac{1}{\sqrt{2}}(|01\rangle \pm |10\rangle)$$

따라서 $\{|\psi_0\rangle, |\psi_1\rangle\}$에 의해 펼쳐지는 차원 공간은 계 자체의 상대 위상 오류를 만들어내는 환경 내에서는 오류가 없는 이진 양자계로 사용될 수 있다.

이 접근법을 결합해서, 계 전체의 모든 큐비트 오류에 대해 막아주는 부호화를 알아낼 수 있다. 계 전체의 X와 Z 오류 모두에 대해 면역인 부분 공간은 확실히 $Y = ZX$ 오류에도

면역이고, 이 오류들의 어떤 선형 결합에도 면역이므로 따라서 계 자체에 대한 어떤 단일 큐비트 오류에도 면역이다. 다음 예제는 자나디^{Zanardi}와 라세티^{Rasetti}[292]가 제시한 것이다. 이 예제는 수정 결정에 의해 영향받는 광자의 편광에 부호화된 큐비트의 환경 오류에 대해 설계됐다. 이 결어긋남 없는 부분 공간 기법은 퀴아트^{Kwiat} 등이 실험적으로 검증했다[190].

예제 13.3.3 계 자체의 단일 큐비트 오류. 독자들은 다음의 벡터

$$|\varphi_0\rangle = \tfrac{1}{2}(|1001\rangle - |0101\rangle + |0110\rangle - |1010\rangle)$$
$$|\varphi_1\rangle = \tfrac{1}{2}(|1001\rangle - |0011\rangle + |0110\rangle - |1100\rangle)$$

로 펼치는 2차원 공간의 원소로 표현되는 모든 양자 상태가 계 전체에 대한 X 오류와 Z 오류에 대해 변하지 않고 남아 있음을 확인해볼 수 있다. $|\varphi_0\rangle$과 $|\varphi_1\rangle$이 직교하지 않기 때문에, 이 벡터를 $|0\rangle$과 $|1\rangle$로 쓸 수는 없다. 그란-슈미트 과정^{Gran-Schmidt process}을 사용해 정규직교 벡터를 찾아낼 수 있다. 즉, $|\varphi_1\rangle$을 $|\varphi_1'\rangle$로 바꾸는데 이는 $|\varphi_0\rangle$에 직교하는 $|\varphi_1\rangle$의 성분을 정규화한 것으로, $|\varphi_2\rangle = |\varphi_1\rangle - \langle\varphi_0|\varphi_1\rangle|\varphi_0\rangle$을 취하고 여기에 정규화를 해서

$$|\varphi_1'\rangle = \frac{1}{\sqrt{\langle\varphi_2|\varphi_2\rangle}}|\varphi_2\rangle$$

을 얻으면 위의 벡터는 이 방법에 의해 $|\varphi_0\rangle$과 직교한다. 모든 $|0\rangle$과 $|1\rangle$을 $|\varphi_0\rangle$로 $|\varphi_1'\rangle$로 부호화하면, 계 자체의 모든 X와 Z 오류에 대해 상태를 보호할 수 있고, 계 자체의 모든 단일 큐비트 오류에 대해서도 보호한다. n큐비트계의 상태를 $4n$큐비트계의 상태에 넣는 방법으로 계 자체의 모든 단일 큐비트 오류에 면역인 계산용 부분 공간을 얻었다.

결어긋남 없는 부분 공간 접근법은 다양한 복잡한 상황에 대해서 개발됐다. 그 조사는 [195]를 참고하라.

13.4 양자계산의 회로 모형의 대안

5.6절의 양자계산의 회로 모형은 양자 알고리듬과 고전 알고리듬 사이의 비교를 위해 잘 설계됐다. 이 모형을 사용해 고전 알고리듬과 양자 알고리듬의 효율성을 비교했으며 어

떤 고전 계산이라도 비교해볼 만한 시간 내에 양자 컴퓨터에서 실행될 수 있음을 보였다. 새로운 양자 알고리듬의 발견에 영감을 주거나 양자계산의 한계에 통찰을 주기 위해 다른 모형들이 회로 모형에 맞서고 있다. 게다가 다른 모형들은 물리적으로 구현되는 양자 컴퓨터와 그 구현의 강건함을 이해하는 방법에 대해 확실히 약속된 접근법을 더 잘 지원한다.

지금까지 회로 모형에 대해 두 가지 유의미한 대안으로 클러스터 상태 양자계산과 단열적 양자계산이 개발됐다. 다음의 네 절에서는 이 두 모형과 그 응용, 홀로노미 양자계산, 단열적 양자계산과 표준 회로 모형의 혼합 모형, 홀로노미 양자계산과 관련된 위상학적 양자계산을 간략히 설명하겠다.

13.4.1 측정 기반 클러스터 상태 양자계산

양자계산의 클러스터 상태 모형[235, 218]이라는 우아한 모형은 양자 얽힘, 양자 측정, 고전적 처리를 예외적으로 깔끔하게 사용한다. 표준 회로 모형과는 대조적으로 클러스터 상태 양자계산은 정보 처리에 유니타리 연산을 전혀 사용하지 않는다. 즉, 10.2.4절에서 설명했던 최대로 연결되고 고도로 지속성이 있는 얽힌 상태인 클러스터 상태에 있는 큐비트를 측정하는 것으로 모든 계산이 수행된다. 클러스터 상태 알고리듬에서는 큐비트 측정 순서가 정해져 있다. 즉, 각 큐비트를 어떤 기저에서 측정할지만이 이전의 측정 결과에 의해 결정될 뿐이다.

클러스터의 초기 상태는 수행하려는 알고리듬에 의존하지 않는다. 그 상태는 단지 풀어야 할 문제의 크기에만 의존한다. 입력과 출력을 포함한 모든 과정은 단일 큐비트 측정의 연결로 처리되며, 큐비트 사이의 얽힘은 알고리듬의 진행에 따라 줄어들기만 한다. 이런 이유에서 클러스터 상태 양자계산은 때로는 단방향one-way 양자계산이라고도 한다. 클러스터 상태 양자계산에서 얽힘 생성과 양자계산의 계산 단계는 깔끔하게 분리된다.

클러스터 상태 양자계산은 양자계산의 표준 회로 모형과 계산적으로 동등함이 증명됐다. 따라서 클러스터 상태는 양자계산을 위한 만능 얽힘 자원을 제공한다. 계산적으로 동등하다는 증명은 양자 회로에 있는 양자 게이트의 시간적 순서를 클러스터 상태가 존재하는 2차원 격자의 공간 차원에 대응시키는 것이 관건이다. 처리 절차는 왼쪽에서 오른쪽으로 진행하는데, 알고리듬 실행이 일단 끝나면 클러스터의 왼쪽 끝의 상태에 놓인 입력에서 클러스터의 가장 오른쪽에 있는 상태에 출력이 나오는 것이다. 양자 회로의 단일 큐비트는 클러스터 상태의 큐비트 한 행에 대응된다. 따라서 클러스터 상태의 단일 큐비트는 계산에서 처리되는 논리 큐비트와는 구분된다. 클러스터에 있는 많은 큐비트들은 회로 모형의 어떤 큐비트와도 연관이 없다. 이 큐비트들은 큐비트 행들을 연결하고, 측정과 함께 클러스터의 큐비트가 왼쪽에서 오른쪽으로 측정됨에 따라 양자 게이트가 수행되도록 한다. 한 열의 큐비트 측정은 병렬적으로 수행될 수 있다.

일반적인 클러스터 상태 계산은 양자 회로의 유사체에서 나온 것보다 더 일반적인 구조를 사용한다. 예를 들어 측정은 왼쪽에서 오른쪽으로 진행될 필요가 없으며, 클러스터 상태의 행은 그 의미가 분명치 않을 수도 있다. 이 상태가 일반적인 클러스터 상태 양자계산에는 유사체가 없는 양자계산의 회로 모형에서 나온 개념인 논리 큐비트를 표현하는 것은 아무 이유가 없다. 클러스터 상태 모형에서는 어떤 계산이든지 그 클러스터를 큐비트 집합 $Q_1, Q_2, \ldots, Q_L$로 나눈다. 집합에 들어 있는 큐비트는 어떤 순서로든 측정될 수 있고, 특히 병렬적으로 측정될 수도 있다. 집합 Q_i에 있는 모든 큐비트는 Q_{i+1}의 어떤 큐비트가 측정되기 전에 측정돼야 한다. Q_{i+1}에 있는 큐비트를 측정하는 방법은 $Q_1, Q_2, \ldots, Q_L$에 있는 큐비트의 측정 결과에 의존할 수도 있다. 로센도르프, 브라운, 브리겔Briegel은 계산의 논리적 깊이logical depth를 계산을 수행하기 위해 필요한 집합 Qi의 최소 수로 정의했다[235]. 최종 결과의 해석과 이전 결과에서 주어진 측정 결과를 사용하기 위해 어떤 기저를 쓸지 정하는 것은 모두 알고리듬의 효율을 생각할 때 포함시켜야 하는 고전적인 계산이 필요하다.

어떤 계산에 대해서는 논리적 깊이가 놀랍게 낮다. 예를 들어 C_{not} 게이트, 아다마르 게이트, $\pi/2$ 위상 이동 게이트에 의해 생성된 군인 클리포드군Clifford group의 원소로만 전부 이뤄진 어떤 양자 회로를 생각해보자. 클러스터 상태 모형에서 여기에 대응하는 계산은 오른쪽에서 왼쪽으로 큐비트 열을 측정하는 것으로 진행되는데, 클리포드군 회로에 대응하는 모든 클러스터 계산에 대해 모든 큐비트를 동시에 측정해도 된다. 따라서 클리포드 게이트만 사용한 계산의 논리적 깊이는 1이다. 즉, 계산을 완성하기 위해 필요한 측정 사이에 의존성이 없다. 이 결과는 계산을 진행시킨다는 것은 단지 결과의 고전적인 해석과 중간 측정의 고전적 결정일 뿐이다. 따라서 클리포드 게이트만으로 전부 이뤄진 양자 회로는 동등한 효율의 고전적 유사체를 가진다. 이 결과는 고츠먼-닐 정리[133]로 알려져 있는데, 예를 들면 월시-아다마르 변환이 클리포드군에 포함된다는 점에서 자명하지 않다. 클러스터 상태 모형은 이 정리의 특히 간단한 증명을 제시한다.

클러스터 상태 모형은 엄청난 이론적 관심을 받는다. 양자계산의 역할을 명확히 하고 양자계산을 해석하는 방법을 제시하기 때문이다. 또한 이 모형은 양자 컴퓨터, 특히 광학적 양자 컴퓨터를 만드는 접근법에 엄청난 영향을 끼쳤다. 이 부분은 13.7절에서 같은 맥락으로 다시 논의할 것이다. 게다가 13.9절에서 논의하겠지만 이 모형은 양자계산에서 얽힘의 역할을 놀라운 방법으로 분명하게 했다.

13.4.2 단열적 양자계산

단열적 양자계산^adiabatic quantum computation을 설명하기 위해서는 그 과정이 바탕을 두는 해밀토니언 작업 틀^Hamiltonian framework을 먼저 설명해야 한다. 양자계는 유니타리 연산자에 의해 변화하며, 따라서 초기에 $|\Psi_0\rangle$ 상태인 어떤 계의 상태가 시간 t에 따라 변하는 것은 $|\Psi_t\rangle = U_t|\Psi_0\rangle$으로 묘사될 수 있다. 여기서 U_t는 각 t에 대한 유니타리 연산자. 게다가 이 변화는 반드시 연속적이어야 하며 가법적이어야 한다. 즉, 모든 시간 t_1, t_2에 대해 $U_{t_1+t_2} = U_{t_2}U_{t_1}$이다. 임의의 유니타리 연산자 U는 계의 해밀토니언이라고 부르는 어떤 에르미트 연산자 H에 대해 $U = e^{-\mathrm{i}tH}$로 적을 수 있다. 슈뢰딩거 방정식은 이것과 동등한 형식을 제시한다. 즉, 해밀토니언 H는 반드시 다음을 만족해야 한다.

$$\mathrm{i}\frac{d}{dt}|\Psi(t)\rangle = H|\Psi(t)\rangle$$

여기서 단위는 플랑크 상수^Planck's constant $\hbar = 1$을 썼다. λ_0이 H의 가장 작은 고윳값이라고 하자. H의 임의의 λ_0 고유 상태는 H의 바닥 상태^ground state라고 한다. 해밀토니언 작업 틀과 슈뢰딩거 방정식은 양자역학 교재에서도 찾아볼 수 있다.

단열적 양자계산을 사용해 문제를 풀기 위해서는 적절한 해밀토니언 H_1을 찾아야 하는데, 이것은 해밀토니언의 바닥 상태로 그 문제의 답을 표현할 수 있는 것이다. 단열적 알고리듬^adiabatic algorithm은 쉽게 구현할 수 있고 알려진 해밀토니언 H_0의 바닥 상태에 있는 계에서 시작한다. 경로 H_t는 초기 해밀토니언과 최종 해밀토니언 $H = H_1$ 사이에서 선택되고, 이 해밀토니언은 그 경로를 따라가도록 점진적으로 섭동받는다. 단열적 양자계산 이론은 단열 정리[adiabatic theorem][210]에 근간을 두는데, 이 정리는 충분히 천천히 경로를 따라 움직이는 한 계가 바닥 상태에 남았으며, 따라서 계산이 끝나면 그 계는 풀이 상태인 H_1의 바닥 상태에 있을 것이라는 뜻이다. 얼마나 천천히 경로를 움직여야 하는지는 고유 틈[eigen gap], 즉 가장 작은 두 고윳값 사이의 차이에 의존한다. 일반적으로 이 틈의 한계를 얻는 것은 어려운 일이며, 따라서 단열적 알고리듬 설계의 기예는 먼저 문제를 적절한 해밀토니언에 대응시키는 방법을 찾고, 그 고유 틈이 절대로 너무 좁아지지 않는 것을 보여줄 수 있는 짧은 경로를 찾는 것에 있다. 단열적 양자계산은 파르히, 골드스톤, 거트만, 십서[118]에 의해 소개됐다. 차일즈, 파르히, 프레스킬[79]은 단열적 양자계산이 결 어긋남에 대항하는 어떤 내재적 보호 장치를 가짐을 보였는데, 이것은 특히 양자계산의 강건한 구현과 강건한 알고리듬의 설계에 모두 좋은 모형이 될 수 있다는 뜻이다[79]. 롤랜드[Roland]와 서프[Cerf][243]는 그로버 알고리듬을 다시 만들었고, 단열적이라는 맥락에서 그 최적성 증명을 보였다.

아로노프 등[16]은 단열적 양자계산 모형을 개발하고 회로 모형에 있는 만능 양자계산과 동등함을 증명했다. 몇 가지는 고전계산과 동등한 능력을 가졌을 뿐이지만[63], 다른 것들에 대해서는 그 능력이 어디까지인지 아직 잘 이해가 안 됐다. 이 상황은 단열적 양자계산의 논의뿐만 아니라 그 구현을 위한 노력도 복잡하게 만든다. 예를 들어 그 장치가 만능 양자계산을 수행할 수 있는지 아닌지 결정하는 것이 가능하지 않은 어떤 작은 단열적 장치가 만들어질 수 있다.

아로노프와 타-쉬마[Ta-Shma]의 광범위한 논문에서는 단열적 양자계산에 대해 도구를 개발한 다음 어떤 상태를, 특히 확률분포에서 뽑아낸 상태들의 중첩 상태를 효율적으로 생성할 수 있는지 이해하기 위한 단열적 모형의 사용법을 조사했다. 초기의 관심은 단열적 기법을 사용해 NP-완전 문제를 푸는 양자 알고리듬을 개발할 수 있는 가능성에 집중됐는데[116, 78, 153], 이는 단열적 알고리듬이 다른 접근법에 대해 증명된 하한선 결과에 영향을 받지 않기 때문이다. 바지라니와 밴 덤[273] 그리고 라이하르트[Reichardt][240]는 다항시간 내에 NP-완전 문제를 푸는 다양한 단열적 접근법을 배제했다.

13.4.3 홀로노미 양자계산

홀로노미[Holonomic] 또는 기하학적 양자계산[293, 76]은 단열적 양자계산과 단열적 과정을 통해 구현된 양자 게이트로 이뤄진 표준 회로 모형의 융합형이다. 홀로노미 양자계산은 매개변수 공간의 고리를 따라 해밀토니언을 단열적으로 섭동할 때 발생하는 비가환 기하학적 위상[non-Abelian geometric phase]을 사용한다. 이 위상은 고리의 위상학적 특성[topological property]에만 의존하며, 따라서 섭동에는 민감하지 않다. 이 특성은 홀로노미 양자계산이 해밀토니언의 변화를 주도하는 제어에 발생한 오류에 대해 좋은 강건함을 가짐을 뜻한다. 다양한 장치를 사용해서 수행하는 것에 초기의 실험적 노력이 있었다.

13.4.4 위상학적 양자계산

1997년 홀로노미 양자계산의 개발 이전, 키타예프는 위상학적 양자계산[topological quantum computing]을 제안했다. 탁월한 강건함 특성을 가지는 더 이상한 양자계산 방법이다[174, 125, 233, 87]. 키타예프는 위상학적 특성이 작은 섭동에는 전혀 영향을 받지 않고, 따라서 양자정보를 위상학적 특성에 부호화시키면 자체적으로 강건함이 부여됨을 알아차렸다. 키타예프가 제안했던 위상학적 양자계산의 유형은 아로노프-봄 효과[Aharonov-Bohm effect]를 사용하는데, 이것은 솔레노이드[solenoid] 주변을 돌아다닌 입자가 얻는 위상이 그 입자가 솔레노이드를 몇 바퀴나 돌았는지에만 의존한다는 것이다. 이 위상학적 특성은 입자 경로가 엄청 크게 간섭받는 경우에도 매우 둔감하다.

키타예프는 이 모형에서 양자계산을 정의하고 비가환 아로노프-봄 효과를 사용해서 그런 양자 컴퓨터가 중대한 효율성 손실 없이 양자 회로 모형의 계산을 흉내 낼 수 있다는 점에서 만능임을 보였다. 하지만 자연에서는 몇 안되는 비가환 아로노프-봄 효과만이 알려져 있고, 이것들은 모두 양자계산에는 부적합하다. 학자들은 그 효과를 공학적으로 만들기 위해 작업하고 있지만, 심지어 위상학적 양자계산의 가장 기초적인 단위마저도 실험실에서 실험적으로 아직 실현되지 않았다. 길게 보면 위상학적 양자계산의 강건함 특성은 다른 접근법을 물리칠 수도 있다. 그동안 이 모형은 유의미한 이론적 관심을 받을 것이다. 예를 들어 존스 다항식[Jones polynomial]의 다항 시간 근삿값을 주는 새로운 유형의 양자 알고리듬을 이끌어냈다[11].

13.5 양자 통신규약

가장 유명한 양자 통신규약은 양자 키 분배 기법으로, 2.3절과 3.4절에서 설명했다. 양자 키 분배^{quantum key distribution}는 양자 암호 통신규약의 첫 번째 사례다. 그 이후, 넓은 범위의 다양한 암호학적 통신 작업에 대한 양자적 접근법이 개발됐다.

양자 키 분배 기법과 같은 어떤 양자 암호 통신규약은 고전 정보를 암호화하기 위해 양자적 방법을 사용한다. 다른 방식은 양자정보를 보호한다. 다수의 방식은 그 보안성을 양자역학의 성질에 완전히 기반하고 있다는 점에서 무조건적으로 안전하다. 다른 방식은 양자 컴퓨터로 계산할 수 없는 문제에 보안성을 의존한다는 점에서 양자계산적으로만 안전하다. 예를 들어 무조건적으로 안전한 비트 확약^{bit commitment}은 고전적인 방법이든 양자적 방법이든 접근이 불가능한 것으로 알려져 있다[205, 197, 93]. 비트 확약의 더 약한 형태도 존재한다. 특히 양자적인 단방향 함수가 존재하는 한 양자계산적으로 안전한 비트 확약 기법이 존재한다[8, 106]. 카셰피^{Kashefi}와 케레니디스^{Kerenidis}는 양자 단방향 함수의 현황을 논의한다[168].

양자 키 분배 기법에 가깝게 관련된 것으로 복제 불가능한 암호화^{unclonable encryption} 통신규약이 있다[136]. 복제 불가능한 암호화는 대칭 키 암호화 기법으로, 도청자가 나중에 풀어보기 위해 암호화된 메시지를 들키지 않고 복사하는 것조차 불가능하도록 보장한다. 대다수의 대칭 키 암호 체계보다 더 강한 보안성을 보증한다는 점에 더해, 이 키 분배는 도청 행위가 검출되지 않는 한 재사용할 수 있다. 복제 불가능한 암호화는 양자 인증과 강하게 묶여 있다[33]. 인증의 한 종류로 디지털 서명^{digital signature}이 있다. 쇼어 알고리듬은 모든 표준적인 디지털 서명 기법을 깨트린다. 양자 디지털 서명 기법이 개발됐는데[139], 다만 여기에 들어가는 키는 제한된 횟수만 사용할 수 있다. 이 관점에서 이 기법은 머클^{Merkle}의 1회용 디지털 서명 기법과 같은 고전적 기법과 닮았다[207].

몇몇 양자 비밀 공유 통신규약은 도청자가 존재하는 상황에서 고전 정보를 보호한다[151]. 다른 통신규약들은 양자적 비밀을 보호한다. 클리브^{Cleve} 등[86]은 (k, n) 문턱값 양자 비밀에 대한 양자 통신규약을 제시했다. 고츠만 등[134]은 더 일반적인 양자 비밀 공유를 위한 통신규약을 제시했다. 양자 비밀 공유와 CSS 양자오류보정 부호 사이에 강한 연관성이 존재한다. 다자간 양자 함수 계산 기법이 존재한다[91].

지문 찍기[fingerprinting]는 각 지문을 비교해 두 문자열이 같은지 높은 확률로 알아내기 위한 인식 문자열에 대한 기법이다. 길이 n인 비트열의 고전적 지문의 길이가 최소한 $O(\sqrt{n})$ 이어야 함이 알려져 있다. 뷰어먼 등[72]은 고전 자료의 양자 지문이 지수 함수적으로 더 작을 수 있음을 보였다. 즉, $O(n)$개의 큐비트만을 사용해서 지문을 만들 수 있다.

2005년에 와트러스[Watrous]는 많은 고전적인 영지식 상호 통신규약[zero-knowledge protocol]이 양자적인 공격에 대해서도 영지식임을 보일 수 있었다. 이 도전에서 중요한 부분은 양자적 영지식의 합리적이고 충분히 일반적인 정의를 찾는 것이다. 통계적 영지식 통신규약에 일반적으로 깔린 문제는 그래프 동형과 같은 NP-중급 문제의 후보이므로, 이런 이유에서 영지식 통신규약도 양자계산에서 관심을 받고 있다. 아로노프와 타-쉬마[15]는 통계적 영지식과 단열적 상태 생성의 흥미로운 관계를 자세히 살펴봤다.

양자 상호 작용 통신규약과 양자 게임[quantum game] 사이에는 가까운 관계가 있다. 이 분야에 대한 소개는 [192]에서 제시된다. 이 분야의 초기 작업은 죄수의 딜레마[prisoner's dilemma]의 양자적 판본에 관한 논의를 포함한다. 다른 양자 게임에 대한 생생한 논의는 메이어[Meyer]의 저술[212]을 참고하라. 거토스키[Gutoski]와 와트러스[145]는 양자 게임을 양자 상호 작용 증명과 연관 지었다.

13.6 고전계산에 대한 시사점

많은 수의 고전 알고리듬 결과가 양자정보처리 관점을 취해서 얻게 됐다. 케레니디스와 드울프[170] 그리고 웨너[Wehner] 등[282]은 국소적으로 복호화할 수 있는 부호의 하한을 증명하기 위해 양자적 논의를 사용했다. 애론슨[2]은 국소적 탐색에 대해, 포프스큐[Popescu] 등[230]은 고전 가역적 회로에 필요한 게이트 수에 관해, 드울프[98]는 행렬 견고성[matrix rigidity]에 대해 양자적 논의를 사용했다. 아로노프와 레게브[14]는 격자 문제에 관련된 고전적 결과를 얻기 위해 그 양자적 복잡도 결과를 "역양자화[dequantize]"시켰다. 때로는 실숫값 함수 적분을 계산하는 데 복소수 관점을 사용하는 것이 유용하다는 점이 이 현상을 설명하는 유사한 점이다. 드러커[Drucker]와 드울프는 이것과 다른 결과들을 [105]에서 조사했다. 여기서 그 조사에 포함되지 않은 두 가지 추가적 사례를 들어보겠다. 하나는 다음 문단의 끝에서 논의되는 젠트리[Gentry] 결과[127]다. 다른 하나는 쿠퍼버그

Kuperberg가 증명한 요한슨 정리^{Johansson's theorem}에서 나온 초기 예제[187]이다. 이 두 가지 사례를 더 자세히 설명하겠다.

암호 통신규약은 통상적으로 그 보안성 문제를 경험적 어려움에 의존한다. 즉, 정보 이론적 보안성을 완전히 증명하기가 어렵다. 암호 통신규약이 새로운 문제에 기반해서 설계됐을 때, 그 통신규약의 보안성을 이해할 수 있게 되기 전에 그 문제의 어려움이 반드시 해석돼야 한다. 어떤 문제를 경험적으로 시험하는 데는 오랜 시간이 걸린다. 그 대신 가능한 경우 항상 그 새로운 문제가 풀린다면 그것이 알려진 어려운 문제의 풀이를 이끌어내는지 보이는 것으로 축소된 증명이 제시된다. 즉, 알려진 문제의 풀이가 새 문제의 풀이로 축소될 수 있음을 보이는 증명이다. 레게브[238]는 어떤 문제에 기반한 새롭고 순수한 고전 암호체계를 설계했다. 레게브는 알려진 어려운 문제를 이 문제로 축소할 수 있었는데, 그 축소 증명의 일부분으로 양자적 단계만을 사용했다. 따라서 그는 만약 그 새 문제가 어떤 식으로든 효율적으로 풀 수 있다면 오래된 문제에 대한 효율적인 양자 알고리듬이 존재함을 보였다. 하지만 이것은 고전 알고리듬이 존재하는지에 대해서는 아무것도 말해주지 않는다. 이 결과는 현실적인 중요성을 갖는데, 레게브의 새로운 암호 알고리듬은 더 효율적인 격자 기반 공개 키 암호 체계다. 격자 기반 체계는 현재 양자적 공격에 대항해 보안성이 있는 공개 키 체계에 대한 앞선 후보다. 레게브의 원래 결과로부터 4년 후, 페이커트^{Peikert}는 완전히 고전적인 축소를 제시했다[224]. 같은 학회에서 젠트리는 그의 놀라운 결과, 즉 완전 준동형 암호 체계[128]를 보였는데, 이것은 30년간의 미해결 문제를 해결한다. 그 작업의 일부로, 또 다른 완전히 고전적인 결과를 위해 젠트리는 그와 관련되지만 다른 양자적 축소 논증을 사용했다[127].

덜 현실적이지만 또 다른 놀라운 결과로 애론슨은 순수한 고전 복잡도 부류 **PP**에 관한 악명 높은 추측에 새로운 풀이를 찾아냈다[4]. 1972년에서 1995년까지 이 문제는 미해결 상태였다. 애론슨은 특정 양자 알고리듬에서 후선택^{postselection}을 사용하는 점에 착안해 표준 양자 복잡도 부류인 **BQP**를 확장해 새로운 양자 복잡도 부류인 **PostBQP**를 정의했다. 애론슨은 한쪽에 걸쳐서 **PostBQP=PP**임을 보이고, 그다음 저 추측을 증명하는 데는 단 3줄만을 썼다. 1995년의 원래 증명은 완전히 고전적이지만, 엄청 더 복잡했다. 따라서 적어도 이 문제에 대해서는 고전적 부류 **PP**를 바라보는 올바른 방식은 양자정보처리의 눈을 통해 보는 것 같다.

13.7 양자 컴퓨터 만들기

디빈센조는 양자 컴퓨터를 만들기 위해 널리 사용되는 요구 조건을 개발했다. n개의 광점멸기라고 하는 n비트로 고전 컴퓨터를 만들지 못하는 것과 같이, n큐비트를 얻는 것으로는 충분하지 않다. 비트나 큐비트는 반드시 제어 가능한 방식으로 상호 작용해야 한다. n큐비트를 얻는 것은 상대적으로 쉽지만, 이것들을 서로 그리고 제어 장치를 써서 상호 작용시키면서 다른 것과 상호 작용하는 것은 막는 것을 어려운 일이다. 디빈센조의 기준 [104]은 대략 다음과 같다.

- 잘 정의된 큐비트를 가지며 규모를 키울 수 있는 물리계
- 큐비트를 간단한 상태로 초기화시킬 수 있는 능력
- 환경 잡음에 대한 강건함. 즉, 게이트 작동 시간보다 훨씬 긴 결어긋남 시간
- 높은 충실도의 만능 양자 게이트를 실현할 능력
- 높은 효율로 큐비트가 특정된 측정

나중에 양자 컴퓨터의 다른 부분들 사이에 정보를 전송하기 위해 사용되는 비행 큐비트 flying qubit의 필요성이 인식되면서 두 가지 기준이 더 추가됐다.

- 정지 큐비트와 비행 큐비트를 상호 변환시키는 능력
- 지정된 위치 사이에 비행 큐비트를 충실히 전송하는 것

디빈센조의 기준은 양자계산의 표준 회로 모형에 뿌리를 둔다. 페레즈-델가도Perez-Delgado와 콕Kok[227]은 양자 컴퓨터의 엄밀한 조작적 정의를 포함하는 더 일반적인 기준을 제시했는데, 양자계산의 다른 모형을 포함한다.

그런 장치를 실제로 만드는 과정에는 난감한 기술적 어려움이 있다. 전 세계의 연구단은 현실적 양자 컴퓨터를 만드는 방법을 활발히 연구하는 중이다. 이 분야는 빠르게 변한다. 전문가조차 많은 접근법 중 어떤 것이 성공할 것 같은지 예상하는 것은 불가능하다. [295]와 [157]은 둘 다 다양한 접근법에 대한 상세한 평가를 제시한다. 실험실은 뿐만 아니라 어디에서도 디빈센조의 기준을 모두 만족하는 상세한 제안은 아직 아무도 한 적이 없다. 수십 큐비트를 넘어 수백 큐비트로 넘어가려면 획기적인 발전이 필요하다.

가장 초기의 작은 양자 컴퓨터[176]는 액체 NMR[129]을 사용했다. NMR 기술은 의학에서 사용되기 때문에 이미 매우 발달해 있었다. NMR 접근법은 원자 핵의 스핀 상태를 사용한다. 한 분자의 여러 사본이 거시적 규모의 액체에 포함된다. 큐비트는 다수의 핵이 가진 평균 스핀 상태에 부호화된다. 각 큐비트는 분자의 특정 원자에 대응하며, 따라서 한 큐비트에 대한 원자는 그 핵의 특정 진동 수에 의해 다른 큐비트와 구분될 수 있다. 그 스핀 상태를 자기장으로 조작하고 평균 스핀 상태를 NMR 기법으로 측정할 수 있다. NMR 양자 컴퓨터는 실온에서 작동한다. 하지만 액체 NMR은 규모를 키우는 데 심각한 문제가 있다. 큐비트 수가 n으로 커짐에 따라 $1/2^n$으로 측정 신호가 변한다. 따라서 액체 NMR은 규모를 키울 수 있는 양자 컴퓨터는커녕 훨씬 더 노력해도 구현될 것 같지 않다.

규모를 키울 수 있는 양자 컴퓨터에 어떤 접근법이 가장 그럴 듯한지 예측하는 것이 얼마나 어려운지의 예로, 2000년에 광학적 접근법은 가망이 없다고 여겨졌다. 광학적 접근법은 양자 키 분배뿐만 아니라 양자 컴퓨터의 다른 부분에 정보를 전송하는 비행 큐비트와 같은 양자 통신 응용에 대해 적수가 없는 접근법으로 알려졌는데, 광자가 다른 광자와 상호 작용이 많지 않고 따라서 결어긋남 시간이 길기 때문이다. 하지만 같은 이유로 광자가 서로 상호 작용하는 것이 어렵다는 점은 어떤 계산을 수행하기 위한 기본 큐비트로는 적합하지 않게 만든다. 비선형 광학 물질이 몇 가지 광자-광자 상호 작용을 일으키지만, C_{not} 게이트로 작동하기에 충분히 강한 비선형성을 가진 물질은 알려지지 않았으며, 과학자들은 그런 물질을 찾을 수 있는지조차도 의심하고 있다. 닐, 라플램, 밀번의 2001년 논문[179]에서는 측정을 영리하게 사용해 비선형 광학적 요소의 문제를 피하면서도 C_{not} 게이트를 구현할 수 있는 방법을 보였다. 이 결과는 KLM 접근법으로 알려졌는데, 광학적 양자 컴퓨터 분야에 엄청난 혁신이었지만, 핵심적인 문제가 남아 있었다. 이 기법에 필요한 부대 비용이 엄청나다. 2004년에 닐슨은 클러스터 상태 양자계산을 KLM 접근법을 결합해 그 부대 비용을 엄청나게 줄이는 방법을 보였다. 오브라이언[O'Brien]은 양자 컴퓨터에 대한 간략하지만 통찰력 있는 광학적 접근법의 총설을 제시했고[222], 이제는 많은 난관이 남아 있음에도 더 믿음직한 접근법 중 하나로 보인다.

이온 덫[Ion trap] 접근법은 현재 가장 진보된 접근법으로 규모를 키울 가능성이 있어 보인다. 이 분야는 꾸준히 진보를 만들어냈다. 이온 덫 양자 컴퓨터[84, 258]에서, 개별 이온은 각 큐비트를 표현하는 데 전기장에 의해 갇혀 있다. 레이저는 개별 이온에 쬐여져서 단일 큐비트 양자 게이트와 이웃한 이온 사이의 두 큐비트 연산을 수행한다. 양자계산을 위해 필요한 모든 연산은 적은 수의 이온에 대해 실험실에서 수행됐다. 이 기법의 규모를 키우기 위해서, 제안된 아키텍처architecture는 큐비트를 앞뒤로 움직이고 이온의 물리적 움직임[171]이나 광자를 사용해서 그 상태를 전송[262]하는 양자 메모리quantum memory와 처리 요소를 포함한다. 더 최근에는 양자 컴퓨터의 아키텍처 설계가 연구되기 시작됐다. 반 미터Van Meter와 오스킨Oskin은 양자 컴퓨터에 대한 아키텍처 문제와 접근법을 조사했다[211].

일단 양자정보처리 장치가 만들어지면 그 장치가 예상대로 작동하는지 알아내고 어떤 종류의 오류가 발생할 수 있는지 연구하기 위해 시험해야 한다. 효율적이고 좋은 검사 기법을 찾는 것은 지수 함수적으로 큰 상태 공간이 주어져 있으면 쉬운 작업과는 거리가 멀고, 그 측정이 상태에 영향을 준다. 양자 상태 단층 분석quantum state tomography은 상태의 다수 사본을 검사해 실험적으로 양자 상태를 특징 짓는 기법을 연구한다. 양자 과정 단층 분석quantum process tomography은 장치에 의해 수행되는 연산 순서를 실험적으로 특징 짓는 것을 목표한다. 초기 작업은 포야토스Poyatos 등[231, 232]과 추앙과 닐센[83]의 연구를 포함한다. 다리아노D'Ariano 등은 양자 단층 분석quantum tomography의 리뷰를 제시했다[94]. n큐비트계의 완전한 특징 짓기는 그 계를 지수 함수적으로 많이 검사해야 하지만 몇 가지 특징은 그보다 덜 검사하고도 알아낼 수 있다. 특히 관심 받는 것은 양자 과정이 겪을 걸어긋남을 알아내는 것이다. 최근의 혁신으로, 에머슨Emerson 등은 걸어긋남을 특징 짓는데 다항식적으로 많은 수의 검사만이 필요한 것으로 줄여주는 대칭화 과정을 제시한다[113, 28].

양자정보처리 장치에서 쓰기 위한 고도로 얽힌 상태를 만드는 데서 노력과 성공은 다수의 다른 응용법을 찾아냈고, 이 방법들은 양자역학에 더 깊은 실험적 탐험을 가능케 했다[157, 295]. 고도로 얽힌 상태와 양자 제어 구현은 파장 한계보다 짧은 수준으로 물질에 영향을 주는 양자 미세 리소그래피quantum microlithography와 극도로 정밀한 감지기를 만들기 위한 양자 측정에 사용됐다. 그 응용은 원자의 양자적 잡음에 의해 제한되는 현재의 원자 시계의 한계를 넘는 시계 정확도를 구현하고, 파장 한계를 넘는 광학적 분해능, 초고해상도 분광 분석, 초저흡수 분광 분석 등이 있다.

13.8 양자계 시뮬레이션

양자 컴퓨터의 핵심적 응용 분야는 양자계의 시뮬레이션이다. 임의의 양자계를 시뮬레이션하는 능력을 가진 양자 컴퓨터를 갖기 오래전부터 작은 양자계를 시뮬레이션하는 능력을 가진 특수 목적 양자 장치가 만들어질 것이다. 이 특수 목적 장치에서 실행되는 시뮬레이션은 화학, 생물학, 재료과학에 이르는 영역에 응용 분야가 있다. 이것들은 훨씬 큰 특수 목적 장치의 설계와 구현 그리고 이상적으로 규모를 키울 수 있는 일반 목적 양자 컴퓨터를 만드는 모든 방법을 이끌어내는 과정을 뒷받침할 것이다.

양자계의 양자 시뮬레이션에 대한 초기 작업은 [285, 196, 189] 등을 포함한다. 솜마 ^{Somma} 등의 총설[257]은 어떤 유형의 물리 문제 시뮬레이션이 양자 컴퓨터에서 풀릴 수 있는지 논의한다. 분명히 시뮬레이션이 표준 기저에서 표현되는 상태의 진폭을 항상 효율적으로 출력할 수는 없는데, 한 시점의 한 점에서조차 이 정보는 계의 크기에 따라 지수 함수적으로 커질 수 있기 때문이다. 양자 컴퓨터에 의한 양자계의 완전한 시뮬레이션이 의미하는 것은 언제, 어떤 측정이 수행되는가에 상관없이 측정 결과가 실제 계에 대해 같은 확률로 측정 결과를 주는 알고리듬이다. 만능 양자 컴퓨터에서도 시뮬레이션에서 어떤 정보를 얻을 수 있는지에는 한계가 있다. 몇 가지 흥미로운 양들에 대해서는 시뮬레이션에서 그 정보를 효율적으로 추출할 수 있는 방법이 분명치 않다. 즉, 어떤 양에 대해서는 정보 이론적 장벽이 있을 수 있고, 다른 양에 대해서는 알고리듬의 진보가 필요할 것이다.

많은 양자계가 고전적으로 효율적으로 시뮬레이션될 수 있다. 어쨌든 우리는 양자 세계에 살고 있지만, 그럼에도 효율적으로 광범위한 다양한 자연 현상을 시뮬레이션하는 고전적 방법을 사용할 수 있었다. 몇몇 얽힌 양자계는 고전적으로 효율적으로 시뮬레이션될 수 있다[278]. 어떤 양자계가 고전적으로 효율적으로 시뮬레이션될 수 있는지에 대한 질문은 미해결 문제다. 양자계의 고전적 시뮬레이션에 대한 새로운 접근법은 계속해서 개발되고 있고, 양자정보처리 관점에서 많은 이득을 보고 있다[249, 204]. 양자정보처리 관점은 또한 양자계를 시뮬레이션하기 위해 공통적으로 사용되는 고전적 접근법인 DMRG 접근법에 개선을 이끌어내기도 했다[276].

만능 양자 컴퓨터가 매우 다양한 양자계를 시뮬레이션할 수 있겠지만, 슈뢰딩거 방정식을 따르지만 자연에서 찾을 수 없는 어떤 이론적 양자계는 효율적으로 시뮬레이션할 수 없다. 양자 컴퓨터는 이론적 관점에서 대다수의 양자계, 즉 어떤 해밀토니언 H에 대해 그 동역학이 e^{-iH}에 의해 묘사되는 추상적 계를 근사적으로도 효율적으로 시뮬레이션할 수 없다. 이 사실의 증명은 대다수의 유니타리 연산자가 효율적으로 구현 가능하지 않다는 사실에서 곧바로 유도된다. 모든 물리적으로 구현 가능한 양자계가 양자 컴퓨터에서 효율적으로 시뮬레이션할 수 있을 거라는 추측은 있지만, 증명되진 않았다[99]. 만약 이 추측이 틀린 것으로 밝혀지고, 어떤 자연 현상이 우리가 그 현상을 정의한 대로 양자 컴퓨터에서 효율적으로 시뮬레이션 가능하지 않다는 것이 밝혀진다면, 이 현상에 포함되는 양자 컴퓨터에 대한 우리의 개념을 고쳐야 할 것이다. 하지만 또한 우리는 추가적인, 잠재적으로 강력한, 계산 자원을 밝혀낼 수도 있을 것이다.

13.9 양자계산 능력은 어디서 오는가?

얽힘은 양자계산의 능력이 어디서 오는지에 대해 제시되는 가장 공통적인 답이다. 다른 답으로는 양자 병렬성, 상태 공간의 지수 함수적 크기, 양자 푸리에 변환이 있다. 7.6절에서는 양자 병렬성과 상태 공간의 크기가 답으로는 부적절하다는 것을 논의했다. 양자 푸리에 변환은 대다수의 양자 알고리듬에서 핵심적이지만, 7장의 참고문헌에서 양자 푸리에 변환이 고전적으로 효율적으로 시뮬레이션될 수 있다고 언급된 것을 보면 이 결과에 빛을 비춰주는 답은 될 수 없다. 이 절의 나머지는 얽힘도 만족스러운 답이 아닌 이유를 설명하는 데 쓰고, 나머지는 독자들에게 블라트코 베드랄^{Vlatko Vedral}[274]이 "종잡을 수 없는 양자 효율성의 근원"이라고 말한 것을 이해하는 노력을 기울일 것을 권하겠다.

양자계산의 능력의 원천으로 얽힘이 그렇게 자주 인용되는 한 가지 이유는 고전 알고리듬에 대해 지수 함수적인 속도 증가를 달성하는 어떤 순수 상태 양자 알고리듬이라도 알고리듬의 입력 크기에 대해 증가하는 많은 수의 큐비트 사이에 얽힘을 반드시 사용해야 한다는 조사와 린든의 결과[167]이다. 그렇지만 같은 논문에서 조사와 린든은 이 결과에도 불구하고 얽힘이 양자계산의 핵심 자원으로 간주되면 안 된다고 강조했다. 이들은 얽힘과 매우 다른 또 다른 성질도 증명될 수 있음을 제안했다. 예를 들어 13.4.1절에서 논의했던 고츠먼-닐 정리는 다항식적인 크기의 안정자 설명을 갖지 않는 상태도 양자계산에 대해 기초적임을 뜻한다. 이 성질은 얽힘과는 구분된다. 클리포드군이 C_{not}을 포함하기 때문에, 이 상태 집합은 특정한 얽힘 상태를 포함한다.

조사와 린든의 결과와 유사한 것들은 고전적인 경우에 대해서 덜 극적인 개선에 대해서는 성립하지 않는다. 사실, 얽힘이 전혀 없어도 개선이 될 수 있다. 가령 메이어는 필요한 질의의 수를 n번에서 1번으로 줄이는 베른슈타인-바지라니 알고리듬 과정에서 어떤 큐비트도 얽히지 않음을 보였다. 더 분명하게는, 얽힘이 필요치 않은 양자정보처리의 다른 응용이 존재한다. 그 반대편에서 문제를 살펴보면, 많은 얽힌 계가 고전적으로 시뮬레이션 가능함을 보였다[278, 204].

반면 양자계산의 클러스터 상태 모형은 양자계산에 대해 얽힘이 핵심임을 시사한다. 고도로 얽힌 다른 유형의 초기 상태에 가깝게 연관된 다른 모형이 만능 양자계산을 할 수 있음이 알려졌다. 이 상태가 몇몇 얽힘 척도에서는 최대 얽힘과 거리가 멀다는 것이 알려졌지만, 많은 학자들은 이론적으로 충분히 얽힌 양자 상태의 대다수 부류가 단방향 만능 양자계산의 기저로 사용될 수 있지만, 이 부류 중 많은 수에 대해 측정 전략을 찾아내는 것이 말도 안 되게 어려울 수 있다고 추측한다. 그러나 이 추측은 틀린 것으로 밝혀졌다.

두 집단의 학자들[142, 64]이 대다수의 양자 상태가 단방향 만능 양자계산에 대한 재료로 유용하게 쓰기에는 너무 얽혀 있음을 보였다. 몇 달 사이, 이 결과는 아마도 효율적으로 만들 수 있는 양자 상태에 적용할 수 없을 것이라고 생각됐지만, 로우^{Low}[199] 단방향 양자계산의 기저로 쓰기에는 너무 얽혀 있으면서 효율적으로 만들 수 있는 양자 상태의 부류를 빠르게 보였다. 하지만 이 상태의 대다수는 양자 원격 전송과 같은 양자정보처리에 유용하다.

이 관찰은 두 질문에 부딪친다. 어떤 종류의 얽힘이 유용하며 무엇에 유용한가. 10장에서 언급했듯이 다자간 얽힘은 잘 이해되지 않은 채 남아 있다. 또 다른 흥미로운 도전은 그 한계를 명백히 만드는 양자정보처리 관점을 찾아내는 것이다. 예를 들어 9.3절에서 증명했던 소모적 탐색에 대한 양자 알고리듬의 하한 $\Omega(\sqrt{N})$이 관측 1번이 되면 유리한 점이 있을까? 양자역학의 어떤 측면이 양자정보처리의 능력에 핵심인지 이해하는 길은 아직은 너무 보이지 않는다. 저자들은 이 책의 독자들이 이 근본적인 질문을 더 잘 이해하는 데 기여하기를 바란다.

13.10 양자역학이 그렇게 정확하지 않다면 어떻게 되는가?

양자역학은 틀릴 수 있다. 물리학자들은 양자역학을 일반 상대성 이론과 조화시키는 방법을 아직도 잘 모른다. 완전한 물리 이론은 일반 상대성 이론이나 양자역학 중 하나를, 어쩌면 둘 다를 고쳐야 할 수도 있다. 양자역학을 고치는 부분은 작을 수도 있지만, 양자역학은 오랜 시간 동안 가장 잘 시험된 이론 중 하나로, 그 예측은 엄청난 정확도로 맞아떨어졌다. 더 완전한 이론이 발견되더라도 양자역학의 대다수의 예측은 적어도 근사적으로는 계속 성립할 것이다. 이 두 이론을 조화시키는 방법은 아무도 모르기 때문에 어떻게 고쳐야 하는지 아무도 모른다. 일단 새로운 물리 이론이 알려지면 그 계산 능력을 분석할 수 있다. 그러는 사이 이론가들은 양자역학에 특정한 변화가 발생한다면 어떤 계산 능력이 가능할지 찾아냈다.

지금까지는 이 변화가 줄어든다기보다는 더 커지는 계산 능력을 뜻했다. 이 원리를 바탕으로 만들어진 컴퓨터는 양자 컴퓨터가 할 수 있는 모든 것과 훨씬 더 많은 것을 할 수 있다. 예를 들어 에이브람스^{Abrams}와 로이드^{Lloyd}[7]는 양자역학이 아무리 조금이라고 해도 비선형이라면, 비선형성을 사용한 계산이 #P 분류, 모든 NP 문제가 포함되는 분류, 그리고 훨씬 더 많은 분류의 모든 문제를 다항식적 시간 내에 풀 수 있음을 보였다. 애론슨[4]은 양자역학의 공리에서 어떤 지수가 2가 아니라 다른 것이었다면, NP보다 엄청나게 큰 또 다른 분류인 모든 PP 문제를 다항 시간 내에 풀 수 있음을 보였다. 이 결과는 양자역학을 고치는 것이 이런 물리적 원리를 사용해서 만든 컴퓨터로 얻은 능력을 꼭 망가뜨리는 것은 아닐 수 있음을 보여준다. 사실 많은 경우 능력이 증가한다. 이 결과를 반영해 애론슨[5]은 계산 능력의 한계가 열역학 법칙이 그랬던 것과 같이 우주의 물리 이론을 찾는 것을 안내해주는 근본적 원리로 생각해야 한다고 제안했다.

많은 흥미로운 질문이 양자계산의 능력을 확장하고 근원으로 하며, 이 질문들은 자연이 우리에게 어떤 효율적인 계산을 허용하는지, 왜 그런지에 대해 이해하기 위해서 우리 인간이 싸우는 동안 오래도록 남아 있을 것이다.

부록

A

양자역학과 확률론 사이의
몇 가지 관계

양자역학의 내재적인 확률적 특성은 잘 알려져 있지만 양자역학과 확률론을 뒷받침하는 형식적 구조 사이의 가까운 관계는 놀랍도록 무시됐다. 이 부록은 표준 확률이론을 어떤 비표준적 관점으로, 즉 양자역학을 설명하는 표준적 방법에 더 가까운 언어로 설명한다. 이렇게 다시 설명하는 것은 두 이론 사이의 유사점과 차이점을 조명한다. 확률론은 텐서 곱과 같은 구조를 더 친숙한 맥락으로 가져오는 것에 의해 양자역학을 이해하는 데 도움을 줄 뿐만 아니라 양자역학을 뒷받침하는 수학적 엄밀성을 확률론의 확장으로 정확히 그리고 유용하게 볼 수 있기 때문이다. 이 관점은 얽힘과 고전적 상관성 사이의 차이를 포함해 양자 이론과 확률론 사이의 관계를 분명히 한다.

A.1 확률론의 텐서곱

텐서곱은 확률론 교재에서는 잘 언급되지 않지만, 텐서곱은 양자역학만큼이나 확률론의 많은 부분을 차지한다. 확률론에 내재된 텐서곱 구조는 더 자주 강조돼야 한다. 확률에 대해 오해의 근원 중 하나가 더 친숙한 직곱 구조를 사실상의 텐서곱 구조에 겹쳐 보려고 시도하는 경향이다.

A가 n개 원소를 가지는 유한집합이라고 하자. A에 대한 확률분포 μ는

$$\mu : A \to [0, 1]$$

인 함수로, $\sum_{a \in A} \mu(a) = 1$을 만족한다. A에 대한 모든 확률분포의 공간 $\mathcal{P}^A$는 $n-1$차원이다. $\mathcal{P}^A$를 $(n-1)$차원의 단체^{simplex} $\sigma_{n-1} = \{x \in \mathbf{R}^n | x_i \geq 0,\ x_1 + x_2 + \cdots + x_n = 1\}$로 볼 수 있는데, 이것은 n차원 공간 $\mathbf{R}^A$에 포함된다. $\mathbf{R}^A$는 모든 함수의 공간으로,

$$\mathbf{R}^A = \{f : A \to \mathbf{R}\}$$

이다(그림 A.1 참고). $n = 2$에 대해, 단체 σ_{n-1}은 $(1, 0)$에서 $(0, 1)$로 가는 선분이다. 단체의 각 꼭짓점은 a에서 1이고 A의 다른 모든 원소에 대해서는 0이 되는 확률분포를 나타내는 원소 a에 대응한다. 임의의 확률분포 μ는 단체의 점 $x = (\mu(a_1),\ \mu(a_2),\ ...,\ \mu(a_n))$에 대응시킨다.

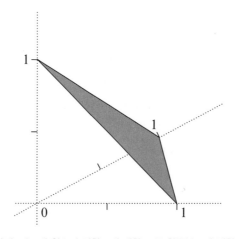

그림 A.1 단체 σ_2는 세 원소의 집합 A에 대한 모든 확률분포의 집합에 대응한다.

B가 m개 원소를 가지는 유한집합이라고 하자. $A \times B$가 데카르트 곱 $A \times B = \{(a,b) | a \in A,\ b \in B\}$라고 하자. $A \times B$에 대한 모든 확률분포의 공간 $\mathcal{P}^{A \times B}$와 $\mathcal{P}^A$와 $\mathcal{P}^B$ 공간 사이의 관계는 무엇일까? 언뜻 드는 생각은 답이 아니다. 즉, $\mathcal{P}^{A \times B} \neq \mathcal{P}^A \times \mathcal{P}^B$다. 다음의 차원 검사는 이 관계가 성립하지 않음을 보여준다. 먼저, $\mathbf{R}^{A \times B}$와 $\mathbf{R}^A$와 $\mathbf{R}^B$ 사이의 관계를 생각해보자. $A \times B$가 $|A \times B| = |A||B| = nm$이기 때문에, $\mathbf{R}^{A \times B}$는 nm차원이며, $\mathbf{R}^A \times \mathbf{R}^B$의 차원인 $n + m$이 아니다. $\dim(\mathcal{P}^A) = \dim(\mathbf{R}^A) - 1$이기 때문에, $\dim(\mathcal{P}^{A \times B}) = nm - 1$이며,

이것은 $\mathcal{P}^A \times \mathcal{P}^B$의 차원인 $n + m - 2$와 같지 않다. 따라서 다음과 같다.

$$\mathcal{P}^{A \times B} \neq \mathcal{P}^A \times \mathcal{P}^B$$

그 대신, $\mathbf{R}^{A \times B}$는 $\mathbf{R}^A$와 $\mathbf{R}^B$의 텐서곱 $\mathbf{R}^A \times \mathbf{R}^B$이고, $\mathcal{P}^{A \times B} = \mathbf{R}^A \otimes \mathbf{R}^B$다. 이 관계식이 성립하는 것을 보이기 전에, 직관을 얻는 데 도움을 줄 예제를 제시하겠다.

예제 A.1.1 $A_0 = \{0_0, 1_0\}$, $A_1 = \{0_1, 1_1\}$, $A_2 = \{0_2, 1_2\}$라고 하자. 1_0과 0_0은 각각 당신이 다음번에 만날 사람이 양자역학에 관심이 있는지 없는지에 대응하고, A_1은 그 사람이 몬티 홀 문제Monty Hall problem의 풀이를 아는지에 대응하고, A_2는 그 사람의 키가 적어도 5피트 6인치인지 아닌지에 대응한다고 하자. 그러면 $1_0 1_1 0_2$는 양자역학에 관심이 있고 몬티 홀 문제의 풀이를 알고 있으며 키가 5피트 6인치보다 작은 어떤 사람에 대응한다. 아래첨자는 위치로 알 수 있으므로 $1_0 1_1 0_1$ 대신에 110이라고 적는다. 8개의 확률 집합 $A_0 \times A_1 \times A_2$에 대한 확률분포는 다음과 같은 꼴이다.

$$\vec{p} = (p_{000}, p_{001}, p_{010}, p_{011}, p_{100}, p_{101}, p_{110}, p_{111})$$

더 일반적으로는 $A_0 \times A_1 \times \cdots \times A_k$에 대한 확률분포는 길이가 2^k인 벡터다. 여기서 A_i는 모두 원소가 2개인 집합이다. 여기서 이진수 아래첨자를 증가하는 순서로 각 항목을 적겠다. 따라서 n개의 원소가 2개인 집합의 데카르트 곱에 대한 확률분포 공간의 차원은 n에 대해 지수 함수적으로 증가한다.

이번 문단에서는 $\mathbf{R}^{A \times B} = \mathbf{R}^A \otimes \mathbf{R}^B$임을 보이겠다. 함수 $f : A \to \mathbf{R}$과 $g : B \to \mathbf{R}$이 주어졌을 때, 텐서곱 $f \otimes g : A \times B \to \mathbf{R}$을 $(a, b) \to f(a)g(b)$를 정의하자. 독자들은 이 정의가 텐서곱의 공리를 만족함을 확인하도록 하자. 게다가 $\mathbf{R}^{A \times B}$에 있는 함수의 선형 조합이 $\mathbf{R}^{A \times B}$에 있는 함수다. 따라서 $\mathbf{R}^A \otimes \mathbf{R}^B \subseteq \mathbf{R}^{A \times B}$이다. 역으로, 임의의 함수 $h \in \mathbf{R}^{A \times B}$는 함수 $f_i \otimes g_i$의 선형 결합으로 적을 수 있음을 보여야 한다. 여기서 $f_i \in \mathbf{R}^A$와 $g_i \in \mathbf{R}^B$다. $b \in B$ 각각에 대해 $f_b^A \in \mathbf{R}^A$인 함수의 부류를

$$f_b^A : A \to \mathbf{R}$$
$$a \mapsto h(a, b)$$

으로 정의하자. 마찬가지로, $a \in A$ 각각에 대해,

$$g_a^B : B \to \mathbf{R}$$
$$b \mapsto h(a, b)$$

을 정의하자. 더불어, 확률분포

$$\delta_a^A : A \to \mathbf{R}$$
$$a' \mapsto \begin{cases} 1 & a = a'\text{인 경우} \\ 0 & \text{그 외} \end{cases}$$

과

$$\delta_b^B : B \to \mathbf{R}$$
$$b' \mapsto \begin{cases} 1 & b = b'\text{인 경우} \\ 0 & \text{그 외} \end{cases}$$

을 정의하자. 그러면 $h(a, b) = \sum_{a' \in A} \delta_a^A(a) g_a^B(b)$이고, 따라서 $h = \sum_{a' \in A} \delta_a^A(a) \otimes g_a^B(b)$ 이다. 그러므로 $h \in \mathbf{R}^A \otimes \mathbf{R}^B$이다. 완전함을 위해, 대칭성에 의해 $h = \sum_{b' \in B} f_b^A(a) \otimes \delta_b^B(b)$ 임을 언급해두겠다.

이제, 관심을 확률분포에 집중해보자. μ와 ν가 확률분포라고 하면 $\mu \otimes \nu$도 확률분포다. 즉,

$$\sum_{(a,b) \in A \times B} (\mu \otimes \nu)(a, b) = \sum_{(a,b) \in A \times B} \mu(a)\nu(b)$$
$$= \sum_a \sum_b \mu(a)\nu(b)$$
$$= \left(\sum_a \mu(a) \right) \left(\sum_b \nu(b) \right) = 1$$

이다. 게다가 확률분포의 선형결합은 그 선형 인자의 합이 1이 되는 한 확률분포다. 역으로, 임의의 확률분포 $\eta = \mathcal{P}^{A \times B}$가 $\mathcal{P}^A$와 $\mathcal{P}^B$에 있는 확률분포의 텐서곱의 선형 인자의 합이 1이 되는 선형결합임을 보이겠다. 각각의 $a \in A$에 대해 하나의 확률분포 부류를 다음과 같이 정의하자.

$$h_a^B : B \to \mathbf{R}$$

$$b \mapsto \frac{\eta(a, b)}{\sum_{b' \in B} \eta(a, b')}$$

$c_a = \sum_{b \in B} \eta(a, b)$와 $c_b = \sum_{a \in A} \eta(a, b)$라고 하자. $\sum_{a \in A} c_a = 1$이라고 하자. 그러면,

$$\eta(a, b) = \sum_{a' \in A} c_{a'} h_{a'}^B \delta_{a'}^A$$

$$= \sum_{a' \in A} c_{a'} \delta_{a'}^A \otimes h_{a'}^B$$

δ_a^A가 $\mathcal{P}^A$의 확률분포이기 때문에, $A \times B$에 대한 모든 확률분포는 $\mathcal{P}^A \otimes \mathcal{P}^B$에 속한다.

만약 결합분포 $\mu \in \mathcal{P}^{A \times B}$가 분포 $\mu_A \in \mathcal{P}^A$와 $\mu_B \in \mathcal{P}^B$의 텐서곱 $\mu_A \otimes \mu_B$로 적을 수 있다면 그 확률분포는 $\mathcal{P}^A \otimes \mathcal{P}^B$라는 분해에 대해 독립, 또는 상관되지 않는다. 결합확률의 대다수는 이 꼴을 갖지 않으며, 이 경우는 상관되는 경우다. 임의의 결합분포 $\mu \in \mathcal{P}^{A \times B}$에 대해, 가장자리분포 $\mu_A \in \mathcal{P}^A$를 다음과 같이 정의하자.

$$\mu_A : a \mapsto \sum_{b \in B} \mu(a, b)$$

상관되지 않은 분포는 그 가장자리 분포의 텐서곱이다. 다른 분포들은 그 가장자리 분포에서 재구성될 수 없다. 즉, 정보는 이미 손실된 것이다. 확률에 대한 잘못된 인식의 근원 중 하나는 더 친숙한 직접 구조와 겹쳐 보려고 시도하는 것인데, 이것은 재구성을 지원하는데, 확률은 실제로는 그에 대한 텐서곱 구조다. 분포와 가장자리 사이의 관계는 텐서곱 구조 내에서만 제대로 이해된다.

한 원소에 완전히 집중된 분포 $\mu : A \to R$은 순수하다고 한다. 즉, n개의 원소인 집합 A에 대해 정확히 n개의 순수한 분포 $\mu_a : A \to [0, 1]$이 존재하며, A의 각 원소에 하나씩이다. 여기서,

$$\mu_a : a' \mapsto \begin{cases} 1 & a' = a\text{인 경우} \\ 0 & \text{그 외} \end{cases}$$

이것은 정확히 단체의 꼭짓점에 대응하는 분포다. 그 밖의 다른 모든 분포는 섞였다고 한다.

관측이 이뤄지면, 확률분포는 그에 따라 갱신된다. 관측과 어긋나는 모든 상태는 제외되며, 남은 확률은 그 합이 1이 되도록 정규화된다. 많은 잡음이 양자 측정에 따른 상태의 붕괴^{collapse} 때문에 발생한다. 하지만 이 붕괴는 고전 확률에서 발생한다. 즉, 새로운 정보가 밝혀지면 확률분포를 갱신한다고 한다.

예제 A.1.2 여러분의 친구가 공정한 2개의 동전을 던진다고 하자. 네 가지 결과 HH, HT, TH, TT에 대한 확률분포는 $\vec{p}_I = (1/4, 1/4, 1/4, 1/4)$이다. 그 친구가 동전을 2개 던지고, 그다음 두 동전이 같은 방향인지 알려준다. 새 확률분포를 계산하기 위해서, 친구의 관측에 맞지 않는 가능성인 HT와 TH는 제외되며 남은 확률은 그 합이 1이 되도록 규격화되고 그 결과 확률분포는 $\vec{p}_F = (1/2, 0, 0, 1/2)$이다.

예제 A.1.3 당신이 다음번에 만날 사람의 특징에 관한 예제를 다시 살펴보자. 그 모든 특징을 알지 못하는 한 $\vec{p}_I = (p_{000}, \ldots, p_{11})$은 섞인 분포다. 당신이 그 사람을 만났을 때 그 사람의 특징을 관찰해볼 수 있다. 일단 관찰을 했을 때, 분포는 순수 분포로 붕괴한다. 예를 들어 그 사람이 양자역학에 관심 있고, 몬티홀 문제의 풀이를 모르고, 그 키가 5피트 8인치라면, 붕괴된 분포는 $\vec{p}_F = (0, 0, 0, 0, 0, 1, 0, 0)$이다.

양자역학에서 진짜 놀라운 것은 양자 상태가 일반적으로 확률분포로 모형화시킬 수 없다는 점이다. 이것이 벨 정리의 내용이다. 단 하나의 기저만 생각하면 EPR 역설을 심하게 단순화시키면 멀리 있는 상태의 즉시적, 초광속으로 지식 전달이 국소적 상태의 관찰에 의해 가능하다는 놀랍지 않은 고전적 결과로 축소된다.

예제 A.1.4 어떤 사람이 똑같은 종잇조각이 봉인된 봉투를 2개 준비해서 우주 반대편으로 보냈다고 하자. 절반의 확률로 두 봉투는 0을 가질 것이고, 절반은 1이 있을 것이다. 초기 확률분포는 $\vec{p}_I = (1/2, 0, 0, 1/2)$이다. 만약 누군가 봉투 중 하나를 열어서 0을 관찰했다면, 다른 봉투의 내용 상태는 즉시 알려진 것이다. 즉, 봉투 사이에서 초광속으로 전달되며, 그 이후의 분포는 $\vec{p}_F = (1, 0, 0, 0)$이다.

양자역학과 확률론 사이의 관계를 완전히 이해하기 위해, 확률분포를 연산자로 보는 것이 유용하다. 선형연산자의 집합 $\mathcal{M}^A = \{M : \mathbf{R}^A \to \mathbf{R}^A\}$를 생각해보자. 모든 함수 $f : A \to \mathbf{R}$에 대해, $M_f : g \mapsto fg$로 주어지는 연관된 연산자 $M_f : \mathbf{R}^A \to \mathbf{R}^A$가 있다. 특히 A에 대한 임의의 확률분포 μ에 대해, 연관된 연산자 $M_\mu : \mathbf{R}^A \to \mathbf{R}^A$가 존재한다. $M^2 = M$인 경우 연산자 M은 투영연산자라고 한다. 그 대응 연산자 M_μ가 투영연산자인 확률분포 μ의 집합은 정확히 순수 분포의 집합이다. 어떤 함수에 대응하는 연산자의 행렬은 항상 대각행렬이다. 확률분포에 대해서는 이 행렬은 대각행렬일 뿐만 아니라 대각합이 1이다. 예를 들어 확률분포 $\vec{p}_F = (1/2, 0, 0, 1/2)$에 대응하는 연산자는

$$\begin{pmatrix} 1/2 & 0 & 0 & 0 \\ 0 & 0 & 0 & 0 \\ 0 & 0 & 0 & 0 \\ 0 & 0 & 0 & 1/2 \end{pmatrix}$$

행렬이다. 관측 결과로부터 나온 정보로 확률분포를 갱신하는 것은 행렬의 몇몇 성분을 0으로 고치고 대각 성분의 합이 1이 되도록 재규격화하는 것이나 마찬가지이다.

예제 A.1.5 예제 A.1.2의 초기 확률분포에 대한 행렬은 다음과 같다.

$$\begin{pmatrix} 1/4 & 0 & 0 & 0 \\ 0 & 1/4 & 0 & 0 \\ 0 & 0 & 1/4 & 0 \\ 0 & 0 & 0 & 1/4 \end{pmatrix}$$

측정 후 갱신된 확률분포에 대한 행렬에서 HT와 TH에 대한 확률을 0으로 설정하고 행렬을 재규격화하면, 대각합이 1인 행렬을 얻는다.

$$\begin{pmatrix} 1/2 & 0 & 0 & 0 \\ 0 & 0 & 0 & 0 \\ 0 & 0 & 0 & 0 \\ 0 & 0 & 0 & 1/2 \end{pmatrix}$$

예제 A.1.6 예제 1.3의 초기 확률분포에 대한 행렬은 다음과 같다.

$$\begin{pmatrix} 1/2 & 0 & 0 & 0 \\ 0 & 0 & 0 & 0 \\ 0 & 0 & 0 & 0 \\ 0 & 0 & 0 & 1/2 \end{pmatrix}$$

봉투가 개봉된 후 갱신된 확률분포에 대한 행렬에서 두 봉투가 1을 가질 확률을 0으로 설정하고 행렬을 재규격화하면 대각합이 1인 행렬을 얻는다.

$$\begin{pmatrix} 1 & 0 & 0 & 0 \\ 0 & 0 & 0 & 0 \\ 0 & 0 & 0 & 0 \\ 0 & 0 & 0 & 0 \end{pmatrix}$$

A.2 일반화된 확률론으로서의 양자역학

이 부록의 나머지 부분은 10.1절의 밀도연산자 형식 체계와 순수 양자 상태와 섞인 양자 상태의 개념에 대해 다룬다. 이 절은 순수 양자 상태와 섞인 양자 상태가 순수 확률분포와 섞인 확률분포의 고전적 개념을 어떻게 일반화하는지 설명한다. 이 관점은 양자 얽힘과 섞인 양자 상태의 고전 상관성 사이의 구분을 명확히 하는 데 도움을 준다.

ρ가 밀도연산자라고 하자. 10.1.2절에서 모든 밀도연산자 ρ가 순수한 양자 상태 $\sum_i p_i$ $|\psi_i\rangle\langle\psi_i|$에 대한 확률분포로 적을 수 있음을 보였다. 여기서 $|\psi_i\rangle$는 ρ의 서로 직교하는 고유 벡터이고 p_i는 고윳값이다. 그리고 $p_i \in [0, 1]$이고 $\sum p_i = 1$이다. 역으로 직교 양자 상태 $|\psi_1\rangle, |\psi_2\rangle, \dots, |\psi_L\rangle$의 집합에 대한 임의의 확률분포 $\mu : |\psi_i\rangle \to p_i$는 대응하는 밀도연산자 $\rho_\mu = \sum_i p_i|\psi_i\rangle\langle\psi_i|$를 갖는다. $\{|\psi_i\rangle\}$ 기저에서 밀도연산자 ρ_μ는 다음과 같은 대각행렬이다.

$$\begin{pmatrix} p_1 & & & \\ & p_2 & & \\ & & \ddots & \\ & & & p_L \end{pmatrix}$$

따라서 직교 양자 상태의 집합 $\{|\psi_i\rangle\}$에 대한 확률분포는 $\mathbf{R}^L$에 작용하는 대각합이 1인 대각행렬로 볼 수 있다. 이 방법으로 밀도연산자는 확률분포의 직접적인 일반화다.

모든 밀도연산자가 직교하는 양자 상태의 집합에 대한 확률분포로 볼 수 있긴 하지만 이 표현은 일반적으로 유일하지 않다. 더 중요한 것은 밀도연산자 ρ_1과 ρ_2의 대다수의 쌍에 대해 ρ_1과 ρ_2가 둘 다 직교하는 기저가 없다는 점이다. 그러므로 N차원의 각 밀도연산자는 N개의 상태에 대한 확률분포로 볼 수 있지만, 모든 밀도연산자의 공간은 N개 상태에 대한 확률분포의 공간보다 훨씬 크다. 즉, 모든 밀도연산자의 공간은 각 직교 기저에 대해 하나씩, N개 상태에 대한 확률분포 공간의 많은 다른 사본들이 겹친 것을 포함한다.

$\rho : V \to V$가 밀도연산자라고 하자. 연습 문제 10.4에서 밀도연산자 ρ가 순수 상태인 것과 그 연산자가 투영연산자인 것은 필요충분조건임을 보였다. 이 명제는 확률분포에 대해서도 유사하게 성립한다. 순수 상태는 정확히 랭크가 1인 밀도연산자에 대응하고, 섞인 상태는 1보다 큰 랭크를 가진다. 10.3절에서 설명했듯이 밀도연산자는 순수 상태에 대한 확률분포, 특히 아직 실행되지 않은 측정의 가능한 결과에 대한 확률분포를 모형화하는 데에도 사용된다. 이런 용도는 관측되기 전에 가능한 결과의 확률을 모형화하기 위한 확률분포의 고전적 사용법과 유사하다.

순수 양자 상태 $|\psi\rangle$는 그 상태를 단일 큐비트 상태의 텐서곱으로 적을 수 없다면 단일 큐비트의 텐서곱 분해에 대해 얽혀^{entangled} 있다. 섞인 양자 상태에 대해서는 그 상태의 모든 상관성이 고전적 관점에서 온 섞임인지 양자적 관점에서도 상관된 건지 결정하는 것이 중요하다. 만약 어떤 밀도연산자 $\rho_V : V \to V$와 $\rho_W : W \to W$에 대해 $\rho = \rho_V \otimes \rho_W$가 성립한다면 섞인 양자 상태 $\rho : V \otimes W \to V \otimes W$는 그 분해 $V \otimes W$에 대해 상관되지 않았다고^{uncorrelated} 한다. 그렇지 않으면 ρ는 상관됐다고^{correlated} 한다. 섞인 양자 상태 ρ는 그 상태를 $\rho = \sum_{j=1}^{L} p_j |\psi_j^V\rangle\langle\psi_j^V| \otimes |\phi_j^W\rangle\langle\phi_j^W|$로 적을 수 있다면 분리 가능^{separable}하다고 한다. 여기서 $|\psi_j^V\rangle \in V$이고 $|\phi_j^W\rangle \in W$다. 다시 말해 모든 상관성이 상관되지 않은 양자 상태의 고전적 섞임에서 온다면 그 상태 ρ는 분리 가능하다. 만약 ρ가 얽혀 있다면 그 섞인 상태는 분리 가능하지 않다. 예를 들어 섞인 상태 $\rho_{cc} = \frac{1}{2}(|00\rangle\langle00|) + (|11\rangle\langle11|)$은 고전적으로 상관됐지만 얽히지 않았고, 반면에 벨 상태 $|\Phi^+\rangle\langle\Phi^+| = \frac{1}{2}(|00\rangle\langle11|)(|00\rangle\langle11|)$은 얽혀 있다. 순수한 분포의 가장자리 분포는 항상 순수 분포지만, 유사한 명제가 양자 상태에 대해서는 맞지 않는다. 즉, 순수 상태의 부분 대각합은 원래의 순수 상태가 얽혀

있지 않을 때만 순수하다. 순수 상태 벨 상태 |Φ⁺⟩의 부분 대각합은 순수하지 않다. 대다수의 순수한 양자 상태는 얽혀 있고, 고전적인 유사체가 없는 양자적 상관성을 보인다. 모든 순수한 확률분포는 완전히 상관되지 않는다.

고전과 양자의 대응

고전적 확률	양자역학
연산자 M_μ로 간주되는 확률분포 μ	밀도연산자 ρ
순수 분포: M_μ가 투영연산자	순수 상태: ρ가 투영연산자
단체: $\sigma_{n-1} = \{x \in \mathbf{R}^n | x_i \geq 0,\ x_1 + \cdots + x_n = 1\}$	블로흐 영역: 대각합이 1인 양의 에르미트 연산자 집합
가장자리 분포	대각합
확률분포가 그 가장자리 분포의 텐서곱이면 그 분포는 상관되지 않음	어떤 상태가 그 대각합들의 텐서곱이면 그 상태는 상관되지 않음

핵심적 차이

고전	양자
순수 분포는 항상 상관되지 않음	순수 상태는 고전적 상관성은 없지만 얽혀 있을 수 있음
순수 분포의 가장자리 분포는 순수 분포임	순수 상태의 대각합이 섞인 상태일 수 있음

A.3 참고문헌

양자역학을 확률론의 확장으로 보는 관점은 많은 양자역학 참고문헌에서 논의되고, 특히 이론의 더 깊이 있는 수학적 측면이 고려된다. 애론슨은 흥미로운 의견[3]을 제시했다. 리펠은 이 주제를 [241]에서 다룬다. 키타예프 등은 확률론에 관한 장에서 양자역학과 확률론의 유사한 점을 대강 설명했다[175]. 쿠퍼버그의 「A Concise Introduction to Quantum Probability, Quantum Mechanics, and Quantum Computation^{양자확률, 양자역학, 양자계산의 간략한 소개}」도 탁월한 참고문헌이다[188]. 서드베리[267]는 「Statistical Formulations of Classical and Quantum Mechanics^{고전역학과 양자역학의 통계적 형식 체계}」의 자신의 절에서 간략히 설명했다. 이 아이디어 중 몇 가지의 초기 개념은 맥키^{Mackey}의 「Mathematical Foundations of Quantum Mechanics」(Dover Publications, 2004)에서 찾아볼 수 있다. 스트로키^{Strocchi}의 「An Introduction to the Mathematical Structure of

Quantum Mechanics」도 자세하고 읽기 좋은 설명을 제시한다[266]. 서머스^{Summers}의 [236]을 포함한 다수의 논문이 양자역학과 확률론 사이의 관계와 차이점을 다룬다.

A.4 연습 문제

연습 문제 A.1 독립적인 결합분포가 그 가장자리 분포의 텐서곱임을 보여라.

연습 문제 A.2 일반적인 분포가 그 가장자리 분포로부터 재구성될 수 없음을 보여라. 같은 가장자리 분포를 가지는 세 가지 다른 확률분포를 보여라.

연습 문제 A.3

a. 순수분포의 텐서곱이 순수분포임을 보여라.

b. 임의의 분포는 순수분포의 선형결합임을 보여라. 유한집합 A에 대한 분포의 집합이 볼록집합임을 증명하라.

c. 결합계 $A \times B$에 대한 임의의 순수분포가 상관되지 않았음을 보여라.

d. 어떤 분포는 그 분포가 다른 분포의 선형 결합으로 적을 수 없으면 극단 분포^{extremal}라고 한다. 극단 분포가 정확히 순수분포임을 보여라.

연습 문제 A.4 그 대응 연산자 M_μ가 투영연산자인 확률분포 μ가 정확히 순수분포임을 보여라.

연습 문제 A.5 상태 $|0\rangle$, $|-\rangle$, $|\mathbf{i}\rangle = \frac{1}{\sqrt{2}}(|0\rangle + \mathbf{i}|1\rangle)$ 각각에 대해 대응하는 밀도연산자의 행렬을 표준 기저에 대해 제시하고, 이 순수 상태에 대한 확률분포로 이 상태 각각을 적어라. 이 상태 중 어떤 것에 대해 이 분포가 유일한가?

연습 문제 A.6

a. 셋 중에 어떤 두 연산자도 둘 다 대각행렬이 되는 기저가 존재하지 않는다는 점에서 동시에 대각화시킬 수 없는 3개의 밀도연산자의 사례를 제시하라.

b. 만약 밀도연산자 집합이 가환이라면, 이 집합은 동시에 대각화시킬 수 있음을 보여라.

연습 문제 A.7 $f \in \mathbf{R}^A$와 $g \in \mathbf{R}^B$에 대한 이항연산자 $f \otimes g : (a, b) \to f(a)g(b)$가 3.1.2절에서 주어진 $\mathbf{R}^{A \times B}$에 대한 텐서곱 구조를 정의하는 관계식을 만족함을 보여라.

연습 문제 A.8 분리 가능한 순수 상태는 반드시 상관성이 없음을 보여라.

연습 문제 A.9 만약 밀도연산자 $\rho \in V \otimes W$가 텐서곱 $V \otimes W$에 대해서 상관되지 않았다면, 그 밀도연산자는 V와 W에 대한 그 밀도연산자의 대각합으로 이뤄진 텐서곱임을 보여라.

B

숨은 가환 부분군
문제의 풀이법

이 부록은 쇼어 알고리듬의 일반화를 사용해 숨은 가환 부분군 문제의 풀이를 다룬다. 상자 8.4에서 임의의 유한 가환군이 순환군의 곱으로 적을 수 있다는 사실을 떠올려 보자.

유한한 숨은 가환 부분군 문제　G가 순환분해 $G \cong \mathbf{Z}_{n_0} \times \ldots \times \mathbf{Z}_{n_L}$을 가지는 유한한 가환군이라고 하자. G가 G에 대한 함수 f에 의해 묵시적으로 정의되는 부분군 $H < G$를 포함한다고 하자. 여기서 f는 상수 함수이며 H의 모든 잉여류에 대해 다르다. H에 대한 생성원 집합을 찾아라.

이 부록은 유한 가환군에 대해 만약

$$U_f : |g\rangle|0\rangle \rightarrow |g\rangle|f(g)\rangle$$

가 다항-로그 시간 내에 계산될 수 있다면, H의 생성원도 다항-로그 시간 내에 계산될 수 있음을 보여준다.

이 부록은 이 책의 나머지 부분에 비해 군의 표현과 같이 군론의 더 깊이 있는 측면을 사용한다. 군론의 기초적 요소는 8.6절에 수록된 상자에서 살펴봤다. B.1절은 슈어의 보조정리Schur's lemma를 포함한 유한 가환군의 군 표현을 설명한다. B.2절은 유한 가환군에 대한 양자 푸리에 변환을 정의한다. B.3절은 어떻게 양자 푸리에 변환이 숨은 가환 부분군 문제의 풀이를 가능하게 하는지 설명한다. B.4절은 사이먼 문제와 쇼어의 인수분해 알고리듬을 숨은 가환 부분군 문제에 대한 일반적인 풀이의 사례로서 살펴본다. 이 부록은 B.5절에서 비가환 숨은 부분군 문제에 대한 몇 가지 언급을 하고 마친다.

B.1 유한 가환군의 표현

가환군 G의 표현representation은 G에서 복소수 $\mathbf{C}$의 곱셈군으로 보내는 군 준동형 함수 χ다.

$$\chi : G \to \mathbf{C}$$

더 일반적으로, 군의 표현은 벡터공간에 대한 선형연산자의 공간으로 향하는 군 준동형 함수다. 하지만 가환군의 경우, 복소수의 곱셈군으로 가는 표현인 지표character만 고려하는 것으로 충분하다.

덧셈군 $\mathbf{Z}_n$에 대해 준동형 조건은 $\mathbf{Z}_n$의 임의의 표현 χ가 $0 \mapsto 1$로 보내야 하고 $\mathbf{Z}_n$의 생성원 1은 1의 n제곱근 중 하나로 대응돼야 함을 뜻한다. 이것은

$$\sum_{i=1}^{n} 1 = 0$$

이라는 것이

$$\prod_{i=1}^{n} \chi(1) = \chi(0) = 1$$

임을 뜻하기 때문이다. $\chi(1)$이 $\mathbf{Z}_n$에 들어 있는 모든 다른 원소의 상image을 결정하기 때문에 많아봐야 n개의 표현이 존재할 수 있다. 1의 n제곱근 중 어떤 것이든 작동하므로 모든 $j \in \mathbf{Z}_n$에 대해 n개의 표현 χ_j는

$$\chi_j : x \mapsto \exp\left(\frac{2\pi \mathbf{i}}{n} jx\right)$$

이며 이것은 $\mathbf{Z}_n$의 표현의 완전 집합을 구성한다. 표현 중 다수는 1대 1 대응이 아니다. 즉, 예를 들어 $0 \in \mathbf{Z}_n$으로 표시했던 자명한 표현은 모든 군 원소를 1로 보낸다. 우리는 군 원소 $j \in \mathbf{Z}_n$에 의한 표현을 한 가지 방식으로 표시했다. 이 표시를 이 부록 전체에서 표준 표시로 사용하겠다. 군 원소에 의한 다른 표시도 가능하다.

더 일반적으로 임의의 가환군에 대해 준동형 조건 $\chi(gh) = \chi(g)\chi(h)$는 $\chi(e) = 1$, $\chi(g^{-1}) = \overline{\chi(g)}$ 그리고 모든 $\chi(g)$가 1의 k차 제곱근임을 뜻한다. 여기서 k는 g의 위수다. 위수가 $|G|$인 가환군은 정확히 $|G|$개의 다른 표현 χ_i를 가진다.

예제 B.1.1 $\mathbf{Z}_2$에 대한 두 표현은 $\chi_i(j) = -1^{ij}$ 또는,

$$\chi_0(x) = 1$$

$$\chi_1(x) = \begin{cases} 1 & x = 0\text{인 경우} \\ -1 & x = 1\text{인 경우} \end{cases}$$

예제 B.1.2 $\mathbf{Z}_4$의 네 가지 표현 $\chi_i(j) = \exp(2\pi\mathbf{i}\frac{ij}{4})$는 다음 표에 의해 주어진다.

	0	1	2	3
χ_0	1	1	1	1
χ_1	1	$\mathbf{i}$	-1	$-\mathbf{i}$
χ_2	1	-1	1	-1
χ_3	1	$-\mathbf{i}$	-1	$\mathbf{i}$

곱 $\mathbf{Z}_n \times \mathbf{Z}_m$의 표현은 그 인자 각각의 표현을 써서 정의할 수 있다. χ_i가 $\mathbf{Z}_n$의 n개의 다른 표현이고, χ'_j가 $\mathbf{Z}_m$의 m개의 다른 표현이라고 하자. 그러면

$$\hat{\chi}_{ij}((g, h)) = \chi_i(g)\chi'_j(h)$$

는 $\mathbf{Z}_n \times \mathbf{Z}_m$의 모든 nm개 다른 표현이다. 이 표현을 군 원소 $(i, j) \in \mathbf{Z}_n \times \mathbf{Z}_m$으로 표시하겠다.

예제 B.1.3 $\mathbf{Z}_2^n$의 2^n개의 표현은 특히 좋은 꼴을 가진다. b_i가 이진수 변수일 때 만약 $\mathbf{Z}_2^n$의 각 원소 b를 $b = (b_0, b_1, \ldots, b_{n-1})$로 적는다면, 군 표현 χ_b는 $\mathbf{Z}_2$에 대한 두 표현 χ_0과 χ_1의 n차 곱으로,

$$\chi_b(a) = \chi_{b_0}(a_0), \ldots, \chi_{b_{n-1}}(a_{n-1}) = (-1)^{a \cdot b}$$

이다. 여기서 $a \cdot b$는 벡터 a와 b의 표준 도트 곱이다.

임의의 유한 가환군은 순환군의 유한한 곱 $\mathbf{Z}_{n_0} \times \cdots \times \mathbf{Z}_{n_k}$에 동형이므로, χ_i의 정의는 곱군에 대한 표현 결과와 함께 임의의 유한 가환군에 대한 모든 표현을 만드는 효과적인 방법을 제공한다. 이 표현은 앞서와 같이 군 원소에 의해 표시될 수 있다.

가환군에 대해, 군 표현의 집합 그 자체는 $\hat{G}$로 쓰는 군을 구성한다. 여기서,

- 모든 $g \in G$에 대해 표현 $\chi(g) = 1$은 항등원이다.
- 모든 $g \in G$에 대해 $\chi(g) = \chi_i(g)\chi_j(g)$에 의해 정의되는 두 표현 χ_i와 χ_j의 곱 $\chi = \chi_i \circ \chi_j$는 그 자체로 표현이다.
- 임의의 표현 χ의 역원은 모든 $g \in G$에 대해 다음과 같이 정의된다.

$$\chi^{-1}(g) = 1/\chi(g) = \overline{\chi(g)}$$

부분군 $H < G$에 대해, $H^{\perp} = \{g \in G | \chi_g(h) = 1, \forall h \in H\}$라고 하자. G가 가환군이므로, G에 속하는 H의 잉여류의 집합은 군 G/H를 구성하며, 이것은 모듈러 H에 대한 G의 몫군이고, 그 위수는 $[G : H] = |G|/|H|$다. G/H의 $[G : H]$개의 표현은 H의 모든 원소를 1에 대응시키는 G의 표현과 1대 1 대응이다. 따라서 $H^{\perp}$에는 정확히 $[G : H]$개의 표현이 존재한다. 집합 $H^{\perp}$는 그 자체로 표현을 가지는 군을 구성한다. $H^{\perp}$가 $[G : H]$의 크기를 가지므로, 정확히 군 $H^{\perp}$의 서로 다른 표현을 $[G : H]$개 가진다. 원소 $g' \in G$는 다음과 같은 방식으로 $H^{\perp}$의 표현 $\chi_{g'}$로서 행동한다.

$$g' : H^{\perp} \to \mathbf{C}$$
$$\chi_g \mapsto \chi_g(g')$$

하지만 이 표현들이 전부 다 구분되진 않는다. 모든 $h \in H$는 $H^{\perp}$에 대해 자명한 표현으로 작용한다. 즉,

$$h : H^{\perp} \to \mathbf{C}$$
$$\chi_g \mapsto \chi_g(h) = 1$$

이다. 군 $H^{\perp\perp} = \{g' \in G | \chi_{g'}(g) = 1, \forall g \in H^{\perp}\}$는 크기 $|G|/[G:H] = |G|$를 가진다. $H^{\perp}$와 $\chi_{g'}$의 정의에 의해,

$$H^{\perp\perp} = \{g' \in G | g'(\chi_g) = 1, \forall g \in H^{\perp}\}$$
$$= \{g' \in G | \chi_g(g') = 1, \forall g \in H^{\perp}\}$$

따라서 H의 모든 원소는 $H^{\perp\perp}$에 포함된다. $|H^{\perp\perp}| = |H|$이기 때문에,

$$H^{\perp\perp} = H$$

이다. 11장에서 고전 오류보정부호인 군 C를 논의했다. 고전 부호 C에 대한 쌍대군 $C^{\perp}$는 정확히 여기서 논의했던 방식으로 정의된다. 고전 부호와 그 쌍대 부호는 11.3절에서 논의했던 양자 CSS 부호의 구성에 기저를 구성한다.

예제 B.1.4 $G = \mathbf{Z}_2^n$의 임의의 부분군 H는 어떤 k에 대해 $\mathbf{Z}_2^k$에 동형이다. $H^{\perp} < G$의 원소는 $[G:H] = 2^{n-k}$개가 존재하기 때문에, $H^{\perp}$는 2_2^{n-k}에 동형이다. 예제 B.1.3에서 $\mathbf{Z}_2^n$의 표현에 대한 공식을 쓰면, $H^{\perp}$의 원소는 모든 $a \in H$에 대해 $\chi_b(a) = (-1)^{a \cdot b}$를 만족하는 원소 b다. 따라서 $H^{\perp} = \{b | a \cdot b = 0 \bmod 2, \forall a \in H\}$다.

일반적인 가환군에 대한 양자 푸리에 변환을 정의하기 위해, 기술적인 결과인 슈어의 보조 정리가 필요하다. 이것은 월시-아다마르 변환에 대한 항등식 11.7의 일반화다.

B.1.1 슈어의 보조 정리

슈어의 보조 정리 χ_i와 χ_j가 가환군 G의 표현이라고 하자. 그러면,

$$\sum_{g \in G} \chi_i(g)\overline{\chi_i(g)} = |G|$$

이고,

$$\sum_{g \in G} \chi_i(g)\overline{\chi_j(g)} = 0 \ (\chi_i \neq \chi_j \text{에 대해})$$

이다. 1의 임의의 제곱근에 대해 $\omega\overline{\omega} = 1$임을 관찰하는 것으로 첫 번째 경우가 유도된다.

$i \neq j$에 대해서는,

$$\chi_i(h) \sum_{g \in G} \chi_i(g) \overline{\chi_j(g)} = \sum_{g \in G} \chi_i(h) \chi_i(g) \overline{\chi_j(g)}$$

$$= \sum_{g \in G} \chi_i(hg) \overline{\chi_j(h^{-1}hg)}$$

$$= \sum_{g \in G} \chi_i(g) \overline{\chi_j(h^{-1}g)}$$

$$= \sum_{g \in G} \chi_i(g) \chi_j(h) \overline{\chi_j(g)}$$

$$= \chi_j(h) \sum_{g \in G} \chi_i(g) \overline{\chi_j(g)}$$

이다. 어떤 h에 대해 $\chi_i(h) \neq \chi_j(h)$이기 때문에, $\sum_{g \in G} \chi_i(g) \overline{\chi_g(g)} = 0$이 유도된다.

만약 χ_i를 n개 원소 $(\chi_i(g_0), \ldots, \chi_i(g_{n-1}))$의 복소 벡터라고 생각한다면, 슈어의 보조 정리는 χ_i가 길이 $|G|$를 갖고, 임의의 두 다른 벡터 χ_i와 χ_j가 직교한다는 뜻이다.

부분군에 대한 슈어의 보조 정리   슈어의 보조 정리의 간단한 따름 정리로 부분군으로 제한된 G의 표현 χ에 대해 다음이 성립한다.

$$\sum_{h \in H} \chi(h) = \begin{cases} |H| & \chi(h) = 1, \forall h \in H인 \ 경우 \\ 0 & 그 \ 외 \end{cases}$$

H로 제한됐을 때, G의 임의의 표현 χ는 H의 표현이기 때문에, χ를 H의 표현으로 간주하고 슈어의 보조 정리를 직접 적용해서 위의 등식을 얻을 수 있다.

B.2 유한 가환군에 대한 양자 푸리에 변환

이 절에서는 유한 가환군에 대한 양자 푸리에 변환을 정의한다. B.2.1절에서는 가환군에 대한 푸리에 기저를 정의한다. 이 기저는 B.2.2절에서 제시하는 가환군에 대한 양자 푸리에 변환의 정의에 사용된다.

B.2.1 가환군의 푸리에 기저

$|G| = n$인 가환군 G에 대해, 원소가 n개인 군의 벡터공간에 대한 기저를 $\{|g_0\rangle, \ldots, |g_{n-1}\rangle\}$으로 표시하는 방식으로 n차원 복소 벡터 공간 V를 연관시킨다. 7.8절의 푸리에 변환은 이 기저의 원소를 다른 기저, 즉 푸리에 기저로 옮겨 간다. 푸리에 변환을 일반적인 가환군으로 일반화하는 첫 단계로, 이 절에서는 기저 $\{|g_0\rangle, \ldots, |g_{n-1}\rangle\}$에 대응하는 V에 대한 푸리에 기저를 정의한다. 푸리에 기저는 G의 군 표현 χ_g의 집합을 써서 정의된다.

군 G는 그 자신에 대해 자연스러운 방식으로 작용한다. 즉, 모든 군 원소 $g \in G$에 대해, G에서 G로 가는 함수가 있어서, 모든 원소 $a \in G$에 대해 a를 ga로 보낸다. 이 함수는 V에 다음과 같이 작용하는 유니타리 변환 T_g로 볼 수 있다.

$$T_g : |a\rangle \rightarrow |ga\rangle$$

변환 T_g는 임의의 g에 대해 이것이 $T_{g^{-1}}T_g = I$로 가역적이기 때문에 유니타리 변환이고, 기저를 기저로 대응시킨다.

G의 표현의 특정한 표시 χ_g에 대한 G의 푸리에 변환은 모든 $\{|e_k\rangle | k \in G\}$로 구성되고, 여기서

$$|e_k\rangle = \frac{1}{\sqrt{|G|}} \sum_{g \in G} \overline{\chi_k(g)} |g\rangle$$

이다. 슈어의 보조 정리와 $g \neq g'$에 대해 $\langle g' | g \rangle = 0$이라는 사실로부터, 이 집합이 기저를 구성한다는 것은 쉽게 볼 수 있다. 이것은

$$
\begin{aligned}
\langle e_j | e_k \rangle &= \frac{1}{|G|} \left(\sum_{g' \in G} \chi_j(g') \langle g' | \right) \left(\sum_{g \in G} \overline{\chi_k(g)} |g\rangle \right) \\
&= \frac{1}{|G|} \sum_{g' \in G} \sum_{g \in G} \chi_j(g') \overline{\chi_k(g)} \langle g' | g \rangle \\
&= \frac{1}{|G|} \sum_{g \in G} \chi_j(g) \overline{\chi_k(g)} \\
&= \delta_{jk}
\end{aligned}
$$

이기 때문이다.

각 $k \in G$에 대해, 벡터 $|e_k\rangle$는 $T_j = |h\rangle \to |jh\rangle$의 고유 벡터로, 다음과 같이 고윳값이 $\chi_k(j)$다.

$$
\begin{aligned}
T_j|e_k\rangle &= \frac{1}{\sqrt{|G|}} \sum_{g \in G} \overline{\chi_k(g)} T_j|g\rangle \\
&= \frac{1}{\sqrt{|G|}} \sum_{g \in G} \overline{\chi_k(g)} |jg\rangle \\
&= \frac{1}{\sqrt{|G|}} \sum_{g \in G} \overline{\chi_k(j^{-1})\chi_k(jg)} |jg\rangle \\
&= \chi_k(j) \frac{1}{\sqrt{|G|}} \sum_{h \in G} \overline{\chi_k(h)} |h\rangle \\
&= \chi_k(j)|e_k\rangle
\end{aligned}
$$

예제 B.2.1 $\mathbf{Z}_2$에 대한 푸리에 기저는

$$
\begin{aligned}
|e_0\rangle &= \tfrac{1}{\sqrt{2}}(\overline{\chi_0(0)}|0\rangle + \overline{\chi_0(1)}|1\rangle) = \tfrac{1}{\sqrt{2}}(|0\rangle + |1\rangle) \\
|e_1\rangle &= \tfrac{1}{\sqrt{2}}(\overline{\chi_1(0)}|0\rangle + \overline{\chi_1(1)}|1\rangle) = \tfrac{1}{\sqrt{2}}(|0\rangle - |1\rangle)
\end{aligned}
$$

마찬가지로, $\mathbf{Z}_4$에 대해서는

$$
\begin{aligned}
|e_0\rangle &= \tfrac{1}{2} \sum_{i=0}^{3} \overline{\chi_0(i)}|i\rangle = \tfrac{1}{2}(|0\rangle + |1\rangle + |2\rangle + |3\rangle) \\
|e_1\rangle &= \tfrac{1}{2} \sum_{i=0}^{3} \overline{\chi_1(i)}|i\rangle = \tfrac{1}{2}(|0\rangle - \mathbf{i}|1\rangle - |2\rangle + \mathbf{i}|3\rangle)
\end{aligned}
$$

$$
\begin{aligned}
|e_2\rangle &= \tfrac{1}{2} \sum_{i=0}^{3} \overline{\chi_2(i)}|i\rangle = \tfrac{1}{2}(|0\rangle - |1\rangle + |2\rangle - |3\rangle) \\
|e_3\rangle &= \tfrac{1}{2} \sum_{i=0}^{3} \overline{\chi_3(i)}|i\rangle = \tfrac{1}{2}(|0\rangle + \mathbf{i}|1\rangle - |2\rangle - \mathbf{i}|3\rangle)
\end{aligned}
$$

을 얻는다.

B.2.2 유한 가환군에 대한 양자 푸리에 변환

가환군 G에 대한 양자 푸리에 변환은 $|e_g\rangle$를 $|g\rangle$로 대응시키는 변환 $\mathcal{F}$로,

$$\mathcal{F} = \sum_{g \in G} |g\rangle \langle e_g|$$

이다. 군 원소 $|h\rangle$에 대한 $\mathcal{F}$의 효과를 생각해보자. $\langle e_k| = \frac{1}{\sqrt{|G|}} \sum_{g \in G} \chi_k(g) \langle g|$를 이용하면,

$$\langle e_k|h\rangle = \frac{1}{\sqrt{|G|}} \sum_{g \in G} \chi_k(g) \langle g|h\rangle = \frac{1}{\sqrt{|G|}} \chi_k(h)$$

를 얻으며, 따라서 다음과 같다.

$$\mathcal{F}|h\rangle = \sum_{g \in G} |g\rangle \langle e_g|h\rangle = \frac{1}{\sqrt{|G|}} \sum_{g \in G} \chi_g(h)|g\rangle$$

그러면 $\mathcal{F}$에 대한 행렬은 표준 기저에서 다음과 같은 성분을 가진다는 것이 유도된다.

$$\mathcal{F}_{gh} = \langle g|\mathcal{F}|h\rangle = \frac{\chi_g(h)}{\sqrt{|G|}}$$

역푸리에 변환은 다음과 같다.

$$\mathcal{F}^{-1} = \sum_{g \in G} |e_g\rangle \langle g|$$

$\mathcal{F}^{-1}|h\rangle = |e_h\rangle = \frac{1}{\sqrt{|G|}} \sum_{g \in G} \overline{\chi_h(g)}|g\rangle$임을 이용하면, $\mathcal{F}^{-1}$은 표준 기저에서

$$\mathcal{F}^{-1}_{gh} = \frac{\overline{\chi_h(g)}}{\sqrt{|G|}}$$

인 성분을 가진다. $\mathcal{F}_G$와 $\mathcal{F}_H$가 각각 G와 H에 대한 푸리에 변환이라고 하자. 만약 원소 $(g, h) \in G \times H$가 $|g\rangle|h\rangle$로 부호화됐다면, $\mathcal{F}_{G \times H} = \mathcal{F}_G \otimes \mathcal{F}_H$는 $G \times H$의 푸리에 변환이다.

예제 B.2.2 아다마르 변환 H는 $\mathbf{Z}_2$에 대한 푸리에 변환이다. 즉,

$$\mathcal{F}_2 = \frac{1}{\sqrt{2}} \begin{pmatrix} \chi_0(0) & \chi_0(1) \\ \chi_1(0) & \chi_1(1) \end{pmatrix} = \frac{1}{\sqrt{2}} \begin{pmatrix} 1 & 1 \\ 1 & -1 \end{pmatrix} = H$$

이다. k비트 월시-아다마르 변환 W는 $\mathbf{Z}_2^k$에 대한 푸리에 변환이다. 표준적으로 표시하면, $\mathbf{Z}_2^k$에 대한 표현은 $\chi_i(j) = (-1)^{i \cdot j}$ 꼴을 가진다. 예를 들어 $\mathbf{Z}_2 \times \mathbf{Z}_2$에 대한 푸리에 변환에 대해 $\mathcal{F}_{2 \times 2}$는 다음과 같다.

$$\mathcal{F}_{2 \times 2} = H \otimes H = \frac{1}{2} \begin{pmatrix} 1 & 1 & 1 & 1 \\ 1 & -1 & 1 & -1 \\ 1 & 1 & -1 & -1 \\ 1 & -1 & -1 & 1 \end{pmatrix}$$

비교해보면 $\mathbf{Z}_4$에 대한 푸리에 변환 $\mathcal{F}_4$는 다음과 같다.

$$\mathcal{F}_4 = \frac{1}{2} \begin{pmatrix} \mathbf{i}^0 & \mathbf{i}^0 & \mathbf{i}^0 & \mathbf{i}^0 \\ \mathbf{i}^0 & \mathbf{i}^1 & \mathbf{i}^2 & \mathbf{i}^3 \\ \mathbf{i}^0 & \mathbf{i}^2 & \mathbf{i}^4 & \mathbf{i}^6 \\ \mathbf{i}^0 & \mathbf{i}^3 & \mathbf{i}^6 & \mathbf{i}^9 \end{pmatrix} = \frac{1}{2} \begin{pmatrix} 1 & 1 & 1 & 1 \\ 1 & \mathbf{i} & -1 & -\mathbf{i} \\ 1 & -1 & 1 & -1 \\ 1 & -\mathbf{i} & -1 & \mathbf{i} \end{pmatrix}$$

비가환군에 대한 양자 푸리에 변환을 정의할 수도 있다. 그 정의는 군 표현을 쓰는데, 비가환군에 대한 표현 집합은 가환군인 경우보다 훨씬 더 복잡하다. 이 양자 푸리에 변환은 모두 효율적인 구현을 가진다. 심지어 가환군의 경우, 구현 중 어떤 것들은 다른 것보다 더 간단하다. 한 가지 유용한 성질은 만약 U_1과 U_2가 각각 군 G_1과 G_2에 대해 양자 푸리에 변환을 구현하는 두 양자 알고리듬이라면, $U_1 \otimes U_2$가 $G_1 \times G_2$의 양자 푸리에 변환을 구현한다는 것이다. 7.8절에서 $\mathbf{Z}_{2^n}$군에 대한 양자 푸리에 변환에 대한 $O(n^2)$ 구현을 제시했었다. B.6절에서 다른 군에 대한 양자 푸리에 변환의 효율적인 구현에 대한 논문을 추천한다. 이제 양자 푸리에 변환을 사용해 가환군에 대한 숨은 부분군 문제를 푸는 것을 살펴보자.

B.3 유한한 가환 숨은 부분군 문제에 대한 일반해

이 절에서 유한한 가환 숨은 부분군 문제를 어떻게 푸는지 설명하겠다. 군 G가 순환 분해 $G \cong \mathbf{Z}_{n0} \times \cdots \times \mathbf{Z}_{nL}$을 갖고, 이것은 f가 H의 모든 잉여류에 대해 상수 함수이며 서로 구분되는 함수 $f : G \to G$에 의해 묵시적으로 정의되는 부분군 $H < G$를 포함한다고 하자. 더불어 U_f가 군 G의 크기에 대해 폴리-로그 시간 내에 계산될 수 있다고 하자. 이

절에서는 H에 대한 생성원을 높은 확률로 폴리-로그 시간 내에 찾을 수 있는 방법을 보이겠다.

가환 숨은 부분군 문제를 풀기 위해 사용되는 일반적인 절차는 4단계를 거친 후 최종 측정을 하는 것으로 이뤄진다. 이 절차는 원하는 확실성 $1 - \epsilon$의 수준에 따라 달라지는 횟수만큼 반복된다.

$$\text{초기화:} \quad \frac{1}{\sqrt{|G|}} \sum_{g \in G} |0\rangle$$

$$U_f: \quad \frac{1}{\sqrt{|G|}} \sum_{g \in G} |g\rangle |f(g)\rangle$$

$$\text{측정:} \quad \frac{1}{\sqrt{|H|}} \sum_{h \in H} |\tilde{g}h\rangle$$

$$\mathcal{F}_G: \quad \frac{1}{\sqrt{|G||H|}} \sum_{g \in G} \chi_g(\tilde{g}) \left(\sum_{h \in H} \chi_g(h) \right) |g\rangle$$

이 상태의 측정은 같은 확률로 모든 $h \in H$에 대해 $\chi_g(\text{h}) = 1$을 만족하는 $g \in H^\perp$가 나온다. 이제 이 단계를 더 자세히 들여다보겠다. 모든 군 원소의 중첩 상태에 대해 U_f를

$$U_f \left(\frac{1}{\sqrt{|G|}} \sum_{g \in G} |g\rangle |0\rangle \right) = \frac{1}{\sqrt{|G|}} \sum_{g \in G} |g\rangle |f(g)\rangle$$

와 같이 계산한 다음, 두 번째 레지스터를 측정하면 어떤 $\tilde{g} \in G$에 대해 하나의 $f(\tilde{g})$가 무작위적으로 나온다. 모든 $h \in H$에 대해 $f(\tilde{g}) = f(\tilde{g}h)$이기 때문에 그리고 가정에 의해 f는 모든 잉여류에 대해서 다르므로, $f(\tilde{g})$는 잉여류 $\tilde{g}H$의 모든 원소에 대한 f의 값이고, 다른 잉여류에 대해서는 그 값이 아니다. 이 측정을 하면 다음의 상태를 얻는다.

$$|\psi\rangle = \frac{1}{\sqrt{|H|}} \sum_{h \in H} |\tilde{g}h\rangle$$

이 상태는 잉여류 $\tilde{g}H$의 원소들로만 이뤄진 중첩 상태다. 각 잉여류는 똑같은 확률로 이 측정의 결과가 될 수 있고, 따라서 이 점에서 $|\psi\rangle$ 상태를 측정하면 같은 확률로 원소 $g \in G$를 무작위적으로 얻는다. 핵심적인 직관은 상태 $|\psi\rangle$의 푸리에 변환이 상수 $\tilde{g}$를 소거하고 H에 대한 정보를 추출할 수 있도록 해준다는 점이다.

상태 $|\psi\rangle$는 다음의 변환

$$T_{\tilde{g}} : G \rightarrow G$$

$$T_{\tilde{g}} : |g\rangle \mapsto |\tilde{g}g\rangle$$

에 대해 상태 $\frac{1}{\sqrt{|H|}}\sum_{h \in H}|h\rangle$의 상이다. 양자 푸리에 변환을 $|\psi\rangle$에 작용하면 다음과 같다.

$$\mathcal{F}\frac{1}{\sqrt{|H|}}\sum_{h \in H}|\tilde{g}h\rangle = \frac{1}{\sqrt{|G||H|}}\sum_{h \in H}\sum_{g \in G}\chi_g(\tilde{g}h)|g\rangle$$

$$= \frac{1}{\sqrt{|G||H|}}\sum_{h \in H}\sum_{g \in G}\chi_g(\tilde{g})\chi_g(h)|g\rangle$$

$$= \frac{1}{\sqrt{|G||H|}}\sum_{g \in G}\chi_g(\tilde{g})\left(\sum_{h \in H}\chi_g(h)\right)|g\rangle$$

부분군에 대한 슈어의 보조 정리는 $\sum_{h \in H}\chi_g(h) \neq 0$인 것과 모든 $h \in H$에 대해 $\chi_g(h) = 1$인 것과 필요충분조건이라는 뜻이다. 그러면 이 상태를 측정해 H에 대한 상수 (1)인 어떤 표현 χ_g의 지표 g가 나온다는 것이 유도된다. 곱군 $G = G_0 \times \cdots \times G_L$에 대해, 얻은 $H^\perp$의 원소 g는 $g = (g_0, g_1, \ldots, g_L)$ 꼴이다. 여기서 g_i는 G_i의 원소 중 하나다.

$H^\perp$에 대한 생성원의 완전 집합을 얻기 위해서는 원하는 확실성 수준 $1 - \epsilon$에 따라 달라지는 횟수만큼 앞의 알고리듬을 반복한다. 만약 처음 얻은 $n - 1$개의 군 원소가 $H^\perp$의 전체를 생성하지 못한다면, 그다음번에 알고리듬을 수행해 앞의 원소에 의해 생성되지 않는 $H^\perp$의 원소를 얻을 기회가 적어도 50%이다. 이것은 임의의 고유 부분군이 전체 군에 대해 적어도 2의 지표를 갖기 때문이다. 따라서 이 절차를 반복하면 적절한 횟수 내에 임의로 원하는 확실성 수준 $1 - \epsilon$을 얻을 수 있다.

이제, 풀이의 양자적 부분을 완료했다. $H^\perp$의 원소가 충분한 수가 있으면, 고전적 기법은 H에 대해 생성원의 완전 집합을 효율적으로 찾을 수 있다.

B.4 가환 숨은 부분군 문제의 사례

B.4.1 사이먼 문제

사이먼 문제는 표현 $\chi_x(y) = (-1)^{x \cdot y}$를 가지는 군 $G = \mathbf{Z}_2^n$에 관한 것이다. 함수

$$f(g \oplus a) = f(g)$$

는 부분군

$$A = \{0, a\}$$

를 정의한다. 가환 숨은 부분군 문제를 풀기 위한 4단계 절차를 1번 실행하고 나서 측정하면 원소

$$x_j \in A^\perp = \{x \mid \text{모든 } y \in A \text{에 대해 } (-1)^{x \cdot y} = 1\}$$

원소 x_j는 모든 $y \in A$에 대해 $x_j \cdot y = 0 \bmod 2$를 반드시 만족해야 한다. 충분히 많은 수의 x_j를 갖고 있으면 이 식을 a에 대해 풀 수 있다. 이 문제에서 a에 대해 0이 아닌 유일한 풀이가 존재할 때 그 풀이를 찾아낼 수 있음을 알고 있다.

B.4.2 쇼어 알고리듬: 함수의 주기 찾기

단순함을 위해, r이 n을 나누고(일반적인 경우는 8.2.1 참고) 다음의 군

$$G = \mathbf{Z}_n$$

으로 연습해보자. 주기 함수 f는 다음의 성질을 가진다.

$$f(x + r) = f(x)$$

이것은 부분군을 다음과 같이 정의한다.

$$H = \{kr \mid k \in [0, \ldots n/r)\}$$

문제는 이 부분군의 생성원 r을 찾는 것이다. $\mathbf{Z}_n$에 대한 표현의 표준적인 표시를 쓰면

$$\chi_g(h) = \exp\left(2\pi \mathbf{i} \frac{gh}{n}\right)$$

이고,

$$H^\perp = \{x \mid \exp\left(2\pi \mathbf{i} \frac{xh}{n}\right) = 1 \text{ for all } h \in H\}$$

$$= \{\text{모든 } k = [0, \ldots, n/r]\text{에 대해 } x \mid xkr = 0 \bmod n\}$$

4단계 절차를 1번 수행한 다음 측정하면 $x \in H^\perp$가 나온다. 원소 x는 모든 $k \in [0, \ldots, n/r]$에 대해 $xkr = 0 \bmod n$을 만족한다. 이제 8.2.1절에서 했던 방법으로 주기 r을 계산할 수 있다.

B.5 비가환 숨은 부분군 문제에 대한 설명

일반적인 숨은 부분군 문제를 푸는 방법은 아무도 모른다. 비가환군에 대해 양자 푸리에 변환을 정의할 수 있다. 사실 모든 유한군에 대한 양자 푸리에 변환의 효율적인 구현이 알려져 있다. 하지만 양자 푸리에 변환을 사용해 대다수의 비가환군에 대한 숨은 부분군의 생성원에 대한 정보를 추출하는 방법은 알려져 있지 않다. 더 나쁜 것은 학자들이 쇼어의 기법에 기반한 일반적인 기법인 푸리에 표본 추출을 일반적인 숨은 부분군 문제를 푸는 데 쓸 수 없다는 것을 증명했다는 점이다. 13.1절에서 비가환 숨은 부분군 문제를 향한 양자적 접근을 이해하려는 분야에서 더 최근의 발전을 간략히 설명했다.

B.6 참고문헌

키타예프[172]는 가환 안정자^{Abelian stabilizer} 문제에 대한 풀이를 제시했고, 이것을 인수분해와 이산 로그에 연관시켰다. 이 부록에서 제시된 것과 같이 일반적인 숨은 부분군 문제와 그 풀이는 모스카^{Mosca}와 에커트가 소개했다[214]. 에커트와 조사[112] 그리고 조사[165]는 양자 푸리에 변환을 숨은 부분군 문제의 관점에서 분석했다. 홀그렌[148]은 이것을 비가환적인 경우로 확장했다. 그리그니 등[141]은 2001년에 대다수의 비가환 군에 대해 푸리에 표본 추출이 숨은 부분군에 대해서는 지수 함수적으로 적은 정보만을 이끌어 낸다는 것을 보였다.

B.7 연습 문제

연습 문제 B.1 G와 H가 유한 그래프라고 하자. 함수 $f : G \to H$가 만약 1대 1이고 $f(g_1)$과 $f(g_2)$가 그 사이에 간선을 가지는 것이 g_1과 g_2 사이에 간선이 있는 것과 필요충분조건이라면 그 함수는 그래프 동형 함수graph isomorphism다. G의 자기 동형 함수automorphism는 G에서 자기 자신으로 가는 그래프 동형 함수로, $f : G \to G$다. G의 그래프 동형 함수는 그 정점들의 치환이다. 그래프 동형 문제는 두 그래프 사이의 동형 함수가 존재하는지 아닌지를 알아내는 효율적인 알고리듬을 찾는 것이다.

a. 그래프 G의 자기 동형 함수의 집합 $\mathrm{Aut}(G)$가 군을 이루고, 이것이 치환군 S_n의 부분군임을 보여라. 여기서 $n = |G|$다.

b. 두 그래프 G_1과 G_2에 대해 $\mathrm{Aut}(G_1 \cup G_2) < S^{2n}$에 있는 적어도 하나의 자기 동형 함수가 G_1의 마디를 G_2로 대응시키고, 그 반대도 마찬가지라면 두 그래프는 동형이다. 만약 G_1과 G_2가 동형이 아닌 방식으로 연결된 그래프라면, $\mathrm{Aut}(G_1 \cup G_2) = \mathrm{Aut}(G_1) \times \mathrm{Aut}(G_2)$임을 보여라.

c. 만약 $\mathrm{Aut}(G_1 \cup G_2)$가 $\mathrm{Aut}(G_1) \times \mathrm{Aut}(G_2)$보다 엄격히 더 크다면, G_1과 G_2를 서로 교환하는 $\mathrm{Aut}(G_1 \cup G_2)$의 원소가 반드시 존재함을 보여라.

d. 숨은 부분군 문제로서 그래프 동형 문제를 표현하라.

연습 문제 B.2 B.3절의 숨은 부분군 작업 틀을 사용해서 사이먼 문제를 푸는 알고리듬을 적어라.

연습 문제 B.3 B.3절의 숨은 부분군 작업 틀을 사용해서 함수의 주기를 찾는 알고리듬을 적어라.

연습 문제 B.4 이산 로그 문제를 푸는 효율적인 알고리듬을 찾아라.

참고문헌

[1] Scott Aaronson. Quantum lower bounds for the collision problem. In *Proceedings of STOC '02*, pages 635–642, 2002.

[2] Scott Aaronson. Lower bounds for local search by quantum arguments. In *Proceedings of STOC '04*, pages 465–474, 2004.

[3] Scott Aaronson. Are quantum states exponentially long vectors? arXiv:quant-ph/0507242, 2005.

[4] Scott Aaronson. Quantum computing, postselection, and probabilistic polynomial-time. *Proceedings of the Royal Society A*, 461:3473–3482, 2005.

[5] Scott Aaronson. The limits of quantum computers. *Scientific American*, 298(3):62–69, March 2008.

[6] Scott Aaronson and Yaoyun Shi. Quantum lower bounds for the collision and the element distinctness problems. *Journal of the ACM*, 51(4):595–605, 2004.

[7] Daniel S. Abrams and Seth Lloyd. Nonlinear quantum mechanics implies polynomial-time solution for NP-complete and #P problems. *Physical Review Letters*, 81:3992–3995, 1998.

[8] Mark Adcock and Richard Cleve. A quantum Goldreich-Levin theorem with cryptographic applications. In *Proceedings of STACS '02*, pages 323–334, 2002.

[9] Dorit Aharonov and Michael Ben-Or. Fault-tolerant quantum computation with constant error. In *Proceedings of STOC '97*, pages 176–188, 1997.

[10] Dorit Aharonov and Michael Ben-Or. Fault-tolerant quantum computation with constant error rate. arXiv:quant-ph/9906129, 1999.

[11] Dorit Aharonov, Vaughan Jones, and Zeph Landau. A polynomial quantum algorithm for approximating the Jones polynomial. In *Proceedings of STOC '06*, pages 427–436, 2006.

[12] Dorit Aharonov, Zeph Landau, and Johann Makowsky. The quantum FFT can be classically simulated. Los Alamos Physics Preprint Archive, http://xxx.lanl.gov/abs/quant-ph/0611156, 2006.

[13] Dorit Aharonov and Oded Regev. A lattice problem in quantum NP. In *Proceedings of FOCS '03*, pages 210–219, 2003.

[14] Dorit Aharonov and Oded Regev. Lattice problems in NP ∩ coNP. *Journal of the ACM*, 52(5):749–765, 2005.

[15] Dorit Aharonov and Amnon Ta-Shma. Adiabatic quantum state generation and statistical zero knowledge. In *Proceedings of STOC '03*, pages 20–29, 2003.

[16] Dorit Aharonov, Wim van Dam, Julia Kempe, Zeph Landau, Seth Lloyd, and Oded Regev. Adiabatic quantum computation is equivalent to standard quantum computation. *SIAM Journal on Computing*, 37(1):166–194, 2007.

[17] Gorjan Alagic, Cristopher Moore, and Alexander Russell. Quantum algorithms for Simon's problem over general groups. In *Proceedings of SODA '07*, pages 1217–1224, 2007.

[18] Panos Aliferis. Level reduction and the quantum threshold theorem. Ph.D. thesis, Caltech, 2007.

[19] Panos Aliferis, Daniel Gottesman, and John Preskill. Quantum accuracy threshold for concatenated distance-3 codes. *Quantum Information and Computation*, 6(2):97–165, 2006.

[20] Andris Ambainis. A better lower bound for quantum algorithms searching an ordered list. In *Proceedings of FOCS '99*, pages 352–357, 1999.

[21] Andris Ambainis. Quantum lower bounds by quantum arguments. In *Proceedings of STOC '00*, pages 636–643, 2000.

[22] Andris Ambainis. Quantum walks and their algorithmic applications. *International Journal of Quantum Information*, 1:507–518, 2003.

[23] Andris Ambainis. Quantum walk algorithm for element distinctness. In *Proceedings of FOCS'02*, pages 22–31, 2004.

[24] Alain Aspect, Jean Dalibard, and Gérard Roger. Experimental test of Bell's inequalities using time-varying analyzers. *Physical Review Letters*, 49:1804–1808, 1982.

[25] Alain Aspect, Philippe Grangier, and Gérard Roger. Experimental tests of realistic local theories via Bell's theorem. *Physical Review Letters*, 47:460–463, 1981.

[26] Alain Aspect, Philippe Grangier, and Gérard Roger. Experimental realization of Einstein-Podolsky-Rosen-Bohm gedanken experiment: A new violation of Bell's inequalities. *Physical Review Letters*, 49:91–94, 1982.

[27] Alp Atici and Rocco Servedio. Improved bounds on quantum learning algorithms. *Quantum Information Processing*, 4(5):355–386, 2005.

[28] Dave Bacon. Does our universe allow for robust quantum computation? *Science*, 317(5846):1876, 2007.

[29] Dave Bacon, Andrew Childs, and Wim van Dam. From optimal measurement to efficient quantum algorithms for the hidden subgroup problem over semidirect product groups. In *Proceedings of FOCS '05*, 2005.

[30] Paul Bamberg and Shlomo Sternberg. *A Course in Mathematics for Students of Physics*, volume 2. Cambridge University Press, 1990.

[31] Adriano Barenco, Charles H. Bennett, Richard Cleve, David P. DiVincenzo, Norman H. Margolus, Peter W. Shor, Tycho Sleator, John A. Smolin, and Harald Weinfurter. Elementary gates for quantum computation. *Physical Review A*, 52(5):3457–3467, 1995.

[32] Adriano Barenco, Artur K. Ekert, Kalle-Antti Suominen, and Päivi Törmä. Approximate quantum Fourier transform and decoherence. *Physical Review A*, 54(1):139–146, July 1996.

[33] Howard Barnum, Claude Crépeau, Daniel Gottesman, Adam Smith, and Alain Tapp. Authentication of quantum messages. In *Proceedings of FOCS '02*, pages 449–458, 2002.

[34] Robert Beals. Quantum computation of Fourier transforms over the symmetric group. In *Proceedings of STOC '97*, pages 48–53, 1997.

[35] Robert Beals, Harry Buhrman, Richard Cleve, Michele Mosca, and Ronald de Wolf. Quantum lower bounds by polynomials. *Journal of the ACM*, 48(4):778–797, 2001.

[36] John S. Bell. On the Einstein-Podolsky-Rosen paradox. *Physics*, 1:195–200, 1964.

[37] C. H. Bennett, F. Bessette, G. Brassard, L. Salvail, and J. Smolin. Experimental quantum cryptography. *Journal of Cryptology*, 5(1):3–28, 1992.

[38] C. H. Bennett and P. W. Shor. Quantum information theory. *IEEE Transactions on Information Theory*, 44(6):2724–2742, 1998.

[39] Charles H. Bennett. Logical reversibility of computation. *IBM Journal of Research and Development*, 17:525–532, 1973.

[40] Charles H. Bennett. Time/space trade-offs for reversible computation. *SIAM Journal on Computing*, 18(4):766–776, 1989.

[41] Charles H. Bennett, Ethan Bernstein, Gilles Brassard, and Umesh V. Vazirani. Strengths and weaknesses of quantum computing. *SIAM Journal on Computing*, 26(5):1510–1523, 1997.

[42] Charles H. Bennett and Gilles Brassard. Quantum cryptography: Public key distribution and coin tossing. In *Proceedings of IEEE International Conference on Computers, Systems, and Signal Processing*, pages 175–179, 1984.

[43] Charles H. Bennett and Gilles Brassard. Quantum public key distribution reinvented. *SIGACT News*, 18, 1987.

[44] Charles H. Bennett, Gilles Brassard, Claude Crépeau, Richard Jozsa, A. Peres, and William K. Wootters. Teleporting an unknown quantum state via dual classical and Einstein-Podolsky-Rosen channels. *Physical Review Letters*, 70:1895–1899, 1993.

[45] Charles H. Bennett, Gilles Brassard, and Artur K. Ekert. Quantum cryptography. *Scientific American*, 267(4):50, October 1992.

492

[46] Charles H. Bennett and Stephen J. Wiesner. Communication via one- and two-particle operators on Einstein-Podolsky-Rosen states. *Physical Review Letters*, 69:2881–2884, 1992.

[47] Daniel Bernstein, Johannes Buchmann, and Erik Dahmen. *Post-Quantum Cryptography*. Springer Verlag, 2009.

[48] Ethan Bernstein and Umesh V. Vazirani. Quantum complexity theory. In *Proceedings of STOC '93*, pages 11–20, 1993.

[49] Ethan Bernstein and Umesh V. Vazirani. Quantum complexity theory. *SIAM Journal on Computing*, 26(5):1411–1473, 1997.

[50] André Berthiaume and Gilles Brassard. The quantum challenge to structural complexity theory. In *Proceedings of the Seventh Annual Structure in Complexity Theory Conference*, pages 132–137, 1992.

[51] J. Bienfang, A. J. Gross, A. Mink, B. J. Hershman, A. Nakassis, X. Tang, R. Lu, D. H. Su, C. W. Clark, D. J. Williams, E. W. Hagley, and J. Wen. Quantum key distribution with 1.25 gbps clock synchronization. *Optics Express*, 12:2011–2016, 2004.

[52] David Biron, Ofer Biham, Eli Biham, Markus Grassel, and David A. Lidar. Generalized Grover search algorithm for arbitrary initial amplitude distribution. In *Selected Papers from QCQC '98*, pages 140–147, 1998.

[53] Arno Bohm. *Quantum Mechanics: Foundations and Applications*. 3rd ed. Springer Verlag, 1979.

[54] David Bohm. The paradox of Einstein, Rosen, and Podolsky. *Quantum Theory*, pages 611–623, 1951.

[55] Ravi B. Boppana and Michael Sipser. The complexity of finite functions. In J. van Leeuwen, editor, *Handbook of Theoretical Computer Science*, volume A, pages 757–804. Elsevier, 1990.

[56] D. Boschi, S. Branca, F. De Martini, L. Hardy, and S. Popescu. Experimental realization of teleporting an unknown pure quantum state via dual classical and Einstein-Podolski-Rosen channels. *Physical Review Letters*, 80:1121–1125, 1998.

[57] Dirk Bouwmeester, Jian-Wei Pan, Klaus Mattle, Manfred Eibl, Harald Weinfurter, and Anton Zeilinger. Experimental quantum teleportation. *Nature*, 390:575, 1997.

[58] Michel Boyer, Gilles Brassard, Peter Høyer, and Alain Tapp. Tight bounds on quantum search. In *Proceedings of PhysComp '96*, pages 36–43, 1996.

[59] Gilles Brassard. Quantum communication complexity (a survey). arXiv:quant-ph/0101005, 2001.

[60] Gilles Brassard, Richard Cleve, and Alain Tapp. The cost of exactly simulating quantum entanglement with classical communication. *Physical Review Letters*, 83:1874–1877, 1999.

[61] Gilles Brassard, Peter Høyer, and Alain Tapp. Quantum algorithm for the collision problem. *SIGACT News*, 28:14–19, 1997.

[62] Gilles Brassard, Peter Høyer, and Alain Tapp. Quantum counting. *Lecture Notes in Computer Science*, 1443:820–831, 1998.

[63] Sergey Bravyi and Barbara Terhal. Complexity of stoquastic frustration-free Hamiltonians. arXiv:0806.1746, 2008.

[64] Michael J. Bremner, Caterina Mora, and Andreas Winter. Are random pure states useful for quantum computation? *Physical Review Letters*, 102:190502, 2009.

[65] Hans Briegel and Robert Raussendorf. Persistent entanglement in arrays of interacting particles. *Physical Review Letters*, 86(5):910–913, 2001.

[66] E. Oran Brigham. *The Fast Fourier Transform*. Prentice-Hall, 1974.

[67] D. E. Browne. Efficient classical simulation of the quantum Fourier transform. *New Journal of Physics*, 9:146, 2007.

[68] Todd A. Brun, Igor Devetak, and Min-Hsiu Hsieh. Correcting quantum errors with entanglement. *Science*, 314(5798):436–439, 2006.

[69] Dagmar Bruss. Characterizing entanglement. *Journal of Mathematical Physics*, 43(9):4237–4250, 2002.

[70] Nader H. Bshouty and Jeffrey C. Jackson. Learning DNF over the uniform distribution using a quantum example oracle. *SIAM Journal on Computing*, 28:1136–1142, 1999.

[71] Jeffrey Bub. *Interpreting the Quantum World*. Cambridge University Press, 1997.

[72] Harry Buhrman, Richard Cleve, John Watrous, and Ronald de Wolf. Quantum fingerprinting. *Physical Review Letters*, 87(16), 2001.

[73] Harry Buhrman and Ronald de Wolf. A lower bound for quantum search of an ordered list. *Information Processing Letters*, 70(5):205–209, 1999.

[74] Harry Buhrman and Ronald de Wolf. Communication complexity lower bounds by polynomials. In *Proceedings of CCC '01*, pages 120–130, 2001.

[75] Harry Buhrman and Robert Špalek. Quantum verification of matrix products. In *Proceedings of SODA '06*, pages 880–889, 2006.

[76] Angelo C. M. Carollo and Vlatko Vedral. Holonomic quantum computation. arXiv:quant-ph/0504205, 2005.

[77] Nicolas J. Cerf, Lov K. Grover, and Colin P. Williams. Nested quantum search and structured problems. *Physical Review A*, 61(3):032303, 2000.

[78] Andrew Childs, Edward Farhi, Jeffrey Goldstone, and Sam Gutmann. Finding cliques by quantum adiabatic evolution. *Quantum Information and Computation*, 2(181):181–191, 2002.

[79] Andrew Childs, Edward Farhi, and John Preskill. Robustness of adiabatic quantum computation. *Physical Review A*, 65:012322, 2001.

[80] Andrew M. Childs, Richard Cleve, Enrico Deotto, Edward Farhi, Sam Gutmann, and Daniel A. Spielman. Exponential algorithmic speedup by a quantum walk. In *Proceedings of STOC '03*, pages 59–68, 2003.

[81] Andrew M. Childs, Andrew J. Landahl, and Bablo A. Parrilo. Improved quantum algorithms for the ordered search problem via semidefinite programming. *Physical Review A*, 75:032335, 2007.

[82] Andrew M. Childs and Troy Lee. Optimal quantum adversary lower bounds for ordered search. *Lecture Notes in Computer Science*, 5125:869–880, 2008.

[83] Isaac L. Chuang and Michael Nielsen. Prescription for experimental determination of the dynamics of a quantum black box. *Journal of Modern Optics*, 44:2567–2573, 1997.

[84] J. Ignacio Cirac and Peter Zoller. Quantum computations with cold trapped ions. *Physical Review Letters*, 74:4091–4094, 1995.

[85] Richard Cleve. An introduction to quantum complexity theory. arXiv:quant-ph/9906111v1, 1999.

[86] Richard Cleve, Daniel Gottesman, and Hoi-Kwong Lo. How to share a quantum secret. *Physical Review Letters*, 83(3):648–651, 1999.

[87] Graham P. Collins. Computing with quantum knots. *Scientific American*, 294(4):56–63, April 2006.

[88] James W. Cooley and John W. Tukey. An algorithm for the machine calculation of complex Fourier series. *Mathematics of Computation*, 19(90):297–301, 1965.

[89] Don Coppersmith. An approximate Fourier transform useful in quantum factoring. Research Report RC 19642, IBM, 1994.

[90] Thomas H. Cormen, Charles E. Leiserson, Ronald L. Rivest, and Clifford Stein. *Introduction to Algorithms*. MIT Press, 2001.

[91] Claude Crépeau, Daniel Gottesman, and Adam Smith. Secure multi-party quantum computation. In *Proceedings of STOC '02*, pages 643–652, 2002.

[92] Andrew Cross, David P. DiVincenzo, and Barbara Terhal. A comparative code study for quantum fault tolerance. arXiv:quant-ph/0711.1556v1, 2007.

[93] G. M. D'Ariano, D. Kretschmann, D. Schlingemann, and R. F. Werner. Reexamination of quantum bit commitment: The possible and the impossible. *Physical Review A*, 76(3):032328, 2007.

[94] G. Mauro D'Ariano, Matteo G. A. Paris, and Massimiliano F. Sacchi. Quantum tomography. *Advances in Imaging and Electron Physics*, 128:205–308, 2003.

[95] Christopher M. Dawson and Michael Nielsen. The Solovay-Kitaev algorithm. *Quantum Information and Computation*, 6:81–95, 2006.

[96] Ronald de Wolf. Characterization of non-deterministic quantum query and quantum communication complexity. In *Proceedings of CCC '00*, pages 271–278, 2000.

[97] Ronald de Wolf. Quantum communication and complexity. *Theoretical Computer Science*, 287(1):337–353, 2002.

[98] Ronald de Wolf. Lower bounds on matrix rigidity via a quantum argument. *Lecture Notes in Computer Science*, 4051:299–310, 2006.

[99] David Deutsch. Quantum theory, the Church-Turing principle and the universal quantum computer. *Proceedings of the Royal Society of London Ser. A*, A400:97–117, 1985.

[100] David Deutsch. Quantum computational networks. *Proceedings of the Royal Society of London Ser. A*, A425:73–90, 1989.

[101] David Deutsch, Adriano Barenco, and Artur K. Ekert. Universality in quantum computation. *Proceedings of the Royal Society of London Ser. A*, 449:669–677, 1995.

[102] David Deutsch and Richard Jozsa. Rapid solution of problems by quantum computation. *Proceedings of the Royal Society of London Ser. A*, A439:553–558, 1992.

[103] P. A. M. Dirac. *The Principles of Quantum Mechanics*. 4th ed. Oxford University Press, 1958.

[104] David P. DiVincenzo. The physical implementation of quantum computation. *Fortschritte der Physik*, 48:771–784, 2000.

[105] Andrew Drucker and Ronald de Wolf. Quantum proofs for classical theorems. arXiv:0910.3376, 2009.

[106] Paul Dumais, Dominic Mayers, and Louis Salvail. Perfectly concealing quantum bit commitment from any quantum one-way permutation. *Lecture Notes in Computer Science*, 1807:300–315, 2000.

[107] Wolfgang Dür, Guifre Vidal, and J. Ignacio Cirac. Three qubits can be entangled in two inequivalent ways. *Physical Review A*, 62:062314, 2000.

[108] Bryan Eastin and Emanuel Knill. Restrictions on transversal encoded quantum gate sets. *Physical Review Letters*, 102(11)110502, 2009.

[109] Albert Einstein, Boris Podolsky, and Nathan Rosen. Can quantum-mechanical description of physical reality be considered complete? *Physical Review*, 47:777–780, 1935.

[110] Jens Eisert, Martin Wilkens, and Maciej Lewenstein. Quantum games and quantum strategies. *Physical Review Letters*, 83, 1999.

[111] Artur K. Ekert. Quantum cryptography based on Bell's theorem. *Physical Review Letters*, 67(6):661–663, August 1991.

[112] Artur K. Ekert and Richard Jozsa. Quantum algorithms: Entanglement enhanced information processing. In *Proceedings of Royal Society Discussion Meeting "Quantum Computation: Theory and Experiment."* Philosophical Transactions of the Royal Society of London Ser. A, 1998.

[113] J. Emerson, M. Silva, O. Moussa, C. Ryan, M. Laforest, J. Baugh, D. Cory, and R. Laflamme. Symmetrized characterization of noisy quantum processes. *Science*, 317(5846):1893–1896, 2007.

[114] M. Ettinger, P. Høyer, and E. Knill. The quantum query complexity of the hidden subgroup problem is polynomial. *Information Processing Letters*, 91(1):43–48, 2004.

[115] E. Farhi, J. Goldstone, and S. Gutmann. A quantum algorithm for the Hamiltonian NAND tree. arXiv:quant-ph/0702144, 2007.

[116] Edward Farhi, Jeffrey Goldstone, Sam Gutmann, Joshua Lapan, Andrew Lundgren, and Daniel Preda. A quantum adiabatic evolution algorithm applied to instances of an NP-complete problem. *Science*, 292:5516, 2001.

[117] Edward Farhi, Jeffrey Goldstone, Sam Gutmann, and Michael Sipser. A limit on the speed of quantum computation for insertion into an ordered list. arXiv:quant-ph/9812057, 1998.

[118] Edward Farhi, Jeffrey Goldstone, Sam Gutmann, and Michael Sipser. Quantum computation by adiabatic evolution. arXiv:quant-ph/0001106, January 2000.

[119] Richard Feynman. Simulating physics with computers. *International Journal of Theoretical Physics*, 21(6–7):467–488, 1982.

[120] Richard Feynman. Quantum mechanical computers. *Optics News*, 11, 1985.

[121] Richard Feynman. *Feynman Lectures on Computation*. Addison-Wesley, 1996.

[122] Richard P. Feynman, Robert B. Leighton, and Matthew Sands. *Lectures on Physics, Vol. III*. Addison-Wesley, 1965.

[123] Joseph Fourier. *Théorie analytique de la chaleur*. Firmin Didot, 1822.

[124] Edward Fredkin and Tommaso Toffoli. Conservative logic. *International Journal of Theoretical Physics*, 21:219–253, 1982.

[125] Michael H. Freedman, Alexei Kitaev, Michael J. Larsen, and Zhenghan Wang. Topological quantum computation. *Bulletin of the American Mathematical Society*, 40(1):31–38, 2001.

[126] Murray Gell-Mann. Questions for the future. In *The Nature of Matter; Wolfson College Lectures 1980*. Clarendon Press, 1981.

[127] Craig Gentry. A fully homomorphic encryption scheme. Ph.D. thesis, Stanford University, 2009.

[128] Craig Gentry. Fully homomorphic encryption using ideal lattices. In *Proceedings of STOC '09*, pages 169–178, 2009.

[129] Neil A. Gershenfeld and Isaac L. Chuang. Bulk spin resonance quantum computing. *Science*, 275:350–356, 1997.

[130] Nicolas Gisin, Gregoire Ribordy, Wolfgang Tittel, and Hugo Zbinden. Quantum cryptography. *Reviews of Modern Physics*, 74(1):145–195, January 2002.

[131] Oded Goldreich. *Computational Complexity*. Cambridge University Press, 2008.

[132] Steven Gortler and Rocco Servedio. Equivalences and separations between quantum and classical learnability. *SIAM Journal on Computing*, 33(5):1067–1092, 2004.

[133] Daniel Gottesman. The Heisenberg representation of quantum computers. arXiv:quant-ph/9807006, July 1998.

[134] Daniel Gottesman. On the theory of quantum secret sharing. *Physical Review A*, 61, 2000.

[135] Daniel Gottesman. Stabilizer codes and quantum error correction. Ph.D. thesis, Caltech, May 2000.

[136] Daniel Gottesman. Uncloneable encryption. *Quantum Information and Computation*, 3:581–602, 2003.

[137] Daniel Gottesman. Jump-starting quantum error correction with entanglement. *Science*, 314:427, 2006.

[138] Daniel Gottesman. An introduction to quantum error correction and fault-tolerant quantum computation. arXiv:0904.2557, 2009.

[139] Daniel Gottesman and Isaac L. Chuang. Quantum digital signatures. arXiv:quant-ph/0105032, November 2001.

[140] George Greenstein and Arthur G. Zajonc. *The Quantum Challenge*. Jones and Bartlett, 1997.

[141] Michelangelo Grigni, Leonard Schulman, Monica Vazirani, and Umesh V. Vazirani. Quantum mechanical algorithms for the nonabelian hidden subgroup problem. In *Proceedings of STOC '01*, pages 68–74, 2001.

[142] D. Gross, S. T. Flammia, and J. Eisert. Most quantum states are too entangled to be useful as computational resources. *Physical Review Letters*, 102:190501, 2009.

[143] Lov K. Grover. Quantum computers can search arbitrarily large databases by a single query. *Physical Review Letters*, 79(23):4709–4712, 1997.

[144] Lov K. Grover. A framework for fast quantum mechanical algorithms. In *Proceedings of STOC '98*, pages 53–62, 1998.

[145] Gus Gutoski and John Watrous. Toward a general theory of quantum games. In *Proceedings of STOC '07*, pages 565–574, 2007.

[146] Sean Hallgren. Polynomial-time quantum algorithms for Pell's equation and the principal ideal problem. In *Proceedings of STOC '02*, pages 653–658, 2002.

[147] Sean Hallgren, Alexander Russell, and Amnon Ta-Shma. Normal subgroup reconstruction and quantum computing using group representations. In *Proceedings of STOC '00*, pages 627–635, 2000.

[148] Sean Hallgren, Alexander Russell, and Amnon Ta-Shma. The hidden subgroup problem and quantum computation using group representations. *SIAM Journal on Computing*, 32(4):916–934, 2003.

[149] G. H. Hardy and E. M. Wright. *An Introduction to the Theory of Numbers*. Oxford University Press, 1979.

[150] Anthony J. G. Hey. *Feynman and Computation*. Perseus Books, 1999.

[151] Mark Hillery, Vladimir Buzek, and Andre Berthiaume. Quantum secret sharing. *Physical Review A*, 59:1829–1834, 1999.

[152] Kenneth M. Hoffman and Ray Kunze. *Linear Algebra*. 2nd ed. Prentice Hall, 1971.

[153] Tad Hogg. Adiabatic quantum computing for random satisfiability problems. *Physical Review A*, 67:022314, 2003.

[154] Tad Hogg, Carlos Mochon, Wolfgang Polak, and Eleanor Rieffel. Tools for quantum algorithms. *International Journal of Modern Physics*, C10:1347–1362, 1999.

[155] Peter Høyer and Ronald de Wolf. Improved quantum communication complexity bounds for disjointness and equality. In *Proceedings of STACS '02*, pages 299–310, 2002.

[156] R. J. Hughes, J. E. Nordholt, D. Derkacs, and C. G. Peterson. Practical free-space quantum key distribution over 10km in daylight and at night. *New Journal of Physics*, 4:43.1–43.14, 2002.

[157] Richard Hughes et al. Quantum cryptography roadmap, version 1.1. http://qist.lanl.gov, July 2004.

[158] Thomas A. Hungerford. *Algebra*. Springer Verlag, 1997.

[159] Thomas W. Hungerford. *Abstract Algebra: An Introduction*. Saunders College Publishing, 1997.

[160] Markus Hunziker, David A. Meyer, Jihun Park, James Pommersheim, and Mitch Rothstein. The geometry of quantum learning. arXiv:quant-ph/0309059, 2003.

[161] Yoshifumi Inui and François LeGall. An efficient quantum algorithm the non-Abelian hidden subgroup problem over a class of semi-direct product groups. *Quantum Information and Computation*, 7(5):559–570, 2007.

[162] Gabor Ivanyos, Frederic Magniez, and Miklos Santha. Efficient quantum algorithms for some instances of the non-Abelian hidden subgroup problem. *International Journal of Foundations of Computer Science*, 14(5):723–740, 2003.

[163] Thomas Jennewein, Christoph Simon, Gregor Weihs, Harald Weinfurter, and Anton Zeilinger. Quantum cryptography with entangled photons. *Physical Review Letters*, 84:4729–4732, 2000.

[164] David S. Johnson. A catalog of complexity classes. In J. van Leeuwen, editor, *Handbook of Theoretical Computer Science*, volume A, pages 67–162. Elsevier, 1990.

[165] Richard Jozsa. Quantum algorithms and the Fourier transform. *Proceedings of the Royal Society of London Ser. A*, pages 323–337, 1998.

[166] Richard Jozsa. Searching in Grover's algorithm. arXiv:quant-ph/9901021, 1999.

[167] Richard Jozsa and Noah Linden. On the role of entanglement in quantum computational speed-up. *Proceedings of the Royal Society of London Ser. A*, 459:2011–2032, 2003.

[168] Elham Kashefi and Iordanis Kerenidis. Statistical zero knowledge and quantum one-way functions. *Theoretical Computer Science*, 378(1):101–116, 2007.

[169] Julia Kempe. Quantum random walks—an introductory overview. *Contemporary Physics*, 44(4):307–327, 2003.

[170] Iordanis Kerenidis and Ronald de Wolf. Exponential lower bound for 2-query locally decodable codes via a quantum argument. In *Proceedings of STOC '03*, pages 516–525, 2003.

[171] David Kielpinski, Christopher R. Monroe, and David J. Wineland. Architecture for a large-scale ion-trap quantum computer. *Nature*, 417:709–711, 2002.

[172] Alexei Kitaev. Quantum measurements and the Abelian stabilizer problem. arXiv: quant-ph/9511026, 1995.

[173] Alexei Kitaev. Quantum computations: Algorithms and error correction. *Russian Mathematical Surveys*, 52(6):1191–1249, 1997.

[174] Alexei Kitaev. Fault-tolerant quantum computation by anyons. *Annals of Physics*, 303:2, 2003.

[175] Alexei Kitaev, Alexander Shen, and Mikhail N. Vyalyi. *Classical and Quantum Computation*. American Mathematical Society, 2002.

[176] E. Knill, R. Laflamme, R. Martinez, and C.-H. Tseng. A cat-state benchmark on a seven bit quantum computer. arXiv:quant-ph/9908051, 1999.

[177] Emanuel Knill. Approximation by quantum circuits. arXiv:quant-ph/9508006, 1995.

[178] Emanuel Knill. Quantum computing with realistically noisy devices. *Nature*, 434:39–44, 2005.

[179] Emanuel Knill, Raymond Laflamme, and Gerard Milburn. A scheme for efficient quantum computation with linear optics. *Nature*, 409:46–52, 2001.

[180] Emanuel Knill, Raymond Laflamme, and Wojciech H. Zurek. Resilient quantum computation. *Science*, 279:342–345, 1998.

[181] Emanuel Knill, Raymond Laflamme, and Wojciech H. Zurek. Resilient quantum computation: Error models and thresholds. *Proceedings of the Royal Society London A*, 454:365–384, 1998.

[182] Donald E. Knuth. *The Art of Computer Programming, volume 2: Seminumerical Algorithms*. Addison-Wesley, 2nd edition, 1981.

[183] Neal Koblitz and Alfred Menezes. A survey of public-key cryptosystems. *SIAM Review*, 46:599–634, 2004.

[184] David W. Kribs, Raymond Laflamme, and David Poulin. A unified and generalized approach to quantum error correction. *Physical Review Letters*, 94:199–218, 2005.

[185] David W. Kribs, Raymond Laflamme, David Poulin, and Maia Lesosky. Operator quantum error correction. *Quantum Information and Computation*, 6:382–399, 2006.

[186] Hari Krovi and Todd A. Brun. Quantum walks on quotient graphs. arXiv:quant-ph/0701173, 2007.

[187] Greg Kuperberg. Random words, quantum statistics, central limits, random matrices. *Methods and Applications of Analysis*, 9(1):101–119, 2002.

[188] Greg Kuperberg. A concise introduction to quantum probability, quantum mechanics, and quantum computation. Unpublished notes, available at www.math.ucdavis.edu/greg/intro.pdf, 2005.

[189] Greg Kuperberg. A subexponential-time quantum algorithm for the dihedral hidden subgroup problem. *SIAM Journal on Computing*, 35(1):170–188, 2005.

[190] Paul C. Kwiat, Andrew J. Berglund, Joseph B. Altepeter, and Andrew G. White. Experimental verification of decoherence-free subspaces. *Science*, 290:498–501, 2000.

[191] Chris Lomont. The hidden subgroup problem: Review and open problems. arXiv:quant-ph/0411037, 2004.

[192] Steven E. Landsburg. Quantum game theory. *Notices of the American Mathematical Society*, 51(4):394–399, 2004.

[193] Arjen Lenstra and Hendrik Lenstra, editors. *The Development of the Number Field Sieve*, volume 1554 of *Lecture Notes in Mathematics*. Springer Verlag, 1993.

[194] Richard L. Liboff. *Introductory Quantum Mechanics*. 3rd ed. Addison-Wesley, 1997.

[195] Daniel A. Lidar and K. Birgitta Whaley. Decoherence-free subspaces and subsystems. In *Irreversible Quantum Dynamics*, volume 622, pages 83–120, 2003.

[196] Seth Lloyd. Universal quantum simulators. *Science*, 273:1073–1078, 1996.

[197] Hoi-Kwong Lo and H. F. Chau. Why quantum bit commitment and ideal quantum coin tossing are impossible. *Physics D*, 120(1–2):177–187, 1998.

[198] Hoi-Kwong Lo and H. F. Chau. Unconditional security of quantum key distribution over arbitrarily long distances. *Science*, 283:2050–2056, 1999.

[199] Richard A. Low. Large deviation bounds for k-designs. arXiv:0903.5236, 2009.

[200] Frederic Magniez and Ashwin Nayak. Quantum complexity of testing group commutativity. *Algorithmica*, 48(3):221–232, 2007.

[201] Frederic Magniez, Miklos Santha, and Mario Szegedy. Quantum algorithms for the triangle problem. *SIAM Journal on Computing*, 37(2):413–424, 2007.

[202] Yuri I. Manin. Computable and uncomputable. Sovetskoye Radio, Moscow (in Russian), 1980.

[203] Yuri I. Manin. *Mathematics as Metaphor: Selected Essays of Yuri I. Manin*. American Mathematical Society, 2007.

[204] Igor Markov and Yaoyun Shi. Simulating quantum computation by contracting tensor networks. arXiv:quant-ph/0511069, 2005.

[205] Dominic Mayers. Unconditionally secure quantum bit commitment is impossible. *Physical Review Letters*, 78(17):3414–3417, 1997.

[206] Dominic Mayers. Unconditional security in quantum cryptography. *Journal of the ACM*, 48:351–406, 2001.

[207] Ralph C. Merkle. A certified digital signature. In *CRYPTO '89: Proceedings on Advances in Cryptology*, pages 218–238, 1989.

[208] N. David Mermin. Hidden variables and the two theorems of John Bell. *Reviews of Modern Physics*, 65:803–815, 1993.

[209] N. David Mermin. Copenhagen computation: How I learned to stop worrying and love Bohr. *IBM Journal of Research and Development*, 48:53, 2004.

[210] Albert Messiah. *Quantum Mechanics, Vol. II*. Wiley, 1976.

[211] Rodney Van Meter and Mark Oskin. Architectural implications of quantum computing technologies. *Journal on Emerging Technologies in Computing Systems*, 2(1):31–63, 2006.

[212] David A. Meyer. Quantum strategies. *Physical Review Letters*, 82:1052–1055, 1999.

[213] David A. Meyer. Sophisticated quantum search without entanglement. *Physical Review Letters*, 85:2014–2017, 2000.

[214] Michele Mosca and Artur Ekert. The hidden subgroup problem and eigenvalue estimation on a quantum computer. *Lecture Notes in Computer Science*, 1509:174–188, 1999.

[215] Geir Ove Myhr. Measures of entanglement in quantum mechanics. arXiv:quant-ph/0408094, August 2004.

[216] Ashwin Nayak and Felix Wu. The quantum query complexity of approximating the median and related statistics. In *Proceedings of STOC '99*, pages 384–393, 1999.

[217] Michael Nielsen. Conditions for a class of entanglement transformations. *Physics Review Letters*, 83(2):436–439, 1999.

[218] Michael Nielsen. Cluster-state quantum computation. arXiv:quant-ph/0504097, 2005.

[219] Michael Nielsen and Christopher M. Dawson. Fault-tolerant quantum computation with cluster states. *Physical Review A*, 71:042323, 2004.

[220] Michael Nielsen, Henry Haselgrove, and Christopher M. Dawson. Noise thresholds for optical quantum computers. *Physical Review A*, 96:020501, 2006.

[221] Michael Nielsen, Emanuel Knill, and Raymond Laflamme. Complete quantum teleportation using nuclear magnetic resonance. *Nature*, 396:52–55, 1998.

[222] Jeremy L. O'Brien. Optical quantum computing. *Science*, 318(5856):1567–1570, 2008.

[223] Christos H. Papadimitriou. *Computational Complexity*. Addison-Wesley, 1995.

[224] Chris Peikert. Public-key cryptosystems from the worst-case shortest vector problem: Extended abstract. In *Proceedings of STOC '09*, pages 333–342, 2009.

[225] Roger Penrose. *The Emperor's New Mind*. Penguin Books, 1989.

[226] Asher Peres. *Quantum Theory: Concepts and Methods*. Kluwer Academic, 1995.

[227] Pérez-Delgado and Pieter Kok. What is a quantum computer, and how do we build one? arXiv:0906.4344, 2009.

[228] Ray A. Perlner and David A. Cooper. Quantum resistant public key cryptography: A survey. In *IDtrust '09: Proceedings of the 8th Symposium on Identity and Trust on the Internet*, pages 85–93, 2009.

[229] Nicholas Pippenger and Michael J. Fischer. Relations among complexity measures. *Journal of the ACM*, 26(2):361–381, 1979.

[230] Sandu Popescu, Berry Groisman, and Serge Massar. Lower bound on the number of Toffoli gates in a classical reversible circuit through quantum information concepts. *Physical Review Letters*, 95:120503, 2005.

[231] J. F. Poyatos, R. Walser, J. I. Cirac, P. Zoller, and R. Blatt. Motion tomography of a single trapped ion. *Physical Review A*, 53(4):1966–1969, 1996.

[232] Juan Poyatos, J. Ignacio Cirac, and Peter Zoller. Complete characterization of a quantum process: The two-bit quantum gate. *Physical Review Letters*, 78(2):390–393, 1997.

[233] John Preskill. Fault-tolerant quantum computation. In H.-K. Lo, S. Popescu, and T. P. Spiller, editors, *Introduction to Quantum Computation and Information*, pages 213–269. World Scientific, 1998.

[234] H. Ramesh and V. Vinay. On string matching in $\tilde{o}(\sqrt{n} + \sqrt{m})$ quantum time. *Journal of Discrete Algorithms*, 1(1):103–110, 2001.

[235] Robert Raussendorf, Daniel Browne, and Hans Briegel. Measurement-based quantum computation with cluster states. *Physical Review A*, 68:022312, 2003.

[236] Miklos Redei and Stephen J. Summers. Quantum probability theory. arXiv:hep-th/0601158, 2006.

[237] Oded Regev. Quantum computation and lattice problems. In *Proceedings of FOCS '02*, pages 520–529, 2002.

[238] Oded Regev. On lattices, learning with errors, random linear codes, and cryptography. In *Proceedings of STOC '05*, pages 84–93, 2005.

[239] Oded Regev. A subexponential-time quantum algorithm for the dihedral hidden subgroup problem with polynomial space. arXiv:quant-ph/0406151, 2005.

[240] Ben W. Reichardt. The quantum adiabatic optimization algorithm and local minima. In *Proceedings of STOC '04*, pages 502–510, 2004.

[241] Eleanor Rieffel. Certainty and uncertainty in quantum information processing. In *Proceedings of the AAAI Spring Symposium 2007*, pages 134–141, 2007.

[242] Eleanor Rieffel. Quantum computing. In *The Handbook of Technology Management*, pages 384–392. Wiley, 2009.

[243] Jeremie Roland and Nicholas Cerf. Quantum search by local adiabatic evolution. arXiv:quant-ph/0107015, 2001.

[244] Markus Rötteler and Thomas Beth. Polynomial-time solution to the hidden subgroup problem for a class of non-Abelian groups. arXiv:quant-ph/9812070, 1998.

[245] Arnold Schönhage and Volker Strassen. Schnelle Multiplikation grosser Zahlen [Fast multiplication of large numbers]. *Computing*, 7(3–4):281–292, 1971.

[246] Rocco A. Servedio. Separating quantum and classical learning. *Lecture Notes in Computer Science*, 2076:1065–1080, 2001.

[247] Ramamurti Shankar. *Principles of Quantum Mechanics*. 2nd ed. Plenum Press, 1980.

[248] Yaoyun Shi. Quantum lower bounds for the collision and the element distinctness problems. In *Proceedings of FOCS '02*, pages 513–519, 2002.

[249] Yaoyun Shi, Luming Duan, and Guifre Vidal. Classical simulation of quantum many-body systems with a tree tensor network. *Physical Review A*, 74(2):022320, August 2006.

[250] Peter W. Shor. Algorithms for quantum computation: Discrete log and factoring. In *Proceedings of FOCS'94*, pages 124–134, 1994.

[251] Peter W. Shor. Scheme for reducing decoherence in quantum memory. *Physical Review A*, 52, 1995.

[252] Peter W. Shor. Fault-tolerant quantum computation. In *Proceedings of FOCS '96*, pages 56–65, 1996.

[253] Peter W. Shor. Polynomial-time algorithms for prime factorization and discrete logarithms on a quantum computer. *SIAM Journal on Computing*, 26(5):1484–1509, 1997.

[254] Peter W. Shor. Progress in quantum algorithms. *Quantum Information Processing*, 3(1–5):5–13, 2004.

[255] Peter W. Shor and John Preskill. Simple proof of security of the BB84 quantum key distribution protocol. *Physical Review Letters*, 85:441–444, 2000.

[256] David R. Simon. On the power of quantum computation. *SIAM Journal on Computing*, 26(5):1474–1483, 1997.

[257] Rolando D. Somma, Gerardo Ortiz, Emanuel Knill, and James Gubernatis. Quantum simulations of physics problems. In *Quantum Information and Computation*, volume 5105, pages 96–103, 2003.

[258] Andrew Steane. The ion trap quantum information processor. *Applied Physics B*, 64:623–642, 1996.

[259] Andrew Steane. Multiple particle interference and quantum error correction. *Proceedings of the Royal Society of London Ser. A*, 452: 2551–2573, 1996.

[260] Andrew Steane. Quantum computing. *Reports on Progress in Physics*, 61(2):117–173, 1998.

[261] Andrew Steane. Efficient fault-tolerant quantum computing. *Nature*, 399:124–126, 1999.

[262] Andrew Steane and David M. Lucas. Quantum computing with trapped ions, atoms and light. *Fortschritte der Physik*, 48:839–858, 2000.

[263] Andrew M. Steane. Overhead and noise threshold of fault-tolerant quantum error correction. *Physical Review A*, 68(4):042322, 2003.

[264] Gilbert Strang. *Introduction to Applied Mathematics*. Wellesley-Cambridge Press, 1986.

[265] Gilbert Strang. *Linear Algebra and its Applications*. Harcourt Brace Jovanovich, 1988.

[266] Franco Strocchi. *An Introduction to the Mathematical Structure of Quantum Mechanics*. World Scientific, 2005.

[267] Anthony Sudbery. *Quantum Mechanics and the Particles of Nature*. Cambridge University Press, 1986.

[268] Barbara Terhal and Guido Burkard. Fault-tolerant quantum computation for local non-Markovian noise. *Physical Review A*, 71:012336, 2005.

[269] Barbara M. Terhal and John A. Smolin. Single quantum querying of a database. *Physical Review A*, 58(3):1822–1826, 1998.

[270] Tommaso Toffoli. Reversible computing. In J. W. de Bakker and Jan van Leeuwen, editors, *Automata, Languages and Programming*, pages 632–644. Springer Verlag, 1980.

[271] Joseph F. Traub and Henryk Woźniakowski. Path integration on a quantum computer. *Quantum Information Processing*, 1(5):365–388, 2002.

[272] Wim van Dam, Sean Hallgren, and Lawrence Ip. Quantum algorithms for some hidden shift problems. In *Proceedings of SODA '03*, pages 489–498, 2003.

[273] Wim van Dam and Umesh V. Vazirani. Limits on quantum adiabatic optimization, 2003.

[274] Vlatko Vedral. The elusive source of quantum effectiveness. arXiv:0906.2656, 2009.

[275] Vlatko Vedral, Adriano Barenco, and Artur K. Ekert. Quantum networks for elementary arithmetic operations. *Physical Review A*, 54(1):147–153, 1996.

[276] Frank Verstraete, Diego Porras, and J. Ignacio Cirac. DMRG and periodic boundary conditions: A quantum information perspective. *Physical Review Letters*, 93:227205, 2004.

[277] George F. Viamontes, Igor L. Markov, and John P. Hayes. Is quantum search practical? *Computing in Science and Engineering*, 7(3):62–70, 2005.

[278] Guifre Vidal. Efficient classical simulation of slightly entangled quantum computations. *Physical Review Letters*, 91:147902, 2003.

[279] Heribert Vollmer. *Introduction to Circuit Complexity*. Springer, 1999.

[280] John Watrous. Zero-knowledge against quantum attacks. In *Proceedings of STOC '06*, pages 296–305, 2006.

[281] John Watrous. Quantum computational complexity. arXiv:0804.3401, 2008.

[282] Stephanie Wehner and Ronald de Wolf. Improved lower bounds for locally decodable codes and private information retrieval. *Lecture Notes in Computer Science*, 3580:1424–1436, 2005.

[283] Stephen B. Wicker. *Error Control Systems for Digital Communication and Storage*. Prentice-Hall, 1995.

[284] Stephen Wiesner. Conjugate coding. *SIGACT News*, 15:78–88, 1983.

[285] Stephen Wiesner. Simulations of many-body quantum systems by a quantum computer. arXiv:quant-ph/9603028, March 1996.

[286] William K. Wootters and Wojciech H. Zurek. A single quantum cannot be cloned. *Nature*, 299:802, 1982.

[287] Andrew Yao. Quantum circuit complexity. In *Proceedings of FOCS '93*, pages 352–361, 1993.

[288] Nadav Yoran and Anthony J. Short. Efficient classical simulation of the approximate quantum Fourier transform. *Physical Review A*, 76(4):060302, 2007.

[289] Christof Zalka. Simulating quantum systems on a quantum computer. *Royal Society of London Proceedings Series A*, 454:313–322, 1998.

[290] Christof Zalka. Grover's quantum searching algorithm is optimal. *Physical Review A*, 60(4):2746–2751, 1999.

[291] Christof Zalka. Using Grover's quantum algorithm for searching actual databases. *Physical Review A*, 62(5):052305, 2000.

[292] Paolo Zanardi and Mario Rasetti. Noiseless quantum codes. *Physical Review Letters*, 79(17):3306–3309, 1997.

[293] Paolo Zanardi and Mario Rasetti. Holonomic quantum computation. *Physical Review A*, 264:94–99, 1999.

[294] Anton Zeilinger. Quantum entangled bits step closer to IT. *Science*, 289:405–406, 2000.

[295] Peter Zoller et al. Quantum information processing and communication: Strategic report on current status, visions and goals for research in Europe. http://qist.ect.it, 2005.

| 표기법 색인 |

표준 표기

$|x|$ 절댓값^{absolute value}

$[x..y]$ 닫힌 구간^{closed interval}

$\approx$ 근사적으로 같음

e $2.718281\ldots$

i $\sqrt{-1}$

$\exp(x)$ e^x

$\log$ e를 밑으로 하는 로그 함수

$\log_m$ m을 밑으로 하는 로그 함수

v   전통적인 벡터 기호

$\mathbf{v}^T$ 벡터나 행렬의 전치^{transpose}

a_{ij} 행렬 A의 i행 j열 원소

$\det A$ A의 행렬식^{determinant}

λ 통상적인 고윳값^{eigenvalue}

U^{-1} 양자 알고리듬이나 유니타리 변환의 역연산

$U^{\dagger}$ 전치 켤레^{conjugate transpose} 연산

C	복소수	
R	실수	
$\mathbf{R}^n$	n차원 실수 공간	
Z	자연수	
$\mathbf{Z}_2$	모듈러 2의 자연수	
$\mathbf{Z}_2^n$	모듈러 2의 비트별 덧셈에 대한 n비트 문자열의 군	
$\lvert G \rvert$	군의 위수^{order}	
$\hat{G}$	G의 표현군$^{\text{group of representations}}$	
χ	군 준동형 함수$^{\text{group homorphism}}$	
$H < G$	부분군^{subgroup} 관계	
$\circ$	통상적인 군 연산	
$\cong$	동형 함수^{isomorphism}	
$Z(S)$	부분군 S의 중심자^{centralizer}	

일반적인 개념

$\oplus$	비트별 배타적 논리곱 연산	154쪽, 6.1절
$\bar{a}$	켤레 복소수	40쪽, 2.2절
Σ	기호 집합(알파벳^{alphabet})	218쪽, 7.7절
Σ^*	알파벳 Σ에 대한 단어 집합	218쪽, 7.7절
$O(f(n))$	복잡성 척도	163쪽, 6.2.2절
$\Omega(f(n))$		163쪽, 6.2.2절
$\Theta(f(n))$		163쪽, 6.2.2절

선형대수학

벡터

$\lvert v \rangle$	v로 표시된 양자 상태 벡터	40쪽, 2.2절
$\lVert v \rangle \rvert$	벡터의 길이, 또는 노름^{norm}	40쪽, 2.2절
$\langle v \rvert$	$\lvert v \rangle$의 켤레 전치 벡터	40쪽, 2.2절
$\langle a \lvert b \rangle$	$\langle a \rvert$와 $\lvert b \rangle$의 내적$^{inner\ product}$	40쪽, 2.2절
$\lvert a \rangle \langle b \rvert$	$\langle a \rvert$와 $\lvert b \rangle$의 외적$^{outer\ product}$	88쪽, 4.2절
$\tilde{x}$	부호 공간의 $\lvert x \rangle$에 대한 표시	349쪽, 11.1.1절
$\perp$	위첨자로 사용되며, 직교함을 나타냄	44쪽, 2.3절
$\otimes$	우측 크로네커 곱$^{Kronecker\ product}$	64쪽, 3.1절
$a \cdot b$	비트 벡터의 내적,	40쪽, 2.2절
	또는 때때로 이진수 벡터/행렬의 곱,	189쪽 7.1.1절
	또는 스칼라 곱	64쪽, 3.1.1절
$d_H(v, c)$	해밍 거리	189쪽, 7.1절
$d_H(x)$	해밍 가중치$^{Hamming\ weight}$	189쪽, 7.1절

행렬

$\lVert A \rVert_{Tr}$	행렬이나 연산자의 대각합 노름$^{trace\ norm}$	433쪽, 12.3.2절
$(A \lvert B)$	두 행렬의 합성	368쪽, 11.2.5절
$I^{(k)}$	$2^k \times 2^k$차 항등행렬$^{identity\ matrix}$	130쪽, 5.3절
$D^{(k)}$	$2^k \times 2^k$차 대각행렬$^{diagonal\ matrix}$	225쪽, 7.8.1절
$d_{Tr}(\rho, \rho')$	대각합 측도$^{trace\ metric}$	433쪽, 12.3.2절
δ_{ij}	크로네커 델타$^{Kronecker\ delta}$	40쪽, 2.2절

양자 상태

변환, 연산자

특정 양자 상태

$\lvert 0 \rangle, \lvert 1 \rangle$	표준 기저의 단일 큐비트	40쪽, 2.2절
$\lvert - \rangle, \lvert + \rangle$	아다마르 기저^{Hadamard basis}의 단일 큐비트	51쪽, 2.5.1절
$\lvert GHZ_n \rangle$	얽힌 n큐비트 상태	320쪽, 10.2.4절
$\lvert W_n \rangle$	얽힌 n큐비트 상태	320쪽, 10.2.4절
$\lvert \Phi^\pm \rangle$	벨 상태^{Bell state}	72쪽, 3.2절
$\lvert \Psi^\pm \rangle$	벨 상태	72쪽, 3.2절

집합과 공간

$\mathbf{CP}^1$	1차원 복소 투영 공간^{complex projective space}	51쪽, 2.5.1절
$\mathcal{P}^A$	A에 대한 확률분포^{probability distribution}	463쪽, A.1절
$\mathbf{R}^A$	A에서 $\mathbf{R}$로 가는 대응 관계의 집합	463쪽, A.1절
$\mathcal{M}^A$	분포에 대한 대응 관계의 집합	463쪽, A.1절
$\dim V$	공간의 차원^{dimension}	64쪽, 3.1.1절
$\oplus$	벡터 공간의 직합^{direct sum}	64쪽, 3.1.1절
$\times$	직적^{direct product}(유한차원에 대해서는 직합과 같음)	247쪽, 8.6.2절
$\prod_{i=1}^{n}$	여러 공간의 곱	
$\otimes$	공간에 대한 텐서곱^{tensor product}	65쪽, 3.1.2절

군

$[G:H]$	G에 있는 H의 잉여류의 수	368쪽, 11.2.5절
$x \circ y$	$2^d x + y$를 나타냄(7장)	221쪽, 7.7.2절

찾아보기

양자 컴퓨팅의 이해

기본 개념과 사례로 알려주는

발 행 | 2024년 5월 30일

지은이 | 엘레노어 리에펠·볼프강 폴락
옮긴이 | 남 기 환

펴낸이 | 권 성 준
편집장 | 황 영 주
편 집 | 김 진 아
　　　　임 지 원
디자인 | 윤 서 빈

에이콘출판주식회사
서울특별시 양천구 국회대로 287 (목동)
전화 02-2653-7600, 팩스 02-2653-0433
www.acornpub.co.kr / editor@acornpub.co.kr